2010
Jiangxi Statistical Yearbook
江西统计年鉴

总第28期

江西省统计局 国家统计局江西调查总队 · 编

（京）新登字041号

图书在版编目（CIP）数据

江西统计年鉴. 2010 : 汉英对照 / 江西省统计局，国家统计局江西调查总队编. -- 北京 : 中国统计出版社，2010.7
ISBN 978-7-5037-5985-7

Ⅰ. ①江… Ⅱ. ①江… ②国… Ⅲ. ①统计资料－江西省－2010－年鉴－汉、英 Ⅳ. ①C832.56-54

中国版本图书馆CIP数据核字(2010)第134722号

江西统计年鉴-2010

作　　者/ 江西省统计局　国家统计局江西调查总队
责任编辑/ 佘竞雄　刘金成　洪安
E-mail / yearbook@stats.gov.cn
责任校对/ 洪安
封面设计/ 雷嘉琦
出版发行/ 中国统计出版社
通信地址/ 北京市西城区三里河月坛南街57号　中国统计出版社
邮　　编/ 100826
电　　话/ (010)63376907
印　　刷/ 江西昌和特种票证有限公司
经　　销/ 新华书店
开　　本/ 890×1240 毫米 1/16
字　　数/ 1360
印　　张/ 40
印　　数/ 1800册
版　　别/ 2010 年 7 月第 1 版
版　　次/ 2010 年 7 月第 1 次印刷
书　　号/ ISBN 978-7-5037-5985-7/C·2351
定　　价/ 350.00 元

《江西统计年鉴2010》编辑委员会

《江西统计年鉴 2010》编辑部

经济总量上新台阶

Economic Aggregates Scored a New High

地区生产总值(亿元) GDP (100 billion yuan)
增长(%) Growth Rate (%)

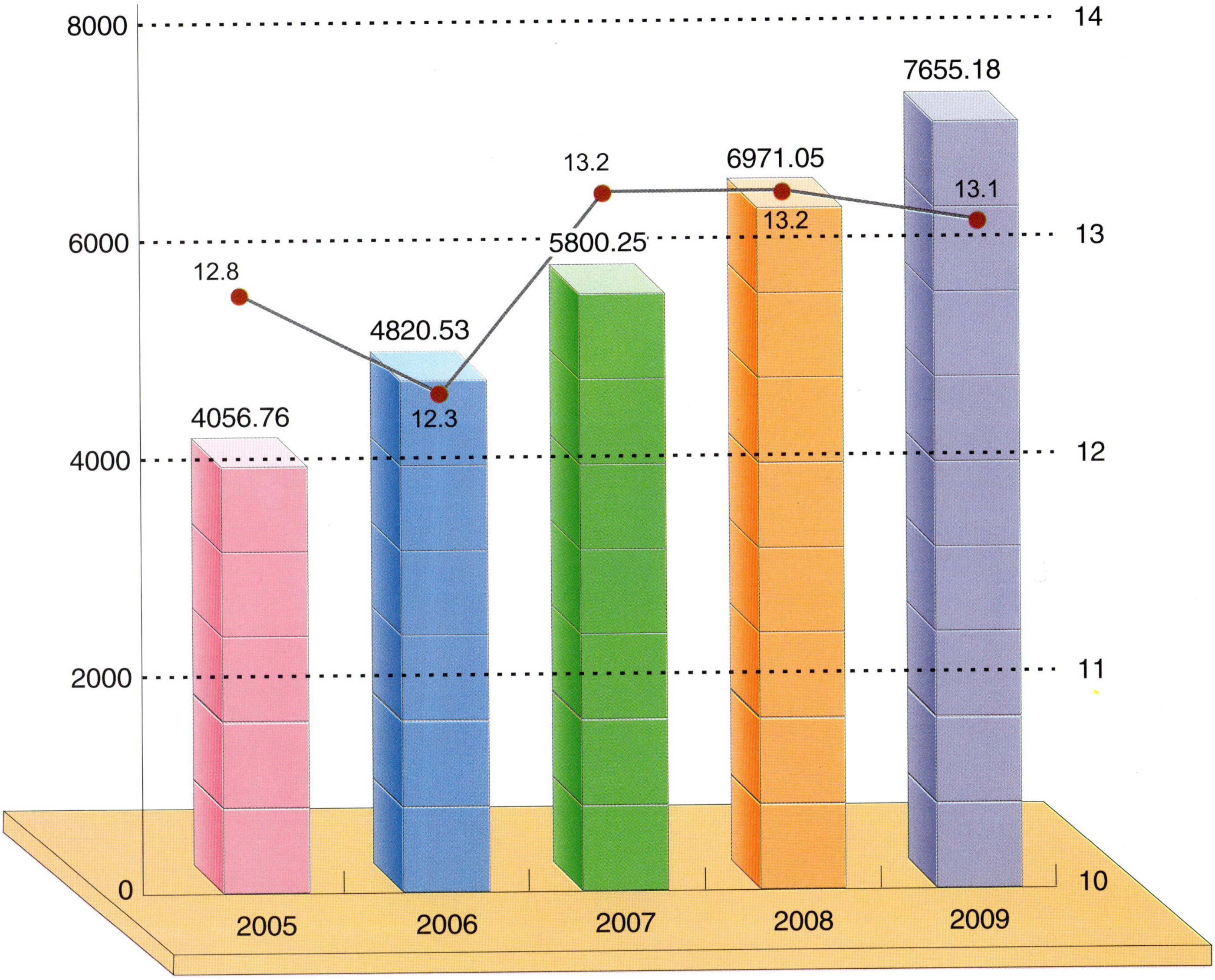

2009 年，全省生产总值突破 7000 亿元大关，达到 7655.18 亿元，增长速度 13.1%，与 2005 年相比，年平均增长 12.9 %

In 2009, the provincial GDP exceeded 700 billion yuan, reaching 765.5 billion yuan, up by 13.1 percent over the previous year, with an average annual growth rate of 12.9 percent since 2005.

农业基础地位稳固

Position of Agriculture was Consolidated

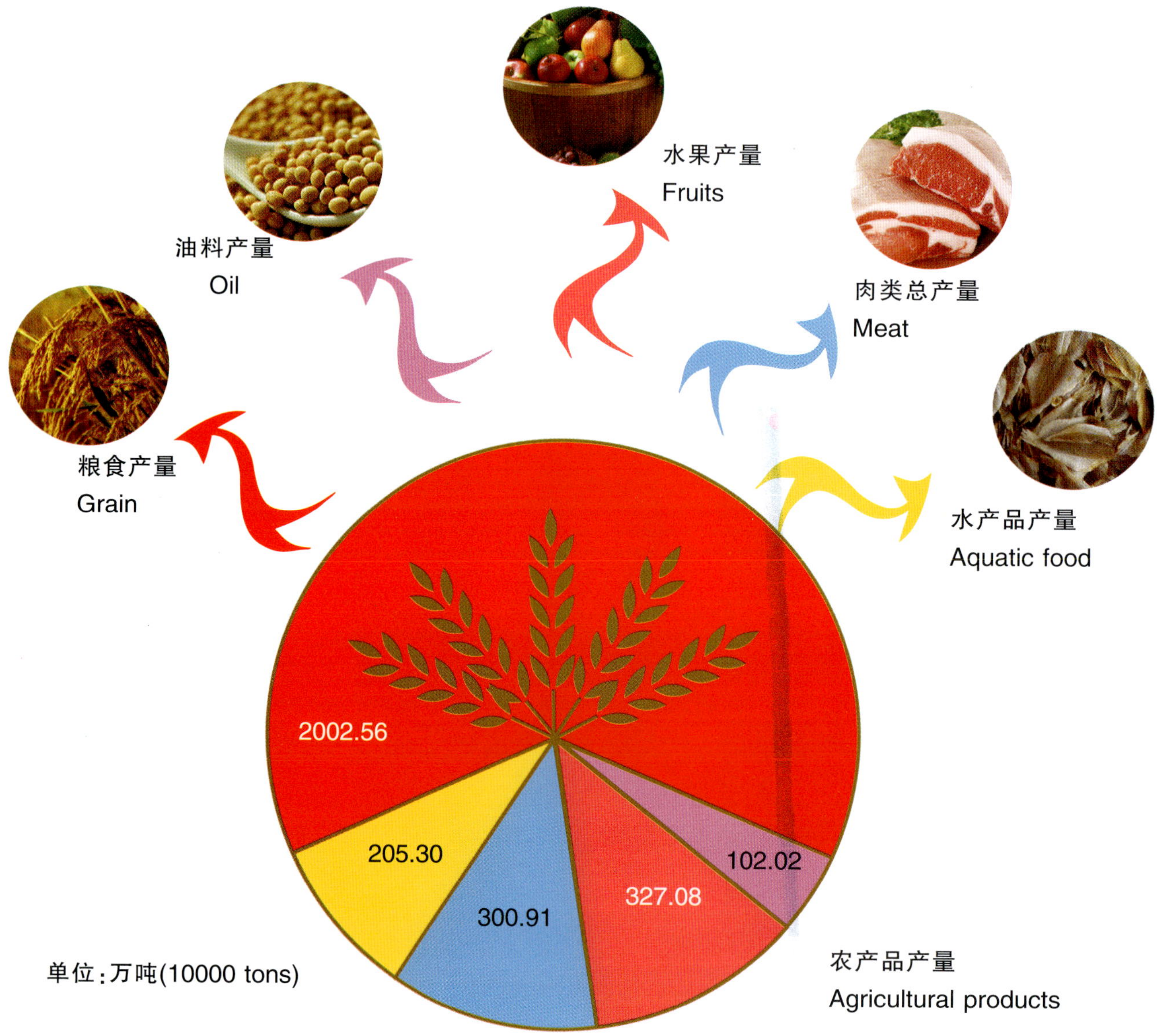

水果产量
Fruits

油料产量
Oil

肉类总产量
Meat

粮食产量
Grain

水产品产量
Aquatic food

2002.56
205.30
300.91
327.08
102.02

单位:万吨(10000 tons)

农产品产量
Agricultural products

粮食总产量首次突破 2000 万吨,达 2002.56 万吨,实现连续 6 年增产,油料总产 102.02 万吨,增长 11.7%;水果产量 327.08 万吨,增长 18.8%;肉类总产量 300.91 万吨,增长 15.0%;水产品产量 205.30 万吨,增长 7.8%

The grain output exceeded 20 million tons for the first time, reaching 20.02 million tons, the 6th contentious increase annually. The oil output 1.02 million tons, up by 11.7 percent over the previous year; fruit 3.27 million tons, up by 18.8 percent; meat 3.01million tons, up by 15.0 percent; aquatic food 2.05 million, up by 7.8 percent.

工业主导作用增强

Leading Role of Industry was Strengthened

水泥
6153.20 万吨
Cement

496.42 亿千瓦时
发电量
Power capacity

原煤
2982.47 万吨
Industrial added value

钢材
1647.40 万吨
Steel products

汽车
28.47 万辆
Cars

工业增加值
3196.56 亿元

全省实现工业增加值 3196.56 亿元，增长 18.4%，对经济增长的贡献率达到 60.8%，拉动 GDP 增长 8 个百分点；其中规模以上工业 2610.75 亿元，增长 20.1%

The industrial added value rose by 18.4 percent over previous year to reach 319.7 billion yuan, The contribution of industry to economic growth reached 60.8%, contributing an 8% increase to GDP.This included industrial enterprises above designated size 261.08 billion yuan, up by 20.1 percent.

投资对经济的支撑力明显增强

Utility of Investment to Economy was Strengthened

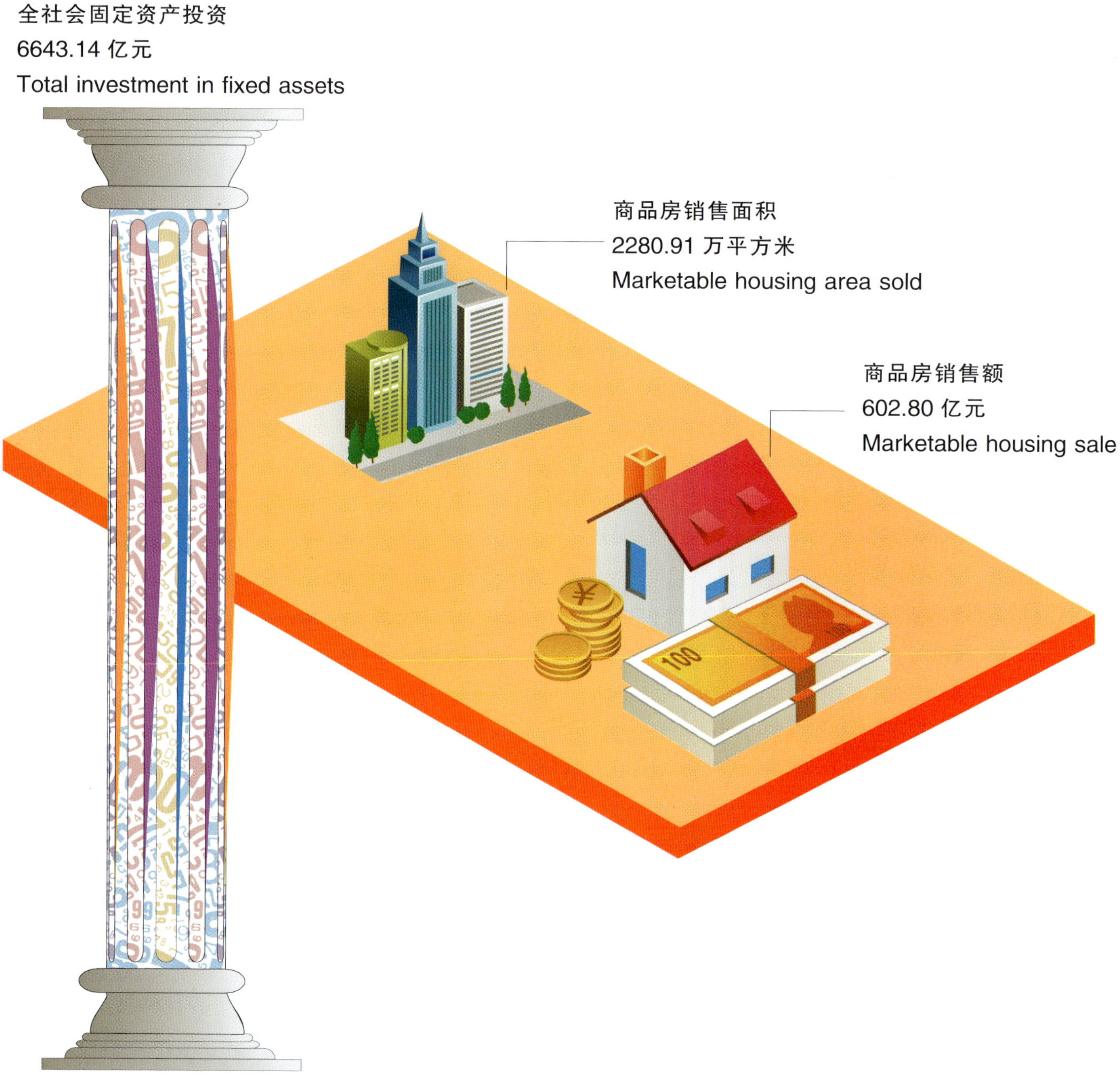

全社会固定资产投资
6643.14 亿元
Total investment in fixed assets

商品房销售面积
2280.91 万平方米
Marketable housing area sold

商品房销售额
602.80 亿元
Marketable housing sale

全省全社会固定资产投资 6643.14 亿元，增长 40.0%。其中工业投资 3634.35 亿元，增长 41.7%，占全省投资的 54.7%。房地产开发投资 634.52 亿元，增长 15.9%，商品房销售面积 2280.90 万平方米，增长 32.0%。

Total investment in fixed assets reached 664.3 billion yuan, up by 40.0 percent over the previous year. This includes: Industrial investment 363.4 billion yuan, up by 41.7 percent over the previous year; claiming 54.7 percent of the provincial total. Real estate development investment 63.5 billion yuan, up by 15.9 percent; transaction of commodity units 228.1 million square meters, up by 32.0%.

扩大消费需求成效明显

Consumption Demand Expansion Achieved Notable Results

社会消费品零售总额
2484.4 亿元
Total volume of the actual retail sales for social consumer goods

城市消费品市场数
588 个
Number of urban consumable markets

农村消费品市场数
1080 个
Number of rural consumable markets

接待国内外旅游者
9399.70 万人次
Home and abroad tourists received

旅游收入
675.6 亿元
Tourism revenue

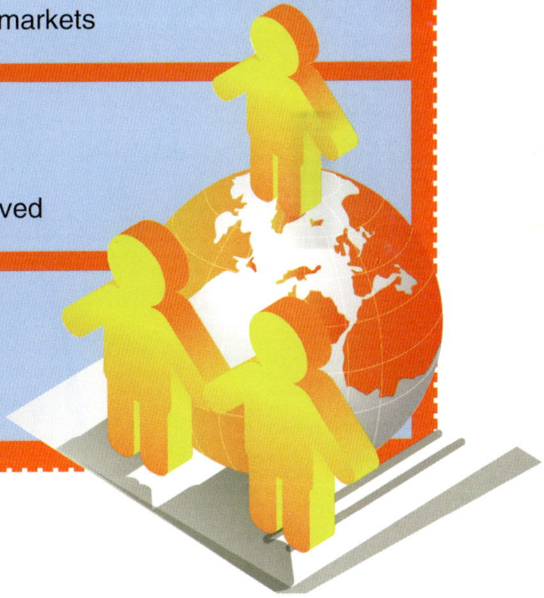

全省社会消费品零售总额完成 2484.4 亿元，增长 16.0%。其中：农村 1153.8 亿元，增长 15.9%；城市 1330.6 亿元，增长 16.1%

The total volume of the actual retail sales for social consumer goods reached 248.44 billion yuan, up by 16.0 percent over the previous year. This included: rural area 115.4 billion, up by 15.9 percent, urban area 133.1billion, up by 16.1 percent.

经济运行质量不断提高
Economic Quality was Further Improved

财政收入较快增长

Fiscal revenue grows rapidly

财政总收入
928.88 亿元
Total state revenue

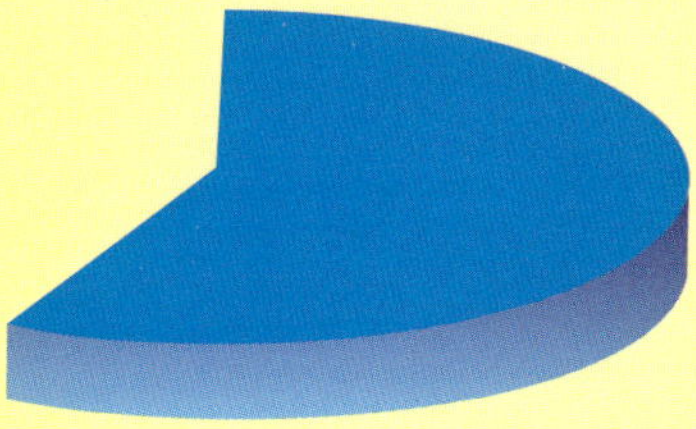

地方财政收入
581.30 亿元
local fiscal revenue

企业效益创历史最好水平

Profits of the enterprises reach all–time high

工业经济效益综合指数
233.8%
Overall efficiency index for industrial enterprises

规模以上工业企业利润总额
496.75 亿元
Total profits of industrial enterprises above designated size

全省财政总收入 928.88 亿元，增长 13.7%；地方财政收入 581.3 亿元，增长 18.9%。财政收入占生产总值的比重为 12.1%，提高 0.4 个百分点。

Total provincial fiscal revenues reached 92.9 billion yuan, up by 13.7 percent over the previous years. Fiscal revenues of local governments reached 58.1 billion, up by 18.9 percent. The ratio of revenue to GDP rose by 0.4 percent over previous year to reach 12.1 percent.

规模以上工业经济效益综合指数 233.8，提高 14.9 个百分点；利润总额 496.75 亿元，增长 49.5%

Overall efficiency index for industrial enterprises was 233.8 percent, 14.9 percentage points higher than the figure for the previous year. Total profit was 49.7 billion yuan, up by 49.5 percent.

经济发展的基本面持续向好

Economic Development Fundamentals Has Taken a Turn for the Better

用电量实现强劲回暖

Use of electricity powerfully rebounded

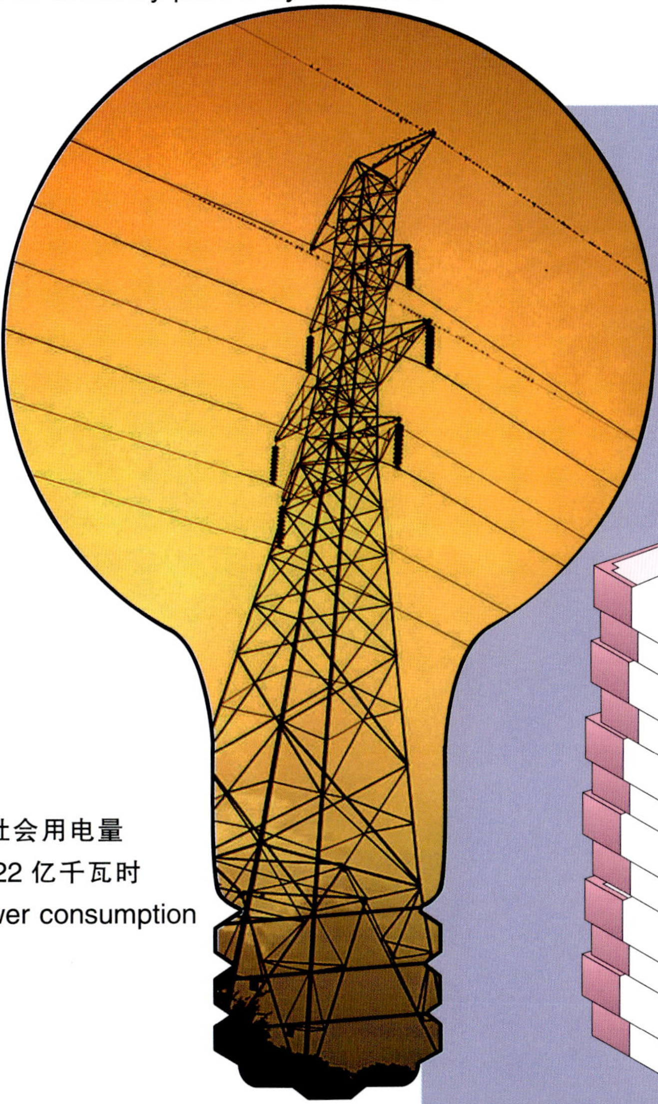

全社会用电量

609.22 亿千瓦时

Total power consumption

全社会用电量达 609.22 亿千瓦时，增长 11.4%，

Total power consumption reached 60.92 billion kilowatt-hours, up by 11.4 percent over the previous year.

新增贷款创历史新高

Newly increased loans reached all-time high

9296.39 亿元

金融机构人民币存款余额

Savings deposit in Renminbi in all financial institutions

6346.99 亿元

金融机构人民币贷款余额

loans in Renminbi in all financial institutions

全省金融机构人民币各项贷款余额 6346.99 亿元，增长 39.7%，金融机构人民币各项存款余额 9296.39 亿元，增长 29.0%

The loans in Renminbi in various forms in all financial institutions reached 634.7 billion yuan, up by 39.7 percent over the previous year. The outstanding of deposits in Renminbi in various forms in all financial institutions reached 929.6 billion yuan, up by29.0 percent.

民生进一步改善
Livelihood was Further Improved

财政支出重点向民生倾斜
Fiscal expenditure favored livelihood.

全年新增 60 亿元民生工程投入
Provided six billion input in livelihood project.

着力办好民生工程 60 件实事
Focus on 60 practical works of livelihood project.

居民收入稳步增长
The resident income growed up steadily

城镇居民人均可支配收入
14022 元
Per-capita disposable income of urban residents

农民人均纯收入
5075 元
The net income per peasant

就业形势总体稳定
Employment situation was overall stable.

2445.20 万人

社会就业人数
The number of employed persons in society

47.50 万人

新增城镇就业
Create 475 thousand jobs for urban residents

社会保障范围不断扩大
The coverage of social security programs continued to expand

446.02 万人

参加了基本养老保险人数
The number of persons joining basic pension insurance

275.47 万人

参加失业保险人数
The number of persons joining unemployment insurance

515.02 万人

参加医疗保险人数
The number of persons joining medical care insurance

编 者 说 明

一、《江西统计年鉴-2010》系统收录了全省和11个设区市2009年经济、社会各方面的统计数据，改革开放以来和其他历史重要年份的全省主要统计数据，以及全国各省市部分主要指标数据。是一部全面反映江西省经济和社会发展情况的资料性年刊。

二、本年鉴正文内容分为23个篇章，即：综合，人口，就业人员和职工工资，固定资产投资，对外经济贸易，能源，财政，价格指数，人民生活，城市建设，林业建设和生态环境、，农业，工业，建筑业，交通运输、邮电通讯业，国内贸易和旅游，对外经济贸易业和旅游，金融业，房地产开发和其他服务业，科技、教育、文化，卫生、体育、社会福利及其他，企业调查，市、县基本情况，各省、市、自治区主要经济指标及2009年江西统计工作大事记。为方便读者使用，各篇章前设有《简要说明》，对本篇章的主要内容、资料来源、统计范围、统计方法等予以简要概述，篇末附有《主要统计指标解释》。

三、本《年鉴》对以前发表的统计资料重新予以审核，凡与本《年鉴》资料有出入的，均以本年鉴为准。

四、与2009年版《江西统计年鉴》相比较，本年鉴内容上主要做了如下修订：

1. 国内贸易篇改国内贸易和旅游篇，对外经济贸易业和旅游篇改为对外经济贸易篇。将原对外经济贸易业和旅游篇中旅游部份调整到国内贸易和旅游篇。

2. 财政、金融、保险篇分为财政篇、金融业篇，在金融业篇中增加国有商业银行资料及证券业资料。

3. 城市建设、环境保护、水资源和气象篇改为城市建设篇。增设林业建设和生态环境篇，增加林业资源、林业建设等资料。将原城市建设、环境保护、水资源和气象篇中环境保护、水资源和气象部份调整到林业建设和生态环境篇。

4. 房地产开发篇改为房地产开发和其他服务业篇，增加限额以上其他服务业资料。

5. 科技、教育、文化篇增加文化产业主营业务收入、增加值资料。

6. 企业调查篇增列历年分季度资料，取消企业集团相关资料。

五、本年鉴所使用的度量衡单位，均采用国际统一标准计量单位。

六、本年鉴中部分数据合计数或相对数由于单位取舍不同而产生的计算误差，均未作机械调整。

七、符号使用说明:年鉴各表中的“空格”表示该项统计指标数据不足本表最小单位数、数据不详或无该项数据；“#”表示其中的主要项。

EDITOR'S NOTES

I. *Jiangxi Statistical Yearbook 2010* is an annual statistics publication, which covers very comprehensive data in 2009 and some selected data series in historically important years and the most recent thirty years at level of province and other provinces and municipalities. Therefore, reflects various aspects of Jiangxi's social and economic development.

II. The yearbook contains the following twenty-two chapters, General Survey; Population; Employment and Wages; Investment in Fixed Assets; Energy; Price Indices; People's Livelihood; General Survey of Cities; Environment Protection; Water Resources and Meterology; Agriculture; Industry; Construction; Transport, Post and Telecommunication Services; Domestic Trade; Foreign Trade and Economic Cooperation; Tourism; Financial Intermediation; Insurance; Real Estate; Education, Science and Technology; Culture, Sports and Public Health; Social Welfare and Other Social Activities; Enterprise Surveys; Basic Statistics on Municipalities and Counties; Main Statistical Indictors on provinces, autonomous regions and municipalities and Notes of Jiangxi Statistical Events in 2009. For readers' convenience, in *Brief Introduction* at the beginning of each chapter, main coverage of this chapter, data sources, statistical coverage, statistical methods and historical changes are concerned. In addition, *Explanatory Notes on Main Statistical Indicators* are provided at the end of each chapter.

III. This *Yearbook* re-audited statistic data published previously, any data different from this yearbook, take this yearbook's as standard data.

IV. Comparing to 2009's edition, this yearbook mainly adjust in following parts.

1. Chapter Domestic and International Trade is adjusted to Chapter Domestic Trade and Tourism. Chapter Foreign Economic Relations Trade and Tourism is adjusted to Chapter Foreign Economic Relations and Trade. Tourism part in pervious Chapter Foreign Economic Relations Trade and Tourism is moved to Chapter Domestic Trade and Tourism.

2. Chapter Government Finance, Banking Business and Insurance Industry is separated into Chapter Government Finance and Chapter Banking Business. Data on state-owned commercial banks and stock business is added in Chapter Banking Business.

3. Chapter City Construction, Environmental Protection, Water Resources and Meteorology is adjusted to City Construction. Chapter Forestry Construction and Eco-environment is created, data on forestry resources and construction is added. Environmental Protection, Water Resources and Meteorology parts in pervious Chapter City Construction, Environmental Protection, Water Resources and Meteorology are moved to Chapter Forestry Construction and Eco-environment.

4. Chapter Development of Real Estate adding data on above-norm other services composite Chapter Real Estate Development and Other Services.

5. Data on culture industry revenue from principal business and value-added is added to Chapter Sci-tech, Education and Culture.

6. Data on business climate indices in Chapter Enterprise Investigation is adjusted to quarterly data in historically important years.

V. The units of measurement used in this yearbook are internationally standard measurement units.

VI. Statistical discrepancies due to rounding are not adjusted in the yearbook.

VII. Notations used in the yearbook: blank space indicates that the figure is not large enough to be measured with the smallest unit in the table, or data are unknown or are not available; "#" indicates a major breakdown of the total.

Contents
目 录

一、综 合
CHAPTER 1 GENERAL SURVEY

二、人 口
CHAPTER 2 POPULATION

三、就业人员和职工工资
CHAPTER 3 EMPLOYMENT AND WAGE

四、 固定资产投资

CHAPTER 4 INVESTMENT IN FIXED ASSETS

五、对外经济贸易
CHAPTER 5 FOREIAN ECONOMIC RELATIONS AND TRADE

六、 能　源

CHAPTER 6 ENERGY

七、 财　政

CHAPTER 7 GOVERNMENT FINANCE

八、价格指数
CHAPTER 8 PRICE INDICES

九、人民生活
CHAPTER 9 PEOPLE'S LIVELIHOOD

十、城市建设
CHAPTER 10 MUNICIPAL CONSTRUCTION

十一、 林业建设和生态环境
CHAPTER 11 FORESTRY CONSTRUCTION AND ECOLOGY

十二、农　业
CHAPTER 12　AGRICULTURE

十三、 工 业
CHAPTER 13 INDUSTRY

十四、 建筑业
CHAPTER 14 CONSTRUCTION

十五、 交通运输、邮电通讯业
CHAPTER 15 TRANSPORTATION,POSTAL AND TELECOMMUNICATIONS

十六、 国内贸易和旅游
CHAPTER 16 DOMESTIC TRADE AND TOURISM

十七、金融业
CHAPTER 17　FINANCIAL INDUSTRY

十八、 房地产开发和其他服务业
CHAPTER 18 REAL ESTATE DEVELOPMENT AND OTHER SERVICES

十九、 科技、教育、文化
CHAPTER 19 SCI-TECH,EDUCATION AND CULTURE

二十、卫生、体育、社会福利和其他
CHAPTER 20 PUBLIC HEALTH,SPORTS,SOCIAL WELFARE AND OTHERS

二十一、企业调查
CHAPTER 21 ENTERPRISE INVESTIGATION

二十二、市、县基本情况
CHAPTER 22 BASIC STATISTICS OF CITIES AND COUNTIES

二十三、各省、市、自治区主要经济指标
CHAPTER 23 MAIN ECONOMIC INDICATORS OF PROVICES,AUTONOMOUS REGIONS AND MUNICIPALITIES DIRECTLY UNDER THE CENTRAL GOVERNMENT

综合 1

General Survey

◆ 1/34

资料整理及英文翻译：张万才　鲁赣凤

简要说明

本篇章由综合资料及国民经济核算资料两个部分组成。

综合资料主要包括国民经济和社会发展综合资料，通过对各篇章主要统计指标及其速度、结构、比例和效益等的加工计算，来反映国民经济和社会发展的总体情况。

国民经济核算资料主要包括地区生产总值及其有关资料。地区生产总值是根据不同产业部门、不同支出构成的特点和资料来源情况而分别采取不同方法计算的。

分设区市的国民经济核算数据由各设区市统计局提供，由于采取分级核算，各设区市数据相加不等于全省总计。

根据第一次第三产业普查结果，对1992年以前全省地区生产总值的历史数据做了调整；2005年根据全国第一次经济普查结果，对1993-2004年的全省地区生产总值历史数据做了调整，本年鉴的数据为调整后数据。

Brief Introduction

This chapter consists of two parts: The summary data and the data on national accounts.

The summary data on the national economy reflect the overall situation of the economic and social development by presenting further processed statistics including growth, structure, ratio and efficiency data derived from other chapters.

The data on national accounts mainly include Gross Domestic Product (GDP) and related data. Data on GDP are calculated with various approaches in accordance with the features of various sectors, various expenditure structures and the data resources.

The data on national accounts by region are provided by the statistical bureaus of various region. The sum of the city data is not equal to the provincial total due to the decentralized accounting approach.

The GDP figures of years up to 1992 were adjusted in accordance with the result of the First Tertiary Industry Census. In 2005, the GDP figures from the year 1993 to 2004 were adjusted in accordance with the result of the First National Economic Census. Data published in this yearbook are adjusted data.

自然、地理、资源

位　置

江西省，简称赣。位于长江中下游交接处的南岸。地处北纬 24° 29′ ~30° 04′、东经 113° 34′ ~118° 28′之间，东邻浙江、福建，南连广东，西接湖南，北毗湖北、安徽。北控长江，上接武汉三镇，下通南京、上海，东南与沿海开放城市相邻近。京九铁路和浙赣铁路纵横贯通全境，交通便利，地理位置优越。

地势、面积

全省东南西三面群山环绕，内侧丘陵广亘，中北部平原坦荡，整个地势，由外及里，自南而北，渐次向鄱阳湖倾斜，构成一个向北开口的巨大盆地。全省面积 16.69 万平方公里。全境以山地、丘陵为主，山地占全省总面积的 36%，丘陵占 42%，岗地、平原、水面占 22%。

山脉、河流、湖泊

主要山脉分布于省境边陲，山峰一般海拔 1000 米左右，少数海拔 2000 余米。省境东和东北有蜿蜒于赣闽、赣浙之间的武夷山和怀玉山；南有逶迤于赣粤之间的大庚岭和九连山；西有耸峙于赣湘之间的罗霄山脉，雄伟的井冈山就在罗霄山脉的中段；西北有盘亘于赣鄂之间的幕阜山，庐山即是它向东延伸的余脉。

全省有大小河流 2400 多条，总长约 18400 公里，大部分河流汇向鄱阳湖，再注入长江。主要河流有 5 条，即赣江、抚河、信江、修河、饶河。赣江全长 751 公里，为本省第一大川，水量为长江第二大支流，它自南而北流贯全省，从赣州至湖口而入长江，通航里程 5000 余公里。

鄱阳湖是全国最大的淡水湖，它是江西最大的聚水盆，长江水量的巨大调节器，也是沟通省内外各地航道的中转站。

气　候

江西气候四季变化分明。春季温暖多雨，夏季炎热温润，秋季凉爽少雨，冬季寒冷干燥。2009 年全省平均气温为 18.9 ℃，降水量为 1438.1 毫米，日照为 1686.3 小时。全年气候温暖，光照充足,雨量充沛,无霜期长，具有亚热带湿润气候特色。

资　源

2009 年末，全省耕地面积 281.98 万公顷，林业用地面积 1062.92 万公顷，活木蓄积量 3.54 亿立方米，森林覆盖率 60.05%。

2009 年，全省淡水面已养殖面积 41.71 万公顷。已查明鱼类 155 种，产量较多的有鲤、鲫、青、鲢等 30 余种，名贵鱼类有荷包红鲤鱼、玻璃鲤鱼、银鱼、石鱼、鲥鱼、鳜鱼等。省内还有众多的水禽和珍禽，其中不少是受到世界性保护的珍禽。

江西地下矿藏丰富，是我国矿产资源配套程度较高的省份之一。储量居全国前三位的有铜、钨、银、钽、钪、铀、铷、铯、金、伴生硫、滑石、粉石英、硅灰石等。铜、钨、铀、钽、稀土、金、银被誉为江西的“七朵金花”。

Nature, Geography and Resourcesrief

Position

Jiangxi Province, called Gan for short, lies in the southern bank of the middle and lower reaches of the Yangtze River. It is located at latitude 24° 29′ ～30° 04′ north, longitude 113° 34′ ～118° 28′ east. It borders Zhejiang and Fujian provinces to the east, Guangdong to the south, Hunan to the west, and Hubei and Anhui to the north. Jiangxi dominates the Yangtze River on the north, and connects the Wuhan in the upper stream, Nanjing and Shanghai in the downstream. And it closes to the coastal opening cities in the southeast. Both Beijing-Kowloon and Zhejiang¬-Jiangxi railways run through the whole province, which provided with the convenient transportation and superior location.

Topography and area

Mountains surround Jiangxi province on three sides. The southern half of the province is hilly with ranges and valleys interspersed; while the middle and northern half is flatter and lower in altitude. Stretching from south to north, the whole land is generally sloping towards Poyang Lake, which has formed a huge basin opening to the north. The total area of the province is 166,900 square kilometers. Within it are various land forms, with mountains and hills dominating. Mountains account for 36% of the province's total area, hills account for 42%, and mounds, plains, and water surface area for 22%.

Mountain ranges, rivers and lakes

The main mountain ranges are distributed by the border of the province, which generally have the altitude of about 1000m, and minority over 2000m. On the east and northeast of Jiangxi have Wuyi and iHuaiyu Mountains winding between Jiangxi and Fujian, Jiangxi and Zhejiang provinces. On the south have Dayu and Jiulian Mountains wriggling between Jiangxi and Guangdong provinces. In the west have Luoxiao Ranges standing between Jiangxi and Hunan provinces, where the magnificent Mt. Jinggang is situated at the middle. In the northwest have Mufu Mountains circling between Jiangxi and Hubei provinces. And its extending part on the east is namely the famous mountain—Mt. Lushan.

There are more than 2,400 rivers of various sizes in Jiangxi province, which have a combined total length of about 18,400 kilometers. Most of them enter Poyang Lake, which in turn empties into the Yangtze River. The five major rivers are Gan River, Fu River, Xin River, Xiu River, and Rao River. The Gan River winds along 751 kilometers, which is the biggest river of the province, and the second tributary of the Yangtze River in water volume. Flowing through the entire length of the province from south to north, it enters Ganzhou to Hukou, and then pours into the Yangtze River, with navigation mileage of over 5000 kilometers.

Poyang Lake is the largest fresh lake in China, and the biggest water assembling basin of Jiangxi province. It is the huge volume moderator of the Yangtze River, and also the intersection of linking up with all shipping lines in-and-out of the province.

Climate

The climate of Jiangxi province is four seasons alternating distinctively: warm with abundant rainfall in spring, hot and humid in summer, cool with little rainfall in autumn, chilly and dry in winter. In 2009, The average temperature of the whole province is about 18.9℃, with the annual precipitation of 1438.1mm and sunshine hours of 1686.3h. The whole year of Jiangxi has mild climate, with sufficient sunshine, plentiful rainfall and long frost-free period, which belongs to humid subtropical climate.

Resources

At the end of the year 2009, the total area of the arable land of the province is 2,819,800 hectares, the area of afforested land in Jiangxi is 10,629,200 hectares. The total standing forest stock is 354 million cubic meters, and the forest coverage rate of 60.05%.

In 2009, the total cultivated freshwater area of the whole province is 417,060 hectares. The identified species of the fishes are 155 and more than 30 types of them occupied the main production, such as carp, crucian carp, black carp, and silver carp etc. The valuable types are including lotus red carp, transparent carp, whitebait, reeves shad, and mandarin fish etc. There are also numerous birds and cherished ones in province, most of which belonged to world-protected species.

Jiangxi province has a rich reserve of underground minerals, which is one of the provinces with higher matching degree of mineral resources in China. The reserves of Copper, Tungsten, Silver, Tantalum, Scandium, Uranium, Rubidium, Caesium, Gold, and Associated Pyrite etc. rank the top three of the nation. Among all these minerals, Copper, Tungsten, Uranium, Tantalum, Rare Earths, Gold and Silver are called "the seven gold flowers of jiangxi".

1-1 行 政 区 划 (2009年末)

Administratives Divisions (end of 2009)

地　区	Region	设区市 Cities at Prefecture Level	县级市 Cities at County Level	县 Countries	市辖区 Districts Under the Jurisdication of Cities	市、县、区名称	Name of Cities at County Level, Countries and Districts Under the Jurisdication of Cities
全　省	**Total**	**11**	**10**	**70**	**19**		
南昌市	Nanchang	1		4	5	东湖区、西湖区、青云谱区、湾里区、青山湖区、南昌县、新建县、安义县、进贤县	Donghu,Xihu,Qingyunpu, Wanli,Qingshanhu,Nanchang, Xinjian,Anyi,Jinxian
景德镇市	Jingdezhen	1	1	1	2	昌江区、珠山区、浮梁县、乐平市	Changjiang,Zhushan,Fuliang, Leping
萍乡市	Pingxiang	1		3	2	安源区、湘东区、莲花县、上栗县、芦溪县	Anyuan,Xiangdong,Lianhua, Shangli,Luxi
九江市	Jiujiang	1	1	9	2	庐山区、浔阳区、九江县、武宁县、修水县、永修县、德安县、星子县、都昌县、湖口县、彭泽县、瑞昌市	Lushan,Xunyang,Jiujiang, Wuning,Xiushui,Yongxiu, De'an,Xingzi,Duchang, Hukou,Pengze,Ruichang
新余市	Xinyu	1		1	1	渝水区、分宜县	Yushui,Fenyi
鹰潭市	Yingtan	1	1	1	1	月湖区、余江县、贵溪市	Yuehu,Yujian,Guixi
赣州市	Ganzhou	1	2	15	1	章贡区、赣　县、信丰县、大余县、上犹县、崇义县、安远县、龙南县、定南县、全南县、宁都县、于都县、兴国县、会昌县、寻乌县、石城县、瑞金市、南康市	Zhanggong,Ganxian,Xinfeng, Dayu,Shangyou,Chongyi, Anyuan,Longnan,Dingnan, Quannan,Ningdu,Yudu, Xingguo,Huichang,Xunwu, Shicheng,Ruijin,Nankang
吉安市	Ji'an	1	1	10	2	吉州区、青原区、吉安县、吉水县、峡江县、新干县、永丰县、泰和县、遂川县、万安县、安福县、永新县、井冈山市	Jizhou,Qingyuan,Ji'an, Jishui,Xiajiang,Xingan, Yongfeng,Taihe,Suichuan, Wan'an,Anfu,Yongxin, Jinggangshan
宜春市	Yichun	1	3	6	1	袁州区、奉新县、万载县、上高县、宜丰县、靖安县、铜鼓县、丰城市、樟树市、高安市	Yuanzhou,Fengxin,Wanzai, Shanggao,Yifeng,Jing'an, Tonggu,Fengcheng,Zhangshu, Gao'an
抚州市	Fuzhou	1		10	1	临川区、南城县、黎川县、南丰县、崇仁县、乐安县、宜黄县、金溪县、资溪县、东乡县、广昌县	Linchuan,Nancheng,Lichuan, Nanfeng,Chongren,Le'an, Yihuang,Jinxi,Zixi, Dongxiang,Guangchang
上饶市	Shangrao	1	1	10	1	信州区、上饶县、广丰县、玉山县、铅山县、横峰县、弋阳县、余干县、鄱阳县、万年县、婺源县、德兴市	Xinzhou,Shangrao,Guangfeng, Yushan,Yanshan,Hengfeng, Yiyang,Yugan,Poyang, Wannian,Wuyuan,Dexing

1-2 国民经济和社会发展主要指标与发展速度

指标	Item	1978
人口(万人)	**Population (10000 persons)**	
年末总人口	Population at Year-end	3182.82
#男性人口	Male	1642.78
女性人口	Female	1540.04
#城镇人口	Urban	533.12
乡村人口	Rural	2649.70
就业(万人)	**Employment (10000 persons)**	
年末社会就业人数	Employment at Year-end	1254.3
#职工人数	Staff and Workers	267.4
年末城镇登记失业人数	Registration Unemployment in Urban Areas at Year-end	21.38
地区生产总值(亿元)	**Gross Domestic Product (100 million yuan)**	**87.00**
第一产业	Primary Industry	36.18
第二产业	Secondary Industry	33.08
第三产业	Tertiary Industry	17.74
人均生产总值(元)	Per Capita GDP (yuan)	276
固定资产投资(亿元)	**Investment in Fixed Assets (100 million yuan)**	
全社会固定资产投资总额	Total Investment in Fixed Assets	8.13
城 镇	Urban	8.1
#工 业	Industry	
农 村	Rural	
财政(亿元)	**Government Finance (100 million yuan)**	
财政总收入	Government Revenue	12.22
地方财政收入	Local Government Revenue	
财政支出	Government Expenditures	16.27
能源生产与消费(万吨标准煤)	**Production and Consumption of Energy (10 000 tons of SCE)**	
能源生产总量	Total Energy Production	
能源消费总量	Total Energy Consumption	
价格指数(上年=100)	**Price Indices (preceding year=100)**	
居民消费价格指数	Consumer Price Index	
商品零售价格指数	Retail Price Index	100.1
工业品出厂价格指数	Producer Price Indices for Manufactured Goods	
原材料、燃料、动力购进价格指数	Purchasing Price Indices of Raw Material, Fuel and Power	
固定资产投资价格指数	Investment in Fixed Assets Price Indices	
人民生活	**People's Livelihood**	
在岗职工年平均工资(元)	Average Wage of Employed Staff and Workers(yuan)	552
城镇住户人均年可支配收入(元)	Per Capita Annual Disposable Income of Urban Households(yuan)	305.36
农村住户人均年纯收入(元)	Per Capita Net Income of Rural Residents (yuan)	140.70
城乡居民储蓄存款年末余额(亿元)	Outstanding Amount of Saving Deposits in Urban and Rural Areas (100 million yuan)	4.16
城镇住户人均住宅建筑面积(平方米)	Per Capita Gross Living Space in Cities (sq.m)	
农村居民人均住房面积(平方米)	Per Capita Net Floor Space of Rural Residents (sq.m)	
城市建设、环境保护	**City Construction ,Environmental Protection**	
人工煤气供气量(万立方米)	Coal Gas Supply(10000 cu.m)	
液化石油气供气量(吨)	Total Liquefied Petroleum Gas Supply (ton)	
道路长度(公里)	Length of Roads (km)	
排水管道长度(公里)	Length of Drainpipes (km)	
公共车辆(汽、电车)运营数(辆)	Operating Public Buses (Buses and Trolley Buses) (unit)	
绿化覆盖面积(公顷)	Coverage Area of Afforestation (hectare)	
工业污染治理项目完成投资额(万元)	Investment Completed of Industrial Pollution Treatment Projects (10000 yuan)	

注：1.地区生产总值、农业总产值、工业增加值的发展速度均按可比价格计算。
2.1998年及以后职工人数和职工平均工资为在岗职工人数和平均工资。

Major Indicators and Growth Rates on National Economic and Social Development

总量指标	Aggregate Data			速度指标 (%)	Indices and Growth Rates (%)					
				指数 Index (2009为以下各年) (2009 as Percentage of the Following Years)				平均增长速度 Average Annual Growth Rate		
1990	2000	2008	2009	1978	1990	2000	2008	1979-2009	1991-2009	2001-2009
3810.64	4148.54	4400.10	4432.16	139.3	116.3	106.8	100.7	1.1	0.8	0.7
1972.77	2157.02	2258.41	2271.71	138.3	115.2	105.3	100.6	1.1	0.7	0.6
1837.87	1991.52	2141.69	2160.45	140.3	117.6	108.5	100.9	1.1	0.9	0.9
775.47	1148.73	1819.88	1913.81	359.0	246.8	166.6	105.2	4.2	4.9	5.8
3035.18	2999.81	2580.22	2518.35	95.0	83.0	84.0	97.6	-0.2	-1.0	-1.9
1816.5	2060.9	2404.5	2445.2	194.9	134.6	118.6	101.7	2.2	1.6	1.9
386.2	291.6	275.2	273.8	102.4	70.9	93.9	99.5	0.1	-1.8	-0.7
10.26	16.68	25.99	27.30	127.7	266.1	163.7	105.0	0.8	5.3	5.6
428.62	**2003.07**	**6971.05**	**7655.18**	**2040.7**	**724.9**	**282.4**	**113.1**	**10.2**	**11.0**	**12.2**
175.96	485.14	1060.38	1098.66	515.0	243.1	156.1	104.5	5.4	4.8	5.1
133.56	700.76	3554.81	3919.45	4359.4	1393.7	431.8	117.1	12.9	14.9	17.6
119.10	817.17	2355.86	2637.07	3035.9	792.9	228.4	110.7	11.6	11.5	9.6
1134	4851	15900	17335	1457.8	620.9	264.3	112.3	9.0	10.1	11.4
70.65	548.20	4745.43	6643.14	81711.5	9402.9	1211.8	140.0	23.2	26.1	31.3
51.34	376.20	4325.38	6008.12	73886.1	11703.4	1597.1	138.9	22.5	27.4	36.2
		2464.51	3490.56				141.6			
		420.06	635.02				151.2			
40.62	171.69	816.99	928.88	7601.3	2286.7	541.0	113.7	15.0	17.9	20.6
	111.55	488.65	581.30			521.1	119.0			20.1
50.76	223.47	1210.07	1562.37	9602.8	3078.0	699.1	129.1	15.9	19.8	24.1
1282.42	1293.23	2395.00	2528.80		197.2	195.5	105.6		3.6	7.7
1732.29	2505.00	5383.00	5812.50		335.5	232.0	108.0		6.6	9.8
102.1	100.3	106.0	99.3		240.7	118.0	99.3		4.7	1.9
101.3	98.5	106.1	99.1	412.9	195.8	113.5	99.1	4.7	3.6	1.4
	101.0	106.4	93.0			138.3	93.0			3.7
	101.2	114.2	90.7			159.3	90.7			5.3
	101.4	108.1	96.1			126.9	96.1			2.7
1729	7014	21000	24696	4473.9	1428.3	352.1	117.6	13.0	15.0	15.0
1187.88	5103.60	12866.44	14021.54	4591.8	1180.4	274.7	109.0	13.1	13.9	11.9
669.90	2135.30	4697.19	5075.01	3607.0	757.6	237.7	108.0	12.3	11.2	10.1
142.79	1243.15	4166.19	5092.67	122419.8	3566.5	409.7	122.2	25.8	20.7	17.0
		37.24	38.60				103.6			
20.58	27.79	37.56	39.53		192.1	142.2	105.3		3.5	4.0
1203	39463	39968	37898		3150.3	96.0	94.8		19.9	-0.4
12182	164698	185460	179792		1475.9	109.2	96.9		15.2	1.0
1108	3033	4752	5313		479.5	175.2	111.8		8.6	6.4
878	2074	5894	6563		747.5	316.4	111.4		11.2	13.7
1091.0	4031	6605	6358		582.8	157.7	96.3		9.7	5.2
7044	20044	35804	43879		622.9	218.9	122.6		10.1	9.1
		50665	39540				78.0			

a) Growth rates of Gross Domestic Product, gross output value of agriculture and gross industrial value-added are calculated at constant prices.

b) Figures and average wage of workers and staff refer to fully employed workers and staff since 1998.

1-2 续表1

指 标	Item	1978
工业污染治理竣工项目数(个)	Industrial Pollution Treatment Projects Completed (unit)	
工业废水排放达标率(%)	Percentage of Industrial Waste Water Meeting Discharge Standards(%)	
工业“三废”综合利用产品产值(万元)	Output Value of Products Made from Utilization of Waste Gas, Waste Water & Solid Wastes(10000 yuan)	
农业	**Agriculture**	
农业总产值(亿元)	Gross Output Value of Agriculture (100 million yuan)	49.29
主要农产品产量	Output of Major Farm Products	
粮食(万吨)	Grain(10000 tons)	1125.74
棉花(万吨)	Cotton(10000 tons)	3.48
油料折油(万吨)	Oil-bearing Crops Converted Into Oil(10000 tons)	6.63
油料(万吨)	Oil-bearing Crops(10000 tons)	13.49
黄红麻(万吨)	Jute and Ambary Hemp(10000 tons)	0.48
烟叶(万吨)	Tobacco(10000 tons)	0.61
茶叶(吨)	Tea(ton)	8878
蚕茧(吨)	Silkworm Cocoons(ton)	143
甘蔗(万吨)	Sugar Cane(10000 tons)	68.29
水果(万吨)	Fruits(10000 tons)	2.92
肉类总产量(万吨)	Total Output of Meat(10000 tons)	26.27
水产品(万吨)	Aquatic Products(10000 tons)	5.93
生猪年末存栏(万头)	Number of Slaughtered Fattened Hogs at Year-end(10000 heads)	944.27
生猪当年出栏(万头)	Number of Slaughtered Fattened Hogs of the Year(10000 heads)	574.00
工业	**Industry**	
主要工业产品产量	Output of Major Industrial Products	
化学纤维(万吨)	Chemical Fiber (10000 tons)	0.42
布(混合数)(万米)	Cloth(10000 m)	20173
机制纸及纸板(万吨)	Machine-made Paper and Paperboard (10000 tons)	9.26
日用瓷(万件)	Household Ceramics (10000 units)	32095
卷烟(万箱)	Cigarettes(10000 boxs)	19.14
原煤产量(万吨)	Coal(10000 tons)	1435.50
发电量(亿千瓦时)	Electricity(100 million kwh)	45.31
钢产量(万吨)	Steel(10000 tons)	25.64
成品钢材(万吨)	Rolled Steel(10000 tons)	24.50
水泥(万吨)	Cement(10000 tons)	155.56
汽车(万辆)	Vehicles(10000 unit)	0.10
照相机(万架)	Cameras(10000 sets)	1.00
化学肥料(折合100%)(万吨)	Chemical Fertilezers(pure)(10000 tons)	15.97
化学农药(原药)(吨)	Chemical Pesticide(ton)	13539
规模以上工业企业主要指标(亿元)	Main Indicators of Industrial Enterprises above Designated Size (100 million yuan)	
工业增加值	Gross Industrial Value-added	
资产总计	Total Assets	
主营业务收入	Revenue from Principal Business	
利税总额	Total Profits	
建筑业(资级企业)	**Construction with Grade**	
建筑业企业人数(万人)	Number of Employed Persons(10000 persons)	
建筑业总产值(亿元)	Gross Output Value(100 million yuan)	
施工房屋面积(万平方米)	Floor Space of Buildings Under Construction(10000 sq.m)	
竣工房屋面积(万平方米)	Floor Space of Buildings Completed(10000 sq.m)	
交通运输业	**Transportation**	
铁路营业里程(公里)	Length of Railways in Operation(km)	1184
公路通车里程(公里)	Length of Highways(km)	30245

注：1.2000年及以后工业产品产量为规模以上产量。
2.公路通车里程从2006年开始包括村道。

continued

总量指标	Aggregate Data			速度指标 (%)	Indices and Growth Rates (%)						
				指数 Index (2009为以下各年) (2009 as Percentage of the Following Years)				平均增长速度 Average Annual Growth Rate			
1990	2000	2008	2009	1978	1990	2000	2008	1979-2009	1991-2009	2001-2009
		223	110				49.3			
	68.34	92.98	93.83			137.3	100.9			3.6
12783	40455	390935	470276		3678.9	1162.5	120.3		20.9	31.3
255.24	741.35	1680.50	1733.82	514.5	259.9	153.8	104.6	5.4	5.2	4.9
1658.20	1614.60	1958.10	2002.56	177.9	120.8	124.0	102.3	1.9	1.0	2.4
5.70	6.80	11.19	12.51	359.5	219.5	184.0	111.8	4.2	4.2	7.0
19.61	32.52	31.74	37.08	559.3	189.1	114.0	116.8	5.7	3.4	1.5
54.89	96.73	91.19	102.02	756.3	185.9	105.5	111.9	6.7	3.3	0.6
1.88	0.44	0.14	0.09	18.8	4.8	20.5	64.2	-5.3	-14.8	-16.2
2.31	1.82	4.78	4.33	710.4	187.6	238.1	90.7	6.5	3.4	10.1
19415	15703	22977	26359	296.9	135.8	167.9	114.7	3.6	1.6	5.9
2639	3266	7833	8375	5856.6	317.4	256.4	106.9	14.0	6.3	11.0
194.29	136.81	64.21	62.20	91.1	32.0	45.5	96.9	-0.3	-5.8	-8.4
23.30	42.34	275.36	327.08	11201.2	1403.8	772.5	118.8	16.4	14.9	25.5
111.74	192.31	261.63	300.91	1145.5	269.3	156.5	115.0	8.2	5.4	5.1
30.68	127.12	190.39	205.30	3462.1	669.2	161.5	107.8	12.1	10.5	5.5
1547.26	1473.50	1530.59	1680.10	177.9	108.6	114.0	109.8	1.9	0.4	1.5
1313.18	1992.27	2536.90	2814.55	490.3	214.3	141.3	110.9	5.3	4.1	3.9
2.00	7.08	16.87	13.50	3214.3	675.0	190.7	108.2	11.8	10.6	7.4
30566	21710	47026	67651	335.4	221.3	311.6	111.7	4.0	4.3	13.5
25.59	24.02	113.73	139.64	1508.0	545.7	581.3	118.8	9.1	9.3	21.6
44969	57470	160380	259118	807.3	576.2	450.9	165.5	7.0	9.7	18.2
47.02	50.99	100.80	105.80	552.8	225.0	207.5	105.0	5.7	4.4	8.4
2027.11	1813.76	2592.36	2982.47	207.8	147.1	164.4	115.3	2.4	2.1	5.7
121.41	201.06	466.87	496.42	1095.6	408.9	246.9	112.7	8.0	7.7	10.6
112.09	319.86	1240.94	1620.88	6321.7	1446.1	506.7	130.8	14.3	15.1	19.8
92.32	282.90	1277.21	1647.40	6724.1	1784.4	582.3	129.1	14.5	16.4	21.6
469.13	1382.00	5271.59	6153.20	3955.5	1311.6	445.2	117.7	12.6	14.5	18.0
0.97	13.36	21.19	28.47	28728.6	2931.7	213.2	135.0	20.0	19.5	8.8
9.00	17.84	1.93	2.69	269.0	29.9	15.1	139.5	3.2	-6.2	-19.0
31.07	43.43	54.17	48.71	305.0	156.8	112.2	100.0	3.7	2.4	1.3
5146	13796	21212	21612	159.6	420.0	156.7	97.2	1.5	7.8	5.1
	269.81	2323.52	2610.75			650.1	120.1			23.1
	1835.86	5293.61	6735.52			366.9	127.2			15.5
	897.00	8281.94	9814.16			1094.1	118.5			30.5
	80.54	681.86	942.70			1170.5	138.3			31.4
12.58	29.80	66.14	77.30		614.5	259.4	116.9		10.0	11.2
13.76	116.41	1034.47	1324.62		9626.6	1137.9	128.0		27.2	31.0
487.50	2572.30	10669.44	12015.73		2464.8	467.1	112.6		18.4	18.7
192.50	1359.80	5239.07	5944.11		3087.8	437.1	113.5		19.8	17.8
1581	2197	2549	2612	220.6	165.2	118.9	102.5	2.6	2.7	1.9
33203	60292	133847	137011	453.0	412.6	227.2	102.4	5.0	7.7	9.5

a) Output of industrial products are above designated size since 2000.

b) The total length of highways have included the village road since 2006.

1-2 续表2

指 标	Item	1978
货物周转量(亿吨公里)	Freight Ton-kilometers (100 million ton-km)	128.63
铁 路(亿吨公里)	Railways (100 million ton-km)	108.48
公 路(亿吨公里)	Highways (100 million ton-km)	5.14
水 运(亿吨公里)	Waterways (100 million ton-km)	15.01
空 运(万吨公里)	Civil Aviation (10000 ton-km)	
旅客周转量(亿人公里)	Passenger-kilometers (100 million person-km)	44.67
铁 路(亿人公里)	Railways (100 million person-km)	26.73
公 路(亿人公里)	Highways (100 million person-km)	16.83
水 运(亿人公里)	Waterways (100 million person-km)	1.13
空 运(万人公里)	Civil Aviation (10000 person-km)	
邮电通信业	**Postal and Telecommunication Services**	
邮电业务总量(亿元)	Business Volume of Postal and Telecommunication Services (100 million yuan)	0.92
函 件(万件)	Number of Letters (10000 pcs)	7372
报刊期发数(万份)	Issue of Number of Newspapers and Magazines (10000 copies)	302
移动电话用户(万户)	Number of Mobile Telephone Subscribers (10000 subscribers)	
固定电话用户(万户)	Fixed Telephone Subscribers (10000 Subscribers)	5.59
城市	Urban	3.01
农村	Rural	2.58
计算机互联网用户(万户)	Number of Internet Services Subscribers (10000 subscribers)	
局用交换机容量(万门)	Capacity of Office Telephone Exchanges (10000 line)	10.21
内外贸易和旅游	**Domestic Trade , Foreign Trade and Tourism**	
社会消费品零售总额(亿元)	Total Retail Sales of Consumer Goods(100 million yuan)	33.93
海关进出口总额(万美元)	Total Value of Imports and Exports (USD 10000)	
出口额	Exports	
进口额	Imports	
外商直接投资合同金额(万美元)	Contracted Foreign Direct Investments (USD 10000)	
外商直接投资实际使用金额(万美元)	Actually Utilized Foreign Direct Investments (USD 10000)	
旅游总收入(亿元)	Total Tourism Earnings (100 million yuan)	
涉外旅游人数(人次)	Number of International Tourists (person-times)	
涉外旅游收汇(万美元)	Foreign Exchange Earnings from International Tourism (USD 10000)	
金融业(亿元)	**Financial Intermediation (100 million yuan)**	
金融机构人民币存款余额	Deposits of National Banking System	
金融机构人民币贷款余额	Loans of National Banking System	
教育、文化、卫生	**Education,Culture and Health Care**	
高等学校在校学生数(人)	Students Enrollment of Higher Education(person)	21847
中等专业学校在校学生数(人)	Students Enrollment of Specialized Secondary Schools(persons)	28926
普通中学在校学生数(万人)	Students Enrollment of Secondary Schools(10000 persons)	169.20
小学在校学生数(万人)	Students Enrollment of Primary Schools(10000 persons)	513.77
学龄儿童入学率(%)	Rate of School-age Children Enrollment (%)	94.15
报纸出版数量(万份)	Number of Newspapers Published(10000 copies)	14453
期刊出版数量(万册)	Number of Magazines Published(10000 copies)	378
图书出版数量(万册)	Number of Books Published (10000 copies)	8495
卫生机构数(个)	Number of Hospitals(unit)	5178
卫生技术人员(人)	Number of Medical Technical Personnels(person)	70247
#医 生	Number of Doctors	30430
病 床 数(张)	Number of Hospital Beds(bed)	72289

注：1.公路通车里程从2006年开始包括村道。
2.邮电业务总量2000年以前按1990年不变价格计算，2001年以后按2000年不变价格计算。
3.卫生机构数1996年开始包括个体机构。
4.2007年卫生年报统计口径变动。
5.交通运输数据2008年开始按新口径计算
6.2009年互联网用户口径变化为宽带用户数。

continued

总量指标 Aggregate Data				速度指标 (%) Indices and Growth Rates (%)						
				指数 Index (2009为以下各年) (2008 as Percentage of the Following Years)				平均增长速度 Average Annual Growth Rate		
1990	2000	2008	2009	1978	1990	2000	2008	1979-2009	1991-2009	2001-2009
299.06	746.93	2289.85	2350.91	1827.7	786.1	314.7	102.7	9.8	11.5	13.6
204.27	563.82	683.94	675.67	622.9	330.8	119.8	98.8	6.1	6.5	2.0
62.83	147.19	1494.16	1536.46	29892.2	2445.4	1043.8	102.8	20.2	18.3	29.8
31.96	35.81	111.54	138.59	923.3	433.6	387.0	124.2	7.4	8.0	16.2
56	1094	2089	1903		3398.2	173.9	91.1		20.4	6.3
170.37	453.07	807.01	807.23	1807.1	473.8	178.2	100.0	9.8	8.5	6.6
74.65	271.91	529.91	510.53	1909.9	683.9	187.8	96.3	10.0	10.6	7.3
93.88	171.33	260.66	279.22	1659.0	297.4	163.0	107.1	9.5	5.9	5.6
1.11	1.20	0.52	0.39	34.9	35.5	32.8	76.0	-3.3	-5.3	-11.7
7306	86356	159193	170974		2340.2	198.0	107.4		18.0	7.9
2.85	81.31	495.17	624.24	67727.0	21903.2	767.7	126.1	23.4	32.8	25.4
17162	14010	10854	17414	236.2	101.5	124.3	160.4	2.8	0.1	2.4
490	375	341	363	120.3	74.1	96.8	106.5	0.6	-1.6	-0.4
	140.29	1277	1547			1102.7	121.1			30.6
12.61	354.09	846.9	748.5	13390.0	5935.8	211.4	88.4	17.1	24.0	8.7
10.11	234.34	495.9	448.0	14883.7	4431.3	191.2	90.3	17.5	22.1	7.5
2.49	119.75	351.0	300.5	11647.3	12068.3	250.9	85.6	16.6	28.7	10.8
	26.95	607	245.9			912.4	40.5			27.8
26.94	438.63	1224	1208.5	11834.1	4486.2	275.5	98.7	16.6	22.2	11.9
151.94	704.87	2141.79	2484.43	7322.2	1635.1	352.5	116.0	14.9	15.8	15.0
71934	162399	1361793	1277878		1776.5	786.9	93.8		16.3	25.8
58023	119736	772666	736849		1269.9	615.4	95.4		14.3	22.4
13911	42663	589127	541029		3889.2	1268.1	91.8		21.2	32.6
2855	26478	492550	490484		17179.8	1852.4	99.6		31.1	38.3
621	22724	360368	402354		64791.3	1770.6	111.7		40.6	37.6
	134.6	559.38	675.61			501.9	120.8			19.6
52875	163057	802052	964299		1823.7	591.4	120.2		16.5	21.8
418	6234	25170	28975		6931.8	464.8	115.1		25.0	18.6
	1966.78	7206.56	9296.39			472.7	129.0			18.8
	1739.87	4544.84	6346.99			364.8	139.7			15.5
57087	146411	779486	811478	3714.4	1421.5	554.2	104.1	12.4	15.0	21.0
61675	160022	228255	231772	801.3	375.8	144.8	101.5	6.9	7.2	4.2
181.06	259.22	256.69	266.48	157.5	147.2	102.8	103.8	1.5	2.1	0.3
450.44	422.68	423.93	422.75	82.3	93.9	100.0	99.7	-0.6	-0.3	0.0
98.24	99.58	99.93	99.89	106.1	101.7	100.3	100.0	0.2	0.1	0.0
58930	39929	67134	68850	476.4	116.8	172.4	102.6	5.2	0.8	6.2
2714	9060	5714	6381	1688.1	235.1	70.4	111.7	9.5	4.6	-3.8
19216	20300	15105	15949	187.7	83.0	78.6	105.6	2.1	-1.0	-2.6
5632	8048	8229	7102	137.2	126.1	88.2	86.3	1.0	1.2	-1.4
116786	123192	139764	146990	209.2	125.9	119.3	105.2	2.4	1.2	2.0
51994	54437	55187	56325	185.1	108.3	103.5	102.1	2.0	0.4	0.4
92274	90930	105156	123086	170.3	133.4	135.4	117.1	1.7	1.5	3.4

a) The total length of highways have inclnded the village road since 2006.

b) Business volume of post and telecommunication services before 2000 are calculated at constant prices of 1990 and at 2000 constant prices since 2000.

c) Number of hospitals include individual since 1996.

d) Statistical standards in health report have changed since 2007.

e)The datas of transportation are calculated according to new statistical scope since 2008.

f)Internet subscriber is adjusted to DSL subscriber in 2009.

1-3 国民经济主要比例关系

Principal Relations of Major Indicators on National Economic

单位：% (%)

指标	Item	1978	1980	1990	2000	2005	2008	2009
地区生产总值	**Gross Domestic Product**							
第一产业	Primary Industry	41.6	43.5	41.0	24.2	17.9	15.2	14.4
第二产业	Secondary Industry	38.0	36.9	31.2	35.0	47.3	51.0	51.2
工　业	Industry	26.6	27.8	27.2	27.2	35.9	41.7	41.8
建筑业	Construction	11.4	9.1	4.0	7.8	11.4	9.3	9.4
第三产业	Tertiary Industry	20.4	19.6	27.8	40.8	34.8	33.8	34.4
#交通运输邮电业	Transport,Postal and Telecommunication Services	2.9	3.5	5.9	9.7	7.4	5.6	5.2
批零贸易餐饮业	Wholesale, Retail Trades and Catering Services	5.6	5.2	4.6	9.1	8.4	8.6	9.4
金融保险业	Banking and Insurance	1.4	1.3	6.4	4.6	1.7	1.9	2.2
国内支出总额	**Total Domestic Consumption Expenditure**							
最终消费中	Final Consumption Expenditure							
居民消费	Resident Consumption		84.5	80.6	77.9	77.6	76.9	77.6
政府消费	Government Consumption Expenditure		15.5	19.4	22.1	22.4	23.1	22.4
资本形成总额中	Gross Capital Formation							
固定资本形成	Gross Fixed Capital	86.1	86.1	62.1	84.3	97.0	97.7	98.1
存货增加	Changes in Inventories	13.9	13.9	37.9	15.7	3.0	2.3	1.9
全省总人口	**Province Total Population**							
城镇人口	Urban				27.7	37.1	41.4	43.2
乡村人口	Rural				72.3	62.9	58.6	56.8
社会就业人员	**Total Employed Persons**							
第一产业	Primary Industry	77.2	77.7	65.7	46.6	39.9	37.4	36.5
第二产业	Secondary Industry	13.0	12.3	20.3	24.4	27.2	28.1	29.0
第三产业	Tertiary Industry	9.8	10.0	14.0	29.0	32.9	34.5	34.5
农业总产值	**Gross Agricultural Output Value**							
农　业	Farming	74.0	70.7	60.1	46.5	44.7	41.3	42.1
林　业	Forestry	11.9	14.1	9.4	7.8	7.7	9.0	9.3
牧　业	Animal Husbandry	12.8	14.0	26.4	29.9	31.9	33.1	31.2
渔　业	Fishery	1.3	1.2	4.1	13.5	14.2	12.6	13.3
服务业	Service in Support of Agriculture				2.3	1.5	4.0	4.0
规模以上工业增加值	**Gross Industrial Value-added above Designated Size**							
轻工业	Light Industry				37.7	34.6	34.0	33.6
重工业	Heavy Industry				62.3	65.4	66.0	66.4
城镇固定资产投资	**Investment in Fixed Assets in Urban Area**							
农　业	Agriculture	13.9	7.9	2.2	0.6	1.0	1.2	1.8
能源工业	Energy Industry	33.1	18.9	18.9	15.9	7.0	4.1	5.0
房地产开发	Real Estate Development			5.6	11.3	15.4	12.7	10.6
财政支出	**Government Expenditures**							
文教科学卫生事业费	Operating Expenses for Culture, Education, Science and Health Care	18.0	25.4	27.4	24.7	22.4	25.9	26.0
#科　学	Science	0.2	0.4	0.8	0.5	0.4	0.9	0.9
教　育	Education	10.6	15.6	16.4	17.1	15.6	17.1	16.1

1-4 主要指标每人年平均水平
Per Capita Average Annual Level of Major Indicators

指 标	Item	1978	1980	1990	2000	2005	2008	2009
地区生产总值(元)	**Gross Domestic Product(yuan)**	**276**	**342**	**1134**	**4851**	**9440**	**15900**	**17335**
第一产业	Primary Industry	115	149	466	1175	1693	2419	2488
第二产业	Secondary Industry	105	126	353	1697	4462	8108	8875
第三产业	Tertiary Industry	56	67	315	1979	3286	5373	5971
财政总收入(元)	**Government Revenue (yuan)**	**39**	**38**	**107**	**416**	**991**	**1863**	**2103**
年末居民储蓄存款余额(元)	**Balance of Savings Deposit of Households at Year-end(yuan)**	**13**	**24**	**375**	**2997**	**6385**	**9468**	**11532**
主要农产品产量(公斤)	**Output of Major Farm Products(kg)**							
粮 食	Grain	357.33	381.60	438.86	391.04	431.39	446.62	453.46
棉 花	Cotton	1.10	1.32	1.51	1.65	2.03	2.55	2.83
油料折油	Oil-bearing Crops Converted into oil	2.10	2.09	5.19	7.88	6.10	7.24	8.40
甘 蔗	Sugar Cane	21.68	26.38	51.42	33.13	18.22	14.64	14.09
水 果	Fruits	0.93	1.73	6.17	10.25	30.32	62.81	74.06
肉类总产量	Total output of Meat	8.34	11.71	29.57	46.58	56.97	59.68	68.14
牛 奶	Milk	0.16	0.28	0.59	1.36	2.91	2.07	2.69
水 产 品	Aquatic Products	1.88	2.32	8.12	30.79	39.25	43.43	46.49
主要工业产品产量	**Output of Major Industrial Products**							
化学纤维(公斤)	Chemical Fiber(kg)	0.13	0.41	0.53	1.71	4.20	3.85	3.06
布(混合数)(米)	Cloth(m)	6.40	9.24	8.09	5.26	6.53	10.73	15.32
机制纸及纸板(公斤)	Machine-made Paper and Paperboard(kg)	2.94	3.91	6.77	5.82	15.59	25.94	31.62
日 用 瓷(件)	Household Ceramics(unit)	10.19	10.18	11.90	13.92	14.40	36.58	58.68
原 煤(公斤)	Coal(kg)	455.65	458.62	536.50	439.28	377.16	591.29	675.36
发 电 量(千瓦小时)	Electricity(kwh)	143.82	176.05	321.32	486.95	812.75	1064.88	1124.11
钢 产 量(公斤)	Steel(kg)	8.14	11.93	29.67	77.47	224.14	283.04	367.04
成品钢材(公斤)	Rolled Steel(kg)	7.78	14.36	24.43	68.52	236.85	291.32	373.04
水 泥(公斤)	Cement(kg)	49.38	61.85	124.16	334.71	809.09	1202.39	1393.35
化学肥料(公斤)	Chemical Fertilezers(kg)	5.07	7.92	8.22	10.52	11.08	12.36	11.03
化学农药(公斤)	Chemical Pesticide(kg)	0.43	0.54	0.14	0.33	0.34	0.48	0.49
主要消费品消费量	**Consumption of Major Consumer Good**							
农民生活消费量(公斤)	Living Consumption of Rural Households(kg)							
粮 食	Grain		314.55	340.85	303.61	244.71	239.43	219.00
植 物 油	Vegetable Oils		2.03	4.76	8.73	5.62	5.72	5.98
猪牛羊肉	Pork, Beef and Mutton		6.60	11.99	12.64	15.61	12.05	13.34
蛋 类	Eggs		1.04	1.95	3.26	3.50	3.47	3.53
水 产 品	Aquatic Products		1.54	2.02	3.73	5.43	5.78	5.56
城镇居民购买量(元)	Purchase of Urban Households(yuan)							
粮 食	Grain					224.96	307.87	324.87
植 物 油	Vegetable Oils					114.52	214.93	169.29
猪牛羊肉	Pork, Beef and Mutton					385.19	627.30	590.60
蛋 类	Eggs					56.72	77.51	79.25
水 产 品	Aquatic Products					140.48	212.69	236.96

1-5 江 西 的 一 天
One Day of Jiangxi

指　　标	Item	1978	2000	2005	2008	2009
全省每天创造的财富	**Province Daily Production**					
地区生产总值(万元)	Gross Domestic Product(10000 yuan)	2384	54879	111144	190988	209731
第一产业	Primary Industry	991	13292	19928	29052	30100
第二产业	Secondary Industry	907	19199	52533	97392	107382
工业	Industry	635	14788	39877	79640	87577
建筑业	Construction	272	4410	12657	17752	19805
第三产业	Tertiary Industry	486	22388	38683	64544	72248
#交通运输邮电业	Transport,Postal and Telecommunication Services	70	5342	8236	10642	10819
批零贸易餐饮业	Wholesale and Retail Trades and Catering Services	135	4985	9357	16355	19767
金融保险业	Banking and Insurance	32	2708	1905	3577	4523
财政总收入(万元)	Government Revenue(10000 yuan)	335	4704	11669	22383	25449
财政支出(万元)	Government Expenditures(10000 yuan)	446	6123	15451	33153	42805
布产量(万米)	Cloth(10000 meters)	55	59	77	129	185
机制纸及纸板(吨)	Machine-made Paper and Paperboard(ton)	254	658	1836	3116	3826
日用瓷(万件)	Household Ceramics(10000 units)	88	157	170	439	710
原煤产量(吨)	Coal(ton)	39329	49692	44405	71024	81712
发电量(万千瓦小时)	Electricity(10000 kwh)	1241	5508	9569	12791	13601
钢产量(吨)	Steel(ton)	702	8763	26389	33998	44408
成品钢材(吨)	Rolled Steel(ton)	671	7751	27885	34992	45134
水泥(吨)	Cement(ton)	4262	37863	95261	144427	168581
汽车(辆)	Vehicles(unit)	3	366	567	581	780
照相机(架)	Cameras(set)	27	489	184	53	74
全省每天消费	**Province Daily Consumption**					
最终消费(万元)	Final Consumption(10000 yuan)	1558	34783	58008	89860	97146
居民消费	Resident Consumption		27101	44992	69101	75362
农业居民消费	Agricultural Households Consumption		15743	22379	22098	24048
非农业居民消费	Non-agricultural Households Consumption		11358	22613	47003	51315
政府消费	Government Consumption Expenditure		7682	13017	20759	21784
能源消费(万吨标准煤)	Energy Consumption(10000 tons of SCE)		6.86	11.74	14.75	15.92
社会消费品零售总额(万元)	Total Retail Sales of Consumer Goods (10000 yuan)	930	19312	33868	57063	68066
全省每天其他活动	**Province Other Daily Economic Activities**					
货物运输量(万吨)	Freight Traffic(10000 tons)	12.89	64.66	91.15	117.84	234.84
旅客运输量(万人)	Passenger Traffic(10000 persons)	17.69	98.14	114.31	124.83	193.55
出版报纸(万份)	Newspapers Published(10000 copies)	39.60	109.39	170.58	183.93	188.63
出版杂志(万册)	Magazines Published(10000 copies)	1.03	28.70	15.41	15.65	17.48
出版图书(万册)	Books Published(10000 copies)	23.27	55.62	46.32	41.38	43.70
邮电业务总量(万元)	Business Volume of Postal and Telecommunication Services(10000 yuan)	21	2228	7108	13566	17102
邮寄函件(万件)	Letters Delivered(10000 pieces)	20.20	38.38	24.61	29.74	47.71
邮寄包裹(件)	Packages Delivered(piece)		6767	4986	4027	3616
结婚人数(对)	Number of Marriages(couple)	437	810	809	1072	1118
离婚人数(对)	Number of Divorces(couple)	28	66	108	154	125

1-6 地区生产总值
Gross Domestic Product

本表按当年价格计算。
Data in this table are calculated at current prices.

单位：亿元 (100 million yuan)

年份 Year	地区生产总值 Gross Domestic Product	第一产业 Primary Industry	第二产业 Secondary Industry	工业 Industry	建筑业 Construction	第三产业 Tertiary Industry	交通运输仓储和邮政业 Transport, Storage and Post	批发零售和住宿餐饮业 Whlesale and Retail Trades,Hotel and Catering Services	金融业 Financial Intermediation	人均地区生产总值 Per Capita GDP
1978	87.00	36.18	33.08	23.16	9.92	17.74	2.54	4.91	1.18	276
1979	104.15	48.70	36.41	26.43	9.98	19.04	3.27	4.92	1.04	325
1980	111.15	48.31	41.00	30.84	10.16	21.84	3.92	5.78	1.39	342
1981	121.26	56.09	41.10	31.93	9.17	24.07	4.19	6.50	1.48	369
1982	133.96	63.91	42.64	33.44	9.20	27.41	5.39	7.04	1.98	403
1983	144.13	63.98	49.20	38.12	11.08	30.95	6.28	8.21	2.29	428
1984	169.11	71.89	61.31	49.89	11.42	35.91	6.47	8.62	4.19	497
1985	207.89	84.06	76.05	63.13	12.92	47.78	12.27	11.57	5.60	597
1986	230.82	90.27	83.60	71.21	12.39	56.95	13.53	13.47	7.50	652
1987	262.90	104.63	92.44	79.33	13.11	65.83	14.54	13.84	11.71	729
1988	325.83	119.18	117.38	100.73	16.65	89.27	20.30	19.23	19.63	891
1989	376.46	133.19	131.23	111.91	19.32	112.04	21.03	28.30	25.86	1013
1990	428.62	175.96	133.56	116.50	17.06	119.10	25.18	19.74	27.33	1134
1991	479.37	183.27	154.77	135.82	18.95	141.33	26.73	27.86	31.17	1249
1992	572.55	200.81	199.40	168.14	31.26	172.34	31.61	35.80	38.83	1472
1993	723.04	225.58	282.46	233.76	48.70	215.00	39.43	44.68	48.44	1835
1994	948.16	314.35	338.23	269.16	69.07	295.58	55.93	57.76	61.71	2376
1995	1169.73	374.64	403.74	314.49	89.25	391.35	78.32	82.39	71.84	2896
1996	1409.74	440.00	481.30	375.83	105.47	488.44	101.64	108.31	86.32	3452
1997	1605.77	475.18	548.84	438.98	109.86	581.75	115.41	124.66	97.40	3890
1998	1719.87	450.44	608.22	477.15	131.07	661.21	145.40	143.54	100.50	4124
1999	1853.65	464.40	648.82	503.79	145.03	740.43	167.74	161.63	101.15	4402
2000	2003.07	485.14	700.76	543.88	156.88	817.17	194.98	181.96	92.97	4851
2001	2175.68	506.00	786.12	603.23	182.89	883.56	217.94	192.06	82.02	5221
2002	2450.48	535.98	941.77	702.42	239.35	972.73	248.61	214.19	76.51	5829
2003	2807.41	560.00	1204.33	863.31	341.02	1043.08	266.11	243.06	64.31	6624
2004	3456.70	664.50	1566.40	1140.00	426.40	1225.80	320.50	296.37	65.10	8097
2005	4056.76	727.37	1917.47	1455.50	461.97	1411.92	300.60	355.63	69.55	9440
2006	4820.53	786.14	2419.74	1905.15	514.59	1614.65	339.08	406.55	79.75	11145
2007	5800.25	905.77	2975.53	2412.30	563.23	1918.95	371.60	473.70	101.34	13322
2008	6971.05	1060.38	3554.81	2906.86	647.95	2355.86	388.42	596.97	130.57	15900
2009	7655.18	1098.66	3919.45	3196.56	722.89	2637.07	394.90	721.48	165.10	17335

注：自2005年起，交通运输仓储和邮政业不含信息传输计算机服务和软件业。
a) Since 2005, transportation,storage and post has not included information transmission, computer service and software.

1-7 地区生产总值构成

Composition of Gross Domestic Product

本表按当年价格计算。

Data in this table are calculated at current prices.

单位：%　　(%)

年 份 Year	地区生产总值 Gross Domestic Product	第一产业 Primary Industry	第二产业 Secondary Industry	工 业 Industry	建筑业 Construction	第三产业 Tertiary Industry	交通运输仓储和邮政业 Transport, Storage and Post	批发零售和住宿餐饮业 Whlesale and Retail Trades,Hotel and Catering Services	金融业 Financial Intermediation
1978	100.0	41.6	38.0	26.6	11.4	20.4	2.9	5.6	1.4
1979	100.0	46.8	34.9	25.3	9.6	18.3	3.1	4.7	1.0
1980	100.0	43.5	36.9	27.8	9.1	19.6	3.5	5.2	1.3
1981	100.0	46.3	33.9	26.3	7.6	19.8	3.5	5.4	1.2
1982	100.0	47.7	31.8	24.9	6.9	20.5	4.0	5.3	1.5
1983	100.0	44.4	34.1	26.4	7.7	21.5	4.4	5.7	1.6
1984	100.0	42.5	36.3	29.5	6.8	21.2	3.8	5.1	2.5
1985	100.0	40.4	36.6	30.4	6.2	23.0	5.9	5.6	2.7
1986	100.0	39.1	36.2	30.9	5.3	24.7	5.9	5.8	3.2
1987	100.0	39.8	35.2	30.2	5.0	25.0	5.5	5.3	4.5
1988	100.0	36.6	36.0	30.9	5.1	27.4	6.2	5.9	6.0
1989	100.0	35.4	34.8	29.7	5.1	29.8	5.6	7.5	6.9
1990	100.0	41.0	31.2	27.2	4.0	27.8	5.9	4.6	6.4
1991	100.0	38.2	32.3	28.3	4.0	29.5	5.6	5.8	6.5
1992	100.0	35.1	34.8	29.4	5.4	30.1	5.5	6.3	6.9
1993	100.0	31.2	39.1	32.3	6.8	29.7	5.5	6.2	6.7
1994	100.0	33.1	35.7	28.4	7.3	31.2	5.9	6.1	6.5
1995	100.0	32.0	34.5	26.9	7.6	33.5	6.7	7.0	6.1
1996	100.0	31.2	34.1	26.6	7.5	34.7	7.2	7.7	6.1
1997	100.0	29.6	34.2	27.3	6.9	36.2	7.2	7.8	6.1
1998	100.0	26.2	35.4	27.8	7.6	38.4	8.5	8.3	5.8
1999	100.0	25.1	35.0	27.2	7.8	39.9	9.0	8.7	5.5
2000	100.0	24.2	35.0	27.2	7.8	40.8	9.7	9.1	4.6
2001	100.0	23.3	36.1	27.7	8.4	40.6	10.0	8.8	3.8
2002	100.0	21.9	38.5	28.7	9.8	39.6	10.1	8.7	3.1
2003	100.0	19.9	42.9	30.8	12.1	37.2	9.5	8.7	2.3
2004	100.0	19.2	45.3	33.0	12.3	35.5	9.3	8.2	1.9
2005	100.0	17.9	47.3	35.9	11.4	34.8	7.4	8.4	1.7
2006	100.0	16.3	50.2	39.5	10.7	33.5	7.0	8.4	1.7
2007	100.0	15.6	51.3	41.6	9.7	33.1	6.4	8.2	1.7
2008	100.0	15.2	51.0	41.7	9.3	33.8	5.6	8.6	1.9
2009	100.0	14.4	51.2	41.8	9.4	34.4	5.2	9.4	2.2

1-8　地区生产总值指数

Indices of Gross Domestic Product

本表按可比价格计算。

Data in this table are calculated at constant pieces.

(1978年=100)　　(year of 1978=100)

年份 Year	地区生产总值 Gross Domestic Product	第一产业 Primary Industry	第二产业 Secondary Industry	工业 Industry	建筑业 Construction	第三产业 Tertiary Industry	交通运输仓储和邮政业 Transport, Storage and Post	批发零售和住宿餐饮业 Whlesale and Retail Trades,Hotel and Catering Services	金融业 Financial Intermediation	人均地区生产总值 Per Capita GDP
1978	100.0	100.0	100.0	100.0	100.0	100.0	100.0	100.0	100.0	100.0
1979	115.8	115.4	115.9	120.9	104.2	116.6	141.6	108.2	83.3	113.8
1980	120.7	116.4	129.7	138.9	108.1	114.4	147.1	106.1	98.1	117.0
1981	127.5	128.3	127.8	142.2	93.6	125.0	152.0	120.4	107.2	122.2
1982	139.4	144.1	131.5	146.5	96.4	141.4	202.3	131.1	141.6	132.0
1983	148.9	144.2	150.6	165.5	115.4	154.8	221.7	149.1	155.1	139.1
1984	171.8	157.9	182.5	211.0	115.4	183.0	235.9	156.6	314.1	157.9
1985	197.2	169.1	218.3	258.7	123.5	222.9	303.1	182.8	382.9	178.3
1986	210.4	171.0	234.2	286.9	117.0	256.8	312.5	210.6	514.6	187.0
1987	227.9	186.6	250.4	310.4	115.5	280.2	320.9	199.9	761.6	199.2
1988	253.9	191.6	291.5	361.3	134.4	327.6	375.1	233.7	1077.7	218.7
1989	269.4	199.1	305.2	373.9	150.8	364.0	390.9	207.8	1353.6	228.5
1990	281.5	211.8	312.8	392.2	133.9	382.9	439.0	136.5	1368.5	234.8
1991	304.6	219.2	349.7	434.6	138.5	429.2	407.4	177.7	1467.0	250.1
1992	349.7	231.9	430.1	511.5	222.7	511.6	449.0	275.3	1665.0	283.4
1993	397.6	235.6	554.4	650.1	315.3	573.0	489.4	277.5	1981.4	318.0
1994	432.6	249.0	593.2	678.1	392.5	659.0	580.4	301.6	2211.2	341.5
1995	462.0	261.5	611.0	684.2	449.0	749.3	705.2	348.6	2339.4	360.4
1996	516.1	283.7	692.3	778.6	499.3	848.2	777.8	425.3	2470.4	398.2
1997	579.6	303.0	799.6	917.2	520.8	966.9	912.4	482.7	2670.5	442.4
1998	620.8	291.5	888.4	1013.5	597.4	1087.8	1121.3	562.3	2729.3	468.9
1999	669.2	309.0	946.1	1068.2	670.3	1204.2	1320.9	634.3	2786.6	500.5
2000	722.7	330.0	1009.5	1143.0	705.2	1329.4	1550.7	726.9	2549.7	551.5
2001	786.3	343.9	1139.7	1266.4	844.8	1434.4	1713.5	780.0	2412.0	594.8
2002	868.9	359.0	1350.5	1495.6	1012.9	1533.4	1895.1	862.7	2151.5	651.3
2003	981.9	368.7	1678.7	1787.2	1408.9	1646.9	2052.4	975.7	1912.7	730.1
2004	1111.5	398.2	1990.9	2114.3	1682.2	1808.3	2309.0	1097.7	1579.9	820.6
2005	1253.8	424.1	2331.3	2545.6	1826.9	2003.6	2593.0	1238.2	1668.4	919.9
2006	1408.0	451.7	2711.3	3029.3	1965.7	2202.0	2917.1	1386.8	1786.9	1026.6
2007	1593.9	470.2	3180.4	3683.6	2012.9	2459.6	3281.7	1547.7	1954.9	1154.9
2008	1804.3	492.8	3721.1	4427.7	2087.4	2742.5	3445.8	1767.5	2166.0	1298.1
2009	2040.7	515.0	4357.4	5242.4	2308.7	3035.9	3483.7	2068.0	2577.5	1457.8

1-9 地区生产总值指数

Indices of Gross Domestic Product

本表按可比价格计算。

Data in this table are calculated at constant prices.

(上年=100) (preceding year =100)

年 份 Year	地区生产总值 Gross Domestic Product	第一产业 Primary Industry	第二产业 Secondary Industry	工业 Industry	建筑业 Construction	第三产业 Tertiary Industry	交通运输仓储和邮政业 Transport, Storage and Post	批发零售和住宿餐饮业 Whlesale and Retail Trades,Hotel and Catering Services	金融业 Financial Intermediation	人均地区生产总值 Per Capita GDP
1978	113.3	99.8	126.1			128.6				
1979	115.8	115.4	115.9	120.9	104.2	116.6	141.6	108.2	83.3	113.8
1980	104.2	100.9	111.9	114.9	103.7	98.1	103.9	98.1	117.8	102.8
1981	105.6	110.2	98.5	102.4	86.6	109.3	103.3	113.5	109.3	104.4
1982	109.3	112.3	102.9	103.0	103.0	113.1	133.1	108.9	132.1	108.0
1983	106.8	100.1	114.5	113.0	119.7	109.5	109.6	113.7	109.5	105.4
1984	115.4	109.5	121.2	127.5	100.0	118.2	106.4	105.0	202.5	113.6
1985	114.8	107.1	119.6	122.6	107.0	121.8	128.5	116.7	121.9	112.9
1986	106.7	101.1	107.3	110.9	94.7	115.2	103.1	115.2	134.4	104.9
1987	108.3	109.1	106.9	108.2	98.7	109.1	102.7	94.9	148.0	106.5
1988	111.4	102.7	116.4	116.4	116.4	116.9	116.9	116.9	141.5	109.8
1989	106.1	103.9	104.7	103.5	112.2	111.1	104.2	88.9	125.6	104.4
1990	104.5	106.4	102.5	104.9	88.8	105.2	112.3	65.7	101.1	102.7
1991	108.2	103.5	111.8	110.8	103.4	112.1	92.8	130.2	107.2	106.5
1992	114.8	105.8	123.0	117.7	160.8	119.2	110.2	154.9	113.5	113.3
1993	113.7	101.6	128.9	127.1	141.6	112.0	109.0	100.8	119.0	112.2
1994	108.8	105.7	107.0	104.3	124.5	115.0	118.6	108.7	111.6	107.4
1995	106.8	105.0	103.0	100.9	114.4	113.7	121.5	115.6	105.8	105.5
1996	111.7	108.5	113.3	113.8	111.2	113.2	110.3	122.0	105.6	110.5
1997	112.3	106.8	115.5	117.8	104.3	114.0	117.3	113.5	108.1	111.1
1998	107.1	96.2	111.1	110.5	114.7	112.5	122.9	116.5	102.2	106.0
1999	107.8	106.0	106.5	105.4	112.2	110.7	117.8	112.8	102.1	106.7
2000	108.0	106.8	106.7	107.0	105.2	110.4	117.4	114.6	91.5	110.2
2001	108.8	104.2	112.9	110.8	119.8	107.9	110.5	107.3	94.6	107.8
2002	110.5	104.4	118.5	118.1	119.9	106.9	110.6	110.6	89.2	109.5
2003	113.0	102.7	124.3	119.5	139.1	107.4	108.3	113.1	88.9	112.1
2004	113.2	108.0	118.6	118.3	119.4	109.8	112.5	112.5	82.6	112.4
2005	112.8	106.5	117.1	120.4	108.6	110.8	112.3	112.8	105.6	112.1
2006	112.3	106.5	116.3	119.0	107.6	109.9	112.5	112.0	107.1	111.6
2007	113.2	104.1	117.3	121.6	102.4	111.7	112.5	111.6	109.4	112.5
2008	113.2	104.8	117.0	120.2	103.7	111.5	105.0	114.2	110.8	112.4
2009	113.1	104.5	117.1	118.4	110.6	110.7	101.1	117.0	119.0	112.3

1-10 收入法地区生产总值
Income Approach of Gross Domestic Product

本表按当年价格计算。
Data in this table are calculated at current prices.

单位：亿元 (100 million yuan)

年 份 Year	地区生产总值 Gross Domestic Product	劳动者报酬 Compensation of Employees	固定资产折旧 Net Taxes on Prduction	生产税净额 Depreciation of Fixed Assets	营业盈余 Operating Surplus
1978	87.00	57.36	8.19	7.62	13.83
1979	104.15	68.87	8.74	8.55	17.99
1980	111.15	73.40	9.06	9.05	19.64
1981	121.26	79.84	9.88	10.11	21.43
1982	133.96	89.26	10.66	10.79	23.25
1983	144.13	95.08	11.10	12.37	25.58
1984	169.11	115.06	12.78	14.12	27.15
1985	207.89	134.11	17.82	19.79	36.17
1986	230.82	143.36	19.71	24.56	43.19
1987	262.90	159.16	22.11	40.64	40.99
1988	325.83	192.43	25.94	32.75	74.71
1989	376.46	218.11	29.44	44.21	84.70
1990	428.62	265.24	33.85	42.61	86.92
1991	479.37	277.58	44.06	45.52	112.21
1992	572.55	358.84	55.87	50.56	107.28
1993	723.04	462.89	61.49	80.65	118.01
1994	948.16	613.87	97.04	106.10	131.15
1995	1169.73	718.54	123.45	100.37	227.37
1996	1409.74	898.92	140.02	120.04	250.76
1997	1605.77	1044.68	192.38	160.07	208.64
1998	1719.87	1081.83	229.54	166.88	241.62
1999	1853.65	1151.31	282.15	180.32	239.87
2000	2003.07	1218.70	351.87	210.86	221.64
2001	2175.68	1274.14	419.36	280.09	202.09
2002	2450.48	1399.72	497.42	316.47	236.87
2003	2807.41	1555.45	567.25	374.23	310.48
2004	3456.70	1932.98	684.25	475.52	363.95
2005	4056.76	1845.67	488.88	502.26	1219.95
2006	4820.53	2140.24	568.14	624.30	1487.85
2007	5800.25	2544.29	677.27	778.30	1800.39
2008	6971.05	3006.32	1159.71	1300.32	1504.70
2009	7655.18	3118.08	1364.35	1488.80	1683.95

1-11 支出法地区生产总值

Gross Domestic Product by Expenditure Approach

本表按可比价格计算。
Data in this table are calcuated at current prices

单位：亿元 (100 million yuan)

年 份 Year	支出法地区生产总值 Gross Domestic Product by Expenditure Approach	最终消费支出 Final Consumption Expenditures	居民消费支出 Household Consumption Expenditures	农村居民 Rural Household	城镇居民 Urban Household	政府消费支出 Government Consumption Expenditures	资本形成总额 Gross Capital Formation	固定资本形成总额 Gross Fixed Capital Formation	存货增加 Change in Inventories	货物和服务净出口 Net Exports of Goods and Services
1978	87.00	56.88					34.52	29.71	4.81	-4.40
1979	104.15	65.01					39.33	33.85	5.48	-0.19
1980	111.15	81.02	68.45	49.22	19.23	12.57	36.34	31.28	5.06	-6.21
1981	121.26	89.05	75.74	51.28	23.56	13.31	33.93	28.63	5.30	-1.72
1982	133.96	103.72	88.54	63.62	24.92	15.18	38.91	32.31	6.60	-8.67
1983	144.13	111.17	95.00	69.28	25.72	16.17	42.96	38.67	4.29	-10.00
1984	169.11	127.36	105.81	77.13	28.68	21.55	53.05	44.81	8.24	-11.30
1985	207.89	151.31	126.30	90.76	35.54	25.01	68.83	52.05	16.78	-12.25
1986	230.82	165.63	137.54	96.46	41.08	28.09	80.91	61.63	19.28	-15.72
1987	262.90	184.12	150.66	103.47	47.19	33.46	95.68	65.75	29.93	-16.90
1988	325.83	219.19	182.06	120.81	61.25	37.13	129.06	71.66	57.40	-22.42
1989	376.46	268.42	212.44	140.28	72.16	55.98	134.76	79.14	55.62	-26.72
1990	428.62	310.12	250.02	172.83	77.19	60.10	126.99	78.87	48.12	-8.88
1991	479.37	341.79	270.89	185.27	85.62	70.90	147.60	86.56	61.04	-10.02
1992	572.55	381.98	299.37	196.36	103.01	82.61	219.50	136.93	82.57	-28.93
1993	723.04	460.22	349.29	222.92	126.37	110.93	298.34	222.47	75.87	-35.52
1994	944.75	597.07	471.91	291.17	180.74	125.16	368.62	282.84	85.78	-20.94
1995	1177.26	769.98	629.78	401.86	227.92	140.20	425.44	325.55	99.89	-18.16
1996	1413.70	919.59	758.36	495.80	262.56	161.23	507.63	395.85	111.78	-13.52
1997	1596.56	989.60	796.77	504.29	292.48	192.83	617.03	477.30	139.73	-10.07
1998	1719.01	1053.66	823.03	516.98	306.05	230.63	672.85	520.82	152.03	-7.50
1999	1831.25	1122.56	865.87	532.56	333.31	256.69	715.49	552.67	162.82	-6.80
2000	1982.17	1269.58	989.20	574.63	414.57	280.38	718.29	605.54	112.75	-5.70
2001	2161.75	1357.47	1041.96	578.29	463.67	315.51	800.83	696.70	104.13	3.45
2002	2460.49	1459.65	1114.58	602.72	511.86	345.07	999.28	931.80	67.48	1.56
2003	2815.35	1525.90	1171.27	628.50	542.77	354.63	1321.68	1269.92	51.76	-32.23
2004	3464.59	1822.14	1431.42	744.46	686.96	390.72	1697.01	1633.53	63.48	-54.56
2005	4061.76	2117.30	1642.20	816.84	825.36	475.10	1981.98	1922.10	59.88	-37.52
2006	4814.53	2372.91	1804.79	893.04	911.75	568.12	2494.67	2422.06	72.61	-53.05
2007	5794.25	2793.45	2047.13	976.65	1070.48	746.32	3060.96	2982.33	78.63	-60.16
2008	6971.05	3279.89	2522.19	806.58	1715.61	757.70	3760.50	3675.71	84.79	-69.34
2009	7655.18	3545.84	2750.72	877.74	1872.98	795.12	4163.37	4082.63	80.74	-54.03

注：支出法生产总值不等于前表生产总值是由于计算误差的影响。
a) The gorss regional production by expenditure approach is not equal to gross domestic product due to statistical discrepancies.

1-12 支出法地区生产总值结构

Components of Gross Domestic Product by Expenditure Approach

本表按当年价格计算

Data in this table are calcuated at current prices

单位：% (%)

年 份 Year	最终消费率（消费率）Final Consumption Rate	资本形成率（投资率）Capital Formation Rate	最终消费支出＝100 Final Consumption Expenditures=100		资本形成总额＝100 Gross Capital Formation=100		居民消费支出＝100 Household Consumption Expenditures=100	
			居民消费支出 Household Consumption Expenditures	政府消费支出 Government Consumption Expenditures	固定资本形成总额 Gross Fixed Capital Formation	存货增加 Change in Inventories	农村居民 Rural Household	城镇居民 Urban Household
1978	65.38	39.68			86.1	13.9		
1979	62.42	37.76			86.1	13.9		
1980	72.89	32.69	84.5	15.5	86.1	13.9	71.9	28.1
1981	73.44	27.98	85.1	14.9	84.4	15.6	67.7	32.3
1982	77.43	29.05	85.4	14.6	83.0	17.0	71.9	28.1
1983	77.13	29.81	85.5	14.5	90.0	10.0	72.9	27.1
1984	75.31	31.37	83.1	16.9	84.5	15.5	72.9	27.1
1985	72.78	33.11	83.5	16.5	75.6	24.4	71.9	28.1
1986	71.76	35.05	83.0	17.0	76.2	23.8	70.1	29.9
1987	70.03	36.39	81.8	18.2	68.7	31.3	68.7	31.3
1988	67.27	39.61	83.1	16.9	55.5	44.5	66.4	33.6
1989	71.30	35.80	79.1	20.9	58.7	41.3	66.0	34.0
1990	72.35	29.63	80.6	19.4	62.1	37.9	69.1	30.9
1991	71.30	30.79	79.3	20.7	58.6	41.4	68.4	31.6
1992	66.72	38.34	78.4	21.6	62.4	37.6	65.6	34.4
1993	63.65	41.26	75.9	24.1	74.6	25.4	63.8	36.2
1994	63.20	39.02	79.0	21.0	76.7	23.3	61.7	38.3
1995	65.40	36.14	81.8	18.2	76.5	23.5	63.8	36.2
1996	65.05	35.91	82.5	17.5	78.0	22.0	65.4	34.6
1997	61.98	38.65	80.5	19.5	77.4	22.6	63.3	36.7
1998	61.29	39.14	78.1	21.9	77.4	22.6	62.8	37.2
1999	61.30	39.07	77.1	22.9	77.2	22.8	61.5	38.5
2000	64.05	36.24	77.9	22.1	84.3	15.7	58.1	41.9
2001	62.79	37.05	76.8	23.2	87.0	13.0	55.5	44.5
2002	59.32	40.61	76.4	23.6	93.2	6.8	54.1	45.9
2003	54.20	46.95	76.8	23.2	96.1	3.9	53.7	46.3
2004	52.59	48.98	78.6	21.4	96.3	3.7	52.0	48.0
2005	52.12	48.80	77.6	22.4	97.0	3.0	49.7	50.3
2006	49.29	51.82	76.1	23.9	97.1	2.9	49.5	50.5
2007	48.21	52.83	73.3	26.7	97.4	2.6	47.7	52.3
2008	47.05	53.94	76.9	23.1	97.7	2.3	32.0	68.0
2009	46.32	54.39	77.6	22.4	98.1	1.9	31.9	68.1

1-13 支出法地区生产总值指数
Indices of Gross Domestic Product by Expenditure Approach

本表按可比价格计算.
Data in this table are calculated at constant prices.

(1980=100) (year of 1980=100)

年份 Year	支出法地区生产总值 Gross Domestic Product by Expenditure Approach	最终消费支出 Final Consumption Expenditures	居民消费支出 Household Consumption Expenditures	农村居民 Rural Household	城镇居民 Urban Household	政府消费支出 Government Consumption Expenditures	资本形成总额 Gross Capital Formation	固定资本形成总额 Gross Fixed Capital Formation	存货增加 Change in Inventories
1980	100.0	100.0	100.0	100.0	100.0	100.0	100.0	100.0	100.0
1981	105.6	106.4	107.1	102.6	118.6	104.3	87.8	80.0	105.2
1982	115.4	122.8	121.9	121.8	122.2	129.2	113.0	105.2	145.7
1983	123.2	130.0	129.5	131.3	124.9	133.9	125.1	128.0	77.7
1984	142.2	146.6	141.5	143.5	136.6	180.0	149.0	140.9	163.0
1985	163.2	159.1	154.1	154.0	154.4	192.8	198.5	161.9	315.2
1986	174.1	168.3	158.6	156.0	165.5	233.9	216.4	212.4	204.6
1987	188.6	176.4	166.7	161.1	182.2	240.7	221.2	182.0	324.1
1988	210.1	187.5	177.5	166.4	208.4	252.7	291.8	145.6	815.8
1989	222.9	205.7	181.6	172.4	195.9	362.4	397.7	211.3	904.7
1990	232.9	219.5	193.9	184.8	207.5	385.6	371.8	205.8	811.5
1991	253.6	234.9	205.3	194.8	222.0	430.7	414.6	212.2	1018.4
1992	291.1	257.5	221.9	207.3	248.6	498.3	589.1	313.8	1367.7
1993	331.0	282.0	238.1	220.1	273.0	588.0	705.7	453.8	1131.1
1994	358.8	298.1	255.2	233.3	300.0	588.6	767.1	516.4	1079.1
1995	386.8	318.4	275.6	252.0	324.3	601.0	825.4	568.0	1081.3
1996	430.1	360.7	312.8	293.3	348.6	676.7	884.0	607.2	1164.6
1997	480.4	389.2	330.0	304.4	381.0	793.8	1035.2	700.7	1431.3
1998	516.9	412.6	338.9	310.5	397.0	935.1	1129.4	756.8	1610.2
1999	554.7	441.1	357.2	324.5	426.0	1042.6	1217.5	814.3	1742.2
2000	599.6	498.4	408.3	360.5	514.2	1137.5	1226.0	903.1	1210.8
2001	654.8	534.8	432.0	365.5	575.4	1280.8	1368.2	1040.4	1120.0
2002	726.8	566.9	455.3	375.4	626.0	1385.8	1637.7	1333.8	698.9
2003	821.3	592.4	478.5	389.3	641.7	1420.4	2088.1	1751.3	520.7
2004	929.7	645.7	530.7	424.7	724.5	1458.8	2516.2	2122.6	547.3
2005	1050.6	703.8	585.4	458.3	819.4	1518.6	2926.3	2485.6	507.3
2006	1180.9	777.7	635.7	492.7	898.9	1775.2	3353.5	2851.0	561.6
2007	1336.8	871.0	693.5	523.7	1005.9	2153.3	3829.7	3261.5	595.9
2008	1513.3	971.2	801.7	450.9	1437.4	2144.7	4385.0	3734.4	668.0
2009	1711.5	1080.0	906.7	500.0	1642.9	2249.8	5020.8	4279.6	748.8

1-14　支出法地区生产总值指数

Indices of Gross Domestic Product by Expenditure Approach

本表按可比价格计算.

Data in this table are calculated at constant prices.

(上年=100)　　(preceding year=100)

年份 Year	支出法地区生产总值 Gross Domestic Product by Expenditure Approach	最终消费支出 Final Consumption Expenditures	居民消费支出 Household Consumption Expenditures	农村居民 Rural Household	城镇居民 Urban Household	政府消费支出 Government Consumption Expenditures	资本形成总额 Gross Capital Formation	固定资本形成总额 Gross Fixed Capital Formation	存货增加 Change in Inventories
1980	104.2	100.2	99.8	97.9	105.3	100.3	93.7	99.3	57.5
1981	105.6	106.4	107.1	102.6	118.6	104.3	87.8	80.0	105.2
1982	109.3	115.4	113.8	118.7	103.0	123.9	128.7	131.5	138.2
1983	106.8	105.9	106.2	107.8	102.2	103.6	110.7	121.7	53.3
1984	115.4	112.8	109.3	109.3	109.4	134.4	119.1	110.1	209.8
1985	114.8	108.5	108.9	107.3	113.0	107.1	133.2	114.9	193.4
1986	106.7	105.8	102.9	101.3	107.2	121.3	109.0	131.2	64.9
1987	108.3	104.8	105.1	103.3	110.1	102.9	102.2	85.7	158.4
1988	111.4	106.3	106.5	103.3	114.4	105.0	131.9	80.0	251.7
1989	106.1	109.7	102.3	103.6	94.0	143.4	136.3	145.1	110.9
1990	104.5	106.7	106.8	107.2	105.9	106.4	93.5	97.4	89.7
1991	108.9	107.0	105.9	105.4	107.0	111.7	111.5	103.1	125.5
1992	114.8	109.6	108.1	106.4	112.0	115.7	142.1	147.9	134.3
1993	113.7	109.5	107.3	106.2	109.8	118.0	119.8	144.6	82.7
1994	108.4	105.7	107.2	106.0	109.9	100.1	108.7	113.8	95.4
1995	107.8	106.8	108.0	108.0	108.1	102.1	107.6	110.0	100.2
1996	111.2	113.3	113.5	116.4	107.5	112.6	107.1	106.9	107.7
1997	111.7	107.9	105.5	103.8	109.3	117.3	117.1	115.4	122.9
1998	107.6	106.0	102.7	102.0	104.2	117.8	109.1	108.0	112.5
1999	107.3	106.9	105.4	104.5	107.3	111.5	107.8	107.6	108.2
2000	108.1	113.0	114.3	111.1	120.7	109.1	100.7	110.9	69.5
2001	109.2	107.3	105.8	101.4	111.9	112.6	111.6	115.2	92.5
2002	111.0	106.0	105.4	102.7	108.8	108.2	119.7	128.2	62.4
2003	113.0	104.5	105.1	103.7	106.9	102.5	127.5	131.3	74.5
2004	113.2	109.0	110.9	109.1	112.9	102.7	120.5	121.2	105.1
2005	113.0	109.0	110.3	107.9	113.1	104.1	116.3	117.1	92.7
2006	112.4	110.5	108.6	107.5	109.7	116.9	114.6	114.7	110.7
2007	113.2	112.0	109.1	106.3	111.9	121.3	114.2	114.4	106.1
2008	113.2	111.5	115.6	86.1	142.9	99.6	114.5	114.5	112.1
2009	113.1	111.2	113.1	110.9	114.3	104.9	114.5	114.6	112.1

1-15 各地区生产总值（2008年）

Gross Domestic Product by Region (2008)

本表按当年价格计算。

Data in this table are calculated at current prices.

单位：万元 (10000 yuan)

地区	Region	地区生产总值 Gross Domestic Product	第一产业 Primary Industry	第二产业 Secondary Industry	工业 Industry	建筑业 Construction	第三产业 Tertiary Industry
南昌市	Nanchang	16606317	1014774	9198648	6767648	2431000	6392895
景德镇市	Jingdezhen	3223766	304462	1881755	1611755	270000	1037549
萍乡市	Pingxiang	3885709	329568	2429134	2248934	180200	1127007
九江市	Jiujiang	7248728	838574	3813682	2980657	833025	2596472
新余市	Xinyu	4100212	310012	2558900	2258900	300000	1231300
鹰潭市	Yingtan	2568100	281100	1608400	1532100	76300	678600
赣州市	Ganzhou	8408486	1730355	3592577	3051517	541060	3085554
吉安市	Ji'an	5156101	1198259	2391231	1961231	430000	1566611
宜春市	Yichun	6207700	1335900	3182300	2744300	438000	1689500
抚州市	Fuzhou	4396336	963536	2085900	1665900	420000	1346900
上饶市	Shangrao	6286922	1200240	2995577	2435577	560000	2091105

1-15 续表 continued

本表按当年价格计算。

Data in this table are calculated at current prices.

单位：万元 (10000 yuan)

地区	Region	交通运输仓储和邮政业 Transport, Storage and Post	批发零售和住宿餐饮业 Whlesale and Retail Trades, Hotel and Catering Services	金融业 Financial Intermediation	人均地区生产总值（元） Per Capita GDP (yuan)
南昌市	Nanchang	884278	1385618	829943	36117
景德镇市	Jingdezhen	185196	354518	30205	20672
萍乡市	Pingxiang	269060	307642	39380	21053
九江市	Jiujiang	520608	734815	49407	15297
新余市	Xinyu	247200	459700	59400	36311
鹰潭市	Yingtan	171400	187500	48400	23239
赣州市	Ganzhou	508715	657745	166620	10089
吉安市	Ji'an	231799	380596	62812	10793
宜春市	Yichun	241500	439800	73400	11443
抚州市	Fuzhou	327112	315255	41026	11377
上饶市	Shangrao	292396	550176	72549	9724

1-16 各地区生产总值（2009年）
Gross Domestic Product by Region (2009)

本表按当年价格计算。
Data in this table are calculated at current prices.

单位：万元 (10000 yuan)

地 区	Region	地区生产总值 Gross Domestic Product	第一产业 Primary Industry	第二产业 Secondary Industry	工 业 Industry	建筑业 Construction	第三产业 Tertiary Industry
南昌市	Nanchang	18375008	1119023	10164345	7532000	2632345	7091640
景德镇市	Jingdezhen	3640337	336431	2119804	1823900	295904	1184102
萍乡市	Pingxiang	4214862	368457	2597993	2386000	211993	1248412
九江市	Jiujiang	8313636	920000	4410953	3516600	894353	2982683
新余市	Xinyu	4841748	331798	2833123	2484623	348500	1676827
鹰潭市	Yingtan	2568020	306808	1519209	1428500	90709	742003
赣州市	Ganzhou	9406290	1952451	3980677	3353900	626777	3473162
吉安市	Ji'an	5841087	1292476	2837615	2367702	469913	1710996
宜春市	Yichun	7002430	1460000	3707550	3230300	477250	1834880
抚州市	Fuzhou	5029103	1092340	2377582	1895800	481782	1559181
上饶市	Shangrao	7285029	1354046	3578003	2927801	650202	2352980

1-16 续表 continued

本表按当年价格计算。
Data in this table are calculated at current prices.

单位：万元 (10000 yuan)

地 区	Region	交通运输仓储和邮政业 Transport, Storage and Post	批发零售和住宿餐饮业 Whlesale and Retail Trades, Hotel and Catering Services	金融业 Financial Intermediation	人均地区生产总值（元） Per Capita GDP (yuan)
南昌市	Nanchang	906385	1617183	1026208	39669
景德镇市	Jingdezhen	195197	421857	35792	23174
萍乡市	Pingxiang	283590	360747	46555	22685
九江市	Jiujiang	585849	867210	63773	17420
新余市	Xinyu	385728	543721	72640	42606
鹰潭市	Yingtan	180656	218179	58318	23106
赣州市	Ganzhou	523653	771600	251974	11201
吉安市	Ji'an	256436	440953	82918	12137
宜春市	Yichun	254541	511277	87052	12769
抚州市	Fuzhou	341737	347431	47867	12922
上饶市	Shangrao	349665	630592	87606	11184

1-17 各地区生产总值构成（2008年）

Composition of Gross Domestic Product by Region (2008)

本表按当年价格计算。
Data in this table are calculated at current prices.
单位：%

(%)

地区	Region	地区生产总值 Gross Domestic Product	第一产业 Primary Industry	第二产业 Secondary Industry	工业 Industry	建筑业 Constr-uction	第三产业 Tertiary Industry	交通运输仓储和邮政业 Transport, Storage and Post	批发零售和住宿餐饮业 Whlesale and Retail Trades, Hotel and Catering Services	金融业 Financial Interme-diation
南昌市	Nanchang	100	6.1	55.4	40.8	14.6	38.5	5.3	8.3	5.0
景德镇市	Jingdezhen	100	9.4	58.4	50.0	8.4	32.2	5.7	11.0	0.9
萍乡市	Pingxiang	100	8.5	62.5	57.9	4.6	29.0	6.9	7.9	1.0
九江市	Jiujiang	100	11.6	52.6	41.1	11.5	35.8	7.2	10.1	0.7
新余市	Xinyu	100	7.6	62.4	55.1	7.3	30.0	6.0	11.2	1.4
鹰潭市	Yingtan	100	11.0	62.6	59.6	3.0	26.4	6.7	7.3	1.9
赣州市	Ganzhou	100	20.6	42.7	36.3	6.4	36.7	5.4	7.8	2.0
吉安市	Ji'an	100	23.2	46.4	38.0	8.4	30.4	4.5	7.4	0.6
宜春市	Yichun	100	21.5	51.3	44.2	7.1	27.2	3.9	7.1	1.2
抚州市	Fuzhou	100	21.9	47.4	37.9	9.5	30.6	7.4	7.2	0.9
上饶市	Shangrao	100	19.1	47.6	38.7	8.9	33.3	4.7	8.8	1.2

1-18 各地区生产总值构成（2009年）

Composition of Gross Domestic Product by Region (2009)

本表按当年价格计算。
Data in this table are calculated at current prices.
单位：%

(%)

地区	Region	地区生产总值 Gross Domestic Product	第一产业 Primary Industry	第二产业 Secondary Industry	工业 Industry	建筑业 Constr-uction	第三产业 Tertiary Industry	交通运输仓储和邮政业 Transport, Storage and Post	批发零售和住宿餐饮业 Whlesale and Retail Trades, Hotel and Catering Services	金融业 Financial Interme-diation
南昌市	Nanchang	100	6.1	55.3	41.0	14.3	38.6	4.9	8.8	5.6
景德镇市	Jingdezhen	100	9.2	58.2	50.1	8.1	32.5	5.4	11.6	1.0
萍乡市	Pingxiang	100	8.8	61.6	56.6	5.0	29.6	6.7	8.6	1.1
九江市	Jiujiang	100	11.1	53.0	42.3	10.7	35.9	7.0	10.4	0.8
新余市	Xinyu	100	6.9	58.5	51.3	7.2	34.6	8.0	11.2	1.5
鹰潭市	Yingtan	100	11.9	59.2	55.6	3.6	28.9	7.0	8.5	2.3
赣州市	Ganzhou	100	20.8	42.3	35.6	6.7	36.9	5.6	8.2	2.7
吉安市	Ji'an	100	22.1	48.6	40.5	8.1	29.3	4.4	7.5	1.2
宜春市	Yichun	100	20.8	52.9	46.1	6.8	26.2	3.6	7.3	1.2
抚州市	Fuzhou	100	21.7	47.3	37.7	9.6	31.0	6.8	6.9	1.0
上饶市	Shangrao	100	18.6	49.1	40.2	8.9	32.3	4.8	8.7	1.2

1-19 各地区生产总值指数（2008年）

Indices of Gross Domestic Product by Region (2008)

本表按可比价格计算。

Data in this table are calculated at constant prices.

(上年＝100) (preceding year=100)

地 区	Region	地区生产总值 Gross Domestic Product	第一产业 Primary Industry	第二产业 Secondary Industry	工业 Industry	建筑业 Construction	第三产业 Tertiary Industry	交通运输仓储和邮政业 Transport, Storage and Post	批发零售和住宿餐饮业 Whlesale and Retail Trades, Hotel and Catering Services	金融业 Financial Intermediation	人均地区生产总值 Per Capita GDP
南昌市	Nanchang	115.0	105.6	118.7	125.5	102.1	111.3	106.4	113.4	107.2	114.1
景德镇市	Jingdezhen	115.3	106.2	120.5	123.3	104.9	109.2	113.9	114.5	95.0	114.6
萍乡市	Pingxiang	115.1	107.5	117.8	118.3	111.6	112.3	118.3	117.3	105.2	114.4
九江市	Jiujiang	112.5	103.2	115.5	117.2	111.3	111.6	116.2	114.3	102.5	111.7
新余市	Xinyu	117.1	105.7	120.3	122.2	108.9	114.6	117.3	114.6	112.1	116.4
鹰潭市	Yingtan	114.2	107.8	115.2	115.3	114.9	114.8	131.7	115.2	93.9	113.0
赣州市	Ganzhou	113.2	104.6	119.4	122.5	106.1	111.7	109.3	116.9	109.5	112.3
吉安市	Ji'an	116.3	108.2	125.6	132.9	103.5	110.3	105.9	117.1	84.5	115.5
宜春市	Yichun	113.8	106.7	119.4	122.4	105.3	110.1	109.3	114.7	106.2	112.6
抚州市	Fuzhou	114.2	109.3	124.1	119.4	137.4	103.1	116.0	111.1	114.7	113.6
上饶市	Shangrao	113.5	105.6	119.2	121.1	112.5	110.1	109.2	116.5	100.5	112.7

1-20 各地区生产总值指数（2009年）

Indices of Gross Domestic Product by Region (2009)

本表按可比价格计算。

Data in this table are calculated at constant prices.

(上年＝100) (preceding year=100)

地 区	Region	地区生产总值 Gross Domestic Product	第一产业 Primary Industry	第二产业 Secondary Industry	工业 Industry	建筑业 Construction	第三产业 Tertiary Industry	交通运输仓储和邮政业 Transport, Storage and Post	批发零售和住宿餐饮业 Whlesale and Retail Trades, Hotel and Catering Services	金融业 Financial Intermediation	人均地区生产总值 Per Capita GDP
南昌市	Nanchang	113.1	107.7	114.6	116.2	109.8	111.7	105.0	117.4	126.2	112.6
景德镇市	Jingdezhen	113.8	107.0	114.8	115.5	110.1	113.8	104.9	119.7	110.3	113.0
萍乡市	Pingxiang	113.6	109.8	114.9	114.6	118.2	112.1	108.2	118.7	120.9	112.8
九江市	Jiujiang	113.8	106.8	115.5	118.0	107.9	113.9	111.8	118.0	131.5	113.0
新余市	Xinyu	113.5	106.9	112.9	112.4	116.8	116.8	105.0	119.7	125.1	112.8
鹰潭市	Yingtan	112.3	108.0	113.1	112.7	119.5	112.4	118.0	117.3	117.2	111.7
赣州市	Ganzhou	113.3	105.0	118.0	118.3	116.5	112.4	111.6	118.7	126.5	112.4
吉安市	Ji'an	113.7	107.9	120.2	122.9	109.8	108.4	106.9	115.6	124.6	112.9
宜春市	Yichun	113.5	109.6	116.9	118.3	109.5	110.5	107.4	117.3	121.3	112.3
抚州市	Fuzhou	113.9	108.5	114.2	113.8	115.3	117.2	107.5	125.4	113.3	113.1
上饶市	Shangrao	113.6	107.6	117.0	118.2	112.1	111.7	114.0	115.6	123.6	112.8

1-21 各地区收入法生产总值构成（2008年）

Income Approach Component of Gross Domestic Product by Region (2008)

本表按当年价格计算。
Data in this table are calculated at current prices.

单位：万元 (10000 yuan)

地　区	Region	地区生产总值 Gross Domestic Product	劳动者报酬 Compensation of Employees	固定资产折旧 Depreciation of Fixed Assets	生产税净额 Net Taxes on Production	营业盈余 Operating Surplus
南昌市	Nanchang	16606317	7353494	2593056	2376818	4282949
景德镇市	Jingdezhen	3223766	1435211	513292	464563	810700
萍乡市	Pingxiang	3885709	1459931	570734	807259	1047785
九江市	Jiujiang	7248728	2896103	1175367	931358	2245900
新余市	Xinyu	4100212	1197278	1173972	517869	1211093
鹰潭市	Yingtan	2568100	860989	475320	536630	695161
赣州市	Ganzhou	8408486	3926586	966779	1080469	2374652
吉安市	Ji'an	5156101	2761095	696906	509739	1188361
宜春市	Yichun	6207700	3279219	913301	1073495	941685
抚州市	Fuzhou	4396336	1826914	994215	774192	801015
上饶市	Shangrao	6286922	2639931	1030899	1055499	1560593

1-22 各地区收入法生产总值构成（2009年）

Income Approach Component of Gross Domestic Product by Region (2009)

本表按当年价格计算。
Data in this table are calculated at current prices.

单位：万元 (10000 yuan)

地　区	Region	地区生产总值 Gross Domestic Product	劳动者报酬 Compensation of Employees	固定资产折旧 Depreciation of Fixed Assets	生产税净额 Net Taxes on Production	营业盈余 Operating Surplus
南昌市	Nanchang	18375008	8045653	2875978	2684027	4769350
景德镇市	Jingdezhen	3640337	1627640	561156	531202	920340
萍乡市	Pingxiang	4214862	1480814	403348	765591	1565109
九江市	Jiujiang	8313636	3133075	1318121	1105090	2757350
新余市	Xinyu	4841748	1438163	884379	1035827	1483378
鹰潭市	Yingtan	2568020	848606	472730	417491	829193
赣州市	Ganzhou	9406290	4491547	1056077	1238927	2619739
吉安市	Ji'an	5841087	3085919	788489	567030	1399649
宜春市	Yichun	7002430	3659923	1032867	1245942	1063698
抚州市	Fuzhou	5029103	2096150	1134162	886606	912186
上饶市	Shangrao	7285029	3191779	805315	877795	2410140

1-23　各地区支出法地区生产总值（2008年）
Gross Domestic Product by Expenditure Approach by Region (2008)

本表按当年价格计算。
Data in this table are calculated at current prices.

单位：万元　(10000 yuan)

地　区	Region	支出法地区生产总值 Gross Domestic Product by Expenditure Approach	最终消费支出 Final Consumption Expenditures	资本形成总额 Gross Capital Formation	货物和服务净出口 Net Exports of Goods and Services	最终消费率（消费率） Final Consumption Rate	资本形成率（投资率） Capital Formation Rate
南 昌 市	Nanchang	16606317	9467865	7231395	-92943	57.0	43.5
景德镇市	Jingdezhen	3223766	1489304	1742426	-7964	46.2	54.0
萍 乡 市	Pingxiang	3885709	1883913	1945935	55861	48.5	50.1
九 江 市	Jiujiang	7248728	3570017	3628056	50655	49.3	50.1
新 余 市	Xinyu	4100212	1600581	2499631		39.0	61.0
鹰 潭 市	Yingtan	2568100	1021227	1536663	10210	39.8	59.8
赣 州 市	Ganzhou	8408486	4790782	4447796	-830092	57.0	52.9
吉 安 市	Ji'an	5156101	2673916	2569264	-87079	51.9	49.8
宜 春 市	Yichun	6207700	3476312	2793465	-62077	56.0	45.0
抚 州 市	Fuzhou	4396336	2095179	2271488	29669	47.7	51.7
上 饶 市	Shangrao	6352492	3260188	3512089	-419785	51.3	55.3

1-24　各地区支出法地区生产总值（2009年）
Gross Domestic Product by Expenditure Approach by Region (2009)

本表按当年价格计算。
Data in this table are calculated at current prices.

单位：万元　(10000 yuan)

地　区	Region	支出法地区生产总值 Gross Domestic Product by Expenditure Approach	最终消费支出 Final Consumption Expenditures	资本形成总额 Gross Capital Formation	货物和服务净出口 Net Exports of Goods and Services	最终消费率（消费率） Final Consumption Rate	资本形成率（投资率） Capital Formation Rate
南 昌 市	Nanchang	18375008	9852805	9063491	-541288	53.6	49.3
景德镇市	Jingdezhen	3640337	1602441	2045355	-7459	44.0	56.2
萍 乡 市	Pingxiang	4214862	2034666	2231579	-51383	48.3	52.9
九 江 市	Jiujiang	8313636	4140727	4116175	56734	49.8	49.5
新 余 市	Xinyu	4841748	1668574	3173174		34.5	65.5
鹰 潭 市	Yingtan	2568020	1146339	1229515	192166	44.6	47.9
赣 州 市	Ganzhou	9406290	5361882	4952386	-907978	57.0	52.6
吉 安 市	Ji'an	5841087	2921674	2978416	-59003	50.0	51.0
宜 春 市	Yichun	7002430	3921361	3151094	-70025	56.0	45.0
抚 州 市	Fuzhou	5029103	2101533	2897068	30502	41.8	57.6
上 饶 市	Shangrao	7298169	3284430	4637542	-623803	45.0	63.5

1-25 各地区资本形成总额及构成（2008年）

Gorss Capital Formation and Its Composition by Region (2008)

本表按当年价格计算。
Data in this table are calculated at current prices.

单位：万元 (10000 yuan)

地区	Region	资本形成总额(万元) Gross Capital Formation (10000 yuan)			构成(资本形成总额=100) Composition (Total=100)	
			固定资本形成总额 Gross Fixed Capital Formation	存货增加 Change in Inventories	固定资本形成总额 Gross Fixed Capital Formation	存货增加 Change in Inventories
南昌市	Nanchang	7231395	5880088	1351307	81.3	18.7
景德镇市	Jingdezhen	1742426	1498779	243647	86.0	14.0
萍乡市	Pingxiang	1945935	1985377	-39442	102.0	-2.0
九江市	Jiujiang	3628056	3071940	556116	84.7	15.3
新余市	Xinyu	2499631	2343933	155698	93.8	6.2
鹰潭市	Yingtan	1536663	1281711	254952	83.4	16.6
赣州市	Ganzhou	4447796	4319626	128170	97.1	2.9
吉安市	Ji'an	2569264	2407107	162157	93.7	6.3
宜春市	Yichun	2793465	2681726	111739	96.0	4.0
抚州市	Fuzhou	2271488	1647371	624117	72.5	27.5
上饶市	Shangrao	3512089	3269091	242998	93.1	6.9

1-26 各地区资本形成总额及构成（2009年）

Gorss Capital Formation and Its Composition by Region (2009)

本表按当年价格计算。
Data in this table are calculated at current prices.

单位：万元 (10000 yuan)

地区	Region	资本形成总额(万元) Gross Capital Formation (10000 yuan)			构成(资本形成总额=100) Composition (Total=100)	
			固定资本形成总额 Gross Fixed Capital Formation	存货增加 Change in Inventories	固定资本形成总额 Gross Fixed Capital Formation	存货增加 Change in Inventories
南昌市	Nanchang	9063491	7767231	1296260	85.7	14.3
景德镇市	Jingdezhen	2045355	1778404	266951	86.9	13.1
萍乡市	Pingxiang	2231579	2164222	67357	97.0	3.0
九江市	Jiujiang	4116175	3526448	589727	85.7	14.3
新余市	Xinyu	3173174	3014974	158200	95.0	5.0
鹰潭市	Yingtan	1229515	1800125	-570610	146.4	-46.4
赣州市	Ganzhou	4952386	4799102	153284	96.9	3.1
吉安市	Ji'an	2978416	2795352	183064	93.9	6.1
宜春市	Yichun	3151094	3025050	126044	96.0	4.0
抚州市	Fuzhou	2897068	2179163	717905	75.2	24.8
上饶市	Shangrao	4637542	4403226	234316	94.9	5.1

1-27　各地区最终消费支出及构成（2008年）

Final Consumption Expenditure and Its Composition by Region (2008)

本表按当年价格计算。
Data in this table are calculated at current prices.

地　区	Region	最终消费支出（万元） Consumption Expenditures (10000 yuan)	居民消费支出 Household Consumption Expenditures	农村居民 Rural Household	城镇居民 Urban Household	政府消费支出 Government Consumption Expenditures	最终消费支出=100 Final Consumption Expenditures=100 居民消费 Household Consumption	政府消费 Government Consumption
南昌市	Nanchang	9467865	8302328	2354573	5947755	1165537	87.7	12.3
景德镇市	Jingdezhen	1489304	1253970	348105	905865	235334	84.2	15.8
萍乡市	Pingxiang	1883913	1472270	589061	883209	411643	78.1	21.9
九江市	Jiujiang	3570017	2798086	861346	1936740	771931	78.4	21.6
新余市	Xinyu	1600581	1154853	312685	842168	445728	72.2	27.8
鹰潭市	Yingtan	1021227	753201	246221	506980	268026	73.8	26.2
赣州市	Ganzhou	4790782	3589644	1773192	1816452	1201138	74.9	25.1
吉安市	Ji'an	2673916	2098914	1152886	946028	575002	78.5	21.5
宜春市	Yichun	3476312	2850576	1738851	1111725	625736	82.0	18.0
抚州市	Fuzhou	2095179	1558581	840071	718510	536598	74.4	25.6
上饶市	Shangrao	3260188	2551371	1405806	1145565	708817	78.3	21.7

1-28　各地区最终消费支出及构成（2009年）

Final Consumption Expenditure and Its Composition by Region (2009)

本表按当年价格计算。
Data in this table are calculated at current prices.

地　区	Region	最终消费支出（万元） Consumption Expenditures (10000 yuan)	居民消费支出 Household Consumption Expenditures	农村居民 Rural Household	城镇居民 Urban Household	政府消费支出 Government Consumption Expenditures	最终消费支出=100 Final Consumption Expenditures=100 居民消费 Household Consumption	政府消费 Government Consumption
南昌市	Nanchang	9852805	8702979	2659600	6043379	1149826	88.3	11.7
景德镇市	Jingdezhen	1602441	1338280	403894	934386	264161	83.5	16.5
萍乡市	Pingxiang	2034666	1523376	600950	922426	511290	74.9	25.1
九江市	Jiujiang	4140727	3291603	1056326	2235277	849124	79.5	20.5
新余市	Xinyu	1668573	1081834	209132	872702	586740	64.8	35.2
鹰潭市	Yingtan	1146339	852840	222928	629912	293499	74.4	25.6
赣州市	Ganzhou	5361882	3999104	1967908	2031196	1362778	74.6	25.4
吉安市	Ji'an	2921674	2301242	1274945	1026297	620432	78.8	21.2
宜春市	Yichun	3921361	3215516	1961464	1254052	705845	82.0	18.0
抚州市	Fuzhou	2101533	1558495	845963	712532	543038	74.2	25.8
上饶市	Shangrao	3284430	3052291	1529706	1522585	232139	92.9	7.1

主要统计指标解释

国内（地区）生产总值 指按市场价格计算的一个国家（或地区）所有常住单位在一定时期内生产活动的最终成果。地区生产总值有三种表现形态，价值形态、收入形态和产品形态。从价值形态看，它是所有常住单位在一定时期内所生产的全部货物和服务价值超过同期投入的全部非固定资产货物和服务价值的差额，即所有常住单位的增加值之和；从产品形态看，它是最终使用的货物和服务减去进口货物和服务。在实际核算中，国内（或地区）生产总值的有三种计算方法，即生产法，收入法和支出法。三种方法分别从不同的方面反映国内（或地区）生产总值及其构成。

地区收入总值 即国民生产总值，指一个国家（或地区）所有常住单位在一定时期内收入初次分配的最终成果，它等于地区生产总值加上来自国外的劳动者报酬和财产收入减去支付给国外的劳动者报酬和财产收入，与地区生产总值不同，地区生产总值是一个生产概念，而地区收入总值是一个收入概念。

支出法地区生产总值 是从最终使用的角度反映一个国家（或地区）一定时期内生产活动最终成果的一种方法，包括最终消费支出、资本形成总额及货物和服务净出口三部分。计算公式为：

支出法地区生产总值=最终消费支出+资本形成总额+货物和服务净出口

最终消费支出 指常住单位为满足物质、文化和精神生活的需要，从本国经济领土和国外购买的货物和服务的支出。它不包括非常住单位在本国经济领土内的消费支出。最终消费支出分为居民消费支出和政府消费支出。

居民消费支出 指常住住户在一定时期内对于货物和服务的全部最终消费支出。居民消费支出除了直接以货币形式购买的货物和服务的消费支出外，还包括以其他方式获得的货物和服务的消费支出，即所谓的虚拟消费支出。居民虚拟消费支出包括如下几种类型：单位以实物报酬及实物转移的形式提供给劳动者的货物和服务；住户生产并由本住户消费了的货物和服务，其中的服务仅指住户的自有住房服务；金融机构提供的金融媒介服务；保险公司提供的保险服务。

政府消费支出 指政府部门为全社会提供的公共服务的消费支出和免费或以较低的价格向居民住户提供的货物和服务的净支出，前者等于政府服务的产出价值减去政府单位所获得的经营收入的价值；后者等于政府部门免费或以较低价格向居民住户提供的货物和服务的市场价值减去向居民住户收取的价值。

资本形成总额 指常住单位在一定时期内获得减去处置的固定资本和存货的净额，包括固定资本形成总额和存货增加两部分。

固定资本形成总额 指常住单位在一定时期内获得的固定资产减处置的固定资产的价值总额。固定资产是通过生产活动生产出来的，且其使用年限在一年以上，单位价值在规定标准以上的资产，不包括自然资产。可分为有形固定资本形成总额和无形固定资本形成总额。有形固定资本形成总额包括一定时期内完成的建筑工程、安装工程和设备器具购置（减处置）价值，以及土地改良、新增役、种、奶、毛、娱乐用牲畜和新增经济林木价值。无形固定资本形成总额包括矿藏的勘探、计算机软件等获得减处置。

存货增加 指常住单位在一定时期内存货实物量变动的市场价值，即期末价值减期初价值的差额，再扣除当期由于价格变动而产生的持有收益。存货增加可以是正值，也可以是负值，正值表示存货上升，负值表示存货下降。包括生产单位购进的原材料、燃料和储备物资等存货，以及生产单位生产的产成品、在制品和半产品等存货。

货物和服务净出口 指货物和服务出口减货物和服务进口的差额。出口包括常住单位向非常住单位出售或无偿转让的各种货物和服务的价值；进口包括常住单位从非常住单位购买或无偿得到的各种货物和服务的价值。由于服务活动的提供与使用同时发生，一般把常住单位从非常住单位得到的服务作为进口，非常住单位从常住单位得到的服务作为出口。货物的出口和进口都按离岸价格计算。

三次产业 三产业的划分是世界上较为常用的产业结构分类，但各国的划分不尽一致。我国的三次产业划分是：

第一产业是指农业、林业、畜牧业、渔业和农林牧渔服务业。

第二产业是指采矿业、制造业、电力、煤气及水的生产和供应业，建筑业。

第三产业是指除第一、二产业以外的其他行业。

固定资产折旧 指一定时期内为弥补固定资产损耗按照规定的固定资产折旧率提取的固定资产折旧，或按国民经济核算统一规定的折旧率虚拟计算的固定资产折旧。它反映了固定资产在当期生产中的转移价值。各类企业和企业化管理的事业单位的固定资产折旧是指实际计提的折旧费。不计提折旧的政府机关、非企业化管理的事业单位和居民住房是按照统一规定的折旧率和固定资产原值计算的虚拟折旧。原则上，固定资产折旧应按固定资产当期的重置价值计算，但是目前我国尚不具备对全社会固定资产进行重估价的基础，所以暂时只能采用上述办法。

劳动者报酬 指劳动者因从事生产活动而获得的全部报酬。包括劳动者获得的各种形式的工资、奖金和津贴，既包括货币形式的，也包括实物形式的，还包括劳动者所享受的公费医疗和医药卫生费、上下班交通补贴、单位支付的社会保险费、住房公积金等。对于个体经济来说，其所有者所获得的劳动报酬和经营利润不易区分，这两部分统一作为劳动者报酬处理。

生产税净额 指生产税减生产补贴后的余额，生产税是指政府对生产单位从事生产、销售和经营活动以及因从事生产活动使用某些生产要素（如固定资产、土地、劳动力）所征收的各种税、附加费和规费。生产补贴与生产税相反，指政府对生产单位的单方面转移支出，因此视为负生产税，包括政策亏损补贴、价格补贴等。

营业盈余 指常住单位创造的增加值扣除固定资产折旧、劳动者报酬和生产税净额后的余额，它相当于企业的营业利润加上生产补贴，但要扣除利润中开支的工资、福利等。

Explanatory Notes on Main Statistical Indicators

Gross Domestic Product (GDP) refers to the final products at market prices produced by all resident units in a country (or a region) during a certain period of time. Gross domestic product is expressed in three different perspectives, namely value, income, and products respectively. GDP in its value perspective refers to the total value of all goods and services produced by all resident units during a certain period of time, minus the total value of input of goods and services of the nature of non-fixed assets; in other words, it is the sum of the value-added of all resident units. GDP from the perspective of income includes the primary income created by all resident units and distributed to resident and non-resident units. GDP from the perspective of products refers to the value of all goods and services for final consumption by all resident units minus the net exports of goods and services during a given period of time. In the practice of national accounting, gross domestic product is calculated from three approaches, namely production approach, income approach and expenditure approach, which reflect gross domestic product and its composition from different angles.

Gross National Income (GNI) also known as Gross National Product, refers to the final result of the primary distribution of the income created by all the resident units of a country (or a region) during a certain period of time. The value-added created by the resident units of a country engaged in production activities is distributed, during the primary distribution, mainly to the resident units of that country, while part of it is distributed to the non-resident units in the form of production tax and import duties (minus subsidies to production and import), labourers remuneration and property income. In the meantime, a part of the value-added created abroad is distributed to the resident units of the country in the form of production tax and import duties (minus subsidies to production and import), labourers remuneration and property income. The concept of Gross National Income is thus developed, which equals to Gross Domestic Product plus the net factor income from abroad. Unlike GDP which is a concept of production, GNP is a concept of income.

GDP by Expenditure Approach refers to the method of measuring the final results of production activities of a country (region) during a given period from the perspective of final uses. It includes final consumption expenditure, gross capital formation and net export of goods and services. The formula for computation is.:

GDP by expenditure approach = final consumption expenditure + gross capital formation + net export of goods and services

Final Consumption Expenditure refers to the total expenditure of resident units for purchases of goods and services from both the domestic economic territory and abroad to meet the needs of material, cultural and spiritual life. It does not include the expenditure of non-resident units on consumption in the economic territory of the country. The final consumption expenditure is broken down into household consumption expenditure and government consumption expenditure.

Household Consumption Expenditure refers to the total expenditure of resident households on the final consumption of goods and services. In addition to the consumption of goods and services bought by the households directly with money, the household consumption expenditure also includes expenditure on goods and services obtained by the households in other ways, i.e. the so-called imputed consumption expenditure, which includes the following: (a) the goods and services provided to households by employers in the form of payment in kind and transfer in kind; (b) goods and services produced and consumed by the households themselves, in which the services refer only to the owner-occupied housing; (c) financial intermediate services provided by financial institutions; (d) insurance services provided by insurance companies.

Government Consumption Expenditure refers to the consumption expenditure spent for the provision of public services provided by the government to the whole country and the net expenditure on the goods and services provided by the government to households free of charge or at reduced prices. The former equals to the output value of the government services minus the value of operating income obtained by the government departments. The latter equals to the market value of the goods and services provided by the government free of charge or at reduced prices to the households minus the value received by the government from the households.

Gross Capital Formation refers to the fixed assets acquired less disposals and the net value of inventory, thus including gross fixed capital formation and changes in inventories.

Gross Fixed Capital Formation refers to the value of acquisitions less those disposals of fixed assets during a given period. Fixed assets are the assets produced through production activities with unit value above a specified amount and which could be used for over one year. Natural assets are not included.Gross fixed capital formation can be categorized into total tangible fixed capital formation and total intangible fixed capital formation. Total tangible fixed capital formation includes the value of the construction projects and installation projects completed and the equipment, apparatus and instruments purchased (less those disposed) as well as the value of land improved, the value of draught animals, breeding stock and animals for milk, for wool and for recreational purposes and the newly increased forest with economic value. Total intangible fixed capital formation includes the prospecting of minerals and the acquisition of computer software minus the disposal of them.

Changes in Inventories refers to the market value of the change in the physical volume of inventory of resident units during a given period, i.e. the difference between the values at the beginning and at the end of the period minus the gains due to the change in prices. The changes in inventories can have a positive or a negative value. A positive value indicates an increase in inventory while a negative value indicates a decrease in inventory. The inventory includes raw materials, fuels and reserve materials purchased by the production units as well as the inventory of finished products, semi-finished products and work-in-progress.

Net Export of Goods and Services refers to the exports of goods and services subtracting the imports of goods and services. Exports include the value of various goods and services sold or gratuitously transferred by resident units to non-resident units. Imports include the value of various goods and services purchased or gratuitously acquired resident units from non-resident units. Because the provision of services and the use of them happen simultaneously, the acquisition of services by resident units from abroad is usually treated as import while the acquisition of services by non-resident units in this country is usually treated as export. The exports and imports of goods are calculated at FOB.

Three Strata of Industry Classification of economic activities into three strata of industry is a common practice in the world, although the grouping varies to some extent form country to country. In China economic activities are categorized into the following three strata of industry:

Primary industry refers to agriculture, forestry, animal husbandry and fishery and services in support of these industries.

Secondary industry refers to mining and quarrying, manufacturing, production and supply of electricity, water and gas, and construction.

Tertiary industry refers to all other economic activities not included in the primary or secondary industries.

Labourers Remuneration refers to the total payment of various forms to labourers for the productive activities they are engaged in. It includes wages, bonuses and allowances, which the labourers earn in cash and in kind. It also includes the free medical services provided to the labourers and the medicine expenses, transport subsidies and social insurance, and housing fund paid by the employers. As regards the individual economy, since labourers remuneration is not easily distinguishable from the operating profit, both parts are treated as labourer remuneration.

Net Taxes on Production refers to taxes on production less subsidies on production. The taxes on production refers to the various taxes, extra charges and fees levied on the production units on their production, sale and business activities as well as on the use of some factors of production, such as fixed assets, land and labour in the production activities they are engaged in. In contrast to taxes on production, subsidies on production refer to the unilateral government transfer to the production units and are therefore regarded as negative taxes on production. They include subsidies on the loss due to implementation of government policies, price subsidies, etc.

Depreciation of Fixed Assets refers to the depreciation of fixed assets in a given period, drawn in accordance with the stipulated depreciation rate for the purpose of compensating the wear-and-tear loss of the fixed assets or the depreciation of fixed assets imputed in accordance with the stipulated unified depreciation rate in the national economic accounting system. It reflects the value of transfer of the fixed assets in the production of the current period. The depreciation of fixed assets in various enterprises and institutions managed as enterprises refers to the depreciation expenses actually drawn. In government agencies and institutions not managed as enterprises which do not draw the depreciation expenses, as well as for the houses of residents, the depreciation of fixed assets is the imputed depreciation, which is calculated in accordance with the stipulated unified depreciation rate. In principle, the depreciation of fixed assets should be calculated on the basis of the re-purchased value of the fixed assets. However, currently the conditions in China do not facilitate the revaluation of all the fixed assets. Therefore, only the above-mentioned methods can be adopted at present.

Operating Surplus refers to the balance of the value added created by the resident units after deducting the labourers remuneration, net taxes on production and the depreciation of fixed assets. It is equivalent to the business profit of the enterprises plus subsidies to production, but the wages and welfare expenses paid from the profits should be deducted.

人口

2

Population

◆ 35/44

资料整理及英文翻译: 龚 丹

简要说明

一、本篇资料的主要内容

本篇资料反映全省2009年及历年人口方面的基本情况，包括全省及11个设区市的主要人口统计数据，如：全省历年人口数、城镇人口、乡村人口、农业人口、非农业人口、男性人口、女性人口、人口密度；2009年各设区市人口数、出生率、死亡率、自然增长率、家庭户规模、人口受教育程度、婚姻状况等。

二、本篇的资料来源

本篇资料由省统计局人口和就业统计处整理。资料来源为公安年报、人口普查和年度人口变动情况抽样调查数据。其中表2-1中2001-2009年总户数根据2000年第五次人口普查数据进行推算；表2-5中出生人口、死亡人口和自增人口因分别按省级样本和设区市样本两套样本进行推算，故全省总量与设区市合计数不相等。

三、本篇的统计调查方法

2009年全省人口变动情况抽样调查是以全省为总体，各设区市为次总体，采用分层、多阶段、整群概率比例抽样方法，在全省11个设区市抽取了99个县（市、区）、366个乡（镇、街道）、783个村（居）委会、1063个调查小区的约20万人，调查样本占全省总人口的0.45%。经加权后汇总，2009年全省人口出生率为13.87‰、死亡率为5.98‰、自然增长率为7.89‰。按此推算，2009年全省总人口为4432.16万人，出生人口为61.25万人，死亡人口为26.41万人，考虑迁移流动情况，全省净增人口32.05万人。

Brief Introduction

Ⅰ. Main Contents

Data in this chapter show the basic condition of population in 2009 as well as previous years for the whole province and 11 municipalities. They include the sizes of the provincial population, urban population and rural population over the years, as well as size, birth rates, death rates, natural growth rate, dependency ratio, household size and education attainment of the population and Marriage by region in 2009.

Ⅱ. Sources of Data

Data in this chapter are prepared by the Division of Population, Social Science and Technology, Jiangxi Provincial Bureau of Statistics. The data sources from statistics of Public Security Year Report and Annual Sample Survey on Population Changes. Data in Table 2-1, number of total household is adjusted according to data from 5th Population Census; data in Table 2-5, birth population and death population are estimated according to provincial samples and regional samples, thus the sum of region does not necessarily equal total number.

Ⅲ. Methodology of Survey

The 2009 Provincial Sample Survey on Population Change adopted a Stratified multi-stage systematic PPS cluster sampling scheme. A total of 200 000 people were selected from 1,063 survey district in 783 village committees in 366 townships(towns and street committees in 99 counties (cities and districts of 11 municipalities. The size of the sample was thus 0.45% of the provincial population. The weighted estimation procedure suggested that the birth rate was 13.87 per thousand, the death rate was 5.98 per thousand and the natural growth rate was 7.89 per thousand for the whole Province in 2009. Based on these rates, it was further estimated that the whole Province had a total population of 44.32 million, with 0.6125 million births, 0.2641 million deaths and a net increase of 0.3205 million people during the year.

2-1　户数和人口数（年末数）
Households and Population (year-end)

年　份 Year	总户数（户）Total Number of Households (household)	总人口（人）Total Population (person)	按性别分 By Sex		按农业、非农业分 By Agricultural and Non-agricultural		按城乡分 By Residence	
			男 Male	女 Female	非农业人口 Non-agricultural	农业人口 Agricultural	城镇人口 Urban Population	乡村人口 Rural Population
1978	6153908	31828203	16427779	15400424	4594562	27233641	5331228	26496975
1979	6233041	32289778	16659570	15630208	4806203	27483575	5630294	26659484
1980	6364176	32701960	16866769	15835191	5080910	27621050	6145928	26556032
1981	6501985	33039235	17031186	16008049	5406181	27633054	6298459	26740776
1982	6584978	33483485	17265308	16218177	5533231	27950254	6512538	26970947
1983	6644902	33945033	17524255	16420778	5633184	28311849	6639648	27305385
1984	6851758	34578879	17872492	16706387	5870066	28708813	6801665	27777214
1985	6986097	35097971	18155525	16942446	6247793	28850178	6942379	28155592
1986	7266117	35757637	18500090	17257547	6365561	29392076	7112194	28645443
1987	7562209	36323111	18801109	17522002	6582218	29740893	7264622	29058489
1988	7857618	36838811	19053453	17785358	6745216	30093595	7408285	29430526
1989	8185762	37462196	19381113	18081083	6931147	30531049	7574856	29887340
1990	8524926	38106418	19727708	18378710	7083983	31022435	7754656	30351762
1991	8748781	38646374	19978326	18668148	7228163	31418211	8148201	30498173
1992	8877008	39130927	20259917	18871010	7407802	31723125	8537586	30593341
1993	8987115	39660405	20500789	19159616	7601785	32058620	8944215	30716190
1994	9165092	40154459	20586009	19568450	7889735	32264724	9350367	30804092
1995	9422399	40625406	20837093	19788313	8224854	32400552	9689159	30936247
1996	9611344	41054635	21184192	19870443	8423556	32631079	10092871	30961764
1997	9784924	41503338	21345274	20158064	8659324	32844014	10507815	30995523
1998	10040894	41912074	21364925	20547149	8877268	33034806	10918934	30993140
1999	10318396	42311742	21810874	20500868	9065485	33246257	11333623	30978119
2000	10645841	41485447	21570202	19915245	9410159	32075288	11487320	29998127
2001	10934368	41857676	21840587	20017089	9765396	32092280	12728919	29128757
2002	11226475	42224273	21813059	20411214	10159160	32065113	13596216	28628057
2003	11524786	42542255	21807160	20735095	10614293	31927962	14472875	28069380
2004	11808762	42835667	22064652	20771015	11192960	31642707	15240930	27594737
2005	12084036	43112439	21935609	21176830	11329949	31782490	15994715	27117724
2006	12375753	43391287	22194643	21196644	11607169	31784118	16783750	26607537
2007	12664544	43684125	22388114	21296011	11663661	32020464	17386282	26297843
2008	12794161	44001038	22584130	21416908	11990283	32010755	18198829	25802209
2009	12925542	44321581	22717106	21604475	12046606	32274975	19138059	25183522

注：1.1983年以前的所有数据为公安年报数。
2.2000年的数据根据第五次人口普查数据推算。
3.1983-1999年的总户数、非农业人口、农业人口为公安年报数，2001年以后的农业人口、非农业人口根据公安年报数据推算；1982-1990年的城镇人口、乡村人口根据第四次人口普查数据修正，1991-1999年的城镇人口、乡村人口根据第五次人口普查和1995年1%人口抽样调查数据修正；其余数据为年度人口变动情况抽样调查推算数。

a) Data before 1983 were taken from the annual reports of the Ministry of Public Security.
b) Data in 2000 were estimated on the fifth National Population Census.
c) Total number of households,non-agricultural population and agricultural population in 1983- 1999 were taken from the annual reports Ministry of Public Security.Agricultural population and non-agricultural population after 2001 were estimated on the annual reports of the Ministry of Public Security.Urban population and rural population in 1982-1990 were adjusted on the basis of the fourth National Population Census.Urban population and rural population in 1991-1999 were adjusted on the basis of the fifth National Population Census and the 1995 National 1% Population Sample Survey .The other data have been estimated from the annual national sample survey on population changes.

2-2 人口构成(年末数)

Population Composition (year-end)

单位：% (%)

年份 Year	以年末总人口为100 Total Population at year-end=100					
	男 Male	女 Female	非农业人口 Non-agricultural Population	农业人口 Agricultural Population	城镇人口 Urban Population	乡村人口 Rural Population
1978	51.61	48.39	14.44	85.56	16.75	83.25
1979	51.59	48.41	14.88	85.12	17.44	82.56
1980	51.58	48.42	15.54	84.46	18.79	81.21
1981	51.55	48.45	16.36	83.64	19.06	80.94
1982	51.56	48.44	16.53	83.47	19.45	80.55
1983	51.63	48.37	16.60	83.40	19.56	80.44
1984	51.69	48.31	16.98	83.02	19.67	80.33
1985	51.73	48.27	17.80	82.20	19.78	80.22
1986	51.74	48.26	17.80	82.20	19.89	80.11
1987	51.76	48.24	18.12	81.88	20.00	80.00
1988	51.72	48.28	18.31	81.69	20.11	79.89
1989	51.74	48.26	18.50	81.50	20.22	79.78
1990	51.77	48.23	18.59	81.41	20.35	79.65
1991	51.69	48.31	18.70	81.30	21.08	78.92
1992	51.77	48.23	18.93	81.07	21.82	78.18
1993	51.69	48.31	19.17	80.83	22.55	77.45
1994	51.27	48.73	19.65	80.35	23.29	76.71
1995	51.29	48.71	20.25	79.75	23.85	76.15
1996	51.60	48.40	20.52	79.48	24.58	75.42
1997	51.43	48.57	20.86	79.14	25.32	74.68
1998	50.98	49.02	21.18	78.82	26.05	73.95
1999	51.55	48.45	21.43	78.57	26.79	73.21
2000	51.99	48.01	22.68	77.32	27.69	72.31
2001	52.18	47.82	23.33	76.67	30.41	69.59
2002	51.66	48.34	24.06	75.94	32.20	67.80
2003	51.26	48.74	24.95	75.05	34.02	65.98
2004	51.51	48.49	26.13	73.87	35.58	64.42
2005	50.88	49.12	26.28	73.72	37.10	62.90
2006	51.15	48.85	26.75	73.25	38.68	61.32
2007	51.25	48.75	26.70	73.30	39.80	60.20
2008	51.33	48.67	27.25	72.75	41.36	58.64
2009	51.26	48.74	27.18	72.82	43.18	56.82

2-3 人口自然变动情况
Population Natural Change

年 份 Year	年平均人口(人) Average Population (person)	人口出生率 (‰) Birth Rate (‰)	人口死亡率 (‰) Death Rate (‰)	人口自然增长率 (‰) Natural Growth Rate(‰)	人口密度 (人/平方公里) Population Density (person/sq.km)
1978	31504121	27.01	7.39	19.62	191
1979	32058990	20.97	7.23	13.74	193
1980	32495869	18.57	6.38	12.19	196
1981	32870597	20.42	6.54	13.88	198
1982	33261360	19.18	6.07	13.11	201
1983	33714259	21.92	8.23	13.69	203
1984	34261956	25.30	6.80	18.50	207
1985	34838425	20.29	5.39	14.90	210
1986	35427804	24.15	5.53	18.62	214
1987	36040374	22.92	7.23	15.69	218
1988	36580961	19.90	5.80	14.10	221
1989	37150503	23.04	6.26	16.78	224
1990	37784307	24.59	7.54	17.05	228
1991	38376396	21.20	7.13	14.07	231
1992	38888651	19.53	7.07	12.46	234
1993	39395666	20.33	6.89	13.44	238
1994	39907432	19.38	7.00	12.38	241
1995	40389933	18.94	7.28	11.66	243
1996	40840020	17.53	7.02	10.51	246
1997	41278987	17.43	6.56	10.87	249
1998	41707706	16.85	7.05	9.80	251
1999	42111908	16.51	7.02	9.49	253
2000	41289734	15.55	6.07	9.48	249
2001	41671562	15.44	6.06	9.38	251
2002	42040975	14.74	6.02	8.72	253
2003	42383264	14.07	5.98	8.09	255
2004	42688961	13.61	5.99	7.62	257
2005	42974053	13.79	5.96	7.83	258
2006	43251863	13.80	6.01	7.79	260
2007	43537706	13.86	5.99	7.87	262
2008	43842582	13.92	6.01	7.91	264
2009	44161310	13.87	5.98	7.89	266

2-4 各地区户数和人口数（2009年末）
Household and Population by Region (end of 2009)

地　区	Region	户数(户) Number of Households (household)	人口数(人) Population (person)	男 Male	女 Female	家庭户规模(人/户) Average Family Household Size (person/household)	人口密度(人/平方公里) Population Density (person/sq.km)
全　省	**Provincial Total**	**12925542**	**44321581**	**22717106**	**21604475**	**3.37**	**266**
南昌市	Nanchang	1298401	4648898	2381254	2267644	3.44	646
景德镇市	Jingdezhen	458933	1576589	806244	770345	3.25	300
萍乡市	Pingxiang	515553	1864278	948666	915612	3.57	487
九江市	Jiujiang	1471916	4789502	2439864	2349638	3.23	251
新余市	Xinyu	365119	1140308	594236	546072	3.00	361
鹰潭市	Yingtan	340234	1115406	585522	529884	3.25	313
赣州市	Ganzhou	2432407	8428813	4285872	4142941	3.46	214
吉安市	Ji'an	1487746	4830175	2485657	2344518	3.17	191
宜春市	Yichun	1580288	5484264	2833452	2650812	3.35	294
抚州市	Fuzhou	1132105	3905673	2031123	1874550	3.42	208
上饶市	Shangrao	1842840	6537675	3325216	3212459	3.53	288

2-5 各地区人口自然变动情况（2009年）
Population Natural Change by Region (2009)

地　区	Region	年平均人口(人) Average Population (person)	出生 Birth		死亡 Death		自然增长 Natural Growth	
			人数(人) Population (person)	率(‰) Rate(‰)	人数(人) Population (person)	率(‰) Rate(‰)	人数(人) Population (person)	率(‰) Rate(‰)
全　省	**Provincial Total**	**44161310**	**612517**	**13.87**	**264085**	**5.98**	**348432**	**7.89**
南昌市	Nanchang	4632067	64200	13.86	27931	6.03	36269	7.83
景德镇市	Jingdezhen	1570889	21223	13.51	8938	5.69	12285	7.82
萍乡市	Pingxiang	1857954	24525	13.20	10832	5.83	13693	7.37
九江市	Jiujiang	4772543	65097	13.64	28492	5.97	36605	7.67
新余市	Xinyu	1136446	15160	13.34	6796	5.98	8364	7.36
鹰潭市	Yingtan	1111390	15248	13.72	6591	5.93	8657	7.79
赣州市	Ganzhou	8397711	117316	13.97	50386	6.00	66930	7.97
吉安市	Ji'an	4812543	66798	13.88	28827	5.99	37971	7.89
宜春市	Yichun	5464436	74808	13.69	32076	5.87	42732	7.82
抚州市	Fuzhou	3891552	53665	13.79	23233	5.97	30432	7.82
上饶市	Shangrao	6513779	90476	13.89	39018	5.99	51458	7.90

注：省及各设区市的出生、死亡、自增人口因按照省级样本和市级样本调查的“三率”推算，故全省出生、死亡、自增人口总数与各设区市合计数不等。

a) Because births,deaths and natural growth population by province and prefecture are estimated on the basis of "three rates" of provincial and city sample survey,so provincial total births, deaths and natural growth population are unequal to the sum of each prefecture.

2-6 分年龄、性别的人口构成（2009年末）

Population Composition by Age and Sex (end of 2009)

单位：% (%)

年 龄(岁) Age(year old)	人口构成合计 Population Composition Total	男 Male	女 Female	性别比 (女=100) Sex Rratio (Female=100)
总 计 Total	**100.00**	**51.25**	**48.75**	**105.15**
0—4	6.68	3.86	2.82	137.31
5—9	6.82	3.89	2.93	133.33
10—14	6.98	3.92	3.06	127.91
15—19	6.88	3.72	3.16	117.54
20—24	6.74	3.27	3.47	94.13
25—29	5.78	2.69	3.09	87.16
30—34	8.14	3.92	4.22	92.87
35—39	9.24	4.56	4.68	97.23
40—44	9.54	4.73	4.81	98.31
45—49	7.71	3.89	3.82	101.82
50—54	6.92	3.50	3.42	102.66
55—59	5.92	2.94	2.98	98.97
60—64	4.40	2.27	2.13	106.44
65—69	2.95	1.54	1.41	108.76
70—74	2.53	1.29	1.24	104.42
75—79	1.53	0.72	0.81	89.98
80—84	0.82	0.37	0.45	81.20
85—89	0.33	0.14	0.19	75.09
90-94	0.07	0.02	0.05	40.00
95+	0.02	0.01	0.01	100.00

2-7 6岁及以上人口的文化构成（2009年末）

Educational Attainment Composition of Population Aged 6 and above (end of 2009)

单位：% (%)

年 龄(岁) Age(year old)	不识字或识字很少 Illiterate	小 学 Primary School	初 中 Junior Secondary School	高 中 Senior Secondary School	大专以上 Junior College and Above
总 计 Total	**5.41**	**32.91**	**37.74**	**18.37**	**5.57**
6-9	0.21	5.47	0.12	0.00	0.00
10-14	0.03	3.78	3.71	0.67	0.03
15-19	0.03	0.22	3.15	4.69	0.77
20-24	0.04	0.38	3.14	1.58	0.82
25-29	0.03	0.51	3.38	1.27	0.49
30-34	0.06	1.79	4.99	1.78	0.72
35-39	0.07	2.39	4.98	1.85	0.71
40-44	0.12	3.20	4.66	1.82	0.64
45-49	0.16	2.76	2.96	1.77	0.40
50-54	0.39	3.29	2.57	1.26	0.30
55-59	0.51	3.07	1.86	0.59	0.24
60-64	0.57	2.14	0.97	0.48	0.21
65+	3.19	3.91	1.25	0.61	0.24

注：0-5岁人口占总人口比重为8.05%。
a) Population aged zero to five is 8.05% of total population.

2-8 15岁及以上人口的婚姻构成（2009年末）
Marital Composition of Population Aged 15 and above (end of 2009)

单位：% (%)

年龄(岁) Age(year old)	未婚 Never Married		初婚有配偶 First Married		再婚有配偶 Re-married		离婚 Divorced		丧偶 Widowed	
	男 Male	女 Female	男 Male	女 Female	男 Male	女 Female	男 Male	女 Female	男 Male	女 Female
总计 Total	**10.38**	**7.19**	**36.61**	**37.97**	**0.68**	**0.71**	**0.62**	**0.39**	**1.48**	**3.96**
15-19	4.60	3.87	0.05	0.10	0.01	0.00	0.01	0.00	0.00	0.00
20-24	3.37	2.59	0.72	1.76	0.00	0.01	0.01	0.01	0.00	0.00
25-29	1.18	0.55	2.16	3.29	0.02	0.02	0.03	0.02	0.00	0.01
30-34	0.55	0.10	4.24	5.06	0.05	0.06	0.08	0.06	0.01	0.02
35-39	0.26	0.04	5.27	5.64	0.06	0.09	0.12	0.07	0.02	0.05
40-44	0.12	0.02	5.58	5.72	0.09	0.12	0.11	0.07	0.04	0.12
45-49	0.08	0.01	4.59	4.50	0.09	0.11	0.08	0.06	0.05	0.13
50-54	0.06	0.01	4.12	3.92	0.09	0.09	0.05	0.04	0.09	0.23
55-59	0.05	0.00	3.39	3.30	0.10	0.07	0.05	0.03	0.12	0.34
60-64	0.05	0.00	2.55	2.18	0.06	0.05	0.03	0.01	0.16	0.43
65+	0.05	0.00	3.95	2.50	0.12	0.09	0.04	0.02	0.97	2.62

2-9 育龄妇女分年龄的生育状况（2009年末）
Age-specific Fertility Rate of Childbearing Women by Age of Mother (end of 2009)

年龄(岁) Age(year old)	平均育龄妇女比重(%) Average Proportion of Childbearing Women (%)	出生人口比重(%) Births Proportion (%)	育龄妇女生育率(‰) Fertility Rate of Childbearing Women (‰)	一孩 1st Birth	二孩 2nd Birth	三孩及以上 3rd Birth and Above
总计 Total	**100.00**	**100.00**	**44.74**	**27.74**	**15.07**	**1.93**
15-19	11.60	2.66	10.16	9.51	0.65	0.00
20-24	12.73	31.62	110.13	94.37	15.37	0.39
25-29	11.33	28.51	111.55	64.63	41.83	5.09
30-34	15.48	21.72	60.75	23.17	33.21	4.37
35-39	17.19	8.82	22.76	8.61	11.82	2.33
40-44	17.65	4.24	10.66	5.97	3.84	0.85
45-49	14.02	2.43	7.69	4.83	2.50	0.36

2-10　各地区家庭户规模构成（2009年末）

Family Households Size Composition by Region (end of 2009)

单位：%　　(%)

地　区	Region	合　计 Total	一人户 One Person	二人户 Two Persons	三人户 Three Persons	四人户 Four Persons
全　省	**Provincial Total**	**100**	**3.47**	**12.10**	**26.01**	**27.58**
南 昌 市	Nanchang	100	4.98	14.76	28.70	22.49
景德镇市	Jingdezhen	100	6.14	15.78	33.62	22.86
萍 乡 市	Pingxiang	100	3.74	11.28	26.24	27.93
九 江 市	Jiujiang	100	3.23	11.91	25.77	26.83
新 余 市	Xinyu	100	3.81	15.31	29.88	27.50
鹰 潭 市	Yingtan	100	2.95	15.19	27.12	26.60
赣 州 市	Ganzhou	100	2.02	8.22	23.27	28.22
吉 安 市	Ji'an	100	3.10	11.80	24.88	30.63
宜 春 市	Yichun	100	4.12	13.50	26.19	28.83
抚 州 市	Fuzhou	100	3.00	11.20	28.11	28.14
上 饶 市	Shangrao	100	2.75	9.91	20.30	29.58

2-10　续表　continued

单位：%　　(%)

地　区	Region	五人户 Five Persons	六人户 Six Persons	七人户 Seven Persons	八人户 Eight Persons	九人户 Nine Persons	十人及以上户 Ten Persons and Over
全　省	**Provincial Total**	**17.71**	**8.10**	**2.78**	**1.15**	**0.58**	**0.52**
南 昌 市	Nanchang	15.87	8.31	2.74	0.96	0.54	0.65
景德镇市	Jingdezhen	11.69	5.82	2.25	1.05	0.42	0.37
萍 乡 市	Pingxiang	16.23	8.25	3.58	1.76	0.55	0.44
九 江 市	Jiujiang	18.29	8.91	2.72	1.35	0.55	0.42
新 余 市	Xinyu	14.50	5.53	1.56	0.86	0.32	0.75
鹰 潭 市	Yingtan	16.22	6.86	3.08	0.96	0.64	0.38
赣 州 市	Ganzhou	22.15	9.00	3.62	1.83	0.90	0.77
吉 安 市	Ji'an	16.34	7.64	2.57	1.24	0.85	0.95
宜 春 市	Yichun	16.54	7.11	2.26	0.68	0.45	0.32
抚 州 市	Fuzhou	17.90	7.73	2.39	0.92	0.36	0.25
上 饶 市	Shangrao	21.50	10.37	3.48	1.17	0.56	0.38

主要统计指标解释

人口数 指一定时点，一定地区范围内有生命的个人总和。

城镇人口和乡村人口 城镇人口是指居住在城镇范围内的全部常住人口；乡村人口是除上述人口以外的全部人口。

出生率（又称粗出生率） 指在一定时期内（通常为一年）一定地区的出生人数与同期内平均人数（或期中人数）之比，用千分率表示。本资料中的出生率指年出生率，其计算公式为:

$$出生率=\frac{年出生人数}{年平均人数}\times 1000‰$$

式中：出生人数指活产婴儿，即胎儿脱离母体时（不管怀孕月数），有过呼吸或其他生命现象。年平均人数指年初、年底人口数的平均数，也可用年中人口数代替。

死亡率（又称粗死亡率） 指在一定时期内（通常为一年）一定地区的死亡人数与同期平均人数（或期中人数）之比，用千分率表示。本资料中的死亡率指年死亡率，其计算公式为:

$$死亡率=\frac{年死亡人数}{年平均人数}\times 1000‰$$

人口自然增长率 指在一定时期内（通常为一年）人口自然增加数（出生人数减死亡人数）与该时期内平均人数（或期中人数）之比，用千分率表示。计算公式为:

$$人口自然增长率=\frac{本年出生人数-本年死亡人数}{年平均人数}\times 1000‰$$

$$=人口出生率-人口死亡率$$

Explanatory Notes on Main Statistical Indicators

Total Population refers to the total number of people alive at a certain point of time within a given area.

Urban Population and Rural Population Urban population refers to all people residing in cities and towns, while rural population refers to population other than urban population.

Birth Rate (or Crude Birth Rate) refers to the ratio of the number of births to the average population (or mid-period population) during a certain period of time (usually a year), expressed in ‰. Birth rate in the chapter refers to annual birth rate. The following formula is used:

$$\text{Birth Rate}=\frac{\text{Number of Births}}{\text{Annual Average Population}}\times 1000‰$$

Number of births in the formula refers to live births, i.e. when a baby has breathed or showed any vital phenomena regardless of the length of pregnancy. Annual average population is the average of the number of population at the beginning of the year and that at the end of the year. Sometimes it is substituted by the mid-year population.

Death Rate (or Crude Death Rate) refers to the ratio of the number of deaths to the average population (or mid-period population) during a certain period of time (usually a year), expressed in ‰. Death rate in the chapter refers to annual death rate.The following formula is used:

$$\text{Death Rate}=\frac{\text{Number of Deaths}}{\text{Annual Average Population}}\times 1000‰$$

Natural Growth Rate of Population refers to the ratio of natural increase in population (number of births minus number of deaths) in a certain period of time (usually a year) to the average population (or mid-period population) of the same period, expressed in ‰. The following formula is applied:

$$\text{Natural Growth Rate of Population}=\frac{\text{Number of Births - Number of Deaths}}{\text{Annual Average Popultion}}\times 1000‰$$

Natural Growth Rate of Population = Birth Rate-Death Rate

就业人员和职工工资 3

Employment and Wage

资料整理及英文翻译: 黄韶华 易鑫村 龚 丹

简要说明

一、本篇资料的主要内容

本篇资料反映全省劳动经济方面的基本情况，包括11个设区市的主要劳动统计数据。如：就业人员、职工工资总额、职工平均工资等情况。

二、本篇资料的统计范围

《劳动统计报表制度》的调查范围为城镇辖区内独立核算法人单位（不包括乡镇企业、私营企业和个体工商户），自1998年起部分指标有所变动，职工人数为在岗职工；劳动力资源、全社会就业人员统计范围为城镇和乡村16岁以上人口，2002年及以后全社会就业人员、城镇和乡村就业人员的总计资料根据人口和劳动力调查资料推算，因此分地区、分类型、分行业的资料相加不等于总计；私营和个体工商户统计范围为全社会；《培训就业统计报表制度》的填报范围为全省就业服务和职业介绍机构。

三、本篇资料来源

1．就业基本情况及分组资料、职工工资总额等资料，是省统计局人口和就业处根据《劳动统计报表制度》、《人口变动情况抽样调查制度》、《劳动力调查制度》等资料，加工整理。

2．职业介绍服务机构、城镇登记失业人数是根据省劳动保障厅《培训就业统计报表制度》整理。

3．私营企业就业人数和个体劳动者根据省工商行政管理局报表整理。

四、本篇的统计调查方法

劳动统计采用全面调查方法，由各级统计部门和各直报单位逐级上报；劳动力调查采用抽样调查方法；培训、就业统计及私营企业和个体工商统计利用行政登记资料加工汇总。

Brief Introduction

I. Main Contents

Data in this chapter show the basic conditions of labour economy for the whole province, including main labour statistics on the 11 municipalities, such as number of employed persons, total wage bills and average wages of staff.

II. Scope of Statistics

The Reporting Form System on Labour Statistics covers independent corporate units within the urban areas (does not include township enterprise, private units or self-employed individuals). Since 1998, some indicators varied, number of staff refers to working staff. Scope of statistics on labour force and whole society employment is refers to population above age 16 in urban and rural areas. Since 2002, statistics on whole society employment、urban and rural areas employment are complied according to Population and labour force survey data, thus the sum of region or category or sector does not necessarily equal the total number. Scope of Statistics on private and individual industrial and commercial households is the whole society. Scope of Training and Employment Statistics System is employment services and employment agencies in the whole province.

III. Sources of Data

1. Data on basic conditions of employment, data by groups, total wage bills of staff and workers are collected and compiled through The Reporting Form System on Labour System, The Sample Survey System on Demographic changes and The System of Labour Survey by Division of Population, and Omployment Jiangxi Provincial Bureau of Statistics.

2. Data on the employment services and the exchanges of labour force and on the number of registered The Reporting Form System on Training and Employment Statistics, which provided by jiangxi Labour and Social Security Department.

3. Data on the number of employed persons in private enterprises and self-employed individuals are provided by the Provincial Administration for Industry and Commerce.

IV. Methodology of Survey

A complete reporting form from lower-level statistical bureaus to higher level statistical bureaus is used in the labour statistics. The Sampling Survey on Labour Force are conducted by using sampling methods. Statistics on training, employment, private enterprises and self-employed individuals are collected and complied on basis of administrative registering records.

3-1 劳动力资源

Labor Force Resources

单位：万人 (10000 persons)

年份 Year	劳动力资源总数 Total Number of Labor Force Resources	社会就业人数 Number of Employed Persons in Society	#职工人数 Number of Staff and Workers	国有经济单位 State-owned Units	城镇集体经济单位 Urban Collective-owned Units	其他各种经济单位 Units of Other Types of Ownership	劳动力资源总数占人口数的比重(%) Percentage of Total Number of Labor Force Resources to Population(%)	劳动力资源利用率(%) Utilization Ratio of Labor Force Resources (%)
1978	1448.1	1254.3	267.4	221.0	46.4		45.5	86.6
1979	1503.5	1307.0	269.6	219.6	50.0		46.6	86.9
1980	1559.6	1356.3	286.7	233.0	53.7		47.7	87.0
1981	1610.2	1409.8	301.9	242.2	59.7		48.7	87.6
1982	1638.9	1434.0	311.9	249.3	62.6		49.0	87.5
1983	1731.4	1498.2	311.1	245.6	65.5		51.2	86.5
1984	1824.8	1537.3	324.9	247.0	77.9		53.4	84.3
1985	1887.1	1584.8	341.6	261.4	80.1	0.1	54.5	84.0
1986	1934.6	1622.6	351.9	269.4	82.3	0.2	55.1	83.9
1987	1981.4	1668.4	365.3	281.4	83.7	0.2	55.7	84.2
1988	2055.3	1723.0	379.2	293.8	85.0	0.4	56.6	83.8
1989	2107.2	1760.4	380.1	298.3	81.3	0.5	57.0	83.5
1990	2175.3	1816.5	386.2	304.0	81.6	0.6	57.1	83.5
1991	2248.8	1874.5	398.9	313.9	83.9	1.1	58.2	83.4
1992	2354.0	1870.4	408.4	322.0	84.4	2.0	60.2	79.5
1993	2418.7	1903.7	412.0	326.9	80.4	4.7	61.0	78.7
1994	2636.1	2007.7	413.5	328.6	79.2	5.7	65.6	76.2
1995	2653.3	2100.5	411.3	332.7	71.4	7.2	63.3	79.2
1996	2735.4	2107.2	412.0	336.0	68.8	7.2	66.6	77.0
1997	2768.8	2120.6	409.4	334.0	67.6	7.8	66.7	76.6
1998	2809.1	2094.3	322.5	254.9	41.0	26.6	67.0	74.6
1999	2830.2	2089.0	305.9	242.8	36.3	26.8	66.9	73.8
2000	2898.2	2060.9	291.6	231.8	33.0	26.8	69.8	71.1
2001	2898.5	2054.8	279.3	222.2	27.9	29.2	69.2	70.9
2002	2911.6	2130.6	261.9	206.8	22.8	32.3	69.0	73.2
2003	3016.6	2168.2	256.7	196.1	20.0	40.6	70.9	71.9
2004	3073.5	2214.0	258.4	192.4	17.5	48.5	71.8	72.0
2005	3130.0	2276.7	264.8	191.3	17.6	55.9	72.6	72.7
2006	3210.4	2321.1	271.9	191.9	16.0	64.0	74.0	72.3
2007	3290.6	2369.6	275.0	190.5	16.3	68.2	75.3	72.0
2008	3353.0	2404.5	275.2	186.6	13.9	74.7	76.2	71.7
2009	3413.8	2445.2	273.8	187.4	12.6	73.8	77.0	71.6

注：自1998年起,职工人数为在岗职工人数。

a) Since 1998,number of staff and workers refers to number of employed staff and workers.

3-2 三次产业社会就业人员数(年末数)

Number of Employed Persons by Three Strata of Industry (year-end)

年 份 Year	合 计 (万人) Total (10000 persons)	第一产业 Primary Industry	第二产业 Secondary Industry	第三产业 Tertiary Industry	构 成(以合计数为 100) Composition (Total=100) 第一产业 Primary Industry	第二产业 Secondary Industry	第三产业 Tertiary Industry
1978	1254.3	968.7	163.4	122.2	77.2	13.0	9.8
1979	1307.0	1015.3	163.9	127.8	77.7	12.5	9.8
1980	1356.3	1053.8	166.9	135.6	77.7	12.3	10.0
1981	1409.8	1093.4	172.7	143.7	77.6	12.2	10.2
1982	1434.0	1100.9	180.4	152.7	76.8	12.6	10.6
1983	1498.2	1133.6	195.3	169.3	75.7	13.0	11.3
1984	1537.3	1117.8	216.3	203.2	72.7	14.1	13.2
1985	1584.8	1057.2	320.5	207.1	66.7	20.2	13.1
1986	1622.6	1068.1	330.6	223.9	65.8	20.4	13.8
1987	1668.4	1098.3	339.3	230.8	65.8	20.4	13.8
1988	1723.0	1111.6	368.1	243.3	64.5	21.4	14.1
1989	1760.4	1146.4	367.0	247.0	65.1	20.9	14.0
1990	1816.5	1193.1	368.6	254.8	65.7	20.3	14.0
1991	1874.5	1224.2	388.7	261.6	65.3	20.7	14.0
1992	1870.4	1186.2	412.9	271.3	63.4	22.0	14.6
1993	1903.7	1085.9	462.5	355.3	57.3	24.3	18.4
1994	2007.7	1127.2	493.3	387.2	56.1	24.6	19.3
1995	2100.5	1071.7	525.1	503.7	51.0	25.0	24.0
1996	2107.2	1049.7	539.7	517.8	49.8	25.6	24.6
1997	2120.6	1000.9	549.8	569.9	47.2	25.9	26.9
1998	2094.3	975.5	548.8	570.0	46.6	26.2	27.2
1999	2089.0	969.3	530.7	589.0	46.4	25.4	28.2
2000	2060.9	960.9	502.8	597.2	46.6	24.4	29.0
2001	2054.8	949.6	482.6	622.6	46.2	23.5	30.3
2002	2130.6	964.5	483.8	682.3	45.3	22.7	32.0
2003	2168.2	910.7	568.0	689.5	42.0	26.2	31.8
2004	2214.0	907.7	598.4	707.9	41.0	27.0	32.0
2005	2276.7	907.5	619.5	749.7	39.9	27.2	32.9
2006	2321.1	907.4	639.5	774.2	39.1	27.5	33.4
2007	2369.6	900.8	663.3	805.5	38.0	28.0	34.0
2008	2404.5	900.1	675.0	829.4	37.4	28.1	34.5
2009	2445.2	892.6	710.1	842.5	36.5	29.0	34.5

3-3 社会就业人员数（年末数）
Number of Employed Persons in Society (year-end)

单位：万人 (10000 persons)

类 别	Type	2008	2009
总 计	**Total**	**2404.50**	**2445.20**
按经济类型分	**Classifed by Types of Ownership**		
城镇	Urban	733.96	766.58
#国有	Sates-owned	196.67	199.13
集体	Collective-owned	15.30	14.10
联营	Joint Ownership	0.46	0.59
股份合作	Cooperative	3.21	2.80
有限责任公司	Limited Liability Corporations	36.39	31.33
股份有限公司	Share-holding Corporations Ltd.	11.97	15.16
外商投资	Foreign Funded	8.82	11.58
港澳台投资	Funds from Hong Kong,Macao&Taiwan	8.67	9.00
私营和个体	Private Enterprises and Self-employed Individuals	229.08	230.32
乡村	Rural	1670.54	1678.62
#乡镇企业	Township and Village Enterprises	416.97	482.93
私营和个体	Private Enterprises and Self-employed Individuals	171.23	215.40
按国民经济行业分	**Classified by Sector**		
农、林、牧、渔业	Farming,Forestry,Animal Husbandry and Fishery	900.11	892.59
采矿业	Mining	} 514.79	} 516.97
制造业	Manufacturing		
电力、燃气及水的生产和供应业	Production and Distribution of Electricity,Gas and Water	9.69	10.60
建筑业	Construction	150.49	182.52
交通运输、仓储和邮政业	Traffic, Transport, Storage and Post	81.40	73.98
信息传输、计算机服务和软件业	Information Transmission, Computer Services and Software	9.91	18.51
批发和零售业	Wholesale and Retail Trades	350.26	352.84
住宿和餐饮业	Hotels and Catering Services	144.90	129.88
金融业	Financial Intermediation	9.05	10.37
房地产	Real Estate	12.73	14.39
租赁和商务服务业	Leasing and Business Services	16.24	19.46
科学研究、技术服务和地质勘查业	Scientific Research, Technical Service and Geologic Prospecting	5.55	5.89
水利、环境和公共设施管理业	Management of Water Conservancy, Environment and Public Facilities	5.49	5.38
居民服务和其他服务业	Services to Households and Other Services	82.92	96.66
教育	Education	45.19	46.67
卫生、社会保障和社会福利业	Health, Social Security and Social Welfare	15.90	16.55
文化、体育和娱乐业	Culture, Sports and Entertainment	8.22	8.54
公共管理和社会组织	Public Management and Social Organization	41.66	43.40

注：就业人员总计是根据人口变动抽样调查资料推算，因此，分地区、分经济类型、分行业资料相加不等于总计。下表同。

a) The total mumber of employed persons have been estimated in accordance with the data from the national sample survey on population changes, a result,the sum of the data by region by owmership and by sector is not equal to the total.The same applies to the following tables.

3-4 各地区社会就业人员数（2009年末）

Number of Employed Persons in Society at Year-end by Region (end of 2009)

单位：万人 (10000 persons)

地区	Region	合计 Total	第一产业 Primary Industry	第二产业 Secondary Industry	工业 Industry	建筑业 Construction	第三产业 Tertiary Industry	#交通运输、仓储和邮政业 Traffic, Transport, Storage and Post	#批发和零售业 Wholesale and Retail Trades
全省	**Provincial Total**	**2445.20**	**892.59**	**710.09**	**527.57**	**182.52**	**842.52**	**73.98**	**352.84**
南昌市	Nanchang	282.80	71.93	67.02	46.90	20.12	143.85	14.33	24.37
景德镇市	Jingdezhen	94.97	28.22	31.91	26.77	5.14	34.84	2.27	7.78
萍乡市	Pingxiang	103.69	29.78	44.91	35.05	9.86	29.00	3.22	10.40
九江市	Jiujiang	307.87	120.65	77.75	55.75	22.00	109.47	18.38	29.58
新余市	Xinyu	69.44	21.94	24.30	17.35	6.95	23.20	2.03	11.49
鹰潭市	Yingtan	69.90	27.63	18.64	12.93	5.71	23.63	1.80	8.20
赣州市	Ganzhou	458.02	191.88	137.41	108.39	29.02	128.73	11.63	57.32
吉安市	Ji'an	255.89	124.74	60.76	49.28	11.48	70.39	10.74	20.76
宜春市	Yichun	294.26	122.14	79.92	62.92	17.00	92.20	10.87	26.58
抚州市	Fuzhou	205.64	91.23	42.47	25.31	17.16	71.94	5.97	17.89
上饶市	Shangrao	383.06	128.61	137.22	98.80	38.42	117.23	12.25	34.80

3-5 城镇私营企业就业人数和城镇个体劳动者（2009年末）

Number of Employed Persons in Urban Private Enterprises and Urban Self-employed Individuals Laborers (end of 2009)

单位：人 (person)

行业	Sector	城镇私营企业就业人数 Number of Employed Persons in Urban Private Enterprises	城镇个体劳动者 Urban Selfemployed Individuals Laborers
总计	**Total**	**1006541**	**1296663**
农、林、牧、渔业	Farming,Forestry,Animal Husbandry and Fishery	22998	8869
采矿业	Mining	7256	4718
制造业	Manufacturing	348728	190554
电力、燃气及水的生产和供应业	Production and Distribution of Electricity,Gas and Water	8334	647
建筑业	Construction	46358	1868
交通运输、仓储和邮政业	Traffic, Transport, Storage and Post	30770	51701
信息传输、计算机服务和软件业	Information Transmission, Computer Services and Software	31664	8930
批发和零售业	Wholesale and Retail Trades	267275	696845
住宿和餐饮业	Hotels and Catering Services	27820	156589
金融业	Finanacial Intermediation	2524	22
房地产业	Real Estate	68338	292
租赁和商务服务业	Leasing and Business Services	59980	10048
科学研究、技术服务和地质勘查业	Scientific Research, Technical Service and Geologic Prospecting	4077	414
水利、环境和公共设施管理业	Service and Geologic Management Prospecting of Water Conservancy, Environment and Public Facilities	1402	34
居民服务和其他服务业	Services to Households and Other Services	40786	131013
教育	Education	661	81
卫生、社会保障和社会福利业	Health, Social Security and Social Welfare	1894	2041
文化、体育和娱乐业	Culture, Sports and Entertainment	7746	12124
其他	Others	27930	19873

3-6 各地区城镇就业人员数（2009年末）

Number of Employed Persons in Urban Areas (end of 2009)

单 位：万人 (10000 persons)

地 区	Region	合 计 Total	单 位 就业人员 Employed Persons in Units of Types of Ownership	国 有 Stat-owned	集 体 Collective-owned	联 营 Joint Ownership	股份合作 Cooperrative
全 省	**Provincial Total**	**766.58**	**289.63**	**199.13**	**14.10**	**0.59**	**2.80**
南 昌 市	Nanchang	157.49	66.31	44.32	4.18	0.32	0.27
景德镇市	Jingdezhen	40.24	17.07	10.50	0.95	0.04	0.13
萍 乡 市	Pingxiang	38.33	13.65	9.38	0.26		0.56
九 江 市	Jiujiang	89.06	32.54	20.40	2.13	0.20	0.37
新 余 市	Xinyu	29.69	9.80	4.64	0.17		0.08
鹰 潭 市	Yingtan	26.03	9.78	8.62	0.15		
赣 州 市	Ganzhou	91.85	41.02	25.37	1.34	0.02	0.14
吉 安 市	Ji'an	71.14	19.98	16.92	1.05		0.03
宜 春 市	Yichun	80.11	27.24	18.45	0.64		0.06
抚 州 市	Fuzhou	60.98	21.37	15.39	1.61		0.70
上 饶 市	Shangrao	81.66	28.42	22.69	1.62	0.01	0.46

3-6 续表 continued

单 位：万人 (10000 persons)

地 区	Region	有限责任公 司 Limited Liability Corporations	股份有限公 司 Shareholding Corporations Ltd.	外商投资经 济 Foreign Funded	港 澳 台投资经济 Funds from Hong Kong, Macao&Taiwan	城 镇私营企业就业人数 Number of Employed Persons in Urban Private Enterprises	城镇个体劳 动 者 Urban Selfviduals Laborers
全 省	**Provincial Total**	**31.33**	**15.16**	**11.58**	**9.00**	**100.65**	**129.67**
南 昌 市	Nanchang	5.62	5.10	3.67	1.29	15.76	20.24
景德镇市	Jingdezhen	4.17	0.67	0.46	0.09	5.09	9.10
萍 乡 市	Pingxiang	1.05	0.77	0.05	0.05	6.78	7.80
九 江 市	Jiujiang	5.90	1.65	0.66	0.71	10.23	11.56
新 余 市	Xinyu	0.63	2.81	1.42	0.03	4.66	4.88
鹰 潭 市	Yingtan	0.50	0.28	0.02	0.06	3.64	3.86
赣 州 市	Ganzhou	4.74	0.79	1.95	6.06	16.13	28.32
吉 安 市	Ji'an	0.76	0.63	0.12	0.19	9.81	9.90
宜 春 市	Yichun	4.87	1.24	1.59	0.16	3.15	10.10
抚 州 市	Fuzhou	2.51	0.49	0.15	0.21	5.52	7.92
上 饶 市	Shangrao	0.58	0.73	1.49	0.15	17.03	15.99

3-7 城镇失业人数及失业率

Unemployed Persons and Unemployment Rate in Urban Areas

年 份 Year	城镇失业人数 (万人) Unemployed Persons in Urban Areas (10000 persons)	#失业青年 Unemployed-Youth	占城镇失业人数(%) Percentage to Unemployed Persons in Urban Areas(%)	失业率 (%) Unemployment Rate(%)
1978	21.38			7.39
1979	15.17	13.35	88.0	5.31
1980	17.03	14.43	84.7	5.59
1981	14.58	11.61	79.6	4.57
1982	14.81	11.63	78.5	4.47
1983	13.26	10.60	79.9	3.98
1984	7.57	6.10	80.6	2.21
1985	5.21	4.74	91.0	1.45
1986	5.42	4.98	91.9	1.46
1987	5.56	4.83	86.9	1.45
1988	6.17	5.57	90.3	1.53
1989	6.95	6.60	95.0	1.69
1990	10.26	9.60	93.6	2.44
1991	10.56	10.14	96.0	2.40
1992	8.65	7.92	91.6	1.92
1993	8.65	8.29	95.8	1.82
1994	8.85	7.13	80.6	1.79
1995	8.66	7.48	86.3	1.57
1996	10.10	6.36	63.1	2.20
1997	14.22	8.52	60.0	2.32
1998	14.45	8.26	57.2	2.47
1999	15.50	5.95	38.4	2.60
2000	16.68	5.45	32.7	2.90
2001	17.28	3.39	19.6	3.30
2002	17.76	3.86	21.7	3.40
2003	21.62	4.21	19.5	3.80
2004	22.42	4.39	19.5	3.56
2005	22.84	3.87	16.90	3.48
2006	25.27	3.83	15.20	3.64
2007	24.34	2.41	9.90	3.37
2008	25.99	2.12	8.15	3.42
2009	27.30	1.36	4.98	3.44

注：自1999年起失业青年为长期失业者。

a) Unemployed youth are the long-term umemployed since 1999.

3-8 在岗职工年末人数、工资（2009年）

Number and Wage of Employed Staff and Workers at Year-end (2009)

类别	Type	在岗职工人数(人) Number of Employed Staff and Workers (person)	在岗职工工资总额(万元) Total Wage Bill of Employed Staff and Workers (10000 yuan)	在岗职工平均工资(元) Average Wage of Employed Staff and Workers(yuan)
总计	**Total**	**2737944**	**6713864**	**24696**
按经济类型分	**Classified by Types of Ownership**			
国有单位	Sates-owned	1873745	4900030	26247
城镇集体单位	Collective-owned	125771	205362	16624
其他单位	Others	738428	1608472	22088
#股份合作	Cooperative	27609	58342	21077
联营	Joint Ownership	5735	11414	19663
有限责任公司	Limited Liability Corporations	303891	605477	20294
股份有限公司	Share-holding Corporations Ltd.	141993	443460	30994
港澳台商投资	Funds from Hong Kong,Macao&Taiwan	88855	145854	16725
外商投资	Foreign Funded	111293	227737	20999
其他	Others	59052	116188	20155
按隶属关系分	**Classified by Subordinative Relationship**			
中央	Central	203398	825187	40597
地方	Regional	2532308	5883997	23413
其他	Others	2238	4680	20903
按企业、事业、机关分	**Classified by Enterprises,Institutions and Agencies**			
企业	Enterprises	1494121	3554096	23978
事业	Institutions	852848	2125992	25089
机关	Agencies	387841	1028954	26668
按国民经济行业分	**Classified by Sector**			
农、林、牧、渔业	Farming,Forestry,Animal Husbandry and Fishery	123740	189439	15167
采矿业	Mining	82145	205509	24848
制造业	Manufacturing	667586	1432518	21627
电力、燃气及水的生产和供应业	Production and Distribution of Electricity,Gas and Water	90888	291064	31711
建筑业	Construction	240807	482492	20693
交通运输、仓储和邮政业	Traffic, Transport, Storage and Post	140925	470868	33613
信息传输、计算机服务和软件业	Information Transmission,Computer Services and Software	31460	88671	27753
批发和零售业	Wholesale and Retail Trades	79348	168276	21276
住宿和餐饮业	Hotels and Catering Services	17214	27837	16029
金融业	Financial Intermediation	83272	298708	36387
房地产业	Real Estate	19804	43109	21739
租赁和商务服务业	Leasing and Business Services	24021	43634	18218
科学研究、技术服务和地质勘查业	Scientific Research, Technical Service and Geologic Prospecting	47296	139204	29515
水利、环境和公共设施管理业	Service and Geologic Management Prospecting of Water Conservancy,Environment and Public Facilities	44581	80304	18200
居民服务和其他服务业	Environment and Public Facilities Services to Households and Other Services	4481	9215	20084
教育	Education	453355	1199886	26578
卫生、社会保障和社会福利业	Health, Social Security and Social Welfare	149259	381674	26059
文化、体育和娱乐业	Culture, Sports and Entertainment	29116	82830	28503
公共管理和社会组织	Public Management and Social Organization	408646	1078626	26539
按地区分	**Classified by Region**			
南昌市	Nanchang	620645	1860182	30452
景德镇市	Jingdezhen	158498	321801	20345
萍乡市	Pingxiang	128687	285317	22163
九江市	Jiujiang	297941	622967	21050
新余市	Xinyu	94867	254584	27082
鹰潭市	Yingtan	92957	222623	24026
赣州市	Ganzhou	400078	822479	20732
吉安市	Ji'an	184243	382125	20614
宜春市	Yichun	262629	556339	21212
抚州市	Fuzhou	204520	371385	18203
上饶市	Shangrao	269402	552812	20759

3-9 各种分组的在岗职工人数（2009年末）
Number of Employed Workers by Types of Groups (end of 2009)

单位：人 (person)

类别	Type	合计 Total	国有单位 State-owned Units	城镇集体单位 Urban Collective-owned Units	其他单位 Units of Other Types of Ownership
总计	**Total**	**2737944**	**1873745**	**125771**	**738428**
按企业、事业、机关分	**Grouped by Enterprises,Institutions and Agencies**				
企业	Enterprises	1494121	648109	115358	730654
#地方	Regional	1328449	482437	115358	730654
事业	Institutions	852848	837859	10070	4919
#地方	Regional	829648	814659	10070	4919
机关	Agencies	387841	387568	273	
#地方	Regional	373315	373042	273	
按国民经济行业分	**Grouped by Sector**				
农、林、牧、渔业	Farming,Forestry,Animal Husbandry and Fishery	123740	120315	454	2971
农业	Farming	60062	58847	24	1191
林业	Forestry	38307	37827	126	354
畜牧业	Animal Husbandry	3235	1782	53	1400
渔业	Fishery	2998	2850	122	26
农、林、牧、渔服务业	Services in Support of Agricultural	19138	19009	129	
采矿业	Mining	82145	57428	1356	23361
制造业	Manufacturing	667586	133183	13316	521087
电力、煤气及水的生产和供应业	Production and Distribution of Electricity,Gas and Water	90888	67075	290	23523
建筑业	Construction	240807	122636	62819	55352
房屋和土木工程建筑业	Construction of Building & Civil Engineering	209972	101568	61079	47325
建筑安装业	Architectural Installation	11572	4462	1552	5558
建筑装饰业	Architectural Decoration	4128	2785	93	1250
其他建筑业	Other Construction	15135	13821	95	1219
交通运输、仓储和邮政业	Traffic, Transport, Storage and Post	140925	120595	6000	14330
铁路运输业	Transport Via Railway	57910	56801	1109	
道路运输业	Transprt Via Road	48882	37033	588	11261
城市公共交通业	Urban Public Traffic	8563	7479	757	327
水上运输业	Water Transprot	4989	1670	1848	1471
航空运输业	Air Transport	2775	1636		1139
装卸搬运和其他运输服务业	Loading,Unloading,Portage and Other Transport Services	2367	733	1634	
仓储业	Storage	5511	5315	64	132
邮政业	Post	9928	9928		
信息传输、计算机服务和软件业	Information Transmission,Computer Services and Software	31460	21989	708	8763
电信和其他信息传输服务业	Telecom & Other Information Transmission Services	23349	15885	87	7377
计算机服务业	Computer Services	7747	6104	606	1037
软件业	Software Industry	364		15	349
批发和零售业	Wholesale and Retail Trades	79348	43967	8410	26971
批发业	Wholesale	42875	31003	2558	9314
零售业	Retail Trades	36473	12964	5852	17657
住宿和餐饮业	Hotel and Catering Services	17214	9770	481	6963
住宿业	Hotels	14002	8402	228	5372
餐饮业	Catering Services	3212	1368	253	1591
金融业	Finanacial Intermediation	83272	34887	16643	31742
银行业	Bank	63699	28977	16643	18079
证券业	Security Activities	835	367		468
保险业	Insurance	17846	5043		12803
其他金融活动	Other Financial Activities	892	500		392
房地产业	Real Estate	19804	11018	205	8581
#房地产开发经营	Development and Management of Real Estate	13103	4971	83	8049
物业管理	Property Management	1851	1290	56	505
房地产中介服务	Agency Services For Real Estate	2035	2035		
租赁和商务服务业	Leasing and Business Services	24021	17293	5157	1571
租赁业	Leasing	813	541	5	267
商务服务业	Business Services	23208	16752	5152	1304

3-9 续表 continued

单位：人 (person)

类别	Type	合计 Total	国有单位 State-owned Units	城镇集体单位 Urban Collective-owned Units	其他单位 Units of Other Types of Ownership
科学研究、技术服务和地质勘查业	Scientific Research,Technical Service and Geologic Prospecting	47296	47049	44	203
研究与试验发展	Research and Experimental Development	10402	10402		
自然科学研究与试验发展	Natural Science Research and Experimental Development	5131	5131		
工程和技术研究与试验发展	Engineering and Technology Research and Experimental Development	1661	1661		
农业科学研究与试验发展	Agricultural Science Research and Experimental Development	2266	2266		
医学研究与试验发展	Medicine Research and Experimental Development	872	872		
社会人文科学研究与试验发展	Social Science and Humanities Research and Experimental Development	472	472		
专业技术服务业	Professional Technical Services	14131	13889	39	203
#气象服务	Meteorology Services	1675	1675		
地震服务	Seism Services	164	164		
测绘服务	Surveying & Mapping Services	1026	1026		
技术检测	Technology Examination	3060	3013	39	8
环境监测	Environment Monitor	947	944		3
工程技术与规划管理	Engineering Technology and Planning Management	6182	6085		97
科技交流和推广服务业	Services of Science and Technology Exchanges and Promotion	2806	2801	5	
地质勘查业	Geologic Prospecting	19957	19957		
水利、环境和公共设施管理业	Management of Water Conservancy,Environment and Public Facilities	44581	40104	3195	1282
水利管理业	Management of Water Conservancy	8224	8179	45	
环境管理业	Environment Management	20461	17491	2732	238
公共设施管理业	Management of Public Facilities	15896	14434	418	1044
居民服务和其他服务业	Services to Households and Other Services	4481	3623	618	240
居民服务业	Services to Households	1876	1715	150	11
其他服务业	Other Services	2605	1908	468	229
教育	Education	453355	445342	52	7961
#初等教育	Junior Education	213124	211559		1565
中等教育	Secondary Education	174533	168413		6120
高等教育	Senior Education	47357	47324		33
卫生、社会保障和社会福利业	Health, Social Security and Social Welfare	149259	141670	5835	1754
卫生	Health	142406	134968	5684	1754
社会保障业	Social Security	3917	3807	110	
社会福利业	Social Welfare	2936	2895	41	
文化、体育和娱乐业	Culture, Sports and Entertainment	29116	27732	11	1373
新闻出版社	Journalism and Publishing Activities	4828	4828		
广播、电视、电影和音像业	Broadcasting,Movies,Television and Audiovisual	11064	10866		198
文化艺术业	Activities Cultural and Art Activities	9937	9733		204
体育	Sports Activities	2244	1979		265
娱乐业	Entertainment	1043	326	11	706
公共管理和社会组织	Public Management and Social Organization	408646	408069	177	400
#中国共产党机关	Organs of Communist Party of China	17530	17530		
国家机构	Government Agencies	377366	377262	104	
人民政协和民主党派	People's Political Consultative Conference and Democratic Parties	3067	3067		
群众社团、社会团体和宗教组织	Non-governmental Organizations,Social Organizations and Religion Organizations	8980	8507	73	400
按地区分	**Grouped by Region**				
南昌市	Nanchang	620645	410870	39598	170177
景德镇市	Jingdezhen	158498	95010	8319	55169
萍乡市	Pingxiang	128687	87237	2372	39078
九江市	Jiujiang	297941	185791	18695	93455
新余市	Xinyu	94867	43978	1745	49144
鹰潭市	Yingtan	92957	81751	1545	9661
赣州市	Ganzhou	400078	246722	12888	140468
吉安市	Ji'an	184243	160749	5801	17693
宜春市	Yichun	262629	177153	6011	79465
抚州市	Fuzhou	204520	145176	15736	43592
上饶市	Shangrao	269402	215815	13061	40526

3-10 工业企业在岗职工年末人数、工资（2009年）

Number and Wage of Employed Staff and Workers in Industrial Enterprises (2009)

类别	Type	在岗职工人数(人) Number of Employed Staff and Workers (person)	在岗职工工资总额(万元) Total Wage Bill of Employed Staff and Workers (10000 yuan)	在岗职工平均工资(元) Average Wage of Employed Staff and Workers(yuan)
总计	**Total**	**840619**	**1929091**	**23051**
按经济类型分	**Classified by Types of Ownership**			
国有单位	Sates-owned	257686	726127	27854
城镇集体单位	Collective-owned	14962	19530	13202
其他单位	Others	567971	1183434	21080
按国民经济行业分	**Classified by Sector**			
采矿业	Mining	82145	205509	24848
煤炭开采和洗选业	Mining and Washing of Coal	56722	150854	26353
黑色金属矿采选业	Mining of Ferrous Metal Ores	2273	4246	17812
有色金属矿采选业	Mining of Non-ferrous Metal Ores	19038	42525	22452
非金属矿采选业	Mining and Processing of Nonmetal Ores	3427	6152	17853
其他采矿业	Mining of Other Ores	685	1732	24988
制造业	Manufacturing	667586	1432518	21627
农副食品加工业	Processing of Food from Agricultural Products	17525	29238	17134
食品制造业	Manufecture of Foods	16973	27664	16698
饮料制造业	Manufecture of Beverage	13722	24027	17899
烟草制品业	Manufecture of Tobacco	8154	46969	57224
纺织业	Manufecture of Texile	49825	74422	14952
纺织服装、鞋、帽制造业	Manufecture of Textile Wearing Apparel,Footware, and Caps	24367	38132	15792
皮革、毛皮、羽毛(绒)及其制品业	Manufecture of Leather,Fur,Feather &Its Products	31659	42809	13359
木材加工及木、竹、藤、棕、草制品业	Processing of Timber, Manufecture of Wood,Bamboo, Rattan,Palm and Straw Products	8119	12489	15421
家具制造业	Manufecture of Furniture	4073	5694	14184
造纸及纸制品业	Manufecture of Paper and Paper Products	8942	17484	19662
印刷业和记录媒介的复制	Printing,Reproduction of Recording Media	6515	15586	24763
文教体育用品制造业	Manufecture of Articles for Culture,Education and Sport Activity	11006	18985	16416

3-10 续表 continued

类 别	Type	在岗职工人数(人) Number of Employed Staff and Workers (person)	在岗职工工资总额(万元) Total Wage Bill of Employed Staff and Workers (10000 yuan)	在岗职工平均工资(元) Average Wage of Employed Staff and Workers(yuan)
石油加工、炼焦及核燃料加工业	Processing of Petroleum,Coking,Processing of Nuclear Fuel	7512	25374	33365
化学原料及化学制品制造业	Manufacture of Chemical Raw	27283	48928	17379
医药制造业	Manufacture of Medicines	53035	104967	19838
化学纤维制造业	Manufacture of Chemical Fiber	5170	10944	20913
橡胶制品业	Manufacture of Rubber	3615	5738	15707
塑料制品业	Manufacture of Plastic	7366	11960	16680
非金属矿物制品业	Manufacture of Nonmetallic Mineral Products	56146	99225	17762
黑色金属冶炼及压延加工业	Manufacture and Processing of Ferrous Metals	60642	194949	31458
有色金属冶炼及压延加工业	Manufacture & Processing of Non-ferrous Metals	42648	143267	33594
金属制品业	Manufacture of Metal Products	10370	19008	18541
通用设备制造业	Manufacture of General Purpose Machinery	21098	39071	19694
专用设备制造业	Manufacture of Special Purpose Machinery	19792	42231	22607
交通运输设备制造业	Manufacture of Transport Equipment	49128	148544	30927
电气机械及器材制造业	Manufacture of Electrical Machinery & Equipment	42808	73230	17585
通信设备、计算机及其他电子设备制造业	Manufacture of Communication Equipment,Computer and Other Electronic Equipment	23711	42806	18765
仪器仪表及文化、办公用机械制造业	Manufacture of Measuring Instrument and Machinery for Cultural Activity & Office Work	6875	9398	13909
工艺品及其他制造业	Manufacture of Artwork, Other Manufacture	29415	59260	20455
废弃资源和废旧材料回收加工业	Recycling and Disposal of Waste	92	119	11970
电力、燃气及水的生产和供应业	Production and Distribution of Electricity,Gas and Water	90888	291064	31711
电力、热力的生产和供应业	Production and Supply of Electric Power and Heat Power	76723	262461	33820
燃气生产和供应业	Production and Distribution of Gas	1706	4593	27374
水的生产和供应业	Production and Distribution of Water	12459	24010	19203
按地区分	**Grouped by Region**			
南昌市	Nanchang	171115	460746	27017
景德镇市	Jingdezhen	66877	125286	18786
萍乡市	Pingxiang	58226	131465	22622
九江市	Jiujiang	99024	202548	20360
新余市	Xinyu	51684	141555	27477
鹰潭市	Yingtan	34197	113904	33108
赣州市	Ganzhou	141064	248872	17713
吉安市	Ji'an	26873	47810	17739
宜春市	Yichun	86720	178044	20523
抚州市	Fuzhou	50993	76324	15060
上饶市	Shangrao	53846	100240	19561

3-11 职工工资总额和平均工资

Total Wages Bill and Average Wage of Staff and Workers

年 份 Year	工资总额 (万元) Total Wages Bill (10000 yuan)	国有经济单位 State-owned Units	城镇集体经济单位 Urban Collective-owned Units	其他各种经济单位 Units of Other Types of Ownership	平均工资 (元) Average Wage (yuan)	国有经济单位 State-owned Units	城镇集体经济单位 Urban Collective-owned Units	其他各种经济单位 Units of Other Types of Ownership
1978	145123	122929	22194		552	562	500	
1979	161102	135538	25564		603	624	512	
1980	199674	167220	32454		713	733	625	
1981	210974	175632	35342		719	745	613	
1982	223632	185973	37659		732	758	625	
1983	230035	190050	39985		747	774	640	
1984	284282	230178	54067	37	894	949	716	949
1985	329858	266560	63213	86	997	1052	817	1132
1986	394647	321560	72890	197	1147	1215	919	1190
1987	431756	352660	78895	202	1215	1286	974	1312
1988	533074	440107	92403	564	1446	1539	1121	1675
1989	583499	486785	95917	798	1562	1658	1205	1809
1990	656975	551602	104213	1160	1729	1843	1300	2079
1991	719291	598920	118234	2137	1842	1946	1446	2329
1992	860275	724646	131368	4261	2154	2295	1606	2414
1993	1042007	883776	144510	13720	2580	2753	1842	3114
1994	1407031	1207665	176282	23084	3450	3720	2268	4214
1995	1621603	1393677	189980	37946	4211	4427	2990	5623
1996	1858269	1588203	218857	51209	4852	5050	3562	7275
1997	1944011	1666516	219199	58297	5089	5303	3636	7843
1998	1739295	1400368	152032	186895	5384	5473	3720	7104
1999	2057811	1675969	170518	211325	6749	6930	4692	7913
2000	2047372	1681669	151720	213983	7014	7249	4676	7798
2001	2255433	1864519	144576	246339	8026	8346	5149	8349
2002	2437527	2001095	133577	302855	9262	9607	5859	9444
2003	2710865	2161536	137779	411551	10521	10918	6905	10359
2004	3054546	2367213	136642	550691	11860	12291	7873	11569
2005	3583091	2726459	157004	699628	13688	14276	8952	13140
2006	4170749	3136396	160449	873904	15590	16491	10102	14220
2007	4994197	3703412	203353	1087433	18400	19624	12574	16344
2008	5732519	4204570	192028	1335921	21000	22608	13934	18247
2009	6713864	4900030	205362	1608472	24696	26247	16624	22088

注:自1998年起,职工工资为在岗职工工资。

a) Since 1998,wage of staff and workers refers to wage of employed staff and workers.

3-12 职工平均工资指数

Average Wage of Staff and Workers and Related Indices

(以上年为100) (preceding year=100)

年份 Year	货币工资指数 Currency Wages Indices	国有经济单位 State-owned Units	城镇集体经济单位 Urban Collective-owned Units	其他各种经济单位 Units of Other Types of Ownership	实际工资指数 Actual Wages Indices	国有经济单位 State-owned Units	城镇集体经济单位 Urban Collectiv-owned Units	其他各种经济单位 Units of Other Types of Ownership
1978	106.8	105.4	102.0		106.6	105.2	101.8	
1979	109.2	111.0	102.4		107.0	108.7	100.3	
1980	118.2	117.5	122.1		112.0	111.4	115.7	
1981	100.8	101.6	98.1		97.1	97.9	94.5	
1982	101.8	101.7	102.0		98.7	98.6	98.9	
1983	102.0	102.1	102.4		100.1	100.2	100.5	
1984	119.7	122.6	111.9		116.7	119.5	109.1	
1985	111.5	110.9	114.1	119.3	102.5	101.9	104.9	109.7
1986	115.0	115.5	112.5	105.1	108.5	108.7	106.1	99.2
1987	105.9	105.8	106.0	108.0	98.1	98.1	98.2	100.1
1988	119.0	119.7	115.1	127.7	96.2	96.8	93.0	103.2
1989	108.0	107.7	107.5	108.0	92.2	91.9	91.7	92.2
1990	110.7	111.2	107.9	114.9	109.1	109.6	106.3	113.2
1991	106.5	105.6	111.2	112.0	102.0	101.1	106.5	107.3
1992	116.9	117.9	111.1	103.6	108.7	109.7	103.3	96.4
1993	115.9	115.9	111.5	127.8	100.1	100.1	96.3	110.4
1994	138.2	139.8	126.1	136.6	108.9	110.2	99.4	107.6
1995	122.1	119.0	131.8	133.4	104.4	101.8	112.7	114.1
1996	115.2	114.1	105.8	129.4	106.6	105.5	97.9	119.7
1997	104.9	105.0	102.1	107.8	101.8	101.9	99.1	104.7
1998	105.8	103.2	102.3	90.6	104.8	102.2	101.3	89.7
1999	125.4	126.6	126.1	111.4	127.2	128.4	127.9	112.9
2000	103.9	104.6	99.7	98.5	103.5	104.2	99.4	98.2
2001	114.4	115.1	110.1	107.0	114.9	115.7	110.7	107.5
2002	115.4	115.1	113.8	113.1	115.3	114.9	113.7	112.9
2003	113.6	113.6	117.9	109.7	112.7	112.7	117.0	108.8
2004	112.7	112.6	114.0	111.7	108.9	108.8	110.1	107.9
2005	115.4	116.2	113.7	113.6	113.5	114.3	111.8	111.7
2006	113.9	115.5	112.8	108.2	112.5	114.1	111.5	106.9
2007	118.0	119.0	124.5	114.9	112.6	113.5	118.8	109.6
2008	114.1	115.2	110.8	111.6	107.5	108.7	104.5	105.3
2009	117.6	116.1	119.3	121.1	118.4	116.9	120.1	122.0

3-13 各种分组的在岗职工工资总额（2009年）
Total Wages Bill of Employed Staff and Workers by Types of Groups (2009)

单位：万元 (10000 yuan)

类别	Type	工资总额 Total Wages Bill	国有单位 State-owned Units	城镇集体单位 Urban Collective-owned Units	其他单位 Units of Other Types of Ownership
总计	**Total**	**6713864**	**4900030**	**205362**	**1608472**
按企业、事业、机关分	**Grouped by Enterprises,Institutions and Agencies**				
企业	Enterprises	3554096	1774011	188197	1591888
#地方	Regional	2851753	1071668	188197	1591888
事业	Institutions	2125992	2096976	16719	12296
#地方	Regional	2053685	2024670	16719	12296
机关	Agencies	1028954	1028553	401	
#地方	Regional	978417	978016	401	
按国民经济行业分	**Grouped by Sector**				
农、林、牧、渔业	Farming,Forestry,Animal Husbandry and Fishery	189439	184281	450	4709
农业	Farming	74577	72922	32	1624
林业	Forestry	53511	52901	97	513
畜牧业	Animal Husbandry	5138	2524	80	2534
渔业	Fishery	3808	3701	69	38
农、林、牧、渔服务业	Services in Support of Agricultural	52405	52233	172	
采矿业	Mining	205509	146549	2282	56679
制造业	Manufacturing	1432518	354295	16859	1061364
电力、煤气及水的生产和供应业	Production and Distribution of Electricity,Gas and Water	291064	225383	388	65392
建筑业	Construction	482492	278471	97615	106406
房屋和土木工程建筑业	Construction of Building & Civil Engineering	403484	219384	94410	89690
建筑安装业	Architectural Installation	20862	8972	2704	9186
建筑装饰业	Architectural Decoration	7645	5074	224	2347
其他建筑业	Other Construction	50501	45041	277	5183
交通运输、仓储和邮政业	Traffic, Transport, Storage and Post	470868	432871	7099	30898
铁路运输业	Transport Via Railway	278539	276340	2199	
道路运输业	Transprt Via Road	117649	94428	868	22353
城市公共交通业	Urban Public Traffic	17128	15407	1151	570
水上运输业	Water Transprot	6595	3423	1538	1634
航空运输业	Air Transport	14952	8838		6114
装卸搬运和其他运输服务业	Loading,Unloading,Portage and Other Transport Services	2651	1421	1230	
仓储业	Storage	9899	9559	113	227
邮政业	Post	23455	23455		
信息传输、计算机服务和软件业	Information Transmission,Computer Services and Software	88671	54717	1458	32496
电信和其他信息传输服务业	Telecom & Other Information Transmission Services	71769	42248	183	29339
计算机服务业	Computer Services	15188	12469	1254	1464
软件业	Software Industry	1714		21	1693
批发和零售业	Wholesale and Retail Trades	168276	107670	9562	51044
批发业	Wholesale	104847	82431	2508	19908
零售业	Retail Trades	63429	25239	7054	31136
住宿和餐饮业	Hotel and Catering Services	27837	16190	598	11049
住宿业	Hotels	22726	13882	297	8547
餐饮业	Catering Services	5111	2308	301	2502
金融业	Finanacial Intermediation	298708	116959	46258	135491
银行业	Bank	239459	101312	46258	91889
证券业	Security Activities	5205	1955		3250
保险业	Insurance	48416	12612		35804
其他金融活动	Other Financial Activities	5628	1080		4548
房地产业	Real Estate	43109	24115	355	18639
#房地产开发经营	Development and Management of Real Estate	27852	9847	109	17897
物业管理	Property Management	3474	2680	115	679
房地产中介服务	Agency Services For Real Estate	4744	4744		
租赁和商务服务业	Leasing and Business Services	43634	34289	4977	4368
租赁业	Leasing	1824	1288	8	528
商务服务业	Business Services	41810	33001	4969	3840

3-13 续表 continued

单位：万元 (10000 yuan)

类　别	Type	工资总额 Total Wages Bill	国有单位 State-owned Units	城镇集体单位 Urban Collective-owned Units	其他单位 Units of Other Types of Ownership
科学研究、技术服务和地质勘查业	Scientific Research,Technical Service and Geologic Prospecting	139204	138713	46	445
研究与试验发展	Research and Experimental Development	30259	30259		
自然科学研究与试验发展	Natural Science Research and Experimental Development	15225	15225		
工程和技术研究与试验发展	Engineering and Technology Research and Experimental Development	6812	6812		
农业科学研究与试验发展	Agricultural Science Research and Experimental Development	4263	4263		
医学研究与试验发展	Medicine Research and Experimental Development	2559	2559		
社会人文科学研究与试验发展	Social Science and Humanities Research and Experimental Development	1400	1400		
专业技术服务业	Professional Technical Services	43240	42755	40	445
#气象服务	Meteorology Services	4704	4704		
地震服务	Seism Services	518	518		
测绘服务	Surveying & Mapping Services	1646	1646		
技术检测	Technology Examination	11567	11511	40	16
环境监测	Environment Monitor	2406	2399		7
工程技术与规划管理	Engineering Technology and Planning Management	19405	19165		240
科技交流和推广服务业	Services of Science and Technology Exchanges and Promotion	5835	5829	6	
地质勘查业	Geologic Prospecting	59870	59870		
水利、环境和公共设施管理业	Management of Water Conservancy,Environment and Public Facilities	80304	74530	3958	1816
水利管理业	Management of Water Conservancy	17860	17779	81	
环境管理业	Environment Management	30401	26971	3215	215
公共设施管理业	Management of Public Facilities	32043	29780	662	1601
居民服务和其他服务业	Services to Households and Other Services	9215	7657	1117	441
居民服务业	Services to Households	4088	3861	214	13
其他服务业	Other Services	5127	3796	903	428
教育	Education	1199886	1181072	64	18750
#初等教育	Junior Education	512282	509111		3171
中等教育	Secondary Education	438304	423106		15198
高等教育	Senior Education	207930	207874		56
卫生、社会保障和社会福利业	Health, Social Security and Social Welfare	381674	364119	12033	5522
卫生	Health	364523	347200	11801	5522
社会保障业	Social Security	9906	9779	127	
社会福利业	Social Welfare	7245	7140	105	
文化、体育和娱乐业	Culture, Sports and Entertainment	82830	80530	14	2286
新闻出版社	Journalism and Publishing Activities	14991	14991		
广播、电视、电影和音像业	Broadcasting,Movies,Television and Audiovisual	33552	33282		270
文化艺术业	Activities Cultural and Art Activities	25325	24835		490
体育	Sports Activities	7268	6894		374
娱乐业	Entertainment	1694	528	14	1152
公共管理和社会组织	Public Management and Social Organization	1078626	1077722	230	674
#中国共产党机关	Organs of Communist Party of China	48101	48101		
国家机构	Government Agencies	992695	992583	112	
人民政协和民主党派	People's Political Consultative Conference and Democratic Parties	9043	9043		
群众社团、社会团体和宗教组织	Non-governmental Organizations,Social Organizations and Religion Organizations	23949	23157	118	674
按地区分	**Grouped by Region**				
南昌市	Nanchang	1860182	1312283	63365	484534
景德镇市	Jingdezhen	321801	218269	10239	93293
萍乡市	Pingxiang	285317	190734	3701	90882
九江市	Jiujiang	622967	424207	24353	174407
新余市	Xinyu	254584	117154	3194	134236
鹰潭市	Yingtan	222623	207942	1718	12963
赣州市	Ganzhou	822479	561927	24829	235723
吉安市	Ji'an	382125	345021	9598	27506
宜春市	Yichun	556339	412139	11602	132598
抚州市	Fuzhou	371385	287535	22091	61759
上饶市	Shangrao	552812	461275	19592	71945

3-14 各种分组的在岗职工平均工资（2009年）
Average Wage of Employed Staff and Workers by Types of Groups (2009)

单位：元 (yuan)

类别	Type	平均工资 Average Wage	国有单位 State-owned Units	城镇集体单位 Urban Collective-owned Units	其他单位 Units of Other Types of Ownership
总计	**Total**	**24696**	**26247**	**16624**	**22088**
按企业、事业、机关分	**Grouped by Enterprises,Institutions and Agencies**				
企业	Enterprises	23978	27363	16587	22095
#地方	Regional	21678	22253	16587	22095
事业	Institutions	25089	25181	17185	25181
#地方	Regional	24882	24973	17185	25181
机关	Agencies	26668	26676	14692	
#地方	Regional	26349	26357	14692	
按国民经济行业分	**Grouped by Sector**				
农、林、牧、渔业	Farming,Forestry,Animal Husbandry and Fishery	15167	15165	9903	16094
农业	Farming	12281	12248	13125	13965
林业	Forestry	13851	13866	7698	14346
畜牧业	Animal Husbandry	15981	14165	15038	18362
渔业	Fishery	12698	12978	5689	15000
农、林、牧、渔服务业	Services in Support of Agricultural	27116	27209	13333	
采矿业	Mining	24848	25359	16781	24060
制造业	Manufacturing	21627	26192	12827	20650
电力、煤气及水的生产和供应业	Production and Distribution of Electricity,Gas and Water	31711	33312	13436	27396
建筑业	Construction	20693	23529	15823	20031
房屋和土木工程建筑业	Construction of Building & Civil Engineering	19862	22397	15831	19686
建筑安装业	Architectural Installation	18906	22203	14444	17935
建筑装饰业	Architectural Decoration	18313	17873	24391	18867
其他建筑业	Other Construction	34104	33317	29158	43406
交通运输、仓储和邮政业	Traffic, Transport, Storage and Post	33613	36045	12198	21799
铁路运输业	Transport Via Railway	48221	48825	18876	
道路运输业	Transprt Via Road	24294	25755	14162	20045
城市公共交通业	Urban Public Traffic	20354	20862	16283	17647
水上运输业	Water Transprot	13444	18645	9379	11427
航空运输业	Air Transport	55073	56076		53687
装卸搬运和其他运输服务业	Loading,Unloading,Portage and Other Transport Services	11190	19259	7540	
仓储业	Storage	17830	17845	17656	17321
邮政业	Post	23599	23599		
信息传输、计算机服务和软件业	Information Transmission,Computer Services and Software	27753	24278	20617	37331
电信和其他信息传输服务业	Telecom & Other Information Transmission Services	30385	26047	21209	40114
计算机服务业	Computer Services	19078	19736	20696	14124
软件业	Software Industry	46442		14000	47816
批发和零售业	Wholesale and Retail Trades	21276	24537	11597	18928
批发业	Wholesale	24577	26642	10109	21545
零售业	Retail Trades	17411	19505	12237	17564
住宿和餐饮业	Hotel and Catering Services	16029	16177	13020	16014
住宿业	Hotels	16119	16168	14417	16105
餐饮业	Catering Services	15638	16227	11881	15708
金融业	Finanacial Intermediation	36387	33554	28044	44078
银行业	Bank	38053	35016	28044	52508
证券业	Security Activities	61235	49751		71112
保险业	Insurance	27749	25009		28863
其他金融活动	Other Financial Activities	65069	22127		120655
房地产业	Real Estate	21739	21922	17332	21611
房地产开发经营	Development and Management of Real Estate	21204	19820	13072	22139
物业管理	Property Management	18688	20792	20482	13216
房地产中介服务	Agency Services For Real Estate	23321	23321		
租赁和商务服务业	Leasing and Business Services	18218	19856	9706	28111
租赁业	Leasing	23123	23800	16200	21757
商务服务业	Business Services	18051	19728	9700	29288

3-14 续表 continued

单位：元 (yuan)

类别	Type	平均工资 Average Wage	国有单位 State-owned Units	城镇集体单位 Urban Collective-owned Units	其他单位 Units of Other Types of Ownership
科学研究、技术服务和地质勘查业	Scientific Research,Technical Service and Geologic Prospecting	29515	29559	10364	23073
研究与试验发展	Research and Experimental Development	28939	28939		
自然科学研究与试验发展	Natural Science Research and Experimental Development	29609	29609		
工程和技术研究与试验发展	Engineering and Technology Research and Experimental Development	40787	40787		
农业科学研究与试验发展	Agricultural Science Research and Experimental Development	18820	18820		
医学研究与试验发展	Medicine Research and Experimental Development	28277	28277		
社会人文科学研究与试验发展	Social Science and Humanities Research and Experimental Development	29540	29540		
专业技术服务业	Professional Technical Services	30602	30764	10256	23073
#气象服务	Meteorology Services	28167	28167		
地震服务	Seism Services	31804	31804		
测绘服务	Surveying & Mapping Services	16078	16078		
技术检测	Technology Examination	37409	37802	10256	20375
环境监测	Environment Monitor	25328	25336		23000
工程技术与规划管理	Engineering Technology and Planning Management	31470	31579		24691
科技交流和推广服务业	Services of Science and Technology Exchanges and Promotion	20735	20752	11200	
地质勘查业	Geologic Prospecting	30293	30293		
水利、环境和公共设施管理业	Management of Water Conservancy,Environment and Public Facilities	18200	18736	12964	14088
水利管理业	Management of Water Conservancy	21292	21311	17889	
环境管理业	Environment Management	15000	15466	12415	9038
公共设施管理业	Management of Public Facilities	20717	21274	15840	15232
居民服务和其他服务业	Services to Households and Other Services	20084	20510	18048	18686
居民服务业	Services to Households	21537	22178	14240	18571
其他服务业	Other Services	19059	19053	19267	18690
教育	Education	26578	26629	12760	23812
#初等教育	Junior Education	24132	24162		20145
中等教育	Secondary Education	25175	25174		25207
高等教育	Senior Education	44445	44459		20143
卫生、社会保障和社会福利业	Health, Social Security and Social Welfare	26059	26169	21568	31573
卫生	Health	26105	26212	21740	31573
社会保障业	Social Security	25401	25804	11536	
社会福利业	Social Welfare	24719	24705	25732	
文化、体育和娱乐业	Culture, Sports and Entertainment	28503	29090	12727	16735
新闻出版社	Journalism and Publishing Activities	31148	31148		
广播、电视、电影和音像业	Broadcasting,Movies,Television and Audiovisual	30436	30737		13781
文化艺术业	Activities Cultural and Art Activities	25475	25477		25394
体育	Sports Activities	32516	34995		14091
娱乐业	Entertainment	16183	16296	12727	16185
公共管理和社会组织	Public Management and Social Organization	26539	26554	12983	16863
#中国共产党机关	Organs of Communist Party of China	27801	27801		
国家机构	Government Agencies	26445	26449	10769	
人民政协和民主党派	People's Political Consultative Conference and Democratic Parties	29446	29446		
群众社团、社会团体和宗教组织	Non-governmental Organizations,Social Organizations and Religion Organizations	26693	27247	16137	16863
按地区分	**Grouped by Region**				
南昌市	Nanchang	30452	32407	16320	28998
景德镇市	Jingdezhen	20345	23068	12377	16876
萍乡市	Pingxiang	22163	21829	15577	23314
九江市	Jiujiang	21050	22703	13740	19088
新余市	Xinyu	27082	26655	18006	27805
鹰潭市	Yingtan	24026	25481	11742	13520
赣州市	Ganzhou	20732	22962	19994	16889
吉安市	Ji'an	20614	21331	16148	15560
宜春市	Yichun	21212	23277	19382	16736
抚州市	Fuzhou	18203	19836	14039	14251
上饶市	Shangrao	20759	21407	15059	19029

3-15 职业介绍机构基本情况（年末数）
Basic Conditions of Job Service Organizations (year-end)

指 标	Item	职业介绍机构数(个) Number of Job Services (unit)		职业介绍机构工作人员数(个) Staff and Workers in Job Services (unit)	
		2008	2009	2008	2009
合 计	**Total**	**2003**	**2003**	**4223**	**6846**
劳动部门办	Run by Labor Department	1709	1709	3423	5973
县(区)及以上	County(District) and Above	119	119	715	784
街道	Street Communities	130	130	396	619
乡镇	Township	1460	1460	2312	4570
其他组织办	Run by Other Organizations	83	83	172	222
公民个人办	Run by Citizens	211	211	628	651

3-16 劳动部门职业介绍工作情况
Situations of Labour Department Job services

指 标	Item	2008	2009
本期登记求职人次数(人次)	Total Registered Job-seekers This Period (persontime)	1846380	1929917
#下岗职工	Laid-off Staff and Workers	295594	311511
#失业人员	Unemployed Persons	599422	624350
#获得职业资格人员	Persons with Qulification Certificates	221211	224649
本期介绍成功人次数(人次)	Placed Job-seekers This Period (persontime)	1029048	1090646
#女性	Female	488651	518067
#下岗职工	Laid-off Staff and Workers	137127	147873
#失业人员	Unemployed Persons	265522	283657

主要统计指标解释

就业人员 指从事一定社会劳动并取得劳动报酬或经营收入的人员。包括(1)在岗职工；(2)再就业的离退休人员;(3)私营业主;(4)个体户主;(5)私营企业和个体就业人员；(6)乡镇企业就业人员;(7)农村就业人员;(8)其他就业人员。

单位就业人员 各单位的就业人员是指在各级国家机关、政党机关、社会团体及企业、事业单位中工作，取得工资或其他形式的劳动报酬的全部人员。包括在岗职工、再就业的离退休人员、民办教师以及在各单位中工作的外方人员和港澳台方人员、兼职人员、借用的外单位人员和第二职业者。不包括离开本单位仍保留劳动关系的职工。

在岗职工 指在本单位工作并由单位支付工资的人员，以及有工作岗位，但由于学习、病伤产假等原因暂未工作，仍由单位支付工资的人员。

私营企业就业人员 指在工商管理部门注册登记的私营企业就业人员，包括私营企业投资者和雇工。

个体就业人员 指在工商管理部门注册登记，经批准从事个体工商经营的就业人员，包括个体户主和在个体工商户劳动的家庭帮工和雇工。

单位就业人员劳动报酬 指各单位在一定时期内直接支付给本单位全部就业人员的劳动报酬总额。包括在岗职工工资总额和本单位其他从业人员劳动报酬两部分。

在岗职工工资总额 指各单位在一定时期内直接支付给本单位全部在岗职工的劳动报酬总额。包括：计时工资(含计时标准工资)、计件工资、计件超额工资、奖金、津贴和补贴、加班加点工资、特殊情况下支付的工资等。

津贴和补贴 包括:(1)补偿职工特殊额外劳动消耗的津贴及岗位性津贴；(2)保健性津贴；(3)技术性津贴；(4)年功性津贴；(5)地区津贴;(6)其他津贴包括伙食补贴、上下班交通补贴、洗理卫生费、书报费等。以及为保证职工工资不受物价上涨或变动影响而支付的各种补贴，如副食价格补贴(含肉类等价格补贴)、粮、油、蔬菜等价格补贴，煤价补贴、房贴、水电贴、房改补贴等。

在岗职工平均工资 指在企业、事业、机关单位的在岗职工在一定时期内平均每人所得的货币工资额。

$$\text{在岗职工平均工资}=\frac{\text{报告期实际支付的全部在岗职工工资总额}}{\text{报告期全部在岗职工平均人数}}$$

货币工资指数 指报告期在岗职工平均工资与基期在岗职工平均工资的比率。

$$\text{货币工资指数}=\frac{\text{报告期在岗职工平均工资}}{\text{基期在岗职工平均工资}}\times100\%$$

实际工资指数 指扣除物价变动因素后的在岗职工平均工资。

$$\text{实际工资指数}=\frac{\text{报告期在岗职工货币工 资指数}}{\text{报告期居民消费价格指 数}}\times100\%$$

Explanatory Notes on Main Statistical Indicators

Employed Persons refer to persons who are engaged in gainful employment and thus receive remuneration payment or earn business income. They include 1)employed staff and workers, 2) re-employed retirees, 3) owners of private enterprises,4)owners of self-employed individuals, 5)persons employed in private enterprises and self-employed individuals, 6) persons employed in township enterprises,7)employed persons in rural areas, 8)other employed persons.

Persons Employed in Various Units refer to all the persons working in government agencies of various levels, political and party organizations, social organizations, enterprises and institutions, and receiving wages or other forms of payment. They include fully-employed staff and workers, re-employed retirees, teachers in the schools run by the local people, foreigners and Chinese compatriots from Hong Kong, Macao, and Taiwan working in various units, part-time employees, employees of other units working temporarily at current posts, and employees holding the second job, but do not include persons who have left their working units while keeping their labour contract (employment relation) unchanged.

Employed Staff and Workers refer to persons who work in, and receive wages from their working units, including persons who have their work posts but are temporarily absent from work for reasons of study or on sick, injury or maternal leave and still receive wages from their working units.

Persons Employed in Private Enterprises refer to the persons employed in the private enterprises which have been registered at the departments of industrial and commercial administration, including investors of private enterprises and hired labourers.

Persons Employed in Self-Employed Individuals refer to persons employed in the self-employed individuals which have been registered at the departments of industrial and commercial administration and approved to be engaged in individual industrial or commercial business, including self-employed persons as well as helpers and hired labourers who work in individual households.

Earning of Persons Employed in Various Units refers to the total remuneration payment to all employees in various units during a certain period of time, including employed staff and workers and other employees.

Total Wage Bill of Employed Staff and workers refers to the total remuneration payment to all employed staff and workers in various units during a certain period of time. Including wage paid on a time basis (including standard wage paid on a time basis),wage paid on a piece basis, extra wage on a piece basis, bonus, allowance and subsidy, wage paid for working extra hours, wage paid in particular circumstance.

Allowance and Subsidy

Including1) allowance compensated for particular extra labour consume and position allowance to staff and workers,2)health care allowance,3)technical allowance,4)seniority allowance, 5)region allowance,6) other allowance including meals subsidy, traffic subsidy, hygiene subsidy, book and newspaper allowance, as well as all sorts of allowance which ensure the price rises or changes not affect the wage of staff and workers, i.e. non-staple food price subsidy(including meat and other foodstuffs price subsidy),grain, edible oil, vegetables and other food price subsidy, gas price subsidy, housing subsidy, water and electricity subsidy, housing reform subsidy.

Average Wage of Employed Staff and workers refer to average earning level in money terms per employee in the enterprise, institution and government organ during a certain period of time.

Average Wage of Employed Staff and workers refer to average earning level in money terms per employee in the enterprise, institution and government organ during a certain period of time. Total Wage Bill of Employed Staff and Workers

$$\text{Staff and Workers} = \frac{\text{Total Wage Bill of Employed Staff and Workers at Reference Time}}{\text{Average Number of Employed Staff and Workers at Reference Time}}$$

Currency Wage Indices refers to the ratio of average wage of employed staff and workers at the reference period to that at the base period.

$$\text{Average Wage Indices} = \frac{\text{Average Wage of Employed Staff and Workers at Reference Time}}{\text{Average Wage of Employed Staff and Workers at Base Time}}$$

Average Real Wage Indices refers to the average wage of employed staff and workers after removing the effects of the price changes.

$$\text{Average Real Wage Indices} = \frac{\text{Average Wage Indices of Employed Staff and Workers at Reference Time}}{\text{Consumer Price Indices at Reference Time}}$$

固定资产投资

4

Investment in Fixed Assets

◆ 67/100

资料整理及英文翻译：时 峰

简要说明

一、本篇资料的主要内容

本篇资料通过对一定时期全社会建造和购置固定资产活动的数量方面的描述，反映报告期内固定资产投资的规模和速度、固定资产投资的结构和比例关系、固定资产投资的资金来源及固定资产投资的效果等。

二、本篇资料的统计范围

固定资产投资统计的范围包括：城乡计划总投资50万元及以上建设项目投资（含房地产开发投资），农村农户固定资产投资。

三、本篇的资料来源

农户固定资产投资资料来自国家统计局江西调查总队；除此以外的固定资产投资统计资料均来自省统计局固定资产投资统计处统计调查。

四、本篇的统计调查方法

除农户固定资产投资统计采用抽样调查方法外，其他均为全面统计报表。

Brief Introduction

I. Main Contents

Statistics in this chapter describe activities on the construction and purchase of fixed assets of the whole country during a given period of time, and reflect the size, growth, structure, financing and results of the investment in fixed assets during the reference period.

II. Scope of Statistics

Statistics on the investment in fixed assets covers total investments of 500,000 yuan and above (include investments in real estate development) in capital construction projects in urban and rural areas, and investments in fixed assets by rural households.

III. Sources of Data

Data on investments in fixed assets by individuals in rural areas are provided by Survey Office of the National Bureau of Statistics of Jiangxi, other data on investments in fixed assets are from surveys conducted by the Department of Investment & Construction Statistics of Jiangxi Provincial Bureau of Statistics.

IV. Methodology of Data Collection

All data on investments in fixed assets are collected by the system of reporting form with complete enumeration, except data on individual investments in fixed assets in rural areas, which are collected through sample surveys.

4-1 全社会固定资产投资
Total Investment in Fixed Assets in the Whole Country

指 标	Item	2008	2009	2009年比2008年增长（%） Increase Rate in 2009 over 2008(%)
投资总额（万元）	**Total Investment(10000 yuan)**	**47454333**	**66431422**	**40.0**
#住宅	Residential Buildings	6711186	7897548	17.7
按登记注册类型分	Grouped by Status of Registration			
内 资	Domestic Funds	41181305	58256952	41.5
国 有	State-owned	12323412	17109855	38.8
集 体	Collective-owned	449661	792866	76.3
股份合作	Share Holding Cooperative	355760	584173	64.2
联 营	Joint-owned	61280	166689	172.0
有限责任公司	Limited Liability Corporations	11361730	15614015	37.4
股份有限公司	Share Holding Enterprises	4268881	5950732	39.4
私 营	Private	11607411	16758782	44.4
其他内资	Others	753170	1279840	69.9
港、澳、台投资	Funds from Hong Kong，Macao and Taiwan	1665874	2224828	33.6
外商投资	Foreign Funded	2263370	3046558	34.6
个体经营	Individuals	2343784	2903084	23.9
按构成分	Grouped by Use of Funds			
建筑工程	Construction	25123178	34678240	38.0
安装工程	Installation	3454707	5021529	45.4
设备、工器具购置	Purchase of Equipment and Instruments	12746587	17763002	39.4
其他费用	Others	6129861	8968651	46.3
按建设性质分	Grouped by Type of Construction			
#新 建	New Construction	30822821	44491991	44.3
扩 建	Expansion	6424128	8213763	27.9
改建和技术改造	Reconstruction and Technical Rennovation	6923956	9809421	41.7
按产业分	Grouped by Industry			
第一产业	Primary Industry	1348346	2301817	70.7
第二产业	Secondary Industry	25810694	36551750	41.6
#工 业	Industry	25646419	36343538	41.7
第三产业	Tertiary Industry	20295293	27577855	35.9

注：1.本篇章各表均不含跨省中央项目和计划总投资50万元以下项目等其他投资。
2.农村农户投资为抽样调查数。

a) Central project transprovincially and other investment of under 500,000 yuan project don't add up to the total.

b) Rural investment source in the sample census.

4-1 续表 continued

指 标	Item	2008	2009	2009年比2008年增长(%) Increase Rate in 2009 over 2008(%)
按行业分	Grouped by Sector			
农、林、牧、渔业	Farming, Forestry, Animal Husbandy and Fishery	1348346	2301817	70.7
采矿业	Mining	1075169	1757248	63.4
制造业	Manufacturing	22876932	31453977	37.5
电力、燃气及水的生产和供应业	Production and Supply of Electricity Gas and Water	1694318	3132313	84.9
建筑业	Construction	164275	208212	26.7
交通运输、仓储和邮政业	Transport, Storage and Post Services	2550559	3810429	49.4
信息传输、计算机服务和软件业	Information Transmission, Computer Services and Software	325476	505420	55.3
批发和零售业	Wholesale and Retail Trade	897359	1709560	90.5
住宿和餐饮业	Hotel and Catering Services	1159657	1617233	39.5
金融业	Financial Intermediation	76411	217245	184.3
房地产业	Real Estate	7605975	9251049	21.6
租赁和商务服务业	Leasing and Business Services	385215	579537	50.4
科学研究、技术服务和地质勘查业	Scientific Reseach, Ploytechnic Services and Geological Prospecting	146245	278063	90.1
水利、环境和公共设施管理业	Management of Water Conservancy, Environment and Public Facilities	3977308	5904064	48.4
居民服务和其他服务业	Services to Households and Other Services	152003	345439	127.3
教 育	Education	1094955	1116474	2.0
卫生、社会保障和社会福利业	Health Care, Social Security and Social Welfare	254744	531384	108.6
文化、体育和娱乐业	Culture, Sports and Entertainment	475758	741635	55.9
公共管理和社会组织	Public Management and Social Organizations	1193628	970323	-18.7
按城乡分	Grouped by Urban and Rural Areas			
城镇	Urban Area	43253781	60081185	38.9
#房地产开发	Real Estate Development	5476570	6345238	15.9
农村	Rural Area	4200552	6350237	51.2
非农户	Non-farm Households	2278628	3840087	68.5
农 户	Farm Households	1921924	2510150	30.6
资金来源合计(万元)	**Total Source of Funds(10000 yuan)**	**51708960**	**79136463**	**53.0**
上年末结余资金	Balance at last Year-end	1975805	2861744	44.8
本年资金来源小计	Subtotal Sources of Funds This Year	49733155	76274719	53.4
国家预算内资金	State Budget	3403211	4543334	33.5
国内贷款	Domestic Loans	4228888	6969518	64.8
债券	Bonds		9062	
利用外资	Foreign Investment	1571373	1848335	17.6
自筹资金	Self-raising Funds	34573686	53590791	55.0
其他资金	Others	5955998	9313679	56.4
新增固定资产(万元)	**Newly Increased Fixed Assets(10000 yuan)**	**33881375**	**44866875**	**32.4**
施工房屋建筑面积(万平方米)	**Floor Space of Buildings under Construction(10000 sq.m)**	**18399.02**	**21250.06**	**15.5**
#住宅	Residential Buildings	10567.57	12457.71	17.9
竣工房屋建筑面积(万平方米)	**Floor Space of Buildings Completed(10000 sq.m)**	**8364.39**	**8917.26**	**6.6**
#住宅	Residential Buildings	5414.31	5596.09	3.4

4-2 全社会固定资产投资构成
Composition of Total Investments in Fixed Assets

单位：% (%)

指 标	Item	2008	2009
全社会固定资产投资	**Total Investment in Fixed Assets in the Whole Country**	**100.0**	**100.0**
#住宅	Residential Buildings	14.1	11.9
按登记注册类型分	Grouped by Status of Registration		
内 资	Domestic Funds	86.8	87.7
国 有	State-owned	26.0	25.8
集 体	Collective-owned	0.9	1.2
股份合作	Share Holding Cooperative	0.7	0.9
联 营	Joint-owned	0.1	0.3
有限责任公司	Limited Liability Corporations	23.9	23.5
股份有限公司	Share Holding Enterprises	9.0	9.0
私 营	Private	24.5	25.2
其他内资	Others	1.6	1.9
港、澳、台投资	Funds from Hong Kong，Macao and Taiwan	3.5	3.3
外商投资	Foreign Funded	4.8	4.6
个体经营	Individuals	4.9	4.4
按构成分	Grouped by Use of Funds		
建筑工程	Construction	52.9	52.2
安装工程	Installation	7.3	7.6
设备、工器具购置	Purchase of Equipment and Instruments	26.9	26.7
其他费用	Others	12.9	13.5
按建设性质分	Grouped by Type of Construction		
#新 建	New Construction	65.0	67.0
扩 建	Expansion	13.5	12.4
改建和技术改造	Reconstruction and Technical Rennovation	14.6	14.8
按产业分	Grouped by Industry		
第一产业	Primary Industry	2.8	3.5
第二产业	Secondary Industry	54.4	55.0
#工 业	Industry	54.0	54.7
第三产业	Tertiary Industry	42.8	41.5
按行业分	Grouped by Sector		
农、林、牧、渔业	Farming, Forestry, Animal Husbandy and Fishery	2.8	3.5
采矿业	Mining	2.3	2.6
制造业	Manufacturing	48.2	47.3
电力、燃气及水的生产和供应业	Production and Supply of Electricity Gas and Water	3.6	4.7
建筑业	Construction	0.3	0.3
交通运输、仓储和邮政业	Transport, Storage and Post Services	5.4	5.7
信息传输、计算机服务和软件业	Information Transmission, Computer Services and Software	0.7	0.8
批发和零售业	Wholesale and Retail Trade	1.9	2.6
住宿和餐饮业	Hotel and Catering Services	2.4	2.4
金融业	Financial Intermediation	0.2	0.3
房地产业	Real Estate	16.0	13.9
租赁和商务服务业	Leasing and Business Services	0.8	0.9
科学研究、技术服务和地质勘查业	Scientific Reseach, Ploytechnic Services and Geological Prospecting	0.3	0.4
水利、环境和公共设施管理业	Management of Water Conservancy, Environment and Public Facilities	8.4	8.9
居民服务和其他服务业	Services to Households and Other Services	0.3	0.5
教 育	Education	2.3	1.7
卫生、社会保障和社会福利业	Health Care, Social Security and Welfare	0.5	0.8
文化、体育和娱乐业	Culture, Sports and Entertainment	1.0	1.1
公共管理和社会组织	Public Management and Social Organizations	2.5	1.5
按城乡分	Grouped by Urban and Rural Areas		
城镇	Urban Area	91.1	90.4
#房地产开发	Real Estate Development	11.5	9.6
农村	Rural Area	8.9	9.6
非农户	Non-farm Households	4.8	5.8
农 户	Farm Households	4.1	3.8

4-3 城镇固定资产投资
Investment in Fixed Assets in Urban Area

指 标	Item	2008	2009	2009年比2008年增长（%） Increase Rate in 2009 over 2008(%)
投资总额(万元)	**Total Investment(10000 yuan)**	**43253781**	**60081185**	**38.9**
#住宅	Residential Buildings	5203656	5954865	14.4
按登记注册类型分	Grouped by Status of Registration			
内 资	Domestic Funds	39061419	54591510	39.8
国 有	State-owned	11728381	15782284	34.6
集 体	Collective-owned	331298	493205	48.9
股份合作	Share Holding Cooperative	331396	549278	65.7
联 营	Joint-owned	56160	143941	156.3
有限责任公司	Limited Liability Corporations	11172826	15316729	37.1
股份有限公司	Share Holding Enterprises	4186963	5846274	39.6
私 营	Private	10659111	15373839	44.2
其他内资	Others	595284	1085960	82.4
港、澳、台投资	Funds from Hong Kong，Macao and Taiwan	1599538	2190184	36.9
外商投资	Foreign Funded	2220462	3016752	35.9
个体经营	Individuals	372362	282739	-24.1
按构成分	Grouped by Use of Funds			
建筑工程	Construction	22357459	30322971	35.6
安装工程	Installation	3297105	4798031	45.5
设备、工器具购置	Purchase of Equipment and Instruments	12005657	16725698	39.3
其他费用	Others	5593560	8234485	47.2
按建设性质分	Grouped by Type of Construction			
#新 建	New Construction	27433407	39602273	44.4
扩 建	Expansion	6113109	7693552	25.9
改建和技术改造	Reconstruction and Technical Rennovation	6523356	8971193	37.5
按产业分	Grouped by Industry			
第一产业	Primary Industry	540133	1111177	105.7
第二产业	Secondary Industry	24800379	35046291	41.3
#工 业	Industry	24645080	34905556	41.6
第三产业	Tertiary Industry	17913269	23923717	33.6
资金来源合计(万元)	**Total Source of Funds(10000 yuan)**	**47388343**	**72339200**	**52.7**
上年末结余资金	Balance at last Year-end	1962590	2798264	42.6
本年资金来源小计	Subtotal Sources of Funds This Year	45425753	69540936	53.1
国家预算内资金	State Budget	3141332	3986814	26.9
国内贷款	Domestic Loans	4094403	6730323	64.4
债券	Bonds		5620	
利用外资	Foreign Investment	1454069	1797865	23.6
自筹资金	Self-raising Funds	31098408	48244307	55.1
其他资金	Others	5637541	8776007	55.7
新增固定资产(万元)	**Newly Increased Fixed Assets(10000 yuan)**	**29625006**	**39755858**	**34.2**
施工房屋建筑面积(万平方米)	**Floor Space of Buildings under Construction(10000 sq.m)**	**13578.70**	**14751.19**	**8.6**
#住宅	Residential Buildings	6273.12	7022.04	11.9
竣工房屋建筑面积(万平方米)	**Floor Space of Buildings Completed(10000 sq.m)**	**4488.76**	**4597.96**	**2.4**
#住宅	Residential Buildings	1873.31	1814.48	-3.1

4-4 城镇固定资产投资构成

Composition of Investment in Fixed Assets in Urban Area

单位：% (%)

指 标	Item	2008	2009
投资总额	**Total Investment**	**100.0**	**100.0**
#住宅	Residential Buildings	12.0	9.9
按登记注册类型分	Grouped by Status of Registration		
内 资	Domestic Funds	90.3	90.9
国 有	State-owned	27.1	26.3
集 体	Collective-owned	0.8	0.8
股份合作	Share Holding Cooperative	0.8	0.9
联 营	Joint-owned	0.1	0.2
有限责任公司	Limited Liability Corporations	25.8	25.5
股份有限公司	Share Holding Enterprises	9.7	9.7
私 营	Private	24.6	25.6
其他内资	Others	1.4	1.8
港、澳、台投资	Funds from Hong Kong，Macao and Taiwan	3.7	3.6
外商投资	Foreign Funded	5.1	5.0
个体经营	Individuals	0.9	0.5
按构成分	Grouped by Use of Funds		
建筑工程	Construction	51.7	50.5
安装工程	Installation	7.6	8.0
设备、工器具购置	Purchase of Equipment and Instruments	27.8	27.8
其他费用	Others	12.9	13.7
按建设性质分	Grouped by Type of Construction		
#新 建	New Construction	63.4	65.9
扩 建	Expansion	14.1	12.8
改建和技术改造	Reconstruction and Technical Rennovation	15.1	14.9
按产业分	Grouped by Industry		
第一产业	Primary Industry	1.3	1.8
第二产业	Secondary Industry	57.3	58.3
#工 业	Industry	57.0	58.1
第三产业	Tertiary Industry	41.4	39.8

4-5 按行业和登记注册类型分城镇固定资产投资（2009年）

单位：万元

行业	Sector	合计 Total	内资 Domestic Funds	国有 State-owned
总计	**Total**	**60081185**	**54591510**	**15782284**
农、林、牧、渔业	**Agriculture, Forestry, Animal Husbandry and Fishery**	**1111177**	**1049102**	**437570**
农业	Farming	237142	196567	64372
林业	Forestry	292943	283803	179518
畜牧业	Animal Husbandry	276975	265655	13226
渔业	Fishery	58299	57259	7300
农、林、牧、渔服务业	Services in Support of Agriculture	245818	245818	173154
采矿业	**Mining**	**1428517**	**1384670**	**281922**
#煤炭开采和洗选业	Mining and Washing of Coal	414185	414185	82116
黑色金属矿采选业	Mining and Processing of Ferrous Metal Ores	213596	185209	3000
有色金属矿采选业	Mining and Processing of Non-Ferrous Metal Ores	442317	439117	141806
非金属矿采选业	Mining and Processing of Nonmetal Ores	342359	331859	55000
制造业	**Manufacturing**	**30508532**	**26751647**	**1443489**
农副食品加工业	Processing of Food from Agricultural Products	1286549	1197543	66534
食品制造业	Manufacture of Foods	697045	641101	7240
饮料制造业	Manufacture of Beverages	481651	429480	11000
烟草制品业	Manufacture of Tobacco	16904	16904	12373
纺织业	Manufacture of Textile	1020474	921536	2650
纺织服装、鞋、帽制造业	Manufacture of Textile Wearing Apparel, Footware and Caps	1085259	941049	37526
皮革毛皮羽毛(绒)及其制品业	Manufacture of Leather, Fur, Feather and Related Products	476100	319119	3339
木材加工及木竹藤棕草制品业	Processing of Timber, Manufacture of Wood, Bamboo, Rattan,Palm and Straw Products	689782	675697	11933
家具制造业	Manufacture of Furniture	299954	285020	
造纸及纸制品业	Manufacture of Paper and Paper Products	430769	408341	
印刷业和记录媒介的复制	Printing, Reproduction of Recording Media	358149	356000	48574
文教体育用品制造业	Manufacture of Articles For Culture, Education and Sport Activities	166621	134191	
石油加工、炼焦加工业	Processing of Petroleum, Coking	345535	328885	60386
化学原料及化学制品制造业	Manufacture of Raw Chemical Materials and Chemical Products	2832063	2751168	37724
医药制造业	Manufacture of Medicines	974795	882518	13980
化学纤维制造业	Manufacture of Chemical Fibers	336570	265176	5000
橡胶制品业	Manufacture of Rubber	231154	201318	
塑料制品业	Manufacture of Plastics	600025	565612	10497
非金属矿物制品业	Manufacture of Non-metallic Mineral Products	4329097	4010536	132985
黑色金属冶炼及压延加工业	Smelting and Pressing of Ferrous Metals	967105	959605	7164
有色金属冶炼及压延加工业	Smelting and Pressing of Non-ferrous Metals	2422579	2264345	366010
金属制品业	Manufacture of Metal Products	1082144	1034847	25884
通用设备制造业	Manufacture of General Purpose Machinery	987610	922302	50672
专用设备制造业	Manufacture of Special Purpose Machinery	898582	866100	62768
交通运输设备制造业	Manufacture of Transport Equipment	1375305	1217072	267025
电气机械及器材制造业	Manufacture of Electrical Machinery and Equipment	3471793	2184655	134164
通信设备、计算机及其他电子设备制造业	Manufacture of Communication Equipment, Computers and Other Electronic Equipment	1811712	1194578	26260
仪器仪表及文化、办公用机械制造业	Manufacture of Measuring Instruments and Machinery for Cultural Activity and Office Work	181599	175986	4030
工艺品及其他制造业	Manufacture of Artwork and Other Manufacturing	482346	432702	23821
废弃资源和废旧材料回收加工业	Recycling and Disposal of Waste	169261	168261	13950
电力、燃气及水的生产和供应业	**Production and Supply of Electricity, Gas and Water**	**2968507**	**2716707**	**1723383**
电力、热力的生产和供应业	Production and Supply of Electric Power and Heat Power	1953628	1772213	1148436
燃气生产和供应业	Production and Supply of Gas	286159	255623	57829
水的生产和供应业	Production and Supply of Water	728720	688871	517118
建筑业	**Construction**	**140735**	**137635**	**20655**
房屋和土木工程建筑业	Construction of Buildings and Civil Engineering	59204	58104	10545
建筑安装业	Building Installation	29746	29746	3700
建筑装饰业	Building Decoration	28952	26952	920
其他建筑业	Other Construction	22833	22833	5490
交通运输、仓储和邮政业	**Transport, Storage and Post**	**3338729**	**3307765**	**2752701**
铁路运输业	Railway Transport	394366	394366	384808
道路运输业	Road Transport	2413620	2410333	2065019
城市公共交通业	Urban Public Transport	61109	60959	48774
水上运输业	Water Transport	57226	54326	32349

Investment in Fixed Assets in Urban Area by Sector and Registration Status (2009)

(10000 yuan)

集 体 Collective-owned	股份合作 Share Holding Cooperative	联 营 Joint-owned	有限责任公司 Limited Liability Corporations	股份有限公司 Share Holding Enterprises	私 营 Private	其 他 Others	港澳台商投资 Funds from Hong Kong, Macao and Taiwan	外商投资 Foreign Funded	个体经营 Individuals
493205	**549278**	**143941**	**15316729**	**5846274**	**15373839**	**1085960**	**2190184**	**3016752**	**282739**
17817	**9710**	**4000**	**189279**	**32800**	**298557**	**59369**	**39035**	**17200**	**5840**
6000			49904	14700	51271	10320	36045	2180	2350
3550			30448	6410	48127	15750	2990	6150	
830		500	65807	8080	168832	8380		8870	2450
			18100	1460	13890	16509			1040
7437	9710	3500	25020	2150	16437	8410			
200	**19799**	**8500**	**256037**	**97936**	**691877**	**28399**		**26897**	**16950**
	7580	1000	30586	43079	244994	4830			
			42050	4100	133719	2340		20737	7650
	2070	7500	153060	22082	102169	10430		2900	300
200	10149		30341	28675	199895	7599		1500	9000
83171	**322096**	**57479**	**10126339**	**3932375**	**10293952**	**492746**	**1277547**	**2377368**	**101970**
4906	230		466651	108395	534815	16012	43316	44540	1150
2620	2764		243186	45351	331287	8653	16265	36339	3340
180	23525		117837	70060	192190	14688	7820	42701	1650
				4531					
2220	6100		428706	167174	306384	8302	47466	50287	1185
2916	770	1775	496554	76406	308272	16830	107547	28563	8100
	3500		116911	15422	177737	2210	121011	34870	1100
	29998		246977	75238	284491	27060	7085	2000	5000
800	2850		129248	21909	125813	4400	5300	1800	7834
2586	1800		131336	57143	201917	13559	9800	12628	
3398	8194		136467	31481	121078	6808	900	1249	
	2100		41060	12995	74138	3898	21200	11230	
			77128	94739	96632			16650	
2300	68281	5060	586108	560452	1444604	46639	31385	42740	6770
586			407038	115370	343844	1700	43465	48812	
			9100	22505	228571		71394		
456	5800		90417	20505	76860	7280	29136	700	
2000			177872	115180	253403	6660	25434	7579	1400
9080	30334	41296	1226407	893195	1610896	66343	176499	118049	24013
1051	800		620249	225866	104475		5500		2000
	12910		840843	222794	723857	97931	93505	61299	3430
3617	7246	826	391000	168419	418329	19526	12533	29424	5340
6775	18270	2932	380995	135002	312283	15373	24190	33918	7200
7182			332341	154569	300330	8910	12719	11205	8558
20528	1350	4790	498154	152273	249799	23153	30426	126807	1000
8470	55575		1159221	188666	604698	33861	110386	1166452	10300
	39699	800	510042	114279	491528	11970	204963	412171	
1500			53217	19750	94529	2960	3288	2325	
			108410	29341	243110	28020	15014	32030	2600
			102864	13365	38082			1000	
16591	**7000**	**3346**	**323254**	**445211**	**185539**	**12383**	**33711**	**215974**	**2115**
10241	7000		130660	403328	67765	4783	3375	176040	2000
		2965	98845	24737	66747	4500	29336	1200	
6350		381	93749	17146	51027	3100	1000	38734	115
12866	**986**		**58428**	**14335**	**27289**	**3076**	**2000**		**1100**
5050			24508	6884	10021	1096			1100
7816	986		9286	845	5133	1980			
			15101	6606	4325		2000		
			9533		7810				
34874	**8530**	**7459**	**222112**	**103459**	**129645**	**48985**	**9197**	**14937**	**6830**
			2190	7368					
19827	8230	7459	112881	84312	64270	48335	2167	1000	120
1090			9549		1546				150
11857			7810		2310				2900

4-5 续表

单位：万元

行　业	Sector	合　计 Total	内　资 Domestic Funds	国　有 State-owned
航空运输业	Air Transport	158732	158732	156380
管道运输业	Transport Via Pipelines	3550	3550	2400
装卸搬运和其他运输服务业	Loading, Unloading and Other Transport Services	104681	91881	3000
仓储业	Storage	116004	104177	30830
邮政业	Post	29441	29441	29141
信息传输、计算机服务和软件业	**Information Transmission, Computer Services and Software**	**492150**	**355841**	**193680**
电信和其他信息传输服务业	Telecommunications and Other Information Transmission Services	418958	287779	193310
计算机服务业	Computer Services	32518	29183	370
软件业	Software	40674	38879	
批发和零售业	**Wholesale and Retail Trades**	**1610314**	**1530284**	**171304**
批发业	Wholesale Trade	673227	650112	65406
零售业	Retail Trade	937087	880172	105898
住宿和餐饮业	**Hotels and Catering Services**	**1535614**	**1382959**	**267128**
住宿业	Hotels	1004134	906577	255781
餐饮业	Catering Services	531480	476382	11347
金融业	**Financial Intermediation**	**216838**	**213703**	**139228**
银行业	Bank	176316	173181	134278
证券业	Security Activities	6030	6030	3080
保险业	Insurance	5695	5695	1400
其他金融活动	Other Financial Activities	28797	28797	470
房地产业	**Real Estate**	**7418459**	**6785656**	**989547**
租赁和商务服务业	**Leasing and Business Services**	**549606**	**400618**	**128824**
租赁业	Leasing	28484	28484	
商务服务业	Business Services	521122	372134	128824
科学研究、技术服务和地质勘查业	**Scientific Reseach, Ploytechnic Services and Geological Prospecting**	**272363**	**270969**	**182977**
研究与试验发展	Research and Experimental Development	163538	163538	143241
专业技术服务业	Professional Technical Services	71926	71786	31337
科技交流和推广服务业	Services of Science and Technology Exchanges and Promotion	27197	25943	4679
地质勘查业	Geologic Prospecting	9702	9702	3720
水利、环境和公共设施管理业	**Management of Water Conservancy, Environment and Public Facilities**	**5254620**	**5169334**	**4656064**
水利管理业	Management of Water Conservancy	465024	465024	444703
环境管理业	Environmental Management	358464	358464	300049
公共设施管理业	Management of Public Facilities	4431132	4345846	3911312
居民服务和其他服务业	**Services to Households and Other Services**	**150786**	**141926**	**22729**
居民服务业	Services to Households	68744	62683	9340
其他服务业	Other Services	82042	79243	13389
教　育	**Education**	**1077833**	**1070063**	**870141**
卫生、社会保障和社会福利业	**Health, Social Security and Social Welfare**	**491779**	**487479**	**403861**
卫　生	Health	446332	442032	362414
社会保障业	Social Security	14523	14523	14523
社会福利业	Social Welfare	30924	30924	26924
文化、体育和娱乐业	**Culture, Sports and Entertainment**	**720219**	**643245**	**374313**
新闻出版业	Journalism and Publishing Activities	13510	13510	13250
广播、电视、电影和音像业	Broadcasting, Movies, Television and Audiovisual Activities	41500	41500	30758
文化艺术业	Cultural and Art Activities	183567	183367	159180
体　育	Sports Activities	157696	157696	146324
娱乐业	Entertainment	323946	247172	24801
公共管理和社会组织	**Public Management and Social Organization**	**794407**	**791907**	**722768**
#中国共产党机关	Organs of Communist Party of China	1464	1464	1464
国家机构	Government Agencies	733337	733337	711582
群众团体、社会团体和宗教组织	Non-Governmental Organizations, Social Organizations and Religion	1600	1600	1600
	Organizations	29805	27305	5797
基层群众自治组织	Grass Roots Self-governing Organizations	28201	28201	2325

(10000 yuan)

集 体 Collective-owned	股份合作 Share Holding Cooperative	联 营 Joint-owned	有限责任公司 Limited Liability Corporations	股份有限公司 Share Holding Enterprises	私 营 Private	其 他 Others	港澳台商投资 Funds from Hong Kong, Macao and Taiwan	外商投资 Foreign Funded	个体经营 Individuals
				2352					
			1000	150					
			38664	1535	48682			12000	800
2100			50018	7742	12837	650	7030	1937	2860
	300								
4000	**1007**		**48051**	**67883**	**32240**	**8980**	**80147**	**52827**	**3335**
4000	1007		19966	57871	11345	280	80147	51032	
			12322		16491				3335
			15763	10012	4404	8700		1795	
38818	**6155**	**14143**	**521839**	**139227**	**590062**	**48736**	**20669**	**20700**	**38661**
1907	789		306297	37484	221701	16528	3970	6720	12425
36911	5366	14143	215542	101743	368361	32208	16699	13980	26236
22002	**53764**		**252765**	**131176**	**647353**	**8771**	**36384**	**42353**	**73918**
18742	52464		185358	89047	302496	2689	30102	38860	28595
3260	1300		67407	42129	344857	6082	6282	3493	45323
784	**6489**	**2489**	**28972**	**30186**	**4790**	**765**	**424**	**2711**	
784	6489	2489	3412	25729			424	2711	
			2950						
			317	3978					
			22293	479	4790	765			
117645	**67904**	**11228**	**2836523**	**676945**	**1936694**	**149170**	**514005**	**112407**	**6391**
25853	**3194**	**123**	**124916**	**30396**	**67518**	**19794**	**90771**	**58217**	
			10901	4500	13083				
25853	3194	123	114015	25896	54435	19794	90771	58217	
2845			**35045**	**18989**	**19806**	**11307**	**140**	**1254**	
			6039		2951	11307			
1285			10791	14538	13835		140		
			13793	4451	3020			1254	
1560			4422						
56628	**16550**	**25554**	**113489**	**77770**	**155728**	**67551**	**47386**	**30300**	**7600**
9142		8454	1700		300	725			
5677		8500	4887	2988	25410	10953			
41809	16550	8600	106902	74782	130018	55873	47386	30300	7600
1910	**410**		**43274**	**7405**	**50663**	**15535**			**8860**
1560	410		20526	4505	24182	2160			6061
350			22748	2900	26481	13375			2799
10175	**19400**	**9620**	**11755**	**16365**	**82357**	**50250**	**5170**	**1800**	**800**
11525	**5587**		**10721**	**10758**	**23091**	**21936**	**1200**	**3100**	
11525	5587		10721	10758	19091	21936	1200	3100	
					4000				
13726	**697**		**107430**	**13058**	**131191**	**2830**	**32398**	**36207**	**8369**
			260						
			5571	519	4652				
10886			9266		3035	1000			200
				2600	8252	520			
2840	697		92333	9939	115252	1310	32398	36207	8169
21775			**6500**		**5487**	**35377**		**2500**	
7051					900	13804			
			6500		4587	10421		2500	
14724						11152			

4-6 分行业城镇固定资产投资
Investment in Fixed Assets in Urban Area by Sector

单位：万元 (10000 yuan)

行业	Sector	2008	2009	2009年比2008年增长（%） Increase Rate in 2009 over 2008(%)
总计	**Total**	**43253781**	**60081185**	**38.9**
农、林、牧、渔业	**Agriculture, Forestry, Animal Husbandry and Fishery**	**540133**	**1111177**	**105.7**
采矿业	**Mining**	**899358**	**1428517**	**58.8**
#煤炭开采和洗选业	Mining and Washing of Coal	240553	414185	72.2
黑色金属矿采选业	Mining and Processing of Ferrous Metal Ores	90612	213596	135.7
有色金属矿采选业	Mining and Processing of Non-Ferrous Metal Ores	360702	442317	22.6
非金属矿采选业	Mining and Processing of Nonmetal Ores	182290	342359	87.8
制造业	**Manufacturing**	**22173935**	**30508532**	**37.6**
#石油加工、炼焦加工业	Processing of Petroleum, Coking	203638	345535	69.7
非金属矿物制品业	Manufacture of Non-metallic Mineral Products	3292595	4329097	31.5
黑色金属冶炼及压延加工业	Smelting and Pressing of Ferrous Metals	1450227	967105	-33.3
有色金属冶炼及压延加工业	Smelting and Pressing of Non-ferrous Metals	2123602	2422579	14.1
通信设备、计算机及其他电子设备制造业	Manufacture of Communication Equipment, Computers and Other Electronic Equipment	1048922	1811712	72.7
电力燃气水的生产供应业	**Production and Supply of Electricity, Gas and Water**	**1571787**	**2968507**	**88.9**
#电力、热力的生产和供应业	Production and Supply of Electric Power and Heat Power	1178099	1953628	65.8
水的生产和供应业	Production and Supply of Water	248885	728720	192.8
建筑业	**Construction**	**155299**	**140735**	**-9.4**
交通运输、仓储和邮政业	**Transport, Storage and Post**	**2198383**	**3338729**	**51.9**
#铁路运输业	Railway Transport	408171	394366	-3.4
道路运输业	Road Transport	1575629	2413620	53.2
城市公共交通业	Urban Public Transport	40448	61109	51.1
邮政业	Post	1126	29441	2514.7
信息传输、计算机服务和软件业	**Information Transmission, Computer Services and Software**	**323722**	**492150**	**52.0**
#电信和其他信息传输服务业	Telecommunications and Other Information Transmission Services	244837	418958	71.1
批发和零售业	**Wholesale and Retail Trades**	**865320**	**1610314**	**86.1**
住宿和餐饮业	**Hotels and Catering Services**	**1079018**	**1535614**	**42.3**
金融业	**Financial Intermediation**	**76411**	**216838**	**183.8**
房地产业	**Real Estate**	**6227038**	**7418459**	**19.1**
租赁和商务服务业	**Leasing and Business Services**	**375219**	**549606**	**46.5**
科学研究、技术服务和地质勘查业	**Scientific Research, Ploytechnic Services and Geological Prospecting**	**146245**	**272363**	**86.2**
水利、环境和公共设施管理业	**Management of Water Conservancy, Environment and Public Facilities**	**3617182**	**5254620**	**45.3**
水利管理业	Management of Water Conservancy	220628	465024	110.8
环境管理业	Environmental Management	150814	358464	137.7
公共设施管理业	Management of Public Facilities	3245740	4431132	36.5
居民服务和其他服务业	**Services to Households and Other Services**	**95154**	**150786**	**58.5**
教育	**Education**	**1086913**	**1077833**	**-0.8**
卫生、社会保障和社会福利业	**Health, Social Security and Social Welfare**	**239352**	**491779**	**105.5**
#卫生	Health	212938	446332	109.6
文化、体育和娱乐业	**Culture, Sports and Entertainment**	**460127**	**720219**	**56.5**
公共管理和社会组织	**Public Management and Social Organization**	**1123185**	**794407**	**-29.3**

4-7 按行业分城镇投资建设项目和新增固定资产（2009年）

Projects Investment Construction and Newly Increased Fixed Assets in Urban Area by Sector (2009)

行业	Sector	施工项目(个) Number of Projects under Construction (unit)	全部建成投产(个) Number of Projects Completed and Put into Use (unit)	新增固定资产(万元) Newly Increased Fixed Assets (10000 yuan)
总计	**Total**	**14311**	**8956**	**39755858**
农、林、牧、渔业	**Agriculture, Forestry, Animal Husbandry and Fishery**	**442**	**247**	**743989**
农业	Farming	102	49	159797
林业	Forestry	85	45	157599
畜牧业	Animal Husbandry	108	60	199008
渔业	Fishery	18	10	33152
农、林、牧、渔服务业	Services in Support of Agriculture	129	83	194433
采矿业	**Mining**	**302**	**219**	**1136000**
#煤炭开采和洗选业	Mining and Washing of Coal	87	69	323885
黑色金属矿采选业	Mining and Processing of Ferrous Metal Ores	38	33	181667
有色金属矿采选业	Mining and Processing of Non-Ferrous Metal Ores	78	54	341685
非金属矿采选业	Mining and Processing of Nonmetal Ores	96	61	273803
制造业	**Manufacturing**	**6668**	**4438**	**23160137**
农副食品加工业	Processing of Food from Agricultural Products	377	271	976599
食品制造业	Manufacture of Foods	222	162	510885
饮料制造业	Manufacture of Beverages	114	70	277913
烟草制品业	Manufacture of Tobacco	4	2	9928
纺织业	Manufacture of Textile	255	183	788069
纺织服装、鞋、帽制造业	Manufacture of Textile Wearing Apparel, Footware and Caps	355	252	818105
皮革毛皮羽毛(绒)及其制品业	Manufacture of Leather, Fur, Feather and Related Products	126	83	330293
木材加工及木竹藤棕草制品业	Processing of Timber, Manufacture of Wood, Bamboo, Rattan, Palm and Straw Products	223	144	462742
家具制造业	Manufacture of Furniture	112	70	197663
造纸及纸制品业	Manufacture of Paper and Paper Products	131	93	344782
印刷业和记录媒介的复制	Printing, Reproduction of Recording Media	114	85	271996
文教体育用品制造业	Manufacture of Articles For Culture, Education and Sport Activities	57	42	115692
石油加工、炼焦加工业	Processing of Petroleum, Coking	35	25	272179
化学原料及化学制品制造业	Manufacture of Raw Chemical Materials and Chemical Products	640	426	2055845
医药制造业	Manufacture of Medicines	221	147	671832
化学纤维制造业	Manufacture of Chemical Fibers	16	10	413648
橡胶制品业	Manufacture of Rubber	68	48	223621
塑料制品业	Manufacture of Plastics	230	165	472500
非金属矿物制品业	Manufacture of Non-metallic Mineral Products	808	542	2817450
黑色金属冶炼及压延加工业	Smelting and Pressing of Ferrous Metals	88	63	1618360
有色金属冶炼及压延加工业	Smelting and Pressing of Non-ferrous Metals	414	222	1508091
金属制品业	Manufacture of Metal Products	318	238	919602
通用设备制造业	Manufacture of General Purpose Machinery	243	162	599856

4-7 续表1 continued

行业	Sector	施工项目（个）Number of Projects under Construction (unit)	全部建成投产（个）Number of Projects Completed and Put into Use (unit)	新增固定资产（万元）Newly Increased Fixed Assets (10000 yuan)
专用设备制造业	Manufacture of Special Purpose Machinery	219	157	619390
交通运输设备制造业	Manufacture of Transport Equipment	277	178	943771
电气机械及器材制造业	Manufacture of Electrical Machinery and Equipment	486	296	3151632
通信设备、计算机及其他电子设备制造业	Manufacture of Communication Equipment, Computers and Other Electronic Equipment	281	151	1228001
仪器仪表及文化、办公用机械制造业	Manufacture of Measuring Instruments and Machinery for Cultural Activity and Office Work	61	39	136679
工艺品及其他制造业	Manufacture of Artwork and Other Manufacturing	142	99	334223
废弃资源和废旧材料回收加工业	Recycling and Disposal of Waste	31	13	68790
电力、燃气及水的生产和供应业	**Production and Supply of Electricity, Gas and Water**	**536**	**317**	**1747618**
电力、热力的生产和供应业	Production and Supply of Electric Power and Heat Power	263	151	1115404
燃气生产和供应业	Production and Supply of Gas	62	33	140887
水的生产和供应业	Production and Supply of Water	211	133	491327
建筑业	**Construction**	**38**	**34**	**118917**
房屋和土木工程建筑业	Construction of Buildings and Civil Engineering	15	13	49531
建筑安装业	Building Installation	9	7	25861
建筑装饰业	Building Decoration	10	10	20692
其他建筑业	Other Construction	4	4	22833
交通运输、仓储和邮政业	**Transport, Storage and Post**	**677**	**346**	**946376**
铁路运输业	Railway Transport	8	2	5550
道路运输业	Road Transport	551	289	698940
城市公共交通业	Urban Public Transport	22	8	37165
水上运输业	Water Transport	13	5	57401
航空运输业	Air Transport	5	1	2202
管道运输业	Transport Via Pipelines	3	1	150
装卸搬运和其他运输服务业	Loading, Unloading and Other Transport Services	27	14	55844
仓储业	Storage	46	24	58911
邮政业	Post	2	2	30213
信息传输、计算机服务和软件业	**Information Transmission, Computer Services and Software**	**144**	**81**	**410235**
电信和其他信息传输服务业	Telecommunications and Other Information Transmission Services	92	51	349585
计算机服务业	Computer Services	26	22	38931
软件业	Software	26	8	21719
批发和零售业	**Wholesale and Retail Trades**	**664**	**553**	**1397764**
批发业	Wholesale Trade	250	205	528490
零售业	Retail Trade	414	348	869274
住宿和餐饮业	**Hotels and Catering Services**	**631**	**465**	**1145548**
住宿业	Hotels	314	197	663140
餐饮业	Catering Services	317	268	482408
金融业	**Financial Intermediation**	**82**	**73**	**194945**

4-7 续表2 continued

行 业	Sector	施工项目（个） Number of Projects under Construction (unit)	全部建成投产（个） Number of Projects Completed and Put into Use (unit)	新增固定资产（万元） Newly Increased Fixed Assets (10000 yuan)
银行业	Bank	66	59	146012
证券业	Security Activities	2	2	6030
保险业	Insurance	4	4	5695
其他金融活动	Other Financial Activities	10	8	37208
房地产业	**Real Estate**	**313**	**150**	**3435060**
租赁和商务服务业	**Leasing and Business Services**	**133**	**97**	**304590**
租赁业	Leasing	6	2	11283
商务服务业	Business Services	127	95	293307
科学研究、技术服务和地质勘查业	**Scientific Research, Ploytechnic Services and Geological Prospecting**	**77**	**54**	**111297**
研究与试验发展	Research and Experimental Development	**16**	**10**	**38927**
专业技术服务业	Professional Technical Services	38	25	38563
科技交流和推广服务业	Services of Science and Technology Exchanges and Promotion	19	16	26182
地质勘查业	Geologic Prospecting	4	3	7625
水利、环境和公共设施管理业	**Management of Water Conservancy, Environment and Public Facilities**	**1729**	**849**	**3026047**
水利管理业	Management of Water Conservancy	243	113	331816
环境管理业	Environmental Management	131	66	169702
公共设施管理业	Management of Public Facilities	1355	670	2524529
居民服务和其他服务业	**Services to Households and Other Services**	**96**	**77**	**125073**
居民服务业	Services to Households	55	47	59923
其他服务业	Other Services	41	30	65150
教 育	**Education**	**613**	**335**	**619990**
卫生、社会保障和社会福利业	**Health, Social Security and Social Welfare**	**324**	**198**	**251836**
卫 生	Health	269	168	219629
社会保障业	Social Security	15	11	5233
社会福利业	Social Welfare	40	19	26974
文化、体育和娱乐业	**Culture, Sports and Entertainment**	**270**	**159**	**326250**
新闻出版业	Journalism and Publishing Activities	4		3601
广播、电视、电影和音像业	Broadcasting, Movies, Television and Audiovisual Activities	16	13	31341
文化艺术业	Cultural and Art Activities	99	60	75022
体 育	Sports Activities	22	9	37279
娱乐业	Entertainment	129	77	179007
公共管理和社会组织	**Public Management and Social Organization**	**572**	**264**	**554186**
#中国共产党机关	Organs of Communist Party of China	3	3	1454
国家机构	Government Agencies	535	241	512164
群众团体、社会团体和宗教组织	Non-Governmental Organizations, Social Organizations and Religion Organizations	17	9	21790
基层群众自治组织	Grass Roots Self-governing Organizations	17	11	17178

4-8 按资金来源分城镇固定资产投资（2009年）

单位：万元

行业	Sector	资金来源合计 Total Source of Funds	上年末结余资金 Balance of Funds Forward Brought from the Previous Year	本年资金来源小计 Subtotal Sources of Funds This Year
总计	**Total**	**72339200**	**2798264**	**69540936**
按行业分	**By sector**			
农、林、牧、渔业	Farming, Forestry, Animal Husbandy and Fishery	1295956	15827	1280129
采矿业	Mining	1536361	26168	1510193
制造业	Manufacturing	35206331	866167	34340164
电力、燃气及水的生产和供应业	Production and Supply of Electricity Gas and Water	3857072	52662	3804410
建筑业	Construction	140650	636	140014
交通运输、仓储和邮政业	Transport, Storage and Post Services	3730166	92264	3637902
信息传输、计算机服务和软件业	Information Transmission, Computer Software and Services	527408	7859	519549
批发和零售业	Wholesale and Retail Trade	1737585	11215	1726370
住宿和餐饮业	Hotel and Catering Services	1692255	51832	1640423
金融业	Financial Intermediation	240039	37475	202564
房地产业	Real Estate	11374921	1332386	10042535
租赁和商务服务业	Leasing and Business Services	590476	14588	575888
科学研究、技术服务和地质勘查业	Scientific Reseach, Ploytechnic Services and Geological Prospecting	303573	13576	289997
水利、环境和公共设施	Management of Water Conservancy, Environment	6353028	194176	6158852
居民服务和其他服务业	Services to Households and Other Services	161989	327	161662
教育	Education	1297390	31859	1265531
卫生、社会保障和社会福利业	Health Care, Social Security and Social Welfare	560639	11222	549417
文化、体育和娱乐业	Culture, Sports and Entertainment	806906	22506	784400
公共管理和社会组织	Public Management and Social Organizations	926455	15519	910936
按地区分	**By Region**			
南昌市	Nanchang	16674466	927614	15746852
景德镇市	Jingdezhen	3280347	56129	3224218
萍乡市	Pingxiang	5260069	124104	5135965
九江市	Jiujiang	9370130	325933	9044197
新余市	Xinyu	4666905	121907	4544998
鹰潭市	Yingtan	1566271	35053	1531218
赣州市	Ganzhou	6691926	155718	6536208
吉安市	Ji'an	6623563	139844	6483719
宜春市	Yichun	4755901	173512	4582389
抚州市	Fuzhou	5289775	193064	5096711
上饶市	Shangrao	7317284	532720	6784564
不分地区	Not Classified by Region	842563	12666	829897

Investment in Fixed Assets in Urban Area by Sources of Funds (2009)

(10000 yuan)

国家预算内资金 State Budget	国内贷款 Domestic Loans	债券 Bonds	利用外资 Foreign Investment	#外商直接投资 Foreign Direct Investment	自筹资金 Self-raising Funds	#企事业单位自有资金 Fund of Enterprises	其他资金 Others
3986814	**6730323**	**5620**	**1797865**	**1350772**	**48244307**	**17154258**	**8776007**
196091	47408		29575	11735	847918	277866	159137
1270	53630		31880	2900	1319477	397269	103936
131917	2074485		1513087	1209088	28504884	10735097	2115791
996776	964581		65272	33698	1592384	582585	185397
3623	50		2000		132769	37824	1572
434505	1028003		8600	3000	1862332	358079	304462
9710	6760		1770	335	444830	150518	56479
29960	45515		15210	14960	1550314	738614	85371
8826	14360		22440	17056	1532716	619443	62081
26177	680				163766	78826	11941
219864	1378640	420	44553	37003	3924162	1712678	4474896
36795	9470				498675	126789	30948
59422	2100		2036		217034	31150	9405
1174830	802222	4900	51375	17470	3270296	657465	855229
7674	2060		60	60	139192	62690	12676
178207	143162		407	267	855013	134915	88742
101739	63980	300	3600	3200	346901	156309	32897
124070	57100		3000		505636	155422	94594
245358	36117		3000		536008	140719	90453
507545	1661648	300	402165	342737	10745327	3780329	2429867
198620	229665	300	43596	16636	2364721	955772	387316
46575	116464		140753	123993	4711821	1565855	120352
1129351	610155		117488	108378	6737207	2590205	449996
372759	513076	300	363156	202355	2760412	1124996	535295
149834	229288		4500	4500	1064717	63177	82879
360841	877507	4300	232333	166436	4351972	1161854	709255
367882	598744	300	302690	262771	4767925	2400651	446178
147932	430570		95210	74410	3073219	1086746	835458
161168	147942		52439	24425	3404549	1313876	1330613
544307	760264	120	43535	24131	4047540	1080797	1388798
	555000				214897	30000	60000

4-9 农村非农户固定资产投资
Non-farm Households Investment in Fixed Assets in Rural Area

指　　标	Item	2008	2009	2009年比2008年增长（%） Increase Rate in 2009 over 2008(%)
投资总额(万元)	**Total Investment(10000 yuan)**	**2278628**	**3840087**	**68.5**
#住宅	Residential Buildings	143610	131033	-8.8
按登记注册类型分	Grouped by Status of Registration			
内　资	Domestic Funds	2119886	3665442	72.9
国　有	State-owned	595031	1327571	123.1
集　体	Collective-owned	118363	299661	153.2
股份合作	Share Holding Cooperative	24364	34895	43.2
联　营	Joint-owned	5120	22748	344.3
有限责任公司	Limited Liability Corporations	188904	297286	57.4
股份有限公司	Share Holding Enterprises	81918	104458	27.5
私　营	Private	948300	1384943	46.0
其他内资	Others	157886	193880	22.8
港、澳、台投资	Funds from Hong Kong，Macao and Taiwan	66336	34644	-47.8
外商投资	Foreign Funded	42908	29806	-30.5
个体经营	Individuals	49498	110195	122.6
按构成分	Grouped by Use of Funds			
建筑工程	Construction	1281900	2324697	81.3
安装工程	Installation	157602	223498	41.8
设备、工器具购置	Purchase of Equipment and Instruments	442304	673742	52.3
其他费用	Others	396822	618150	55.8
按建设性质分	Grouped by Type of Construction			
#新　建	New Construction	1467490	2379568	62.2
扩　建	Expansion	311019	520211	67.3
改建和技术改造	Reconstruction and Technical Rennovation	400600	838228	109.2
按产业分	Grouped by Industry			
第一产业	Primary Industry	404778	771049	90.5
第二产业	Secondary Industry	992059	1435755	44.7
#工　业	Industry	991679	1425930	43.8
第三产业	Tertiary Industry	881791	1633283	85.2
资金来源合计(万元)	**Total Source of Funds(10000 yuan)**	**2398693**	**4287113**	**78.7**
上年末结余资金	Balance at last Year-end	13215	63480	380.4
本年资金来源小计	Subtotal Sources of Funds This Year	2385478	4223633	77.1
国家预算内资金	State Budget	261879	556520	112.5
国内贷款	Domestic Loans	48283	129480	168.2
债券	Bonds		3442	
利用外资	Foreign Investment	117304	50470	-57.0
自筹资金	Self-raising Funds	1713883	3090685	80.3
其他资金	Others	244129	393036	61.0
新增固定资产(万元)	**Newly Increased Fixed Assets(10000 yuan)**	**2143807**	**2736336**	**27.6**
施工房屋建筑面积(万平方米)	**Floor Space of Buildings under Construction(10000 sq.m)**	**617.60**	**979.08**	**58.5**
#住宅	Residential Buildings	203.22	224.63	10.5
竣工房屋建筑面积(万平方米)	**Floor Space of Buildings Completed(10000 sq.m)**	**398.68**	**485.92**	**21.9**
#住宅	Residential Buildings	162.54	142.85	-12.1

4-10 农村非农户固定资产投资构成

Composition of Non-farm Households Investment in Fixed Assets in Rural Area

单位：% (%)

指 标	Item	2008	2009
投资总额	**Total Investment**	**100.0**	**100.0**
#住宅	Residential Buildings	6.3	3.4
按登记注册类型分	Grouped by Status of Registration		
内 资	Domestic Funds	93.0	95.5
国 有	State-owned	26.1	34.6
集 体	Collective-owned	5.2	7.8
股份合作	Share Holding Cooperative	1.1	0.9
联 营	Joint-owned	0.2	0.6
有限责任公司	Limited Liability Corporations	8.3	7.7
股份有限公司	Share Holding Enterprises	3.6	2.7
私 营	Private	41.6	36.1
其他内资	Others	6.9	5.0
港、澳、台投资	Funds from Hong Kong，Macao and Taiwan	2.9	0.9
外商投资	Foreign Funded	1.9	0.8
个体经营	Individuals	2.2	2.9
按构成分	Grouped by Use of Funds		
建筑工程	Construction	56.3	60.5
安装工程	Installation	6.9	5.8
设备、工器具购置	Purchase of Equipment and Instruments	19.4	17.5
其他费用	Others	17.4	16.1
按建设性质分	Grouped by Type of Construction		
#新 建	New Construction	64.4	62.0
扩 建	Expansion	13.6	13.5
改建和技术改造	Reconstruction and Technical Rennovation	17.6	21.8
按产业分	Grouped by Industry		
第一产业	Primary Industry	17.8	20.1
第二产业	Secondary Industry	43.5	37.4
#工 业	Industry	43.5	37.1
第三产业	Tertiary Industry	38.7	42.5

4-11 分行业农村非农户固定资产投资

Non-farm Households Investment in Fixed Assets in Rural Area by Sector

单位：万元 (10000 yuan)

行业	Sector	2008	2009	2009年比2008年增长（%）Increase Rate in 2009 over 2008(%)
总计	**Total**	**2278628**	**3840087**	**68.5**
农、林、牧、渔业	**Agriculture, Forestry, Animal Husbandry and Fishery**	**404778**	**771049**	**90.5**
采矿业	**Mining**	**175811**	**328731**	**87.0**
#煤炭开采和洗选业	Mining and Washing of Coal	33648	99255	195.0
黑色金属矿采选业	Mining and Processing of Ferrous Metal Ores	77345	96587	24.9
有色金属矿采选业	Mining and Processing of Non-Ferrous Metal Ores	19716	23931	21.4
非金属矿采选业	Mining and Processing of Nonmetal Ores	45102	103958	130.5
制造业	**Manufacturing**	**695072**	**935579**	**34.6**
#石油加工、炼焦加工业	Processing of Petroleum, Coking	1960	1080	-44.9
非金属矿物制品业	Manufacture of Non-metallic Mineral Products	144618	246700	70.6
黑色金属冶炼及压延加工业	Smelting and Pressing of Ferrous Metals	2900	10434	259.8
有色金属冶炼及压延加工业	Smelting and Pressing of Non-ferrous Metals	10898	19712	80.9
通信设备、计算机及其他电子设备制造业	Manufacture of Communication Equipment, Computers and Other Electronic Equipment	25863	9900	-61.7
电力燃气水的生产供应业	**Production and Supply of Electricity, Gas and Water**	**120796**	**161620**	**33.8**
#电力、热力的生产和供应业	Production and Supply of Electric Power and Heat Power	93150	119323	28.1
水的生产和供应业	Production and Supply of Water	14265	32009	124.4
建筑业	**Construction**	**380**	**9825**	**2485.5**
交通运输、仓储和邮政业	**Transport, Storage and Post**	**145685**	**274655**	**88.5**
#铁路运输业	Railway Transport	4590	410	-91.1
道路运输业	Road Transport	125145	260756	108.4
城市公共交通业	Urban Public Transport		2268	
邮政业	Post			
信息传输、计算机服务和软件业	**Information Transmission, Computer Services and Software**	**1754**	**12370**	**605.2**
#电信和其他信息传输服务业	Telecommunications and Other Information Transmission Services	1754	11270	542.5
批发和零售业	**Wholesale and Retail Trades**	**31691**	**97374**	**207.3**
住宿和餐饮业	**Hotels and Catering Services**	**78922**	**80719**	**2.3**
金融业	**Financial Intermediation**		**407**	
房地产业	**Real Estate**	**166413**	**202682**	**21.8**
租赁和商务服务业	**Leasing and Business Services**	**3128**	**14133**	**351.8**
科学研究、技术服务和地质勘查业	**Scientific Reseach, Ploytechnic Services and Geological Prospecting**		**5700**	
水利、环境和公共设施管理业	**Management of Water Conservancy, Environment and Public Facilities**	**355126**	**647387**	**82.3**
水利管理业	Management of Water Conservancy	52891	177535	235.7
环境管理业	Environmental Management	11841	38366	224.0
公共设施管理业	Management of Public Facilities	290394	431486	48.6
居民服务和其他服务业	**Services to Households and Other Services**	**6100**	**22278**	**265.2**
教育	**Education**	**8042**	**38641**	**380.5**
卫生、社会保障和社会福利业	**Health, Social Security and Social Welfare**	**5392**	**39605**	**634.5**
#卫生	Health	3226	30167	835.1
文化、体育和娱乐业	**Culture, Sports and Entertainment**	**9095**	**21416**	**135.5**
公共管理和社会组织	**Public Management and Social Organization**	**70443**	**175916**	**149.7**

4-12 农村农户固定资产投资

Farm Households Investment in Fixed Assets in Rural Area

指 标	Item	2008	2009	2009年比2008年增长（%）Increase Rate in 2009 over 2008(%)
投资总额(万元)	**Total Investment(10000 yuan)**	**1921924**	**2510150**	**30.6**
按资金来源分	Grouped by Sources of Funds			
国内贷款	Domestic Loans	86202	109715	27.3
自筹资金	Self-raising Funds	1761395	2255799	28.1
其他资金	Others	74327	144636	94.6
按构成分	Grouped by Use of Funds			
建筑工程	Construction	1483819	2030572	36.8
#水 利	Water Conservancy	4165	3986	-4.3
房 屋	Building	1396296	2006318	43.7
#住 宅	Residential Buildings	1363910	1811650	32.8
安装工程	Installation			
设备、工器具购置	Purchase of Equipment and Instruments	298626	363562	21.7
#生产设备	Product Equipment	192503	331668	72.3
其 它	Others	139479	116016	-16.8
按行业分	Grouped by Sector			
农业	Farming	403435	419591	4.0
采矿业	Mining			
制造业	Manufacturing	7925	9866	24.5
电力、燃气及水的生产和供应业	Production and Supply of Electricity Gas and Water	1735	2186	26.0
建筑业	Construction	8596	57652	570.7
交通运输、仓储和邮政业	Transport, Storage and Post Services	206491	197045	-4.6
信息传输、计算机服务和软件业	Information Transmission, Computer Software and Services		900	
批发和零售业	Wholesale and Retail Trade	348	1872	437.4
住宿和餐饮业	Hotel and Catering Services	1717	900	-47.6
金融业	Financial Intermediation			
房地产业	Real Estate	1212524	1629908	34.4
租赁和商务服务业	Leasing and Business Services	6868	15798	130.0
科学研究、技术服务和地质勘查业	Scientific Reseach, Ploytechnic Services and Geological Prospecting			
水利、环境和公共设施管理业	Management of Water Conservancy, Environment and Public Facilities	5000	2057	-58.9
居民服务和其他服务业	Services to Households and Other Services	50749	172375	239.7
教 育	Education			
卫生、社会保障和社会福利业	Health Care, Social Security and Social Welfare	10000		-100.0
文化、体育和娱乐业	Culture, Sports and Entertainment	6536		-100.0
公共管理和社会组织	Public Management and Social Organizations			
按具体投资项目分	Grouped by Project			
房 屋	Building	1396296	2006318	43.7
#住 宅	Residential Buildings	1363910	1811650	32.8
道 路	Road	222	1438	549.0
桥 梁	Bridge			
设 备	Equipment	298627	363562	21.7
水 利	Water Conservancy	4165	3986	-4.3
其 他	Others	222614	134846	-39.4
新增固定资产(万元)	**Newly Increased Fixed Assets(10000 yuan)**	**2112562**	**2374681**	**12.4**
施工房屋建筑面积(万平方米)	**Floor Space of Buildings under Construction(10000 sq.m)**	**4202.72**	**5519.80**	**31.3**
#住宅	Residential Buildings	4091.23	5211.04	27.4
#当年新开工	Started This Year	3931.67	5033.38	28.0
竣工房屋建筑面积(万平方米)	**Floor Space of Buildings Completed(10000 sq.m)**	**3476.95**	**3833.38**	**10.3**
#住宅	Residential Buildings	3378.47	3638.76	7.7

注：本表资料来自国家统计局江西调查总队，为抽样调查数据。
a) Data in the table are provided by Survey Office of the National Bureau of Statistics in Jiangxi , Source in the sampl census.

4-13 各地区固定资产投资（2009年）
Investment in Fixed Assets by Region (2009)

单位：万元 (10000 yuan)

地 区	Region	合 计 Total	城 镇 Urban Area	农村非农户 Non-Farm Households in Rural Area
全 省	**Provincial Total**	**63921272**	**60081185**	**3840087**
南昌市	Nanchang	14663151	14034086	629065
景德镇市	Jingdezhen	3267042	3158100	108942
萍乡市	Pingxiang	5019621	4621429	398192
九江市	Jiujiang	6543388	6426795	116593
新余市	Xinyu	4983036	4612202	370834
鹰潭市	Yingtan	1824796	1589969	234827
赣州市	Ganzhou	5222429	4955557	266872
吉安市	Ji'an	5802643	5252872	549771
宜春市	Yichun	4844319	4260612	583707
抚州市	Fuzhou	4558965	4325605	233360
上饶市	Shangrao	6030133	5682209	347924
不分地区	Not Classified by Region	1161749	1161749	

注：本表统计范围为计划总投资50万元及以上项目（含房地产开发投资），不含农村农户投资（下表同）。
a）The statistical scope of this table is more than 500000 yuan project investment,including investment for real estate development,no-including farm households investment in fixed assets in rural area.The same applies to 4-14 table.

4-14 各地区固定资产投资增长速度（2009年）
Growth Rates of Investment in Fixed Assets by Region (2009)

单位：% (%)

地 区	Region	合 计 Total	城 镇 Urban Area	农村非农户 Collective Owned Units
全 省	**Provincial Total**	**40.4**	**38.9**	**68.5**
南昌市	Nanchang	35.0	33.3	88.1
景德镇市	Jingdezhen	42.1	42.1	42.2
萍乡市	Pingxiang	42.1	45.7	10.2
九江市	Jiujiang	42.9	45.2	-23.4
新余市	Xinyu	40.5	37.3	99.4
鹰潭市	Yingtan	40.9	23.7	2361.5
赣州市	Ganzhou	40.0	43.0	0.7
吉安市	Ji'an	41.2	41.8	36.3
宜春市	Yichun	41.9	36.4	100.9
抚州市	Fuzhou	40.6	38.9	83.4
上饶市	Shangrao	40.7	34.8	398.3
不分地区	Not Classified by Region	81.7	82.5	

4-15 各地区按登记注册类型分的城镇固定资产投资（2009年）

Investment in Fixed Assets in Urban Area by Region and Status of Registration (2009)

单位：万元 (10000 yuan)

地 区	Region	合 计 Total	内 资 Domestic Funds	国 有 State-owned	集 体 Collective-owned	股份合作 Share Holding Cooperative	联 营 Joint-owned
全 省	**Provincial Total**	**60081185**	**54591510**	**15782284**	**493205**	**549278**	**143941**
南 昌 市	Nanchang	14034086	12230235	3592115	256326	74363	66338
景德镇市	Jingdezhen	3158100	3076194	689700	16382	22173	4000
萍 乡 市	Pingxiang	4621429	4552043	237724	9299	36844	500
九 江 市	Jiujiang	6426795	5932920	1623579	25521	71408	881
新 余 市	Xinyu	4612202	3232199	1198467	29546	22642	15463
鹰 潭 市	Yingtan	1589969	1578670	857687			
赣 州 市	Ganzhou	4955557	4460686	1862567	13706	69727	14299
吉 安 市	Ji'an	5252872	4639220	971038	13517	5000	5290
宜 春 市	Yichun	4260612	4000911	739036	24761	14970	2055
抚 州 市	Fuzhou	4325605	4248838	843070	8711	1000	10065
上 饶 市	Shangrao	5682209	5477845	2005552	95436	231151	25050
不分地区	Not Classified by Region	1161749	1161749	1161749			

4-15 续表 continued

单位：万元 (10000 yuan)

地 区	Region	有限责任公司 Limited Liability Corporations	股份有限公司 Share Holding Enterprises	私 营 Private	其 他 Others	港澳台商投资 Funds from Hong Kong, Macao and Taiwan	外商投资 Foreign Funded	个体经营 Individuals
全 省	**Provincial Total**	**15316729**	**5846274**	**15373839**	**1085960**	**2190184**	**3016752**	**282739**
南 昌 市	Nanchang	4762997	1431017	1877187	169892	711983	965160	126708
景德镇市	Jingdezhen	1112635	312888	845784	72632	48999	25834	7073
萍 乡 市	Pingxiang	649697	303796	3229270	84913	28910	22256	18220
九 江 市	Jiujiang	1490208	421720	2196347	103256	365911	112384	15580
新 余 市	Xinyu	817217	531740	584441	32683	137382	1226311	16310
鹰 潭 市	Yingtan	418118	29866	267979	5020	9462		1837
赣 州 市	Ganzhou	1387583	135535	884726	92543	220144	264515	10212
吉 安 市	Ji'an	1315775	391231	1913467	23902	340712	257470	15470
宜 春 市	Yichun	1017329	865583	1202662	134515	136979	90238	32484
抚 州 市	Fuzhou	1230188	967138	1149722	38944	36105	11977	28685
上 饶 市	Shangrao	1114982	455760	1222254	327660	153597	40607	10160
不分地区	Not Classified by Region							

4-16 各地区按行业分城镇固定资产投资（2009年）

单位：万元

行　　业	Sector	全　省 Total	南昌市 Nanchang	景德镇市 Jingdezhen
总　计	**Total**	**60081185**	**14034086**	**3158100**
农、林、牧、渔业	**Agriculture, Forestry, Animal Husbandry and Fishery**	**1111177**	**53000**	**29602**
农业	Farming	237142	100	7340
林业	Forestry	292943	21166	4050
畜牧业	Animal Husbandry	276975	23367	9870
渔业	Fishery	58299	2800	
农、林、牧、渔服务业	Services in Support of Agriculture	245818	5567	8342
采矿业	**Mining**	**1428517**	**20028**	**103291**
#煤炭开采和洗选业	Mining and Washing of Coal	414185		43970
黑色金属矿采选业	Mining and Processing of Ferrous Metal Ores	213596		
有色金属矿采选业	Mining and Processing of Non-Ferrous Metal Ores	442317		21150
非金属矿采选业	Mining and Processing of Nonmetal Ores	342359	18268	25971
制造业	**Manufacturing**	**30508532**	**5772933**	**1947251**
农副食品加工业	Processing of Food from Agricultural Products	1286549	288868	39488
食品制造业	Manufacture of Foods	697045	194086	17600
饮料制造业	Manufacture of Beverages	481651	71792	35830
烟草制品业	Manufacture of Tobacco	16904	6827	
纺织业	Manufacture of Textile	1020474	313110	18580
纺织服装、鞋、帽制造业	Manufacture of Textile Wearing Apparel, Footware and Caps	1085259	359397	5500
皮革毛皮羽毛(绒)及其制品业	Manufacture of Leather, Fur, Feather and Related Products	476100	30760	
木材加工及木竹藤棕草制品业	Processing of Timber, Manufacture of Wood, Bamboo, Rattan, Palm and Straw Products	689782	122348	26740
家具制造业	Manufacture of Furniture	299954	91960	16920
造纸及纸制品业	Manufacture of Paper and Paper Products	430769	95493	17708
印刷业和记录媒介的复制	Printing, Reproduction of Recording Media	358149	182158	7900
文教体育用品制造业	Manufacture of Articles For Culture, Education and Sport Activity	166621	34402	6000
石油加工、炼焦加工业	Processing of Petroleum, Coking	345535	22320	106613
化学原料及化学制品制造业	Manufacture of Raw Chemical Materials and Chemical Products	2832063	204862	373333
医药制造业	Manufacture of Medicines	974795	233115	129311
化学纤维制造业	Manufacture of Chemical Fibers	336570	18464	
橡胶制品业	Manufacture of Rubber	231154	31649	
塑料制品业	Manufacture of Plastics	600025	121191	10526
非金属矿物制品业	Manufacture of Non-metallic Mineral Products	4329097	394942	372596
黑色金属冶炼及压延加工业	Smelting and Pressing of Ferrous Metals	967105	45730	50
有色金属冶炼及压延加工业	Smelting and Pressing of Non-ferrous Metals	2422579	182529	5000
金属制品业	Manufacture of Metal Products	1082144	311958	7280
通用设备制造业	Manufacture of General Purpose Machinery	987610	330793	9020
专用设备制造业	Manufacture of Special Purpose Machinery	898582	367420	37000
交通运输设备制造业	Manufacture of Transport Equipment	1375305	542467	221053
电气机械及器材制造业	Manufacture of Electrical Machinery and Equipment	3471793	438324	367694
通信设备、计算机及其他电子设备制造业	Manufacture of Communication Equipment, Computers and Other Electronic Equipment	1811712	551678	89009
仪器仪表及文化、办公用机械制造业	Manufacture of Measuring Instruments and Machinery for Cultural Activity and Office Work	181599	86805	225
工艺品及其他制造业	Manufacture of Artwork and Other Manufacturing	482346	76048	17450
废弃资源和废旧材料回收加工业	Recycling and Disposal of Waste	169261	21437	8825
电力、燃气及水的生产和供应业	**Production and Supply of Electricity, Gas and Water**	**2968507**	**598554**	**377337**
电力、热力的生产和供应业	Production and Supply of Electric Power and Heat Power	1953628	485956	241188
燃气生产和供应业	Production and Supply of Gas	286159	44948	65921
水的生产和供应业	Production and Supply of Water	728720	67650	70228
建筑业	**Construction**	**140735**	**108326**	**8653**
房屋和土木工程建筑业	Construction of Buildings and Civil Engineering	59204	35918	1800
建筑安装业	Building Installation	29746	26036	2340
建筑装饰业	Building Decoration	28952	26052	2000
其他建筑业	Other Construction	22833	20320	2513
交通运输、仓储和邮政业	**Transport, Storage and Post**	**3338729**	**336796**	**84787**

Investment in Fixed Assets in Urban Area by Regin and Asector (2009)

(10000 yuan)

萍 乡 市 Pingxiang	九 江 市 Jiujiang	新 余 市 Xinyu	鹰 潭 市 Yingtan	赣 州 市 Ganzhou	吉 安 市 Ji'an	宜 春 市 Yichun	抚 州 市 Fuzhou	上 饶 市 Shangrao
4621429	**6426795**	**4612202**	**1589969**	**4955557**	**5252872**	**4260612**	**4325605**	**5682209**
14460	**134511**	**202141**	**41072**	**78714**	**118572**	**81668**	**184844**	**172593**
6990	25967	74597		9179	23250	12434	50434	26851
	46806	42352	4450	43344	38008	4516	12865	75386
7280	36630	19210	16930	10620	27538	23823	86410	15297
	5900		2020	8200	7500		17110	14769
190	19208	65982	17672	7371	22276	40895	18025	40290
358110	**145991**	**241933**		**131541**	**79178**	**112276**	**39411**	**196758**
216970	580	67513		2200		81516		1436
70090		81568			58318		1620	2000
14800	59418	40649		122036		3000	19131	162133
56250	85993	52203		7305	20860	27760	16560	31189
3123284	**3732787**	**2460729**	**859405**	**1758815**	**3549453**	**2806487**	**2397605**	**2099783**
34996	136653	51100	12540	161837	321141	37484	139082	63360
25532	65168	9591	12020	52553	71065	145685	73605	30140
28350	50058	11123	5400	49542	99862	32076	60282	37336
		5546		4531				
16930	227782	56987	2000	24334	75824	115854	98806	70267
46537	194156	3425	2000	143741	83688	34590	104445	107780
79875	25736	3605	6000	41605	179679	52030	37070	19740
35110	63068	55553		36519	100209	77123	102011	71101
17521	14863			41207	20755	41637	32881	22210
74124	50280			44310	38466	35478	55420	19490
37195	15303	10758	1500	13941	29000	32708	26480	1206
7220	18660			32570	23891	22500	9580	11798
66883	52623	14966	2700	6120	3000	62760	7550	
773849	483844	54093	2550	73744	295332	159885	209679	200892
37745	74332	8521	14100	17362	142569	168203	103832	45705
220	285914	5000			7904		11921	7147
17100	734	8000		10204	50750	71354	29055	12308
43010	64664	18490	10940	29661	86996	61749	113691	39107
1131190	641708	94972	29612	147139	285721	893047	205272	132898
26700	321199	473016		12800	21881	15095	24560	26074
40740	94110	115480	590818	300837	306633	131760	224511	430161
82538	95156	131535	14309	40178	81320	64311	134967	118592
129517	94517	46968	18190	55814	60141	95149	91051	56450
90135	91652	8326	14620	18268	61888	75389	65053	68831
83052	164516	14927	8170	33128	45430	96957	97066	68539
124216	266923	1224427	56660	136882	322647	189637	179073	165310
35499	44169	14595	36220	191407	627477	50800	77570	93288
4770	13868		8266	174	9000	7840	14800	35851
29880	35703	11000	10030	30657	84624	8550	65757	112647
2850	45428	8725	760	7750	12560	26836	2535	31555
144761	**410429**	**229036**	**101462**	**343340**	**271854**	**150881**	**155526**	**185327**
66233	259433	122706	87029	191007	214630	74449	117907	93090
37800	61902	13908	6330	5993	5500	40842	3015	
40728	89094	92422	8103	146340	51724	35590	34604	92237
			8634		**1162**		**1100**	**12860**
			6364		1162		1100	12860
			1370					
			900					
62495	**308814**	**159042**	**74649**	**440349**	**98628**	**123774**	**188008**	**299638**

4-16 续表

单位：万元

行业	Sector	全省 Total	南昌市 Nanchang	景德镇市 Jingdezhen
铁路运输业	Railway Transport	394366	91500	1700
道路运输业	Road Transport	2413620	34804	65260
城市公共交通业	Urban Public Transport	61109	18062	991
水上运输业	Water Transport	57226	11497	4200
航空运输业	Air Transport	158732	136952	3636
管道运输业	Transport Via Pipelines	3550	2150	
装卸搬运和其他运输服务业	Loading, Unloading and Other Transport Services	104681	33468	9000
仓储业	Storage	116004	4850	
邮政业	Post	29441	3513	
信息传输、计算机服务和软件业	**Information Transmission, Computer Services and Software**	**492150**	**194527**	**2600**
电信和其他信息传输服务业	Telecommunications and Other Information Transmission Services	418958	138311	2400
计算机服务业	Computer Services	32518	26292	200
软件业	Software	40674	29924	
批发和零售业	**Wholesale and Retail Trades**	**1610314**	**919699**	**43420**
批发业	Wholesale Trade	673227	439992	12800
零售业	Retail Trade	937087	479707	30620
住宿和餐饮业	**Hotels and Catering Services**	**1535614**	**556446**	**26285**
住宿业	Hotels	1004134	276786	24591
餐饮业	Catering Services	531480	279660	1694
金融业	**Financial Intermediation**	**216838**	**172807**	**3120**
银行业	Bank	176316	149365	3120
证券业	Security Activities	6030	2950	
保险业	Insurance	5695	5695	
其他金融活动	Other Financial Activities	28797	14797	
房地产业	**Real Estate**	**7418459**	**2302007**	**272170**
租赁和商务服务业	**Leasing and Business Services**	**549606**	**336898**	
租赁业	Leasing	28484	19094	
商务服务业	Business Services	521122	317804	
科学研究、技术服务和地质勘查业	**Scientific Research, Ploytechnic Services and Geological Prospecting**	**272363**	**159619**	**52783**
研究与试验发展	Research and Experimental Development	163538	96110	50783
专业技术服务业	Professional Technical Services	71926	34054	2000
科技交流和推广服务业	Services of Science and Technology Exchanges and Promotion	27197	21338	
地质勘查业	Geological Prospecting	9702	8117	
水利、环境和公共设施管理业	**Management of Water Conservancy, Environment and Public Facilities**	**5254620**	**1209910**	**123707**
水利管理业	Management of Water Conservancy	465024	83748	22850
环境管理业	Environmental Management	358464	28091	9937
公共设施管理业	Management of Public Facilities	4431132	1098071	90920
居民服务和其他服务业	**Services to Households and Other Services**	**150786**	**100395**	**1277**
居民服务业	Services to Households	68744	53802	1000
其他服务业	Other Services	82042	46593	277
教　育	**Education**	**1077833**	**468301**	**25762**
卫生、社会保障和社会福利业	**Health, Social Security and Social Welfare**	**491779**	**149032**	**15154**
卫　生	Health	446332	145137	14813
社会保障业	Social Security	14523		
社会福利业	Social Welfare	30924	3895	341
文化、体育和娱乐业	**Culture, Sports and Entertainment**	**720219**	**371565**	**18624**
新闻出版业	Journalism and Publishing Activities	13510	13510	
广播、电视、电影和音像业	Broadcasting, Movies, Television and Audiovisual Activities	41500	15076	
文化艺术业	Cultural and Art Activities	183567	83301	8648
体　育	Sports Activities	157696	72988	
娱乐业	Entertainment	323946	186690	9976
公共管理和社会组织	**Public Management and Social Organization**	**794407**	**203243**	**22277**
#中国共产党机关	Organs of Communist Party of China	1464		
国家机构	Government Agencies	733337	171034	20672
群众团体、社会团体和宗教组织	Non-Governmental Organizations, Social Organizations and Religion Organizations	1600	1600	
		29805	6333	1600
基层群众自治组织	Grass Roots Self-governing Organizations	28201	24276	5

continued

(10000 yuan)

萍乡市 Pingxiang	九江市 Jiujiang	新余市 Xinyu	鹰潭市 Yingtan	赣州市 Ganzhou	吉安市 Ji'an	宜春市 Yichun	抚州市 Fuzhou	上饶市 Shangrao
	600			490		7368	908	
56985	209665	156250	37552	371139	85963	98654	162356	265043
	30160	748	2537	3000	3815		780	1016
	20315			100	1960		16264	2890
	14670					3474		
				1000			400	
2500	9158		300	29305	4500	9150	7300	
3010	23946	2044	34032	35315	2390	5128		5289
	300		228					25400
7406	**15020**	**8054**	**13706**	**86792**	**700**	**10438**	**18676**	**134231**
	15020	8054	13036	86792	700	1738	18676	134231
5856			170					
1550			500			8700		
191053	**48386**	**115059**	**12758**	**51229**	**20950**	**52936**	**36126**	**118698**
59568	22981	5472	8948	20838	13016	33986	23596	32030
131485	25405	109587	3810	30391	7934	18950	12530	86668
278248	**102162**	**121812**	**28193**	**80613**	**136478**	**39503**	**60119**	**105755**
115960	100177	47351	28093	80121	136478	34903	56519	103155
162288	1985	74461	100	492		4600	3600	2600
6000	**15115**	**7330**		**11198**	**352**		**216**	**700**
6000	1115	4250		11198	352		216	700
		3080						
	14000							
202666	**615398**	**367014**	**141191**	**1047816**	**355041**	**459000**	**683510**	**972646**
20690	**19120**		**30923**	**18262**	**63980**	**7080**		**52653**
			5390					4000
20690	19120		25533	18262	63980	7080		48653
11238	**4880**	**2409**	**269**	**20123**	**4072**	**2700**	**690**	**13580**
				5425				11220
8418	4680		34	14478	4072	2700	690	800
2820	200	2409	210	220				
			25					1560
126613	**588167**	**435798**	**198084**	**567394**	**392410**	**322335**	**380494**	**909708**
11712	27141	29754	29267	62010	24304	34189	35186	104863
7056	76268	34000	4498	37541	20440	49559	43243	47831
107845	484758	372044	164319	467843	347666	238587	302065	757014
3379	**5010**	**14610**	**770**	**5927**			**5808**	**13610**
2769		3800	400	4847			646	1480
610	5010	10810	370	1080			5162	12130
31944	**26124**	**101013**	**19088**	**171597**	**25385**	**33072**	**51414**	**124133**
5543	**34911**	**38174**	**25408**	**53579**	**19504**	**16871**	**27802**	**105801**
3771	30691	31970	25408	47585	19504	10711	18734	98008
22				1260		3400	6052	3789
1750	4220	6204		4734		2760	3016	4004
27900	**63283**	**88363**	**22302**	**38153**	**5580**	**9038**	**21424**	**53987**
	8400	3324		3700				11000
300	2959	35451	3775	19003	5420	2353	2287	20070
1800	32509	3400	13140	6732	160		6440	20527
25800	19415	46188	5387	8718		6685	12697	2390
5639	**156687**	**19685**	**12055**	**50115**	**109573**	**32553**	**72832**	**109748**
	854				610			
5639	142546	19685	12055	48098	99368	32353	72369	109518
	13287			1287	6635	200	463	
				730	2960			230

4-17 各地区按构成分城镇固定资产投资（2009年）
Investment in Fixed Assets in Urban Area by Region and Use of Funds (2009)

单位：万元 (10000 yuan)

地 区	Region	合 计 Total	建筑、安装工程 Construction and Installation	设备、工器具购置 Purchase of Equipment and Instruments	其他费用 Others
全 省	**Provincial Total**	**60081185**	**35121002**	**16725698**	**8234485**
南 昌 市	Nanchang	14034086	6616867	5456646	1960573
景德镇市	Jingdezhen	3158100	1932176	872430	353494
萍 乡 市	Pingxiang	4621429	2772855	1187941	660633
九 江 市	Jiujiang	6426795	3709062	1901316	816417
新 余 市	Xinyu	4612202	2838858	1308741	464603
鹰 潭 市	Yingtan	1589969	911852	437480	240637
赣 州 市	Ganzhou	4955557	3374212	782471	798874
吉 安 市	Ji'an	5252872	2767936	1589902	895034
宜 春 市	Yichun	4260612	2451246	1324845	484521
抚 州 市	Fuzhou	4325605	2624081	932745	768779
上 饶 市	Shangrao	5682209	3972112	930098	779999
不分地区	Not Classified by Region	1161749	1149745	1083	10921

4-18 各地区按建设性质分城镇固定资产投资（2009年）
Investment in Fixed Assets in Urban Area by Region and Type of Construction (2009)

单位：万元 (10000 yuan)

地 区	Region	合 计 Total	#新 建 New Construction	#扩 建 Expansion	#改建和技术改造 Reconstruction Technical Rennovation
全 省	**Provincial Total**	**60081185**	**39602273**	**7693552**	**8971193**
南 昌 市	Nanchang	14034086	6149793	935733	4345907
景德镇市	Jingdezhen	3158100	2633433	317448	177382
萍 乡 市	Pingxiang	4621429	3449877	678633	475739
九 江 市	Jiujiang	6426795	4751994	611212	783744
新 余 市	Xinyu	4612202	2222233	1245446	936271
鹰 潭 市	Yingtan	1589969	1384273	95366	57571
赣 州 市	Ganzhou	4955557	3497692	506602	543955
吉 安 市	Ji'an	5252872	4629345	437032	175541
宜 春 市	Yichun	4260612	2948895	828643	416008
抚 州 市	Fuzhou	4325605	2615841	1134712	501129
上 饶 市	Shangrao	5682209	4157148	902725	557946
不分地区	Not Classified by Region	1161749	1161749		

4-19 各地区城镇工业投资（2009年）

Investment in Industry in Urban Area by Region (2009)

单位：万元 (10000 yuan)

地 区	Region	合 计 Total	采矿业 Mining	制造业 Manufacturing	电力、燃气及水的生产和供应业 Production and Supply of Electricity, Gas and Water
全 省	**Provincial Total**	**34905556**	**1428517**	**30508532**	**2968507**
南昌市	Nanchang	6391515	20028	5772933	598554
景德镇市	Jingdezhen	2427879	103291	1947251	377337
萍乡市	Pingxiang	3626155	358110	3123284	144761
九江市	Jiujiang	4289207	145991	3732787	410429
新余市	Xinyu	2931698	241933	2460729	229036
鹰潭市	Yingtan	960867		859405	101462
赣州市	Ganzhou	2233696	131541	1758815	343340
吉安市	Ji'an	3900485	79178	3549453	271854
宜春市	Yichun	3069644	112276	2806487	150881
抚州市	Fuzhou	2592542	39411	2397605	155526
上饶市	Shangrao	2481868	196758	2099783	185327
不分地区	Not Classified by Region				

4-20 各地区城镇投资建设项目和新增固定资产（2009年）

Projects Investment Construction and Newly Increased Fixed Assets in Urban Area by Region (2009)

地 区	Region	施工项目（个） Number of Projects under Construction (unit)	#新开工 Started this Year	全部建成投产（个） Number of Projects Completed and Put into Use (unit)	新增固定资产（万元） Newly Increased Fixed Assets (10000 yuan)
全 省	**Provincial Total**	**14311**	**10533**	**8956**	**39755858**
南昌市	Nanchang	3136	2494	2579	8401221
景德镇市	Jingdezhen	770	561	328	1811805
萍乡市	Pingxiang	1227	878	892	3987766
九江市	Jiujiang	1526	1211	712	4525120
新余市	Xinyu	604	429	485	5138803
鹰潭市	Yingtan	460	324	220	611181
赣州市	Ganzhou	1594	1224	878	3362238
吉安市	Ji'an	1320	861	891	4354888
宜春市	Yichun	957	727	526	2027131
抚州市	Fuzhou	1453	978	886	2778385
上饶市	Shangrao	1261	846	559	2757320
不分地区	Not Classified by Region	3			

主要统计指标解释

全社会固定资产投资 是以货币形式表现的在一定时期内全社会建造和购置固定资产的工作量以及与此有关的费用的总称。该指标是反映固定资产投资规模、结构和发展速度的综合性指标,又是观察工程进度和考核投资效果的重要依据。全社会固定资产投资按登记注册类型可分为国有、集体、个体、联营、股份制、外商、港澳台商、其他等。

城镇固定资产投资 指城镇各种登记注册类型的企业、事业、行政单位及个体户进行的计划总投资(或实际需要总投资)50 万元及 50 万元以上的建设项目投资、房地产开发投资、城镇和工矿区私人建房投资。县城及以上区域内发生的投资，县及县以上各级政府及主管部门直接领导、管理的建设项目和企业事业单位的投资均为城镇固定资产投资。

房地产开发投资 指各种登记注册类型的房地产开发公司、商品房建设公司及其他房地产开发法人单位和附属于其他法人单位实际从事房地产开发或经营活动的单位统一开发的包括统代建、拆迁还建的住宅、厂房、仓库、饭店、宾馆、度假村、写字楼、办公楼等房屋建筑物和配套的服务设施，土地开发工程（如道路、给水、排水、供电、供热、通讯、平整场地等基础设施工程）的投资；不包括单纯的土地交易活动。

农村投资 包括在农村区域范围内进行固定资产投资活动的企业、事业、行政单位及农村个人投资。

固定资产投资的资金来源 根据固定资产投资的资金来源不同，分为国家预算内资金、国内贷款、利用外资、自筹资金和其他资金。

(1)国家预算内资金：分为财政拨款和财政安排的贷款两部分。包括中央财政的基本建设基金(分经营性基金和非经营性基金两部分)、专项支出(如煤代油专项等)、收回再贷、贴息资金，财政安排的挖潜改造和新产品试制支出、城建支出、商业部门简易建筑支出、不发达地区发展基金等资金中用于固定资产投资的资金；地方财政中由国家统筹安排的资金等。

(2)国内贷款：指报告期固定资产投资单位向银行及非银行金融机构借入的用于固定资产投资的各种国内借款，包括银行利用自有资金及吸收的存款发放的贷款、上级主管部门拨入的国内贷款、国家专项贷款、地方财政专项资金安排的贷款、国内储备贷款、周转贷款等。

(3)利用外资：指报告期收到的用于固定资产建造和购置的国外资金(包括设备、材料、技术在内)。包括对外借款(外国政府、国际金融组织贷款、出口信贷、外国银行商业贷款、对外发行债券和股票)、外商直接投资及外商其他投资。不包括我国自有外汇资金(国家外汇、地方外汇、留成外汇、调剂外汇和中国银行自有资金发行的外汇贷款等)。计算利用外资时，需要折算成人民币，折算中所使用的外汇汇率按现汇计算，即按使用外汇时的汇率计算。

(4)自筹资金：指固定资产投资单位报告期收到的，由各地区、各部门及企、事业单位筹集用于固定资产投资的预算外资金，包括中央各部门、各级地方和企、事业单位的自筹资金。

(5)其他资金：指在报告期收到的除以上各种资金之外其他用于固定资产投资的资金，包括企业或金融机构通过发行各种债券筹集到的资金、群众集资、个人资金、无偿捐赠的资金及其他单位拨入的资金等。

固定资产投资按国民经济行业分 根据建设项目建成投产后的主要产品或主要用途及社会经济活动性质来确定国民经济行业。一般情况下，一个建设项目或一个企业、事业单位只能属于一种国民经济行业。

固定资产投资按隶属关系分 是按建设单位或企业、事业、行政单位的主管上级机关确定的。

（1）中央：是指中共中央、人大常委会和国务院各部、委、局、总公司以及直属机构直接领导的建设项目和企业、事业、行政单位。这些单位的固定资产投资计划由国务院各部门直接编制和下达，建设中所需物资、主要设备以及建设中的问题都由中央有关部门安排和解决。

（2）地方：是由省（自治区、直辖市)、地区（州、盟、省辖市)、县（旗、县级市）三级政府及业务主管部门直接领导和管理的建设项目、企业、事业、行政单位。地方项目还包括不隶属以上各级政府及主管部门的建设项目和企业、事业单位，如外商投资企业和无主管部门的企业等。

固定资产投资按建设性质分 根据整个建设项目情况来确定。建设项目的性质一般分为新建、扩建、改建和技术改造、迁建、恢复。房地产开发单位、农村投资、城镇工矿区私人建房投资不划分建设性质。

(1)新建：一般指从无到有开始建设的企业、事业和行政单位或建设项目。现有企业、事业、行政单位一般不属于新建。但如有的单位原有基础很小，经过建设后新增的固定资产价值超过该企、事业、行政单位原有固定资产价值(原值)三倍以上的也应作为新建。

(2)扩建：指在厂内或其他地点，为扩大原有产品的生产能力(或效益)或增加新的产品生产能力，而增建主要的生产车间(或主要工程)、分厂、独立的生产线。行政、事业单位在原单位增建业务用房(如学校增建教学用房、医院增建门诊部、病房等)也作为扩建。

现有企、事业单位为扩大原有主要产品生产能力或增加新的产品生产能力，增建一个或几个主要生产车间(或主要工程)、分厂，同时进行一些更新改造工程的，也应作为扩建。

(3)改建和技术改造：指现有企业、事业单位，对原有设施进行技术改造或更新(包括相应配套的辅助性生产、生活福利设施）的建设项目。现有企业、事业单位为适应市场变化的需要，而改变企业的主要产品种类(如军工企业转产民用品等) 的建设项目，应作为改建。原有产品生产作业线由于各工序(车间)之间能力不平衡，为填平补齐充分发挥原有生产能力而增建不增加本企业主要产品设计能力的车间，也应作为改建。技术改造是指企业、事业单位在现有基础上，用先进的技术代替落后的技术，用先进的工艺和装备代替落后的工艺和装备，以改变企业落后的技术经济面貌，实现以内涵为主的扩大再生产，达到提高产品质量、促进产品更新换代、节约能源、降低消耗、扩大生产规模、全面提高社会经济效益的目的。技术改造具体包括以下内容：机器设备和工具的更新改造；生产工艺改革、节约能源和原材料的改造；厂房建筑和公共设施的改造；劳动条件和生产环境的改造等。

固定资产投资按构成分 固定资产投资活动按其工作内容和实现方式分为建筑安装工程，设备、工具、器具购置，其他费用三个部分。

(1)建筑安装工程(建筑安装工作量)：指各种房屋、建筑物的建造工程和各种设备、装置的安装工程。包括各种房屋建造工程；各种用途设备基础和各种工业窑炉的砌筑工程及金属结构工程；为施工而进行的各种准备工作和临时工程以及完工后的清理工作等；铁路、道路的铺设，矿井的开凿及石油管道的架设等；水利工程；防空地下建筑等特殊工程；列入房屋工程预算内的暖气、卫生、通风、照明、煤气等设备的价值及装设油饰工程；列入建筑工程预算内的各种管道(蒸汽、压缩空气、石油、给排水等管道)、电力、电讯电缆导线等的敷设工程；以及各种机械设备的安装工程；为测定安装工程质量，对设备进行的试运工作；房地产开发单位进行的商品房屋开发建设工程、土地开发工程。

在安装工程中，不包括被安装设备本身的价值。

(2)设备、工具、器具购置：指建设单位或企、事业单位购置或自制的，达到固定资产标准的设备、工具、器具的价值。新建单位及扩建单位的新建车间，按照设计或计划要求购置或自制的全部设备、工具、器具，不论是否达到固定资产标准均计入“设备、工具、器具购置”中。

(3)其他费用：指在固定资产建造和购置过程中发生的，除上述几项内容以外的各种应分摊计入固定资产的费用。

施工项目 指报告期内进行过建筑或安装施工活动的项目。凡是报告期内施过工的建设项目，不论施工时间长短，均作为施工项目统计。施工项目个数可以反映一定时期固定资产投资的实际规模，与同期全部建成投产项目个数相比，可以从建设速度的角度反映固定资产投资的效果。根据建设项目施工活动的不同性质，施工项目又分为：本年正式施工项目、本年收尾项目和以前年度全部停缓建项目。

全部建成投产项目 工业项目指设计文件规定形成生产能力的主体工程及其相应配套的辅助设施全部建成，经负荷试运转，证明具备生产设计规定合格产品的条件，并经过验收鉴定合格或达到竣工验收标准，与生产性工程配套的生活福利设施可以满足近期正常生产的需要，正式移交生产的建设项目。非工业项目指设计文件规定的主体工程和相应的配套工程全部建成，能够发挥设计规定的全部效益，经验收鉴定合格或达到竣工验收标准，正式移交使用的建设项目。

房屋建筑面积 指房屋建筑物勒脚以上外墙外围的水平截面面积，包括房屋建筑物的有效面积和结构面积。该指标是从实物形态上反映建设规模和建设成果的重要指标之一，也是检查工程形象进度、计算工程造价、分析投资效果、研究施工任务和建筑材料之间平衡情况的重要依据。

住宅建筑面积 指施工和竣工房屋建筑面积中供居住用的房屋建筑面积。

施工面积 指报告期内施工的全部房屋建筑面积。包括本期新开工的面积和上期开工跨入本期继续施工的房屋面积，以及上期已停建在本期恢复施工的房屋面积。本期竣工和本期施工后又停缓建的房屋，其建筑面积仍计入本期房屋施工面积中。

竣工面积 指在报告期内房屋建筑按照设计要求已经全部完工，达到住人和使用条件，经验收鉴定合格(或达到竣工验收标准)，正式移交使用单位的各栋房屋建筑面积的总和。

新增固定资产 指报告期内已经完成建造和购置过程，并已交付生产或使用单位的固定资产价值。该指标是表示固定资产投资成果的价值指标，也是反映建设进度，计算固定资产投资效果的重要指标。

Explanatory Notes on Main Statistical Indicators

Total Investment in Fixed Assets in the Whole Country refers to the volume of activities in construction and purchases of fixed assets of the whole country and related fees, expressed in monetary terms during the reference period. It is a comprehensive indicator which shows the size, structure and growth of the investment in fixed assets, providing a basis for observing the progress of construction projects and evaluating results of investment. Total investment in fixed assets in the whole country includes, by type of ownership, the investment by State-owned units, collective-owned units, individuals, joint ownership units, share-holding units, as well as investments by entrepreneurs from foreign countries and from Hong Kong, Macao and Taiwan, and by other units.

Urban Investment in Fixed Assets refers to construction

projects involving a total planned (or required) investment of 500,000 yuan and over by enterprises of various types of ownership, institutions, administrative units and individuals in urban areas, investment in real estate development, and private investment in housing construction in urban areas and industrial and mining areas. In other words, all investments that take place in county towns and urban areas, investment in construction projects under the direct leadership and management of government agencies at and above county levels and investments by enterprises and institutions at and above county levels are covered in urban investment in fixed assets.

Investment in Real Estate Development refers to investment by real estate development companies, commercialized buildings construction companies and other real estate development units of various types of ownership in the construction of buildings, such as residential buildings, factory buildings, warehouses, hotels, guesthouses, holiday villages, office buildings, and the complementary service facilities and land development projects, such as roads, water supply, water drainage, power supply, heating supply, telecommunications, land leveling and other infrastructural projects. It does not include activities in pure land transactions.

Investment in Rural Areas refers to investment in fixed assets by enterprises, institutions, administrative units and individuals in rural areas.

Sources of Funds for Investment in Fixed Assets are categorized as funds from the State budget, domestic loans, foreign investment, self-raised funds, and others, depending on the sources of investment.

(1) Fund from the State budget consists of budgetary appropriation and loans from the State budget. More specifically, it includes, from the budget of the central government, capital construction fund (operation fund and non-operational fund), special expenses (e.g. expenses on substituting petroleum with coal), loans from repayment, discount fund, expenses on innovation and trial production of new products, expenses on urban construction, expenses on temporary construction from business departments, development fund for less developed areas, as well as local budgetary fund transferred from the central budget.

(2) Domestic loans refer to loans of various forms borrowed by investing units from banks and non-bank financial institutions during the reference period for the purpose of investment in fixed assets, including loans issued by banks from their self-owned funds and deposit, loans appropriated by higher authorities, special loans by government, loans arranged by local government from special funds, domestic reserve loan, and working loan.

(3) Foreign investment refers to foreign funds received during the reference period for the construction and purchase of investment in fixed assets (covering equipment, materials and technology), including foreign borrowings (loans from foreign governments and international financial institutions, export credit, commercial loans from foreign banks, issue of bonds and stocks overseas), foreign direct investment and other foreign investments. Excluded from this category is capital in foreign exchanges owned by China (foreign exchanges owned by the central and local governments, foreign exchanges retained by enterprises, foreign exchanges by enterprises through the regulating mechanism, loans in foreign exchanges issued by the Bank of China with its own fund, etc.). In calculating the utilization of foreign capital, foreign currencies are converted into Chinese Renminbi applying the current exchange rate when the foreign capitals are actually used.

(4) Self-raised funds refer to extra-budgetary funds for investment in fixed assets received during the reference period by investing units from central government ministries, local governments, enterprises and institutions, including their self-raised funds.

(5) Others refer to funds for investment in fixed assets received from sources other than those listed above, including capital raised through issuing bonds by enterprises or financial institutions, funds raised from individuals and through donations, and funds transferred from other units.

Investment in Fixed Assets by Sector The classification of construction projects by sector is determined by the major products or the purpose of the projects when they are put into production or use, and by the nature of their social economic activities. In general, one project or one enterprise or institution can only be classified into one sector.

Investment in Fixed Assets by Jurisdiction of Management refers to the classification of investment by the competent authorities under which investment is made by construction units, enterprises, institutions or administrative units.

(1) Central investment refers to the investment in projects or by enterprises, institutions or administrative units which are under the direct leadership and management of the State Council and of the national commissions, ministries, agencies and State-owned large corporations. Various ministries and departments of the State Council prepare and implement plans for investment in fixed assets by those departments, and arrange and ensure the supply of materials and key equipment required for the projects.

(2) Local investment refers to the investment in projects or by enterprises, institutions or administrative units which are under the direct leadership and management of departments under the provincial, prefecture and county governments. Also included are projects by foreign-invested enterprises and enterprises without competent managing authorities.

Investment in Fixed Assets by Type of Construction Construction projects in general can be classified, by the type of construction, into new construction, expansion, reconstruction and technical transformation, moving and restoration. However, investment by type of construction is not applied to investment by real-estate development units, investment in rural areas and private investment in housing construction in urban areas and in industrial and mining areas.

(1) New construction in general refers to construction projects, which start from scratch, of enterprises, institutions, administrative agencies. Construction in existing enterprises, institutions or agencies is generally not considered as new construction. In case the size of the existing unit is quite small,

and the value of newly added fixed assets is more than three times of the the original value, the expansion will be considered as new construction.

(2) Expansion refers to construction of new major production workshop, branch factory or independent production line within a factory or in other locations, for the purpose of increasing the production capacity (or improving efficiency) or adding new production capacity. Newly constructed accommodation for the operation of institutions and administrative organizations (such as newly constructed buildings for teaching in schools, buildings for clinics or wards in hospitals, etc.) are also classified as expansion.

Also included in expansion are investments by existing enterprises or institutions in building major production line(s) or branch factory(ies) along with some work on innovation, for the purpose of expanding the production capacity of original products or producing new products.

(3) Reconstruction and technical transformation refers to construction projects by existing enterprises or institutions in innovation or technical transformation of the old facilities (including auxiliary production equipment and welfare facilities). Also considered as reconstruction is the construction of new workshops by the existing enterprises or institutions to change the variety of products to meet the market demand (such as the production of civil products by defence industries), or to bring the designed production capacity into full play through a more balanced production process on production lines. Technical transformation refers to replacement of old technology or equipment by new technology or equipment, in order to expand the reproduction through improvement of technology contents in production, to improve product quality, to promote new products, to save energy, to reduce consumption, to expand the production scale and to improve overall social-economic efficiency. Contents of technical transformation include: updating of machinery, equipment and tools; reforming production process by using energy or materials saving technology; construction of factory workshops and transformation of public facilities; improvement of working conditions and environment, etc.

Investment in Fixed Assets by Structure By their contents and the mode of implementation, investment activities are classified into 3 categories, i.e. construction and installation, purchase of equipment and instrument, and other expenses.

(1) Construction and installation (work volume of construction and installation) refers to the construction of houses and buildings and the installation of various kinds of equipment and instruments. They include construction of houses; equipment foundations, industrial kilns and stoves, and metal structure work; preparation works and temporary works for project construction, and clearing up works post project construction; pavement of railways and roads, drilling of mines and putting up of oil pipes; construction of water conservancy; construction of underground air-raid shelters and construction of other special projects; value of equipment for heating, sanitation, ventilation, lighting, gas, painting, etc. that are covered by the budget of housing projects; laying out of various pipelines (for steam, compressed air, petroleum, tap water and sewage) and wiring and cabling for electric power and for communications; installation of various machinery and equipment; testing operation for pre-testing the quality of installation projects, and land and other development work conducted by real estate developers for commercialized housing. The value of equipment installed is itself not included in the value of installation projects.

(2) Purchase of equipment and instruments refers to the total value of equipment, tools, and instruments purchased or self-produced which come up to the cut-off point for fixed assets by the construction units or investing enterprises or institutions. Equipment, tools and instruments purchased or self-produced for new workshops by newly established or expanded units are categorized as "purchase of equipment and instruments" no matter whether they come up to the cut-off point for fixed assets.

(3) Other expenses refer to expenses arising during the construction or purchase of fixed assets other than those mentioned above.

Projects under Construction refer to projects with construction and installation activities undertaken in the reference period. All projects that have construction activities undertaken during the reference period are reported as projects under construction irrespective of the length of construction work. The number of projects under construction can reflect the actual size of investment in fixed assets during a given period, and when compared with the number of projects completed and put into use during the same period, it demonstrates the results of investment in fixed assets from the angle of the speed of the construction. Depending on the nature of construction activities, projects under construction can also be classified into projects beginning construction in current year, winding-up projects in current year and stopped or suspended projects in previous years (with resumption of work in current year).

Projects Completed and Put into Use Industrial projects refer to the major projects and anxilliary facilities having been completed in accordance with the design documents, resulting in forming production capacity and having checked and accepted after relevant tests, while the living and welfare facilities having been completed and being capable of ensuring normal production. Non-industrial projects refer to the major projects and anxilliary facilities which have been completed in accordance with the design documents ; have been checked, accepted after relevant examination; and have been formally delivered for use..

Floor Space of Buildings under Construction refers to the total floor space of the horizontal section of outer walls above the plinth of the building, including the effective area and the area occupied by the structure. This indicator is one of the important indicators in physical terms to reflect the scale and accomplishment of the construction industry and also an important basis for monitoring the progress, calculating the cost, analyzing the efficiency and studying the supply of building materials in relation to the construction projects.

Floor Space of Residential Buildings refers to the floor space of the residential buildings among the total space of buildings under construction or completed.

Floor Space under Construction refers to total floor space of all buildings under construction during the reference period, including floor space of newly started buildings during the reference period, floor space of construction extended from the previous period to the current period, and floor space of construction suspended during the previous period and resumed in the current period. Floor space of construction completed in the current period, and floor space of construction started and then suspended in the current period are also included in the floor space under construction of the current year.

Floor Space Completed refers to the floor space of all buildings completed in the reference period, which have been appraised and accepted (or come up to the designed standards) and have been transferred to owner units.

Newly Increased Fixed Assets refer to the newly increased value of fixed assets, constructed or purchased, that have been transferred to the investors. This is an indicator that demonstrates the results of investment in fixed assets in monetary terms, and an important indicator to reflect the speed of construction and to calculate the efficiency of investment.

对外经济贸易

5

Foreign Economic Relations and Trade

资料整理及英文翻译：林 红

简要说明

本篇资料综合反映全省对外贸易、外商直接投资、对外经济合作、外出交流、与国外结成友好城市，重点反映对外经济贸易的近期发展状况。

一、对外贸易部分

对外贸易统计的主要内容包括：进出口货物的金额、品种、国别(地区)、经营单位、境内目的地、境内货源地、贸易方式、类别等项目。

对外贸易统计的范围是按照联合国的国际贸易统计原则制定的，即凡能引起中华人民共和国关境内物质资源存量增加或减少的进出口货物，除制度另有规定者外，均列入该项统计。

对外贸易统计的资料来源于南昌海关，调查方法是全面调查。

历年出口商品分类金额和历年进口商品分类金额按照联合国《国际贸易标准分类》(SITC)进行统计。进出口商品分类金额按照海关合作理事会制定的《商品名称和编码协调制度》(HS)目录进行统计。

全省对各国(地区)进出口总额表中，出口货物按中华人民共和国关境外最终目的国(地区)，进口货物按中华人民共和国关境外原产国(地区)统计。各地区进出口商品总值分别按境内经营单位所在地和目的地、货源地列示。经营单位所在地是指境内进出口企业的报关注册登记地；境内货源地是指出口货物在中华人民共和国关境内的产地或原始发货地；境内目的地则指进口货物在中华人民共和国关境内的消费、使用地或最终运抵地。

二、外商直接投资统计部分

外商直接投资统计的主要内容包括：外商直接投资、外商投资企业登记注册情况。

统计范围是凡经工商行政管理机关核准登记，在江西所有利用外资的单位和部门，经批准设立的中外合资经营企业、合作经营企业、外资企业、外商投资股份制企业、合作开发项目等具有法人资格的独立核算企业(包括港澳台地区投资企业)，在江西从事经营活动的外国及港澳台地区企业及外国公司在江西境内设立的分支机构。

外商直接投资统计的资料来源于省商务厅，其中，外商投资企业的登记注册情况资料来源于省工商行政管理局外资局，调查方法是全面调查。

三、对外经济合作部分

对外经济合作统计的主要内容包括：对外承包工程、对外劳务合作、对外设计咨询的合同数、合同金额、完成营业额等。

统计范围是对外承包工程、对外劳务合作、对外设计咨询。

该制度统计单位是经各级商务主管部门批准的从事对外承包和劳务合作业务并具有法人地位的对外承包劳务企业。

资料来源是省商务厅，调查方法是全面调查。

四、其他

外出交流、与国外结成友好城市部分的统计资料来源是省外侨办、省教育厅。

Brief Introduction

Data in this chapter show the summary data of the whole province foreign trade foreign direct investment contracted projects and labors cooperation with the foreign countries exchange, foreign sister city with foreign countries, Focusing on the recent situation of foreign trade and economic cooperation.

I. Foreign Trade

Data on foreign trade include: varieties of imports and exports, amount (weight), value, countries (regions), imports and exports corporations, destination within territory, origin of goods within territory, means of trade, types of taxes and so on.

The coverage of foreign trade statistics is designed according to principle on international trade by United Nations, that is: all imports or exports that will lead to stock changes of material resources with the territory of People's Republic of China; excluding goods by escape clause.

Sources of data on foreign trade are from General Administration of Customs of the People's Republic of China through comprehensive reporting system.

Customs statistics on value term imports and exports by categories are using the UN Standard International Trade Classification (SITC). However, the Harmonized Commodity Description and Coding System (HS) stipulated by the Customs Cooperation Council is used in the classification of the import and export commodities.

In the table on provincial total imports and exports with related countries and regions, the export commodities are calculated at the customs of the countries (regions) of destination and the import commodities are calculated at the customs of the countries (regions) of origin. The total values of the import and export commodities by region are calculated respectively at the provinces where the import or export corporations are situated and at the provinces of destination or provinces of origin within the boundary of the People's Republic of China. The province where the import or export corporations are situated refers to the province where the import or export corporations have applied to and have been registered at the customs. The province of origin within the boundary of the Peoples Republic of China refers to the province where the export commodities are produced or originally delivered. The province of destination within the boundary of the Peoples Republic of China refers to the province where the import commodities are consumed, used or transported to the destination.

II. Statistics on Utilization of Foreign Capitals

Utilization of foreign capitals includes: foreign loans, foreign direct investments and other foreign investments, and the basic condition of registration of foreign funded enterprises.

The statistics cover all the units and departments which have utilized foreign capital and all the Sino-foreign joint ventures, Sino-foreign cooperative enterprises, ventures exclusively with foreign investment, foreign-funded stock companies, Sino-foreign cooperative development projects and other corporate enterprises (including the enterprises funded by the entrepreneurs from Hong Kong, Macao and Taiwan) with independent accounting system which have been approved by the Jiangxi provincial government to set up in the boundary of Jiangxi.

Data on utilization of foreign capitals are from Department of Commerce of Jiangxi Province, of which, data on basic condition of registration of foreign funded enterprises are from Jiangxi Administration for Industry and Commerce through comprehensive reporting system.

III. Foreign Economic Cooperation

Data on foreign economic cooperation include: contracted projects, labors services cooperation, design and consultation services, contracted volume, complete business turnover, business turnover by countries (regions) and so on.

The statistics cover contracted projects, labors services cooperation and design and consultation service with foreign countries.

The statistical unit in the scheme is the corporate enterprise engaged in contracted projects and labors services cooperation with foreign countries and has been approved by the department of commerce at various levels.

Data on foreign economic cooperation are from Department of Commerce of Jiangxi Province through comprehensive reporting system.

IV. Others

Statistical of data on exchange and foreign sister city with foreign countries are from Overseas Chinese Affairs of Jiangxi Province, and Jiangxi Provincial Office of Education.

5-1 海关货物进出口总额

Total Value of Imports and Exports

年 份 Year	人民币 (万元) 10000 yuan				美 元 (万美元) USD 10000			
	进出口总额 Total Imports & Exports	出口总额 Total Exports	进口总额 Total Imports	差 额 Balance	进出口总额 Total Imports & Exports	出口总额 Total Exports	进口总额 Total Imports	差 额 Balance
1989	232715	174932	57783	117149	62487	46948	15539	31409
1990	322283	257970	64313	193657	71934	58023	13911	44112
1991	408347	270925	137422	133503	76568	50814	25754	25060
1992	531711	355773	175938	179835	96533	64707	31826	32881
1993	665418	350031	315387	34644	116740	61409	55331	6078
1994	1126963	690113	436850	253263	130457	80014	50443	29571
1995	1080209	845224	234985	610239	129044	101035	28009	73026
1996	928914	709206	219708	489498	111672	85243	26429	58814
1997	1105121	924093	181028	743065	133284	111438	21846	89592
1998	1033368	844234	189134	655100	124720	101870	22850	79020
1999	1087884	750259	337625	412634	131387	90611	40776	49835
2000	1344664	991414	353250	638164	162399	119736	42663	77073
2001	1267519	860333	407186	453147	153119	103930	49189	54741
2002	1402687	871005	531682	339323	169468	105232	64236	40996
2003	2092670	1246410	846260	400150	252799	150569	102230	48339
2004	2923218	1651484	1271734	379750	353195	199539	153656	45883
2005	3338761	2005931	1332830	673101	405938	244004	161934	82070
2006	4948598	3000716	1947882	1052834	619356	375307	244049	131258
2007	7230425	4168726	3061698	1107028	944886	544473	400413	144060
2008	9545118	5412965	4132153	1280812	1361793	772666	589127	183539
2009	8727529	5033213	3694316	1338897	1277878	736849	541029	195820

5-2 按贸易方式分海关货物进出口总额（2009年）

Total Value of Imports and Exports by Customs Regime (2009)

单位：万美元 (USD 10000)

贸 易 方 式	Customs Regime	进出口总额 Total Imports & Exports	出口总额 Total Exports	进口总额 Total Imports
总 计	**Total**	**1277878**	**736849**	**541029**
一般贸易	Ordinary Trade	826759	495460	331299
国家间、国际组织无偿援助和赠送的物资	Aid and Donation between Countries and from International Associations	267	266	1
其他境外捐赠物资	Other Donation Abroad			
来料加工装配贸易	Trade for Processing and Assembling with Customer's Materials	43721	27255	16466
进料加工贸易	Trade for Processing with Imported Materials	282543	181613	100930
加工贸易进口设备	Processing Equipments	699		699
对外承包工程出口货物	Goods for Contracted Foreign Projects	2279	2279	
边境小额贸易(边民互市贸易除外)	Frontier Petty Trade (except Border Trade)			
外商投资企业作为投资进口的设备、物品	Foreign Funded Equipments and Goods	44292		44292
免税外汇商品	Tax-free Foreign Exchange Commodities			
保税仓库进出境货物	Imports and Exports of Bonded Warehouse	49476	3953	45523
出口加工区进口设备	Inport Equiment of Export Processing Zone	1600		1600
其 他	Other	26242	26023	219

5-3 海关进出口货物分类金额（2009年）

Value of Imports and Exports by HS Section and Division (2009)

单位：万美元 (USD 10000)

商品类别	Section & Division	进出口总额 Total Imports & Exports	出口总额 Total Exports	进口总额 Total Imports
总计	**Total**	**1277878**	**736849**	**541029**
活动物;动物产品	**Live Animals & Animal Products**	**4984**	**4949**	**35**
活动物	Live Animals	2171	2171	
肉及食用杂碎	Meat and Edible Haslets	136	136	
鱼、甲壳动物、软体动物及其他水生无脊动物	Fish;Shellfish;Molluscs and Other Aquatic Invertebrates	1779	1768	11
乳品；蛋品；天然蜂蜜;其他食用动物产品	Dairy Products;Eggs;Natural Honey;Other Edible Animal Products	138	138	
其他动物产品	Other Animal Products	759	735	24
植物产品	**Vegetables; Fruits and Cereals**	**3778**	**3739**	**39**
活树及其他活植物;鳞茎、根及类似品;插花及装饰用簇叶	Live Trees and other Live Plants;Bulbs;Roots and Similar Goods; Floral and Decorative Leaf Clusters			
食用蔬菜、根及块茎	Edible Vegetables; Roots and Stem Tubers	417	416	1
食用水果及坚果;甜瓜或柑桔属水果的果皮	Edible Fruits and Nuts; Muskmelon and Peels of Citrus Fruits	602	602	
咖啡、茶、马黛茶及调味香料	Coffee; Tea and Spices	2396	2386	10
谷物	Cereals			
制粉工业产品;麦芽;淀粉;菊粉;面筋	Milling Products; Malt; Starch; Inulin and Gluten	60	32	28
含油子仁及果实;杂项子仁及果实;工业用或药用植物;稻草、秸秆及饲料	Oil Seeds and Kernels and Oleaginous Fruits;Other Seeds and Kernels and Fruits; Plants for Industrial and Medicinal Use; Straws and Forage	187	187	
虫胶;树胶、树脂及其他植物液、汁	Lac; Rubber; Resin and Other Plant Juices	61	61	
编结用植物材料;其他植物产品	Plaiting Plant Materials; Other Plant Products	54	54	
动植物油、脂及其分解产品;精制的食用油脂;动、植物蜡	**Animal and Vegetable Oils; Fats and Wax; Refined Edible Oils and Fats**	**157**	**157**	
食品；饮料、酒及醋;烟草、烟草及烟草代用品的制品	**Food; Beverages; Liquor and Vinegar;Tobacco and Tobacco Substitutes**	**16645**	**16294**	**351**
肉、鱼、甲壳动物、软体动物及其他水生无脊椎动物的制品	Meat; Fish and Shellfish Products Mollusks and Other Aquatic Products	11280	11280	
糖及糖食	Sugar and Sugar Products	352	326	26
可可及可可制品	Cocoa and Cocoa Products	24	23	1
谷物、粮食粉、淀粉或乳的制品;糕饼点心	Cereals; Grain; Starches or Milk and Pastry Products	1587	1587	
蔬菜、水果、坚果或植物其他部分的制品	Products of Vegetables; Fruits and Nuts	1338	1337	1
杂项食品	Miscellaneous Food	113	102	11
饮料、酒及醋	Beverages; Liquor and Vinegar	34	4	30
食品工业的残渣及废料;配制的动物饲料	Waste Residues of Food Industry and Configuration of Animal Feed	1917	1635	282
矿产品	**Minerals**	**203688**	**1310**	**202378**
盐;硫酸;泥土及石料;石膏料、石灰及水泥	Salt; Sulphur; Clay and Rock; Plaster Stone; Lime and Cement	2444	1261	1183
矿砂、矿渣及矿灰	Ore; Slag and Mortar	196609	11	196598
矿物燃料、矿物油及其 蒸馏产品;沥青物质;矿物蜡	Mineral Fuels; Lubricants; Asphalt;Mineral Wax	4635	38	4597

5-3 续表1 continued

单位: 万美元 (USD 10000)

商品类别	Section & Division	进出口总额 Total Imports & Exports	出口总额 Total Exports	进口总额 Total Imports
化学工业及其相关工业的产品	**Chemicals and Related Products**	**202448**	**145992**	**56456**
无机化学品;贵金属、稀土金属、放射性元素及其同位素的有机及无机化合物	Inorganic Chemicals;Precious Metals;Rare Earth; Radioactive Elements and Isotopes of Organic and Inorganic Compounds	74478	22548	51930
有机化学品	Organic Chemicals	25861	23826	2035
药品	Medicinal and Pharmaceutical Products	2052	2048	4
肥料	Fertilizers	187	180	7
鞣料浸膏及染料浸膏;鞣酸及其他衍生物;染料、颜料及其他着色料;油漆及清漆;油灰及其他类似胶粘剂;墨水、油墨	Tanning and Dyeing Extracts;Tannic Acid;Coloring and Dyeing Materials; Paint and Lacquer; Putty and other similar Adhesive; Ink and Printing Ink	822	442	380
精油及香膏;芳香料制品及化妆盥洗品	Essential Oils and Perfumed Materials; Cosmetics Washing Goods	591	553	38
肥皂、有机表面活性剂、洗涤剂、润滑剂、人造蜡、调制蜡、光洁剂、蜡烛及类似品、塑型用膏、“牙科用蜡”及牙科用熟石膏制剂	Soap;Organic Surfactant;Detergent;Lubricant;Man-made Wax; Modulated Wax,Lacquer;Candles and Similar Goods;Remodeling Paste;"Dental Wax"and Plaster Preparation of Dental Use	699	411	288
蛋白类物质;改性淀粉;胶;酶	Protein like Substances; Modified Starch;Gel and Enzymes	1080	634	446
烟火制品;火柴;引火合金;易燃材料制品	Explosives and Matches Products;Inflammable Material Products	7901	7843	58
照相及电影用品	Photographic and Film Supplies	8	5	3
杂项化学产品	Miscellaneous Chemical Products	88769	87502	1267
塑料及其制品;橡胶及其制品	**Plastics and Related Products;Rubber and Related Products**	**34464**	**19064**	**15400**
塑料及其制品	Plastics and Related Products	23063	12821	10242
橡胶及其制品	Rubber and Related Products	11401	6243	5158
生皮、皮革、毛皮及其制品;鞍具及挽具;旅行用品、手提包及类似品;动物肠线(蚕胶丝除外)制品	**Raw Hides; Leather; Furs and Related Products; Saddle;Travel Articles; Handbags and Similar Containers**	**19890**	**17814**	**2076**
生皮及皮革	Raw Hides and Leather	2247	183	2064
皮革制品;鞍具及挽具;旅行用 品、手提包及类似容器;动物肠线制品	Leather Products;Saddle;Travel Articles;Handbags and Similar Containers	17587	17577	10
毛皮、人造毛皮及其制品	Furs; Artificial Furs and Related Products	56	54	2
木及木制品;木炭;软木及软木制品;稻草、秸秆、针茅或其他编结材料制品;蓝筐及柳条编结品	**Wood and Wooden Products; Charcoal; Cork and Related Products; Straws;Plaited Products; Baskets and Wickerwork**	**8133**	**8036**	**97**
木及木制品;木炭	Wood and Wooden Products, Charcoal	7547	7450	97
软木及软木制品	Cork and Related Products			
稻草、秸秆、针茅或其他编结材料制品;篮筐及柳条编结品	Straws;Plaited Products; Baskets and Wickerwork	586	586	
木浆及其他纤维状纤维素浆;纸及纸板的废碎品;纸、纸板及其制品	**Paper Pulp and Cellulose Pulp; Paper and Waste Paper; Paperboard and Related Products**	**23924**	**14653**	**9271**
木浆及其他纤维状纤维;纸及纸板的废碎品	Paper Pulp and Cellulose Pulp; Paper and Paper Board Waste	8671		8671

5-3 续表2 continued

单位: 万美元 (USD 10000)

商品类别	Section & Division	进出口总额 Total Imports & Exports	出口总额 Total Exports	进口总额 Total Imports
纸及纸板;纸浆、纸或纸板制品	Paper and Paperboard; Articles of Paper Pulp or Paper and Paperboard Products	14328	13798	530
书籍、报纸、印刷图画及其他印刷品;手稿、打字稿及设计图纸	Books,Newspaper and Other Prints; Manuscript,Design Drawings	925	855	70
纺织原料及纺织制品	**Textile Materials and Products**	**163690**	**154969**	**8721**
蚕丝	Natural Silk	119	89	30
羊毛、动物细毛或粗毛;马毛纱线及其机织物	Wool; Wool Yarn and Woolen Woven Fabrics	378	16	362
棉花	Cotton	7332	5856	1476
其他植物纺织纤维;纸纱线及其机织物	Other Textile Fibres Yarn and Related Woven Fabrics	2735	2699	36
化学纤维长丝	Man-Made Filament	2821	1283	1538
化学纤维短纤	Man-Made Short Fibres	6853	6297	556
絮胎、毡呢及无纺织物;特种纱线;线、绳、索、缆及其制品	Wadding; Felt and Adhesive-Bond Fabrics;Special Yarn; Thread; Rope; Cable and Related Products	1308	1030	278
地毯及纺织材料的其他铺地制品	Carpets and Related Products	1239	1239	
特种机织物;簇绒织物;花边;装饰毯;装饰带;刺绣品	Special Woven Fabrics; Lace; Embroidery	4210	3145	1065
浸渍、涂布、包覆或层压的纺织物;工业用纺织制品	Coated Textiles; Textile Products for Industrial Use	1358	226	1132
针织物及钩编织物	Knitwear and Crocheted Fabrics	3189	1185	2004
针织或钩编的服装及衣着附件	Knitted or Crocheted Garments&Clothing Accessories	89150	89135	15
非针织或非钩编的服装及衣着附件	Garments Not Knitted or Crocheted	31051	30884	167
其他纺织制成品;旧衣着及旧纺织品;碎织物	Other Textile Products; Secondhand Garments	11947	11885	62
鞋、帽、伞、杖、鞭及其零件;已加工的羽毛及其制品;人造花;人发制品	**Footwear; Headgear; Umbrellas; Canes; Whips;Processed Feather; Artificial Flowers; Wigs**	**42327**	**42145**	**182**
鞋靴、护腿和类似品及其零件	Parts of Footwear; Gaiters	33230	33107	123
帽类及其零件	Headgear And Accessories	1083	1083	
雨伞、阳伞、手仗、鞭子、马鞭及其零件	Umbrellas; Canes; Whips and Accessories	4173	4173	
已加工羽毛、羽绒及其制品;人造花;人发制品	Processed Feathers and Related Products;Artificial Flowers; Wigs	3841	3782	59
石料、石膏、水泥、石棉、云母及类似材料的制品;陶瓷产品;玻璃及其制品	**Gypsum; Cement; Asbestos; Mica; Ceramic Glass**	**25763**	**24854**	**909**
石料、石膏、水泥、石棉、云母及类似材料的制品	Gypsum; Cement; Asbestos; Mica and Related Products	4087	3933	154
陶瓷产品	Ceramics	13909	13505	404
玻璃及其制品	Glass and Glassware	7767	7416	351
天然或养殖珍珠、宝石或半宝石、贵金属、包贵金属及其制品;仿首饰;硬币	**Natural or Cultivated Pearls;Precious or Semi-Precious Stones; Jewelry of Precious Metal or Rolled Precious Metal; Artificial Jewelry; Coins**	**12805**	**11287**	**1518**

5-3 续表3 continued

单位: 万美元 (USD 10000)

商品类别	Section & Division	进出口总额 Total Imports & Exports	出口总额 Total Exports	进口总额 Total Imports
贱金属及其制品	**Base Metals and Related Products**	**134297**	**61072**	**73225**
钢铁	Iron and Steel	28674	27738	936
钢铁制品	Iron and Steel Products	11525	10137	1388
铜及其制品	Copper and Related Products	69378	1457	67921
镍及其制品	Nickel and Related Products	14	5	9
铝及其制品	Aluminum and Related Products	4660	4241	419
铅及其制品	Lead and Related Products	216		216
锌及其制品	Zinc and Related Products	80	61	19
锡及其制品	Tin and Related Products	33	5	28
其他贱金属、金属陶瓷及其制品	Other Base Metals and Related Products	6687	5878	809
贱金属工具、器具、利口器、餐匙、餐叉及其零件	Tools and Apparatus of Base Metals;Spoon and Accessories	6229	5140	1089
贱金属杂项制品	Miscellaneous Products of Base Metals and Accessories	6801	6410	391
机器、机械器具、电气设备及其零件;录音机及放声机、电视图像、声音的录制和重放设备及其零件、附件	**Machinery; Electric Equipment and Accessories; Recorders; Video Recorder and Accessories**	**252220**	**107878**	**144342**
锅炉、机器机械器具及其零件等	Boilers;Machinery and Accessories	109816	30429	79387
电机、电气设备及其零件;录音机及放声机、电视图像、声音的录制和重放设备及其零件、附件	Electric Equipment and Accessories;Recorders;Video Recorder and Accessories	142404	77449	64955
车辆、船舶及有关运输设备	**Locomotives; Vehicles; Ship and Related Transportation Equipment**	**43282**	**35603**	**7678**
光学、照相、电影、计量、检验、医疗或外科用仪器及设备、精密仪器及设备;上述物品的零件、附件	**Optical; Photographic; Film; Measuring and Checking and Medical Instruments and Equipment; Precision Instruments and Equipment; (Clocks; Musical Instruments;) Related Parts and Accessories**	**29252**	**11371**	**17881**
光学、照相、电影、计量、检验、医疗或外科用仪器及设备、精密仪器及设备;零件、附件	Optical; Photographic; Film; Measuring and Checking and Medical Instruments and Equipment; Precision Instruments and Equipment; Clocks; Musical Instruments; Related Parts and Accessories	27693	9826	17867
钟表及其零件	Clocks and Accessories	1304	1301	3
乐器及其零件、附件	Musical Instruments; Related Parts and Accessories	253	242	11
其它及其零件、附件		2	2	
杂项制品	**Miscellaneous Products**	**56061**	**55623**	**438**
家具、寝具、褥垫、弹簧床垫、软座垫及类似的填充制品;未列名灯具及照明装置;发光标志、发光名牌及类似品;活动房屋	Furniture and Lighting Fixtures;Luminous Signs&similar Goods; Prefabricated Houses	31592	31382	210
玩具、游戏品、运动用品及其零件、附件	Toys, Games, Sporting Goods and Accessories	12107	12098	9
杂项制品	Miscellaneous Products	12362	12143	219
艺术品、收藏品及古物	**Works of Art, Collectibles and Antiques**	**40**	**40**	
其它	**Others**	**30**		**30**

5-4 按国别(地区)分海关货物进出口总额（2009年）

Volume of Imports and Exports by Country (Region) of Origin/Destination (2009)

单位：万美元 (USD 10000)

国别（地区）	Country (Region)	进出口总额 Total	出口总额 Exports	进口总额 Imports
合计	**Total**	**1277878**	**736849**	**541029**
亚洲	Asia	542132	364498	177634
#孟加拉国	Bangladesh	2283	2259	24
中国香港	Hong Kong, China	73129	71207	1922
中国澳门	Macao, China	627	527	100
中国台湾省	Taiwan, China	82974	48110	34864
印度	India	23288	16530	6758
印度尼西亚	Indonesia	28107	13199	14908
伊朗	Iran	10057	8426	1631
以色列	Israel	4582	4342	240
日本	Japan	73214	38763	34451
马来西亚	Malaysia	26281	24242	2039
蒙古	Mongolia	781	781	
巴基斯坦	Pakistan	8623	4859	3764
菲律宾	Philippines	10361	7544	2817
沙特阿拉伯	Saudi Arabia	8511	8143	368
新加坡	Singapore	23994	18827	5167
韩国	Korea Rep.	61755	36135	25620
斯里兰卡	Sri Lanka	2740	2727	13
叙利亚	Syria	2058	2058	
泰国	Thailand	10544	7429	3115
土耳其	Turkey	6543	4457	2086
阿拉伯联合酋长国	United Arab Emirates	13973	13949	24
也门	Republic of Yemen	1466	1466	
越南	Vietnam	8598	8212	386
非洲	Africa	81450	47667	33783
#阿尔及利亚	Algeria	5780	5780	
埃及	Egypt	6610	6577	33
科特迪瓦	Cote d'lvoire	496	316	180
尼日利亚	Nigeria	2241	1971	270
南非	South Africa	18069	9606	8463
多哥	Togo	3578	3578	
民主刚果	Congo DR	17783	604	17179

5-4 续表 continued

单位: 万美元 (USD 10000)

国别（地区）	Country (Region)	进出口总额 Total	出口总额 Exports	进口总额 Imports
欧洲	Europe	247699	143556	104143
#比利时	Belgium	13861	10903	2958
丹麦	Denmark	1655	994	661
英国	United Kingdom	20955	17536	3419
德国	Germany	94819	39414	55405
法国	France	12235	7943	4292
意大利	Italy	23590	12637	10953
荷兰	Netherlands	20241	17229	3012
希腊	Greece	1762	1762	
西班牙	Spain	11808	9785	2023
奥地利	Austria	2180	369	1811
芬兰	Finland	2687	959	1728
波兰	Poland	4634	2245	2389
瑞典	Sweden	3590	1792	1798
瑞士	Switzerland	8944	504	8440
爱沙尼亚共和国	Estonia	70	67	3
俄罗斯联邦	Russia	6328	5713	615
乌克兰	Ukraine	3184	2935	249
捷克共和国	Czech	1406	433	973
拉丁美洲	Latin America	183302	42274	141028
#阿根廷	Argentina	11548	2595	8953
巴西	Brazil	31972	8341	23631
智利	Chile	74488	4820	69668
古巴	Cuba	1434	1434	
危地马拉	Guatemala	688	688	
牙买加	Jamaica	304	304	
墨西哥	Mexico	7093	3289	3804
巴拿马	Panama	7647	7558	89
秘鲁	Peru	38093	3232	34861
委内瑞拉	Venezuela	1415	1415	
北美洲	North America	166385	125278	41107
#加拿大	Canada	13826	7781	6045
美国	United States	152556	117494	35062
大洋洲及太平洋群岛	Oceanic and Pacific Islands	56910	13577	43333
#澳大利亚	Australia	55437	12108	43329
新西兰	New Zealand	1117	1112	5
巴布亚新几内亚	Papua New Guinea	119	119	
其他	Others			

5-5 海关主要商品出口总额

Main Export Commodities in Value

单位：万美元 (USD 10000)

品 名	Item	2008	2009
机电产品	Mechanical and Electrical Products	155282	193255
高新技术产品	High and New-tech Products	151062	139154
服装及衣着附件	Clothing and Accessories	107399	123835
鞋 类	Shoes	27865	33107
纺织纱线、织物及制品	Spinning Yarn,Fabric and the Products	30870	32444
农产品	Agriculture Products	23484	25555
钢 材	Rolled Steel	81337	25318
家具及其零件	Furniture and Parts	10157	22639
旅行用品及箱包	Articles, Chests and Bags for Travel	6217	16018
医药品	Medical and Pharmaceutical Products	8814	13394
塑料制品	Plastic Articles	5051	10354
纸及纸板	Paper and Paperboard in Rolls	8609	9736
钨及其化合物	Tungsten & its Compounds	16182	9568
烤 鳗	River Eels Processed or Preserved	4723	8299
烟花、爆竹	Fireworks and Firecrackers	4727	7776
灯具、照明装置及类似品	Lamps and lighting fittings	3705	6980
装饰用陶瓷制品	Porcelain and Pottery Products for Decoration	901	6065
玻璃制品	Glass ware	2573	4806
轮 胎	Tyres	8953	4662
稀土金属及化合物	Rare Earth Metals & Compounds	10303	4246
玩 具	Toys	1770	4045
伞	Umbrellas	2110	3945
铁合金	Ferroalloy	24940	3576
家用或装饰用木制品	Wood Products for household Use or Decoration	2821	3564
打火机	Porket lighters,gas-filled	3994	3304
未锻造的铝及铝材	Unwrought aluminium and aluminium products	4485	2938
茶 叶	Tea	1852	2276
活 猪	Live Hogs	3213	2159
家用陶瓷器皿	Porcelain and Pottery Ware for Household Use	2676	1896
床垫、寝具及类似品	Mattess, Bedclothing and Analogs	1016	1487
未锻造的铜及铜材	Unwrought Copper and its Alloys	2373	1410
蔬菜及水果制品	Vegetables and Fruits	1227	1331
氟 石	Fluorite	3011	620
肥 料	Fertilizer	1727	167

5-6 海关主要商品进口总额
Main Import Commodities in Value

单位：万美元 (USD 10000)

品　　名	Item	2008	2009
机电产品	Mechanical and Electrical Products	133237	173219
铜矿砂	Copper Ores	170135	139333
高新技术产品	High and New-tech Products	51714	84730
未锻造铜及铜材	Unwrought Copper and its Alloys	21272	67372
铁矿砂	Iron Ore	60180	47811
纺织纱线、织物及制品	Spinning Yarn,Fabric and the Products	9123	8365
纸　浆	Paper Pulp	7333	7233
初级形状的塑料	Plastics of Primary Pattern	4087	4431
钴矿砂	Cobalt Ores	13073	4226
天然橡胶	Natural Rubber	3654	1894
合成橡胶	Synthetic Rubber	1925	1797
塑料制品	Plastic Articles	1292	1633
铌、钽、钒矿砂及精矿	Niobium;Tantalum & Vanadium Ores	2417	1566
废塑料	Waste,parings and scrap,of plastics	1865	1465
废　纸	Waste Paper	2811	1437
牛皮革及马皮革	Bovine or equine leather	1256	1434
钢　材	Rolled Steel	1418	768
成品油	Petroleum Products Refined	145	763
服装及衣着附件	Clothing and Accessories	799	212
棉　花	Cotton, not Carded or Combed	109	60
医药品	Medical and Pharmaceutical Products	471	41

5-7 各地区海关进出口总额

Total Value of Imports and Exports by Region

单位：万美元 (USD 10000)

地 区	Region	进出口总额 Total		出口总额 Exports		进口总额 Imports	
		2008	2009	2008	2009	2008	2009
全 省	**Provincial Total**	**1361793**	**1277878**	**772666**	**736849**	**589127**	**541029**
南 昌 市	Nanchang	339898	347961	250336	213041	89562	134921
景德镇市	Jingdezhen	29057	56172	22194	48133	6863	8039
萍 乡 市	Pingxiang	25173	25552	24908	24902	266	650
九 江 市	Jiujiang	47924	70957	26349	46228	21576	24729
新 余 市	Xinyu	418115	238034	193868	104736	224247	133298
鹰 潭 市	Yingtan	219377	214293	24127	19030	195250	195263
赣 州 市	Ganzhou	127845	121174	97302	97874	30543	23300
吉 安 市	Ji'an	31695	52414	26994	44154	4701	8261
宜 春 市	Yichun	36143	39284	28510	32929	7633	6355
抚 州 市	Fuzhou	30389	47665	29947	47444	442	221
上 饶 市	Shangrao	56177	64372	48132	58379	8045	5993

5-8 对外经济合作

Economic Cooperation With Foreign Countries or Regions

指 标	Item	2000	2005	2006	2007	2008	2009
合同数（份）	**Number of Contracts (unit)**	**168**	**106**	**142**	**227**	**255**	**223**
对外承包工程	Contracted Projects	26	32	43	108	102	67
对外劳务合作	Labor Services	141	74	99	116	153	156
对外设计咨询	Design Consultation	1			3		
合同额（万美元）	**Contracted Value (USD 10000)**	**9503**	**28518**	**40682**	**50981**	**76473**	**106694**
对外承包工程	Contracted Projects	5146	19963	28477	47254	68826	85355
对外劳务合作	Labor Services	4354	8555	12205	3000	7647	21339
对外设计咨询	Design Consultation	3			727		
营业额（万美元）	**Value of Turnover Fulfilled (USD 10000)**	**10949**	**21167**	**30817**	**44766**	**56216**	**75552**
对外承包工程	Contracted Projects	6379	14817	21572	39713	50594	52886
对外劳务合作	Labor Services	4567	6350	9245	4800	5622	22666
对外设计咨询	Design Consultation	3			253		

5-9 外商直接投资情况
Utilization of Direct Foreign Investments

年份 Year	项目数 (个) Number of Projects (unit)	合同外资金额 (万美元) Total Amount of Contracted Foreign Investment (USD10000)	实际使用外资 (万美元) Total Amount of Foreign Investment Actually Utilized (USD 10000)
1984	18	708	80
1985	29	2781	517
1986	8	2093	458
1987	15	1990	394
1988	35	1760	563
1989	24	513	587
1990	54	2855	621
1991	162	5562	1949
1992	906	58990	9653
1993	1293	90983	20817
1994	536	39158	26168
1995	522	53966	28818
1996	369	39485	30068
1997	395	64444	47768
1998	334	41919	46493
1999	245	35136	32080
2000	272	26478	22724
2001	308	52660	39575
2002	591	153387	108725
2003	759	233094	161234
2004	964	311289	205238
2005	940	387645	242258
2006	982	403068	280657
2007	867	544615	310358
2008	689	492550	360368
2009	821	490484	402354

5-10 各地区外商直接投资情况
Utilization of Direct Foreign Investments by Region

地区	Region	项目数(个) Number of Projects (unit)		合同外资金额(万美元) Total Amount of Contracted Foreign Investment (USD 10000)		实际使用外资(万美元) Total Amount of Foreign Investment Actually Utilized (USD 10000)	
		2008	2009	2008	2009	2008	2009
全省	**Provincial Total**	**689**	**821**	**492550**	**490484**	**360368**	**402354**
南昌市	Nanchang	137	145	134407	151741	111768	125089
景德镇市	Jingdezhen	22	17	15031	10764	8765	10072
萍乡市	Pingxiang	31	39	13519	16111	10637	12434
九江市	Jiujiang	88	172	55774	59012	43649	52072
新余市	Xinyu	9	12	45075	17923	37193	42831
鹰潭市	Yingtan	19	30	10037	13732	10184	11079
赣州市	Ganzhou	150	166	82258	97717	69972	77193
吉安市	Ji'an	99	78	39183	42886	29543	34481
宜春市	Yichun	23	46	24530	30679	29361	32614
抚州市	Fuzhou	51	47	17234	8907	12227	13599
上饶市	Shangrao	60	69	55502	41012	30069	34890

5-11 外商在赣直接投资情况（2009年）

Utilization of Direct Foreign Investments in Jiangxi (2009)

类 别	Type	项目数（个）Number of Projects (unit)	合同外资金额（万美元）Total Amount of Contracted Foreign Investment (USD10000)	实际使用外资（万美元）Total Amount of Foreign Investment Actually Utilized (USD 10000)
总 计	**Total**	**821**	**490484**	**402354**
按投资方式分	**By Form**			
合资经营企业	Joint venture Enterprises	73	37695	35782
合作经营企业	Cooperative Operation Enterprises	7	4735	8759
外资企业	Foreign Investment Enterprise	741	448185	357813
外商投资股份制企业	Foreign Investment Share		-131	
按国民经济行业分	**By Sector**			
农、林、牧、渔业	Agriculture, Forestry, Animal Husbandry and Fishery	89	56435	41620
采矿业	Mining	5	3809	2733
制造业	Manufacturing	569	313836	260989
#食品制造业	Manufacture of Foods	4	3876	4600
饮料制造业	Manufacture of Beverages	7	3397	1751
纺织业	Manufacture of Textile	19	9110	9523
纺织服装、鞋、帽制造业	Manufacture of Textile Wearing Apparel, Footware and Caps	167	50742	45447
家具制造业	Manufacture of Furniture	9	2571	2418
石油加工及炼焦业	Processing of Petroleum, Coking	1	585	
化学原料及化学制品制造业	Manufacture of Raw Chemical Materials and Chemical Products	16	12144	13012
医药制造业	Manufacture of Medicines	4	3123	3972
塑料制品业	Manufacture of Plastics	17	6588	6130
非金属矿物制品业	Manufacture of Non-metallic Mineral Products	31	20875	16041
有色金属冶练及压延加工业	Smelting and Pressing of Non-ferrous Metals	26	12685	10557
通用设备制造业	Manufacture of General Purpose Machinery	19	9822	13454
交通运输设备制造业	Manufacture of Transport Equipment	15	8189	7499
电气机械及器材制造业	Manufacture of Electrical Machinery and Equipment	42	45154	70555
通信设备、计算机及其他电子设备制造业	Manufacture of Communication Equipment,Computers and Other Electronic Equipment	76	54370	41813
电力、燃气及水的生产和供应业	Production and Supply of Electricity, Gas and Water	8	5456	5825
建筑业	Construction	13	14014	12621
交通运输、仓储和邮政业	Transport, Storage and Post	1	1251	4837
#道路运输业	Road Transport		51	3975
信息传输、计算机服务和软件业	Information Transmission, Computer Services and Software	11	6600	5266
#计算机服务业	Computer Services	3	1420	1021
软件业	Software Industry	8	5180	4245
批发和零售业	Wholesale and Retail Trades	37	10595	10949
批发业	Wholesale Trade	26	4963	5892
零售业	Retail Trade	11	5632	5057
住宿和餐饮业	Hotels and Catering Services	6	2759	4888
住宿业	Hotels	5	1959	4162
餐饮业	Catering Services	1	800	726
金融业	Financial Intermediation	2	5877	
房地产业	Real Estate	7	579	16159

5-11 续表 continued

类别	Type	项目数（个）Number of Projects (unit)	合同外资金额（万美元）Total Amount of Contracted Foreign Investment (USD 10000)	实际使用外资（万美元）Total Amount of Foreign Investment Actually Utilized (USD 10000)
租赁和商务服务业	Leasing and Business Services	24	22388	9317
#商务服务业	Business Services	22	21130	9171
科学研究、技术服务和地质勘查业	Scientific Research, Technical Service and Geologic Prospecting	10	14402	5249
水利、环境和公共设施管理业	Management of Water Conservancy, Environment and Public Facilities	23	20996	14459
居民服务和其他服务业	Services to Households and Other Services	3	1298	1726
教育	Education	4	1321	77
卫生、社会保障和社会福利业	Health, Social Security and Social Welfare	1	907	907
文化、体育和娱乐业	Culture, Sports and Entertainment	8	7961	4732
其他	Others			
按投资国别(地区)分	**By Country (Region)**			
亚　洲	Asia	727	399069	292413
中国香港	Hong Kong, China	564	331482	225848
中国澳门	Macao, China	19	11925	10168
中国台湾省	Taiwan, China	113	50177	40433
印度尼西亚	Indonesia	2	1536	1270
日　本	Japan	7	1426	2024
马来西亚	Malaysia	1	801	1066
菲律宾	Philippines		-2546	721
新加坡	Singapore	6	4056	3423
韩　国	Korea Rep.	9	-1231	2053
泰　国	Thailand			498
非　洲	Africa	9	3826	4700
欧　洲	Europe	16	7249	6967
#英　国	United Kingdom		-82	732
德　国	Germany	3	1346	4010
法　国	France	5	3275	706
意大利	Italy		100	172
荷　兰	Netherlands		-86	169
西班牙	Spain	2	141	318
拉丁美洲	Latin America	16	30273	64821
北美洲	North America	25	18448	15121
#加拿大	Canada	11	5875	4532
美　国	United States	14	12864	10589
大洋洲及太平洋群岛	Oceanic and Pacific Islands	24	28032	16189
#澳大利亚	Australia	14	22008	10713
新西兰	New Zealand	2	980	909
投资性公司投资	Investment Companies	4	3587	2143

注：利用外资项目中，存在多个国家投资同一项目，故按投资国别、地区分的项目个数之和不等于合计数。

a) Among the projects of utilization of foreign investments,there exists the same project with investments from different countries,so the number of projects by country or region is not equal to the total.

5-12 外商投资企业年底注册登记情况（2009年）
Registration Status of Foreign Funded Enterprises at Year-end (2009)

类别	Type	企业法人数（户） Number of Enterprises Corporate (unit)	投资总额（万美元） Total Investment (USD 10000)	注册资本（万美元） Registered Capital (USD 10000)	#外方 Foreign Investor
总计	**Total**	**4615**	**3691467**	**2307296**	**1947398**
按投资方式分	**By Form**				
合资经营企业	Joint venture Enterprises	1415	1354368	757543	471889
合作经营企业	Cooperative Operation Enterprises	100	137836	81001	63006
外资企业	Foreign Investment Enterprise	3089	2105955	1384676	1384676
外商投资股份制企业	Foreign Investment Share	11	93308	84076	27827
按国民经济行业分	**By Sector**				
农、林、牧、渔业	Agriculture, Forestry, Animal Husbandry and Fishery	364	174864	130739	120869
采矿业	Mining	32	65064	54166	26016
制造业	Manufacturing	2748	2163775	1337249	1118967
#食品制造业	Manufacture of Foods	78	44210	27323	23199
饮料制造业	Manufacture of Beverages	42	76342	37933	34325
纺织业	Manufacture of Textile	221	84605	61540	57121
纺织服装、鞋、帽制造业	Manufacture of Textile Wearing Apparel, Footware and Caps	551	172980	130849	123299
家具制造业	Manufacture of Furniture	34	9744	6768	6000
石油加工及炼焦业	Processing of Petroleum, Coking	11	18662	9979	3466
化学原料及化学制品制造业	Manufacture of Raw Chemical Materials and Chemical Products	116	85542	49939	40655
医药制造业	Manufacture of Medicines	40	40462	24113	18690
塑料制品业	Manufacture of Plastics	74	35242	21664	20049
非金属矿物制品业	Manufacture of Non-metallic Mineral Products	194	154694	87121	74353
黑色金属冶练及压延加工业	Smelting and Pressing of Ferrous Metals	9	31765	24311	5759
通用设备制造业	Manufacture of General Purpose Machinery	58	47517	35357	29882
交通运输设备制造业	Manufacture of Transport Equipment	92	122883	92244	49248
电气机械及器材制造业	Manufacture of Electrical Machinery and Equipment	153	195984	109621	99637
通信设备、计算机及其他电子设备制造业	Manufacture of Communication Equipment,Computers and Other Electronic Equipment	208	193942	130987	119964
电力、燃气及水的生产和供应业	Production and Supply of Electricity, Gas and Water	72	82566	51979	43131
建筑业	Construction	119	115596	70688	64594
交通运输、仓储和邮政业	Transport, Storage and Post	39	21603	12822	10864
#道路运输业	Road Transport	17	7021	4002	2898
信息传输、计算机服务和软件业	Information Transmission, Computer Services and Software	40	107500	65654	64994
批发和零售业	Wholesale and Retail Trades	259	143691	84481	73030
批发业	Wholesale Trade	191	120718	68704	58156
零售业	Retail Trade	68	22973	15777	14874
住宿和餐饮业	Hotels and Catering Services	124	56097	36389	31968
住宿业	Hotels	67	47000	29805	27133
餐饮业	Catering Services	57	9097	6584	4835
金融业	Financial Intermediation	5	12808	12808	9278
房地产业	Real Estate	445	384597	247247	217690

5-12 续表 continued

类别	Type	企业法人数(户) Number of Enterprises Corporate (unit)	投资总额(万美元) Total Investment (USD 10000)	注册资本(万美元) Registered Capital (USD 10000)	#外方 Foreign Investor
租赁和商务服务业	Leasing and Business Services	112	68144	49131	45706
#商务服务业	Business Services	110	67890	48878	45459
科学研究、技术服务和地质勘查业	Scientific Research, Technical Service and Geologic Prospecting	47	39160	29973	25147
水利、环境和公共设施管理业	Management of Water Conservancy,Environment and Public Facilities	45	71031	46946	39859
居民服务和其他服务业	Services to Households and Other Services	35	24444	11364	7503
教育	Education	8	8071	5114	4812
卫生、社会保障和社会福利业	Health, Social Security and Social Welfare	1	84	60	60
文化、体育和娱乐业	Culture, Sports and Entertainment	36	83144	18209	12365
其他	Others	84	69228	42277	30545
按投资国别(地区)分	**By Country (Region)**				
亚洲	Asia	3726	2518489	1660742	1417798
中国香港	Hong Kong, China	2638	1902325	1260106	1090100
中国澳门	Macao, China	89	49714	35498	30161
中国台湾省	Taiwan, China	611	188889	146042	129460
印度尼西亚	Indonesia	23	9537	5470	3960
日本	Japan	95	85743	57096	30013
马来西亚	Malaysia	31	24134	11373	9450
菲律宾	Philippines	43	25851	16811	14606
新加坡	Singapore	87	154281	75429	62429
韩国	Korea Rep.	40	13337	10069	6139
泰国	Thailand	19	8717	4697	4116
非洲	Africa	33	37239	19553	13029
欧洲	Europe	195	154207	80180	67949
#比利时	Belgium	8	6030	2822	2447
英国	United Kingdom	36	19339	16813	14618
德国	Germany	18	34320	14474	10536
法国	France	24	10313	5539	4854
意大利	Italy	22	7966	5502	3896
荷兰	Netherlands	6	2691	2319	1769
西班牙	Spain	14	6621	4665	4508
瑞典	Sweden	3	248	190	190
拉丁美洲	Latin America	216	627200	327665	276144
北美洲	North America	284	244637	146303	110801
#加拿大	Canada	54	18387	13990	11424
美国	United States	223	221675	129388	97726
大洋洲及太平洋群岛	Oceanic and Pacific Islands	102	63552	44500	38796
#澳大利亚	Australia	62	44469	29774	25028
新西兰	New Zealand	16	7611	5436	4478
其他	Others	59	46143	28353	22881

5-13 外出交流情况

Development of Exchange Abroad

指　　标	Item	2000	2001	2002	2003	2004
外出交流批数(批)	Batch of Persons Exchange Abroad (batch)	2056	2029	1426	1149	1579
外出交流人数(人次)	Number of Persons Exchange Abroad (person-time)	6625	6863	5360	4085	5726
友好访问	Friendly Visit	318	359	412	284	484
科学技术	Scientific Technology	47	147	44	90	76
经济贸易	Economic Trade	2510	1873	3093	2319	3610
劳　　务	Labor Service	2787	3155	755	3	2
留学进修培训	Study Abroad & Refresher Training	334	360	354	388	680
留学生、学者	Overseas Students and Scholars	206	211	198	157	45
参加会议	Conference Participation	89	159	141	625	290
文化体育	Culture & Sports	211	140	273	198	395
考　　察	Investigation					
其　　他	Others	123	459	90	21	144

注：从2004年始，留学生、学者仅指国家公派、单位公派等的录取人数。

a) The number of overseas students and scholars only refer to those supported by the government and unit since 2004.

5-13 续表 continued

指　　标	Item	2005	2006	2007	2008	2009
外出交流批数(批)	Batch of Persons Exchange Abroad (batch)	1534	1817	1689	1207	938
外出交流人数(人次)	Number of Persons Exchange Abroad (person-time)	5760	6912	6175	4966	3285
友好访问	Friendly Visit	299	317	333	359	277
科学技术	Scientific Technology	113	279	136	227	168
经济贸易	Economic Trade	3779	4493	3845	2326	1588
劳　　务	Labor Service			5		
留学进修培训	Study Abroad & Refresher Training	864	943	856	898	703
留学生、学者	Overseas Students and Scholars	26	35	82	107	54
参加会议	Conference Participation	263	225	177	108	114
文化体育	Culture & Sports	265	505	616	542	275
考　　察	Investigation				262	5
其　　他	Others	151	115	125	137	101

5-14 江西与国外结成友好城市一览
List of Foreign Sister Cities with Jiangxi

国别	Country Region	城市(州、县)	Sister City (State, Prefecture)	缔结日期 Date of Conclusion
马其顿	Macedonia	斯科普里市	Skopje	1984.03.20
德国	Germany	黑森州	Hesse	1985.04.03
美国	United States	肯塔基州	Kentucky	1985.10.06
美国	United States	犹他州	Utah	1986.07.10
日本	Japan	歧阜县	Gifu	1988.06.21
墨西哥	Mexico	托卢卡市	Toluca	1988.08.16
日本	Japan	高松市	Takamatsu-shi	1990.09.28
日本	Japan	冈山县	Okayama	1992.06.01
摩洛哥	Morocco	萨非市	Safi	1993.10.15
美国	United States	罗马市	Rome	1993.11.07
澳大利亚	Australia	沃拉格尔市	Wollongong	1993.12.09
美国	United States	麦卡伦市	McAllen	1994.10.27
斯洛文尼亚	Slovenia	科佩尔市	Koper	1995.04.05
日本	Japan	佐贺县有田町	Arita-cho, Saga	1996.08.28
日本	Japan	玉野市	Tamano-shi	1996.10.05
芬兰	Finland	瓦尔济考斯基市	Valkeakoski	1997.11.20
芬兰	Finland	托亚拉市	Toijala	1997.11.20
日本	Japan	歧阜县汤原町	Yubara-cho, Gifu	2001.01.16
日本	Japan	冈山县鸭方町	Kamogata-cho, Okayama	2004.08.10
美国	United States	路易维尔市	Louisville	2004.09.09
美国	United States	索纳洛郡	Solano	2005.10.25
日本	Japan	和歌山县清水町	Shimizu-cho, Wakayama	2006.04.03
韩国	Korea Rep.	南海郡市	Namhae	2006.04.13
菲律宾	Philippines	保和省	Bohol	2006.05.08
芬兰	Finland	卡亚尼市	Kajaani	2006.06.26
日本	Japan	歧阜县安八町	Anpachi-cho, Gifu	2006.08.25
法国	France	第戎市	Dijon	2006.10.17
日本	Japan	濑户市	Seto-shi	2006.11.23
韩国	Korea Rep.	庆尚北道尚州市	Sangju-si,Gyeongsangbuk-do	2007.04.03
智利	Chile	科皮亚波市	Copiapo	2007.06.11
阿根廷	Argentina	拉普拉塔市	Laplata	2007.06.11
韩国	Korea Rep.	利川市	Lcheon	2007.08.07
韩国	Korea Rep.	罗州市	Naju-si	2007.08.13
南非	South Africa	艾古莱尼市	Ekurhuleni	2007.08.23
美国	United States	欧文顿市	Overton	2007.09.25
巴西	Brazil	索罗卡巴市	Sorocaba	2007.09.29
韩国	Korea Rep.	堤川市	Jye Chun	2008.02.13
希腊	Greece	希俄斯市	Chios	2008.04.02
波兰	Poland	莱基奥诺沃市	Legionowo	2008.06.11
法国	France	中央大区	Centre	2008.07.08
法国	France	奥赛市	Auxerre	2008.09.10
德国	Germany	威斯巴登市	Wiesbaden	2008.09.18
美国	United States	萨凡纳市	Savannah	2008.10.15
阿根廷	Argentina	基尔梅斯市	Quilmes	2008.12.05
埃塞俄比亚	Ethiopia	阿姆哈拉区	Amhara	2009.03.25
塞拉利昂	Sierra Leone	弗里敦市	Freetown	2009.04.08
韩国	Korea Rep.	太白市	Taebaek	2009.09.15
澳大利亚	Australia	奥本市	Auburn	2009.09.24
德国	Germany	派尼区	Piney	2009.10.13
英国	United Kingdom	巴斯—东北萨莫塞特郡	Bath and North East Somerset	2009.10.20
巴西	Brazil	南马托格罗索州	Mato Grosso do Sul	2009.10.23
匈牙利	Hugary	蒂萨新城	Tiszaujvaros	2009.12.02

主要统计指标解释

进出口总额 指实际进出我国国境的货物总金额。包括对外贸易实际进出口货物，来料加工装配进出口货物，国家间、联合国及国际组织无偿援助物资和赠送品，华侨、港澳台同胞和外籍华人捐赠品，租赁期满归承租人所有的租赁货物，进料加工进出口货物，边境地方贸易及边境地区小额贸易进出口货物(边民互市贸易除外)，中外合资企业、中外合作经营企业、外商独资经营企业进出口货物和公用物品，到、离岸价格在规定限额以上的进出口货样和广告品(无商业价值、无使用价值和免费提供出口的除外)，从保税仓库提取在中国境内销售的进口货物，以及其他进出口货物。该指标可以观察一个国家在对外贸易方面的总规模。我国规定出口货物按离岸价格统计，进口货物按到岸价格统计。

商品经营单位所在地进、出口额 指在所在地海关注册登记的有进出口经营权的企业实际进、出口额。

商品目的地进口额和商品货源地出口额 目的地进口额指进口货物的消费、使用或最终抵运地的实际进口额；货源地出口额指出口货物的产地或原始发货地的实际出口额。

外商直接投资 指外国企业和经济组织或个人(包括华侨、港澳台胞以及我国在境外注册的企业)按我国有关政策、法规，用现汇、实物、技术等在我国境内开办外商独资企业、与我国境内的企业或经济组织共同举办中外合资经营企业、合作经营企业或合作开发资源的投资(包括外商投资收益的再投资)，以及经政府有关部门批准的项目投资总额内企业从境外借入的资金。

对外承包工程 指各对外承包公司以招标议标承包方式承揽的下列业务：(1)承包国外工程建设项目；(2)承包我国对外经援项目；(3)承包我国驻外机构的工程建设项目；(4)承包我国境内利用外资进行建设的工程项目；(5)与外国承包公司合营或联合承包工程项目时我国公司分包部分；(6)对外承包兼营的房屋开发业务。对外承包工程的营业额是以货币表现的本期内完成的对外承包工程的工作量，包括以前年度签订的合同和本年度新签订的合同在报告期内完成的工作量。

对外劳务合作 指以收取工资的形式向业主或承包商提供技术和劳动服务的活动。我国对外承包公司在境外开办的合营企业，中国公司同时又提供劳务的，其劳务部分也纳入劳务合作统计。劳务合作营业额按报告期内向雇主提交的结算数(包括工资、加班费和奖金等)统计。

对外设计咨询 指以服务成果向业主收费的技术服务项目。包括承担地形地貌测绘，地质资源勘探与普查，建设区域规划，提供设计文件、图纸、生产工艺技术资料和工程技术经济咨询，工程项目的可行性考察、研究和评估，进行技术指导和培训人员等；也包括承担国(境)内利用外资建设工程项目中的设计咨询项目内收取外币部分。

Explanatory Notes on Main Statistical Indicators

Total Value of Imports and Exports refer to the real value of commodities imported into and exported from the boundary of China. They include the actual imports and exports through foreign trade, imported and exported goods under the processing and assembling trades and materials, supplies and gifts as aid given gratis between governments and by the United Nations and other international organizations, and contributions donated by overseas Chinese, compatriots in Hong Kong and Macao and Chinese with foreign citizenship, leasing commodities owned by tenant at the expiration of leasing period, the imported and exported commodities processed with imported materials, commodities trading in border areas (excluding mutual exchange goods), the imported and exported commodities and articles for public use of the Sino-foreign joint ventures, cooperative enterprises and ventures exclusively with foreign own investment. Also included are import or export of samples and advertising goods for whose CIF or FOB value are beyond the permitted ceiling (excluding goods of no trading or use value and free commodities for export), imported goods sold in China from bonded warehouses and other imported or exported goods. The indicator of the total imports and exports at customs can be used to observe the total size of external trade in a country. In accordance with the stipulation of the Chinese government, imports are calculated at CIF, while exports are calculated at FOB.

Import Export Value by Location of China's Foreign Trade Managing Units refers to actual value of imports and exports carried out by corporations which have been registered by the local customhouse and are vested with right to run import export business.

Import Value of Commodities by the Places of their Destination and Export Value of Commodities by the Places of their Origin in China: The former indicator refers to the value of import commodities of the places of their consumption, utilization or the places of their final destination. The latter indicator refers to the value of export commodities of the places of their origin or the places of the commodities dispatched.

Direct Foreign Investment refers to the investments inside China by foreign enterprises and economic organizations or individuals (including overseas Chinese, compatriots from Hong Kong, Macao and Taiwan, and Chinese enterprises registered abroad), following the relevant policies and laws of China, for the establishment of ventures exclusively with foreign own investment, Sino-foreign joint ventures and cooperative enterprises or for co-operative exploration of resources with enterprises or economic organizations in China. It includes the re investment of the foreign entrepreneurs with the profits gained from the investment and the funds that enterprises borrow from abroad in the total investment of projects which are approved by the relevant department of the government.

Contracted Projects refer to projects undertaken by Chinese contractors (project contracting companies) through bidding process. They include: (1) overseas civil engineering construction projects financed by foreign investors; (2) overseas projects financed by the Chinese government through its foreign aid programs; (3) construction projects of Chinese diplomatic missions, trade offices and other institutions stationed abroad; (4) construction projects in China financed by foreign investment; (5) sub-contracted projects to be taken by Chinese contractors through a joint umbrella project with foreign contractor(s); (6) housing development projects. The business income from international contracted projects is the work volume of contracted projects completed during the reference period, expressed in monetary terms, including completed work on projects signed in previous years.

Labor Cooperation refers to the activities of providing technology and labour services to employers or contractors in the forms of receiving salaries and wages. Labour services providing by contractual joint ventures of Chinese international contracting corporations should be included in the statistics of service co-operation with foreign countries. The business income of labour service cooperation is the income in the form of wages and salaries, overtime pay, bonuses and other remuneration received from the employers during the reference period.

Design Consultation refers to projects with charges for technical services from overseas operators. It includes geographic and topographic mapping, geological resource prospecting and survey, planning of construction areas, provision of design documents, blueprints, materials on production process and techniques, as well as engineering, technical and economic consultation, and feasibility study, research and evaluation of projects. Also included under this category are the above-mentioned services of foreign-financed projects in China that are paid in foreign currencies.

能源 6

Energy

◆ 123/140

资料整理及英文翻译：方 颖 章 鹏

简要说明

一、本篇资料的主要内容

本篇包括的主要内容有能源生产、消费及品种构成，能源生产和消费弹性系数，综合能源平衡表和主要能源品种的单项平衡表，分行业、分主要能源品种的消费量，生活用能源消费量等。

二、本篇资料的来源

本篇资料来源于全省能源平衡表和规模以上工业企业能源报表。能源平衡表的编制范围为辖区内除军队系统以外的全部能源生产和消费活动的单位。

三、关于数据口径与计算的说明

1.一次能源生产量与工业统计数字一致。

2.能源生产与消费弹性系数分别以能源生产、消费增长速度与国内生产总值增长速度相比求得。

3.能源平衡表中的库存量、进口量、出口量和消费量，根据有关部门和企业提供的数据综合评估得出。电力折算标准煤系数按平均发电煤耗计算。

Brief Introduction

I. Main Contents

Data in this chapter cover mainly the energy production and consumption and their composition, the elasticity ratio of energy production and consumption, the overall balance of energy and the balance by different types of energy, the consumption of energy by sector and by types of energy, efficiency of energy conversion and the consumption of energy for non-production uses.

II. Source of Data

Data in this chapter comes from the province energy balance and energy-scale industrial enterprises above Designated Size. Energy balance for the establishment of the area in addition to the military system other than the total energy production and consumption activities of the units.

III. Notes on Coverage and Calculation of Data:

(1) The data on the production of primary energy are the same as the concerned data of the industrial statistics.

(2) The elasticity ratio of energy production is calculated as the quotient of the growth rate of energy production divided by the growth rate of GDP; and the elasticity ratio of energy consumption is calculated as the quotient of the growth rate of energy consumption divided by the growth rate of GDP.

(3)The storage,import and export in the energy balance tables are comprehensively evaluated based on data from related departments and enterprises. The coefficient for conversion of electric power into the standard coal equivalent is calculated according to the average consumption of coal for generating electricity.

6-1 能源生产总量及构成

Total Production of Energy and Its Composition

年 份 Year	能源生产总量 (万吨标准煤) Total Energy Production (10000 tons of SCE)	占能源生产总量的比重 (%) As Percentage of Total Energy Production(%)			
		原 煤 Raw Coal	原 油 Crude Oil	天然气 Natural Gas	水 电 Hydro Power
1995	1868.8	88.0			12.0
1996	1573.2	88.5			11.5
1997	1410.0	83.7			16.3
1998	1394.7	78.6			21.4
1999	1154.5	85.7			14.3
2000	1293.2	76.1			23.9
2001	1242.7	71.0			29.0
2002	1252.2	77.0			23.0
2003	1450.4	71.7			17.5
2004	1730.4	79.7			20.3
2005	2101.5	82.3			17.7
2006	2268.5	83.5		0.1	16.4
2007	2271.6	87.2		0.3	12.5
2008	2395.0	87.0		0.2	12.8
2009	2528.8	89.1		0.2	10.7

注：电力折算标准煤的系数根据当年平均发电煤耗计算。下表同。

a) The coefficient for conversion of electric power into SCE (standard coal equivalent) is calculated on the basis of the data on average coal consumption in generating electric power in the same year. The same applies to the tables following.

6-2 能源消费总量及构成

Total Consumption of Energy and Its Composition

年 份 Year	能源消费总量 (万吨标准煤) Total Energy Composition (10000 tons of SCE)	占能源消费总量的比重 (%) As Percentage of Total Energy Composition(%)			
		煤炭 Raw Coal	石 油 Crude Oil	天然气 Natural Gas	水 电 Hydro Power
1995	2391.7	79.8	10.0		10.2
1996	2154.7	78.4	12.0		9.6
1997	2132.4	75.2	12.9		11.9
1998	2028.4	73.3	16.3		10.4
1999	2123.3	73.6	17.8		8.7
2000	2505.0	70.5	17.3		12.2
2001	2628.0	71.5	17.0		11.5
2002	2933.0	68.7	21.8		9.5
2003	3426.0	74.5	22.2		3.2
2004	3814.0	72.6	16.9		10.5
2005	4286.0	72.4	17.2	0.0	10.5
2006	4660.1	73.2	16.9	0.2	8.0
2007	5052.5	75.9	15.5	0.3	5.6
2008	5383.0	73.7	14.8	0.6	5.7
2009	5812.5	73.8	13.6	0.5	4.7

6-3 综合能源平衡表
Overall Energy Balance Sheet

单位：万吨标准煤 (10000 tons of SCE)

指标	Item	1990	1995	2000	2008	2009
可供消费的能源总量	**Total Energy Available for Consumption**	**1704.54**	**2416.50**	**2371.75**	**5377.17**	**5809.24**
一次能源生产量	Primary Energy Output	1282.42	1868.76	1293.23	2394.99	2528.80
回收能源	Recovery of Energy		72.89		372.10	616.77
外省(区、市)调入量	Transferred in from Other Provinces	808.97	858.96	1157.24	3186.76	3289.07
进口量	Imports	0.09		229.73	240.59	262.63
本省(区、市)调出量(-)	Sent Out to Other Provinces(-)	303.53	377.28	225.80	701.18	953.54
出口量(-)	Exports (-)	8.15				
年初年末库存差额	Stock Changes in the Year	-75.26	-6.84	-82.65	-116.10	65.50
能源消费总量	**Total Energy Consumption**	**1732.29**	**2391.66**	**2505.00**	**5382.96**	**5812.54**
在总量中	Consumption by Sector					
农、林、牧、渔、水利业	Agriculture, Forestry, Animal Husbandry, Fishery and Water Conservancy	132.87	150.91	151.00	167.31	156.26
工业	Industry	1264.22	1835.44	1751.76	4010.22	4336.59
建筑业	Construction	8.88	14.44	7.72	39.02	45.36
交通运输、仓储和邮政业	Transport, Storage and Post	65.93	82.98	177.97	371.70	387.43
批发、零售业和住宿、餐饮业	Wholesale and Retail Trades, Hotels and Catering Services	10.81	17.39	30.59	113.84	125.33
其他	Others	25.60	27.99	44.46	134.42	160.93
生活消费	Household Consumption	223.98	262.51	341.50	546.47	600.60
在总量中	Consumption by Usage					
终端消费	End-use Consumption	1617.12	2236.96	2320.40	5030.76	5461.79
#工业	Industry	1149.05	1680.74	1567.16	3660.62	3988.18
加工转换损失量	Losses During the Process of Enery Conversion	74.40	93.24	130.64	184.57	178.57
#炼焦	Coking	9.71	8.77	24.88	5.74	12.77
炼油	Petroleum Refining	2.46	6.75	24.91	23.09	23.94
损失量	Energy Losses	40.77	61.46	53.96	167.64	172.18
#输变电损失量	Losses in Transmission	40.68	61.46	53.96	165.01	169.88
平衡差额	**Balance**	**-27.75**	**24.84**	**-133.25**	**-5.80**	**-3.30**

注：电力、热力按等价热值计算，因此加工转换损失量中不包括发电、供热损失量。下表同。

a) Electric power and heat are converted on the basis of equal caloric value. Therefore, losses during the process of energy conversion do not include losses in power generation and heating. The same applies to the tables following.

6-4 煤炭平衡表
Coal Balance Sheet

单位：万吨 (10000 tons)

指 标	Item	1990	1995	2000	2008	2009
可供量	**Total Energy Available for Consumption**	**2218.37**	**3080.40**	**2245.84**	**5267.45**	**5356.11**
生产量	Output	2027.11	2877.90	1813.76	3152.36	3414.00
外省(市、区)调入量	Transferred in from Other Provinces	491.22	552.67	649.08	2597.60	2419.92
进口量	Imports					
本省(市、区)调出量(-)	Sent Out to Other Provinces(-)	178.29	346.92	111.96	309.70	610.95
出口量(-)	Exports (-)	4.78				
年初年末库存差额	Stock Changes in the Year	-116.89	-3.25	-105.04	-172.81	133.14
消费量	**Total Energy Consumption**	**2265.87**	**3039.37**	**2468.63**	**5267.45**	**5356.11**
在消费量中	Consumption by Sector					
农、林、牧、渔、水利业	Agriculture, Forestry, Animal Husbandry, Fishery and Water Conservancy	54.20	59.86	12.10	25.00	24.00
工 业	Industry	1852.93	2631.57	2263.78	5028.29	5101.85
建筑业	Construction	2.29	5.58		1.00	3.50
交通运输、仓储和邮政业	Transport, Storage and Post	38.66	24.10	11.42	5.16	3.76
批发、零售业和住宿、餐饮业	Wholesale and Retail Trades, Hotels and Catering Services	11.41	14.00	5.20	13.00	15.00
其他	Others	2.51	1.89		4.00	15.00
生活消费	Household Consumption	303.87	302.37	176.13	191.00	193.00
在消费量中	Consumption by Usage					
中间消费(用于加工转换)	Intermediate Consumption (Consumed in Conversion)	882.27	1131.58	1261.89	2976.18	3161.82
#发 电	Power Generation	720.53	871.85	906.11	2137.12	2184.31
炼 焦	Coking	161.74	228.71	247.94	431.88	552.32
终端消费	End-use Consumption	1254.79	1715.65	1076.66	2021.58	1953.32
#工 业	Industry	841.85	1307.85	871.81	1782.42	1699.06
洗选损耗	Losses in Coal Washing and Dressing	128.81	192.14	130.08	269.69	240.97
平衡差额	**Balance**	**-47.50**	**41.03**	**-222.79**		

注：生产量为原煤产量。
a) Data on output refer to the output of raw coal.

6-5 石油平衡表
Petroleum Balance Sheet

单位：万吨 (10000 tons)

指 标	Item	1990	1995	2000	2008	2009
可供量	**Total Energy Available for Consumption**	**132.89**	**168.30**	**297.33**	**554.62**	**543.44**
外省(市、区)调入量	Movong In from Other Provinces	244.24	275.19	249.59	670.10	698.91
进口量	Imports	0.06		160.81	168.41	183.84
本省(市、区)调出量(-)	Sending Out to Other Provinces(-)	109.04	110.24	103.36	287.87	334.35
出口量(-)	Exports (-)	3.06				
年初年末库存差额	Stock Changes in the Year	0.69	3.35	-9.71	3.98	-4.96
消费量	**Total Energy Consumption**	**133.09**	**168.31**	**304.46**	**554.62**	**543.49**
在消费量中:	Consumption by Sector					
农、林、牧、渔、水利业	Agriculture, Forestry, Animal Husbandry, Fishery and Water Conservancy	25.82	18.24	61.25	52.00	48.80
工 业	Industry	62.96	95.55	105.96	165.52	142.18
建筑业	Construction	2.27	1.91	1.48	16.14	18.05
交通运输、仓储和邮政业	Transport, Storage and Post	26.27	38.27	105.17	230.32	238.16
批发、零售业和住宿、餐饮业	Wholesale and Retail Trades, Hotels and Catering Services	0.18	0.34	2.12	15.91	16.51
其他	Others	8.01	6.30	4.08	19.62	20.29
生活消费	Non-Production Consumption	7.58	7.70	24.40	55.13	59.51
在消费量中:	Consumption by Usage					
中间消费(用于加工转换)	Intermediate Consumption (Consumed in Conversion)	8.63	13.75	28.56	11.12	7.88
#发 电	Power Generation	8.63	9.07	11.56	1.16	0.96
供 热	Heating		4.68	17.00	9.96	6.92
终端消费	End-use Consumption	119.34	146.45	253.08	524.04	525.80
#工 业	Industry	49.21	73.69	54.58	136.76	126.09
炼油损失量	Losses in Petroleum Refining	5.06	8.11	19.26	17.62	8.20
损 失 量	Other Losses	0.06		3.56	1.84	1.61
平衡差额	**Balance**	**-0.20**	**-0.01**	**-7.13**		**-0.05**

6-6 电力平衡表
Electricity Balance Sheet

单位：亿千瓦小时 (100 million kwh)

指标	Item	1990	1995	2000	2008	2009
可供量	**Total Energy Available for Consumption**	**127.65**	**181.21**	**233.85**	**546.77**	**609.22**
发电量	Output	121.41	176.48	226.77	493.21	524.43
水电、风电	Hydropower，Windpower	27.77	55.13	77.96	84.49	76.62
火电	Thermal Power	93.64	121.35	148.81	408.72	447.81
外省(市、区)调入量	Transferred in from Other Provinces	6.51	5.36	7.12	54.31	84.79
本省(市、区)调出量(-)	Sent Out to Other Provinces(-)	0.27	0.63	0.04	0.75	
消费量	**Total Energy Consumption**	**127.65**	**181.21**	**233.85**	**546.77**	**609.22**
在消费量中	Consumption by Sector					
农、林、牧、渔、水利业	Agriculture,Forestry,Animal Husbandry, Fishery and Water Conservancy	14.34	21.62	21.92	20.44	19.63
工业	Industry	99.05	133.64	173.98	378.33	416.62
建筑业	Construction	0.93	2.03	0.80	4.81	5.95
交通运输、仓储和邮政业	Transport, Storage and Post	1.19	3.03	3.42	8.92	10.64
批发、零售业和住宿、餐饮业	Wholesale and Retail Trades, Hotels and Catering Services	0.90	2.07	2.98	16.25	18.96
其他	Others	2.77	4.32	7.52	28.20	34.12
生活消费	Household Consumption	8.47	14.50	23.23	89.82	103.30
在消费量中	Consumption by Usage					
终端消费	End-use Consumption	118.55	166.11	221.67	501.44	561.33
#工业	Industry	89.95	118.54	161.80	333.00	368.73
输配损失量	Losses in Transmission	9.10	15.10	12.18	45.33	47.89

6-7 能源消费量
Consumption of Energy by Sector

单位：万吨标准煤 (10000 tons of SCE)

行业	Sector	1990	1995	2000	2008	2009
消费总量	**Total Consumption**	**1732.29**	**2391.66**	**2505.00**	**5382.98**	**5812.50**
农、林、牧、渔、水利业	**Agriculture, Forestry, Animal Husbandry, Fishery and Water Conservancy**	**132.87**	**150.91**	**151.00**	**167.31**	**156.26**
工业	**Industry**	**1264.22**	**1835.45**	**1751.76**	**4010.22**	**4336.59**
#煤炭开采和洗选业	Mining and Washing of Coal	115.91	150.04	165.95	263.65	213.41
黑色金属矿采选业	Mining and Processing of Ferrous Metal Ores	2.74	12.64	5.41	26.95	24.55
有色金属矿采选业	Mining and Processing of Non-Ferrous Metal Ores	48.27	63.60	46.01	39.59	37.75
非金属矿采选业	Mining and Processing of Non-metal Ores	6.21	18.02	20.86	46.11	45.69
其他采矿业	Mining of Other Ores	0.06	0.23	0.08		
农副食品加工业	Processing of Food from Agricultural Products	20.12	22.11	27.87	31.63	28.39
食品制造业	Manufacture of Foods	3.06	10.52	17.70	67.33	66.35
饮料制造业	Manufacture of Beverages	16.32	17.63	10.34	22.05	23.36
烟草制品业	Manufacture of Tobacco	2.42	2.62	2.49	3.35	2.67
纺织业	Manufacture of Textile	48.08	53.06	37.07	59.68	52.36
纺织服装、鞋、帽制造业	Manufacture of Textile Wearing Apparel, Footware and Caps	1.64	3.48	0.68	9.57	10.59
皮革、毛皮、羽毛(绒)及其制品业	Manufacture of Leather, Fur, Feather and Related Products	1.78	5.14	1.04	7.00	7.02
木材加工及木、竹、藤、棕、草制品业	Processing of Timber, Manufacture of Wood, Bamboo, Rattan, Palm, and Straw Products	11.90	18.17	14.83	38.54	40.58
家具制造业	Manufacture of Furniture	0.88	0.70	0.93	2.93	3.24
造纸及纸制品业	Manufacture of Paper and Paper Products	38.67	58.86	35.57	79.58	62.76
印刷业和记录媒介的复制	Printing, Reproduction of Recording Media	1.20	1.70	1.77	5.49	4.77
文教体育用品制造业	Manufacture of Articles For Culture, Education and Sport Activities	0.63	0.27	0.38	3.71	4.74
石油加工、炼焦及核燃料加工业	Processing of Petroleum, Coking, Processing of Nuclear Fuel	53.45	65.68	145.55	200.40	168.93
化学原料及化学制品制造业	Manufacture of Raw Chemical Materials and Chemical Products	154.02	185.56	171.93	279.60	230.13
医药制造业	Manufacture of Medicines	23.02	55.37	20.31	42.08	41.89
化学纤维制造业	Manufacture of Chemical Fibres	14.83	28.56	32.57	44.51	40.72
橡胶制品业	Manufacture of Rubber	7.66	7.54	2.74	11.90	12.71
塑料制品业	Manufacture of Plastics	3.54	3.43	1.71	12.18	14.78
非金属矿物制品业	Manufacture of Non-metallic Mineral Products	248.61	426.95	313.35	873.37	952.79
黑色金属冶炼及压延加工业	Smelting and Pressing of Ferrous Metals	232.43	349.39	323.10	1163.30	1512.63
有色金属冶炼及压延加工业	Smelting and Pressing of Non-ferrous Metals	31.80	51.41	102.17	229.80	252.05
金属制品业	Manufacture of Metal Products	9.80	9.72	5.20	20.81	24.64
通用设备制造业	Manufacture of General Purpose Machinery	16.52	17.13	10.95	13.56	13.87
专用设备制造业	Manufacture of Special Purpose Machinery	7.95	8.14	10.38	6.38	6.71
交通运输设备制造业	Manufacture of Transport Equipment	13.36	17.41	17.34	31.97	31.42
电气机械及器材制造业	Manufacture of Electrical Machinery and Equipment	8.23	8.80	7.69	24.22	26.38
通信设备、计算机及其他电子设备制造业	Manufacture of Communication Equipment, Computers and Other Electronic Equipment	5.65	5.90	6.68	5.48	7.28
仪器仪表及文化、办公用机械制造业	Manufacture of Measuring Instruments and Machinery for Cultural Activity and Office Work	1.64	2.06	3.61	1.52	2.33
工艺品及其他制造业	Manufacture of Artwork and Other Manufacturing	14.25	15.50	6.83	6.32	7.30
电力、热力的生产和供应业	Production and Supply of Electric Power and Heat Power	84.97	131.78	164.68	312.75	336.09
燃气生产和供应业	Production and Supply of Gas	2.30	4.15	1.37	6.59	6.55
水的生产和供应业	Production and Supply of Water	6.90	0.14	13.70	13.12	15.92
建筑业	**Construction**	**8.88**	**14.44**	**7.72**	**39.02**	**45.36**
交通运输、仓储和邮政业	**Transport, Storage and Post**	**65.93**	**82.98**	**177.97**	**371.70**	**387.43**
批发、零售业和住宿、餐饮业	**Wholesale and Retail Trades, Hotels and Catering Services**	**10.81**	**17.39**	**30.59**	**113.84**	**125.33**
其他	**Others**	**25.60**	**27.99**	**44.46**	**134.42**	**160.93**
生活消费	**Non-Production Household Consumption**	**223.98**	**262.51**	**341.50**	**546.47**	**600.60**
城镇	Urban	120.75	185.97	231.33	299.02	320.65
乡村	Rural	103.23	76.54	110.17	247.45	279.95

6-8 煤炭消费量
Coal Consumption

单位：万吨　　　　(10000 tons)

行　　业	Sector	1990	1995	2000	2008	2009
消费总量	**Total Consumption**	**2265.87**	**3039.37**	**2468.63**	**5267.45**	**5356.11**
农、林、牧、渔、水利业	**Agriculture, Forestry, Animal Husbandry, Fishery and Water Conservancy**	**54.20**	**59.86**	**12.10**	**25.00**	**24.00**
工　业	**Industry**	**1852.93**	**2631.57**	**2263.78**	**5028.29**	**5101.85**
#煤炭开采和洗选业	Mining and Washing of Coal	182.33	288.92	200.13	402.74	365.52
黑色金属矿采选业	Mining and Processing of Ferrous Metal Ores	0.42	8.92	0.86	6.77	4.59
有色金属矿采选业	Mining and Processing of Non-Ferrous Metal Ores	13.90	14.31	4.76	16.10	14.04
非金属矿采选业	Mining and Processing of Non-metal Ores	3.87	16.28	22.40	20.53	20.00
其他采矿业	Mining of Other Ores					
农副食品加工业	Processing of Food from Agricultural Products	26.03	35.86	18.59	21.25	14.95
食品制造业	Manufacture of Foods	6.58	9.82	7.72	86.62	110.21
饮料制造业	Manufacture of Beverages	17.53	23.63	14.48	23.13	23.42
烟草制品业	Manufacture of Tobacco	1.98	1.89	2.23	1.42	0.61
纺织业	Manufacture of Textile	47.21	55.16	32.80	30.01	22.40
纺织服装、鞋、帽制造业	Manufacture of Textile Wearing Apparel, Footware and Caps	1.14	1.59	0.03	4.73	2.92
皮革、毛皮、羽毛(绒)及其制品业	Manufacture of Leather, Fur, Feather and Related Products	1.09	1.53	0.64	1.86	0.96
木材加工及木、竹、藤、棕、草制品业	Processing of Timber, Manufacture of Wood,Bamboo, Rattan, Palm, and Straw Products	12.82	22.94	18.09	10.11	5.41
家具制造业	Manufacture of Furniture	0.38	0.41	0.07	1.04	0.86
造纸及纸制品业	Manufacture of Paper and Paper Products	43.20	77.27	60.49	78.19	56.38
印刷业和记录媒介的复制	Printing, Reproduction of Recording Media	0.24	0.65	0.25	0.97	0.40
文教体育用品制造业	Manufacture of Articles For Culture, Education and Sport Activities	0.13	0.49	0.12	0.71	0.60
石油加工、炼焦及核燃料加工业	Processing of Petroleum, Coking, Processing of Nuclear Fuel	90.60	150.65	125.50	333.64	366.59
化学原料及化学制品制造业	Manufacture of Raw Chemical Materials and Chemical Products	146.91	188.77	179.20	224.85	159.52
医药制造业	Manufacture of Medicines	24.08	65.86	19.20	33.24	30.37
化学纤维制造业	Manufacture of Chemical Fibres	17.98	31.96	20.32	47.24	44.93
橡胶制品业	Manufacture of Rubber	9.56	10.74	4.86	7.78	7.37
塑料制品业	Manufacture of Plastics	2.39	1.67	0.90	1.86	3.75
非金属矿物制品业	Manufacture of Non-metallic Mineral Products	316.22	469.52	360.31	870.97	854.29
黑色金属冶炼及压延加工业	Smelting and Pressing of Ferrous Metals	152.40	210.85	290.36	573.32	723.02
有色金属冶炼及压延加工业	Smelting and Pressing of Non-ferrous Metals	12.09	38.19	24.17	62.46	66.94
金属制品业	Manufacture of Metal Products	3.69	5.53	2.39	4.50	3.71
通用设备制造业	Manufacture of General Purpose Machinery	4.46	5.88	4.99	5.35	3.32
专用设备制造业	Manufacture of Special Purpose Machinery	3.16	3.56	2.32	1.98	2.38
交通运输设备制造业	Manufacture of Transport Equipment	5.04	6.06	6.86	7.54	8.17
电气机械及器材制造业	Manufacture of Electrical Machinery and Equipment	11.93	15.26	12.90	7.81	5.75
通信设备、计算机及其他电子设备制造业	Manufacture of Communication Equipment, Computers and Other Electronic Equipment	2.45	2.98	2.03	1.70	1.29
仪器仪表及文化、办公用机械制造业	Manufacture of Measuring Instruments and Machinery for Cultural Activity and Office Work	0.81	0.98	0.66	0.40	0.06
工艺品及其他制造业	Manufacture of Artwork and Other Manufacturing	1.12	5.53	8.04	1.71	1.29
电力、热力的生产和供应业	Production and Supply of Electric Power and Heat Power	685.20	853.31	857.12	2134.33	2173.16
燃气生产和供应业	Production and Supply of Gas	1.92	2.55	1.83	0.95	0.09
水的生产和供应业	Production and Supply of Water		0.01	0.04	0.03	0.05
建筑业	**Construction**	**2.29**	**5.58**		**1.00**	**3.50**
交通运输、仓储和邮政业	**Transport, Storage and Post**	**38.66**	**24.10**	**11.42**	**5.16**	**3.76**
批发、零售业和住宿、餐饮业	**Wholesale and Retail Trades, Hotels and Catering Services**	**11.41**	**14.00**	**5.20**	**13.00**	**15.00**
其他	**Others**	**2.51**	**1.89**		**4.00**	**15.00**
生活消费	**Non-Production Household Consumption**	**303.87**	**302.37**	**176.13**	**191.00**	**193.00**
城　镇	Urban	165.12	242.38	95.64	39.00	37.00
乡　村	Rural	138.75	59.99	80.49	152.00	156.00

6-9 电力消费量
Electricity Consumption

单位：亿千瓦小时 (100 million kwh)

行业	Sector	1990	1995	2000	2008	2009
消费总量	**Total Consumption**	**127.65**	**181.21**	**233.85**	**546.77**	**609.22**
农、林、牧、渔、水利业	**Agriculture, Forestry, Animal Husbandry, Fishery and Water Conservancy**	**14.34**	**21.62**	**21.92**	**20.44**	**19.63**
工业	**Industry**	**99.05**	**133.64**	**173.98**	**378.33**	**416.62**
#煤炭开采和洗选业	Mining and Washing of Coal	8.28	6.27	7.54	10.64	11.40
黑色金属矿采选业	Mining and Processing of Ferrous Metal Ores	0.51	0.09	0.07	4.43	4.57
有色金属矿采选业	Mining and Processing of Non-Ferrous Metal Ores	8.63	12.21	2.88	7.36	7.57
非金属矿采选业	Mining and Processing of Non-metal Ores	0.57	1.55	0.90	4.61	4.77
其他采矿业	Mining of Other Ores	0.05		0.01		
农副食品加工业	Processing of Food from Agricultural Products	1.58	1.78	4.26	3.27	3.68
食品制造业	Manufacture of Foods	0.42	0.42	1.01	2.80	3.20
饮料制造业	Manufacture of Beverages	0.85	1.03	0.89	1.50	2.00
烟草制品业	Manufacture of Tobacco	0.23	0.26	0.32	0.52	0.51
纺织业	Manufacture of Textile	4.42	5.23	5.00	9.24	8.93
纺织服装、鞋、帽制造业	Manufacture of Textile Wearing Apparel, Footware and Caps	0.16	0.65	0.15	1.22	1.90
皮革、毛皮、羽毛(绒)及其制品业	Manufacture of Leather, Fur, Feather and Related Products	0.23	1.01	0.17	1.33	1.56
木材加工及木、竹、藤、棕、草制品业	Processing of Timber, Manufacture of Wood,Bamboo, Rattan, Palm, and Straw Products	0.61	0.73	1.52	6.92	8.70
家具制造业	Manufacture of Furniture	0.09	0.10	0.19	0.52	0.64
造纸及纸制品业	Manufacture of Paper and Paper Products	2.91	3.41	3.00	10.97	9.42
印刷业和记录媒介的复制	Printing, Reproduction of Recording Media	0.27	0.32	0.33	1.28	1.22
文教体育用品制造业	Manufacture of Articles For Culture, Education and Sport Activities	0.11	0.05	0.07	0.88	1.21
石油加工、炼焦及核燃料加工业	Processing of Petroleum, Coking, Processing of Nuclear Fuel	1.31	1.65	4.05	5.26	4.51
化学原料及化学制品制造业	Manufacture of Raw Chemical Materials and Chemical Products	13.37	14.98	16.76	28.89	28.00
医药制造业	Manufacture of Medicines	1.95	3.35	1.52	3.71	4.07
化学纤维制造业	Manufacture of Chemical Fibres	0.69	3.48	1.95	3.88	3.17
橡胶制品业	Manufacture of Rubber	0.40	0.30	0.36	1.38	1.77
塑料制品业	Manufacture of Plastics	0.42	0.55	0.34	2.80	3.03
非金属矿物制品业	Manufacture of Non-metallic Mineral Products	7.81	12.08	16.34	56.27	68.64
黑色金属冶炼及压延加工业	Smelting and Pressing of Ferrous Metals	11.69	14.61	26.37	63.27	72.03
有色金属冶炼及压延加工业	Smelting and Pressing of Non-ferrous Metals	3.64	5.08	18.25	42.11	48.01
金属制品业	Manufacture of Metal Products	0.91	0.86	1.78	4.25	5.48
通用设备制造业	Manufacture of General Purpose Machinery	1.78	1.92	1.78	2.25	2.53
专用设备制造业	Manufacture of Special Purpose Machinery	1.05	1.25	1.94	1.21	1.25
交通运输设备制造业	Manufacture of Transport Equipment	1.89	2.24	2.73	3.52	3.97
电气机械及器材制造业	Manufacture of Electrical Machinery and Equipment	0.93	1.01	1.10	4.57	5.26
通信设备、计算机及其他电子设备制造业	Manufacture of Communication Equipment, Computers and Other Electronic Equipment	0.45	0.59	0.62	1.14	1.75
仪器仪表及文化、办公用机械制造业	Manufacture of Measuring Instruments and Machinery for Cultural Activity and Office Work	0.19	0.24	0.29	0.29	0.62
工艺品及其他制造业	Manufacture of Artwork and Other Manufacturing	0.12	0.60	0.15	1.28	1.65
电力、热力的生产和供应业	Production and Supply of Electric Power and Heat Power	18.84	30.97	45.68	79.17	83.34
燃气生产和供应业	Production and Supply of Gas	0.03	0.60	0.03	1.41	1.50
水的生产和供应业	Production and Supply of Water	1.51	2.00	3.04	3.56	4.43
建筑业	**Construction**	**0.93**	**2.03**	**0.80**	**4.81**	**5.95**
交通运输、仓储和邮政业	**Transport, Storage and Post**	**1.19**	**3.03**	**3.42**	**8.92**	**10.64**
批发、零售业和住宿、餐饮业	**Wholesale and Retail Trades, Hotels and Catering Services**	**0.90**	**2.07**	**3.08**	**16.25**	**18.96**
其他	**Others**	**2.77**	**4.32**	**7.52**	**28.20**	**34.12**
生活消费	**Non-Production Household Consumption**	**8.47**	**14.50**	**23.23**	**89.82**	**103.30**
城镇	Urban	4.51	9.48	15.68	51.91	57.39
乡村	Rural	3.96	5.02	7.55	37.91	45.91

6-10 能源生产量

Energy Production

能源品种	Type of Energy	1990	1995	2000	2008	2009
一次能源生产量（万吨标准煤）	**Primary Energy Output(10000 tons of SCE)**	**1282.42**	**1868.76**	**1293.23**	**2394.99**	**2528.80**
原煤(万吨)	Raw Coal(10000 tons)	2027.11	2877.9	1813.76	3152.36	3141.00
洗精煤(万吨)	Cleaned Coal(10000 tons)	144.84	204.01	125.84	369.87	133.69
其他洗煤(万吨)	Other Washed Coal(10000 tons)	189.72	130.48	52.10	162.35	347.43
焦炭(万吨)	Coke(10000 tons)	119.96	162.74	177.5	525.49	656.83
燃料油(万吨)	Fuel Oil(10000 tons)	42.36	43.27	54.27	18.49	22.07
汽油(万吨)	Gasoline(10000 tons)	47.82	63.75	81.75	86.42	96.57
煤油(万吨)	Kerosene(10000 tons)	1.10	2.12	2.41	0.07	
柴油(万吨)	Diesel Oil(10000 tons)	46.12	82.84	125.82	182.85	187.47
液化石油气(万吨)	Liquefied Petroleum Gas(10000 tons)	4.53	6.94	16.92	25.12	22.75
炼厂干气(万吨)	Refinery Gas(10000 tons)	3.98	4.64	9.43	15.59	15.35
焦炉煤气(亿立方米)	Coke Oven Gas(100 million cu.m)	3.72	6.06	7.03	16.65	17.91
电力(亿千瓦小时)	Electricity(100 million kwh)	121.41	176.48	226.77	493.21	524.43

6-11 平均每天能源消费量

Average Daily Energy Consumption by Type of Energy

能源品种	Type of Energy	1990	1995	2000	2008	2009
合计（吨标准煤）	**Total(ton of SCE)**	**47460**	**65525**	**68630**	**147478**	**159248**
煤炭(吨)	Coal(ton)	62079	83270	67634	144314	146743
焦炭(吨)	Coke(ton)	4308	5147	5642	15929	19463
原油(吨)	Crude Oil (ton)	4249	6317	9073	11260	12375
燃料油(吨)	Fuel Oil(ton)	641	732	937	739	604
汽油(吨)	Gasoline(ton)	1159	1152	1602	2073	2115
煤油(吨)	Kerosene(ton)	145	87	62	219	210
柴油(吨)	Diesel Oil(ton)	1245	1584	2871	7903	8032
电力(万千瓦小时)	Electricity(10000 kwh)	3497	4965	6407	14980	16691

6-12 人均生活能源消费量
Annual per Capita Energy Consumption of Households

能源品种	Type of Energy	1990	1995	2000	2008	2009
生活消费能源(千克标准煤)	**Consumption for Households(Kg of SCE)**	**59.68**	**64.99**	**82.71**	**124.64**	**136.00**
煤 炭(千克)	Coal(kg)	80.97	74.86	42.66	43.56	43.70
煤油(千克)	Kerosene(kg)	1.13	0.28		0.01	
液化石油气(千克)	Liquefied Petroleum Gas(kg)	0.89	1.62	4.94	7.46	7.72
煤气(立方米)	Coal Gas(cu.m)	0.24		1.52	3.95	4.53
电力(千瓦小时)	Electricity(kwh)	22.57	35.90	56.26	204.87	233.92

6-13 能源生产弹性系数
Elasticity Ratio of Energy Production

年 份 Year	能源生产比上年增长(%) Growth Rate of Energy Production over Preceding Year (%)	电力生产比上年增长(%) Growth Rate of Electricity Production over Preceding Year (%)	地区生产总值比上年增长(%) Growth Rate of Gross Domestic Product (GDP) over Preceding Year (%)	能源生产弹性系数 Elasticity Ratio of Energy Production	电力生产弹性系数 Elasticity Ratio of Electricity Production
1985	2.52	15.43	14.8	0.17	1.04
1986	-3.94	13.74	6.7		2.05
1987	5.63	8.98	8.3	0.68	1.08
1988	6.75	12.54	11.4	0.59	1.10
1989	-0.09	3.50	6.1		0.57
1990	-2.86	1.42	4.5		0.32
1991	5.51	7.04	8.2	0.67	0.86
1992	-0.60	10.52	14.8		0.71
1993	1.57	5.08	13.7	0.11	0.37
1994	10.79	13.01	17.0	0.63	0.77
1995	22.50	3.45	14.5	1.55	0.24
1996	-15.82	3.94	13.4		0.29
1997	-10.37	-1.89	11.5		
1998	-1.09	0.69	8.2		0.08
1999	-17.22	8.90	7.8		1.14
2000	12.02	7.73	8.0	1.50	0.97
2001	-3.91	6.85	8.8		0.78
2002	0.76	14.73	10.5	0.07	1.40
2003	15.83	22.64	13.0	1.22	1.74
2004	19.30	13.85	13.2	1.46	1.05
2005	21.45	1.89	12.8	1.68	0.15
2006	7.95	11.98	12.3	0.65	0.97
2007	0.13	12.73	13.2	0.01	0.96
2008	5.43	-1.21	13.2	0.41	
2009	5.59	6.33	13.1	0.43	0.48

6-14 能源消费弹性系数
Elasticity Ratio of Energy Consumption

年份 Year	能源消费比上年增长(%) Growth Rate of Energy Consumption over Preceding Year (%)	电力消费比上年增长(%) Growth Rate of Electricity Consumption over Preceding Year (%)	地区生产总值比上年增长(%) Growth Rate of Gross Domestic Product (GDP) over Preceding Year (%)	能源消费弹性系数 Elasticity Ratio of Energy Consumption	电力消费弹性系数 Elasticity Ratio of Electricity Consumption
1985	4.75	14.11	14.8	0.32	0.95
1986	11.19	11.10	6.7	1.67	1.66
1987	8.07	11.53	8.3	0.97	1.39
1988	8.75	11.76	11.4	0.77	1.03
1989	0.76	4.61	6.1	0.12	0.76
1990	-2.08	4.10	4.5		0.91
1991	3.53	6.22	8.2	0.43	0.76
1992	4.35	9.37	14.8	0.29	0.63
1993	3.99	6.20	13.7	0.29	0.45
1994	6.45	10.37	17.0	0.38	0.61
1995	15.50	4.30	14.5	1.07	0.30
1996	-9.90	4.97	13.4		0.37
1997	-1.03	-2.18	11.5		
1998	-4.88	0.83	8.2		0.10
1999	5.23	3.35	7.8	0.67	0.42
2000	4.01	7.98	8.0	0.50	1.00
2001	4.91	6.23	8.8	0.56	0.71
2002	11.61	11.32	10.5	1.11	1.08
2003	16.81	15.54	13.0	1.29	1.20
2004	11.33	21.80	13.2	0.86	1.65
2005	12.38	6.37	12.8	0.97	0.50
2006	8.73	9.49	12.3	0.71	0.77
2007	8.42	13.86	13.2	0.64	1.05
2008	6.54	5.94	13.2	0.50	0.45
2009	7.98	11.42	13.1	0.61	0.87

6-15 规模以上工业主要能源分行业消费量（2009年）

单位：吨

行业	sector	原煤 Raw Coal	洗精煤 Cleaned Coal
总计	**Total**	**45254619**	**8625401**
煤炭开采和洗选业	Mining and Washing of Coal	7538844	597600
黑色金属矿采选业	Mining and Processing of Ferrous Metal Ores	45894	
有色金属矿采选业	Mining and Processing of Non-Ferrous Metal Ores	39274	1107
非金属矿采选业	Mining and Processing of Non-metal Ores	200017	
农副食品加工业	Processing of Food from Agricultural Products	144067	
食品制造业	Manufacture of Foods	902042	495
饮料制造业	Manufacture of Beverages	126819	
烟草制品业	Manufacture of Tobacco	6073	7389
纺织业	Manufacture of Textile	123990	
纺织服装、鞋、帽制造业	Manufacture of Textile Wearing Apparel, Footware and Caps	28905	
皮革、毛皮、羽毛(绒)及其制品业	Manufacture of Leather, Fur, Feather and Related Products	9364	
木材加工及木、竹、藤、棕、草制品业	Processing of Timber, Manufacture of Wood, Bamboo, Rattan, Palm, and Straw Products	47496	
家具制造业	Manufacture of Furniture	8600	
造纸及纸制品业	Manufacture of Paper and Paper Products	463217	
印刷业和记录媒介的复制	Printing, Reproduction of Recording Media	3465	
文教体育用品制造业	Manufacture of Articles For Culture, Education and Sport Activities	5634	
石油加工、炼焦及核燃料加工业	Processing of Petroleum, Coking, Processing of Nuclear Fuel	599980	3161377
化学原料及化学制品制造业	Manufacture of Raw Chemical Materials and Chemical Products	1443625	11101
医药制造业	Manufacture of Medicines	200666	
化学纤维制造业	Manufacture of Chemical Fibres	248788	
橡胶制品业	Manufacture of Rubber	73573	496
塑料制品业	Manufacture of Plastics	15738	
非金属矿物制品业	Manufacture of Non-metallic Mineral Products	8593381	21113
黑色金属冶炼及压延加工业	Smelting and Pressing of Ferrous Metals	1936022	4804164
有色金属冶炼及压延加工业	Smelting and Pressing of Non-ferrous Metals	467094	5752
金属制品业	Manufacture of Metal Products	33266	282
通用设备制造业	Manufacture of General Purpose Machinery	32344	3847
专用设备制造业	Manufacture of Special Purpose Machinery	21889	727
交通运输设备制造业	Manufacture of Transport Equipment	73690	1901
电气机械及器材制造业	Manufacture of Electrical Machinery and Equipment	56933	8039
通信设备、计算机及其他电子设备制造业	Manufacture of Communication Equipment, Computers and Other Electronic Equipment	12934	
仪器仪表及文化、办公用机械制造业	Manufacture of Measuring Instruments and Machinery for Cultural Activity and Office Work	598	
工艺品及其他制造业	Manufacture of Artwork and Other Manufacturing	11806	
废弃资源和废旧材料回收加工业	Recycling and Disposal of Waste	5667	10
电力、热力的生产和供应业	Production and Supply of Electric Power and Heat Power	21731558	
燃气生产和供应业	Production and Supply of Gas	897	
水的生产和供应业	Production and Supply of Water	470	

Main Energy Consumption of Industial Enterprises above Designated Size by Sector (2009)

(ton)

其他洗煤 Other Washed Coal	焦炭 Coke	原油 Crude Oil	汽油 Gasoline	煤油 Kerosene	柴油 Diesel Oil	燃料油 Fuel Oil
325347	**7104129**	**4516837**	**36484**	**4933**	**282114**	**215752**
			1469	0	3576	1
			253		12267	
	109		1148	1201	7573	2
	283		213	28	106613	
578	175		1779	56	2432	114
			1216		1265	40
			395		1014	
			183		1822	
4	15		1516	128	3483	69
			982	24	829	45
			338		381	
			1007		922	3
			64		221	
675			938		2024	
			606	78	568	
			102		329	
		4516837	149	8	1727	126124
18967	15763		1750	260	11222	1667
1480			904		1527	62
			7		57	
150			642		737	8929
			292	12	912	528
8945	1366		2088	18	18408	9112
292844	6998878		688		7970	1093
332	62901		4054	916	59762	66663
3	9505		511	26	1227	88
110	6887		859	202	1352	758
	920		621	22	1053	38
	6529		2337	1782	15027	
209	299		1590	49	3456	354
			683	4	523	8
			194	114	98	
1050			336		821	39
	499		58		268	15
			5427		10137	
			453		229	
			631	5	282	

6-16 各地区规模以上工业主要能源消费量（2009年）
Main Energy Consumption of Industrial Enterprises above Designated Size by Region (2009)

单位：吨 (ton)

能源品种	Type of Energy	全省 Provincial Total	南昌市 Nanchang	景德镇市 Jingdezhen	萍乡市 Pingxiang	九江市 Jiujiang	新余市 Xinyu
原煤	Raw Coal	45254619	1119739	2861485	7366387	5940811	4280187
洗精煤	Cleaned Coal	8625401	1227226	1184570	2492919	1420	3292661
其他洗煤	Other Washed Coal	325347	293273			18535	131
焦炭	Coke	7104129	1194983	13955	1591357	1170077	3039353
原油	Crude Oil	4516837				4516837	
汽油	Gasoline	36484	12448	1098	1599	2884	1352
煤油	Kerosene	4933	1353	530	17	151	453
柴油	Diesel Oil	282114	35558	2971	6362	114503	28699
燃料油	Fuel Oil	215752	10838	75691		59969	540

6-16 续表 continued

单位：吨 (ton)

能源品种	Type of Energy	鹰潭市 Yingtan	赣州市 Ganzhou	吉安市 Ji'an	宜春市 Yichun	抚州市 Fuzhou	上饶市 Shangrao
原煤	Raw Coal	2062358	3218749	2656076	10774578	274250	4700000
洗精煤	Cleaned Coal		474	2998	386310	36373	449
其他洗煤	Other Washed Coal			1050	10203	1480	675
焦炭	Coke	6204	27738	6996	1853	11467	40147
原油	Crude Oil						
汽油	Gasoline	1299	3051	4044	4108	3117	1483
煤油	Kerosene		1932	79	91	43	284
柴油	Diesel Oil	46392	13041	5962	13075	3649	11902
燃料油	Fuel Oil	55354	767	414	560	1993	9626

主要统计指标解释

能源生产总量 指一定时期内，全国一次能源生产量的总和。该指标是观察全国能源生产水平、规模、构成和发展速度的总量指标。一次能源生产量包括原煤、原油、天然气、水电、核能及其他动力能(如风能、地热能等)发电量，不包括低热值燃料生产量、生物质能、太阳能等的利用和由一次能源加工转换而成的二次能源产量。

能源消费总量 指一定时期内，全国各行业和居民生活消费的各种能源的总和。该指标是观察能源消费水平、构成和增长速度的总量指标。能源消费总量包括原煤和原油及其制品、天然气、电力，不包括低热值燃料、生物质能和太阳能等的利用。能源消费总量分为终端能源消费量、能源加工转换损失量和能源损失量三部分。

(1)终端能源消费量：指一定时期内，全国生产和生活消费的各种能源在扣除了用于加工转换二次能源消费量和损失量以后的数量。

(2)能源加工转换损失量：指一定时期内，全国投入加工转换的各种能源数量之和与产出各种能源产品之和的差额。该指标是观察能源在加工转换过程中损失量变化的指标。

(3)能源损失量：指一定时期内，能源在输送、分配、储存过程中发生的损失和由客观原因造成的各种损失量，不包括各种气体能源放空、放散量。

能源生产弹性系数 是研究能源生产增长速度与国民经济增长速度之间关系的指标。计算公式：

$$\text{能源生产弹性系数}=\frac{\text{能源生产总量年平均增长速度}}{\text{国民经济年平均增长速度}}$$

国民经济年平均增长速度，可根据不同的目的或需要，用国民生产总值、国内生产总值等指标来计算，本年鉴是采用国内生产总值指标计算的。

电力生产弹性系数 是研究电力生产增长速度与国民经济增长速度之间关系的指标。一般来说，电力的发展应当快于国民经济的发展，也就是说电力应超前发展。计算公式为：

$$\text{电力生产弹性系数}=\frac{\text{电力生产量年平均增长速度}}{\text{国民经济年平均增长速度}}$$

能源消费弹性系数 反映能源消费增长速度与国民经济增长速度之间比例关系的指标。计算公式为：

$$\text{能源消费弹性系数}=\frac{\text{能源消费量年平均增长速度}}{\text{国民经济年平均增长速度}}$$

电力消费弹性系数 反映电力消费增长速度与国民经济增长速度之间比例关系的指标。计算公式为：

$$\text{电力消费弹性系数}=\frac{\text{电力消费量年平均增长速度}}{\text{国民经济年平均增长速度}}$$

Explanatory Notes on Main Statistical Indicators

Total Energy Production refers to the total production of primary energy by all energy producing enterprises in the country in a given period of time. It is a comprehensive indicator to show the level, scale, composition and pace of development of energy production of the country. The production of primary energy includes that of coal, crude oil, natural gas, hydro-power and electricity generated by nuclear energy and other means such as wind power and geothermal power. However, it does not include the production of fuels of low calorific value, bio-energy, solar energy and secondary energy converted from primary energy.

Total Energy Consumption refers to the total consumption of energy of various kinds by the production sectors and the households in the country in a given period of time. It is a comprehensive indicator to show the scale, composition and pace of increase of energy consumption. Total energy consumption includes that of coal, crude oil and their products, natural gas and electricity. However, it does not include the consumption of fuel of low calorific value, bio-energy and solar energy. Total energy consumption can be divided into three parts: end-use energy consumption; loss during the process of energy conversion; and energy loss.

(1)End-use Energy Consumption: It refers to the total energy consumption by the production sectors and the households in the country (region) in a given period of time. It does not include the consumption during the conversion of primary energy into secondary energy and the loss in the process of energy conversion.

(2)Loss During the Process of Energy Conversion: It refers to the total input of various kinds of energy for conversion, minus the total output of various kinds of energy in the country in a given period of time. It is an indicator to show the loss that occurs during the process of energy conversion.

(3)Energy Loss: It refers to the total of the loss of energy during the course of energy transport, distribution and storage and the loss caused by any objective reason in a given period of time. The loss of various kinds of gas due to gas discharges and stocktaking is not included.

Elasticity Ratio of Energy Production is an indicator to show the relationship between the growth rate of energy production and the growth rate of the national economy. The formula is:

$$\text{Elasticity Ratio of Energy Production} = \frac{\text{Average Annual Growth Rate of Energy Production}}{\text{Average Annual Growth Rate of National Economy}}$$

The average annual growth rate of the national economy can be measured by indicators such as the Gross National Product and the Gross Domestic Product, depending on the purposes or needs. The Gross Domestic Product has been used in the calculation of the ratio in this Yearbook.

Elasticity Ratio of Electricity Production is an indicator to show the relationship between the growth rate of electricity production and the growth rate of the national economy. Generally speaking, the growth rate of electricity production should be higher than that of the national economy.

Its formula is:

$$\text{Elasticity Ratio of Electricity Production} = \frac{\text{Average Annual Growth Rate of Electricity Production}}{\text{Average Annual Growth Rate of National Economy}}$$

Elasticity Ratio of Energy Consumption is an indicator to show the relationship between the growth rate of energy consumption and the growth rate of the national economy. The formula is:

$$\text{Elasticity Ratio of Energy Consumption} = \frac{\text{Average Annual Growth Rate of Energy Consumption}}{\text{Average Annual Growth Rate of National Economy}}$$

Elasticity Ratio of Electricity Consumption is an indicator to show the relationship between the growth rate of electricity consumption and the growth rate of the national economy. The formula is:

$$\text{Elasticity Ratio of Electricity Consumption} = \frac{\text{Average Annual Growth Rate of Electricity Consumption}}{\text{Average Annual Growth Rate of National Economy}}$$

财政 7

Government Finance

◆ 141/148

资料整理及英文翻译：鲁赣风

简要说明

一、主要内容

本篇包括全省财政收支和预算外资金收支资料。

二、统计口径

2007 年起，财政收支科目实施了较大改革，特别是财政支出项目口径变化很大，与往年数据不可比。

三、资料来源

资料来源于省财政厅的财政总决算报表，由省统计局国民经济核算处编辑整理。

Brief Introduction

I. Main Contents

The data in this chapter present provincial government revenue and expenditure situation, the extra-budgetary revenue and expenditure.

II. Scope of Statistics

Due to the adjustment on classifications of revenue and expenditure accounts since 2007, the relative data are not compared with data in preceding years.

III. Sources of Data

The data are based on final provincial financial accounts, which are provided by the Department of National Accounts of the provincial Bureau of Statistics.

7-1 财 政 收 入
Government Revenue

单位：万元 (10000 yuan)

年份 Year	财政总收入 Total Government Revenue	一般预算收入 Local Government Budgetary Revenue	税收收入 Taxes	#增值税 Value-added Tax	#营业税 Business Tax	#企业所得税 Company Income Tax	#农业各税 Agricultural and Related Tax	非税收入 Other Revenue	上交中央收入 Revenue Handed in the Central Government	财政总收入占GDP比重(%) Ratio to Gross Domestic Product (%)
1994	886126	492907	421932	106344	111482	38491	71210	70975	393219	9.4
1995	1052156	641328	524945	110526	151464	56004	80324	116383	410828	9.0
1996	1235752	770936	635070	126810	194011	63139	109217	135866	464816	8.8
1997	1349161	905924	712721	119902	216962	81443	121168	193203	443237	8.4
1998	1456586	971561	769453	123145	250849	73469	116764	202108	485025	8.5
1999	1549806	1051371	812280	125302	249255	86842	122925	239091	498435	8.4
2000	1716931	1115536	856481	150826	263986	95048	132402	259055	601395	8.6
2001	2001639	1319790	1021023	172324	266187	226086	130304	298767	681849	9.2
2002	2345064	1405457	1040551	187248	334960	105994	196621	364906	939607	9.6
2003	2858087	1681670	1230510	230683	431628	97428	232469	451160	1176417	10.2
2004	3508081	2057667	1450860	254350	553126	135045	205895	606807	1450414	10.1
2005	4259007	2529236	1707228	338739	628395	173966	202958	822008	1729771	10.5
2006	5186139	3055214	2087123	411759	755107	246651	228561	968091	2130925	10.8
2007	6652189	3898510	2818573	530534	973988	379803	320037	1079937	2753679	11.5
2008	8169872	4886476	3579635	642916	1181937	474319	459576	1306841	3283396	11.7
2009	9288753	5813012	4300204	667374	1534987	462744	683846	1512808	3475741	12.1

注：1.1994-2009年企业所得税含退税。
2.1994-1997年国有资产经营收益体现为国有企业上缴利润。
3.1997年地方财政收入和非税收入包含当年纳入基金预算收入的城市教育附加费、矿产资源补偿费、排污费和城市水资源费收入。
4.从2002年开始，上交中央收入包含上划所得税。
5.农业税收包含农业税、农业特产税(2006年含烟叶税部分)、耕地占用税、契税。
6.以上数据根据江西省历年财政总决算整理得出。

a) From 1994 to 2006,Company income tax indudes tax rebate for it.
b) From 1994 to 1997,the operating income of State-owned enterprises reflects the profits the state-owned enterprises handed in.
c) In 1997,the local government revenue and non-tax income indude extra-charges for urban education,compensation for mineral resources,fee on sewage treatment and on urban water resource,which has brought into the income of funds budget at current year.
d) Since 2002,revenue handed in the central government has induded income tax divided above.
e) Agricultural tax includes Agricultural tax,tax on special Agricultural,products(inducle tobacco tax in 1996),tax on the occupancy of cultivated land, and contract tax.
f) Data above are collected according to Jiangxi annual general final budget of public finance.

7-2 地方财政收入

Government Revenue of the Local Government

单位：万元 (10000 yuan)

项　　目	Item	2007	2008	2009
总　　计	**Total**	**3898510**	**4886476**	**5813012**
税收收入	**Tax revence**	**2818573**	**3579635**	**4300204**
#增值税	Value Added Tax	530534	642916	667374
营业税	Business Tax	973988	1181937	1534987
企业所得税	Company Income Tax	379803	474319	462744
企业所得税退税	Tax Rebate for Company Income Tax	1697	1909	
个人所得税	Individual Income Tax	148271	159861	163954
资源税	Resources Tax	53694	88994	108670
固定资产投资方向调节税	Tax on the Adjustment of the Investment in the Fixed Assets	13	4	
城市维护建设税	Tax on City Maintenance and Construction	170098	199612	234170
房产税	Tax on Real Estates	57824	68003	77672
印花税	Stamp Tax	31799	43780	47678
城镇土地使用税	Tax on the Use of Urban Land	44021	122809	124491
土地增值税	Land Value Added Tax	101421	123275	163282
车船税	Tax on the Use of Vehicles and Ships	8767	16458	31336
烟叶税	Tobacco Tax	7585	12624	11628
耕地占用税	Tax on The Occupancy of Cultivated Land	50805	117996	229160
契　税	Contract Tax	261647	328956	443058
其他税收收入	Other Tax Revences			
非税收入	**Non Tax Revenue**	**1079937**	**1306841**	**1512808**
#国有资本经营收入	Profit from State-owned Assets	98825	124056	167689
行政性收费收入	Income from Administrative Fees	426512	481582	563583
罚没收入	Penalty and Confiscatory Income	268902	267190	297586
专项收入	Special Revenue	165149	269731	220068
国有资源(资产)有偿使用收入	Revenue of Compensable Use of State-owned Resources	50032	81104	131788
其他收入	Other Revences	70517	83178	132094

7-3 财 政 支 出

Government Expenditure of the Local Government

单位：万元　(10000 yuan)

项　　目	Item	2007	2008	2009
总　　计	**Total**	**9050582**	**12100730**	**15623742**
一般公共服务	General Public Services	1466833	1767447	1934186
外交	Foreign Affairs			
国防	National Defence	17387	21587	32497
公共安全	Public Security	651465	752927	862164
教育	Education	1738076	2068578	2519286
科学技术	Science and Technology	87373	111406	134021
文化体育与传媒	Culture,Sports and Media	157990	187795	229317
社会保障和就业	Social Seaurity and Employment	1261449	1865249	2193351
医疗卫生	Health Care and Medical Services	580717	796197	1205455
环境保护	Environment Protection	133386	318377	431419
城乡社区事务	Community Affairs in Urban and Rural Areas	515325	636174	797080
农林水事务	Agriculture,Forestry and Water Conservancy	1035666	1478653	2034071
交通运输	Transport	309884	414926	1129603
采掘电力信息等事务	Mining Power Management Affairs		706293	796459
粮油物资储备管理等事务	Grain and Oil Reserve Management		459944	621292
金融监管支出	Expenditure on Financial Supervision		4888	5235
地震灾后恢复重建支出	Expenditure on Rebuilding After Earthquake		20000	40000
国债还本付息支出	Expenditure on National Debt Repay Capital with Interest		12220	20545
其他支出	Other Expenditures	382580	478069	637761

7-4 财政收支总额及增长速度
Government Revenue and Expenditure and Growth Rates

年 份 Year	财政收入 (万元) Government Revenue (10000 yuan)	财政支出 (万元) Government Expenditure (10000 yuan)	收支差额 (万元) Balance (10000 yuan)	比上年增长(%) Growth Rate over preceding year(%) 财政收入 Government Revenue	财政支出 Government Expenditure
1978	122246	162701	-40455	60.4	35.5
1979	117771	176302	-58531	-3.7	8.4
1980	124667	159884	-35217	5.9	-9.3
1981	131822	140292	-8470	5.7	-12.3
1982	123283	155407	-32124	-6.5	10.8
1983	135281	174677	-39396	9.7	12.4
1984	150126	219439	-69313	11.0	25.6
1985	211843	297263	-85420	41.1	35.5
1986	240552	366258	-125706	13.6	23.2
1987	282110	377878	-95768	17.3	3.2
1988	322931	423518	-100587	14.5	12.1
1989	374886	487126	-112240	16.1	15.0
1990	406155	507559	-101404	8.3	4.2
1991	448050	603651	-155601	10.3	18.9
1992	493882	683826	-189944	10.2	13.3
1993	656721	818983	-162262	33.0	19.8
1994	886707	920290	-33583	35.0	12.4
1995	1052172	1103381	-51209	18.7	19.9
1996	1235782	1318475	-82693	17.5	19.5
1997	1349160	1526026	-176866	9.2	15.7
1998	1456584	1752605	-296021	8.0	14.8
1999	1549809	2078293	-528484	6.4	18.6
2000	1716943	2234722	-517779	10.8	7.5
2001	2001638	2837144	-835506	16.6	27.0
2002	2344259	3413843	-1069584	17.1	20.3
2003	2858122	3820981	-962859	21.9	11.9
2004	3508096	4540598	-1032502	22.7	18.8
2005	4259007	5639525	-1380518	21.4	24.2
2006	5186139	6964361	-1778222	21.8	23.5
2007	6652189	9050582	-2398393	28.3	30.0
2008	8169872	12100730	-3930858	22.8	33.7
2009	9288753	15623742	-6334989	13.7	29.1

7-5 各地区地方财政一般预算收入（2009年）

Local Government Budgetary Revenue by Region (2009)

单位：万元 (10000 yuan)

地区	Region	一般预算收入 Local Government Budgetary Revenue	增值税 Value-added Tax	营业税 Business Tax	企业所得税 Company Income Tax	个人所得税 Personal Income Tax	农业税收 Agricultural and Related Tax	其他收入 Other Revenue
全省	**Provincial Total**	**5813012**	**667374**	**1534987**	**462744**	**163954**	**683846**	**2300107**
南昌市	Nanchang	1158800	90963	449573	108902	50619	109467	349276
景德镇市	Jingdezhen	243257	23385	56072	11202	5470	71564	75564
萍乡市	Pingxiang	273057	41137	86341	12193	5565	36750	91071
九江市	Jiujiang	505023	62927	143689	31391	12685	79544	174787
新余市	Xinyu	330301	31563	86444	23222	6230	37078	145764
鹰潭市	Yingtan	181148	54658	44952	8185	3866	12694	56793
赣州市	Ganzhou	680858	74172	185887	46723	21059	78027	274990
吉安市	Ji'an	397408	51972	103478	19821	17162	44783	160192
宜春市	Yichun	476570	68123	118951	36507	11941	110845	130203
抚州市	Fuzhou	355950	31462	108658	19103	7913	48046	140768
上饶市	Shangrao	480791	77193	122194	26127	12071	55048	188158

注：本表财政收入不含中央两税收入。
The local Government Revenue in the table do not include the Value-added tax and consumption tax of the central Government.

7-6 各地区地方财政一般预算支出（2009年）

Local Government Budgetary Expenditure by Region (2009)

单位：万元 (10000 yuan)

地区	Region	一般预算支出 Local Government Budgetary Expenditure	一般公共服务 General Public Services	教育 Education	社会保障和就业 Social Seaurity and Employment	医疗卫生 Health Care and Medical Services	农林水事务 Agriculture, Forestry and Water Conservancy	其他支出 Other Expenditure
全省	**Provincial Total**	**15623742**	**1934186**	**2519286**	**2193351**	**1205455**	**2034071**	**5737393**
南昌市	Nanchang	1817014	207851	266697	263675	144527	150224	784040
景德镇市	Jingdezhen	579303	88972	77792	112545	42440	62688	194866
萍乡市	Pingxiang	696353	83080	85022	111332	53326	74320	289273
九江市	Jiujiang	1346264	164154	231897	196276	142216	208994	402727
新余市	Xinyu	587110	81224	68490	69157	35379	53324	279536
鹰潭市	Yingtan	408107	45486	55986	68412	32192	52472	153559
赣州市	Ganzhou	2083492	249812	369743	372319	205685	303802	582131
吉安市	Ji'an	1280670	147205	226937	161791	117974	247149	379614
宜春市	Yichun	1385270	148952	248952	235780	129126	243528	378932
抚州市	Fuzhou	1051513	117593	186960	140530	86954	179426	340050
上饶市	Shangrao	1538949	195561	315851	184000	144921	283302	415314

主要统计指标解释

财政收入 国家财政参与社会产品分配所取得的收入，是实现国家职能的财力保证。财政收入所包括的内容几经变化，目前主要包括：

1．各项税收：包括增值税、营业税、消费税、土地增值税、城市维护建设税、资源税、城市土地使用税、印花税、固定资产投资方向调节税、个人所得税、企业所得税、关税和耕地占用税等。

2．专项收入：包括征收排污费、征收城市水资源费收入、教育费附加收入等。

3．其他收入：包括基本建设贷款归还收入、国家能源交通重点建设基金收入、国家预算调节基金等。

4．国有企业计划亏损补贴：这项为负收入，冲减财政收入。

财政支出 国家财政将筹集起来的资金进行分配使用，以满足经济建设和各项事业的需要，主要包括一般公共服务、外交、国防、教育、公共安全、科学技术、文化体育与传媒、社会保障和就业、医疗卫生、环境保护、城乡社区事务、农林水事务、交通运输、工业商业金融等事务和其他支出等科目。

Explanatory Notes on Main Statistical Indicators

Government Revenue refers to income for the government finance through participating in the distribution of social products. It is the financial guarantee to ensure government functioning. The contents of government revenue have changed several times. Now it includes the following main items:

(1) Various tax revenues, including value added tax, business tax, consumption tax, land value added tax, tax on city maintenance and construction, resources tax, tax on use of urban land, enterprise income tax, personal income tax, tariff, stamp tax on security transactions, tax on purchase of motor vehicles, tax on agriculture and animal husbandry and tax on occupancy of cultivated land, etc.

(2) Special revenues, including revenues from the fee on sewage treatment, fee on urban water resources and extra-charges for education, etc.

(3) Other revenues, including revenue from the repayment of capital construction loan, funds for national key construction projects in energy industry and transportation, and national budget adjustment funds.

(4) Subsidies for the losses of State-owned enterprises. This is an item of negative revenue, counteracting revenues.

Government Expenditure refers to the distribution and use of the funds the government finance has raised, so as to meet the needs of economic construction and various causes. It includes expenditure for capital construction, innovation funds of the enterprises, geological prospecting expenses, expenditures for science and technology promotion, expenditure for supporting rural production, operating expenses of the departments of farming, forestry, water conservancy and meteorology etc., operating expenses of the departments of industry, transport and commerce, operating expenses of the departments of culture, education, science and public health, pension for the disabled or for the families of the bereaved and relief funds for social welfare, expenditures for national defence, administrative expenses, expenditure for price subsidies.

价格指数

8

Price Indices

资料整理及英文翻译: 钱 峰 夏 茵 吴 静
章小彪 朱衷楠

简要说明

一、本篇资料的主要内容

本篇资料反映了全省生产、投资、流通、消费等环节价格变动状况，主要包括居民消费、商品零售、生产资料、工业品出厂、原材料燃料动力购进、固定资产投资等价格指数。

二、本篇资料的来源

1.居民消费、商品零售和农业生产资料价格指数来源于消费价格统计调查年报，由国家统计局江西调查总队消费价格调查处整理提供。

2.工业品出厂、原材料燃料动力购进、固定资产投资等价格指数来源于生产价格统计调查年报，由国家统计局江西调查总队生产投资价格调查处整理提供。

Brief Introduction

I. Main Content

Data on the price indices in this chapter show the changing trend in production, investment, circulation and consumption, including mainly consumer price indices of residents, retail price indices, price indices of means of production, production price indices of industrial products, purchasing price indices of raw materials, fuels and power, price indices of investment in fixed assets.

II. Source of Data

(1) Data on consumer price indices of residents, retail price indices and price indices of agricultural means of production are based on yearly report on consumer price and are provided by the Division of Consumer Price Survey of Survey Office of the National Bureau of Statistics in Jiangxi.

(2) Data on production price indices of industrial products, purchasing price indices of raw materials, fuels and power, price indices of investment in fixed assets are based on yearly report on production price and are provided by the Division of Production investment Price Survey of Survey Office of the National Bureau of Statistics in Jiangxi.

8-1 各种价格指数
Price Indices

(上年=100) (preceding year=100)

年份 Year	商品零售价格指数 Retail Price Index	城市 Urban Areas	农村 Rural Areas	居民消费价格指数 Consumer Price Index	城市 Urban Areas	农村 Rural Areas
1978	100.1	100.2	100.1		100.2	
1979	101.3	102.2	100.8		102.1	
1980	104.3	106.6	102.9		106.0	
1981	104.6	104.0	105.2		103.8	
1982	102.9	103.0	102.1		103.1	
1983	101.4	102.0	100.6		101.9	
1984	102.5	102.3	102.9	102.1	102.6	101.5
1985	108.3	109.0	107.8	109.0	108.8	109.1
1986	105.8	105.7	106.2	106.6	106.0	107.4
1987	106.9	108.2	105.7	106.6	107.9	105.1
1988	121.8	124.7	119.4	121.8	123.7	119.7
1989	118.6	117.1	119.5	118.5	117.2	119.7
1990	101.3	100.3	102.2	102.1	101.5	102.8
1991	102.4	104.0	101.2	102.8	104.4	101.3
1992	105.6	107.2	103.9	105.7	107.5	103.5
1993	111.1	112.6	110.1	114.6	115.8	112.5
1994	123.9	122.9	125.4	126.9	126.9	126.7
1995	115.9	115.0	116.9	116.9	116.9	117.0
1996	106.6	106.4	106.7	108.4	108.1	108.6
1997	99.6	100.1	99.3	102.0	103.0	102.1
1998	98.8	98.5	98.9	101.0	101.0	101.0
1999	96.8	97.3	96.3	98.6	99.1	98.1
2000	98.5	98.6	98.5	100.3	102.1	99.1
2001	98.4	98.3	98.4	99.5	99.8	99.2
2002	100.2	100.1	100.3	100.1	100.2	99.9
2003	100.1	99.4	100.7	100.8	100.9	100.6
2004	103.0	101.9	104.0	103.5	103.3	103.5
2005	100.9	100.3	101.4	101.7	101.5	102.2
2006	101.2	101.0	101.4	101.2	100.9	101.6
2007	104.0	103.5	105.1	104.8	104.4	105.8
2008	106.1	106.0	106.4	106.0	105.9	106.3
2009	99.1	99.1	99.0	99.3	99.4	99.2

8-2 各种价格指数（2009年）
Price Indices (2009)

类别	Type	以1978年价格为100 year of 1978=100	以1980年价格为100 year of 1980=100	以1985年价格为100 year of 1985=100	以1990年价格为100 year of 1990=100	以1995年价格为100 year of 1995=100	以2005年价格为100 year of 2005=100
商品零售价格指数	Retail Price Index	412.9	392.4	324.4	195.8	113.6	110.6
城市	Urban Areas	432.7	400.0	328.3	195.9	110.5	109.8
农村	Rural Areas	391.2	379.1	324.9	198.5	117.0	112.3
居民消费价格指数	Consumer Price Index			402.9	240.7	130.2	111.7
城市	Urban Areas	568.6	526.6	433.1	257.3	133.5	110.8
农村	Rural Areas			375.0	225.7	128.9	113.4

注：1986-1993年零售、消费价格指数中城市、农村口径为城镇、农村。

a) Statistic standards of retail and consumer price index from 1986-1993 are urban and rural areas.

8-3 商品零售价格分类指数（2009年）
Retail Price Indices by Category (2009)

(上年=100) (preceding year=100)

类别	Type	全省 Province Indices	城市 Urban Areas	农村 Rural Areas
商品零售价格总指数	**Retail Price Index**	**99.1**	**99.1**	**99.0**
食品类	**Food**	**100.5**	**100.5**	**100.3**
粮食	Grain	104.0	104.3	102.9
淀粉	Starches and Tubers	107.2	105.8	111.4
干豆类及豆制品	Beans and Bean Products	102.0	102.5	100.0
油脂	Oil or Fat	78.6	78.0	80.2
肉禽及其制品	Meat, Poultry and Their Products	92.4	91.9	93.7
蛋	Eggs	102.2	101.3	105.6
水产品	Aquatic Products	105.6	106.2	103.8
菜	Vegetables	109.9	110.3	108.1
调味品	Flavoring	103.7	104.3	102.5
糖	Carbohydrate	103.7	103.7	103.9
干鲜瓜果	Dried and Fresh Melons and Fruits	107.6	107.3	108.7
糕点饼干面包	Cake, Biscuit and Bread	104.2	104.9	101.3
液体乳及乳制品	Milk and Its Products	103.1	102.7	104.6
在外用膳食品	Outward Dinner Food	104.9	105.1	104.3
其它食品	Other Foods	102.6	102.9	101.7
饮料、烟酒	**Beverages, Tobacco and Liquor**	**101.1**	**101.4**	**100.4**
茶及饮料	Tea and Beverages	101.2	101.3	101.0
烟草	Tobacco	99.4	99.3	99.8
酒	Liquor	103.2	104.1	100.9
服装、鞋帽类	**Garments, Shoes and Hats**	**98.9**	**99.0**	**98.6**
服装	Garments	98.5	98.6	98.3
鞋袜帽	Footgear and Hats	99.8	100.4	98.7
其它	Others	99.3	98.9	100.0
纺织品类	**Textiles**	**101.6**	**102.2**	**99.9**
衣着材料	Cotton Cloth	100.0	99.8	101.0
床上用品	Blend Cloth	103.0	104.6	99.0
家用电器及音像器材	**Household Appliances, Music and Video Equipment**	**95.8**	**95.8**	**95.7**
家庭设备	Household Appliances	97.9	98.0	97.4
文娱用耐用消费品	Culture and Recreat Durable Consumable	92.8	92.4	94.0
音像器材类	Household Appliances and Hifi	98.2	98.1	100.0
文化办公用品	**Cultural and Office Appliances**	**97.7**	**97.3**	**99.4**
日用品	**Articles for Daily Use**	**102.1**	**102.3**	**102.0**
日用百货	General Merchandise for Daily Use	101.1	101.5	100.1
日用杂品	Miscellaneous for Daily Use	101.6	102.2	100.1
洗涤用品	Washing	104.6	103.9	107.2
其它日用品	Other Daily Use Articles	100.9	101.2	99.8
体育娱乐用品	**Sports and Recreation Articles**	**98.9**	**98.7**	**99.8**

8-3 续表 continued

(上年=100) (preceding year=100)

类别	Type	全省 Province Indices	城市 Urban Areas	农村 Rural Areas
体育用品	Sports Articles	101.1	100.5	103.6
娱乐用品	Recreation Articles	97.4	97.4	97.4
交通、通信用品	**Transportation and Communication Appliances**	**93.2**	**93.1**	**93.8**
交通运输机械	Transportation Equipments	97.7	97.5	98.3
通讯器材类	Communication Equipments	87.2	86.7	89.2
家具	**Furniture**	**104.9**	**106.1**	**99.6**
化妆品类	**Cosmetics**	**102.7**	**102.6**	**103.0**
金银珠宝类	**Gold, Silver and Jewelry**	**94.3**	**93.6**	**97.2**
中西药品及医疗保健用品类	**Traditional Chinese and Western Medicines and Health Care Articles**	**101.0**	**101.2**	**100.3**
医疗器具及用品	Medical Apparatus and Article	96.7	95.7	102.0
中药材及中成药	Traditional Chinese Medicinal Materials and Medicines	103.7	104.4	101.1
西药	Western Medicines	99.9	100.0	99.5
保健器具及用品	Medical Apparatus and Articles	99.6	99.5	100.4
书报杂志及电子出版物类	**Books, Newspapers, Magazines and Electronic Publications**	**103.4**	**103.3**	**103.5**
教材及参考书	Teaching Material and Reference Book	101.7	101.1	103.6
书报杂志	Books and Magazines	107.0	107.7	104.5
电子音像制品	Electronic Publications	98.0	97.7	99.5
燃料类	**Fuels**	**93.8**	**94.3**	**92.4**
煤炭及制品类	Coal and Coal Products	102.2	103.8	99.9
石油及制品类	Petroleum and Related Products	90.6	91.4	87.1
建筑材料及五金电料类	**Building Materials and Hardware**	**97.1**	**97.1**	**97.3**
建筑装璜材料	Building Decoration Materials	96.9	96.9	96.8
五金电料类	Hardware	98.5	97.8	100.0
农业生产资料价格指数	**Price Indices of Agricultural Means of Production**	**97.6**		**97.6**
农用手工工具	Farm Handtools	100.3		100.3
饲料	Forage	98.6		98.6
产品畜	Production Livestock	79.9		79.9
半机械化农具	Semi-mechanized Farm Tools	104.7		104.7
机械化农具	Mechanized Farm Machinery	99.7		99.7
化学肥料	Chemical Fertilizer	95.5		95.5
农药及农药器械	Pesticide and Its Appliances	99.0		99.0
化学农药	Chemical Pesticides	98.7		98.7
农药器械	Pesticides Appliances	100.4		100.4
农用机油	Oil for Farm Machinery	95.9		95.9
其他农业生产资料	Other Means of Agricultural Production	100.5		100.5
农用种子	Farm Seed	105.7		105.7
其他	Others	93.2		93.2
农业生产服务	Service of Agricultural Production	110.6		110.6

8-4 居民消费价格分类指数（2009年）
Consumer Price Indices by Category (2009)

（上年=100） (preceding year=100)

类别	Type	全省 Province Indices	城市 Urban Areas	农村 Rural Areas
居民消费价格总指数	**Consumer Price Index**	**99.3**	**99.4**	**99.2**
服务项目价格指数	**Price Index of Services**	**99.8**	**99.8**	**100.0**
食品	**Food**	**100.1**	**100.6**	**99.0**
粮食	Grain	103.6	103.9	102.9
淀粉	Starches and Tubers	108.0	106.1	109.8
干豆类及豆制品	Beans and Bean Products	101.4	102.3	99.6
油脂	Oil or Fat	78.8	77.9	80.1
肉禽及其制品	Meal, Poultry and Processed Products	90.7	89.9	92.1
食用畜肉及副产品	Meat and Sideline Product	85.3	85.2	85.2
禽	Pourtry	102.8	100.9	105.7
肉禽加工制品	Meat and Pourty Products	104.3	103.3	105.6
蛋	Eggs	102.6	101.3	105.4
水产品	Aquatic Products	105.2	105.6	104.4
鱼	Fish	105.1	105.5	105.0
其它水产品	Other Aquatic Products	104.6	105.2	99.6
菜	Vegetables	109.4	110.3	109.0
调味品	Flavoring	104.3	104.6	103.8
糖	Carbohydrate	104.2	104.4	103.9
茶及饮料	Tea and Beverages	101.3	101.3	101.5
茶叶	Tea	99.4	99.1	100.6
饮料	Beverages	101.9	102.0	101.7
干鲜瓜果	Dried and Fresh Melons and Fruits	108.8	108.9	108.6
糕点饼干面包	Cake, Biscuit and Bread	104.3	105.3	101.7
液体乳及乳制品	Milk and Its Products	102.8	102.8	103.0
在外用膳食品	Outward Dinner Food	105.1	105.4	104.3
其它食品	Other Foods	103.1	103.3	101.8
烟酒及用品	**Tobacco, Liquor and Articles**	**100.4**	**100.5**	**100.3**
烟草	Tobacco	99.3	99.1	99.7
酒	Liquor	102.5	103.9	101.1
吸烟饮酒用品	Articles for Smoking and Drinking	101.4	100.9	103.5
衣着	**Clothing**	**99.0**	**99.1**	**98.6**
服装	Garments	98.5	98.6	98.4
男式服装	Clothing for Men	98.0	97.7	99.1
女式服装	Clothing for Women	99.0	99.3	97.9
儿童服装	Clothing for Children	97.9	97.7	98.1
衣着材料	Clothing Material	100.5	100.0	101.0
鞋袜帽	Footgear and Hats	100.1	100.7	98.2
鞋	Shoes	100.6	101.4	98.1
袜子	Hose	98.7	98.5	99.2
帽子	Hats	91.4	82.7	98.1
衣着加工服务	Clothing Manufacturing Services	101.9	101.5	102.8
家庭设备用品及维修服务	**Household Facilities, Articles and Services**	**101.1**	**101.0**	**101.5**
耐用消费品	Durable Consumer Goods	99.0	99.2	98.5

8-4 续表 continued

(上年=100) (preceding year=100)

类 别	Type	全 省 Province Indices	城 市 Urban Areas	农 村 Rural Areas
家具	Furniture	101.6	102.8	99.7
家庭设备	Household Facilities	98.0	98.0	97.8
室内装饰品	Interior Decorations	102.7	100.3	107.8
床上用品	Bed Articles	101.4	102.4	99.2
家庭日用杂品	Daily Use Household Articles	102.4	101.6	104.2
家庭服务及加工维修服务	Household Services and Maintenance and Renovation	105.9	105.5	106.9
医疗保健和个人用品	**Health Care and Personal Articles**	**101.1**	**101.0**	**101.2**
医疗保健	Health Care	101.0	101.1	100.9
医疗器具及用品	Medical Instrument and Articles	98.4	96.1	102.1
中药材及中成药	Traditional Chinese Medicine	103.5	104.4	101.9
西药	Western Medicine	99.8	99.9	99.6
保健器具及用品	Health Care Appliances and Articles	99.4	99.3	100.5
医疗保健服务	Health Care Services	100.9	100.7	101.2
个人用品及服务	Personal Articles and Services	101.3	101.0	101.8
化妆美容用品	Cosmetics	102.2	102.3	102.0
清洁化妆用品	Sanitation Articles	103.1	102.3	104.7
个人饰品	Personal Ornaments	96.3	95.0	99.2
个人服务	Personal Services	104.1	105.3	101.9
交通和通讯	**Transportation and Communication**	**97.3**	**97.1**	**97.7**
交通	Transportation	99.7	99.1	100.4
交通工具	Transportation Facility	98.6	99.1	98.1
车用燃料及零配件	Fuels and Parts	96.0	96.5	95.5
车辆使用及维修	Fees for Vehicles Use and Maintenance	103.0	102.4	103.2
市区公共交通	Incity Traffic Fare	100.4	100.4	100.3
城市间交通	Intercity Traffic Fare	100.5	98.3	103.1
通信	Communication	95.4	95.9	93.9
通信工具	Communication Facility	80.3	77.5	87.1
通信服务	Communication Service	98.2	98.9	95.5
娱乐教育文化用品及服务	**Recreation, Education and Culture Articles**	**100.3**	**100.2**	**100.7**
文娱用耐用消费品及服务	Durable Consumer Goods for Cultural and Recreational Use and Services	91.6	90.8	93.6
教育	Education	101.6	101.4	101.8
教材及参考书	Teaching Materials and Reference Books	101.6	100.5	103.8
学杂托幼费	Tuition and Child Care	101.6	101.5	101.6
文化娱乐	Cultural and Recreational Articles	102.7	103.0	101.9
文化娱乐用品	Cultural Articles	100.2	100.1	100.4
书报杂志	Newspapers and Magazines	105.9	106.8	104.4
文娱费	Expenditure on Culture and Recreation	101.8	102.3	99.8
旅游及外出	Touring and Outing	101.9	101.8	102.9
居住	**Residence**	**96.5**	**96.0**	**97.5**
建房及装修材料	Building and Building Decoration Materials	100.0	100.5	99.5
租房	Renting	104.6	103.3	108.6
自有住房	Private Housing	89.4	90.2	86.9
水、电、燃料	Water, Electricity and Fuels	95.1	94.7	96.3

8-5 各市、县商品零售价格分类指数（2009年）

(上年=100)

类　　别	Type	南昌市 Nan chang	景德镇市 Jing dezhen	萍乡市 Ping xiang	九江市 Jiu jiang	新余市 Xin yu
商品零售价格总指数	**Retail Price Index**	**99.4**	**99.5**	**99.4**	**99.7**	**99.3**
食品类	Food	100.4	100.2	100.2	104.7	101.4
饮料、烟酒	Beverages, Tobacco and Liquor	102.5	99.2	100.4	101.9	101.0
服装、鞋帽类	Garments, Shoes and Hats	101.3	104.3	99.3	95.9	95.8
纺织品类	Textiles	100.6	96.1	113.8	99.2	101.0
家用电器及音像器材	Household Appliances, Music and Video Equipment	96.9	98.6	92.1	96.2	94.4
文化办公用品	Cultural and Office Appliances	97.9	97.2	92.9	96.9	100.6
日用品	Articles for Daily Use	102.7	106.1	100.9	102.1	101.3
体育娱乐用品	Sports and Recreation Articles	97.9	102.1	96.9	97.7	99.8
交通、通信用品	Transportation and Communication Appliances	92.2	91.2	96.8	93.2	94.1
家具	Furniture	114.5	96.7	101.3	101.6	100.0
化妆品类	Cosmetics	105.6	103.0	101.9	100.6	100.4
金银珠宝类	Gold, Silver and Jewelry	90.2	103.8	94.5	92.8	90.5
中西药品及医疗保健用品类	Traditional Chinese and Western Medicines and Health Care Articles	102.7	100.3	97.1	96.8	102.9
书报杂志及电子出版物类	Books, Newspapers, Magazines and Electronic Publications	102.8	104.5	103.4	101.1	104.0
燃料类	Fuels	93.2	88.7	100.3	92.1	97.2
建筑材料及五金电料类	Building Materials and Hardware	97.0	101.2	100.8	97.2	97.7
农业生产资料价格指数	**Price Indices of Agricultural Means of Production**					

8-6 各市、县居民消费价格分类指数（2009年）

(上年=100)

类　　别	Type	南昌市 Nan chang	景德镇市 Jing dezhen	萍乡市 Ping xiang	九江市 Jiu jiang	新余市 Xin yu
居民消费价格总指数	**Consumer Price Index**	**99.7**	**100.0**	**99.3**	**100.0**	**99.6**
服务项目价格指数	Price Index of Services	99.9	101.4	98.1	99.2	100.3
食品	Food	100.5	99.7	100.4	104.7	100.5
烟酒及用品	Tobacco, Liquor and Articles	101.8	99.2	100.9	100.9	100.9
衣着	Clothing	101.5	104.3	99.7	96.4	96.3
家庭设备用品及维修服务	Household Facilities, Articles and Services	101.8	101.2	101.4	101.9	100.4
医疗保健和个人用品	Health Care and Personal Articles	102.0	103.3	98.3	99.5	102.7
交通和通讯	Transportation and Communication	97.9	98.1	98.8	97.0	96.6
娱乐教育文化用品及服务	Recreation, Education and Culture Articles	99.9	100.1	99.1	98.2	99.5
居住	Residence	96.3	97.2	96.9	94.4	99.0

Retail Price Indices by Category and Region (2009)

(preceding year=100)

鹰潭市 Ying tan	赣州市 Gan zhou	宜春市 Yi chun	上饶市 Shang rao	吉安市 Ji'an	抚州市 Fuzhou	井冈山市 Jing gangshan	瑞昌市 Rui chang	信丰县 Xin feng	上高县 Shang gao	铅山县 Yan shan	泰和县 Taihe	东乡县 Dong xiang
99.0	**98.8**	**98.6**	**99.3**	**98.7**	**96.8**	**101.3**	**99.0**	**99.9**	**98.4**	**99.0**	**99.9**	**99.0**
100.6	97.5	100.0	100.3	100.2	101.2	100.7	99.3	103.1	99.8	100.1	99.1	98.6
101.6	97.6	101.9	100.2	101.2	100.9	100.2	101.8	101.1	100.3	98.8	100.6	101.3
98.5	96.4	99.2	93.0	94.6	83.8	101.0	98.8	97.9	98.5	98.4	98.2	100.9
103.3	98.4	99.5	116.3	98.6	100.0	105.9	100.0	100.7	99.4	100.0	99.2	100.5
98.0	97.3	92.8	101.1	88.3	90.7	96.9	95.0	93.1	91.4	100.8	96.2	99.1
98.9	98.7	97.5	90.9	92.7	93.5	101.4	100.0	99.1	98.6	99.3	99.1	100.4
101.5	100.9	100.7	99.2	102.0	101.4	111.2	100.7	105.3	98.8	101.9	100.8	103.2
100.2	100.0	101.0	100.8	99.3	98.0	98.8	100.0	100.7	90.5	104.7	100.0	100.3
95.3	97.5	95.9	90.5	89.4	94.1	97.7	94.9	91.7	90.6	90.4	100.2	96.1
100.0	102.6	100.0	99.1	98.9	72.8	96.3	100.0	97.3	99.0	100.0	102.0	98.9
99.8	103.1	95.5	102.2	101.1	101.2	105.1	97.6	111.9	100.3	101.6	100.0	102.4
91.8	97.0	98.2	101.4	105.0	100.0	100.4	101.2	98.7	93.5	97.5	92.2	101.2
99.2	99.7	102.6	96.9	101.6	99.4	100.9	101.1	102.7	100.9	102.0	97.6	98.7
101.7	106.7	101.7	100.2	106.0	109.2	106.1	104.5	104.5	102.4	106.7	101.3	107.6
94.0	103.7	95.4	95.7	97.2	88.5	97.7	93.9	91.7	98.1	92.2	107.3	86.3
94.9	98.4	93.0	98.1	101.6	92.6	102.9	101.3	95.3	99.2	92.5	103.1	98.4
							100.5	**98.2**	**92.0**	**97.5**	**102.6**	**98.6**

Consumer Price Indices by Category and Region (2009)

(preceding year=100)

鹰潭市 Ying tan	赣州市 Gan zhou	宜春市 Yi chun	上饶市 Shang rao	吉安市 Ji'an	抚州市 Fuzhou	井冈山市 Jing gangshan	瑞昌市 Rui chang	信丰县 Xin feng	上高县 Shang gao	铅山县 Yan shan	泰和县 Taihe	东乡县 Dong xiang
99.3	**100.1**	**99.9**	**98.8**	**99.2**	**97.9**	**100.2**	**98.6**	**100.5**	**99.7**	**100.0**	**99.1**	**99.7**
100.1	102.1	103.5	96.7	99.5	100.0	101.7	100.3	98.7	102.5	103.1	98.3	101.4
100.6	98.7	100.4	101.8	100.5	100.5	99.6	98.1	103.2	99.5	99.9	99.1	99.3
101.1	98.1	102.1	99.5	101.4	100.3	100.6	101.4	100.5	100.1	98.9	100.8	102.7
99.1	96.3	99.2	90.8	95.2	84.1	102.4	97.8	98.4	98.5	98.5	98.0	101.4
100.7	99.5	98.5	102.3	97.7	98.2	106.2	99.7	105.1	99.3	101.3	101.4	100.8
99.4	100.0	103.1	100.6	102.6	99.4	102.2	100.4	103.3	100.9	102.8	99.5	100.7
98.1	99.3	97.0	85.3	95.6	99.1	96.3	98.2	98.7	98.2	97.9	92.3	100.2
101.0	102.2	102.0	105.4	99.5	98.9	104.2	99.8	98.8	102.7	104.3	100.0	101.5
94.5	104.5	97.7	97.6	98.9	96.1	95.8	99.1	94.6	98.2	97.2	101.9	96.4

8-7 工业品出厂价格指数

Producer Price Indices for Manufactured Goods

(上年＝100) (preceding year=100)

类　　别	Type	2005	2006	2007	2008	2009
全部工业品	**Total Industry Products**	**108.8**	**109.7**	**106.2**	**106.4**	**93.0**
按轻工业分	**Grouped by Category of Industry**					
轻工业	Light Industry	99.2	101.6	105.0	105.4	99.5
以农产品为原料	Agricultural Products as Raw Materials	100.6	101.7	104.0	104.7	99.9
以非农产品为原料	Non-agricultural Products as Raw Materials	98.0	101.6	106.3	106.2	99.0
重工业	Heavy Industry	113.3	113.8	106.8	106.9	89.6
采　　掘	Mining	145.5	117.9	106.6	110.5	92.0
原　　料	Raw Materials	115.6	119.8	106.5	104.2	90.8
加　　工	Processing	104.2	104.7	107.1	109.5	88.0
生产资料	Means of Production	110.8	111.5	106.6	107.0	91.3
采　　掘	Mining	142.2	114.0	107.2	110.1	92.8
原　　料	Raw Materials	115.1	120.9	106.2	102.6	91.2
加　　工	Processing	101.7	103.3	106.8	109.9	91.2
生活资料	Consumer Goods	100.5	101.5	104.1	103.5	100.7
食　　品	Food	100.3	100.4	103.3	105.1	101.5
衣　　着	Clothing	100.7	104.0	106.6	102.7	100.7
一般日用品	Articles for Daily Use	101.6	101.9	102.3	102.0	100.3
耐用消费品	Durable Consumer Goods	99.7	99.4	105.4	101.7	97.8
按工业部门分	**Grouped by Industrial Department**					
冶金工业	Metallurgical Industry	120.7	122.7	110.7	106.3	82.9
电力工业	Power Industry	104.6	106.2	102.3	102.3	103.4
煤炭及炼焦工业	Coal Industry and Coking Industry	125.0	102.4	108.6	129.7	93.2
石油工业	Petroleum Industry	122.8	115.4	103.8	118.4	101.0
化学工业	Chemical Industry	106.1	104.1	102.9	111.0	100.4
机械工业	Machine Building Industry	100.3	102.8	103.5	100.8	95.9
建筑材料工业	Building Materials Industry	93.0	102.4	106.7	111.2	98.2
森林工业	Timber Industry	102.9	102.2	103.5	104.3	100.3
食品工业	Food Industry	100.9	100.2	104.3	106.5	100.8
纺织工业	Textile Industry	98.7	103.7	100.5	102.6	96.2
缝纫工业	Tailoring Industry	101.0	104.2	107.2	101.9	101.2
皮革工业	Leather Industry	100.4	99.8	103.6	106.1	97.7
造纸工业	Paper Industry	102.8	101.2	101.4	105.0	95.6
文教艺术用品工业	Industry of Cultural, Educational & Handicrafts Articles	99.8	100.4	99.6	100.9	98.8
其他工业	Others Industry	105.7	104.9	101.8	102.9	105.0

8-8 按工业行业分工业品出厂价格指数

Producer Price Indices for Manufactured Goods by Sector

(上年＝100) (preceding year=100)

行　　业	Sector	2008	2009
煤炭开采和洗选业	**Mining and Washing of Coal**	**112.9**	**99.1**
烟煤和无烟煤的开采洗选	Mining and Washing of Bituminous Coal and Anthracite	112.9	99.1
黑色金属矿采选业	**Mining and Processing of Ferrous Metal Ores**	**125.1**	**103.8**
铁矿采选	Mining and Processing of Iron Ores	125.1	103.8
有色金属矿采选业	**Mining and Processing of Non-Ferrous Metal Ores**	**100.0**	**77.6**
常用有色金属矿采选	Mining and Processing of Frequently Used Non-Ferrous Metal Ores	118.6	78.1
贵金属矿采选	Mining and Processing of Precious Metal Ores	125.9	106.5
稀有稀土金属矿采选	Mining and Processing of Rare Earth and Rare Metals Ores	89.1	72.1
非金属矿采选业	**Mining and Processing of Nonmetal Ores**	**101.4**	**97.8**
土砂石开采	Mining of Soil,Sand and Stone	101.3	98.3
化学矿采选	Mining of Chemical Ores	106.7	100.0
采盐	Mining and Processing of Salt Ores	104.3	88.1
石棉及其它非金属矿采选产品	Mining and Processing of Asbestos and Other Nonmetal Ores	102.1	96.1
农副食品加工业	**Processing of Food from Agricultural Products**	**109.6**	**100.5**
谷物磨制	Polishing of Grain	107.2	102.6
饲料加工	Processing of Feed	109.9	98.6
植物油加工	Processing of Vegetable Oil	117.2	93.4
制糖	Processing of Sugar	93.0	93.6
屠宰及肉类加工	Slaughtering and Processing if Meat	111.1	101.1
水产品加工	Processing of Aquatic Products	102.3	100.9
蔬菜、水果和坚果加工	Processing of Vegetables, Fruits and Nuts	101.4	111.8
其他农副食品加工	Processing of Other Food from Agricultural Products	120.0	103.0
食品制造业	**Manufacture of Foodstuff**	**107.9**	**104.0**
焙烤食品制造	Manufacture of Baking Foodstuff	111.2	107.3
糖果、巧克力及蜜饯制造	Manufacture of Sweet,Chocolate and Candied Fruit	108.2	101.3
方便食品制造	Manufacture of Convenience Food	111.7	102.5
液体乳及乳制品制造	Manufacture of Milk Gel and Dairy Products	102.4	101.8
罐头制造	Manufacture of Cans	99.5	94.4
调味品、发酵制品制造	Manufacture of Condiments and Fermentation Products	107.3	104.8
其他食品制造	Manufacture of Other Foodstuff	107.0	104.8
饮料制造业	**Manufacture of Beverages**	**103.2**	**100.4**
酒精制造	Manufacture of Alcohol	110.3	92.1
酒的制造	Manufacture of Liquor	102.7	100.2
软饮料制造	Manufacture of Soft Drink	102.4	99.9
精制茶加工	Processing of Refined Tea	109.6	102.8
烟草制品业	**Manufacture of Tobacco**	**100.0**	**99.4**
卷烟制造	Manufacture of Cigarettes	100.0	99.4
纺织业	**Manufacture of Textile**	**101.5**	**96.8**
棉、化纤纺织及印染精加工	Processing and Dyeing of Cotton and Chemical Fiber Textile	102.8	95.1
毛纺织和染整精加工	Processing and Dyeing of Wool Textile		93.9
麻纺织	Flax Textile	107.1	100.7
丝绢纺织及精加工	Processing of Silk Textile	93.8	108.1
纺织制成品制造	Manufacture of Textile Products	101.4	99.3
针织品、编织品及其制品制造	Manufacture of Knitwear and Woven Products	99.9	97.6
纺织服装、鞋、帽制造业	**Manufacture of Textile Wearing Apparel, Footware, and Caps**	**103.2**	**103.9**
纺织服装制造	Manufacture of Textile Wearing Apparel	103.2	104.1
鞋制造	Manufacture of Shoes		96.1
皮革、毛皮、羽毛(绒)及其制品业	**Manufacture of Leather, Fur, Feather and Related Products**	**105.8**	**97.6**

8-8 续表1 continued

(上年=100) (preceding year=100)

行 业	Sector	2008	2009
皮革鞣制加工	Processing of Leather	106.0	95.0
皮革制品制造	Manufacture of Leather Products	106.1	97.9
毛皮鞣制及制品加工	Manufacture and Processing of Fur Products	107.7	96.7
羽毛(绒)加工及制品制造	Manufacture and Processing of Feather Products	98.3	95.0
木材加工及木、竹、藤、棕、草制品业	**Processing of Timber,Manufacture of Wood,Bamboo,Rattan,Palm, and Straw Products**	**104.6**	**100.2**
锯材、木片加工	Processing of Lumber and Wood Chips	115.9	100.1
人造板制造	Manufacture of Plywood	104.6	97.4
木制品制造	Manufacture of Wood Products	103.4	103.0
竹、藤、棕、草制品制造	Manufacture of Penny,Vines Coir and Grass Products	105.5	109.5
家具制造业	**Manufacture of Furniture**	**102.7**	**100.8**
木质家具制造	Manufacture of Wood Furniture	101.8	101.2
金属家俱制造	Manufacture of Metal Furniture		84.3
其他家具制造	Manufacture of Other Furniture	110.4	102.8
造纸及纸制品业	**Manufacture of Paper and Paper Products**	**105.0**	**95.6**
造纸	Manufacture of Paper	104.4	95.0
纸制品制造	Manufacture of Paper Products	108.0	97.2
印刷业和记录媒介的复制	Printing, Reproduction of Recording Media	100.0	97.8
印刷	Printing	100.9	99.0
记录媒介的复制	Copy of Record Media	83.4	76.6
文教体育用品制造业	**Manufacture of Articles For Culture,Education and Sport Activity**	**101.0**	**99.3**
文化用品制造	Manufacture of Culture Articles	101.0	100.5
体育用品制造	Manufacture of Sport Articles	101.9	91.5
乐器制造	Manufacture of Music Instruments	107.7	101.3
玩具制造	Manufacture of Toys	100.5	98.0
石油加工、炼焦及核燃料加工业	**Processing of Petroleum, Coking, Processing of Nuclear Fuel**	**128.2**	**96.5**
精炼石油产品的制造	Manufacture of Refined Petroleum Products	118.4	101.0
炼焦	Coking	168.7	80.2
化学原料及化学制品制造业	**Manufacture of Raw Chemical Materials and Chemical Products**	**116.1**	**101.7**
基础化学原料制造	Manufacture of Basic Chemical Material	131.8	87.8
肥料制造	Manufacture of Fertilizers	128.1	88.7
农药制造	Manufacture of Pesticides	102.2	92.8
涂料、油墨、颜料及类似产品制造	Manufacture of Coating,Ink and Paint Products	109.4	86.7
合成材料制造	Manufacture of Synthetic Materials	108.5	96.1
专用化学产品制造	Manufacture of Specialized Chemical Products	106.8	114.3
日用化学产品制造	Manufacture of Daily Used Chemical Products	101.6	102.7
医药制造业	**Manufacture of Medicines**	**103.9**	**101.8**
化学药品原药制造	Manufacture of Chemical Original Drug	103.5	95.6
化学药品制剂制造	Manufacture of Chemical Agents	111.0	105.5
中药饮片制造	Manufacture of Herbal Medicine		90.1
中成药制造	Manufacture of Proprietary Chinese Medicine	101.8	102.3
兽用药品制造	Manufacture of Veterinary Drugs	101.6	102.7
生物、生化制品的制造	Manufacture of Biotechnology and Biochemical Products	104.4	99.5
卫生材料及医药用品制造	Manufacture of Sanitation Materials and Medical Supplies	100.9	101.6
化学纤维制造业	**Manufacture of Chemical Fibers**	**96.3**	**91.7**
纤维素纤维原料及纤维制造	Manufacture of Cellulose Fibers and Fibers	100.1	92.2
合成纤维制造	Manufacture of Synthetic Fibers	103.2	82.5
橡胶制品业	**Manufacture of Rubber**	**110.4**	**98.8**
轮胎制造	Manufacture of Tire	110.2	97.9
橡胶板、管、带的制造	Manfuacture of Rubber Plates, Pipes and Belts	106.3	89.4
橡胶零件制造	Manufacture of Rubber Parts	112.8	101.7
再生橡胶制造	Manufacture of Renewable Rubber	112.5	98.6

8-8 续表2 continued

(上年＝100) (preceding year=100)

行　　业	Sector	2008	2009
橡胶靴鞋制品	Manufacture of Rubber Boots and Shoes	107.5	102.6
其他橡胶制品	Manufacture of Other Rubber Products	108.3	100.6
塑料制品业	**Manufacture of Plastics**	**105.5**	**97.4**
塑料薄膜制造	Manufacture of Plastic Film	104.1	**96.0**
塑料板、管、型材的制造	Manufacture of Plastic Plates, Piles and Profiles	110.7	100.3
塑料丝、绳及编织品的制造	Manufacture of Plastic Wire, Ropes and Woven Products	103.1	97.2
泡沫塑料制造	Manufacture of Foam	103.4	90.4
塑料包装箱及容器制造	Manufacture of Plastic Packaging Boxes and Containers	105.6	97.7
日用塑料制品	Manufacture of Daily Used Plastic		105.8
其他塑料制品制造	Manufacture of Other Plastic Products	95.1	92.8
非金属矿物制品业	**Manufacture of Non-metallic Mineral Products**	**111.5**	**98.7**
水泥、石灰和石膏的制造	Manufacture of Cement, Lime and Gypsum	114.8	95.2
水泥及石膏制品制造	Manufacture of Cement and Gypsum	130.9	103.8
砖瓦、石材及其他建筑材料制造	Manufacture of Brick, Stone and Other Construction Materials	102.8	100.0
玻璃及玻璃制品制造	Manufacture of Glass and Its Products	102.2	92.7
陶瓷制品制造	Manufacture of Ceramic Products	106.9	103.2
耐火材料制品制造	Manufacture of Refractory Products	102.8	98.5
石墨及其他非金属矿物制品制造	Manufacture of Graphite and Other Non-metallic Mineral Products	105.9	105.6
黑色金属冶炼及压延加工业	**Smelting and Pressing of Ferrous Metals**	**128.4**	**82.2**
炼铁	Ironmaking	134.8	104.6
炼钢	Steelmaking	131.7	90.9
钢压延加工	Smelting and Pressing of Steel	128.3	81.7
铁合金冶炼	Smelting of Alloy Iron	128.7	80.1
有色金属冶炼及压延加工业	**Smelting and Pressing of Non-ferrous Metals**	**91.9**	**82.4**
常用有色金属冶炼	Smelting of Frequently Used Non-Ferrous Metal	90.4	82.0
贵金属冶炼	Smelting of Precious Metal	111.0	93.2
稀有稀土金属冶炼	Smelting of Rare Earth and Rare Metals	97.4	75.3
有色金属合金制造	Non-Ferrous Metaling Alloy Manufacturing	89.8	82.5
有色金属压延加工	Pressing of Non-Ferrous Metal	91.6	84.6
金属制品业	**Manufacture of Metal Products**	**123.6**	**87.5**
结构性金属制品制造	Manufacture of Structural Metal Products	116.4	92.9
金属工具制造	Manufacture of Metal Tools	108.7	98.5
集装箱及金属包装容器制造	Manufacture of Containers and Metal Packaging	106.2	99.0
金属丝绳及其制品的制造	Manufacture of Metal Wire, Ropes and Its Products	135.8	80.6
建筑、安全用金属制品制造	Manufacture of Metal Products for Construction and Safety	113.8	108.9
搪瓷制品制造	Manufacture of Enamel Products		109.8
不锈钢及类似日用金属制品制造	Manufacture of Stainless Steel and Daily Metal Products	99.8	100.0
其他金属制品制造	Manufature of Other Metal Products	136.2	78.7
通用设备制造业	**Manufacture of General Purpose Machinery**	**107.4**	**96.7**
锅炉及原动机制造	Manufacture of Boilers and Original Motivation	104.1	100.3
金属加工机械制造	Manufacture of Metal Processing Machinery	101.4	96.0
起重运输设备制造	Manufacture of Handling Equipment	103.1	102.4
泵、阀门、压缩机及类似机械的制造	Manufacture of Pumps, Valves, Compressors	101.5	99.2
轴承、齿轮、传动和驱动部件的制造	Manufacture of Bearings, Gears,Transmission and Drive Components	104.2	102.6
风机、衡器、包装设备等通用设备制造	Manufacture of Fans, Weighing,Packaging Equipment and Other General Equipment	101.8	91.3
通用零部件制造及机械修理	Manufacture of General Components and Mechanical Repair	115.7	95.1
金属铸、锻加工	Processing of Metal Casting and Forging	114.1	92.7
专用设备制造业	**Manufacture of Special Purpose Machinery**	**105.0**	**100.4**
矿山、冶金、建筑专用设备制造	Manufacture of Special Equipment for Mining,Metallurgy, Construction	105.5	103.1

8-8 续表3 continued

(上年=100) (preceding year=100)

行业	Sector	2008	2009
化工、木材、非金属加工专用设备制造	Manufacture of Special Equipment for Chemicals, Wood, Non-metallic Processing	101.3	94.4
食品、饮料、烟草及饲料生产专用设备制造	Manufacture of Special Equipment for Food, Beverage,Tobacco and Feed Production	117.8	102.6
印刷、制药、日化生产专用设备制造	Manufacture of Special Equipment for Printing, Pharmaceuticals, Chemicals Production	101.0	99.6
纺织、服装和皮革工业专用设备制造	Manufacture of Special Equipment for Textiles, Clothing and Leather Industry	96.8	97.9
农、林、牧、渔专用机械制造	Manufacture of Special Equipment for Agriculture,Forestry, Animal Husbandry, Fishery	128.5	91.8
医疗仪器设备及器械制造	Manufacture of Medical Equipment and Instrument	108.5	101.1
环保、社会公共安全及其他专用设备制造	Manufacture of Special Equipment for Environmental,Social Public Safety and Others	99.7	98.0
交通运输设备制造业	**Manufacture of Transport Equipment**	**99.8**	**99.0**
铁路运输设备制造	Manufacture of Equipment for Railway Transport	106.4	109.9
汽车制造	Manufacture of Automobiles	99.7	99.1
摩托车制造	Manufacture of Motorcycles	104.1	99.3
自行车制造	Manufacture of Bicycles	102.1	92.5
船舶及浮动装置制造	Manufacture of Shipping and Floating Devices	100.0	98.6
电气机械及器材制造业	**Manufacture of Electrical Machinery and Equipment**	**100.4**	**92.5**
电机制造	Manufacture of Electrical Motors	101.3	99.5
输配电及控制设备制造	Manufacture of Power Distribution and Control Equipment	105.7	92.1
电线、电缆、光缆及电工器材制造	Manufacture of Wires, Cables,Fiber-optic Cables and Electrical Equipment	98.0	76.7
电池制造	Manufacture of Electric Cells	98.4	102.5
家用电力器具制造	Manufacture of Household Electrical Apparatus	103.5	97.5
照明器具制造	Manufacture of Lighting Devices	99.3	95.7
通信设备、计算机及其他电子设备制造业	**Manufacture of Communication Equipment,Computers and Other Electronic Equipment**	**100.8**	**98.1**
通信设备制造	Manufacture of Communication Equipment	101.2	**89.8**
广播电视设备制造	Manufacture of Communication Broadcasting and TV Equipment	102.8	97.9
电子计算机制造	Manufacture of Computers	106.1	100.1
电子器件制造	Manufacture of Electronic Devices	102.6	99.3
电子元件制造	Manufacture of Electronic Components	99.3	98.7
家用视听设备制造	Manufacture of Household Audio-visual Equipment	95.8	93.8
其他电子设备制造	Manufacture of Other Electronic Equipment	100.0	100.0
仪器仪表及文化、办公用机械制造业	**Manufacture of Measuring Instruments and Machinery for Cultural Activity and Office Work**	**99.0**	**98.9**
通用仪器仪表制造	Manufacture of General Measuring Instruments and Machinery	102.1	100.7
专用仪器仪表制造	Manufacture of Special Measuring Instruments and Machinery	100.0	100.0
光学仪器及眼镜制造	Manufacture of Optical Equipment and Glasses	89.4	98.6
文化、办公用机械制造	Manufacture of Machinery for Cultural Activity and Office Work	95.6	93.8
其他仪器仪表产品制造及修理	Manufacture of Other Measuring Instruments and Repair		103.3
工艺品及其他制造业	**Manufacture of Artwork and Other Manufacturing**	**94.9**	**107.8**
工艺美术品制造	Manufacture of Artwork	94.4	109.5
日用杂品制造	Manufacture of Groceries for Daily Use	103.0	98.9
废弃资源和废旧材料回收加工业	**Recycling and Processing of Deserted Resources and Waste**	**100.0**	**100.0**
非金属废料和碎屑的加工处理	Nonmetal Waste and Fragment Treatment and Processing	100.0	100.0
电力、热力的生产和供应业	**Production and Supply of Electric Power and Heat Power**	**102.3**	**103.4**
电力生产	Production of Electric Power	103.7	105.9
电力供应	Supply of Electric Power	101.6	102.3
热力生产和供应	Production and Supply of Heat Power	110.9	109.5
燃气生产和供应业	**Production and Supply of Gas**	**101.8**	**102.5**
燃气生产和供应业	Production and Supply of Gas	101.8	102.5
水的生产和供应业	**Production and Supply of Water**	**103.4**	**103.8**
自来水的生产和供应	Production and Supply of Water	102.4	103.8
污水处理及再生利用	Sewage Treatment and Recycling	115.7	100.0

8-9 原材料、燃料、动力购进价格指数

Indices of Purchasing Prices of Raw Materials, Fuels and Power

(上年=100) (preceding year=100)

类　　别	Type	2005	2006	2007	2008	2009
全部原材料	**General Index**	**110.0**	**108.6**	**107.9**	**114.2**	**90.7**
燃料、动力类	Fuel and Power	112.8	108.7	103.8	113.3	96.3
黑色金属材料类	Ferrous Metals	105.3	95.0	110.7	131.1	85.5
钢　材	Steel	106.9	94.6	106.6	122.3	84.8
其　他	Others	103.7	95.5	116.3	142.9	86.5
有色金属材料和电线类	Nonferrous Metals and wire	125.7	144.0	118.9	102.1	74.9
化工原料类	Raw Chemical Materials	109.0	101.7	106.7	117.9	85.3
木材及纸浆类	Timber and Paper Pulp	107.7	106.6	106.2	107.3	97.9
建筑材料及非金属矿类	Building Materials and Nonmetal Ores	113.1	108.4	106.0	114.4	103.1
其它工业原材料及半成品类	Other Industrial Raw Materials and Semifinished Products	103.6	106.5	108.4	108.6	95.6
农副产品类	Agricultural Products	100.6	105.3	105.8	107.3	98.8
纺织原料类	Textile Materials	102.4	102.9	102.3	103.6	97.2

8-10 固定资产投资价格指数

Price Indices of Investment in Fixed Assets

(上年=100) (preceding year=100)

类　　别	Type	2005	2006	2007	2008	2009
固定资产投资	**Investment in Fixed Assets**	**100.5**	**103.2**	**105.4**	**108.1**	**96.1**
建筑安装工程	**Construction and Installation**	**99.2**	**103.1**	**106.9**	**110.9**	**93.9**
人工费	Labor Costs	107.6	113.2	109.4	110.7	105.0
材料费	Material Costs	97.1	100.3	106.7	111.5	89.9
钢　材	Steel	96.5	96.2	107.8	116.4	83.5
木　材	Wood	98.2	101.0	104.3	102.8	101.6
水　泥	Cement	92.1	100.0	106.9	107.9	97.1
地方建筑材料	Local Building Materials	102.2	111.2	104.9	105.7	101.6
化工材料	Chemical Materials	105.9	105.0	107.2	103.3	88.1
电　料	Electric Materials	102.4	120.7	101.2	101.6	106.4
其他材料	Other Materials	102.2	100.5	105.6	101.9	105.2
机械使用费	Machinery Costs	100.7	105.1	103.7	104.4	103.1
设备、工器具购置	**Purchase of Equipment,Tools and Instruments**	**100.3**	**100.9**	**100.5**	**100.5**	**97.4**
其他费用	**Others**	**107.2**	**107.7**	**106.2**	**107.5**	**104.7**

主要统计指标解释

居民消费价格指数 是反映一定时期内城乡居民所购买的生活消费品价格和服务项目价格变动趋势和程度的相对数，是对城市居民消费价格指数和农村居民消费价格指数进行综合汇总计算的结果。该指数可以观察和分析消费品的零售价格和服务项目价格变动对城乡居民实际生活费支出的影响程度。

商品零售价格指数 是反映一定时期内城乡商品零售价格变动趋势和程度的相对数。商品零售价格的变动直接影响到城乡居民的生活支出和国家的财政收入，影响居民购买力和市场供需的平衡，影响到消费与积累的比例关系。因此，该指数可以从一个侧面对上述经济活动进行观察和分析。

工业品出厂价格指数 是反映一定时期内全部工业产品出厂价格总水平的变动趋势和程度的相对数，包括工业企业售给本企业以外所有单位的各种产品和直接售给居民用于生活消费的产品。该指数可以观察出厂价格变动对工业总产值及增加值的影响。

固定资产投资价格指数 是反映一定时期内固定资产投资品及项目的价格变动趋势和程度的相对数。固定资产投资额是由建筑安装工程投资完成额、设备工器具购置投资完成额和其他费用投资完成额三部分组成的。编制固定资产投资价格指数应首先分别编制上述三部分投资的价格指数，然后采用加权算术平均法求出固定资产投资价格总指数。

该指数可以准确地反映固定资产投资中涉及的各类投资品和取费项目价格变动趋势和变动幅度，消除按现价计算的固定资产投资指标中的价格变动因素，真实地反映固定资产投资的规模、速度、结构和效益，为国家科学地制定、检查固定资产投资计划并提高宏观调控水平，为完善国民经济核算体系提供科学的、可靠的依据。

Explanatory Notes on Main Statistical Indicators

Consumer Price Indices reflect the trend and degree of changes in prices of consumer goods and services purchased by urban and rural households during a given period. They are obtained by combining the Urban Consumer Price Indices and the Rural Consumer Price Indices. The Indices enable the observation and analysis of the degree of impact of the changes in the prices of retailed goods and services on the actual living expenses of urban and rural residents.

Retail Price Indices reflect the trend and degree of change in retail prices of commodities during a given period. The change in retail prices of commodities directly affect the living expenses of urban and rural residents, government revenue, purchasing power of residents and the equilibrium of market supply and demand, and the ratio of consumption to accumulation. Therefore, the retail price indices are useful from an oblique perspective for observing and analyzing the changes of the above economic activities.

Producer Price Indices for Manufactured Goods reflect the trend and degree of changes in general ex-factory prices of all manufactured goods during a given period, including sales of manufactured goods by an industrial enterprise to all units outside the enterprise, as well as sales of consumer goods to residents. It can be used to analyze the impact of ex-factory prices on gross output value and value-added of the industrial sector.

Price Indices of Investment in Fixed Assets reflect the trend and degree of changes in prices of investment goods and projects in fixed assets during a given period. The investment in fixed assets consists of three components, namely the investment in construction and installation, the investment in purchases of equipment and instrument, and the investment in other items. Price indices of investment in fixed assets are calculated as the weighted arithmetic mean of the price indices of the three components of investment in fixed assets.

Removing the factor of price change in the aggregates of investment at current prices, this indicator shows the changes in the prices of commodities and fees involved in the investment of fixed assets, and can be used to observe the actual size, growth, structure, and efficiency of investment in fixed assets and provides reliable and scientific data for government planning, management, decision-making, and further improving the current national accounting system.

人民生活

9

People's Livelihood

◆ 165/198

资料整理及英文翻译：张万才　鲁赣凤　王　敏
刘顺伯　丁邦伟　廖超群　周　伟

简要说明

一、本篇资料的主要内容

本篇资料反映了全省城镇、农村居民的家庭收支、人口就业、居住、耐用消费品拥有、生产和生活等方面的情况。

二、本篇资料的来源

1. 本篇资料中城镇居民家庭相关资料来源于城镇住户调查年报，由国家统计局江西调查总队城镇住户调查处整理提供。

2. 本篇资料中农民家庭相关资料来源于农村住户调查年报，由国家统计局江西调查总队农村住户调查处整理提供。

Brief Introduction

I. Content

Data in this chapter show the basic conditions of the people's livelihood for the whole province, including income and expenditure of the households, employment, housing condition, consumption and possession of the major consumer goods, etc.

II. Source of Data

(1) Data in this chapter are based on the data collected by the sample survey on urban households and are prepared and provided by the Division of Urban Household Survey of Survey Office of the National Bureau of Statistics in Jiangxi.

(2) Data in this chapter are based on the data collected by the sample survey on rural households and are prepared and provided by the Division of Rural Household Survey of Survey Office of the National Bureau of Statistics in Jiangxi.

9-1 人民物质文化生活情况
People's Material and Cultural Life

指标	Item	1978	2000	2005	2008	2009
就业(人)	**Employment (person)**					
城镇住户每一就业者赡养人数	Number of Dependents per Employee of Urban Household		1.79	1.90	1.80	1.83
农村住户每一劳动力负担人口	Number of Dependents per Laborer of Rural Household	2.50	1.46	1.38	1.36	1.35
收入(元)	**Income(yuan)**					
职工平均工资	Average Wage of Staff and Workers	552	7014	13688	21000	24696
城镇住户可支配性收入	Disposable Income of Urban Households	305.36	5103.60	8619.72	12866.44	14021.54
农村住户纯收入	Net Income of Rural Households	140.70	2135.30	3265.53	4697.19	5075.01
消费(亿元)	**Consumption(100 million yuan)**					
国内支出总消费	Total Domestic Consumption Expenditure	56.88	1269.58	2117.30	3279.89	3545.84
居民消费	Resident Consumption		989.20	1642.20	2522.19	2750.72
农业居民消费	Agricultural Households Consumption		574.63	816.84	806.58	877.74
非农业居民消费	Non-agricultural Households Consumption		414.57	825.36	1715.61	1872.98
政府消费	Government Consumption Expenditure		280.38	475.10	757.70	795.12
储蓄(元)	**Saving(yuan)**					
平均每人储蓄存款年末余额	Per Capita Balance of Saving Deposit at Year-end	13	2997	6385	9468	11532
居住(平方米)	**Residence(sq.m)**					
城镇住户人均建筑面积	Per Capita Building Space of Urban Households			37.15	37.24	38.60
农村住户人均居住面积	Per Capita Living Space of Rural Households		27.79	34.10	37.56	39.53
交通、通讯	**Traffic and Communication**					
城镇住户每百户摩托车拥有量(辆)	Number of Motor Cycles per 100 Urban Households(unit)		12.96	24.38	20.07	20.34
城镇住户每百户汽车拥有量(辆)	Number of Automobiles per 100 Urban Households(unit)		0.39	0.73	3.10	4.31
城镇居民每百户拥有移动电话(台)	Number of Mobile Telephones per 100 Urban Households(set)		14.37	136.26	166.17	175.17
农村住户每百户自行车拥有量(辆)	Number of Bicycles per 100 Rural Households (unit)		116.12	96.90	82.57	83.47
农村住户每百户摩托车拥有量(辆)	Number of Motor Cycles per 100 Rural Households(unit)		17.47	43.39	50.65	58.29
农村住户每百户拥有移动电话(台)	Number of Mobile Telephones per 100 Rural Households(set)		1.43	64.82	106.98	127.35
教育	**Education**					
每万人中有普通高等学校在校学生(人)	Students Enrollment of Regular Higher Education Institutions per 10000 Population(person)	6.85	35.29	152.15	177.15	179.03
每万人中有中等学校在校学生(人)	Students Enrollment of Secondary Schools per 10000 Population(person)	540.69	702.41	809.75	752.51	783.06
每万人中有小学在校学生(人)	Students Enrollment of Primary Schools per 10000 Population(person)	1614.20	1018.85	891.0.6	963.45	953.82
学龄儿童入学率(%)	Enrollment Rate of School-Age Children(%)	94.15	99.58	99.01	99.93	99.89
卫生	**Health**					
每万人中有卫生技术人员(人)	Number of Medical Technical Personnels per 10000 Population(person)	22.1	29.7	26.9	31.8	33.2
#医生	Doctors	9.6	13.1	11.5	12.6	12.7
每万人中有病床数(张)	Number of Hospital Beds per 10000 Population (bed)	22.7	21.9	19.7	23.9	27.8
#医院卫生院	Hospital Beds	20.5	20.1	18.5	21.3	23.6
文化(台/套)	**Culture(set)**					
城镇住户每百户拥有彩色电视机	Number of Color TV per 100 Urban Households		106.01	139.31	143.01	146.05
城镇住户每百户拥有照相机	Number of Cameras per 100 Urban Households		25.48	37.35	31.45	31.69
城镇住户每百户拥有组合音响	Number of Hi-Fi Stereo Component Players per 100 Urban Households		16.00	24.64	28.13	28.02
城镇住户每百户拥有家用电脑	Number of Computers per 100 Urban Households		4.56	32.03	50.66	54.91
农村住户每百户拥有彩色电视机	Number of Color TV per 100 Rural Households		30.16	82.33	95.76	103.84
农村住户每百户拥有照相机	Number of Cameras per 100 Rural Households		2.08	1.84	1.71	2.45

9-2 居民消费水平
Household Consumption Expenditure

本表绝对数按当年价格计算，指数按可比价格计算.
Level in this table are calculated at current prices,while indices are calculated at constant prices

年 份 Year	绝对数(元) Level(yuan)			指数(上年=100) Index(Preceding Year=100)			指数(1978=100) Index(year of 1978=100)		
	全体居民 All Households	农村居民 Rural Household	城镇居民 Urban Household	全体居民 All Households	农村居民 Rural Household	城镇居民 Urban Household	全体居民 All Households	农村居民 Rural Household	城镇居民 Urban Household
1978	181	161	281	115.7	115.7	109.7	100.0	100.0	100.0
1979	203	179	323	110.7	109.7	113.4	110.7	109.7	113.4
1980	211	183	340	99.7	98.0	101.0	110.4	107.5	114.5
1981	230	194	394	104.1	101.3	110.8	114.9	108.9	126.9
1982	266	235	403	112.4	117.7	99.5	129.1	128.2	126.3
1983	282	253	410	104.5	106.1	100.3	134.9	136.0	126.7
1984	311	279	448	107.6	107.6	106.6	145.2	146.3	135.1
1985	367	327	535	108.7	107.9	109.7	157.8	157.9	148.2
1986	395	346	590	101.6	101.0	101.6	160.3	159.5	150.6
1987	427	365	675	103.7	101.7	107.0	166.2	162.2	161.1
1988	506	421	842	104.7	101.7	111.7	174.0	165.0	179.9
1989	580	480	971	100.0	101.6	96.5	174.0	167.6	173.6
1990	666	577	1017	104.5	104.8	103.6	181.8	175.6	179.8
1991	706	605	1105	103.6	103.2	104.6	188.3	181.2	188.1
1992	770	634	1295	106.7	105.1	110.0	200.9	190.4	206.9
1993	887	712	1566	105.9	105.0	107.8	212.8	199.9	223.0
1994	1182	923	2165	105.8	105.2	106.3	225.1	210.3	237.0
1995	1559	1266	2632	106.8	107.6	104.2	240.4	226.3	247.0
1996	1857	1553	2942	112.2	115.7	104.4	269.7	261.8	257.9
1997	1930	1569	3200	104.4	103.1	106.7	281.6	269.9	275.2
1998	1973	1599	3267	101.6	101.4	101.7	286.1	273.7	279.9
1999	2056	1637	3482	104.4	103.9	105.0	298.7	284.4	293.9
2000	2396	1793	4488	116.6	114.9	117.2	348.3	326.8	344.5
2001	2500	1801	4845	104.8	101.2	108.0	365.0	330.7	372.1
2002	2651	1879	5138	106.0	104.3	106.0	386.9	344.9	394.4
2003	2739	1964	5127	102.9	104.0	99.6	392.5	353.6	387.3
2004	3353	2342	6300	111.6	109.8	110.8	438.0	388.3	429.1
2005	3821	2576	7329	109.6	108.1	109.5	480.0	419.8	469.9
2006	4173	2810	7950	125.0	120.1	129.2	600.0	504.2	607.1
2007	4702	3061	9200	108.4	105.9	110.3	650.4	533.9	669.6
2008	5753	3096	9642	114.8	105.4	93.4	746.7	562.7	625.4
2009	6229	3443	10033	128.0	118.9	100.9	955.8	669.1	631.0

9-3 城乡居民储蓄存款年末余额

Balance of Savings Deposit of Urban and Rural Residents at Year-end

单位：万元 (10000 yuan)

年 份 Year	合 计 Total	定 期 Time Deposits	活 期 Demand Deposits
1978	41577		
1980	77127		
1985	348463	242277	106186
1986	480440	352393	128047
1987	646801	469971	176830
1988	811381	575035	236346
1989	1064999	824379	240620
1990	1427897	1150788	277109
1991	1862639	1528733	333906
1992	2378005	1904617	473388
1993	3216531	2505990	710541
1994	4581242	3550830	1030412
1995	6139568	4805479	1334089
1996	7770406	6148175	1622231
1997	9282412	7401216	1881196
1998	10692222	8317135	2375087
1999	11624907	8705993	2918914
2000	12431536	8852991	3578545
2001	14295157	9865993	4429164
2002	17066270	11250187	5816083
2003	20154504	12787336	7367168
2004	23477204	14657742	8819462
2005	27528875	17122721	10406154
2006	31516842	18871788	12645054
2007	33608099	19087521	14520578
2008	41661949	24311107	17350842
2009	50926656	28372310	22554346

9-4 各地区居民消费水平（2009年）
Household Consumption Expenditure by Region (2009)

地 区	Region	绝对数(元) Level(yuan) 全体居民 All Households	农村居民 Rural Household	城镇居民 Urban Household	指数(上年=100) Index(preceding year=100) 全体居民 All Households	农村居民 Rural Household	城镇居民 Urban Household
南 昌	Nanchang	18788	10849	27713	106.6	116.5	103.0
景德镇	Jingdezhen	8519	5770	10728	109.1	117.0	105.2
萍 乡	Pingxiang	8199	4700	15923	103.5	102.2	104.2
九 江	Jiujiang	6897	3949	10655	113.5	117.8	110.0
新 余	Xinyu	9520	4219	13621	102.2	103.2	100.0
鹰 潭	Yingtan	10494	3956	11497	120.5	101.5	124.8
赣 州	Ganzhou	4780	3808	6351	109.9	108.5	110.1
吉 安	Ji'an	4782	3439	9285	109.2	111.1	106.1
宜 春	Yichun	5830	4874	8223	113.7	113.4	113.9
抚 州	Fuzhou	4005	2900	7310	99.9	100.0	98.5
上 饶	Shangrao	4686	2972	11145	118.3	108.3	128.9

9-5 各地区城乡居民储蓄存款年末余额（2009年）
Balance of Savings Deposit of Urban and Rural Residents at Year-end by Region (2009)

单位：万元 (10000 yuan)

地 区	Region	合 计 Total	定 期 Time Deposits	活 期 Demand Deposits
南 昌	Nanchang	11818238	6965388	4852850
景德镇	Jingdezhen	2069623	1265631	803992
萍 乡	Pingxiang	1911140	1009102	902038
九 江	Jiujiang	4863755	2637596	2226159
新 余	Xinyu	2043253	1141185	902068
鹰 潭	Yingtan	1464842	886568	578274
赣 州	Ganzhou	7356983	3572510	3784473
吉 安	Ji'an	4815047	2663842	2151205
宜 春	Yichun	5456873	2927741	2529132
抚 州	Fuzhou	3744122	2070147	1673975
上 饶	Shangrao	5376923	3228730	2148193

9-6 城镇住户基本情况

Basic Condition of Urban Households

年 份 Year	调查户数 (户) Number of Households Surveyed (houshold)	家庭人口数 (人) Household Size (person)	就业人口 (人) Employed Population (person)	平均每户人口数 (人) Average Household Size (person)	平均每户就业人口数(人) Average Number of Employed Persons per Household (person)	平均每户就业面 (%) Proportion of Employment per Household (%)
1986	1000	4024.36	2154.74	4.02	2.15	53.48
1987	1000	3982.45	2143.89	3.98	2.14	53.83
1988	1280	4755.00	2554.70	3.72	2.00	53.72
1989	1280	4668.66	2556.73	3.65	2.00	54.72
1990	1280	4612.26	2525.10	3.60	1.97	54.75
1991	1280	4533.51	2507.11	3.54	1.96	55.30
1992	1280	4419.19	2479.57	3.45	1.94	56.11
1993	1280	4317.27	2457.96	3.37	1.92	56.93
1994	1180	3870.41	2245.89	3.28	1.90	58.03
1995	1180	3777.63	2224.19	3.20	1.88	58.88
1996	1180	3757.83	2221.32	3.18	1.88	59.12
1997	1180	3693.40	2242.00	3.13	1.90	60.70
1998	1180	3631.62	2210.20	3.08	1.87	60.86
1999	1314	4023.70	2385.53	3.06	1.82	59.29
2000	1280	3943.31	2205.98	3.08	1.72	55.94
2001	1280	3892.75	2151.10	3.04	1.68	55.26
2002	1280	3801.60	2048.00	2.97	1.60	53.87
2003	1280	3801.60	2035.20	2.97	1.59	53.54
2004	1280	3724.80	1996.80	2.91	1.56	53.61
2005	1280	3699.20	1945.60	2.89	1.52	52.60
2006	1280	3660.80	1958.40	2.86	1.53	53.50
2007	1280	3648.00	2022.40	2.85	1.58	55.44
2008	1280	3712.00	2060.80	2.90	1.61	55.52
2009	1280	3686.40	2009.60	2.88	1.57	54.51

9-6 续表 continued

年 份 Year	平均每一就业者赡养人数(人) Number of Dependents per Employee (person)	平均每人每年总收入(元) Per Capita Total Annual Income (yuan)	平均每人每年可支配收入(元) Per Capita Annual Disposable Income (yuan)	可支配收入指数 Index of Disposable Income 以上年为100 (preceding year=100)	以1978年为100 (year of 1978=100)	平均每人每年消费性支出(元) Per Capita Annual Consumption Expenditure (yuan)
1986	1.87	744.12	729.84	118.0	171.9	630.96
1987	1.86	808.20	791.88	100.6	172.9	703.20
1988	1.83	965.16	937.80	95.7	165.5	876.48
1989	1.83	1116.84	1081.92	98.4	161.2	977.88
1990	1.83	1224.48	1187.88	107.5	173.3	983.76
1991	1.81	1327.32	1295.40	104.5	181.0	1110.24
1992	1.78	1589.28	1584.96	113.8	206.0	1275.96
1993	1.76	1986.72	1984.80	108.1	222.8	1585.68
1994	1.72	2778.96	2776.80	110.2	245.6	2201.04
1995	1.70	3380.88	3376.56	104.0	255.5	2712.48
1996	1.69	3782.28	3780.24	103.6	264.6	2942.16
1997	1.65	4090.68	4071.36	104.6	276.7	3199.56
1998	1.64	4274.28	4251.48	103.4	286.0	3266.76
1999	1.69	4746.24	4720.56	112.0	320.3	3482.28
2000	1.79	5129.52	5103.60	105.9	339.2	3623.52
2001	1.81	5545.68	5506.08	108.1	366.7	3894.48
2002	1.86	6521.28	6335.64	114.8	421.0	4549.32
2003	1.87	7153.68	6901.44	108.0	454.7	4914.60
2004	1.87	7876.68	7559.64	106.0	482.0	5337.84
2005	1.90	9042.48	8619.72	112.3	541.3	6109.44
2006	1.87	10014.61	9551.12	110.0	595.4	6645.54
2007	1.80	11754.16	11221.87	112.5	669.8	7810.73
2008	1.80	13463.58	12866.44	108.3	725.4	8717.37
2009	1.83	15047.19	14021.54	109.6	795.0	9739.99

注：可支配收入指数均按可比价计算，2002年之后人均每年实际收入指标为人均每年家庭总收入。后同。

a) Disposable Income indices are calculated by constant price.Per Capita Total Annual Income after 2002 refers to total Income of household. The same applies to the tables following.

9-7 城镇住户分组基本情况（2009年）

Basic Condition of Urban Households by Level of Income (2009)

指标	Item	合计 Total	最低收入户 Lowest Income Households	#更低收入户 Poor Households
调查户数(户)	Number of Households Surveyed (household)	1280	128	64
平均每户家庭人口数(人)	Average Household size (person)	2.88	3.32	3.20
平均每户有收入人口数(人)	Average Number of Persons with Income per Household (person)	2.10	1.87	1.70
平均每户就业人口数(人)	Average Number of Employed Persons per Household (person)	1.57	1.48	1.43
平均每户就业面(%)	Proportion of Employment per Household (%)	54.51	44.58	44.69
平均每一就业者赡养人数(含就业者本人)(人)	Number of Dependents per Employee (including the employee himself or herself)(person)	1.83	2.24	2.24
平均每人每年家庭总收入(元)	Per Capita Annual Total Income (yuan)	15047	6403	5627
平均每人每年可支配收入(元)	Per Capita Annual Disposable Income (yuan)	14022	5455	4532
平均每人每年消费性支出(元)	Per Capita Annual Consumption Expenditure (yuan)	9740	4674	4679

9-7 续表1 continued

指标	Item	低收入户 Low Income Households	中等偏下收入户 Lower Middle Income Households	中等收入户 Middle Income Households
调查户数(户)	Number of Households Surveyed (household)	128	256	256
平均每户家庭人口数(人)	Average Household size (person)	3.19	3.23	2.81
平均每户有收入人口数(人)	Average Number of Persons with Income per Household (person)	2.01	2.20	2.18
平均每户就业人口数(人)	Average Number of Employed Persons per Household (person)	1.52	1.72	1.57
平均每户就业面(%)	Proportion of Employment per Household (%)	47.65	53.25	55.87
平均每一就业者赡养人数(含就业者本人)(人)	Number of Dependents per Employee (including the employee himself or herself)(person)	2.10	1.88	1.79
平均每人每年家庭总收入(元)	Per Capita Annual Total Income (yuan)	8608	11111	14441
平均每人每年可支配收入(元)	Per Capita Annual Disposable Income (yuan)	8000	10318	13511
平均每人每年消费性支出(元)	Per Capita Annual Consumption Expenditure (yuan)	6496	7639	8912

9-7 续表2 continued

指标	Item	中等偏上收入户 Upper Middle Households	高收入户 High Income Households	最高收入户 Highest Income Households
调查户数(户)	Number of Households Surveyed(household)	256	128	128
平均每户家庭人口数(人)	Average Household Size(person)	2.59	2.59	2.33
平均每户有收入人口数(人)	Average Number of Persons with Income per Household(person)	2.08	2.16	2.09
平均每户就业人口数(人)	Average Number of Employed Persons per Household(person)	1.47	1.59	1.58
平均每户就业面(%)	Proportion of Employment per Household(%)	56.76	61.39	67.81
平均每一就业者赡养人数(含就业者本人)(人)	Number of Dependents per Employee(including the employee himself or herself)(person)	1.76	1.63	1.47
平均每人每年家庭总收入(元)	Per Capita Annual Total Income(yuan)	18334	23476	34096
平均每人每年可支配收入(元)	Per Capita Annual Disposable Income(yuan)	17188	22017	32231
平均每人每年消费性支出(元)	Per Capita Annual Consumption Expenditure (yuan)	11914	14700	20183

9-8 城镇住户分市、县基本情况（2009年）

Basic Condition of Urban Households by City and County (2009)

指　　标	Item	合计 Total	南昌市 Nanchang	九江市 Jiujiang	景德镇市 Jingdezhen	赣州市 Ganzhou	萍乡市 Pingxiang
调查户数(户)	Number of Households Surveyed(household)	1280	300	100	100	100	50
平均每户家庭人口数(人)	Average Household Size(person)	2.88	2.81	2.61	2.84	2.88	3.30
平均每户有收入人口数(人)	Average Number of Persons with Income per Household(person)	2.10	2.22	2.01	2.08	2.18	2.62
平均每户就业人口数(人)	Average Number of Employed Persons per Household(person)	1.57	1.62	1.57	1.51	1.69	1.92
平均每户就业面(%)	Proportion of Employment per Household(%)	54.51	57.65	60.15	53.17	58.68	58.18
平均每人每年家庭总收入(元)	Per Capita Annual Total Income(yuan)	15047	17702	15039	15775	14292	16190
平均每人每年可支配收入(元)	Per Capita Annual Disposable Income(yuan)	14022	16472	14203	14996	12901	14825
平均每人每年消费性支出(元)	Per Capita Annual Consumption Expenditure (yuan)	9740	12406	9368	10560	9882	10576
平均每人建筑面积(平方米)	Per Capita Floor Space (sq.m)	38.60	30.13	33.03	31.65	36.78	38.62

9-8 续表1 continued

指　　标	Item	宜春市 Yichun	上饶市 Shangrao	吉安市 Ji'an	抚州市 Fuzhou	新余市 Xinyu	鹰潭市 Yingtan	井冈山市 Jinggang shan
调查户数(户)	Number of Households Surveyed(household)	50	50	50	50	50	50	30
平均每户家庭人口数(人)	Average Household Size(person)	2.84	2.98	2.93	2.69	2.94	2.97	2.77
平均每户有收入人口数(人)	Average Number of Persons with Income per Household(person)	1.97	2.39	2.22	2.06	2.04	1.90	2.03
平均每户就业人口数(人)	Average Number of Employed Persons per Household(person)	1.30	1.64	1.67	1.44	1.68	1.41	1.42
平均每户就业面(%)	Proportion of Employment per Household(%)	45.77	55.03	57.00	53.53	57.14	47.47	51.26
平均每人每年家庭总收入(元)	Per Capita Annual Total Income(yuan)	13792	15212	14859	13852	17888	15572	14284
平均每人每年可支配收入(元)	Per Capita Annual Disposable Income(yuan)	13006	13989	14095	13119	15610	14140	14016
平均每人每年消费性支出(元)	Per Capita Annual Consumption Expenditure (yuan)	9923	9953	8306	6697	12351	9839	7884
平均每人建筑面积(平方米)	Per Capita Floor Space (sq.m)	43.38	37.35	40.70	36.49	36.50	33.03	29.20

9-8 续表2 continued

指　　标	Item	瑞昌市 Ruichang	信丰县 Xinfeng	泰和县 Taihe	上高县 Shanggao	铅山县 Yanshan	东乡县 Dongxiang
调查户数(户)	Number of Households Surveyed(household)	50	50	50	50	50	50
平均每户家庭人口数(人)	Average Household Size(person)	3.05	3.10	2.72	2.89	2.72	3.00
平均每户有收入人口数(人)	Average Number of Persons with Income per Household(person)	2.02	1.79	1.81	1.84	1.80	2.13
平均每户就业人口数(人)	Average Number of Employed Persons per Household(person)	1.58	1.38	1.51	1.47	1.26	1.64
平均每户就业面(%)	Proportion of Employment per Household(%)	51.80	44.52	55.51	50.87	46.32	54.67
平均每人每年家庭总收入(元)	Per Capita Annual Total Income(yuan)	10974	12736	13456	12062	12130	13520
平均每人每年可支配收入(元)	Per Capita Annual Disposable Income(yuan)	10750	12145	12668	11613	11630	13214
平均每人每年消费性支出(元)	Per Capita Annual Consumption Expenditure (yuan)	6553	8140	7937	7936	7695	7655
平均每人建筑面积(平方米)	Per Capita Floor Space (sq.m)	46.69	55.98	45.45	42.96	45.00	59.05

9-9 城镇住户平均每人每年现金收支

Per Capital Annual Cash Income and Expenditure of Urban Households

单位：元 (yuan)

指　　标	Item	2008	2009
家庭总收入	**Total Income of Households**	**13463.58**	**15047.19**
#可支配收入	Disposable Income	12866.44	14021.54
工资性收入	Income of Wages and Salaries	9105.96	9789.79
#工资及补贴收入	Wages and Subsidies	8980.19	9621.35
其它劳动收入	Other Income	125.77	168.43
经营净收入	Net Business Income	1106.31	1153.45
财产性收入	Income from Property	265.35	239.83
转移性收入	Income from Transfers	2985.96	3864.13
#养老金或离退休金	Pension or Retirement Annuities	2276.86	2794.32
赡养收入	Alimony Income	230.04	273.85
捐赠收入	Donated Income	218.84	442.15
出售财物收入	**Income from Properties Sale**	**81.48**	**26.18**
借贷收入	**Loan Income**	**1814.81**	**2510.95**
#提取储蓄存款	Withdrawal of Savings Deposits	1434.51	2245.33
借入款	Borrowed Money	178.85	109.71
住房贷款	Loans for Housing	108.47	72.24
家庭总支出	**Total Expenditure of Households**	**11101.47**	**12836.76**
#消费性支出	Consumption Expenditure	8717.37	9739.99
购房建房支出	Expenditure for Housing Purchase and Building	478.38	621.09
个人所得税	Individual Income Tax	19.98	24.79
捐赠支出	Contribution Expenditure	912.35	1018.79
赡养支出	Alimony Expenditure	386.92	398.21
借贷支出	**Expenditure for Lending**	**3708.66**	**4472.10**
#存入储蓄款	Money Deposited in Bank	3269.83	3979.87
借出款	Lending Money	27.64	21.18
归还借款	Money Returned to the Borrower	66.49	66.88
归还住房贷款	Housing Loan Returned	170.91	202.05

9-10 城镇住户平均每人每年现金收支（2009年）

单位：元

指 标	Item	合 计 Total	最 低 收入户 Lowest Income Households	#更 低 收入户 Poor Households
家庭总收入	**Total Income of Households**	**15047.19**	**6402.76**	**5626.79**
#可支配收入	Disposable Income	14021.54	5454.97	4531.81
工资性收入	Income of Wages and Salaries	9789.79	4209.70	3915.02
#工资及补贴收入	Wages and Subsidies	9621.35	4069.75	3863.17
其它劳动收入	Other Income	168.43	139.95	51.85
经营净收入	Net Business Income	1153.45	437.80	251.14
财产性收入	Income from Property	239.83	9.34	15.51
转移性收入	Income from Transfers	3864.13	1745.92	1445.12
#养老金或离退休金	Pension or Retirement Annuities	2794.32	1146.39	713.28
赡养收入	Alimony Income	273.85	182.84	201.52
捐赠收入	Donated Income	442.15	70.11	89.58
出售财物收入	**Income from Properties Sale**	**26.18**	**9.58**	**19.62**
借贷收入	**Loan Income**	**2510.95**	**902.92**	**1283.38**
#提取储蓄存款	Withdrawal of Savings Deposits	2245.33	846.11	1205.01
借入款	Borrowed Money	109.71	36.14	63.83
住房贷款	Loans for Housing	72.24		
家庭总支出	**Total Expenditure of Households**	**12836.76**	**6080.70**	**6279.93**
#消费性支出	Consumption Expenditure	9739.99	4674.20	4679.25
购房建房支出	Expenditure for Housing Purchase and Building	621.09		
个人所得税	Individual Income Tax	24.79	0.88	
捐赠支出	Contribution Expenditure	1018.79	369.24	362.46
赡养支出	Alimony Expenditure	398.21	174.93	211.89
借贷支出	**Expenditure for Lending**	**4472.10**	**1032.47**	**397.33**
#存入储蓄款	Money Deposited in Bank	3979.87	961.03	343.31
借出款	Lending Money	21.18	11.57	
归还借款	Money Returned to the Borrower	66.88	13.13	6.78
归还住房贷款	Housing Loan Returned	202.05		

Per Capital Annual Cash Income and Expenditure of Urban Households (2009)

(yuan)

低收入户 Low Income Households	中等偏下户 Lower Middle Income Households	中等收入户 Middle Income Households	中等偏上户 Upper Middle Income Households	高收入户 High Income Households	最高收入户 Highest Income Households
8607.80	**11111.41**	**14440.91**	**18333.69**	**23476.17**	**34095.50**
7999.94	10318.34	13511.24	17188.26	22016.67	32230.76
5643.52	7941.69	9519.13	11462.06	15387.03	20762.35
5560.14	7857.17	9371.07	11212.37	15081.77	20475.08
83.38	84.52	148.06	249.69	305.26	287.27
617.86	700.14	923.94	1603.83	2504.16	2444.81
30.64	133.14	161.22	259.70	228.05	1333.45
2315.78	2336.43	3836.62	5008.10	5356.93	9554.88
1756.20	1909.21	3013.66	3707.61	3856.91	5680.61
248.63	66.30	260.44	583.35	319.69	325.62
80.88	159.30	269.50	373.73	634.26	2641.94
2.67	**0.22**	**2.46**	**51.95**	**0.45**	**179.75**
931.41	**1934.09**	**1575.31**	**3141.08**	**4690.61**	**7415.77**
912.91	1903.54	1423.17	2471.86	3766.89	7121.11
18.49	30.25	61.61	334.25	110.74	192.06
		74.18	327.14		
7782.86	**10273.12**	**11469.66**	**15945.86**	**18918.15**	**27820.02**
6495.92	7638.62	8911.61	11913.72	14699.81	20183.40
	871.01	431.42	963.08	19.95	2125.71
3.01	5.80	10.31	24.99	57.22	144.00
573.71	784.97	926.99	1311.96	1708.03	2184.62
158.56	223.12	231.15	589.38	799.85	1122.11
1767.82	**2382.04**	**4159.75**	**5414.02**	**8511.25**	**13892.93**
1570.69	2278.90	3780.61	5005.48	6616.03	12260.90
		83.58	7.31	6.84	21.16
111.25	9.60	24.55	22.75	208.03	295.98
50.61	46.75	76.49	244.03	739.07	806.20

9-11 城镇住户平均每人每年消费性支出（2009年）

单位：元

类　　别	Type	合计 Total	最低收入户 Lowest Income Households	#更低收入户 Poor Households
消费性支出	**Consumption Expenditure**	**9739.99**	**4674.20**	**4679.25**
食品	Food	3881.56	2402.87	2395.60
#粮食	Grain	324.87	227.13	229.02
油脂类	Oil or Fat	170.61	115.90	112.70
肉禽及其制品类	Meat,Poultry and Related Products	872.34	583.66	584.51
蛋类	Eggs	79.25	55.57	53.23
水产品类	Aquatic Products	236.96	147.30	139.26
蔬菜类	Vegetables	486.46	322.78	319.70
干鲜瓜果类	Dried and Fresh Melons and Fruits	297.25	192.87	193.35
奶及奶制品	Milk and Dairy Products	180.77	110.74	105.69
在外饮食	Outward Dinner	565.32	214.66	255.54
衣着	Clothing	1053.01	460.26	420.38
居住	Residence	935.44	434.71	414.21
家庭设备用品及服务	Household Appliances and Services	761.85	268.98	221.01
#耐用消费品	Durable Consumer Goods	324.85	81.17	50.99
医疗保健	Health Care and Medical Services	550.25	260.46	325.34
交通和通讯	Transport and Communications	1145.16	303.75	276.69
#交通	Transport	676.56	101.57	80.49
通信	Communications	468.60	202.18	196.20
教育文化娱乐服务	Education, Cultural and Recreation Services	1066.94	431.02	503.21
#文化娱乐用品	Cultural and Recreational Articles	247.33	79.57	86.61
文化娱乐服务	Education, Cultural and Recreation Services	395.61	85.18	76.30
教育	Education	424.00	266.27	340.30
其它商品和服务	Other Goods and Services	345.78	112.16	122.81

Per Capitia Consumption Expenditure of Urban Households (2009)

(yuan)

低 收 入 户 Low Income Households	中 等 偏下户 Lower Middle Income Households	中 等 收入户 Middle Income Households	中 等 偏上户 Upper Middle Income Households	高 收 入 户 High Income Households	最 高 收入户 Highest Income Households
6495.92	**7638.62**	**8911.61**	**11913.72**	**14699.81**	**20183.40**
3082.84	3370.89	3859.10	4576.43	5006.30	6142.86
296.21	299.27	337.05	377.10	377.77	396.18
152.28	155.57	176.01	199.63	210.76	208.62
768.94	804.02	916.52	1016.94	1043.48	1075.99
71.86	69.84	84.79	91.08	92.78	100.66
196.21	207.10	246.85	279.05	303.41	336.34
440.63	442.90	509.09	559.48	592.10	613.43
250.49	258.83	312.08	353.69	372.58	400.11
143.94	156.69	199.08	213.34	217.94	258.20
220.08	384.64	428.42	700.65	888.14	1784.22
610.53	850.82	1072.96	1370.81	1473.20	1998.81
578.66	773.29	864.37	1147.20	1712.16	1587.90
454.40	552.19	695.95	1009.11	1280.75	1632.79
163.37	207.79	286.90	430.03	626.43	807.47
508.75	393.37	435.84	767.41	931.34	906.33
439.59	599.52	736.77	1276.28	2126.46	4592.69
151.71	209.52	259.09	677.04	1473.67	3725.61
287.88	390.01	477.68	599.24	652.78	867.09
679.41	875.87	936.52	1353.68	1523.02	2358.33
129.00	155.84	230.60	292.62	435.51	674.42
145.83	289.40	326.89	563.35	577.89	1135.76
404.57	430.62	379.02	497.71	509.62	548.15
141.75	222.68	310.11	412.80	646.58	963.68

9-12 城镇住户平均每人每年消费性支出和构成
Per Capitia Consumption Expenditure and Expenditure Percentage of Urban Households

类　别	Type	消费性支出（元）Consumption Expenditure(yuan)		构　成（%）Percentage（%）	
		2008	2009	2008	2009
消费性支出	**Consumption Expenditure**	**8717.37**	**9739.99**	**100.00**	**100.00**
食品	Food	3633.05	3881.56	41.68	39.85
#粮食	Grain	307.87	324.87	3.53	3.34
油脂类	Oil or Fat	216.79	170.61	2.49	1.75
肉禽及其制品类	Meat,Poultry and Related Products	898.36	872.34	10.31	8.96
蛋类	Eggs	77.51	79.25	0.89	0.81
水产品类	Aquatic Products	212.69	236.96	2.44	2.43
蔬菜类	Vegetables	489.63	486.46	5.62	4.99
干鲜瓜果类	Dried and Fresh Melons and Fruits	248.80	297.25	2.85	3.05
奶及奶制品	Milk and Dairy Products	169.36	180.77	1.94	1.86
在外饮食	Outward Dinner	436.51	565.32	5.01	5.80
衣着	Clothing	969.58	1053.01	11.12	10.81
居住	Residence	388.48	935.44	4.46	9.60
家庭设备用品及服务	Household Appliances and Services	851.15	761.85	9.76	7.82
#耐用消费品	Durable Consumer Goods	623.17	324.85	7.15	3.34
医疗保健	Health Care and Medical Services	229.82	550.25	2.64	5.65
交通和通讯	Transport and Communications	483.96	1145.16	5.55	11.76
#交通	Transport	872.57	676.56	10.01	6.95
通信	Communications	401.45	468.60	4.61	4.81
教育文化娱乐服务	Education, Cultural and Recreation Services	471.12	1066.94	5.40	10.95
#文化娱乐用品	Cultural and Recreational Articles	945.99	247.33	10.85	2.54
文化娱乐服务	Education, Cultural and Recreation Services	234.75	395.61	2.69	4.06
教育	Education	322.77	424.00	3.70	4.35
其它商品和服务	Other Goods and Services	337.91	345.78	3.88	3.56

9-13 城镇住户平均每百户主要消费品年末拥有量

Ownership of Major Consumer Good Per 100 Urban Households at Year-end

品 名	Item	2008	2009
摩托车(辆)	Motorcycle(set)	20.07	20.34
家用汽车(辆)	Family Car(unit)	3.10	4.31
洗衣机(台)	Washing Machine(unit)	91.85	92.45
电冰箱(台)	Refrigerator(unit)	94.01	95.25
彩色电视机(台)	Color Television Set(unit)	143.01	146.05
家用电脑(台)	Computer(unit)	50.66	54.91
组合音响(套)	Hi-Fi Stereo Component System(set)	28.13	28.02
摄像机(架)	Pickup Camera(unit)	4.11	4.27
照相机(架)	Camera(unit)	31.45	31.69
中高档乐器(件)	Medium and High Grade Musical Instruments(piece)	6.84	6.75
微波炉(台)	Microwave Oven(unit)	53.06	53.45
空调器(台)	Air Conditioner(unit)	96.46	101.99
淋浴热水器(台)	Shower Heater(unit)	90.56	91.07
健身器材(套)	Body Building Equipment(piece)	3.27	2.99
移动电话(部)	Mobile Telephone(unit)	166.17	175.17

9-14 农村居民家庭基本情况

Basic Statistics on Rural Households

年 份 Year	平均每户常住人口(人) Average Permanent Population Per Household (person)	平均每户整半劳动力(人) Average Number of Full Semi Labour Force Per Household (person)	平均每个劳动力负担人口(人) Average Number of Dependents Per Laborer Force (person)	平均每人纯收入(元) Per Capita Average Net Income (yuan)	平均每人住房面积(平方米) Per Capita Floor Space of Residential Buildings (sq.m)
1978	5.68	2.77	2.50	140.7	
1979	5.67	2.26	2.50	156.5	
1980	5.91	2.5	2.36	181.24	9.09
1981	6.06	2.78	2.18	226.87	10.05
1982	5.97	2.63	2.27	269.71	11.57
1983	5.92	2.9	2.04	301.76	13.92
1984	5.94	3.02	1.97	334.11	15.55
1985	5.79	3.09	1.87	377.31	16.20
1986	5.72	3.04	1.88	395.63	17.50
1987	5.61	3.02	1.85	429.29	18.47
1988	5.48	3.01	1.82	488.16	19.35
1989	5.38	3.02	1.78	558.64	19.94
1990	5.28	3.00	1.76	669.90	20.58
1991	5.09	2.92	1.74	702.53	20.08
1992	5.01	2.94	1.70	768.41	20.70
1993	4.92	3.02	1.63	869.81	22.91
1994	4.86	3.10	1.57	1218.19	21.61
1995	4.79	3.12	1.54	1537.36	22.70
1996	4.71	3.02	1.56	1869.63	24.00
1997	4.61	3.00	1.54	2107.28	24.33
1998	4.56	2.99	1.52	2048.00	25.31
1999	4.50	2.99	1.50	2129.45	26.90
2000	4.44	3.03	1.46	2135.30	27.79
2001	4.43	3.01	1.47	2231.60	28.25
2002	4.39	3.01	1.46	2334.20	29.24
2003	4.36	3.05	1.43	2457.53	30.55
2004	4.33	3.08	1.41	2952.56	31.35
2005	4.34	3.14	1.38	3265.53	34.10
2006	4.30	3.15	1.37	3584.72	35.91
2007	4.29	3.17	1.35	4097.82	36.78
2008	4.29	3.16	1.36	4697.19	37.56
2009	4.29	3.17	1.35	5075.01	39.53

9-15 平均每百户农民家庭主要生产用固定资产拥有量
Ownership of Major Fixed Assets for Production Per 100 Rural Households

指　　标	Item	2008	2009
生产性固定资产原值（元）	**Productive Original Value of Fixed Assets (yuan)**	**533410**	**611282**
农　业	Farming	301674	326966
林　业	Forestry	311	685
牧　业	Animal Husbandry	93217	115759
渔　业	Fishing	3040	2950
采矿业	Mining	1229	1555
制造业	Manufacturing	24125	27451
电力煤气与水的生产及供应	Production and Supply of Electric Power and Heat Power	1980	2147
建筑业	Construction	4514	6334
交通运输业、仓储和邮政业	Traffic, Transport, Storage and Post	65310	85833
批发和零售贸易业	Wholesale and Retail Trade	25630	23084
住宿和餐饮业	Hotels and Catering Services	2000	1494
居民服务与其他服务业	Services to Households and Other Services	6197	10686
教　育	Education	653	653
卫生、社会保障和福利业	Health, Social Security and Social Welfare	1980	3322
文化、体育和娱乐业	Culture, Sports and Entertainment	245	822
其　他	Others	1306	1541
主要生产性固定资产数量	**Amount of Major Productive Fixed Assets**		
房屋及建筑物（平方米）	Housing and Building (aq.m)	2810.33	3103.49
汽　车（辆）	Automobile (unit)	1.39	1.75
大中型拖拉机（台）	Large and Medium Tractor (unit)	0.29	0.69
小型和手扶拖拉机（台）	Small and Walking Tractor (unit)	4.08	4.35
机动脱粒机（台）	Motorized Thresher (unit)	25.59	26.98
收割机（台）	Harvester (unit)	0.53	0.55
农用动力机械（台）	Farm Power Plant (unit)	16.27	18.45
胶轮大车（架）	Cart with Rubber Tires (unit)	8.69	9.88
水　泵（台）	Pump (unit)	21.94	22.61
役　畜（头）	Draught Animal (head)	31.44	32.33
产品畜（头）	Commodity Animal (head)	9.76	12.90

9-16 农村住户人口与就业情况

Population and Employment of Rural Households

单位：人 (person)

指标	Item	2008	2009
农村住户人口状况	**Population of Rural Households**		
家庭常住人口	Number of Permanent Residents	10506	10509
6岁及以下	6 and Under	692	742
7-15岁	Aged 7 - 15	1072	1005
16-18岁	Aged 16 - 18	541	472
19-22岁	Aged 19 - 22	960	961
23-25岁	Aged 23 - 25	661	658
26-30岁	Aged 26 - 30	949	926
31-40岁	Aged 31 - 40	1415	1432
41-50岁	Aged 41 - 50	1670	1663
51-60岁	Aged 51 - 60	1762	1791
61岁及以上	61 and Above	784	859
在校学生人数	Students Enrollment	1712	1650
#7-15岁以下在校学生人数	Aged 7 - 15 Enrollment	1050	991
农村住户劳动力素质状况	**Labor Force Quality of Rural Households**		
整半劳动力数	Number of Full/Semi Labour Force	7740	7763
#男劳动力人数	Number of Male Labour Force	4100	4103
整劳动力	Number of Full Labour Force	5062	5025
劳动力文化程度	Education of Labor Force		
不识字或识字很少	Can Not Read or Read Very Little	436	379
小学程度	Primary School	2329	2317
初中程度	Junior High School	3889	3913
高中程度	Senior High School	783	806
中　专	Specialized	194	213
大专及以上	Junior College and over	109	135

9-16 续表 continued

单位：人 (person)

指 标	Item	2008	2009
农村住户劳动力就业情况	**Employment of Rural Labor Force**		
就业劳动力人数	Number of Employed Labor Force	7701	7737
#男劳动力人数	Male Labor Force	4088	4099
整劳动力人数	Full Labor Force	5037	5001
受专业培训的人数	Professionally Trained	1813	3003
就业地点	Place of Employment		
乡 内	in the Village	5411	5192
县内乡外	in the County but Outside the Village	193	282
省内县外	in the Province but Outside the County	242	344
国内省外	in China but outside the Province	1849	1908
国 外	Abroad	6	11
行业分布	Sector of Employment		
一产业就业劳动力	Primary Industry	4587	4394
农 业	Farming	4521	4327
林 业	Forestry	16	19
牧 业	Animal Husbandry	46	46
渔 业	Fishery	4	2
非农产业就业劳动力	Non-agricultural Industries	3114	3343
二产业就业劳动力	Secondary Industry	1942	2157
采矿业	Mining and Quarrying	45	71
制造业	Manufacturing	1524	1704
电力煤气及水的生产供应业	Production and Supply of Electricity, Gas & Water	17	23
建筑业	Construction	356	359
三产业就业劳动力	Tertiary Industry	1172	1186
交通运输仓储及邮电通讯业	Transport,Storage and Post	109	181
批发和零售贸易	Wholesale and Retail Trades	170	192
住宿和餐饮业	Hotels and Catering Services	106	128
居民服务和其他服务业	Services to Households and Other Services	234	268
教 育	Education	51	48
卫生、社会保障和社会福利业	Health,Social Security and Social Welfare	44	32
文化、体育和娱乐业	Culture,Sports and Entertainment	15	54
其 他	Others	443	283

9-17 平均每百户农民家庭主要耐用消费品拥有量
Ownership of Major Durable Consumer Goods Per 100 Rural Households

品　　名	Item	2008	2009
自行车(辆)	Bicycle(unit)	82.57	83.47
洗衣机(台)	Washing Machine(unit)	9.84	11.59
电冰箱(台)	Refrigerator(unit)	22.04	34.70
摩托车(辆)	Motorcycle(unit)	50.65	58.29
黑白电视(台)	Black and White TV Set(unit)	17.10	15.06
彩色电视(台)	Color TV Set(unit)	95.76	103.84
抽油烟机(台)	Smoke Absorber(unit)	2.86	2.65
吸尘器(台)	Vacuam Cleaner(unit)	0.16	0.24
空调机(台)	Air Conditioner(unit)	4.12	6.20
热水器(台)	Water Heater(unit)	8.24	11.14
微波炉(台)	Oven(unit)	1.14	1.43
电话机(部)	Telephone(unit)	59.88	53.84
移动电话(部)	Mobile Telephone(unit)	106.98	127.35
摄像机(台)	Pickup Camera(unit)	0.86	0.53
影碟机(台)	Video Disc Player(unit)	30.86	29.47
照相机(架)	Camera(unit)	1.71	2.45
家用计算机(台)	Computer(unit)	1.90	3.35
中高档乐器(件)	Medium and High Grade Musical Instrument(unit)	0.12	0.12

9-18 农民人均食品消费量

Peasants' Per Capita Consumption on Living Consumer Goods

单位：公斤 (kg)

类　　别	Type	2008	2009
粮食	Grain	239.43	219.00
稻谷	Rice	230.80	210.53
薯类	Tubers	1.72	1.54
豆类及豆制品	Soybeans and Related Products	2.74	2.90
蔬菜及菜制品	Presh Vegetable and Related Products	142.39	136.21
油脂类	Oil	6.77	6.94
植物油	Vegetable Oil	5.72	5.98
肉禽及其制品	Meats,Poultry and Related Products	17.73	19.16
#猪肉	Pork	11.73	13.03
牛肉	Beef	0.30	0.27
羊肉	Mutton	0.02	0.03
家禽	Poultry	4.16	4.03
肉禽制品	Related Products	1.52	1.79
蛋类及蛋制品	Eggs and Related Products	3.47	3.53
奶和奶制品	Milk and Dairy Products	2.10	6.61
水产品	Aquatic Products	5.78	5.56
食糖	Sugar	0.93	0.90
酒和饮料	Liquor and Beverages	10.33	11.38
水果及水果制品	Fruits and Related Products	12.75	15.59
坚果及果制品	Nuts and Related Products	1.33	1.32

9-19 农民家庭平均每人总收入

Per Capita Total Income in Rural Households

单位：元 (yuan)

指　　标	Item	2008	2009
全年总收入	**Annual Total Income**	**6170.39**	**6552.68**
工资性收入	Income From Wages and Salaries	1842.36	2018.98
在非企业组织中劳动得到的收入	Income for Working in Non-enterprise Organization	176.82	191.03
在本地劳动得到的收入	Income From Township Enterprises	516.40	606.71
常住人口外出从业得到的收入	Income of Permanent Person for Working in Other Place	1149.14	1221.24
家庭经营收入	Income from Household Operations	3954.27	4092.91
第一产业	Primary Industry	3243.30	3295.98
第二产业	Secondary Industry	278.93	314.12
第三产业	Tertiary Industry	432.04	482.81
财产性收入	Property Income	66.55	80.41
转移性收入	Transfer Income	307.21	360.38

9-20 农民家庭平均每人现金收入
Per Capita Cash Income in Rural Households

单位：元 (yuan)

指　　标	Item	2008	2009
全年现金收入	**Annual Total Cash Income**	**5146.15**	**5627.58**
工资性收入	Income from Wages and Salaries	1841.07	2017.87
在非企业组织中劳动得到收入	Incomes from Working in the Non-business Organizations	176.68	190.94
在本乡地域内劳动得到收入	Incomes from Working Inside the Village	516.40	606.00
在企业中劳动得到收入	Incomes from Working in Enterprises	177.93	199.05
外出从业得到收入	Income from Working Somewhere Away from Home	1148.00	1220.94
在乡外县内从业得到收入	In the County but Outside the Village	67.72	76.82
在县外省内从业得到收入	In the Province but Outside the County	101.07	116.28
在省外国内从业得到收入	In China but outside the Province	973.34	1022.06
在国外从业得到收入	Abroad	5.87	5.77
家庭经营现金收入	Cash Income from Household Operations	2947.44	3183.22
第一产业现金收入	Cash Income from Primary Industry	2236.47	2386.29
#出售农产品收入	Farming Products	1418.58	1563.45
出售林业产品收入	Forestry Products	71.53	89.82
出售牧业产品收入	Animal Husbandry Products	594.60	576.84
出售渔业产品收入	Fishery Products	84.27	77.20
第二产业现金收入	Cash Income from Secondary Industry	278.93	314.12
出售工业产品收入	Industrial Products	57.65	71.47
出售建筑业产品收入	Construction Products	0.11	3.10
第三产业现金收入	Cash Income from Tertiary Industry	432.04	482.81
出售其他产品收入	Other Products	1.76	0.55
交通、运输、邮电业收入	Transport,Storage and Post	105.23	128.39
批零贸易业、饮食业收入	Wholesale , Retail and Catering Trades	183.97	208.49
社会服务业收入	Social Services	63.37	65.70
文教卫生业收入	Culture , Education and Health	29.78	27.74
其他行业收入	Other Sectors	47.92	51.94
财产性收入	Income from Properties	55.55	71.33
转移性收入	Income from Transfers	302.08	355.15

9-21 农民家庭平均每人总支出
Per Capita Total Expenditures in Rural Households

单位：元 (yuan)

指 标	Item	2008	2009
全年总支出	**Annual Total Expenditure**	**5040.62**	**5306.19**
家庭经营费用支出	Expenditure for Household Business	1307.85	1297.21
第一产业	Primary Industry	1090.06	1053.46
第二产业	Secondary Industry	81.13	82.93
第三产业	Tertiary Industry	136.66	160.82
购置生产性固定资产支出	Expenditure on Purchasing Productive Fixed Assets	130.30	148.54
税费支出	Expenditure of Tax	10.90	15.38
第一产业	Primary Industry	0.02	0.04
第二产业	Secondary Industry	3.03	4.58
第三产业	Thertiary Industry	1.69	2.04
其他各项收费	Others	6.17	8.72
生活消费支出	Living Expenditure	3309.21	3532.66
食品	Food	1633.12	1609.20
衣着	Clothing	157.75	162.58
居住	Residence	559.39	725.11
家庭设备、用品及服务	Household Facilities,Articles and services	155.00	181.91
交通和通讯	Transportation and Communications	301.68	295.76
文化、教育、娱乐用品及服务	Cultural,Education and Recreational Article and Services	236.01	254.77
医疗保健	Medical Articles	205.68	232.78
其他商品和服务	Other Commodities and Services	60.58	70.53
财产性支出	Property Expenditure	16.92	21.10
转移性支出	Transfer Expenditure	264.05	288.57

9-22 农民家庭平均每人生活消费支出
Per Capita Living Expenditure of Rural Households

单位：元 (yuan)

指　　标	Item	2008	2009
全年生活消费支出	**Annual Living Expenditure for Consumption**	**3309.21**	**3532.66**
#货币性消费	Consumption Paid in Money	2708.96	2934.10
食品	Food	1633.12	1609.20
#货币性消费	Consumption Paid in Money	1048.89	1039.00
衣着	Clothing	157.75	162.58
#货币性消费	Consumption Paid in Money	157.73	162.16
居住	Residence	559.39	725.11
#货币性消费	Consumption Paid in Money	543.41	697.36
家庭设备、用品及服务	Household Facilities, Articles and services	155.00	181.91
#货币性消费	Consumption Paid in Money	154.97	181.74
医疗保健	Medical Articles	205.68	232.78
#货币性消费	Consumption Paid in Money	205.68	232.78
交通和通讯	Transportation and Communications	301.68	295.76
#货币性消费	Consumption Paid in Money	301.68	295.76
文化、教育、娱乐用品及服务	Cultural,Educational and Recreational Article and Services	236.01	254.77
#货币性消费	Consumption Paid in Money	236.01	254.77
其他商品和服务	Other Commodities and Services	60.58	70.53
#货币性消费	Consumption Paid in Money	60.58	70.53

9-23 农民家庭平均每人纯收入

Per Capita Annual Net Income in Rural Households

单位：元 (yuan)

指　　标	Item	2008	2009
全年纯收入	**Annual Net Income**	**4697.19**	**5075.01**
工资性收入	Income of Wage	1842.36	2018.98
在非企业组织中	Income for Working in Non-enterprise	176.82	191.03
在本地劳动得到的收入	Income from Township Enterprises	516.40	606.71
常住人口外出从业得到的收入	Income of Permanent Person for Working in Other Place	1149.14	1221.24
家庭经营收入	Income from Household Business Operation	2552.59	2685.31
第一产业	Primary Industry	2086.01	2165.17
种植业收入	Planting	1689.62	1761.88
林业收入	Forestry	108.42	105.75
牧业收入	Animal Husbandry	230.66	245.47
渔业收入	Fishery	57.30	52.07
第二产业	Secondary Industry	189.52	220.48
第三产业	Tertiary Industry	277.06	299.65
财产性收入	Property Income	66.55	80.41
转移性收入	Transfer Income	235.69	290.31

9-24 农民家庭平均每人按纯收入水平分组的户数构成
Composition of Rural Households by Per Capita Annual Net Income

单位：% (%)

分　　组	Group	2008	2009
600元以下的户	600 yuan and below	1.1	0.78
600-1000元的户	600-1000 yuan	4.82	1.22
1000-1500元的户	1000-1500 yuan	1.96	3.47
1500-2000元的户	1500-2000 yuan	4.53	4.45
2000-2500元的户	2000-2500 yuan	5.39	6.00
2500-3000元的户	2500-3000 yuan	7.22	6.45
3000-3500元的户	3000-3500 yuan	8.16	8.37
3500-4000元的户	3500-4000 yuan	9.31	8.61
4000-5000元的户	4000-5000 yuan	16.08	14.98
5000元以上的户	5000 yuan and over	41.43	45.67

9-25 按收入高低五等分分组农民家庭基本情况（2009年）
Basic Indicators of Rural Households of Five Groups Divided Equally by Income Lever (2009)

指　　标	Item	低收入组 Low Income Households	中低收入组 Lower Middle Income Households	中等收入组 Middle Income Households	中高收入组 Upper Middle Income Households	高收入组 High Income Households
占调查总户数比重(%)	Percentage of Households (%)	20	20	20	20	20
平均每户常住人口(人)	Average Number of Permanent Residents Per Household(Person)	4.93	4.60	4.40	3.98	3.55
平均每户整半劳动力(人)	Average Number of Able-bodied and Semi-able-bodied Laborers Per Household(Person)	3.34	3.23	3.28	3.10	2.89
平均每一劳动力负担人口(人)	Average Number of Persons Supported by A Laborer(Person)	1.48	1.42	1.34	1.28	1.23
平均每户生产性固定资产原值(元)	Average Original Value of Productive Fixed Assets Per Household(yuan)	5676.73	5193.76	5264.55	5755.13	8673.93
平均每人家庭纯收入(元)	Per Capita Net Income(yuan)	1822.54	3453.72	4705.09	6325.88	10752.08
工资性收入	Income of Wage	726.75	1535.66	2021.86	2662.69	3715.77
家庭经营收入	Income from Household Business Operation	930.42	1677.16	2356.22	3238.48	6218.30
第一产业	Primary Industry	829.62	1458.70	1989.44	2705.26	4549.00
第二产业	Secondary Industry	52.34	100.95	134.76	223.50	711.96
第三产业	Tertiary Industry	48.45	117.51	232.02	309.72	957.34
财产性收入	Property Income	16.49	44.13	66.77	87.29	225.45
转移性收入	Transfer Income	148.88	196.77	260.24	337.42	592.56
平均每人生活消费支出(元)	Per Capita Living Expenditure(yuan)	2395.15	2956.26	3168.19	3786.23	6028.05
食品消费支出	Food Expenditure	1231.13	1460.81	1592.32	1785.13	2150.59
衣着消费	Clothing Expenditure	94.81	128.25	165.13	200.23	255.88
居住消费	Residence Expenditure	401.44	585.58	430.35	602.61	1858.60
家庭设备、用品及服务	Household,Facilities,Articles and Services	140.11	117.48	168.91	233.21	282.13
交通和通讯	Transport and Communication	162.91	226.45	274.34	350.68	535.21
文教娱乐用品及服务	Cultural,Educational and Recreational Articles and Services	145.18	195.50	250.80	283.32	456.74
医疗保健	Medicines and Health Care	177.45	180.51	222.72	255.35	364.58
其他商品和服务消费	Other Commodities and Services	42.11	61.68	63.61	75.69	124.30

9-26 各地区农村居民主要指标（2009年）

指　　标	Item	南昌市 Nanchang	景德镇市 Jingdezhen
调查户数(户)	Number of Households Surveyed(household)	400	190
常住人口(人)	Number of Permanent Residents(person)	1615	778
整半劳动力数(人)	Number of Full/Semi Labour Force	1145	578
每百劳动力中(人)	Among Per 100 Labor Force(person)		
文盲或半文盲	Illiterate and Semiliterate	2.27	2.60
小学程度	Primary School	30.26	28.89
初中程度	Junior High School	53.01	49.13
高中程度	Senior High School	9.45	13.67
中　专	Secondary School	3.64	3.63
大专及以上	Junior College and over	1.38	2.08
平均每人使用住房面积(平方米)	Per Capita Use Living Space (sq.m)	43.42	49.00
平均每人总支出(元)	Per Capita Total Expenditure(Yuan)	7051.22	5710.27
平均每人生活消费支出(元)	Per Capita Living Expenditures(Yuan)	3790.58	3927.81
食品	Food	1760.85	1871.89
衣着	Clothing	200.02	238.52
居住	Residence	681.63	708.50
家庭设备用品及服务	Household,Facilities,and Services Articles	186.81	186.93
医疗保健	Medicines and Health Care	326.36	153.89
交通及通讯	Transport and Communication	306.02	333.85
文教娱乐用品及服务	Cultural,Educational and Recreational Articles and Services	255.61	328.76
其他商品和服务	Other Commodities and Services	73.29	105.47
平均每人生产费用支出(元)	Per Lapita Productive Expenditure (yuan)	2812.23	1288.57
全年纯收入	Net Income	6296.19	5705.28
工资性纯收入	Net Income from Wages and Salaries	2206.46	2687.63
家庭经营纯收入	Net Income from Household Operations	3333.16	2519.64
财产性纯收入	Net Income from Properties	354.42	226.90
转移性纯收入	Net Income from Transfers	402.14	271.12
全年总收入	Total Income	9329.68	7182.53
工资性收入	Income from Wages and Salaries	2206.46	2687.63
#在企业中劳动得到收入	Earning Money by Working at Enterprises	449.70	403.28
外出从业得到收入	Earning Money by Working outside	1077.98	1093.47
家庭经营收入	Income from Household Operations	6283.37	3889.87
财产性收入	Income from Properties	354.42	226.90
转移性收入	Income from Transfers	485.43	378.14

Major Indicators of Rural Households by Region (2009)

萍乡市 Pingxiang	九江市 Jiujiang	新余市 Xinyu	鹰潭市 Yingtan	赣州市 Ganzhou	吉安市 Ji'an	宜春市 Yichun	抚州市 Fuzhou	上饶市 Shangrao
170	780	140	180	1260	890	700	780	795
748	3318	497	724	5673	3769	2833	3218	3419
513	2449	411	538	3822	2750	2085	2437	2602
2.59	4.16	6.57	2.79	5.10	11.42	1.39	5.87	7.23
15.68	25.07	23.36	29.93	28.13	30.51	23.21	34.39	29.29
56.65	48.47	50.36	51.86	51.39	43.09	58.56	46.82	46.46
19.11	14.58	15.09	10.59	10.57	11.20	11.85	9.15	13.26
3.09	3.39	2.68	2.42	3.14	1.78	3.36	2.30	2.50
2.82	4.33	1.95	2.42	1.67	2.00	1.63	1.48	1.27
47.92	39.36	50.01	52.87	32.69	38.21	41.87	32.68	37.74
6657.35	5060.73	6434.21	5077.85	4088.21	4757.63	5414.80	4727.37	3487.02
4425.09	3806.51	4383.17	3760.19	2933.39	3205.54	3455.12	3151.02	2597.39
1761.39	1633.26	1814.47	1668.98	1377.36	1460.94	1623.30	1526.15	1344.77
255.08	228.86	245.25	367.01	106.75	145.48	171.27	165.44	169.56
546.27	766.10	949.57	506.76	544.55	529.27	530.93	534.86	307.51
242.30	214.77	253.88	264.64	167.13	156.95	193.50	167.99	118.62
310.75	185.02	384.87	211.10	209.65	181.55	253.17	157.21	133.80
463.06	350.17	444.51	365.86	239.87	300.95	329.68	245.49	205.59
594.24	335.12	218.60	277.77	231.40	350.07	291.24	299.38	207.80
252.00	93.19	72.03	98.06	56.68	80.34	62.02	54.50	109.74
1531.60	880.43	1516.11	981.72	805.14	1190.31	1370.22	1317.76	632.24
6343.95	4818.90	6445.02	5509.76	3855.60	5018.54	5076.89	5118.77	4701.33
3148.55	2513.95	3153.13	2710.23	1805.09	1969.04	1934.71	1374.88	2458.18
2800.73	1984.22	2886.71	2546.39	1775.79	2594.53	2796.86	3457.80	1954.52
195.57	140.22	97.66	56.00	75.05	172.45	66.02	75.29	110.17
199.11	180.50	307.52	197.13	199.67	282.51	279.31	210.81	178.46
8097.22	5849.55	8153.33	6736.51	4782.78	6376.00	6707.58	6559.50	5440.01
3148.55	2513.95	3153.13	2710.23	1805.09	1969.04	1934.71	1374.88	2458.18
994.16	251.20	204.10	268.03	125.70	115.26	346.25	198.56	105.13
951.32	1427.56	1789.82	1924.87	1053.70	1021.06	871.99	740.64	1295.88
4409.12	2948.58	4522.59	3650.86	2653.64	3903.68	4306.26	4864.44	2646.68
195.57	140.22	97.66	56.00	75.05	172.45	66.02	75.29	110.17
343.98	246.79	379.96	319.41	249.01	330.83	376.94	244.89	224.98

主要统计指标解释

一、城镇住户

城镇家庭人口 指居住在一起，经济上合在一起共同生活的家庭成员。凡计算为家庭人口的成员其全部收支都包括在本家庭中。

城镇就业面 指就业人口占家庭人口的百分比。

城镇就业者负担人数 指家庭人口与就业人口之比。

城镇家庭总收入 指家庭成员在调查期得到的工资性收入、经营净收入、财产性收入、转移性收入之和，不包括出售财物收入和借贷收入。

城镇家庭可支配收入 指家庭成员可用于最终消费支出和其它非义务性支出以及储蓄的总和，即居民家庭可以用来自由支配的收入。它是家庭总收入扣除交纳的所得税、个人交纳的社会保障支出以及记账补贴后的收入。计算公式为:

可支配收入=家庭总收入-交纳所得税-个人交纳的社会保障支出-记账补贴

城镇家庭总支出 指除借贷支出以外的全部家庭支出。包括消费性支出、购房建房支出、转移性支出、财产性支出、社会保障支出。

城镇家庭消费性支出 指家庭用于日常生活的支出，包括食品、衣着、家庭设备用品及服务、医疗保健、交通和通信、娱乐教育文化服务、居住、杂项商品和服务等八大类支出。

城镇家庭服务性消费支出 指家庭用于支付社会提供的各种文化和生活方面的非商品性服务费用。

二、农村住户

农村住户 指农村常住户。农村常住户指长期(一年以上)居住在乡镇(不包括城关镇)行政管理区域内的住户，以及长期居住在城关镇所辖行政村范围内的农村住户。户口不在本地而在本地居住一年及以上的住户也包括在本地农村常住户范围内；有本地户口，但举家外出谋生一年以上的住户，无论是否保留承包耕地都不包括在本地农村住户范围内。

常住人口 指全年经常在家或在家居住6个月以上，而且经济和生活与本户连成一体的人口。外出从业人员在外居住时间虽然在6个月以上，但收入主要带回家中，经济与本户连为一体，仍视为家庭常住人口；在家居住，生活和本户连成一体的国家职工、退休人员也为家庭常住人口。但是现役军人、中专及以上(走读生除外)的在校学生、以及常年在外(不包括探亲、看病等)且已有稳定的职业与居住场所的外出从业人员，不算家庭常住人口。家庭常住人口主要作为计算农村住户平均每人收入、消费和积累水平及分析家庭人口状况的依据。

整、半劳动力 整劳动力指男子18周岁到50周岁，女子18周岁到45周岁；半劳动力指男子16周岁到17周岁，51周岁到60周岁；女子16周岁到17周岁，46周岁到55周岁，同时具有劳动能力的人。虽然在劳动年龄之内，但已丧失劳动能力的人，不应算为劳动力；超过劳动年龄，但能经常参加劳动，计入半劳动力数内。常住人口中的职工，若这些职工为劳动力，就包括在本户的整半劳动力中。

总收入 指调查期内农村住户和住户成员从各种来源渠道得到的收入总和。按收入的性质划分为工资性收入、家庭经营收入、财产性收入和转移性收入。

工资性收入 指农村住户成员受雇于单位或个人，靠出卖劳动而获得的收入。

家庭经营收入 指农村住户以家庭为生产经营单位进行生产筹划和管理而获得的收入。农村住户家庭经营活动按行业划分为农业、林业、牧业、渔业、工业、建筑业、交通运输业邮电业、批发和零售贸易餐饮业、社会服务业、文教卫生业和其他家庭经营。

财产性收入 指金融资产或有形非生产性资产的所有者向其他机构单位提供资金或将有形非生产性资产供其支配，作为回报而从中获得的收入。

转移性收入 指农村住户和住户成员无须付出任何对应物而获得的货物、服务、资金或资产所有权等，不包括无偿提供的用于固定资本形成的资金。一般情况下，是指农村住户在二次分配中的所有收入。

现金收入 指农村住户和住户成员在调查期内得到以现金形态表现的收入。按来源分成工资性收入、家庭经营现金收入、财产性收入、转移性收入。

纯收入 指农村住户当年从各个来源得到的总收入相应地扣除所发生的费用后的收入总和。计算方法:

纯收入=总收入-税费支出-家庭经营费用支出-生产性固定资产折旧-赠送农村亲友支出

纯收入主要用于再生产投入和当年生活消费支出，也可用于储蓄和各种非义务性支出。“农民人均纯收入”按人口平均的纯收入水平，反映的是一个地区或一个农户农村居民的平均收入水平。

总支出 指农村住户用于生产、生活和再分配的全部支出。家庭经营费用支出、购置生产性固定资产支出、生产性固定资产折旧、税费支出、生活消费支出、财产性支出和转移性支出。

Explanatory Notes on Main Statistical Indicators

I. Urban Households

Population of Urban Households refer to members of households living and sharing economically together in the urban areas. All the income and expenditure of all the members of such households are included in the income and expenditure of the household.

Proportion of Urban Employment refers to the proportion of employed population to the population of urban households.

Number of Dependents per Urban Employee refers to the ratio between number of persons in an urban household and the number of employed persons.

Total Income of Urban Households refers to the sum of wage and salary; net business income; income from properties; and income from transfers of members of the households. Income from selling of properties and income from borrowing are not included..

Disposable Income of Urban Households refers to the actual income at the disposal of members of the households which can be used for final consumption, other non-compulsory expenditure and savings. This equals to total income minus income tax, personal contribution to social security and subsidy for keeping diaries in being a sample household. The following formula is used:

Disposable income = total household income - income tax - personal contribution to social security - subsidy for keeping diaries for a sampled household

Total Expenditure of Urban Households refers to all expenditure of households except expenditure on lending. It includes expenditure on consumption; on purchasing or building houses; on transfers; on properties; and on social security.

Consumption Expenditure of Urban Households refers to total expenditure of households for consumption in daily life, including expenditure on the eight categories of food; clothing; household appliances and services; health care and medical services; transport and communications; recreation, education and cultural services; housing; and miscellaneous goods and services.

Expenditure of Urban Households on Consumption of Services refers to expenditure of households on various kinds of non-commercial services provided in life and culture by society.

II. Rural Household

Rural Households refer to usual resident households in rural areas. Usual resident households in rural areas are households residing on a long term basis(for more than one year) in the areas under the administration of township governments (not including county towns), and in the areas under the administration of villages in county towns. Households residing in the current addresses for over one year with their household registration in other places are still considered as resident households of the locality. For households with their household registration in one place but all members of the households having moved away to make a living in another place for over one year, they will not be included in the rural households of the area where they are registered, irrespective of whether they still keep their contracted land.

Usual Resident Population refers to persons staying at home regularly or for over 6 months during a year and integrated with the household economically and in terms of living.. Members of the household staying away from the household for over 6 months but keeping a close economic relation with the household by sending the majority of income to the household are regarded as usual resident of the household. Government staff and workers or retirees living as close members of the household are also considered as usual resident. However, servicemen, students of secondary technical schools or schools of higher education and persons with stable jobs and residence outside the household (excluding those visiting relatives or seeking medical service) are not included as resident population of the household. Resident population is used in calculating income, consumption, accumulation on per capita basis of rural households and in analyzing composition of rural households.

Full/Semi Labour Force Full labour force refers to persons capable of work, aged 18-50 for males and 18-45 for females. Semi labour force refers to persons capable of work, aged 16-17 and 51-60 for males and 16-17 and 46-55 for females. Persons at their working ages but not capable of work are not to be included as labour force. Persons not at working ages but participating regularly in work are included in semi labour force. For staff and workers who are usual residents, are included as full or semi labour force of the household if they are in the labour force.

Total Income refers to the sum of income earned from various sources by the rural households and their members during the reference period, and is classified as income from wages and salaries, income from household operations, income from properties and income from transfers.

Income from Wages and Salaries refers to income from labour earned by the members of rural households employed by other units or individuals.

Income from Household Operations refers to income by the rural households as units of production and operation. Operations by rural households are classified according to their economic activities namely agriculture, forestry, animal husbandry, fishery, manufacturing, construction, transportation, post and telecommunications, wholesale, retail and catering, social service, culture, education, health, and other household operations.

Income from Properties refers to the income received as returns by owners of financial assets or tangible non-productive assets by providing capitals or tangible non-productive assets to other institutional units.

Income from Transfers refers to the receipt by rural households and their members of goods, services, capital or rights of assets without giving or repaying accordingly, excluding capital provided to them for the formation of fixed assets. In general, it refers to all income received by rural households through redistribution.

Cash Income refers to income received by rural households and their members in the form of cash during the reference period. It is classified, by source of income, into income from wages and salaries, cash income from household operations, income from properties and income from transfers.

Net Income refers to the total income of rural households from all sources minus all corresponding expenses. The formula for calculation is as follows:

Net income = total income - taxes and fees paid - household operation expenses - taxes and fees depreciation of fixed assets for production - gifts to non-rural relatives

Net income is mainly used as input for reinvestment in production and as consumption expenditure of the year, and also used for savings and non-compulsory expenses of various forms. "Per capita net income of farmers" is the level of net income averaged by population, reflecting the average income level of rural households in a given area.

Total Expenditure refers to total expenses of rural households on production, consumption and redistribution, including expenditure on household operations,; purchase of productive fixed assets; depreciation of productive fixed assets; taxes and fees; expenses on household consumption; expenses on properties; and expenses on transfers.

城市建设

10

Municipal Construction

◆ 199/214

资料整理及英文翻译: 涂珊华

简要说明

一、主要内容

本篇反映江西省城市公用事业概况，主要包括：城市建设、供水、供气、供热、市政设施、公共交通、城市绿化、环境卫生等资料。

二、统计范围

包括全省所有设市城市在建成区范围内所有的城市规划管理、投资、建设或经营管理相关设施的单位。

三、资料来源

设区市和县级市城市公用事业基本情况资料由省建设厅提供，由省统计局固定资产投资处编辑整理。

Brief Introduction

I. Main Contents

Data in this chapter present the basic conditions of public facilities of urban construction of Jiangxi provincial cities, mainly include supply of water, gas and heating; municipal infrastructure; public transportation; urban greenery; and environmental, sanitation.

II. Scope of Statistics

Data in this chapter cover all units under the jurisdiction of cities which are engaged in urban planning and management, investment, construction and operation of relevant facilities.

III. Sources of Data

Data on basic conditions and overall level of urban public facilities are collected by the Jiangxi Provincial Bureau of Housing and Urban-Rural Development, and provided by the Department of Investment &Construction Statistics of Jiangxi Provincial Bureau of Statistics.

10-1 城市公用事业和建设基本情况

Basic Statistics on City Public Utilities and Construction

指 标	Item	2000	2005	2007	2008	2009
用水普及率(%)	Rate of Population with Access to Tap Water (%)	93.3	92.6	94.59	96.49	98.00
供水管道长度(公里)	Length of Gas Supply Pipelines (km)	3968	6079	7229	7964	8920.17
公共车辆(汽、电车)运营数(辆)	Operating Public Buses (Buses and Trolley Buses) (unit)	4031	5818	6176	6605	6358
平均每万人拥有(标台)	Number of Public Transportation Vehicles per 10000 Population (standardized)	3.0	8.0	9.4	10.2	9.8
排水管道长度(公里)	Length of Drainpipes (km)	2074	3564	5156	5894	6563
道路长度(公里)	Length of Roads (km)	3033	3916	4630	4752	5312.7
道路面积(万平方米)	Area of Roads (10000 sq.m)	3293	6667	7670	8271	9362
人工煤气供应量(万立方米)	Coal Gas Supply (10000 cu.m)	39463	31707	40595	39968	37898
#家庭用量	Used by Residential Households	12299	10906	9975	11492	11383
天然气供应量(万立方米)	Natural Gas Supply(10000 cu.m)					6186.71
#家庭用量	Used by Residential Households					2929.73
液化石油气供应量(吨)	Total Liquefied Petroleum Gas Supply (ton)	164698	174521	181379	185460	179792
#家庭用量	Used by Residential Households	162783	154998	131149	142743	149527
燃气普及率(%)	Rate of Population with Accessto Gas (%)	69.2	80.6	86.18	90.18	92.22
绿化覆盖面积(公顷)	Coverage Area of Afforestation (hectare)	20044	27381	33759	35804	43879
公园数(个)	Number of Parks (unit)	109	125	152	190	209
公园面积(公顷)	Area of Parks and Zoos (hectare)	1820	2259	3338	4456	5270
污水处理率(%)	Rate of Sewage Disposal (%)		34.92	39.32	51.52	74.9
生活垃圾清运量(万吨)	Volume of Garbage Disposal (10000 tons)	197	264	252.15	249.24	280.78
生活垃圾无害化处理率(%)	Rate of Garbages innocuously Treated (%)		48.87	70.51	76.4	84.4
市政公用设施建设固定资产投资(万元)	Investment in Public Utilities and Municipal Construction (10000 yuan)	152077	794496	1048835	1273503	1960119
#供水	Water Supply	15535	41276	30237	28642	63939
燃气	Gas Supply	4972	25530	33198	31858	35931
公共交通	Public Traffic	9781	22289	19493	25153	30442
轨道交通	Rail Transit					90424
道路桥梁	Roads & Bridges	60596	354638	479607	970137	1054677
排水	Drainage	11905	83160	46296	56949	132432
防洪	Flood Protecting	15755	13661	3414	7559	25318
园林绿化	Parks, Gardens and Green Areas	11427	85816	86828	136539	296733
市容环境卫生	Environmental Sanitation	4921	13419	15808	14021	19768
其他	Others	17185	154707	333954	2645	210455

10-2 城市人口和面积（2009年）
Basic Statistics on City Population and Area (2009)

单位：平方公里、万人 (sq.km,10000 persons)

城市	City	市区面积 City Area	城区面积 Urban Area	城区人口 Population of Urban Area	建成区面积 Developed Area	城市建设用地面积 Area of Land for Urban Construction	#居住用地 Land for Residence
合计	**Total**	**32825.83**	**1626.80**	**729.95**	**856.90**	**888.23**	**270.96**
南昌市	Nanchang	622.00	215.00	204.00	185.00	185.00	50.64
景德镇市	Jingdezhen	580.00	160.00	45.03	72.84	67.84	18.76
乐平市	Leping	1974.00	49.21	14.59	16.70	19.47	6.03
萍乡市	Pingxiang	1065.00	42.10	36.03	42.10	42.10	12.50
九江市	Jiujiang	1572.30	114.97	60.73	89.47	89.47	29.52
瑞昌市	Ruichang	1423.11	21.52	14.86	14.00	13.93	6.29
新余市	Xinyu	1789.00	160.00	34.70	50.50	50.50	19.39
鹰潭市	Yingtan	137.50	57.65	12.16	23.68	25.59	8.00
贵溪市	Guixi	2480.00	90.00	9.54	20.60	20.60	4.88
赣州市	Ganzhou	528.28	59.23	51.11	59.23	59.23	16.20
瑞金市	Ruijin	2449.00	83.00	25.24	19.05	30.33	8.21
南康市	Nankang	1844.96	30.34	18.70	23.60	22.50	6.26
吉安市	Ji'an	1381.53	210.80	28.41	32.03	32.03	8.21
井冈山市	Jinggangshan	1297.50	7.31	2.20	7.29	6.01	2.46
宜春市	Yichun	2532.36	72.59	27.00	35.00	45.00	10.25
丰城市	Fengcheng	2845.00	36.80	30.62	36.80	36.00	7.39
樟树市	Zhangshu	1290.99	34.95	20.83	19.50	19.50	6.64
高安市	Gaoan	2439.00	34.13	17.35	20.63	20.16	5.43
抚州市	Fuzhou	2153.30	81.30	45.70	47.80	54.37	17.55
上饶市	Shangrao	339.00	44.90	24.92	31.08	36.52	23.25
德兴市	Dexing	2082.00	21.00	6.23	10.00	12.08	3.10

10-2 续表 continued

单位：平方公里、万人 (sq.km,10000 persons)

城市	City	#公共设施用地 Land for Public Utilities	#工业用地 Land for Industry	#仓储用地 Land for Storage	#对外交通用地 Land for External Transportation	#道路广场用地 Land for Roads and Squares	#市政公用设施用地 Land for Municipal Public Utilities	#绿地 Land for Afforestation
合计	**Total**	**137.13**	**187.12**	**21.15**	**32.80**	**107.04**	**27.84**	**95.38**
南昌市	Nanchang	33.04	37.45	3.32	3.72	28.63	3.96	22.52
景德镇市	Jingdezhen	6.57	18.93	3.05	5.00	6.70	3.07	5.76
乐平市	Leping	2.67	4.96	0.62	0.97	1.18	0.78	2.03
萍乡市	Pingxiang	4.40	7.65	1.03	1.82	6.30	2.30	6.10
九江市	Jiujiang	10.56	23.44	1.70	2.15	10.74	2.51	7.87
瑞昌市	Ruichang	1.43	2.86	0.31	0.26	1.24	0.48	1.02
新余市	Xinyu	7.26	12.51	1.53	1.12	3.07	2.26	3.05
鹰潭市	Yingtan	2.32	1.80	0.80	2.00	2.60	0.39	7.68
贵溪市	Guixi	3.28	7.71	0.24	0.80	2.06	0.25	1.36
赣州市	Ganzhou	14.71	10.56	1.03	4.08	4.85	0.90	4.35
瑞金市	Ruijin	6.31	4.80	1.10	1.09	3.86	2.02	2.91
南康市	Nankang	4.84	3.15	0.50	0.86	2.93	0.68	2.88
吉安市	Ji'an	5.13	8.22	0.98	0.97	4.26	1.73	2.41
井冈山市	Jinggangshan	0.93	0.96	0.25	0.15	0.21	0.48	0.57
宜春市	Yichun	8.45	6.64	1.00	2.00	5.25	1.65	8.76
丰城市	Fengcheng	4.57	14.51	0.82	0.99	4.40	1.33	1.89
樟树市	Zhangshu	2.37	4.17	0.92	0.50	2.52	0.33	2.03
高安市	Gaoan	2.88	6.12	0.25	0.88	2.70	0.74	1.12
抚州市	Fuzhou	10.46	5.55	0.95	2.63	7.78	1.32	7.87
上饶市	Shangrao	2.93	2.82	0.51	0.38	4.40	0.43	1.63
德兴市	Dexing	2.02	2.31	0.24	0.43	1.36	0.23	1.57

10-3 市政公用设施建设固定资产投资（2009年）
Basic Statistics on Investment in Public Utilities and Municipal Construction (2009)

单位：万元 (10000 yuan)

城市	City	本年完成投资合计 Total Investment this year	供水 Water Supply	燃气 Gas Supply	道路桥梁 Roads & Bridges	排水 Drain	#污水处理及其再生利用 Sewage Disposal & Reuse
合计	**Total**	**1929677**	**63939**	**35931**	**1054677**	**132432**	**83696**
南昌市	Nanchang	212299	155		58174	10790	6700
景德镇市	Jingdezhen	122751	9836	14843	8966	5000	5000
乐平市	Leping	127631	19455		23665	5500	5500
萍乡市	Pingxiang	83097	3000	5000	58977	2100	2100
九江市	Jiujiang	124939	1815	3200	94181	10587	6811
瑞昌市	Ruichang	15100	307		6477	6393	5700
新余市	Xinyu	242544	1000	3699	165624	22085	4400
鹰潭市	Yingtan	37775	433		37342		
贵溪市	Guixi	11650	3700	800	3597	3470	3470
赣州市	Ganzhou	341923	5280	2461	289408	8978	4932
瑞金市	Ruijin	8420			4390	3180	3180
南康市	Nankang	17078		1050	5623	6782	5500
吉安市	Ji'an	98723	412	1176	60089	3100	2200
井冈山市	Jinggangshan	16060	300		11200	2000	2000
宜春市	Yichun	100540	540	1106	86700	3252	3252
丰城市	Fengcheng	65238	3284		47068	8292	5800
樟树市	Zhangshu	20806	571	321	6580	3097	3090
高安市	Gaoan	11312	1584	300	1868	6476	6461
抚州市	Fuzhou	188448	5746	1241	51110	17600	7600
上饶市	Shangrao	73182	6474	734	28858		
德兴市	Dexing	10161	47		4780	3750	

10-3 续表 continued

单位：万元 (10000 yuan)

城市	City	防洪 Flood Protecting	园林绿化 Parks, Gardens and Green Areas	市容环境卫生 Environmental Sanitation	#垃圾处理 Garbage Disposal	其他 Others	本年新增固定资产 Newly Increased Fixed Assets
合计	**Total**	**25318**	**296733**	**19768**	**4129**	**210455**	**1329863**
南昌市	Nanchang		46361	3387		3008	117362
景德镇市	Jingdezhen		2904	1202	882	80000	14125
乐平市	Leping	700	22700	6635	600	48976	55000
萍乡市	Pingxiang		13820			200	33300
九江市	Jiujiang		13967	1189	380		124264
瑞昌市	Ruichang		1923				15100
新余市	Xinyu	4960	19252	544		25380	241709
鹰潭市	Yingtan						
贵溪市	Guixi		50			33	
赣州市	Ganzhou	5849	22221	1084	850	6642	338852
瑞金市	Ruijin		850				15315
南康市	Nankang		928	1670		1025	25697
吉安市	Ji'an		26646	300		7000	19722
井冈山市	Jinggangshan		2400	160			16060
宜春市	Yichun	759	8138	45			34088
丰城市	Fengcheng		2090	1429	1377	3075	10650
樟树市	Zhangshu		8513	1650		74	11246
高安市	Gaoan	50	990	20		24	11582
抚州市	Fuzhou	13000	65797			33954	157128
上饶市	Shangrao		36703	413			76858
德兴市	Dexing		480	40	40	1064	11805

10-4 市政设施水平（2009年）
Basic Statistics on Municipal Infrastructure in Cities (2009)

城 市	City	人口密度(人/平方公里) Population Density (person/sq.km)	人均日生活用水量(升) Per Capita Daily Consumption of Tap Water for Residential Use (liter)	用水普及率(%) Rate of Population with Access to Tap Water (%)	燃气普及率(%) Rate of Population with Access to Gas (%)	人均城市道路面积(平方米) Per Capita Area of Roads (sq.m)	排水管道密度(公里/平方公里) Density of drainpipe (km/sq.km)
合 计	**Total**	**4757**	**194.24**	**98.00**	**92.22**	**12.10**	**7.7**
南 昌 市	Nanchang	9953	278.83	100.00	94.18	8.41	6.7
景德镇市	Jingdezhen	2826	162.46	99.62	95.40	14.77	8.9
乐 平 市	Leping	2999	118.84	98.92	98.92	13.80	11.2
萍 乡 市	Pingxiang	8618	124.34	99.72	89.58	10.25	5.8
九 江 市	Jiujiang	5343	142.09	100.00	96.26	15.36	8.0
瑞 昌 市	Ruichang	7138	138.37	96.55	91.02	17.42	8.4
新 余 市	Xinyu	2281	219.85	100.00	97.81	20.27	10.5
鹰 潭 市	Yingtan	2456	179.82	98.73	63.56	11.30	5.2
贵 溪 市	Guixi	1127	136.72	99.61	84.81	13.51	5.9
赣 州 市	Ganzhou	10225	155.85	100.00	97.34	9.64	7.1
瑞 金 市	Ruijin	3140	69.89	94.01	70.18	5.49	2.8
南 康 市	Nankang	8273	134.06	89.64	83.27	10.56	10.3
吉 安 市	Ji'an	1462	173.70	96.37	90.95	11.85	9.2
井冈山市	Jinggangshan	4651	236.10	60.00	49.71	21.00	4.9
宜 春 市	Yichun	3857	175.82	99.29	94.11	13.59	9.3
丰 城 市	Fengcheng	8323	276.27	82.34	87.33	13.19	5.9
樟 树 市	Zhangshu	5989	106.75	92.64	97.47	13.56	8.6
高 安 市	Gaoan	5664	133.80	100.00	87.17	9.58	5.8
抚 州 市	Fuzhou	5904	193.08	99.92	98.96	18.43	8.1
上 饶 市	Shangrao	5915	187.75	99.70	91.23	16.25	9.7
德 兴 市	Dexing	3152	133.44	93.81	83.53	11.06	8.5

10-4 续表 continued

城 市	City	污水处理率(%) Treatment Rate of Polluted Water (%)	#污水处理厂集中处理率 Intensive Treatment Rate of Polluted Water by Sewage Factories	人均公园绿地面积(平方米) Per Capita Park Green Land (sq.m)	建成区绿化覆盖率(%) Rate of Afforestation Covered Area to Developed Area (%)	建成区绿地率(%) Rate of Green Area to Developed Area (%)	生活垃圾处理率(%) Treatment Rate of Garbage Disposal (%)	#生活垃圾无害化处理率 Treatment Rate of Consumption Wastes
合 计	**Total**	**74.90**	**67.19**	**11.48**	**44.36**	**41.14**	**100.0**	**84.4**
南 昌 市	Nanchang	86.07	86.07	8.49	42.50	40.11	100.0	100.0
景德镇市	Jingdezhen	98.78	59.62	14.40	52.91	50.60	100.0	100.0
乐 平 市	Leping	37.55	37.55	13.96	45.03	42.99	100.0	
萍 乡 市	Pingxiang	84.74	41.43	9.21	40.88	35.89	100.0	100.0
九 江 市	Jiujiang	90.01	73.62	12.62	47.05	44.71	100.0	100.0
瑞 昌 市	Ruichang	37.26	37.26	10.09	40.21	36.14	100.0	
新 余 市	Xinyu	99.11	86.39	14.99	47.56	46.24	100.0	100.0
鹰 潭 市	Yingtan	87.82	52.58	12.08	45.31	40.12	100.0	100.0
贵 溪 市	Guixi			16.37	39.27	38.30	100.0	100.0
赣 州 市	Ganzhou	55.03	55.03	9.28	38.04	35.34	100.0	100.0
瑞 金 市	Ruijin	12.83	12.83	18.61	38.06	30.81	100.0	
南 康 市	Nankang	13.55	13.55	9.36	39.07	37.84	100.0	
吉 安 市	Ji'an	80.01	80.01	10.93	41.74	37.65	100.0	100.0
井冈山市	Jinggangshan	94.67	94.67	37.35	48.56	44.86	100.0	100.0
宜 春 市	Yichun	82.06	82.06	14.32	41.94	39.43	100.0	100.0
丰 城 市	Fengcheng	14.93	14.93	10.02	52.91	46.90	100.0	
樟 树 市	Zhangshu	22.71	22.71	10.56	42.05	36.82	100.0	
高 安 市	Gaoan	12.77	12.77	11.28	43.43	39.60	100.0	
抚 州 市	Fuzhou	90.74	90.74	15.52	46.63	41.17	100.0	100.0
上 饶 市	Shangrao	83.20	83.20	13.10	43.50	39.16	100.0	100.0
德 兴 市	Dexing	0.20	0.20	11.63	45.80	40.80	100.0	

10-5 城市人工煤气生产、供应和使用情况（2009年）

Basic Statistics on Produce,Supply and Use of Gaswork Gas in Cities (2009)

城 市	City	生产能力（万立方米/日）Productive Capacity (10000 cu.m/day)	储气能力（万立方米）Capacity of Gas storage (10000 cu.m)	供气管道长度(公里) Length of Gas Supply Pipelines (km)	自制气量（万立方米）Volume of Home-made Gas(10000 cu.m)	外购气量（万立方米）Volume of Outsourcing Gas(10000 cu.m)	供气总量（万立方米）Volume of Gas Supply (10000 cu.m)
合 计	**Total**	**160**	**34.00**	**2073.04**	**2265.00**	**16303.72**	**37897.69**
南昌市	Nanchang	40	16.20	1038.82		10739.00	10417.35
景德镇市	Jingdezhen	108		393.83		22.38	21263.00
萍乡市	Pingxiang		7.00	219.00		3156.00	3156.00
新余市	Xinyu	12	10.80	421.39	2265.00	2386.34	3061.34

10-5 续表 continued

城 市	City	销售气量 Volume of Gas Sale	#居民家庭 for Households	燃气损失量 Volume of Gas Loss	用气户数（户）Households with Access to Gas (household)	#家庭用户 Residential Households	用气人口（万人）Population with Access to Gas(10000 persons)
合 计	**Total**	**34758.89**	**11383.45**	**3138.80**	**411214**	**409523**	**145.74**
南昌市	Nanchang	10417.35	5100.93		217369	216833	75.89
景德镇市	Jingdezhen	18685.00	905.00	2578.00	57146	56661	17.75
萍乡市	Pingxiang	2950.00	2900.00	206.00	54587	54286	19.00
新余市	Xinyu	2706.54	2477.52	354.80	82112	81743	33.10

10-6 城市天然气供应和使用情况（2009年）

Basic Statistics on Supply and Use of Natural Gas in Cities (2009)

城市	City	储气能力（吨）Capacity of Gas storage (ton)	供气管道长度(公里) Length of Gas Supply Pipelines (km)	外购气量（吨）Volume of Outsourcing Gas (ton)	供气总量（吨）Volume of Gas Supply (ton)	销售气量 Volume of Gas Sale
合　计	**Total**	**294.97**	**2622.10**	**6516.33**	**6186.71**	**5834.95**
南昌市	Nanchang	91.20	463.31	965.00	745.34	745.34
景德镇市	Jingdezhen	30.00	32.42	727.00	727.00	617.95
九江市	Jiujiang	24.00	387.91	906.67	858.38	851.42
贵溪市	Guixi	5.20	9.60	13.80	11.40	11.38
赣州市	Ganzhou	54.00	349.80	1520.00	1544.00	1454.00
瑞金市	Ruijin	7.00	35.20	10.78	10.06	9.90
吉安市	Ji'an	36.00	355.50	620.00	581.00	553.00
宜春市	Yichun	7.00	348.23	593.87	593.87	527.27
丰城市	Fengcheng	9.87	138.34	528.00	488.13	484.00
樟树市	Zhangshu	16.00	64.12	88.00	83.50	82.00
抚州市	Fuzhou	12.00	260.00	130.74	131.56	131.56
上饶市	Shangrao	2.70	177.67	412.47	412.47	367.13

10-6 续表 continued

城市	City	#居民家庭 for Households	燃气损失量 Volume of Gas Loss	用气户数（户）Households with Access to Gas (household)	#家庭用户 Residential Households	用气人口（万人）Population with Access to Gas(10000 persons)
合　计	**Total**	**2929.73**	**351.76**	**300399**	**261914**	**114.01**
南昌市	Nanchang	261.47		29714	29458	10.31
景德镇市	Jingdezhen	0.30	109.05	180	27	0.35
九江市	Jiujiang	333.25	6.96	32528	32426	9.83
贵溪市	Guixi	11.38	0.02	1839	1833	0.60
赣州市	Ganzhou	709.00	90.00	72625	72431	30.50
瑞金市	Ruijin	9.70	0.16	489	484	1.79
吉安市	Ji'an	375.00	28.00	35689	34658	15.20
宜春市	Yichun	466.25	66.60	35872	35755	12.56
丰城市	Fengcheng	456.50	4.13	37045	15930	18.95
樟树市	Zhangshu	61.00	1.50	6012	5993	2.40
抚州市	Fuzhou	23.00		8070	8000	2.80
上饶市	Shangrao	222.88	45.34	40336	24919	8.72

10-7 城市液化石油气供应和使用情况（2009年）
Basic Statistics on Supply and Use of Liquefied Petroleum Gas in Cities (2009)

城市	City	储气能力(吨) Capacity of Gas storage (ton)	供气管道长度(公里) Length of Gas Supply Pipelines (km)	外购气量(吨) Volume of Outsourcing Gas (ton)	供气总量(吨) Volume of Gas Supply (ton)	销售气量 Volume of Gas Sale
合计	**Total**	**19126**	**358.45**	**123585**	**179792**	**178783**
南昌市	Nanchang	2159	294.40	1466	56118	56101
景德镇市	Jingdezhen	858		21162	21127	21127
乐平市	Leping	334		1620	1620	1618
萍乡市	Pingxiang	885		5450	4474	4465
九江市	Jiujiang	4780		19300	18055	18055
瑞昌市	Ruichang	560		5680	5390	5380
新余市	Xinyu	1360		1600	1565	1550
鹰潭市	Yingtan	610	40.00	9000	8000	8000
贵溪市	Guixi	100		3500	3450	3400
赣州市	Ganzhou	520			5400	5400
瑞金市	Ruijin	190		5500	5538	5500
南康市	Nankang	650		7100	7100	7100
吉安市	Ji'an	2375		5142	5142	5142
井冈山市	Jinggangshan	87		388	388	388
宜春市	Yichun	280		5100	5120	5100
丰城市	Fengcheng	150		1850	1850	1850
樟树市	Zhangshu	100		2400	2400	2400
高安市	Gaoan	410	24.05	7387	7116	7112
抚州市	Fuzhou	2200		9100	9100	9100
上饶市	Shangrao	49		8440	8440	7596
德兴市	Dexing	469		2400	2400	2400

10-7 续表 continued

城市	City	#居民家庭 for Households	燃气损失量 Volume of Gas Loss	用气户数(户) Households with Access to Gas (household)	#家庭用户 Residential Households	用气人口(万人) Population with Access to Gas(10000 persons)
合计	**Total**	**149527**	**1009**	**1342449**	**1321289**	**453.91**
南昌市	Nanchang	54000	17	331104	331067	115.35
景德镇市	Jingdezhen	11800		82980	82000	25.03
乐平市	Leping	1418	2	15000	14900	14.60
萍乡市	Pingxiang	4350	9	37364	37289	13.50
九江市	Jiujiang	14515		172320	160320	49.30
瑞昌市	Ruichang	5370	10	37150	36740	13.98
新余市	Xinyu	1550	15	7601	7601	2.60
鹰潭市	Yingtan	600		66660	66000	9.00
贵溪市	Guixi	3360	50	20800	18850	8.00
赣州市	Ganzhou	4870		121400	121400	28.45
瑞金市	Ruijin	3500	38	21000	21000	16.50
南康市	Nankang	7100		38600	38600	20.90
吉安市	Ji'an	3780		36240	36240	12.83
井冈山市	Jinggangshan	308		2680	2125	1.69
宜春市	Yichun	3880	20	38120	37060	13.79
丰城市	Fengcheng	1850		26000	26000	7.80
樟树市	Zhangshu	2000		42000	42000	18.00
高安市	Gaoan	7112	4	49490	49490	16.85
抚州市	Fuzhou	9100		132570	132570	44.70
上饶市	Shangrao	7064	844	47647	44314	15.51
德兴市	Dexing	2000		15723	15723	5.53

10-8 城市公共交通和出租车情况（2009年）
Basic Statistics on Public Transportation and Taxi in Cities (2009)

城市	City	公共交通 Public Transportation		
		运营车数（辆）Number of Public Vehicles Under Operation (unit)	公交专用车道长度（公里）Lengh of roads for Public Vehicles Only (km)	标准运营车数（标台）Number of Standard Vehicles Under Operation (standardized)
合 计	**Total**	**6358**	**44**	**7132**
南昌市	Nanchang	2606	2	3304
景德镇市	Jingdezhen	380		455
乐平市	Leping	110		94
萍乡市	Pingxiang	304		294
九江市	Jiujiang	369	4	410
瑞昌市	Ruichang	31		29
新余市	Xinyu	386		370
鹰潭市	Yingtan	182		190
贵溪市	Guixi	49		47
赣州市	Ganzhou	471	3	467
瑞金市	Ruijin	68		50
南康市	Nankang	100		92
吉安市	Ji'an	242		257
井冈山市	Jinggangshan	6		8
宜春市	Yichun	232	13	233
丰城市	Fengcheng	91		91
樟树市	Zhangshu	176	20	175
高安市	Gaoan	43		43
抚州市	Fuzhou	251	2	262
上饶市	Shangrao	230		230
德兴市	Dexing	31		31

10-8 续表 continued

城市	City			出租车 Taxi	
		运营线路网长度（公里）Network Length (km)	客运总量（万人次）Number of Passengers Carried by Bus (10000 person-times)	运营车数（辆）Number of Taxi under Operation (unit)	客运总量（万人次）Number of Passengers Carried by Taxi (10000 person-times)
合 计	**Total**	**4762**	**112248**	**10785**	**37356**
南昌市	Nanchang	1410	52560	3752	9894
景德镇市	Jingdezhen	388	7336	558	1471
乐平市	Leping	68	1420	50	87
萍乡市	Pingxiang	525	6269	600	3032
九江市	Jiujiang	160	7422	1487	6649
瑞昌市	Ruichang	39	210	160	480
新余市	Xinyu	326	5528	531	3018
鹰潭市	Yingtan	108	1758	271	1273
贵溪市	Guixi	76	54	138	696
赣州市	Ganzhou	179	5967	592	2616
瑞金市	Ruijin	49	580	71	292
南康市	Nankang	88	1742	24	45
吉安市	Ji'an	200	4323	376	1352
井冈山市	Jinggangshan	25	40	27	56
宜春市	Yichun	161	4959	404	825
丰城市	Fengcheng	170	1427	160	186
樟树市	Zhangshu	118	555	136	156
高安市	Gaoan	55	549	180	347
抚州市	Fuzhou	260	5400	658	2598
上饶市	Shangrao	319	3645	511	1893
德兴市	Dexing	38	504	99	390

10-9 城市道路和桥梁情况（2009年）
Basic Statistics on Urban Roads and Bridges (2009)

城 市	City	道路长度（公里）Length of Roads(km)	道路面积（万平方米）Area of Roads (10000 sq.m)	#人行道 Sidewalk	桥梁数（座）Number of Bridges(unit)	#立交桥 Crossroads
合 计	**Total**	**5312.7**	**9362**	**2130**	**562**	**57**
南昌市	Nanchang	959.8	1799	420	147	13
景德镇市	Jingdezhen	340.3	668	97	29	1
乐平市	Leping	159.7	204	52	3	1
萍乡市	Pingxiang	219.0	372	121	28	2
九江市	Jiujiang	744.0	944	190	79	12
瑞昌市	Ruichang	251.5	268	54	37	
新余市	Xinyu	290.2	740	197	29	10
鹰潭市	Yingtan	183.0	160	49	24	6
贵溪市	Guixi	96.0	137	28	9	5
赣州市	Ganzhou	243.0	584	146	15	2
瑞金市	Ruijin	122.0	143	22	10	
南康市	Nankang	167.0	265	101	19	
吉安市	Ji'an	175.5	365	99	14	
井冈山市	Jinggangshan	35.5	71	21	17	
宜春市	Yichun	183.2	380	86	16	
丰城市	Fengcheng	225.8	404	74	7	2
樟树市	Zhangshu	139.8	284	95	22	
高安市	Gaoan	117.5	185	39	11	
抚州市	Fuzhou	408.8	884	166	24	3
上饶市	Shangrao	201.5	432	62	13	
德兴市	Dexing	49.6	73	11	9	

10-9 续表 continued

城 市	City	道路照明灯盏数（千盏）Number of Street Lights (1000 units)	安装路灯的道路长度（公里）Length of Roads with Lights (km)	防洪堤长度（公里）Length of Flood Protecting Embankments (km)	#百年一遇标准 100 Years Once standard	#五十年一遇标准 50 Years Once standard
合 计	**Total**	**460550**	**3621**	**434**	**14**	**242**
南昌市	Nanchang	56600	765			
景德镇市	Jingdezhen	47284	299	10		
乐平市	Leping	6440	91	13		13
萍乡市	Pingxiang	33250	130	32		32
九江市	Jiujiang	27832	309	43		
瑞昌市	Ruichang	6258	43	17		10
新余市	Xinyu	36817	258	30		30
鹰潭市	Yingtan	11355	105			
贵溪市	Guixi	7166	90	3		3
赣州市	Ganzhou	18822	174			
瑞金市	Ruijin	2412	18	99	10	70
南康市	Nankang	4570	138	19		
吉安市	Ji'an	16403	175	12		6
井冈山市	Jinggangshan	1362	28			
宜春市	Yichun	16448	109	14		14
丰城市	Fengcheng	21849	188			
樟树市	Zhangshu	5017	79	7		7
高安市	Gaoan	8049	95	74		
抚州市	Fuzhou	102502	315	29	4	25
上饶市	Shangrao	18048	163	24		24
德兴市	Dexing	12066	49	8		8

10-10 城市排水和污水处理情况（2009年）
Basic Statistics on Urban Drainage and Sewage Disposal (2009)

城市	City	污水排放量（万立方米）Discharged Volume of Sewage (10000 cu.m)	排水管道长度（公里）Length of Drainpipes (km)	#污水管道 Sewage Pipes	污水处理厂 Sewage Treatment Plant 座数（座）Units (unit)	#二、三级 Second or Third Grade	日处理能力（万立方米）Daily Disposal Capacity (10000 cu.m)	#二、三级 Second or Third Grade
合计	**Total**	**69113**	**6563**	**2088**	**29**	**29**	**192.6**	**192.6**
南昌市	Nanchang	26110	1239	342	4	4	94.0	94.0
景德镇市	Jingdezhen	4898	646	383	1	1	8.0	8.0
乐平市	Leping	1092	187	76	1	1	2.0	2.0
萍乡市	Pingxiang	3500	244	18	1	1	4.0	4.0
九江市	Jiujiang	5144	716	213	3	3	17.0	17.0
瑞昌市	Ruichang	926	117	5	1	1	2.5	2.5
新余市	Xinyu	3380	528	161	1	1	8.0	8.0
鹰潭市	Yingtan	1765	122	23	1	1	5.0	5.0
贵溪市	Guixi	1060	122	31	1	1	1.0	1.0
赣州市	Ganzhou	3402	418	102	1	1	6.0	6.0
瑞金市	Ruijin	1200	53	12	1	1	2.0	2.0
南康市	Nankang	1402	242	22	1	1	2.0	2.0
吉安市	Ji'an	1891	293	176	2	2	5.0	5.0
井冈山市	Jinggangshan	169	36	24	2	2	1.1	1.1
宜春市	Yichun	2374	324	126	1	1	8.0	8.0
丰城市	Fengcheng	2814	217	190	1	1	4.0	4.0
樟树市	Zhangshu	1057	168	25	1	1	2.0	2.0
高安市	Gaoan	1190	120	25	1	1	2.0	2.0
抚州市	Fuzhou	2690	385	18	2	2	10.0	10.0
上饶市	Shangrao	2542	301	100	1	1	8.0	8.0
德兴市	Dexing	507	85	16	1	1	1.0	1.0

10-10 续表 continued

城市	City	处理量（万立方米）Treated Volume (10000 cu.m)	#二、三级 Second or Third Grade	其他污水处理装置 Other Disposal Equipment 日处理能力（万立方米）Daily Disposal Capacity (10000 cu.m)	处理量（万立方米）Treated Volume (10000 cu.m)	污水处理总量（万立方米）Treated Volume of Sewage (10000 cu.m)	污水处理厂干污泥产生量（吨）Output of Dewatered Sludge (ton)	污水处理厂干污泥处置量（吨）Treated Volume of Dewatered Sludge (ton)
合计	**Total**	**46439**	**46439**	**31.3**	**5329**	**51768**	**84242**	**84242**
南昌市	Nanchang	22473	22473			22473	34972	34972
景德镇市	Jingdezhen	2920	2920	5.5	1918	4838	4800	4800
乐平市	Leping	410	410			410	600	600
萍乡市	Pingxiang	1450	1450	5.0	1516	2966	6955	6955
九江市	Jiujiang	3787	3787	11.8	843	4630	4359	4359
瑞昌市	Ruichang	345	345			345	550	550
新余市	Xinyu	2920	2920	4.0	430	3350	3550	3550
鹰潭市	Yingtan	928	928	5.0	622	1550	1500	1500
贵溪市	Guixi							
赣州市	Ganzhou	1872	1872			1872	2850	2850
瑞金市	Ruijin	154	154			154	515	515
南康市	Nankang	190	190			190	290	290
吉安市	Ji'an	1513	1513			1513	6900	6900
井冈山市	Jinggangshan	160	160			160	372	372
宜春市	Yichun	1948	1948			1948	4202	4202
丰城市	Fengcheng	420	420			420	1752	1752
樟树市	Zhangshu	240	240			240	960	960
高安市	Gaoan	152	152			152	240	240
抚州市	Fuzhou	2441	2441			2441	3700	3700
上饶市	Shangrao	2115	2115			2115	5173	5173
德兴市	Dexing	1	1			1	2	2

10-11 城市园林绿化情况（2009年）

Basic Statistics on Urban Parks, Gardens and Green Areas (2009)

单位：公顷 (hectare)

城市	City	绿化覆盖面积 Coverage Area of Afforestation	#建成区 Developed Area	绿地面积 Area of Green Areas	#建成区 Developed Area
合 计	**Total**	**43879**	**38008**	**37596**	**35255**
南昌市	Nanchang	7893	7863	7430	7420
景德镇市	Jingdezhen	7469	3854	4575	3686
乐平市	Leping	761	752	724	718
萍乡市	Pingxiang	1772	1721	1512	1511
九江市	Jiujiang	4215	4210	4005	4000
瑞昌市	Ruichang	617	563	560	506
新余市	Xinyu	2568	2402	2369	2335
鹰潭市	Yingtan	1073	1073	950	950
贵溪市	Guixi	809	809	789	789
赣州市	Ganzhou	2787	2253	2627	2093
瑞金市	Ruijin	732	725	655	587
南康市	Nankang	930	922	900	893
吉安市	Ji'an	1869	1337	1437	1206
井冈山市	Jinggangshan	368	354	342	327
宜春市	Yichun	1587	1468	1458	1380
丰城市	Fengcheng	1949	1947	1726	1726
樟树市	Zhangshu	880	820	718	718
高安市	Gaoan	965	896	820	817
抚州市	Fuzhou	2542	2229	2085	1968
上饶市	Shangrao	1635	1352	1488	1217
德兴市	Dexing	458	458	426	408

10-11 续表 continued

单位：公顷 (hectare)

城市	City	公园绿地面积 Area of Park Green Areas	公园个数（个） Number of Parks(unit)	公园面积 Area of Parks
合 计	**Total**	**8884**	**209**	**5270**
南昌市	Nanchang	1816	26	736
景德镇市	Jingdezhen	651	11	481
乐平市	Leping	206	8	153
萍乡市	Pingxiang	334	13	308
九江市	Jiujiang	775	10	441
瑞昌市	Ruichang	155	2	55
新余市	Xinyu	547	13	362
鹰潭市	Yingtan	171	8	90
贵溪市	Guixi	166	4	122
赣州市	Ganzhou	562	19	515
瑞金市	Ruijin	485	3	50
南康市	Nankang	235	4	163
吉安市	Ji'an	337	7	289
井冈山市	Jinggangshan	127	5	57
宜春市	Yichun	401	9	258
丰城市	Fengcheng	307	11	303
樟树市	Zhangshu	221	6	60
高安市	Gaoan	218	2	60
抚州市	Fuzhou	745	17	497
上饶市	Shangrao	348	20	208
德兴市	Dexing	77	11	62

10-12 城市市容环境卫生情况（2009年）
Basic Statistics on Urban Sanitation in Cities (2009)

城市	City	道路清扫保洁面积（万平方米）Area under Cleaning Program (10000 sq.m)		生活垃圾 Residential Garbage			
			#机械化 Mechanisation	清运量（万吨）Collection & Transport Volume (10 000 tons)	#密闭车（箱）Hermetic Vehicles (Compartment)	处理量（万吨）Disposal Volume (10 000 tons)	无害化处理厂(场)数（座）Number of Innocent Treatment Plants (unit)
合　计	**Total**	**8308**	**1654**	**280.78**	**230.61**	**280.78**	**13**
南昌市	Nanchang	2333	300	72.84	72.84	72.84	1
景德镇市	Jingdezhen	298	72	14.98		14.98	1
乐平市	Leping	120		4.75		4.75	
萍乡市	Pingxiang	346	70	23.95	22.95	23.95	1
九江市	Jiujiang	667	148	17.25	10.95	17.25	1
瑞昌市	Ruichang	150	30	4.58	4.58	4.58	
新余市	Xinyu	663	182	13.14	13.14	13.14	1
鹰潭市	Yingtan	252	24	9.02	3.00	9.02	1
贵溪市	Guixi	106		5.48	5.00	5.48	
赣州市	Ganzhou	397	110	32.52	32.52	32.52	1
瑞金市	Ruijin	279	119	3.86	3.50	3.86	
南康市	Nankang	260	21	6.21	6.21	6.21	1
吉安市	Ji'an	280	223	11.30	10.52	11.30	1
井冈山市	Jinggangshan	105	10	2.89	2.19	2.89	1
宜春市	Yichun	377	115	8.50	8.50	8.50	1
丰城市	Fengcheng	385	1	8.03		8.03	
樟树市	Zhangshu	147		5.25	5.25	5.25	
高安市	Gaoan	92	32	7.25	7.11	7.25	
抚州市	Fuzhou	460	120	12.77	8.07	12.77	1
上饶市	Shangrao	495	65	12.35	12.35	12.35	1
德兴市	Dexing	96	12	3.86	1.93	3.86	

10-12 续表 continued

城市	City			粪便 Excrement and Urine		公共厕所（座）Number of Public Lavatories (unit)	市容环卫专用车辆设备总数（辆）Number of Special Vehicles for Environmental Sanitation (unit)
		日无害化处理能力（吨）Daily Innocent Treatment Capacity (ton)	无害化处理量（万吨）Volume of Wastes Disposed (10000 tons)	清运量（万吨）Collection & Transport Volume (10000 tons)	处理量（万吨）Disposal Volume (10000 tons)		
合　计	**Total**	**5930**	**236.99**	**55.35**	**2.82**	**1946**	**838**
南昌市	Nanchang	1600	72.84	0.55	0.55	294	182
景德镇市	Jingdezhen	360	14.98			216	31
乐平市	Leping					56	4
萍乡市	Pingxiang	400	23.95	1.86		142	66
九江市	Jiujiang	500	17.25	48.50		267	79
瑞昌市	Ruichang					36	7
新余市	Xinyu	635	13.14			82	58
鹰潭市	Yingtan	250	9.02			38	46
贵溪市	Guixi		5.48			17	7
赣州市	Ganzhou	300	32.52	1.37	1.37	88	57
瑞金市	Ruijin					50	24
南康市	Nankang	200				39	20
吉安市	Ji'an	300	11.30			119	32
井冈山市	Jinggangshan	35	2.89			4	10
宜春市	Yichun	300	8.50	0.51	0.51	102	46
丰城市	Fengcheng			0.26	0.26	47	36
樟树市	Zhangshu			0.10		51	22
高安市	Gaoan			2.20	0.13	30	36
抚州市	Fuzhou	650	12.77			160	37
上饶市	Shangrao	400	12.35			99	28
德兴市	Dexing					9	10

主要统计指标解释

供水综合生产能力 指按供水设施取水、净化、送水、出厂输水干管等环节设计能力计算的综合生产能力。包括在原设计能力的基础上，经挖、革、改增加的生产能力。计算时，以四个环节中最薄弱的环节为主确定能力。

年末供水管道长度 指从送水泵至用户水表之间所有管道的长度。不包括新安装尚未使用、水厂内以及用户建筑物内的管道。

全年供水总量 指报告期供水企业(单位)供出的全部水量。包括有效供水量和漏损水量。

生活用水量 包括公共服务用水和居民家庭用水。公共服务用水指为城市社会公共生活服务的用水。包括行政事业单位、部队营区和公共设施服务、社会服务业、批发零售贸易业、旅馆饮食业以及其他公共服务业等单位的用水。居民家庭用水指城市范围内所有居民家庭的日常生活用水。包括城市居民、农民家庭、公共供水站用水。

用水普及率 指城市用水人口数与城市人口总数的比率。计算公式:

$$用水普及率=\frac{城市用水人口数}{城市人口总数}\times100\%$$

人工煤气生产能力 指报告期末人工煤气生产厂制气、净化、输送等环节的综合生产能力，不包括备用设备能力。一般按设计能力计算，如果实际生产能力大于设计能力时，应按实际测定的生产能力计算。测定时应以制气、净化、输送三个环节中最薄弱的环节为主。

供气管道长度 指报告期末从气源厂压缩机的出口或门站出口至各类用户引入管之间的全部已经通气投入使用的管道长度。不包括煤气生产厂、输配站、液化气储存站、灌瓶站、储配站、气化站、混气站、供应站等厂(站)内的管道。

全年供气总量 指全年燃气企业(单位)向用户供应的燃气数量。包括销售量和损失量。

燃气普及率 指报告期末使用燃气的城市人口数与城市人口总数的比率。计算公式为:

$$燃气普及率=\frac{城市用气人口数}{城市人口总数}\times100\%$$

年末道路长度 指年末道路长度和与道路相通的桥梁、隧道的长度，按车行道中心线计算。在统计时只统计路面宽度在3.5米(含3.5米)以上的各种铺装道路，包括开放型工业区和住宅区道路在内。

城市桥梁 指为跨越天然或人工障碍物而修建的构筑物。包括跨河桥、立交桥、人行天桥以及人行地下通道等。按使用年限分为永久性桥和半永久性桥。

城市排水管道长度 指所有排水总管、干管、支管、检查井及连接井进出口等长度之和。

城市污水日处理能力 指污水处理厂(或污水处理装置)每昼夜处理污水量的设计能力。

年末运营车数 指年末城市用于公共交通运营业务的全部车辆数。新购、新制和调入的运营车辆，自投入之日起开始计算；调出、报废和调作他用的运营车辆，自上级主管机关批准之日起不再计入。

城市绿地面积 指报告期末用作园林和绿化的各种绿地面积。包括公园绿地、生产绿地、防护绿地、附属绿地和其他绿地的面积。

公园绿地 城市中向公众开放的以游憩为主要功能，有一定的游憩设施和服务设施，同时兼有健全生态、美化景观，防灾减灾等综合作用的绿化用地。包括综合公园，社区公园、专类公园、带状公园和街旁绿地。其中综合公园、专类公园和带状公园面积之和为公园面积。

清扫保洁面积 指报告期末对城市道路和公共场所（主要包括城市行车道、人行道、车行隧道、人行过街地下通道、道路附属绿地、地铁站、高架路、人行过街天桥、立交桥、广场、停车场及其他设施等）进行清扫保洁的面积。一天清扫多次的，按清扫保洁面积最大的一次计算。

市容环卫专用车辆 指用于环境卫生作业、监察的专用车辆和设备，包括用于道路清扫、冲洗、洒水、除雪、垃圾粪便清运、市容监察以及与其配套使用的车辆和设备。

每万人拥有公共交通车辆 指报告期末城区内每万人平均拥有的公共交通车辆标台数。计算公式:

$$每万人拥有公共交通车辆=\frac{公共交通运营车标台数}{城市人口总数}$$

生活垃圾清运量 指报告期内收集和运送到垃圾处理厂(场)的生活垃圾数量。生活垃圾指城市日常生活或为城市日常生活提供服务的活动中产生的固体废物以及法律行政规定的视为城市生活垃圾的固体废物。包括：居民生活垃圾、商业垃圾、集市贸易市场垃圾、街道清扫垃圾、公共场所垃圾和机关、学校、厂矿等单位的生活垃圾。

Explanatory Notes on Main Statistical Indicators

Production Capacity of Water Supply refers to the designed overall production capacity of water facilities, covering the four segments of water collection, purification, conveyance, and outflow through trunk pipelines. Increased capacity through transformation and innovation projects is included as well. The capacity is determined mainly on the weakest of the above-mentioned four segments.

Length of Water Supply Pipelines at the Year-end refers to the total length of all the pipelines between the water pumps and the user water meters, excluding pipelines newly installed but not used yet, pipeline in the water factory,and pipeline in the user's buildings.

Annual Volume of Water Supply refers to the total volume of water supplied by water-works (units) during the reference period, including both the effective water supply and loss during the water supply.

Consumption of Water for Residential Use refers to water consumption of households for daily life and water consumption of public service facilities. The latter refers to water consumption for urban public services, including the consumption of government agencies and public institutions, military barracks, public facilities, wholesale and retail outlets, restaurants, hotels, and other units providing public services. Household water consumption refers to consumption of water for daily life of all households within the boundary of cities, including households of urban residents and farmers, and public water supply stations.

Coverage Rate of Urban Population with Access to Tap Water refers to the ratio of the urban population with access to tap water to the total urban population. The formula is:

$$\text{Coverage of urban population with access to tap water} = \frac{\text{Urban population with access to tap water}}{\text{Urban population}} \times 100\%$$

Production Capacity of Gaswork Gas refers to the overall production capacity of the urban gasworks in gas generation, purification and delivery at the end of the reference period, excluding capacity of the reserved facilities. In general, it is determined by the designed capacity, and when actual production capacity is larger than the designed capacity, the capacity is determined by the actual measurement on the weakest segment in the production, purification and delivery.

Length of Gas Pipelines refers to the total length of pipelines in use between the outlet of the compressor of gas-work or outlet of gas stations and the leading pipe of users, excluding pipelines within gasworks, delivery stations, LPG storage stations, refilling stations, gas-mixing stations and supply stations.

Volume of Gas Supply refers to the total volume of gas provided to users by gas-producing enterprises (units) in a year, including the volume sold and the volume lost.

Coverage Rate of Urban Population with Access to Gas refers to the ratio of the urban population with access to gas to the total urban population at the end of the reference period. The formula is:

$$\text{Coverage rate of urban population with access to gas} = \frac{\text{Urban population with access to gas}}{\text{Urban population}} \times 100\%$$

Length of Paved Roads at Year-end refers to the length of roads with paved surface including bridges and tunnels connected with roads by the end of the year. Length of the roads is measured by the central lines for vehicles for paved roads with a width of 3.5 meters and over, including roads in open-ended factory compounds and residential quarters.

Urban Bridges refer to bridges built to cross over natural or man-made barriers, including bridges over rivers, overpasses for traffic and for pedestrians, underpasses for pedestrians, etc. Both permanent and semi-permanent bridges are included.

Length of Urban Sewage Pipes refers to the total length of general drainage, trunks, branch and inspection wells, connection wells, inlets and outlets, etc.

Daily Disposal Capacity of Urban Sewage refers to the designed 24-hour capacity of sewage disposal by the sewage treatment works or facilities.

Number of Vehicles under Operation at Year-end refers to the total number of vehicles under operation by public transport enterprises (units) at the end of the year, based on the records of operational vehicles by the enterprises (units).

Area of Urban Green Areas refers to the total area occupied for green projects at the end of the reference period, including park green land, production green land, protection green land, green land attached to institutions, and other green areas.

Park Green Area refers to green areas open to the public for amusement and rest with the facilities of amusement, rest and services. Its function includes perfecting ecology, beautifying landscape, and preventing and reducing disaster. Park green areas include comprehensive park, community park, topic park, belt-shaped park and green area nearby street. Total areas of comprehensive park, topic park and belt-shaped is the area of park.

Area Cleaned refers to the area which are regularly cleaned, as at the end of the reference period, at urban roads and public places (mainly including urban roadways, pedestrian walkways, vehicular tunnels, pedestrian underpasses, underground railway stations, lifted roads, pedestrians walk bridges, overpasses, plazas, carparks and other facilities). If there are several times of cleaning in a day at a location, the area of that time of cleaning with the largest area cleaned will be taken.

Vehicles Dedicated to Urban Cleanliness and Environmental Sanitation refer to vehicles and facilities dedicated for use in the operation, management and monitoring of environmental hygiene work. They include vehicles for road cleaning, washing, showering, ice removal, disposal of garbage and human wastes, cleanliness monitoring and related activities.

Public Transportation Vehicles per 10000 Population refers to the number of public transportation vehicles, at the end of the reference period, per 10000 population in the city district. The formula for calculation is:

$$\text{Public Transportation Vehicles per 10000 Population} = \frac{\text{Number of Public Transportation Vehicles}}{\text{City District Population}}$$

Consumption Wastes Transported refers to volume of consumption wastes collected and transported to disposal factories or sites. Consumption wastes are solid wastes produced from urban households or from service activities for urban households, and solid wastes regarded by laws and regulations as urban consumption wastes, including those from households, commercial activities, markets, cleaning of streets, public sites, offices, schools, factories, mining units and other sources.

林业建设和生态环境

11

Forestry Construction and Ecology Environment

资料整理及英文翻译：方建州　张家琦　张　辉

简要说明

本篇资料由林业建设、环境保护、水资源和气象三个部分组成。

林业建设部分反映全省森林生态建设和林业发展的情况。主要包括森林资源、生态建设、产业发展、固定资产投资、国有林场以及森林主要灾害的情况。资料来源于省林业厅年报数据。由省统计局农业处整理提供。

环境保护统计资料包括工业废水、生活污水排放及治理情况；工业废气排放及处理情况；工业固体废物的产生、处理及利用情况；城市生活垃圾清运及处理情况；烟尘、粉尘排放及达标情况；以及工业污染治理项目和完成投资额等。资料来源于省环保局，由省统计局科技环保处整理提供。

水资源资料主要包括水资源总量、供水量及用水量，资料来源于省水文局；气象资料主要包括各设区市平均气温、降水量、日照等方面的资料，资料来源于省气象局。由省统计局综合处整理提供。

Brief Introduction

This chapter includes three parts: urban construction; environment protection; water resources and meteorological.

Data in this chapter show the basic condition of the construction of forest ecology and forestry development. They include the condition of the forest resources, ecology construction, industrial development, investments in fixed assets, state-owned farms, and forest disaster. Data source from the Forestry department of Jiangxi Province. Data are provided by ….

Data on environment protection include discharge and treatment of industrial and consumption waste water; emission treatment and utilization of industrial waste gas; collection and disposal of consumption wastes in cities; industrial waste air and dust meeting discharge standards; projects on industrial pollution treatment and funds invested. Data source from Bureau of Environmental Protection. Data are provided by the Division of Science and Environmental Protection of Jiangxi Statistics Bureau.

Data on water resources include total amount of water resources,supply and ues.Data source from Jiangxi Hydrological Bureau. Data on meteorological include annual average temperature,precipitation and sunshine hours by region.Data source from Jiangxi Meteorological Bureau. Data are provided by the Division of Integrated Statistics of Jiangxii Statistics Bureau.

11-1 森林资源情况

Condition of Forest Resourses

指 标	Item	1949	1955	1964	1977	1983
全省林业用地总面积(千公顷)	**Total Forest Land Area (1000 hectares)**				**10578.31**	**10456.00**
有林地面积	Soil Surface of Forest	6736.00	6591.00	6226.00	5462.25	5532.00
用材林	Timber Forest		4992.00	4715.55	3748.89	3413.00
防护林	Protection Forest		367.00	346.68	51.07	120.00
薪炭林	Fuel Forest				223.34	385.00
特种用材林	Forest for Special Purpose		9.00			19.00
经济林	Economic Forest		813.00	767.98	982.70	1085.00
#油茶林	Camellia Oleifera				906.12	945.00
竹 林	Bamboo Forest		410.00	395.79	456.25	510.00
稀疏林	Sparse Forest		1371.00	1474.00	676.39	1566.00
灌木林	Shrubbery		304.00	327.00	690.75	272.00
未成林造林地	Immature Forest Land				350.97	232.00
荒山宜林地	Barren				3109.20	2854.00
其他	Others				288.75	
活立木总蓄积量(万立方米)	**Total Standing Forest Stock (10000 cu.m)**	**51926.80**	**49801.80**	**40010.80**	**30084.90**	**25375.70**
杉木林	Fir Forest				5176.96	5662.30
马尾松	Redpine				7907.72	5639.60
阔叶树及其它	Broadleafe Tree and Others				17000.23	14073.80
毛竹林蓄积量(万株)	**Mao Bamboo Reserves (10000 units)**		**46248.00**	**55225.02**	**69189.27**	**88025.40**
森林覆盖率(%)	**Forest Coverage Rate (%)**	**40.30**	**39.50**	**37.30**	**37.22**	**34.73**

注：本表数据为林业普查年份数据。

a)The data in the table were the figures of general survey of forest.

11-1 续表 continued

指 标	Item	1988	1991	1996	1999	2004
全省林业用地总面积(千公顷)	**Total Forest Land Area (1000 hectares)**	**10496.20**	**10483.40**	**10453.20**	**10628.75**	**10626.47**
有林地面积	Soil Surface of Forest	5992.40	6727.70	8897.80	9506.55	9413.00
用材林	Timber Forest	3555.70	4148.80	5902.10	3813.91	3800.88
防护林	Protection Forest	191.90	255.80	352.00	3439.84	3521.63
薪炭林	Fuel Forest	577.20	610.70	608.00	186.20	67.35
特种用材林	Forest for Special Purpose	32.00	30.40	44.80	362.22	449.96
经济林	Economic Forest	1101.60	1130.40	1363.50	961.55	749.29
#油茶林	Camellia Oleifera	972.00	986.40	1011.50	742.50	696.76
竹 林	Bamboo Forest	534.00	551.60	627.30	742.82	823.88
稀疏林	Sparse Forest	1421.30	1165.50	441.70	168.39	138.70
灌木林	Shrubbery	107.20	105.60	217.60	397.05	490.47
未成林造林地	Immature Forest Land	426.90	562.20	211.20	143.77	317.01
荒山宜林地	Barren	2342.20	1811.40	531.30	121.64	127.75
其他	Others	206.20	111.00	153.60	291.35	139.54
活立木总蓄积量(万立方米)	**Total Standing Forest Stock (10000 cu.m)**	**24219.19**	**24590.10**	**27695.69**	**28992.72**	**35357.23**
杉木林	Fir Forest	6376.39	7013.65	8168.95	10262.04	12464.90
马尾松	Redpine	3997.69	3933.33	5131.51	8895.39	11115.11
阔叶树及其它	Broadleafe Tree and Others	13845.11	13643.12	14395.23	9835.29	11777.23
毛竹林蓄积量(万株)	**Mao Bamboo Reserves (10000 units)**	**95737.00**	**105065.00**	**108556.00**	**136984.00**	**150209.02**
森林覆盖率(%)	**Forest Coverage Rate (%)**	**36.88**	**40.93**	**55.24**	**59.70**	**60.05**

11-2 造林面积和营林情况

单位：千公顷

年 份 Year	造林总面积 Total Afforested Area	公有经济造林 Public Ownership	人工造林 by Human	按林种用途分 用材林 for Timber	经济林 for Economic	防护林 for Protection
1978	241.73	195.95	241.73	115.76	95.24	0.45
1979	165.48	138.94	165.48	79.25	65.20	0.31
1980	225.85	177.09	225.85	136.51	80.56	2.95
1981	192.87	139.88	192.87	95.07	64.39	4.73
1982	161.04	113.48	161.04	72.92	64.96	1.47
1983	244.10	161.51	244.10	118.97	67.38	2.59
1984	286.34	213.91	161.86	161.00	61.48	5.14
1985	409.05	314.53	409.05	247.87	32.87	14.42
1986	294.73	188.60	294.73	178.64	23.66	10.40
1987	310.87	224.55	310.87	188.32	24.95	10.97
1988	310.03	251.70	310.03	180.14	19.24	14.55
1989	235.47	200.64	235.47	153.65	14.86	5.09
1990	276.19	259.07	276.19	185.70	12.57	11.07
1991	506.00	358.47	389.10	331.00	20.60	68.60
1992	435.00	367.20	372.30	277.07	50.73	81.40
1993	243.27	190.60	215.40	159.13	44.07	27.80
1994	251.93	232.82	229.90	145.03	55.16	37.89
1995	250.09	221.57	227.10	143.98	54.76	37.30
1996	191.43	172.02	171.00	89.98	58.43	29.73
1997	81.00	73.78	68.60	46.92	25.11	7.18
1998	53.07	46.58	47.10	23.70	21.81	7.05
1999	36.72	33.07	30.80	12.57	12.09	11.48
2000	35.23	30.58	28.20	13.45	10.32	11.29
2001	37.15	25.17	28.30	10.32	6.40	20.11
2002	162.28	77.95	162.28	20.50	19.63	121.64
2003	219.75	84.53	219.75	21.30	24.46	172.98
2004	58.10	15.49	58.10	19.58	3.62	33.85
2005	47.59	16.60	47.59	20.74	3.91	22.14
2006	63.60	20.77	63.60	36.35	4.39	22.38
2007	157.42	31.52	147.58	95.25	20.30	41.16
2008	267.03	71.24	234.60	147.43	32.91	84.85
2009	228.63	63.47	209.02	120.39	23.28	82.53

注：2002以前年末实有封山育林面积含封山护林面积

a)Before the 2002,the areas of sealing a mountain pass and afforest include the protection at the end of year.

Condition of Afforested Area and Silviculture

(1000 hectares)

According to the Way of Using		年末实有封山育林面积 Area Fenced off for Afforestation	更新造林面积 Area of Slash Reforestation	低产低效林改造面积 Reconstrueted Area of Forest of Poor Output	零星(四旁)植树(万株) Scattered Tree-planting (10000 units)
薪炭林 for Firewood	特种用途林 for Special Using				
	30.28		18.08		3595.88
	20.73	987.47	17.51	65.79	3936.19
	5.83	552.20	17.94	41.28	3564.75
	28.67	1273.27	22.48	23.44	3822.08
13.95	7.74	1484.87	20.83	19.70	4484.91
43.13	12.03	427.33	19.29	26.47	4356.24
46.18	12.54	1873.2	24.39	30.52	5812.56
106.06	7.83	2224.00	30.47	38.60	5164.97
76.40	5.63	2735.00	34.80	39.40	5874.00
80.69	5.94	2623.73	33.80	37.20	5174.70
85.43	10.67	2856.55	33.84	100.37	5315.55
57.85	4.02	2589.97	29.73	30.77	4794.95
64.61	2.24	2412.47	31.85	28.13	5724.62
85.47	0.33	2923.00	33.40	48.73	7248.00
23.67	2.13	3363.87	34.53	60.27	6594.90
12.20	0.10	3052.53	31.87	117.33	6986.90
13.27	0.58	2888.47	35.24	183.00	7356.00
13.17	0.88	2649.81	29.82	187.03	6662.00
12.41	0.88	2394.93	33.42	168.41	7088.00
1.56	0.23	2492.51	39.80	246.03	9929.00
0.46	0.05	2309.50	32.85	257.93	7770.00
0.57	0.01	2739.50	25.00	220.11	8201.00
0.10	0.08	1463.06	22.60	247.06	7739.00
0.24	0.08	1881.40	17.10	180.16	6738.00
0.17	0.34	1402.12	11.70	62.77	6255.00
0.55	0.45	430.07	1.11	5.90	6746.00
0.99	0.06	627.21	1.40	43.13	7422.00
0.33	0.47	610.10	7.20	26.50	5226.00
0.25	0.23	605.56	8.50	11.43	9020.60
0.55	0.17	718.20	17.82	6.90	18172.60
0.31	1.55	409.83	28.25	55.91	1383.00
1.72	0.72	459.60	24.35	44.53	15378.67

11-3 各地区造林面积和营林情况(2009年)

Condition of Afforested Area and Silviculture by Region (2009)

单位：千公顷 (1000 hectares)

地区	Region	造林总面积 Total Afforested Area	按经济成份分 Grouped by Economic Setor 公有经济造林 Public Ownership	国有经济造林 State-owned Economy	集体经济造林 Collective Economy	非公有经济造林 Non-public Ownership	按造林方式分 Grouped by Approach 人工造林 Manual Planting	无林地和疏林地本年新封 Non-forest and scattered woodland
全　省	**Provincial Total**	**228.63**	**63.47**	**31.80**	**31.67**	**165.16**	**209.02**	**19.61**
南昌市	Nanchang	6.88	5.91	3.52	2.39	0.97	6.12	0.76
景德镇市	Jingdezhen	6.37	2.20	2.04	0.17	4.17	6.03	0.34
萍乡市	Pingxiang	14.75	9.95	3.67	6.28	4.80	12.87	1.88
九江市	Jiujiang	29.33	3.45	0.57	2.88	25.88	28.87	0.47
新余市	Xinyu	9.01	3.48	1.80	1.68	5.53	8.46	0.55
鹰潭市	Yingtan	7.51	3.28	0.35	2.93	4.23	6.87	0.64
赣州市	Ganzhou	36.71	5.01	2.60	2.41	31.71	32.89	3.82
吉安市	Ji'an	23.45	8.28	5.63	2.65	15.18	20.56	2.89
宜春市	Yichun	30.72	6.01	2.37	3.64	24.71	27.29	3.43
抚州市	Fuzhou	22.76	4.18	4.18		18.58	20.14	2.62
上饶市	Shangrao	41.14	11.73	5.08	6.65	29.42	38.93	2.21

11-3 续表 continued

单位：千公顷 (1000 hectares)

地区	Region	按林种用途分 According to the Way of Using 用材林 for Timber	经济林 for Economic	防护林 for Protection	薪炭林 for Firewood	特种用途林 for Special Using	年末实有封山育林面积 Area Fenced off for Afforestation	更新造林面积 Area of Slash Reforestation	低产低效林改造面积 Reconstrueted Area of Forest of Poor Output	零星(四旁)植树(万株) Scattered Tree-planting (10000 units)
全　省	**Provincial Total**	**120.39**	**23.28**	**82.53**	**1.72**	**0.72**	**459.60**	**24.35**	**44.53**	**15572.38**
南昌市	Nanchang	0.88	0.83	5.06	0.05	0.07	6.70	0.02	0.39	1090.35
景德镇市	Jingdezhen	4.63	0.10	1.64			83.62	0.55	0.23	131.93
萍乡市	Pingxiang	8.10	1.84	4.81			10.43		0.04	1212.5
九江市	Jiujiang	19.76	3.79	5.18		0.60	118.13	1.42	3.53	3362.59
新余市	Xinyu	4.88	0.70	3.42			1.40	1.49	0.72	255.1
鹰潭市	Yingtan	1.93	2.21	3.38			6.53			284.85
赣州市	Ganzhou	22.05	4.17	10.44		0.05	28.38	7.58	7.34	2899.59
吉安市	Ji'an	9.74	0.53	11.97	1.21		48.66	7.69	6.51	2449.71
宜春市	Yichun	12.09	3.30	15.06	0.28		138.04	5.00	6.20	1711.69
抚州市	Fuzhou	10.90	2.47	9.24	0.15		9.77	0.13	13.53	526.47
上饶市	Shangrao	25.43	3.35	12.33	0.03		7.94	0.46	6.05	1847.6

11-4 林业重点工程建设情况

Condition of Forestry Engineering construction of Key

单位：千公顷 (1000 hectares)

指　　标	Item	2004	2005	2006	2007	2008	2009
本年完成造林面积	**Total Afforested Area in Current Year**	**67.75**	**42.57**	**48.55**	**60.74**	**62.54**	**96.50**
退耕还林工程	Grain for Green Program	46.67	34.78	43.33	53.33	46.83	34.52
人工造林	Manual Planting Afforestation	46.67	33.33	43.33	53.33	23.71	18.24
无林地和疏林地新封	Non-forest and Scattered Land		1.45			23.13	16.28
长江流域防护林工程	Shelterbelt Forestry Project of the Yangtze Basin	20.50	7.34	4.43	7.40	14.01	40.17
人工造林	Grain for Green Program	8.07	5.34	3.39	3.67	8.77	38.13
无林地和疏林地新封	Non-forest and Scattered Land	12.43	2.00	1.04	3.73	5.24	2.04
珠江流域防护林工程	Shelterbelt Forestry Project of the Pearl River Basin	0.58	0.45	0.78		1.69	5.22
人工造林	Grain for Green Program	0.25	0.45	0.45		0.37	5.22
无林地和疏林地新封	Non-forest and Scattered Land	0.33		0.33		1.32	
速生丰产用材林基地建设工程	Projects on Fast-growing and High-yielding Timber Forests Bases						16.60
人工造林	Grain for Green Program						16.60
无林地和疏林地新封	Non-forest and Scattered Land						

11-5 各地区林业重点工程建设情况(2009年)

Condition of Forestry Engineering Construction of Key by Region

单位：千公顷 (1000 hectares)

地　区	Region	本年完成造林面积 Total Afforested Area in Current Year	退耕还林工程 Grain for Green Program	长江流域防护林工程 Shelterbelt Forestry Project of the Yangtze Basin	珠江流域防护林工程 Shelterbelt Forestry Project of the Pearl River Basin	速生丰产用材林基地建设工程 Projects on Fast-growing and High-yielding Timber Forests Bases
全　省	**Provincial Total**	**96.50**	**34.52**	**40.17**	**5.22**	**16.60**
南昌市	Nanchang	1.56	0.89	0.67		
景德镇市	Jingdezhen	2.23	0.72	1.27		0.24
萍乡市	Pingxiang	9.14	2.77	2.53		3.84
九江市	Jiujiang	4.40	0.67	3.74		
新余市	Xinyu	0.96	0.71	0.25		
鹰潭市	Yingtan	1.54	0.72	0.68	0.15	
赣州市	Ganzhou	16.85	8.17	3.62	5.07	
吉安市	Ji'an	13.88	4.00	7.76		2.11
宜春市	Yichun	14.66	6.63	7.60		0.43
抚州市	Fuzhou	15.95	4.65	4.80		6.49
上饶市	Shangrao	15.33	4.57	7.27		3.50

11-6 自然保护区和森林公园基本情况

Basic Condition of Natural Reserve and Forest Park

指标	Item	2004	2005	2006	2007	2008	2009
自然保护区	**Natural Reserve**						
数量(个)	Quantity(unit)	128	142	148	158	168	184
国家级(个)	National(unit)	5	5	5	6	8	8
省级(个)	Provincial(unit)	21	21	21	20	18	18
县级(个)	County-level(unit)	102	116	122	132	142	158
面积(公顷)	Area(hectare)	779338	992539	1029301	1061359	1085891	1117384
国家级(公顷)	National(hectare)	85019	85019	85019	97268	144435	144435
省级(公顷)	Provincial(hectare)	288005	297327	297327	282678	235512	235512
县级(公顷)	County-level(hectare)	406314	610193	646955	681413	705944	737438
湿地公园	**Wetland Park**						
数量(个)	Quantity(unit)				1	4	6
面积(公顷)	Area(hectare)				1504	51506	55793
森林公园	**Forest Park**						
数量(个)	Quantity(unit)	71	79	92	105	108	110
国家级(个)	National(unit)	28	33	36	39	41	43
省级(个)	Provincial(unit)	40	42	52	60	61	61
县级(个)	County-level(unit)	3	4	4	6	6	6
面积(公顷)	Area(hectare)	358132	394652	429296	468903	467051	471865
国家级(公顷)	National(hectare)	271165	305253	330652	334540	340867	346261
省级(公顷)	Provincial(hectare)	83247	85578	94823	106519	98341	97761
县级(公顷)	County-level(hectare)	3720	3820	3820	27844	27844	27844

11-7 各地区森林资源情况

Condition of Forest Resources by Region

地 区	Region	林业用地面积 (千公顷) Area of Afforested Land (1000 hectare)	活立木总蓄积 (万立方米) Total Standing Forest Stock (10000 cu.m)	毛竹林蓄积量 (万株) Mao Bamboo Reserves (10000 units)	森林覆盖率 (%) Forest Coverage Rate (%)
全 省	**Provincial Total**	**10626.47**	**35357.23**	**150209.02**	**60.05**
南昌市	Nanchang	355.58	1272.12	2060.14	58.89
景德镇市	Jingdezhen	126.91	323.87	819.54	16.05
萍乡市	Pingxiang	253.93	607.31	5430.11	63.02
九江市	Jiujiang	1043.84	3118.42	5927.81	50.36
新余市	Xinyu	177.37	549.31	2855.07	52.38
鹰潭市	Yingtan	199.87	674.99	5227.66	55.29
赣州市	Ganzhou	3034.96	9799.62	23879.53	74.20
吉安市	Ji'an	1733.17	6787.29	22576.68	65.55
宜春市	Yichun	1040.96	4134.54	33873.89	52.83
抚州市	Fuzhou	1287.64	4252.90	29419.98	61.10
上饶市	Shangrao	1372.23	3836.86	18138.59	57.67

注：本表数据为十五期间二类调查数。
a) The data in this table were from the tenth five-year second-class investigation of forest.

11-8 各地区自然保护基本情况(2009年)

Basic Condition of Natural Reserve by Region(2009)

地 区	Region	自然保护区个数 (个) Quantity of Natural Reserve (unit)	#国家级 National	自然保护区面积 (千公顷) Area of Natural Reserve (1000 hectares)	#国家级 National	自然保护区占辖区面积比重(%) Percentage to Natural Reserve Area (%)
全 省	**Provincial Total**	**184**	**8**	**1117.38**	**144.43**	**6.69**
南昌市	Nanchang	12	1	128.99	33.30	17.43
景德镇市	Jingdezhen	7		45.62		8.69
萍乡市	Pingxiang	3		17.89		4.67
九江市	Jiujiang	35	2	203.49	34.90	10.81
新余市	Xinyu	3		2.73		0.86
鹰潭市	Yingtan	2		12.55		3.53
赣州市	Ganzhou	29	1	199.71	13.41	5.07
吉安市	Ji'an	33	1	103.17	21.45	4.08
宜春市	Yichun	25	1	80.90	11.50	4.33
抚州市	Fuzhou	17	1	123.82	13.87	6.58
上饶市	Shangrao	18	1	198.52	16.01	8.71

11-9 国家级、省级自然保护区(2009年)

名　　称	Name	级别	Level	类型	Type
鄱阳湖自然保护区	Poyang Lake Natural Reserve	国家级	National	湿地生态	Wetland Ecology
井冈山自然保护区	Jinggangshan Natural Reserve	国家级	National	森林生态	Forest Ecology
桃红岭梅花鹿自然保护区	Taohong Range Sike Natural Reserve	国家级	National	野生动物	Wild Animal
武夷山自然保护区	Wuyi Mountain Natural Reserve	国家级	National	森林生态	Forest Ecology
九连山自然保护区	Jiulian Mountain Nature Reserve	国家级	National	森林生态	Forest Ecology
官山自然保护区	Guanshan Nature Reserve	国家级	National	野生动物	Wild Animal
鄱阳湖南矶湿地自然保护区	Poyang Lake Southern Rockies Wetland Nature Reserve	国家级	National	湿地生态	Wetland Ecology
马头山自然保护区	Matou Tiger Nature Reserve	国家级	National	野生植物	Wild Plant
庐山自然保护区	Lushan Mountain Nature Reserve	省　级	Provincial	森林生态	Forest Ecology
云居山自然保护区	Yunju Mountain Nature Reserve	省　级	Provincial	森林生态	Forest Ecology
青岚湖自然保护区	Qinglan Lake Nature Reserve	省　级	Provincial	湿地生态	Wetland Ecology
九岭山自然保护区	Jiuling Mountain Nature Reserve	省　级	Provincial	森林生态	Forest Ecology
阳岭自然保护区	Yang Range Nature Reserve	省　级	Provincial	森林生态	Forest Ecology
水浆自然保护区	Water Slurry Nature Reserve	省　级	Provincial	森林生态	Forest Ecology
鸳鸯湖自然保护区	Yuanyang Lake Nature Reserve	省　级	Provincial	野生动物	Wild Animal
瑶里自然保护区	Yaoli Nature Reserve	省　级	Provincial	森林生态	Forest Ecology
三十把自然保护区	Sanshiba Nature Reserve	省　级	Provincial	森林生态	Forest Ecology
华南虎自然保护区	South China Tiger Nature Reserve	省　级	Provincial	野生动物	Wild Animal
岩泉自然保护区	Yanquan Nature Reserve	省　级	Provincial	野生植物	Wild Plant
都昌候鸟自然保护区	Duchang Migratory Birds Nature Reserve	省　级	Provincial	湿地生态	Wetland Ecology
峤岭自然保护区	Qiao Range Nature Reserve	省　级	Provincial	森林生态	Forest Ecology
羊狮幕自然保护区	Yangshimu Nature Reserve	省　级	Provincial	森林生态	Forest Ecology
阳际峰自然保护区	Yangji Mountain Nature Reserve	省　级	Provincial	森林生态	Forest Ecology
赣江源自然保护区	Ganjiang River Source Nature Reserve	省　级	Provincial	森林生态	Forest Ecology
齐云山自然保护区	Qishan Mountiain Nature Reserve	省　级	Provincial	森林生态	Forest Ecology
老虎脑自然保护区	Laohunao Nature Reserve	省　级	Provincial	野生动物	Wild Animal

National and Provincial Natural Reserves

主要保护对象	Main Protection	地点	Location	面积 Area (公顷) (hectare)	建立时间 Foundation Time
越冬候鸟及湿地生态	Rare birds Wintering and Wetland Ecology	新建、永修、星子	Xinjian,Yongxiu,xingzi	22400	1988
中亚热带常绿阔叶林及珍稀动植物	Subtropical Evergreen Broad-leaved Forest, Rare Plants and Animals	井冈山	Jinggangshan	21449	2000
野生梅花鹿南方亚种	Sika South Asian Species	彭泽	Pengze	12500	2001
中亚热带常绿阔叶林及珍稀动植物	Subtropical Evergreen Broad-leaved Forest, Rare Plants and Animals	铅山	Yanshan	16007	2002
中亚热带常绿阔叶林及珍稀动植物	Subtropical Evergreen Broad-leaved Forest, Rare Plants and Animals	龙南	Longnan	13412	2003
白颈长尾雉	Syrmaticus ellioti	宜丰、铜鼓	Yifeng, Tonggu	11501	2007
湿地生态及候鸟	Wetland Ecology and Migrant Birds	新建	Xinjian	33300	2008
珍稀植物	Rare Plants	资溪	Zixi	13867	2008
森林生态系统、珍稀野生动植物和冰川迹地	Forest Ecosystem, Rare Plants and Animals, Glacial Sites	庐山区	Lushan	30459	1981
中亚热带常绿阔叶林及珍稀动植物	Subtropical Evergreen Broad-leaved Forest, Rare Plants and Animals	永修	Yongxiu	2480	1997
越冬候鸟及湿地生态	Rare birds Wintering and Wetland Ecology	进贤	Jinxian	1000	1997
中亚热带常绿阔叶林及珍稀动植物	Subtropical Evergreen Broad-leaved Forest, Rare Plants and Animals	靖安	Jing'an	11541	1997
中亚热带常绿阔叶林及珍稀动植物	Subtropical Evergreen Broad-leaved Forest, Rare Plants and Animals	崇义	Congyi	1880	1997
珍稀植物	Rare Plants	永丰	Yongfeng	2000	1997
鸳鸯及湿地生态	Mandarin Duck and Wetland Ecology	婺源	Wuyuan	917	1997
中亚热带常绿阔叶林及珍稀动植物	Subtropical Evergreen Broad-leaved Forest, Rare Plants and Animals	浮梁	Fuliang	3627	2001
中亚热带常绿阔叶林及珍稀动植物	Subtropical Evergreen Broad-leaved Forest, Rare Plants and Animals	万载	Wanzai	2100	2001
华南虎栖息地	Rare Animals and Their Habitats	宜黄	Yihuang	58300	2001
珍稀植物	Rare Plants	黎川	Lichun	2460	2001
越冬候鸟及湿地生态	Rare birds Wintering and Wetland Ecology	都昌	Duchang	41100	2004
中亚热带常绿阔叶林及珍稀动植物	Subtropical Evergreen Broad-leaved Forest, Rare Plants and Animals	安义	Anyi	4490	2004
中亚热带常绿阔叶林及珍稀动植物	Subtropical Evergreen Broad-leaved Forest, Rare Plants and Animals	芦溪	Luxi	7006	2004
中亚热带常绿阔叶林及珍稀动植物	Subtropical Evergreen Broad-leaved Forest, Rare Plants and Animals	贵溪	Guixi	10946	2004
赣江源头森林生态	Forest Ecology of Ganjiang River Source	石城、瑞金	Shicheng, Ruijin	16101	2004
中亚热带常绿阔叶林及珍稀动植物	Subtropical Evergreen Broad-leaved Forest, Rare Plants and Animals	崇义	Congyi	17105	2004
华南虎栖息地	Rare Animals and Their Habitats	乐安	Le'an	22000	2004

11-10 国家级森林公园(2009年)
National Forest Park(2009)

公园名称	Name	所在地	Location	面积 Area (公顷) (hectare)	建立时间 Foundation Time	
三爪仑国家示范森林公园	Sanzhualun National Forest Park	靖安县	Jing'an	12133	1993.03	Mar.1993
庐山山南国家森林公园	South Lushan Moutain National Forest Park	星子县	Xingzi	3347	1993.05	May.1993
梅岭国家森林公园	Meiling National Forest Park	湾里区	Wanli	11173	1993.05	May.1993
三百山国家森林公园	Sanbaishan National Forest Park	安远县	Anyuan	3330	1993.05	May.1993
马祖山国家森林公园	Muzhushan National Forest Park	庐山区	Lushan	667	1993.05	May.1993
鄱阳湖口国家森林公园	Poyanghukou National Forest Park	湖口县	Hukou	1280	1993.05	May.1993
灵岩洞国家森林公园	Lingyan cave National Forest Park	婺源县	Wuyuan	3000	1993.05	May.1993
明月山国家森林公园	Mingyue Moutain National Forest Park	宜春市	Yichun	7842	1994.12	Dec.1994
翠微峰国家森林公园	Cuiwei Moutain National Forest Park	宁都县	Ningdu	7867	1999.1	Jan.1999
天柱峰国家森林公园	Tianzhu Moutain National Forest Park	铜鼓县	Tonggu	10512	2000.02	Feb.2000
泰和国家森林公园	Taihe National Forest Park	泰和县	Taihe	3000	2000.12	Dec.2000
鹅湖山国家森林公园	Erhu Moutain National Forest Park	铅山县	Yanshan	7950	2000.12	Dec.2000
龟峰国家森林公园	Guifeng National Forest Park	弋阳县	Yiyang	7400	2000.12	Dec.2000
上清国家森林公园	Shangqing National Forest Park	鹰潭市	Yingtan	11800	2000.12	Dec.2000
梅关国家森林公园	Meiguan National Forest Park	大余县	Dayu	5300	2001.11	Nov.2001
永丰国家森林公园	Yongfeng National Forest Park	永丰县	Yongfeng	7600	2001.11	Nov.2001
阁皂山国家森林公园	Gezao Moutain National Forest Park	樟树市	Zhangshu	6860	2001.11	Nov.2001
三叠泉国家森林公园	Sandiequan National Forest Park	庐山区	Lushan	1651	2001.11	Nov.2001
武功山国家森林公园	Wugong Moutain National Forest Park	安福县	Anfu	24190	2002.12	Dec.2002
铜钹山国家森林公园	Tongbo Moutain National Forest Park	广丰县	Guangfeng	19500	2002.12	Dec.2002
阳岭国家森林公园	Yangling National Forest Park	崇义县	Congyi	6890	2003.12	Dec.2003
天花井国家森林公园	Tianhuajing National Forest Park	九江市	Jiujiang	685	2003.12	Dec.2003
五指峰国家森林公园	Wuzhi Moutain National Forest Park	上犹县	Shangyou	24533	2003.12	Dec.2003
柘林湖国家森林公园	Talin Lake National Forest Park	永修县	Yongxiu	16450	2004.12	Dec.2004
陡水湖国家森林公园	Doushui Lake National Forest Park	上犹县	Shangyou	22667	2004.12	Dec.2004
万安国家森林公园	Wan'an National Forest Park	万安县	Wan'an	16333	2004.12	Dec.2004
三湾国家森林公园	Sanwan National Forest Park	永新县	Yongxin	15513	2004.12	Dec.2004
安源国家森林公园	Anyuan National Forest Park	安源区	Anyuan	7866	2004.12	Dec.2004
九连山国家森林公园	Jiulianshan National Forest Park	龙南县	Longnan	20063	2005.12	Dec.2005
岩泉国家森林公园	Yanquan National Forest Park	黎川县	Lichuan	4885	2005.12	Dec.2005
云碧峰国家森林公园	Yunbi Moutain National Forest Park	上饶市	Shangrao	873	2005.12	Dec.2005
景德镇国家森林公园	Jingdezhen National Forest Park	景德镇市	Jingdezhen	3796	2005.12	Dec.2005
瑶里国家森林公园	Yaoli National Forest Park	浮梁县	Fuliang	4471	2005.12	Dec.2005
清凉山国家森林公园	Qingliang Moutain National Forest Park	资溪县	Zixi	3398	2006.12	Dec.2006
峰山国家级森林公园	Fengshan National Forest Park	赣州市	Ganzhou	20735	2006.12	Dec.2006
九岭山国家级森林公园	Jiulingshan National Forest Park	武宁县	Wu'ning	1266	2006.12	Dec.2006
岑山国家级森林公园	Censhan National Forest Park	横峰县	Hengfeng	955	2008.1	Jan.2008
五府山国家级森林公园	Wufu Moutain National Forest Park	上饶县	Shangrao	1715	2008.1	Jan.2008
军峰山国家级森林公园	Junfeng Moutain National Forest Park	南丰县	Nanfeng	1217	2008.1	Jan.2008
碧湖潭国家森林公园	Bihutan National Forest Park	湘东区	Xiangdong	6800	2008.12	Dec.2008
怀玉山国家森林公园	Huaiyu Moutain National Forest Park	玉山县	Yushan	3354	2008.12	Dec.2008
仰天岗国家森林公园	Yangtiangang National Forest Park	新余市	Xinyu	1334	2009.8	Aug.2009
圣水堂国家森林公园	Shengshuitang National Forest Park	安义县	Anyi	4060	2009.12	Dec.2009

11-11 林业产业分行业产值情况

Gross Output Value Composition of Forestry Industry

单位：万元，% (10000 yuan,%)

年 份 Year	林业产业总产值 Gross Output Value of Forestry Industy	第一产业 Primary Industry	第二产业 Secondary Industry	第三产业 Tertiary Industry	林业产业产值构成 Composition of Gross Output Value of Forestry Industry 第一产业 Primary Industry	第二产业 Secondary Industry	第三产业 Tertiary Industry
1978	108783	58723	50060				
1979	138980	85897	53083				
1980	154705	96038	58667				
1981	172859	104083	68776				
1982	173737	103454	70283				
1983	188016	114129	73887				
1984	205881	124571	81310				
1985	228646	141190	87456				
1986	240486	144880	95606				
1987	265163	157209	107954				
1988	343359	188566	148451	6342	54.9	43.2	1.8
1989	376858	189588	167569	19701	50.3	44.5	5.2
1990	434156	239624	171426	23106	55.2	39.5	5.3
1991	508578	288951	198135	21492	56.8	39.0	4.2
1992	598287	315804	257455	25028	52.8	43.0	4.2
1993	659138	326678	308840	23620	49.6	46.9	3.6
1994	870888	379679	462656	28553	43.6	53.1	3.3
1995	826746	414590	384248	27908	50.1	46.5	3.4
1996	936747	485916	420539	30292	51.9	44.9	3.2
1997	1154003	544138	578773	31092	47.2	50.2	2.7
1998	1171651	695593	436399	39659	59.4	37.2	3.4
1999	1246367	782388	426359	37620	62.8	34.2	3.0
2000	1282913	790813	445288	46812	61.6	34.7	3.6
2001	1532871	824407	665322	43142	53.8	43.4	2.8
2002	1804839	1042920	714677	47242	57.8	39.6	2.6
2003	2195668	1428024	663979	103665	65.0	30.2	4.7
2004	3071029	1617867	1024077	429085	52.7	33.3	14.0
2005	3837166	1833047	1401960	602159	47.8	36.5	15.7
2006	4832087	2207180	1828333	796574	45.7	37.8	16.5
2007	6103350	2796135	2233699	1073516	45.8	36.6	17.6
2008	7602225	3532148	2677858	1392219	46.5	35.2	18.3
2009	9183321	4097649	3210495	1875177	44.6	35.0	20.4

11-12 各地区林业产业产值(2009年)
Gross Output Value Composition of Forestry Industry by Region(2009)

单位：万元 (10000 yuan)

地 区	Region	林业产业总产值 Gross Output Value of Forestry Industry	第一产业 Primary Industry	第二产业 Secondary Industry	第三产业 Tertiary Industry
全 省	**Provincial Total**	**9183321**	**4097649**	**3210495**	**1875177**
南 昌 市	Nanchang	747492	195925	488740	62827
景德镇市	Jingdezhen	198219	123754	29500	44965
萍 乡 市	Pingxiang	350984	227171	85366	38447
九 江 市	Jiujiang	1026512	311874	149301	565337
新 余 市	Xinyu	338985	184210	120592	34183
鹰 潭 市	Yingtan	221065	92026	112268	16771
赣 州 市	Ganzhou	1607985	952360	534054	121571
吉 安 市	Ji'an	1298566	464175	441289	393102
宜 春 市	Yichun	1007328	433056	441441	132831
抚 州 市	Fuzhou	1336312	643426	546923	145963
上 饶 市	Shangrao	958315	417694	264021	276600

注：全省数据包含省直单位数据

a)The data of provincial total include the provincial units' data.

11-13 林业系统营林固定资产投资资金来源

Source of Funds of Investment in Fixed Assets for Silviculture Performance in Forest System

单位：万元 (10000 yuan)

年份 Year	合计 Total	上年底结余资金 Unspent Capitals from Last Year	国家预算内资金 State Budgetary Appropriations	#国债资金 National Debts	#中央财政专项资金 Central Funds Earmarked for Environment Protection	国内贷款 Domestic Loans	利用外资 Foreign Capitals	自筹资金 Enterprise Fundraising	其他资金 Other Funds
1978	2010		700		700				1310
1979	3299		1115		1115			836	1348
1980	3503		540		540			1489	1474
1981	3710		468		468			1493	1749
1982	3767		492		492			1015	2260
1983	4700		826		826			1384	2490
1984	5324		819		819	124		2681	1700
1985	6973		774		774	471		1321	4407
1986	8324		784		784			1756	5784
1987	6611		708		708				5903
1988	6509		975		975	574		2626	2334
1989	4807		990		990	881		844	2092
1990	3532		2444		2444	243		384	461
1991	3524		2095		2095	30		564	835
1992	4957		1874		1874	690		1232	1161
1993	4676		1244		1244	638		1661	1133
1994	21897		1377		1377	7217	3077	5615	4611
1995	14460		1505		1505	4780	90	5789	2296
1996	61125		1234		1234	13195	3472	20635	22589
1997	56083		1344		1344	14959	4013	15702	20065
1998	57874		2064	1700	364	15300	2523	17349	20638
1999	68072		4019	1950	2069	21393	2935	22462	17263
2000	83862		13961	5200	7614	15409	3738	24311	26443
2001	41003		11359	7140	4219	7816	3313	6805	11710
2002	62495		38289	16744	19165	3323	3814	6880	10189
2003	75661		36696	20010	14836	12250	7619	4936	14160
2004	137207		79187	8897	67831	15189	15792	6093	20946
2005	103703		64635	9044	52758	10375	8395	6360	13938
2006	164764		104747	6741	87795	10805	20216	8237	20759
2007	132861		93786	9461	67824	6307	7763	10937	14068
2008	269632		153068	15849	116735	38691	8504	7488	61881
2009	339813		161587	18702	130333	18702	4976	18009	155241

11-14 各地区营林固定资产投资资金来源(2009年)

Source of Funds of Investment in Fixed Assets for Silviculture Performance in Forest System by Region(2009)

单位：万元 (10000 yuan)

地 区	Region	合 计 Total	上年底结余资金 Unspent Capitals from Last Year	国家预算内资金 State Budgetary Appropriations	#国债资金 National Debts	#中央财政专项资金 Central Funds Earmarked for Environment Protection	国内贷款 Domestic Loans	利用外资 Foreign Capitals	自筹资金 Enterprise Fundraising	其他资金 Other Funds
全 省	**Provincial Total**	**339813**		**161587**	**18702**	**130333**		**4976**	**18009**	**155241**
南 昌 市	Nanchang	17406		7341	1705	4890			2787	7278
景德镇市	Jingdezhen	11792		4815	445	4229		178	160	6639
萍 乡 市	Pingxiang	12775		8114	640	6833		801		3860
九 江 市	Jiujiang	38896		20447	3553	16192			939	17510
新 余 市	Xinyu	28928		4715	290	3321		277	590	23346
鹰 潭 市	Yingtan	6912		3210	377	2540				3702
赣 州 市	Ganzhou	54591		29365	3745	23849				25226
吉 安 市	Ji'an	39559		22632	1470	18440		445	1645	14837
宜 春 市	Yichun	51065		22167	1715	19216		433	7512	20953
抚 州 市	Fuzhou	36848		18540	1863	15122		2405		15903
上 饶 市	Shangrao	41041		20241	2520	15701		437	4376	15987

注：国债资金未列省直单位资金379万元。

a)National debt fund didn't include the provincial units' 3790000 yuan.

11-15 各地区营林固定资产投资完成情况(2009年)

Completed Investment in Fixed Assets for Silviculture Performance in Forest System by Region(2009)

单位：万元 (10000 yuan)

地 区	Region	本年完成投资 Completed Investment During the Year	#国家投资 State Investment	#国债资金 National Debt	本年新增固定资产 New Increased Fixed Assets
全 省	**Provincial Total**	**232054**	**146682**	**14206**	**122694**
南 昌 市	Nanchang	13184	6906	1583	92
景德镇市	Jingdezhen	13548	586	250	
萍 乡 市	Pingxiang	11383	8819	170	
九 江 市	Jiujiang	32781	22728	2308	5000
新 余 市	Xinyu	16566	2962	290	349
鹰 潭 市	Yingtan	3192	3192	360	3192
赣 州 市	Ganzhou	29482	29030	3560	28439
吉 安 市	Ji'an	30692	16226	1315	10270
宜 春 市	Yichun	43176	22197	1320	43176
抚 州 市	Fuzhou	30265	27042	1070	30265
上 饶 市	Shangrao	7785	6994	1980	1911

11-16 林业系统营林固定资产投资完成情况

Completed Investment in Fixed Assets for Silviculture Performance in Forest System

单位：万元 (10000 yuan)

年 份 Year	本年完成投资 Completed Investment During the Year	#国家投资 State Investment	#国债资金 National Debt	本年新增固定资产 New Increased Fixed Assets
1978	2010	700		
1979	3299	1115		
1980	3503	540		
1981	3710	468		315
1982	3767	492		525
1983	4700	826		336
1984	5324	819		346
1985	6973	774		765
1986	8324	839		680
1987	6611	708		679
1988	6509	905		1622
1989	4802	990		1284
1990	3532	2444		839
1991	3524	2092		1024
1992	4957	1874		2053
1993	4676	1244		1400
1994	6682	1377		3363
1995	8405	1505		5192
1996	7221	1208		
1997	9728	1370		6783
1998	5732	1722	1700	2957
1999	8332	4134	2320	3308
2000	12075	8166	3051	4295
2001	12660	8578	5837	2926
2002	32413	28413	12997	14419
2003	43210	37198	16689	11771
2004	48558	38707	8573	16251
2005	39470	28062	7892	11386
2006	69039	50087	4195	24585
2007	90055	69440	9059	31175
2008	165130	127243	16039	84914
2009	232054	146682	14206	122694

11-17 各地区森林病虫害防治情况(2009年)
Condition of Forest Pets Prevention by Region(2009)

地 区	Region	合 计 Total 发生面积(千公顷) Occurrence Area (1000 hectares)	合 计 Total 防治面积(千公顷) Prevention Area (1000 hectares)	合 计 Total 防治率(%) Prevention Rate (%)	森林病害 Forest Disease 发生面积(千公顷) Occurrence Area (1000 hectares)	森林病害 Forest Disease 防治面积(千公顷) Prevention Area (1000 hectares)
全 省	**Provincial Total**	**37.66**	**25.28**	**67.1**	**6.15**	**3.74**
南昌市	Nanchang	0.03	0.02	66.7	0.00	0.00
景德镇市	Jingdezhen	1.95	1.73	88.7	0.29	0.15
萍乡市	Pingxiang	2.22	0.86	38.8	0.63	0.21
九江市	Jiujiang	2.42	1.75	72.4	0.41	0.30
新余市	Xinyu	1.42	1.03	72.5	0.39	0.22
鹰潭市	Yingtan	0.61	0.34	55.8	0.14	0.08
赣州市	Ganzhou	10.73	8.77	81.7	1.58	1.10
吉安市	Ji'an	6.71	1.81	27.0	0.50	0.03
宜春市	Yichun	6.25	5.00	80.0	0.96	0.60
抚州市	Fuzhou	1.57	0.96	61.1	0.04	0.02
上饶市	Shangrao	3.75	3.01	80.3	1.24	1.01

11-17 续表 Continued

地 区	Region	防治率(%) Prevention Rate (%)	森林虫害 Forest Pet Plague 发生面积(千公顷) Occurrence Area (1000 hectares)	森林虫害 Forest Pet Plague 防治面积(千公顷) Prevention Area (1000 hectares)	森林虫害 Forest Pet Plague 防治率(%) Prevention Rate (%)
全 省	**Provincial Total**	**60.9**	**31.51**	**21.54**	**68.4**
南昌市	Nanchang	66.7	0.03	0.02	66.7
景德镇市	Jingdezhen	53.5	1.66	1.58	94.8
萍乡市	Pingxiang	46.7	1.59	0.65	40.7
九江市	Jiujiang	33.7	2.02	1.45	71.9
新余市	Xinyu	57.9	1.04	0.81	78.0
鹰潭市	Yingtan	59.1	0.47	0.26	54.8
赣州市	Ganzhou	69.7	9.15	7.67	83.8
吉安市	Ji'an	6.3	6.21	1.78	28.6
宜春市	Yichun	62.9	5.29	4.40	83.1
抚州市	Fuzhou	60.0	1.54	0.94	61.2
上饶市	Shangrao	81.8	2.51	2.00	79.5

11-18 森林病虫害防治情况
Condition of Forest Pets Prevention

年份 Year	合计 Total 发生面积(千公顷) Occurrence Area (1000 hectares)	防治面积(千公顷) Prevention Area (1000 hectares)	防治率(%) Prevention Rate (%)	森林病害 Forest Disease 发生面积(千公顷) Occurrence Area (1000 hectares)	防治面积(千公顷) Prevention Area (1000 hectares)	防治率(%) Prevention Rate (%)	森林虫害 Forest Pet Plague 发生面积(千公顷) Occurrence Area (1000 hectares)	防治面积(千公顷) Prevention Area (1000 hectares)	防治率(%) Prevention Rate (%)
1984	305.63	153.35	50.2	16.79	8.39	50.0	288.84	144.97	50.2
1985	200.39	88.88	44.4	30.13	4.33	14.4	170.25	84.55	49.7
1986	224.07	95.80	42.8	9.00	3.53	39.3	215.07	92.33	42.9
1987	256.93	128.00	49.8	8.80	4.33	49.2	248.13	123.67	49.8
1988	212.93	82.23	38.6	9.33	4.00	42.9	203.59	78.23	38.4
1989	400.31	209.62	52.4	10.57	2.83	26.8	389.74	206.79	53.1
1990	126.87	68.17	53.7	19.71	6.53	33.1	107.15	61.64	57.5
1991	133.70	77.80	58.2	6.08	3.79	62.4	127.62	74.01	58.0
1992	136.01	91.26	67.1	10.77	6.81	63.2	125.23	79.33	63.3
1993	177.20	110.77	62.5	9.60	7.11	74.0	167.60	103.67	61.9
1994	163.16	104.01	63.7	27.57	14.67	53.2	135.59	89.35	65.9
1995	174.35	110.54	63.4	32.79	21.29	64.9	141.57	89.25	63.0
1996	187.35	119.28	63.7	35.84	16.44	45.9	151.51	101.51	67.0
1997	179.27	113.42	63.3	48.58	21.94	45.2	130.69	91.48	70.0
1998	136.89	88.31	64.5	43.31	25.53	58.9	93.59	62.79	67.1
1999	189.83	120.77	63.6	19.77	11.59	58.6	170.06	109.19	64.2
2000	205.58	129.93	63.2	28.73	15.41	53.7	176.85	114.51	64.8
2001	188.85	143.67	76.1	27.29	15.18	55.6	161.56	128.47	79.5
2002	175.27	114.06	65.1	25.27	13.90	55.0	150.00	100.16	66.8
2003	215.85	135.14	62.6	29.23	18.88	64.6	186.63	116.26	62.3
2004	190.49	122.97	64.6	20.65	12.39	60.0	169.85	111.25	65.5
2005	405.59	265.99	65.6	82.86	47.81	57.7	322.73	218.17	67.6
2006	409.86	178.50	43.6	71.33	27.40	38.4	334.53	151.10	45.2
2007	403.23	245.19	60.8	52.82	23.89	45.2	350.41	221.30	63.2
2008	387.35	239.43	61.8	57.45	44.01	76.6	329.89	195.41	59.2
2009	376.56	252.79	67.1	61.47	37.45	60.9	315.09	215.40	68.4

11-19 森林火灾发生情况及森林防火专业队建设情况
Forest Fires and Construction of Prevention of Forest Fire Team

指　标	Item	2004	2005	2006	2007	2008	2009
森林火灾次数(次)	Forest Fires（unit）	1119	355	130	326	572	394
一般火灾	Ordinary Fires	335	60	33	100	97	91
较大火灾	Biggish Fires	778	295	97	226	475	303
重大火灾	Major Fires	6					
特大火灾	Severe Fires						
火场总面积(公顷)	Total Area of Fires(hectare)	23200	9321	2053	4542	13732	8184
受害森林面积(公顷)	Destructed Forest Area(hectare)	12711	4626	1073	2054	6934	3300
#天然林	Natural Forest	2072	529	27	17	31	21
人工林	Man-made Forest	10640	4098	1046	2037	6904	3279
损失林木	Timber Loss						
成林蓄积(立方米)	Mature Forest Stock(cu.m)	212631	84834	23943	24396	92565	55022
幼林株数(万株)	Sapling Forest(10000 units)	971.00	403.00	103.48	204.73	659.88	432.47
人员伤亡(人)	Casualties(person)						
轻伤	Minor	29			10		19
重伤	Severe	5	1		2		1
死亡	Deaths	9	6		7	6	1
直接经济损失(万元)	Economic Loss(10000 yuan)	3092	1275	438	488	1999	1275
森林防火扑火队伍建设(个)	Construction of Prevention of Forest Fire Team(unit)						
专业队	Professional	81	96	103	107	109	110
半专业	Semi-professional	205	247	288	294	461	848
村级扑火应急队	Village-level Fires Emergency Team	4717	5224	5378	8015	8246	8699

11-20 各地区森林火灾情况(2009年)

Forest Fires by Region（2009）

地 区	Region	森林火灾次数(次) Forest Fires (case)	#一般火灾 Ordinary Fires	#较大火灾 Biggish Fires	火场总面积(公顷) Total Area of Fires(hectare)
全 省	**Provincial Total**	**394**	**91**	**303**	**8184**
南 昌 市	Nanchang	5	5		98
景德镇市	Jingdezhen	8	2	6	151
萍 乡 市	Pingxiang	4	1	3	22
九 江 市	Jiujiang	21	16	5	215
新 余 市	Xinyu	2	1	1	120
鹰 潭 市	Yingtan	8	2	6	167
赣 州 市	Ganzhou	154		154	2725
吉 安 市	Ji'an	86	12	74	2681
宜 春 市	Yichun	18	7	11	151
抚 州 市	Fuzhou	29	23	6	371
上 饶 市	Shangrao	59	22	37	1482

11-20 续表 continued

地 区	Region	受害森林面积(公顷) Destructed Forest Area(hectare)	天然林 National Forest	人工林 Man-made Forest	人员伤亡(人) Casualties (person)	#死亡 Deaths	直接经济损失(万元) Economic Loss (10000 yuan)
全 省	**Provincial Total**	**3300**	**21**	**3279**	**21**	**1**	**1275**
南 昌 市	Nanchang	33		33			30
景德镇市	Jingdezhen	85	7	78			128
萍 乡 市	Pingxiang	9		9			2
九 江 市	Jiujiang	34	11	24			12
新 余 市	Xinyu	101		101			39
鹰 潭 市	Yingtan	45		45			66
赣 州 市	Ganzhou	1480		1480	1	1	427
吉 安 市	Ji'an	743		743	20		311
宜 春 市	Yichun	88		88			35
抚 州 市	Fuzhou	66	4	63			9
上 饶 市	Shangrao	615		615			215

11-21 各地区国有林场情况(2009年)
Condition of State-owned Farms by Region(2009)

地　区	Region	个数 Units	活立木蓄积量(万立方米) Total Standing Forest Stock (10000 cu.m)	经营面积(千公顷) Operation Area (1000 hectares)	#联营面积 Area of Affiliation	有林地面积(千公顷) Soil Surface of Forest (1000 hectares)
全　省	**Provincial Total**	**432**	**9601**	**1714.89**	**594.88**	**1478.22**
南昌市	Nanchang	17	66	14.45	4.17	12.29
景德镇市	Jingdezhen	10	298	58.68	20.76	47.56
萍乡市	Pingxiang	16	200	66.36	52.89	55.10
九江市	Jiujiang	32	481	95.64	33.16	81.13
新余市	Xinyu	8	125	18.36	10.08	15.56
鹰潭市	Yingtan	9	307	36.32	4.82	33.20
赣州市	Ganzhou	112	2701	484.48	114.49	420.71
吉安市	Ji'an	91	3003	483.11	247.63	424.05
宜春市	Yichun	53	681	120.55	36.44	107.50
抚州市	Fuzhou	44	709	114.86	23.79	93.49
上饶市	Shangrao	40	1029	222.07	46.66	187.63

11-21 续表 continued

地　区	Region	生态公益林补偿面积(千公顷) Ecological Public Wetfare Forest Compensation Area (1000 hectares)	中央 Center Government	省级 Provincial	商品木竹采伐量 Commercial Timber and Bamboo Cutting Volume: 木材(立方米) Timber (cu.m)	毛竹(万根) Mao Bamboo (10000 units)
全　省	**Provincial Total**	**737.44**	**488.07**	**249.37**	**1256000**	**1016.19**
南昌市	Nanchang	7.75	5.61	2.14	7075	0.64
景德镇市	Jingdezhen	15.89	3.02	12.87	35034	4.94
萍乡市	Pingxiang	29.67	5.87	23.79	39287	20.74
九江市	Jiujiang	61.41	38.76	22.64	22731	29.80
新余市	Xinyu	9.00	3.09	5.91	49392	10.26
鹰潭市	Yingtan	25.42	17.23	8.18	53568	64.27
赣州市	Ganzhou	219.83	189.43	30.40	170285	165.17
吉安市	Ji'an	168.52	101.49	67.03	549486	84.57
宜春市	Yichun	56.82	37.10	19.73	133439	158.20
抚州市	Fuzhou	50.52	28.14	22.39	168249	72.23
上饶市	Shangrao	92.61	58.31	34.30	27454	405.38

11-22 环保系统机构和人员基本情况

Basic Statistics on Institutions and Personnels of Environmental Protection

指　标	Item	1990	1995	2000	2005	2008	2009
环保机构(个)	Environmental Protection Institutions(unit)	223	279	344	343	391	404
省　级	Provincial	3	8	9	14	10	11
地、市级	Municipal	34	40	49	58	69	72
县　级	County	196	231	245	265	306	309
乡 镇 级	Township			41	6	6	12
环保人员(人)	Environmental Protection Personnel(person)	1758	2200	3338	4072	4798	4908
环境监理所(个)	Environment Supervision Agencies(unit)				94	98	101
省　级	Provincial				1	1	1
地、市级	Municipal				11	11	11
县　级	County				82	89	89
环境监理人员(人)	Personnel of Environment Supervision(person)				1242	1487	1478
环境监测站(个)	Environment Monitoring Stations(unit)	83	88	90	90	108	107
省　级	Provincial	1	1	1	1	1	1
地、市级	Municipal	10	11	11	11	12	12
县　级	County	72	76	78	78	95	94
环境监测人员(人)	Personnel of Environment Monitoring(person)	910	944	1076	1125	1339	1329

11-23 工业“三废” 排放及处理利用情况

Discharge and Treatment of Industrial Waste Gas, Waste Water & Solid Wastes

指 标	Item	2000	2005	2008	2009
工业废水	**Industrial Waste Water**				
工业用水总量(万吨)	Industrial Water Use (10000 tons)	329408	557544	590830	580853
工业用水量重复利用率(%)	Re-use Rate of Industrial Waste Water (%)	55.05	61.25	74.75	74.36
工业废水排放总量(万吨)	Industrial Waste Water Discharge (10000 tons)	42083	53972	68681	63047
工业废水排放达标量(万吨)	Industrial Waste Water Meeting Discharge Standards (10000 tons)	28796	49726	63863	67192
工业废水排放达标率(%)	Percentage of Industrial Waste Water Meeting Discharge Standards (%)	68.34	92.13	93	93.83
工业废气	**Industrial Waste Gas**				
工业废气排放总量(亿标立方米)	Industrial Waste Air Emission (100 billion cu.m)	2220	4378	7456	8286
燃料燃烧中废气排放量	Fuels Buring	1360	2138	4207	4711
生产工艺中废气排放量	Production Process	860	2240	3248	3575
工业二氧化硫去除量(万吨)	Industry Sulphur Dioxide Removed (10000 tons)	53	72	130	143
工业二氧化硫排放量(万吨)	Industry Sulphur Dioxide Emission (10000 tons)	29	55	51	49
燃料燃烧中排放量	Fuels Buring	22	45	40	38
#排放达标量	Industrial Waste Gas Meeting Emission Standards		36	38	35
生产工艺中排放量	Production Process	3	10	11	11
#排放达标量	Industrial Waste Gas Meeting Emission Standards		9	10	11
工业烟尘	**Industrial Soot**				
工业烟尘去除量(万吨)	Industrial Soot Removed (10000 tons)	289	522	1058	742

11-23 续表 continued

指 标	Item	2000	2005	2008	2009
工业烟尘排放量(万吨)	Industrial Soot Emission (10000 tons)	22	23	16	14
#排放达标量	Industrial Waste Air Meeting Emission Standards		19	15	13
工业粉尘	Industrial Dust				
工业粉尘去除量(万吨)	Industrial Dust Removed (10000 tons)	122	270	498	567
工业粉尘排放量(万吨)	Industrial Dust Emission (10000 tons)	34	35	30	26
#排放达标量	Industrial Waste Gas Meeting Emission Standards		26	28	25
工业固体废物	**Industrial Solid Wastes**				
工业固体废物产生量(万吨)	Industrial Solid Wastes Produced (10000 tons)	4814.97	7006.71	8190.35	8898.18
#危险废物	Hazardous Wastes	1.71	3.28	6.81	6.45
工业固体废物综合利用量(万吨)	Industrial Solid Wastes Utilized (10000 tons)	702.24	1898.51	3251	3702.65
#危险废物	Hazardous Wastes	1.60	3.25	6.70	6.18
工业固体废物综合利用率(%)	Ratio of Industrial Solid Wastes Utilized (%)	14.64	27.10	39.63	41.61
工业固体废物贮存量(万吨)	Industrial Solid Wastes in Stocks (10000 tons)	3861.40	572.84	801.94	786.04
#危险废物贮存量	Hazardous Wastes in Stocks	0.86	0.01	0.01	0.04
工业固体废物处置量(万吨)	Industrial Solid Wastes Treated (10000 tons)	98.71	4590.95	4153.22	4416.13
#危险废物处置量	Hazardous Wastes Treated	0.01	0.06	0.14	0.40
工业固体废物排放量(万吨)	Industrial Solid Wastes Discharged (10000 tons)	28.70	10.28	12.31	13
重点调查工业企业汇总数(个)	Aggregate Number of Focused Investigated Industrial Enterprises (unit)	1069	1154	2883	2986
“三废”综合利用产品产值(万元)	Output Value of Products Made from Utilization of Waste Gas, Waste Water & Solid Wastes (10000 yuan)	40455	178811	390935	470276

11-24 各地区工业“三废”排放及处理利用情况（2009年）

指标	Item	全省 Total	南昌市 Nanchang
工业废水	**Industrial Waste Water**		
工业用水总量(万吨)	Industrial Water Use (10000 tons)	580852.92	51326.69
工业用水量重复利用率(%)	Re-use Rate of Industrial WasteWater (%)	74.36	75.49
工业废水排放量(万吨)	Industrial Waste Water Discharge (10000 tons)	67192.45	10237.72
#排放达标量	Industrial Waste Water Meeting Discharge Standards	63047.26	9554.46
工业废水排放达标率(%)	Percentage of Industrial Waste Water Meeting Discharge Standards (%)	93.83	93.33
废水治理设施数(套)	Facilities for Treatment of Waste Water (set)	1826	207
废水治理设施处理能力(万吨/日)	Waste Water Treatment Facilities Capacity (10000 tons/day)	619.65	49.80
污水排放口(个)	Outfall of Waste Water (unit)	2309	372
工业废气	**Industrial Waste Gas**		
工业废气排放总量(万标立方米)	Total Volume of Industrial Waste Gas Emission (10000 cu.m)	82860511	6601149
#燃料燃烧中废气排放量	Fuels Buring	47107339	2449549
生产工艺中废气排放量	Production	35753172	4151600
废气治理设施数(套)	Facilities for Treatment of Waste Gas (set)	3953	536
#脱硫设施数	Desulfurization Facilities	312	46
废气治理设施处理能力(万标立方米/时)	Emission Control Facilities Treatment Capacity (10000 cu.m/hour)	20421	1584
#脱硫设施脱硫能力(吨/时)	Desulfurization Facilities (ton/hour)	68133	1121
废气治理设施运行费用(万元)	Waste Gas Treatment Faacilities Operating Cost (10000 yuan)	20421	1584
二氧化硫去除量(吨)	Sulphur Dioxide Removed (ton)	1429504	11548
二氧化硫排放量(吨)	Sulphur Dioxide Emission (ton)	490199	22515
燃料燃烧中排放量	Fuels Buring	377365	13291
#排放达标量	Industrial Waste Gas Meeting Discharg Standards	354264	12067
生产工艺中排放量	Production Process	112834	9221
#排放达标量	Industrial Waste Gas Meeting Discharg Standards	105266	8531
氮氧化物排放量(吨)	Nitrogen Oxides Emission (ton)	190193	8385
#排放达标量	Industrial Waste Gas Meeting Discharg Standards	172467	6852
烟尘去除量(吨)	Volume of Industrial Soot Removed (ton)	7418316	155627
烟尘排放量(吨)	Volume of Industrial Soot Emission (ton)	139387	8103
#排放达标量	Industrial Soot Meeting Discharge Standards	131678	7699
粉尘去除量(吨)	Volume of Industrial Dust Removed (ton)	5673613	4172
粉尘排放量(吨)	Volume of Industrial Dust Emission (ton)	263213	6116
#排放达标量	Industrial Dust Meeting Discharge Standards	250569	6060
工业固体废物	**Industrial Solid Wastes**		
固体废物产生量(万吨)	Volume of Industrial Solid Wastes Produced (10000 tons)	8898	118
#危险废物(吨)	Hazardous Wastes (ton)	64516	1728
冶炼废渣	Smelting Slag	598	34
粉煤灰	Pulverized Coal Ash	752	13
炉　渣	Slag	435	27
尾　矿	Miltailing	5790	
固体废物综合利用量(万吨)	Industrial Solid Wastes Utilized (10000 tons)	3702	115
#危险废物(吨)	Hazardous Wastes (ton)	61833	217
冶炼废渣	Smelting Slag	593	33
粉煤灰	Pulverized Coal Ash	693	12
炉　渣	Slag	435	28
尾　矿	Miltailing	5790	
固体废物综合利用率(%)	Ratio of Industrial Solid Wastes Utilized (%)	42	97
固体废物贮存量(万吨)	Industrial Solid Wastes in Stocks (10000 tons)	786	2
固体废物处置量(万吨)	Industrial Solid Wastes Treated (10000 tons)	4416	3
固体废物排放量(万吨)	Industrial Solid Wastes Discharged (10000 tons)	13	
“三废”综合利用产品产值(万元)	Output Value of Products Made from Utilization of Waste Gas, Waste Water & Solid Wastes (10000 yuan)	470276	31901

Discharge and Treatment of Industrial Waste Gas, Waste Water & Solid Wastes by Region (2009)

景德镇市 Jingdezhen	萍乡市 Pingxiang	九江市 Jiujiang	新余市 Xinyu	鹰潭市 Yingtan	赣州市 Ganzhou	吉安市 Ji'an	宜春市 Yichun	抚州市 Fuzhou	上饶市 Shangrao
15279.23	67470.76	154436.02	158234.65	41943.25	17303.39	22559.95	13909.30	12982.08	25407.60
61.67	95.04	60.44	90.94	83.58	40.43	39.90	64.42	37.51	69.24
4590.10	1364.86	6457.04	4790.20	3708.40	9437.27	11529.55	3638.62	6782.63	4656.07
4270.95	1315.44	6129.97	4196.80	3625.53	9002.42	10642.94	3542.10	6595.06	4171.61
93.05	96.38	94.93	87.61	97.77	95.39	92.31	97.35	97.23	89.59
82	84	141	104	36	310	229	274	100	259
16.19	59.91	29.65	153.39	14.92	36.33	30.95	146.46	19.51	62.54
77	59	235	105	13	347	380	275	208	238
3436003	7177650	15024872	10498465	3478340	6052140	5486073	15850312	2413395	6842112
2782881	1816685	8113097	4534258	1699730	1941004	2943387	14798560	1867630	4160558
653122	5360965	6911775	5964207	1778610	4111136	2542686	1051752	545765	2681554
193	243	489	286	99	630	469	490	119	399
16	9	46	12	17	64	45	19	8	30
1075	1539	2440	1419	421	1016	1060	2236	99	7526
546	2784	6363	5566	30856	2425	400	12650	75	5347
1076	1540	2440	1419	421	1016	1060	2236	100	7527
8059	6117	59900	28275	1157183	28439	6313	75188	1907	46572
43276	44577	72571	49719	41001	31563	52116	76502	20621	35738
40437	20982	69134	28505	22713	24838	45243	73512	13443	25257
38935	18792	62487	27413	22215	24011	42383	71516	13010	21434
2836	23593	3434	21213	18288	6724	6873	2989	7178	10481
2836	22370	3129	19474	18097	6195	5994	2972	7038	8627
17617	16295	45132	10964	6356	17041	21028	27311	2659	17402
17610	15481	37760	9540	6343	16312	19704	26008	2297	14555
836311	655127	1073300	741769	651321	239121	535282	1631598	4472	894384
8392	16118	18633	4307	1996	20201	14008	12199	24086	11340
8304	15306	17773	3515	1983	19350	12928	12028	23274	9513
5000	501079	705381	836660	202542	737080	175815	1921943	1999	581936
525	70420	13610	15283	881	77363	26533	37409	9580	
520	66670	12314	13079	878	74307	25667	37287	9077	4705
160	383	610	824	300	995	335	625	53	4495
175	26	24845	81	21670	128	760	520	358	14225
1	175	44	315		15		1		13
81	88	109	91	57	21	41	144	1	106
32	47	118	54	9	17	25	75	5	26
5	5	262	263	169	583	172	103	20	4203
150	335	367	528	263	788	323	577	30	226
	25	24660	25	21609	9	692	520	76	13998
	174	44	315		10		1	1	13
77	63	109	79	53	21	40	128	1	106
31	47	117	54	9	18	25	75	5	26
6	6	263	264	169	583	172	103	21	4203
94	88	60	64	87	79	96	93	57	5
4	54	31	300	33	45	4	38	4	274
6	2	213	1	5	161	9	10	18	3990
			2		1				10
33421	13388	32888	72304	122999	16770	8688	89647	7159	41107

11-25 各地区工业污染治理项目情况（2009年）

指　　标	Item	全　省 Total	南昌市 Nanchang
工业污染治理项目建设情况	**Construction of Industrial Pollution Treatment Projects**		
汇总工业企业(个)	Number of Industrial Enterprises (unit)	99	4
本年施工项目(个)	Construction Projects This Year (unit)	133	4
废水治理项目	Projects for Treatment of Waste Water	75	3
废气治理项目	Projects for Treatment of Waste Gas	48	
固体废物治理项目	Projects for Treatment of Solid Wastes	4	1
噪声治理项目	Projects for Treatment of Noise Pollution	1	
其他治理项目	Other Treatment Projects	5	
工业污染治理项目本年完成投资额	**Investment Completed This Year of Industrial Pollution Treatment Projects**		
本年完成投资额(万元)	Investment Completed This Year (10000 yuan)	39540	10774
废水治理项目	Projects for Treatment of Waste Water	17427	7084
废气治理项目	Projects for Treatment of Waste Gas	15339	
固体废物治理项目	Projects for Treatment of Solid Wastes	3781	3690
噪声治理项目	Projects for Treatment of Noise Pollution	3	
其他治理项目	Other Treatment Projects	2989	
工业污染本年竣工项目及处理能力情况	**Industrial Pollution Treatment Projects Completed this Year and Treatment Capacity**		
本年竣工项目(个)	Projects Completed This Year (unit)	110	4
废水治理项目	Projects for Treatment of Waste Water	64	3
废气治理项目	Projects for Treatment of Waste Gas	40	
固体废物治理项目	Projects for Treatment of Solid Wastes	4	1
噪声治理项目	Projects for Treatment of Noise Pollution		
其他治理项目	Other Treatment Projects	2	
新增设计处理能力	Treatment Capacity of New Designs		
治理废水(吨/日)	Treatment of Waste Water (ton/day)	175650	66030
治理废气(万标立方米/时)	Treatment of Waste Gas (10000 cu.m/hour)	867	
治理固体废物(吨/日)	Treatment of Solid Wastes (ton/day)	500	500

11-26 各地区城镇生活污染情况（2009年）

指　　标	Item	全　省 Total	南昌市 Nanchang
城镇生活污水排放量(万吨)	Urban Consumption Waste Water Discharge(10000 tons)	79888	20689
城镇生活污水中COD产生量(吨)	COD Produced from Urban Consumption Waste Water(ton)	392346	64209
城镇生活污水中COD排放量(吨)	COD Discharged from Urban Consumption Waste Water(ton)	331671	40203
城镇生活污水中氨氮产生量(吨)	Ammonia Nitrogen Produced from Urban Consumption Waste Water(ton)	30698	4994
城镇生活污水中氨氮排放量(吨)	Ammonia Nitrogen Discharged from Urban Consumption Waste Water(ton)	26779	3714
煤炭消费总量(万吨)	Coal Consumption(10000 tons)	5324	339
生活及其他煤炭消费量	Living and Other Consumption of Coal	341	46
生活及其他煤炭含硫率(%)	Sulphur Rate of Living and Other Coal Consumption(%)	1	2
生活及其他煤炭含灰率(%)	Ash Rate of Living and Other Coal Consumption(%)	24	25
生活及其他SO2排放量(吨)	Volume of Sulphur Dioxide Emission by Consumption (ton)	74022	10800
生活及其他烟尘排放量(吨)	Volume of Soot Emission by Consumption (ton)	24988	675

Basic Statistics on Industrial Pollution Treatment Projects by Region (2009)

景德镇市 Jingdezhen	萍乡市 Pingxiang	九江市 Jiujiang	新余市 Xinyu	鹰潭市 Yingtan	赣州市 Ganzhou	吉安市 Ji'an	宜春市 Yichun	抚州市 Fuzhou	上饶市 Shangrao
4	4	13	6	7	35	8	7	4	7
6	8	16	7	10	44	9	5	4	20
2	1	7	3	7	30	6	3	4	9
4	6	9	4	2	8	2	2		11
					3				
					1				
	1			1	2	1			
666	274	11055	1217	1162	3044	3340	2180	426	5402
480	5	774	402	1066	2084	515	133	426	4459
186	269	10282	815	76	197	525	2047		943
					3				
				20	669	2300			
4	1	16	7	10	37	7	4	4	16
1		7	3	7	26	5	2	4	6
3	1	9	4	2	7	2	2		10
					3				
				1	1				1
1120		2374	1300	36100	25900	16530	120	6168	20008
2		707	121	0.40	3	5	1		28

Basic Statistics on Urban Consumption Waste by Region (2009)

景德镇市 Jingdezhen	萍乡市 Pingxiang	九江市 Jiujiang	新余市 Xinyu	鹰潭市 Yingtan	赣州市 Ganzhou	吉安市 Ji'an	宜春市 Yichun	抚州市 Fuzhou	上饶市 Shangrao
3717	3631	7802	2756	2185	11177	6310	8165	5962	7493
20909	20423	43888	14612	10653	62872	35491	45928	33537	39826
17520	17951	36018	10909	9100	61798	32713	40346	30513	34600
1626.26	1588	3413	1136	829	4890	2760	3572	2608	3280
1535	1477	2970	884	829	4572	2403	3206	2244	2946
480	506	647	760	221	428	296	1004	92	551
14	35	5	17	15	70	19	49	27	44
1	1	2	1	2	1	2	1	2	1
30	21	21	17	24	24	29	26	30	19
2627	6024	3130	2901	5052	13141	5746	6634	9107	8860
148	3401	2348	275	337	7041	1530	2754	3056	.3423

11-27 重点调查工业企业“三废”排放及处理情况（2009年）

行业	Sector	工业用水总量（万吨）Industry Water Use (10000 tons)	工业用水重复利用率（%）Re-use Rate of Industrial Waste Water (%)
总计	**Total**	**561725.33**	**75.13**
煤炭开采和洗选业	Mining and Washing of Coal	1734.75	37.71
黑色金属矿采选业	Mining and Processing of Ferrous Metal Ores	6811.70	58.06
有色金属矿采选业	Mining and Processing of Non-Ferrous Metal Ores	23676.05	67.38
非金属矿采选业	Mining and Processing of Nonmetal Ores	3443.26	79.44
其他采矿业	Mining of Other Ores	23.60	13.36
农副食品加工业	Processing of Food from Agricultural Products	2134.40	31.56
食品制造业	Manufacture of Foods	1728.98	39.98
饮料制造业	Manufacture of Beverages	1932.28	19.07
烟草制品业	Manufacture of Tobacco	188.26	54.74
纺织业	Manufacture of Textile	3312.49	11.40
纺织服装、鞋、帽制造业	Manufacture of Textile Wearing Apparel, Footware, and Caps	262.23	40.04
皮革、毛皮、羽毛(绒)及其制品业	Manufacture of Leather, Fur, Feather and Related Products	332.68	5.97
木材加工及木、竹、藤、棕、草制品业	Processing of Timber, Manufacture of Wood,Bamboo, Rattan,Palm, and Straw Products	877.11	44.44
家具制造业	Manufacture of Furniture	0.40	37.50
造纸及纸制品业	Manufacture of Paper and Paper Products	23756.52	29.06
印刷业和记录媒介的复制	Printing, Reproduction of Recording Media	1023.59	96.63
文教体育用品制造业	Manufacture of Articles For Culture, Education and Sport Activity	135.53	2.02
石油加工、炼焦及核燃料加工业	Processing of Petroleum, Coking, Processing of Nuclear Fuel	18088.99	92.18
化学原料及化学制品制造业	Manufacture of Raw Chemical Materials and Chemical Products	76609.62	89.94
医药制造业	Manufacture of Medicines	5403.98	61.12
化学纤维制造业	Manufacture of Chemical Fibers	11232.81	80.38
橡胶制品业	Manufacture of Rubber	526.42	73.08
塑料制品业	Manufacture of Plastics	122.71	6.63
非金属矿物制品业	Manufacture of Non-metallic Mineral Products	10109.66	75.31
黑色金属冶炼及压延加工业	Smelting and Pressing of Ferrous Metals	214924.17	96.34
有色金属冶炼及压延加工业	Smelting and Pressing of Non-ferrous Metals	40749.09	82.87
金属制品业	Manufacture of Metal Products	105.69	16.76
通用设备制造业	Manufacture of General Purpose Machinery	390.65	26.88
专用设备制造业	Manufacture of Special Purpose Machinery	53.78	23.38
交通运输设备制造业	Manufacture of Transport Equipment	1228.13	41.15
电气机械及器材制造业	Manufacture of Electrical Machinery and Equipment	170.37	20.26
通信设备、计算机及其他电子设备制造业	Manufacture of Communication Equipment,Computers and Other Electronic Equipment	1812.49	48.74
仪器仪表及文化、办公用机械制造业	Manufacture of Measuring Instruments and Machinery for Cultural Activity and Office Work	172.49	17.15
工艺品及其他制造业	Manufacture of Artwork and Other Manufacturing	68.34	16.08
废弃资源和废旧材料回收加工业	Recycling and Disposal of Waste	231.38	65.07
电力、热力的生产和供应业	Production and Distribution of Electric Power and Heat Power	103678.63	38.15
燃气生产和供应业	Production and Distribution of Gas	0.78	83.33
水的生产和供应业	Production and Distribution of Water	4063.90	
其它行业	Others	607.41	2.65

Discharge and Treatment of Industrial Waste Gas, Waste Water & Solid Wastes of Focused Investigated Industrial Enterprises (2009)

工业废水排放量(万吨) Industry Waste Water Discharge (10000 tons)	#排放达标量 Industrial Waste Water Meeting Discharge Standards	工业废水排放达标率(%) Percentage of Industrial Waste Water Meeting Discharge Standards (%)	废水治理设施数(套) Number of Facilities for Treatment of Waste Water (set)	废水治理设施处理能力(万吨/日) Waste Water Treatment Facilities Capacity (10000 tons/day)	污水排放口(个) Sewage Outfall (unit)	固体废物产生量(万吨) Volume of Industrial Solid Wastes Produced (10000 tons)	固体废物综合利用量(万吨) Volume of Industrial Solid Wastes Utilized (10000 tons)	固体废物综合利用率(%) Utilization Rate of Industrial Solid Wastes (%)	固体废物贮存量(万吨) Volume of Industrial Wastes in Stocks (10000 tons)
61603.44	**58198.13**	**94.47**	**1826**	**619.65**	**2309**	**8561.28**	**3461.11**	**40.40**	**731.98**
1264.04	1233.93	97.62	52	5.72	60	275.73	246.59	89.43	20.02
2264.48	2237.59	98.81	25	5.94	27	238.48	156.52	65.63	73.88
6896.33	6788.39	98.43	181	83.30	121	5483.52	815.99	14.88	348.25
585.99	582.02	99.32	61	125.90	44	92.73	69.75	75.22	12.72
19.02	19.02	100.00	3	0.23	4	2.11	1.31	62.03	0.80
1240.74	1109.47	89.42	55	2.41	149	4.36	4.06	93.26	
913.20	672.48	73.64	72	4.17	85	15.21	15.07	99.04	
1212.50	1145.52	94.48	37	6.17	63	7.08	7.06	99.66	
58.20	55.63	95.58	6	0.31	4	0.86	0.47	55.35	
2562.86	2253.64	87.93	63	8.95	84	5.89	4.88	82.82	0.02
147.08	126.94	86.30	3	0.09	9	0.24	0.22	88.61	
215.00	188.01	87.44	11	0.45	16	0.34	0.34	99.96	
397.19	351.42	88.48	44	0.91	75	13.32	13.12	98.50	
0.20	0.16	80.00			1	0.04	0.03	91.67	
14668.15	13914.29	94.86	134	44.63	158	52.81	46.64	88.31	0.84
28.93	24.35	84.17	5	0.12	11	0.10	0.03	26.72	
123.22	119.69	97.13	3	0.04	7	0.10	0.10	100.00	
963.27	689.50	71.58	14	3.51	13	10.14	10.14	100.00	
5944.17	5810.77	97.76	304	28.96	281	170.78	158.35	92.72	10.63
1611.53	1421.30	88.20	101	5.51	144	7.85	7.19	91.55	
1754.53	1754.01	99.97	8	5.64	7	15.95	15.28	95.85	
112.59	110.29	97.96	15	1.78	22	1.84	1.83	99.61	
106.25	62.71	59.02	5	0.06	13	0.17	0.17	98.04	
1653.18	1526.88	92.36	169	11.83	462	176.62	181.18	99.20	0.34
5425.28	5142.25	94.78	101	227.33	41	901.65	746.21	82.76	153.08
4994.04	4821.58	96.55	127	20.86	121	223.89	188.74	84.30	29.45
63.48	59.66	93.98	18	0.33	31	0.50	0.49	98.50	
245.33	229.30	93.47	19	0.40	34	3.95	3.94	99.77	
33.07	32.85	99.34	7	0.12	13	0.44	0.43	98.53	
590.66	571.24	96.71	36	1.53	57	6.22	5.68	91.31	
116.81	114.46	97.99	26	0.57	49	0.61	0.60	97.95	
840.38	574.42	68.35	14	3.20	17	0.49	0.16	33.69	
126.49	126.44	99.96	9	0.16	7	0.09	0.09	99.88	
					7	0.09	0.09	99.88	
48.91	44.14	90.25	10	0.19	10	0.08	0.07	87.79	
61.91	49.92	80.64	2	0.03	8	4.89	4.88	99.87	
2793.86	2744.44	98.23	62	17.58	19	829.85	741.13	89.24	81.93
0.11	0.11	100.00	1	0.04	1	0.03	0.03	100.00	
972.30	972.30	100.00	2		6				
548.14	517.02	94.32	21	0.68	35	12.35	12.35	100.00	

11-27 续表1

行　　业	Sector	固体废物处置量（万吨） Volume of Industrial Solid Wastes Treated (10000 tons)	固体废物排放量（万吨） Volume of Industrial Solid Wastes Discharged (10000 tons)
总　　计	**Total**	**4361.96**	**12.96**
煤炭开采和洗选业	Mining and Washing of Coal	8.83	0.30
黑色金属矿采选业	Mining and Processing of Ferrous Metal Ores	6.21	1.87
有色金属矿采选业	Mining and Processing of Non-Ferrous Metal Ores	4311.60	7.78
非金属矿采选业	Mining and Processing of Nonmetal Ores	10.25	
其他采矿业	Mining of Other Ores		
农副食品加工业	Processing of Food from Agricultural Products	0.07	0.22
食品制造业	Manufacture of Foods	0.15	
饮料制造业	Manufacture of Beverages	0.01	0.01
烟草制品业	Manufacture of Tobacco	0.38	
纺织业	Manufacture of Textile	0.97	0.02
纺织服装、鞋、帽制造业	Manufacture of Textile Wearing Apparel, Footware, and Caps	0.03	
皮革、毛皮、羽毛(绒)及其制品业	Manufacture of Leather, Fur, Feather and Related Products		
木材加工及木、竹、藤、棕、草制品业	Processing of Timber, Manufacture of Wood, Bamboo, Rattan, Palm, and Straw Products	0.19	0.01
家具制造业	Manufacture of Furniture		
造纸及纸制品业	Manufacture of Paper and Paper Products	4.73	0.61
印刷业和记录媒介的复制	Printing, Reproduction of Recording Media	0.07	
文教体育用品制造业	Manufacture of Articles For Culture, Education and Sport Activity		
石油加工、炼焦及核燃料加工业	Processing of Petroleum, Coking, Processing of Nuclear Fuel		
化学原料及化学制品制造业	Manufacture of Raw Chemical Materials and Chemical Products	0.91	0.88
医药制造业	Manufacture of Medicines	0.63	0.04
化学纤维制造业	Manufacture of Chemical Fibers	0.64	0.02
橡胶制品业	Manufacture of Rubber	0.01	
塑料制品业	Manufacture of Plastics		
非金属矿物制品业	Manufacture of Non-metallic Mineral Products	0.88	0.23
黑色金属冶炼及压延加工业	Smelting and Pressing of Ferrous Metals	2.36	
有色金属冶炼及压延加工业	Smelting and Pressing of Non-ferrous Metals	4.76	0.94
金属制品业	Manufacture of Metal Products	0.01	
通用设备制造业	Manufacture of General Purpose Machinery	0.01	
专用设备制造业	Manufacture of Special Purpose Machinery		
交通运输设备制造业	Manufacture of Transport Equipment	0.54	
电气机械及器材制造业	Manufacture of Electrical Machinery and Equipment	0.01	
通信设备、计算机及其他电子设备制造业	Manufacture of Communication Equipment, Computers and Other Electronic Equipment	0.32	
仪器仪表及文化、办公用机械制造业	Manufacture of Measuring Instruments and Machinery for Cultural Activity and Office Work		
工艺品及其他制造业	Manufacture of Artwork and Other Manufacturing		0.01
废弃资源和废旧材料回收加工业	Recycling and Disposal of Waste		0.01
电力、热力的生产和供应业	Production and Distribution of Electric Power and Heat Power	7.40	
燃气生产和供应业	Production and Distribution of Gas		
水的生产和供应业	Production and Distribution of Water		
其它行业	Others		

continued

“三废”综合利用产品产值(万元) Output Value of Products Made from Utilization of Waste Gas, Waste Water & Solid Wastes (10000 yuan)	工业废气排放总量(万标立方米) Total Volume of Industrial Waste Gas Emission (10000 cu.m)	#燃料燃烧过程中排放的 Fuels Burning	#生产工艺过程中排放的 Production	废气治理设施数(套) Facilities for Treatment of Waste Gas (set)	#脱硫设施数 Desulfu-rization Facilities	废气治理设施运行能力(万标立方米/时) Emission Control Facilities Treatment Capacity (10000 cu.m/hour)	#脱硫设施脱硫能力(吨/时) Desulfu-rization Facilities (ton/hour)	废气治理设施运行费用(万元) Waste Gas Treatment Facilities Operating Cost (10000 yuan)	二氧化硫去除量(吨) Sulphur Dioxide Removed (ton)
470276.60	**82860511**	**47107339**	**35753172**	**3953**	**312**	**169379.70**	**1429503.83**	**134747.0**	**1306098.68**
14171.90	327988	327988		39	6	323.90	4493.50	149.3	383.74
12.00								20.0	
36533.10	62767	45797	16970	11	6	364.10	136.56	753.9	234.22
801.20	368985	340998	27987	15		251.50		410.7	663.85
60.00								4.2	
1330.10	620158	302991	317167	104	5	215.60	15.80	205.4	24.89
1652.50	451099	441320	9779	73	12	415.20	2538.61	350.9	180.63
985.80	525001	525001		57	14	495.40	1794.89	485.4	1055.78
170.00	108301	20286	88015	27	2	113.00	95.16	106.5	41.50
2914.60	551660	500972	50688	79	7	372.30	472.33	329.0	296.46
	15783	15783		4		9.00	2.30	1.8	
50.00	134137	133977	160	20		57.70	2.00	47.5	
3470.30	638355	407598	230757	90	5	493.00	261.08	288.0	217.48
37.00									
6486.30	1293558	1293558		150	8	1744.80	7025.09	1686.8	12464.61
2.00	1843	1843		1		3.00		7.6	
250.00	24416	17055	7361	5		73.00			
4096.00	1594770	804767	790003	16	5	2845.90	40355.40	1665.0	41724.00
19869.00	3250514	2096113	1154401	444	70	5160.50	6046.62	4161.7	5928.47
4771.10	393560	366334	27226	179	28	1042.70	899.81	715.5	690.45
5663.90	669768	412718	257050	11	3	1025.00	2385.55	965.0	600.53
121.60	72640	72315	325	22	2	226.30	543.72	275.3	117.20
1.00	5820	5820		4	1	5.80	16.07	4.1	3.45
137123.60	30781289	13184194	17597095	1727	18	19502.10	2110.35	17293.9	1801.03
97805.70	19332679	6784915	12547764	271	13	53927.90	16147.29	27716.5	7726.72
115851.30	2763008	851978	1911030	314	71	35334.90	1132451.94	32618.7	1077719.29
545.30	141635	32275	109360	15		50.30		47.8	
1235.00	48277	37775	10502	48	3	329.00	13.88	335.3	
	26951	13386	13565	14	1	82.40	0.37	57.4	2.00
676.30	416588	65394	351194	70	6	1035.60	116.27	1106.2	477.36
1089.80	63363	20750	42613	35	1	183.00	44.29	178.5	46.94
38.00	197956	5796	192160	23		290.00		85.0	
395.00	1397	1397		3	3	30.00	26.24	24.0	31.24
	2699	2699		4		8.10		3.5	
13.00	58424	58424		8		25.10	5.25	33.3	
11104.70	17911507	17911507		67	22	43333.60	211503.45	42600.8	153666.87
								1.0	
949.50	3615	3615		3		10.00		11.5	

11-27 续表2

行　　业	Sector	#燃料燃烧过程中去除量 Sulphur Dioxide Removed from Fuel Burning	二氧化硫排放量(吨) Sulphur Dioxide Emission (ton)
总　　计	**Total**	**242410.80**	**450677.92**
煤炭开采和洗选业	Mining and Washing of Coal	4493.50	1719.21
黑色金属矿采选业	Mining and Processing of Ferrous Metal Ores		
有色金属矿采选业	Mining and Processing of Non-Ferrous Metal Ores	87.44	640.75
非金属矿采选业	Mining and Processing of Nonmetal Ores		2680.99
其他采矿业	Mining of Other Ores		
农副食品加工业	Processing of Food from Agricultural Products	15.80	1293.15
食品制造业	Manufacture of Foods	2484.61	5357.82
饮料制造业	Manufacture of Beverages	1794.89	5016.66
烟草制品业	Manufacture of Tobacco	95.16	340.03
纺织业	Manufacture of Textile	472.33	2312.41
纺织服装、鞋、帽制造业	Manufacture of Textile Wearing Apparel, Footware, and Caps	2.30	244.12
皮革、毛皮、羽毛(绒)及其制品业	Manufacture of Leather, Fur, Feather and Related Products	2.00	847.85
木材加工及木、竹、藤、棕、草制品业	Processing of Timber, Manufacture of Wood,Bamboo, Rattan, Palm, and Straw Products	260.08	3494.53
家具制造业	Manufacture of Furniture		
造纸及纸制品业	Manufacture of Paper and Paper Products	7025.09	10858.45
印刷业和记录媒介的复制	Printing, Reproduction of Recording Media		26.61
文教体育用品制造业	Manufacture of Articles For Culture, Education and Sport Activity		170.82
石油加工、炼焦及核燃料加工业	Processing of Petroleum, Coking, Processing of Nuclear Fuel	488.30	11515.95
化学原料及化学制品制造业	Manufacture of Raw Chemical Materials and Chemical Products	5361.65	24654.11
医药制造业	Manufacture of Medicines	887.42	4358.91
化学纤维制造业	Manufacture of Chemical Fibers	1125.55	5366.93
橡胶制品业	Manufacture of Rubber	543.72	742.01
塑料制品业	Manufacture of Plastics	16.07	52.74
非金属矿物制品业	Manufacture of Non-metallic Mineral Products	609.47	77579.49
黑色金属冶炼及压延加工业	Smelting and Pressing of Ferrous Metals	91.29	59990.22
有色金属冶炼及压延加工业	Smelting and Pressing of Non-ferrous Metals	4844.38	30788.69
金属制品业	Manufacture of Metal Products		238.36
通用设备制造业	Manufacture of General Purpose Machinery	13.88	905.68
专用设备制造业	Manufacture of Special Purpose Machinery	0.37	240.64
交通运输设备制造业	Manufacture of Transport Equipment	116.27	1097.56
电气机械及器材制造业	Manufacture of Electrical Machinery and Equipment	44.29	227.67
通信设备、计算机及其他电子设备制造业	Manufacture of Communication Equipment,Computers and Other Electronic Equipment		50.87
仪器仪表及文化、办公用机械制造业	Manufacture of Measuring Instruments and Machinery for Cultural Activity and Office Work	26.24	10.06
废弃资源和废旧材料回收加工业	Recycling and Disposal of Waste	5.25	357.05
电力、热力的生产和供应业	Production and Distribution of Electric Power and Heat Power	211503.45	197382.59
燃气生产和供应业	Production and Distribution of Gas		
水的生产和供应业	Production and Distribution of Water		
其它行业	Others		69.06

continued

#燃料燃烧过程中排放的 Fuels Burning	#排放达标量 Industrial Waste Water Meeting Discharge Standards	#生产工艺过程中排放量 Production	#排放达标量 Industrial Waste Water Meeting Discharge Standards	烟尘去除量 Volume of Industrial Soot Removed	烟尘排放量 Volume of Industrial Soot Emission	#排放达标量 Industrial Soot Meeting Discharge Standards	粉尘去除量 Volume of Industrial Dust Removed	粉尘排放量 Volume of Industrial Dust Emission	#排放达标量 Industrial Dust Meeting Discharge Standards
348553.55	**329903.63**	**102124.37**	**97102.82**	**7418316.33**	**124701.79**	**118666.26**	**5673613.05**	**241688.06**	**232034.58**
1719.21	1703.95			15899.22	407.60	399.75	21.60	32.94	32.94
								32.60	21.60
418.18	407.81	222.57	222.57	429.13	388.81	381.68		13.97	13.97
2465.99	2253.84	215.00		16966.62	2125.13	1874.63		170.86	167.96
1292.15	919.01	1.00		5220.88	1329.67	1256.34	626.19	187.76	182.32
5357.82	4941.52			20122.02	2771.18	2646.50		1.20	1.09
5016.66	4161.84			12135.43	3698.26	3612.45	0.02	36.09	30.89
340.03	330.94			539.23	558.84	502.06	3822.99	78.79	78.31
2312.41	1806.86			7329.06	2281.33	2071.70	109.57	51.71	3.16
244.12	238.95			295.24	258.07	251.65			
847.85	826.42			1363.06	341.71	326.93			
3368.72	3219.43	125.81	125.77	12006.51	3273.20	3193.58	14630.52	1596.55	1424.65
								12.00	10.00
10858.45	9750.13			100734.29	6890.59	6571.60	560.00	145.00	145.00
26.61	3.62			52.93	3.66	3.66			
170.82	159.00			52.50	49.50	49.50			
7739.79	7472.89	3776.17	2623.82	21366.20	2990.66	2989.48	610.00	1597.41	595.21
22725.58	20894.64	1928.53	1920.91	186313.63	12042.56	11028.08	33696.62	4325.49	4107.86
4342.54	3770.89	16.38	16.38	12277.47	2941.98	2847.35	17.16	105.35	88.39
5366.93	5366.91			81692.46	4052.42	4051.10			
742.01	687.51			1747.00	419.48	417.45	12.37	10.86	0.97
52.74	45.65			67.57	20.69	20.31		4.00	
46350.46	39825.66	31229.04	28430.91	269362.40	40776.87	37972.92	4627564.36	213774.78	206361.07
14391.45	13422.92	45598.77	45377.85	55254.88	4962.21	4705.87	817648.85	18156.44	17488.02
11788.10	10687.48	19000.58	18383.81	19784.13	7302.20	6983.95	173622.51	1222.57	1155.77
238.33	178.99	0.03	0.03	242.05	253.39	219.07		0.25	0.07
895.36	734.70	10.33	0.60	654.32	350.04	342.41	333.56	15.66	14.69
240.64	231.21			179.85	167.09	151.65	11.52	1.43	1.43
1097.38	960.73	0.18	0.18	11821.75	828.72	631.15	314.60	83.13	79.19
227.67	225.67			492.10	277.17	275.51	0.72	8.09	7.19
50.87	50.72			0.80	128.16	124.88	9.90	22.26	22.00
10.06	7.72				43.76	43.46			
357.05	345.78			477.10	134.52	130.88			
197382.59	194169.57			6563266.17	22538.63	22495.63			
69.06	69.06			59.50	19.00	19.00			

11-28 供 水 量 (2009年)

Water Supply (2009)

单位：亿立方米 (100 million cu.m)

地区	Region	总供水量 Total Water Supply	地表水源供水量 Surface Water	蓄水 Storage	引水 Diversion	提水 Carry	地下水源供水量 Groundwater
全省	**Province Total**	**256.95**	**246.58**	**114.41**	**54.39**	**77.78**	**10.37**
南昌市	Nanchang	33.42	32.20	5.24	12.49	14.47	1.22
景德镇市	Jingdezhen	8.34	7.76	2.58	0.46	4.72	0.58
萍乡市	Pingxiang	8.10	7.16	2.69	3.03	1.44	0.94
九江市	Jiujiang	24.00	23.41	9.84	1.71	11.86	0.59
新余市	Xinyu	8.13	7.87	5.92	1.38	0.57	0.26
鹰潭市	Yingtan	6.47	6.15	3.61	1.68	0.86	0.32
赣州市	Ganzhou	32.52	30.63	16.48	9.51	4.64	1.89
吉安市	Ji'an	38.28	37.47	20.86	8.24	8.37	0.81
宜春市	Yichun	44.15	42.29	19.57	5.85	16.87	1.86
抚州市	Fuzhou	24.03	23.37	8.56	6.42	8.39	0.66
上饶市	Shangrao	29.51	28.27	19.06	3.62	5.59	1.24

11-29 用 水 量 (2009年)

Water Use (2009)

单位：亿立方米 (100 million cu.m)

地区	Region	总用水量 Total	农田灌溉 Irrigated	林牧渔畜 Agricultural	规模以上工业 Industrial above Designated Size	规模以下工业 Industrial below Designated Size	城镇公共 Urban Publical	城镇居民生活 Urban Residential	农村居民生活 Rural Residential	生态环境 Ecological Protection
全省	**Province Total**	**256.95**	**168.67**	**7.57**	**45.38**	**7.80**	**3.52**	**10.95**	**8.29**	**4.77**
南昌市	Nanchang	33.42	19.47	0.68	4.43	2.14	0.94	1.67	0.60	3.49
景德镇市	Jingdezhen	8.34	4.19	0.14	2.76	0.33	0.12	0.49	0.23	0.08
萍乡市	Pingxiang	8.10	3.73	0.29	2.21	0.75	0.23	0.52	0.28	0.09
九江市	Jiujiang	24.00	12.67	0.37	7.66	0.73	0.32	1.23	0.86	0.16
新余市	Xinyu	8.13	3.57	0.11	3.34	0.38	0.12	0.36	0.16	0.09
鹰潭市	Yingtan	6.47	3.95	0.27	1.53	0.08	0.11	0.31	0.18	0.04
赣州市	Ganzhou	32.52	23.85	1.47	1.64	1.10	0.57	1.92	1.74	0.23
吉安市	Ji'an	38.28	29.23	0.98	5.56	0.14	0.22	1.04	0.97	0.14
宜春市	Yichun	44.15	26.07	1.11	13.28	0.75	0.39	1.28	1.09	0.18
抚州市	Fuzhou	24.03	19.28	1.05	1.04	0.62	0.25	0.86	0.80	0.13
上饶市	Shangrao	29.51	22.66	1.10	1.93	0.78	0.25	1.27	1.38	0.14

注：1.规模以上工业指独立核算国有工业和年产品销售收入500万元以上非国有工业。
2.城镇公共用水指建筑业用水和服务业用水。
3.生态环境用水指城镇环境用水和农村环境用水。

a) Industrial enterprises above designated size refer to state-owned industrial enterprises with independent accounting system and non-state-owned industrial enterprises with annual revenue from products sale over 5 million yuan..

b) Urban publical water use refer to water use of construction and services.

c) Ecological water use refer to water use of urban and rural areas.

11-30 耗水量（2009年）
Total Water Consumption（2009）

单位：亿立方米 (100 million cu.m)

地区	Region	总耗水量 Water Consumption	农田灌溉 Irrigated	林牧渔畜 Agricultural	工业 Industry 火(核)电 Thermal (Nuclear) Power Generation	工业 Industry 非火(核)电 Non-Thermal (Nuclear) Power Generation	城镇公共 Urban Publical	城镇居民生活 Urban Residential	农村居民生活 Rural Residential	生态环境 Ecological Protection
全 省	**Province Total**	**117.30**	**86.93**	**7.03**	**2.1**	**8.09**	**1.25**	**2.1**	**5.95**	**3.84**
南昌市	Nanchang	16.55	10.08	0.66		1.97	0.30	0.3	0.42	2.80
景德镇市	Jingdezhen	3.39	2.40	0.13	0.1	0.46	0.03	0.1	0.14	0.06
萍乡市	Pingxiang	3.79	1.85	0.28	0.3	0.77	0.09	0.1	0.34	0.07
九江市	Jiujiang	9.22	6.74	0.34	0.3	0.84	0.08	0.2	0.59	0.12
新余市	Xinyu	3.09	1.88	0.11	0.3	0.53	0.05	0.1	0.12	0.07
鹰潭市	Yingtan	3.63	2.55	0.25	0.2	0.40	0.04	0.1	0.13	0.03
赣州市	Ganzhou	16.11	11.94	1.39	0.1	0.77	0.19	0.4	1.18	0.21
吉安市	Ji'an	19.08	16.38	0.90	0.2	0.52	0.10	0.2	0.68	0.12
宜春市	Yichun	16.80	13.17	1.02	0.6	0.69	0.17	0.3	0.74	0.15
抚州市	Fuzhou	12.52	10.13	0.94		0.43	0.10	0.2	0.64	0.10
上饶市	Shangrao	13.11	9.81	1.01	0.2	0.71	0.10	0.3	0.97	0.11

11-31 废污水排放量（2009年）
Discharge of Waste Water (2009)

单位：万吨/年 (10000 tons/year)

地区	Region	合计 Total	第二产业 Secondary Industry 工业 Industry	第二产业 Secondary Industry 建筑业 Construction	第二产业 Secondary Industry 小计 Sub-total	第三产业 Tertiary Industry	城镇居民生活 Urban Household Consumption
全 省	**Province Total**	**311607**	**201187**	**1780**	**202967**	**21040**	**87600**
南昌市	Nanchang	65850	45990	340	46330	6160	13360
景德镇市	Jingdezhen	15520	10640		10640	960	3920
萍乡市	Pingxiang	23730	18270	180	18450	1120	4160
九江市	Jiujiang	32882	20722	80	20802	2240	9840
新余市	Xinyu	16060	12460	80	12540	640	2880
鹰潭市	Yingtan	13476	10296	60	10356	640	2480
赣州市	Ganzhou	38595	19335	220	19555	3680	15360
吉安市	Ji'an	24354	14874	200	15074	960	8320
宜春市	Yichun	30416	17956	300	18256	1920	10240
抚州市	Fuzhou	20624	12284	180	12464	1280	6880
上饶市	Shangrao	30100	18360	140	18500	1440	10160

11-32 各地区气象台站及主要技术装备情况（2009年）
Weather Stations and Machinery in Cities by Region (2009)

地 区	Region	国家基准气候站(个) National Reference Climatological Station (unit)	国家基本气象站(个) Basic Synoptic Station (unit)	国家一般气象站(个) General Synoptic (unit)	区域气象观测站(个) Number of Regional Observatory	农业气象观测站(个) Agrometeorological Observatory (unit)	生态气象观测站(个) Ecometeorological Observatory (unit)	紫外线观测站(个) Ultraviolet Radiation Observatory (unit)	天气雷达(部) Weather Radar (unit)	闪电定位仪(个) Lightning Orientation (unit)
全 省	**Province Total**	**4**	**22**	**65**	**1531**	**18**	**6**	**12**	**6**	**12**
南昌市	Nanchang		1	4	90	1	1	1	1	1
景德镇市	Jingdezhen		1	2	43	1		1		1
萍乡市	Pingxiang		1	1	50	1	1	1		
九江市	Jiujiang		3	9	183	2	1	2	1	2
新余市	Xinyu			4	41	1		1		
鹰潭市	Yingtan		1	2	38	1		1		1
赣州市	Ganzhou		4	13	299	3	1	1	1	2
吉安市	Ji'an	1	3	8	220	2	1	1	1	1
宜春市	Yichun	1	3	6	155	2		1	1	1
抚州市	Fuzhou	1	2	8	143	1		1		2
上饶市	Shangrao	1	3	8	269	3	1	1	1	1

11-33 各地区气候基本情况（2009年）
Climate by Region (2009)

地 区	Region	年平均气温 Annual Average Temperature (℃)/△T	年降水量 Annual Precipitation (mm)/△R	年日照时数 Annual Sunshine Hours (h)/△S	年平均相对湿度 Annual Average Relative Humidity (%)/△U	重大灾害性天气(站次) Great calamity weather(time) 暴雨 Storm	大风 Gale	冰雹 Hail	大雾 Fog	大雪 Heavy snow	雷暴 Thunder-storm
合 计	**Total**	—	—	—	—	**369**	**106**	**16**	**1053**	**97**	**3703**
全省平均	**Province Average**	**18.9/1.1**	**1438.1/-210.4**	**1686.3/3.0**	**72/-7**	—	—	—	—	—	—
南昌市	Nanchang	18.8/1.2	1277.8/-346.6	1970.5/150.1	70/-9	18	7	1	41	22	174
景德镇市	Jingdezhen	18.6/1.2	1402.1/-424.3	1882.7/85.3	69/-5	7	1		7		47
萍乡市	Pingxiang	18.6/1.3	1711.9/108.7	1568.9/116.1	77/-8	4		1	11	5	48
九江市	Jiujiang	18.2/1.0	1320.4/-151.9	1529.2/-196.7	69/-8	35	27	10	152	32	386
新余市	Xinyu	19.3/1.4	1554.3/-48.6	1555.8/-43.0	71/-8	7			12		74
鹰潭市	Yingtan	19.1	1563.3	1726.2	68	14	4		16		78
赣州市	Ganzhou	20.2/0.8	1157.0/-304.2	1856.4/ 78.0	68/-8	69	13		187		872
吉安市	Ji'an	19.3/0.9	1262.8/-256.0	1596.2/-44.1	78/-1	44	17	2	221	6	524
宜春市	Yichun	18.3/1.1	1484.8/-145.2	1478.2/-85.0	79/-1	41	14	2	168	3	454
抚州市	Fuzhou	19.1/1.2	1515.4/-300.2	1582.7/-58.1	70/-11	61	15		224	28	526
上饶市	Shangrao	18.6/0.9	1568.8/-270.9	1802.3/-12.6	72/-6	69	8		14	1	520

注：△T、△R、△S、△U分别表示本年度平均气温、降水量、日照时数、平均相对湿度与近三十年情况比较的偏差值，其中鹰潭为新建站点，无历史记录，这几项空缺。

a) △T,△R,△S and △U indicate differences of annual average temperature, precipitation and sunshine hours at current year compared with nearly 30 years.Data of Yingtan are not available because it is newly established.

主要统计指标解释

林业用地面积 指用来发展林业的土地，包括郁闭度 0.2 以上的乔木林地以及竹林地、灌木林地、疏林地、采伐迹地、火烧迹地、未成林造林地、苗圃地和县级以上人民政府规划的宜林地面积。

造林总面积 指报告期内在荒山、荒地、沙丘、退耕地等一切可以造林的土地上，采用人工播种、飞机播种、植苗造林、分植造林等方法新植成片乔木林和灌木林，经过检查验收符合《造林技术规程》要求的单位面积株数，并按《中华人民共和国森林法实施条例》规定，成活率达 85%以上(含85%，年降雨量在 400 毫米以下且无浇灌条件的地区造林成活率达 70%以上)的总面积。四旁植树如一侧在四行以上，连片面积 0.066 公顷(一亩)以上，应统计在造林面积内。造林面积，通常按所有制(国有、国有集体合作、集体和个人)、造林方式(人工、飞机播种)、主要林种用途(用材林、经济林、防护林、薪炭林、特种用途林)分组进行统计。

活立木总蓄积量 指一定范围土地上全部树木蓄积的总量，包括森林蓄积、疏林蓄积、散生木蓄积和四旁树蓄积。

森林覆盖率 指一个国家或地区森林面积占土地面积的百分比。在计算森林覆盖率时，森林面积包括郁闭度 0.20 以上的乔木林地面积和竹林地面积、国家特别规定的灌木林地面积、农田林网以及林旁、路旁、水旁、宅旁林木的覆盖面积。森林覆盖率表明一个国家或地区森林资源的丰富程度和生态平衡状况，是反映林业生产发展水平的主要指标。

自然保护区 指对有代表性的自然生态系统、珍稀濒危野生动植物物种的天然分布、水源涵养区、有特殊意义的自然历史遗迹等保护对象所在的陆地、陆地水体或海域，依法划出一定面积进行特殊保护和管理的区域。以县及县以上各级政府正式批准建立的自然保护区为准。风景名胜区、文物保护区不计在内。

林业产业总产值 指一定时期内（通常为 1 年）以货币表现的林业物质生产部门和非物质生产部门的生产总值，包括林业第一、第二、第三产业的生产总值。林业产业总产值的现行统计范围为：第一产业（农林牧渔业）中全社会的林业产值，种植业中全社会的花卉产值和茶、桑、果产值，畜牧业中全社会的狩猎业产值，林业系统的其他种植业产值、牧业产值和渔业产值；第二产业中采掘业之中全社会的木竹采运业产值，制造业之中全社会的木材加工及竹、藤、棕、草制品业产值和林产化学产品制造业产值，林业系统其他采掘业产值和制造业产值、电力煤气及水的生产供应业产值、建筑业产值；第三产业中全社会的森林旅游产值，林业系统的批发及零售贸易及餐饮业产值、交通运输仓储及邮电通讯业产值、房地产业产值、除森林旅游业外的其他社会服务业产值及其他第三产业产值。

工业废水排放量 指经过企业厂区所有排放口排到企业外部的工业废水量。包括生产废水、外排的直接冷却水、超标排放的矿井地下水和与工业废水混排的厂区生活污水，不包括外排的间接冷却水(清污不分流的间接冷却水应计算在内)。

工业废水排放达标量 指报告期内废水中各项污染物指标都达到国家或地方排放标准的外排工业废水量，包括未经处理外排达标的，经废水处理设施处理后达标排放的，以及经污水处理厂处理后达标排放的。

工业废气排放量 指报告期内企业厂区内燃料燃烧和生产工艺过程中产生的各种排入大气的含有污染物的气体的总量，以标准状态(273K，101325Pa)计算。

工业烟尘排放量 指企业厂区内燃料燃烧过程中产生的烟气中夹带的颗粒物排放量。

生活及其他烟尘排放量 指除工业生产活动以外的所有社会、经济活动及公共设施的经营活动中燃烧所排放的烟尘纯重量。以生活及其他煤炭消费量为基础进行测算。

工业粉尘排放量 指企业在生产工艺过程中排放的能在空气中悬浮一定时间的固体颗粒物排放量。如钢铁企业的耐火材料粉尘、焦化企业的筛焦系统粉尘、烧结机的粉尘、石灰窑的粉尘、建材企业的水泥粉尘等。不包括电厂排入大气的烟尘。

工业固体废物综合利用量 指报告期内企业通过回收、加工、循环、交换等方式，从固体废物中提取或者使其转化为可以利用的资源、能源和其他原材料的固体废物量(包括当年利用往年的工业固体废物贮存量)，如用作农业肥料、生产建筑材料、筑路等。综合利用量由原产生固体废物的单位统计。

供水总量 指各种水源工程为用户提供的包括输水损失在内的毛供水量之和，不包括海水直接利用量。

地表水源供水量 指地表水体工程的取水量，按蓄、引、提、调四种形式统计。从水库、塘坝中引水或提水，均属蓄水工程供水量；从河道或湖泊中自流引水的，无论有闸或无闸，均属引水工程供水量；利用扬水站从河道或湖泊中直接取水的，属提水工程供水量；跨流域调水指水资源一级区或独立流域之间的跨流域调配水量，不包括在蓄、引、提水量中。

地下水源供水量 指水井工程的开采量，按浅层淡水、深层承压水和微咸水分别统计。城市地下水源供水量包括自来水厂的开采量和工矿企业自备井的开采量。

Explanatory Notes on Main Statistical Indicators

Forest Land Area Refer to areas of forestry development, including arbor forest that over 0.2 canopy density, bamboo forest land, bush forest land, sparse forest land, cutting blanks, the burns, immature forest land, seedling nursery site, and suitable for planting of the planning of governments at and above county level.

Total area of afforestation Refers to the total area of land suitable for afforestation, including barren hills, idle land, sand dunes, "grain for green" land, on which acres of arbores or bushes are planted through manual planting, airplane planting, plant seedlings, etc. in accordance with the required density standards of the Technical Procedures of Afforestation, and with a survival rate of over 85% in line with the Implementing Rules of the Forest Law of the People' s Republic of China (or a survival rate of 75% in areas with less that 400 mm of annual rainfall and without irrigation facilities). Included in the this category are trees planted alone the roadsides, riversides, or next to houses that occupy an area over 0.066 hectares, or where more than 4 lines of trees are planted. Total area of afforestation is further classified by ownership (state-owned, state-collective, collective or private), by approach of planting (manual, airplane), and by type of forests (timber, by-products, protection, fuel, special use, etc.).

Total standing forest stock Refer to total stock of all trees on certain range land, including forest stock, sparse forest stock, sporadic trees stock, and scattered trees stock.

Forest coverage rate Refer to the percentage of the area of land in the area of forest of a country or region. While counting the forest coverage rate, the areas of forest include the arbor forest areas that over 0.2 canopy density, areas of bamboo forest land, areas of bush forest land of nation special provision, areas of farmland shelterbelt network, beside forests, road, water, house. Forest coverage rate indication that the degree of abundance of forest resource and ecological balance of a country or region. Forest coverage rate is the main item to mirror the development of forestry.

Nature Reserves Refer to certain areas of land, waters or sea that are representative in natural ecological systems, or are natural habitats for rare or endangered wild animals or plants, or water conservation zones, or the location of important natural or historic relics, which are demarked by law and put under special protection and management. Nature reserves are designated by the formal approval of governments at and above county level (including those approved by relevant departments or "revolutionary committees" before 1980). Scenic spots and cultural preservation zones are not included.

Gross output value of forestry Refer to the total value of products of productive departments and nonproductive departments during a given period of time (usually a year), including the primary Industry, the secondary Industry, and the tertiary Industry. The current Statistics of gross output value of Forestry include the output value of forestry in the whole country, the output value of flower, tea, mulberry and fruit in planting, the output value of hunting in animal husbandry, the output value of the other planting, animal husbandry and fishery of the forestry system; the output value of the bamboo and timber' s cutting and transport in extractive industry, the processing of timber, the products of bamboo, rattan, palm, grass and forestry chemical, the output value of the other extractive industry, manufacturing, the production and supply of electric power and heat power, the construction; the output value of the forestry tourist, wholesale and retail trades and catering, transport, storage and post, real estate, and the other social services except the forestry tourist.

Waste Water Discharged by Industry refers to the volume of waste water discharged by industrial enterprises through all their outlets, including waste water from production process, directly cooled water, groundwater from mining wells which does not meet discharge standards and sewage from households mixed with waste water produced by industrial activities, but excluding indirectly cooled water discharged (It should be included if the discharge is not separated from waste water).

Industrial Waste Water Meeting Discharge Standards refers to volume of industrial waste water discharge which, with or without treatment, reaches national or local standards with regard to all pollutants.

Industrial Waste Air Emission refers to the discharge into atmosphere of waste air containing pollutants generated from fuel burning and production processes in enterprises within a given period of time. It is calculated at standard status (273K, 101325Pa)

Industrial Soot Emission refers to the volume of soot in smoke emitted in the process of fuel burning in the premises of enterprises.

Soot Emission by Consumption and Others refers to the net volume of soot emitted by fuel burning from all social and economic activities and operations of public facilities other than industrial activities. It is calculated on the basis of coal consumption by households and others.

Industrial Dust Emission refers to volume of dust emitted by production process of enterprises and suspended in the air for a given period of time, including dust from refractory material of iron and steel works, dust from coke-screening systems and sintering machines of coke plants, dust from lime kilns and dust from cement production in building material enterprises, but excluding soot and dust emitted from power plants.

Industrial Solid Wastes Utilized refers to volume of solid wastes from which useful materials can be extracted or which can be converted into usable resources, energy or other materials by means of reclamation, processing, recycling and exchange (including utilizing in the year the stocks of industrial solid wastes of the previous year). Examples of such utilizations include fertilizers, building materials and road materials. The information shall be collected by the producing units of the wastes.

Water Supply refers to gross water supply by supply systems from sources to consumers, including losses during distribution.

Surface Water Supply refers to withdrawals by surface water supply system, broken down with storage, flow, pumping and transfer. Supply from storage projects includes withdrawals from reservoirs; supply from flow includes withdrawals from rivers and lakes with natural flows no matter if there are locks or not; supply from pumping projects includes withdrawals from rivers or lakes with pumping stations; and supply from transfer refers to water supplies transferred from first-level regions of water resources or independent river drainage areas to others, and should not be covered under supplies of storage, flow and pumping.

Groundwater Supply refers to withdrawals from supplying wells, broken down with shallow layer freshwater, deep layer freshwater and slightly brackish water. Groundwater supply for urban areas includes water mining by both waterworks and own wells of enterprises.

农业

12

Agriculture

◆ 257/305

资料整理及英文翻译：贺 娟 方建洲

简要说明

一、本篇资料反映全省农业生产和农村经济的基本情况。主要包括农村基层组织、乡村劳动力、耕地、主要农产品面积和产量、农村基础设施以及农林牧渔综合计算等方面的统计资料。

二、本篇资料主要来源于江西省《农林牧渔业、农业产值综合、乡村社会经济统计报表制度》，其统计范围包括各市、县(区)各种经济类型的全部农林牧渔业以及各非农行业附属的农林牧渔业生产单位。

三、本篇资料中的农村基层组织、乡村劳动力、主要农产品面积和产量以及农林牧渔业总产值和增加值等由省统计局农业处提供；林业、渔业、农机和水利情况则分别根据省林业厅、省农业厅、省水利厅和省国土资源厅等部门资料整理提供。

四、部分指标依据2006年全国第二次农业普查资料进行了修正。

Brief Introduction

Ⅰ. The data in this chapter show the basic conditions of agricultural production and rural economy for the whole province, including mainly rural grassroots units, rural employed labors force, cultivated land, areas and output of major products, rural infrastructure, and Comprehensive Statistical of farming, forestry, animal husbandry and fishery.

Ⅱ. Data in this chapter mainly come from the Comprehensive Statistical Reporting on Farming, Forestry, Animal Husbandry and Fishery, the Comprehensive Statistical Reporting on Agricultural Output, and the Rural Social and Economic Survey of Jiangxi Province. Statistics on agriculture includes all productive units of farming, forestry, animal husbandry and fishery and units engaged in farming, forestry, animal husbandry and fishery in non-agricultural sectors with various types of ownership in cities, counties and districts of Jiangxi Province.

Ⅲ. Data on rural grassroots units, employed labor force, agricultural production and area, gross output value and value-added of farming, forestry, animal husbandry, and fishery are provided by Statistical Bureau. Data on forestry, fishery, agricultural machinery, and water conservancy are provided by Forestry, Agriculture, Water Conservancy department of Jiangxi province, and department of land and resources of jiangxi province.

Ⅳ. Some Indicators have been adjusted according to the Second National Agricultural Census in 2007.

12-1 农村乡(镇)基本情况

Basic Conditions of Township and Town of Country

指 标	Iterm	2008	2009
乡镇政府(个)	Number of Township and Town Governments(unit)	1404	1404
镇政府	Number of Town Governments(unit)	772	777
乡政府	Number of Township Governments(unit)	632	627
村民委员会(个)	Number of Villagers' Committees(unit)	17235	17227
村民小组(个)	Number of Villagers' Group(unit)	200379	200653
通汽车的村委会个数(个)	Number of Villages Which is Accessible by Automobile(unit)	17141	17154
占村委会总个数比重(%)	Rate to Total Number of Villages(%)	99.5	99.6
自来水受益村委会个数(个)	Number of Villages Benifited by Tap Water(unit)	5941	6953
占村委会总个数比重(%)	Rate to Total Number of Villages(%)	34.5	40.4
通电话的村委会个数(个)	Number of Villages with Telephones(unit)	17174	17183
占村委会总个数比重(%)	Rate to Total Number of Villages(%)	99.6	99.7
通广播的村委会个数(个)	Number of Villages with Radio(unit)	11725	12231
占村委会总个数比重(%)	Rate to Total Number of Villages(%)	68.0	71.0

12-2 各地区乡(镇)组织情况（2009年）

Organizing Conditions of Township and Town by Region (2009)

地 区	Region	乡(镇)政府个数(个) Number of Township and Town Governments (unit)	#镇政府 Number of Town Governments	村民委员会(个) Number of Villagers' Committees (unit)	村民小组(个) Number of Villagers' Group (unit)	乡村总户数(户) Number of Total Rural Households (households)	乡村总人口(人) Total Rural Population (person)
全 省	**Provincial Total**	**1404**	**777**	**17227**	**200653**	**8440214**	**34157491**
南昌市	Nanchang	80	47	1180	9690	663545	2717019
景德镇市	Jingdezhen	38	25	502	4142	265263	1015150
萍乡市	Pingxiang	46	28	639	9594	336343	1404096
九江市	Jiujiang	181	100	1802	23519	886044	3646416
新余市	Xinyu	26	16	401	3777	213081	732944
鹰潭市	Yingtan	33	20	353	4052	205288	824744
赣州市	Ganzhou	283	138	3466	48718	1690162	7075467
吉安市	Ji'an	214	111	2534	26766	945426	3793702
宜春市	Yichun	157	104	2261	26502	1048623	4031478
抚州市	Fuzhou	151	88	1794	17305	749924	2997577
上饶市	Shangrao	195	100	2295	26588	1436515	5918898

12-3 各地区乡(镇)劳动力（2009年）
Laborers of Township and Town by Region (2009)

单位：人 (person)

地区	Region	合计 Total	农林牧渔业 Farming, Forestry, Animal, Husbandry and Tishery	工业 Industry	建筑业 Construction	交通运输仓储及邮政业 Transport, Storage and Post	信息传输和计算机软件业 Information Transmission, Computer Services and Software	批发零售和住宿餐饮业 Wholesale, Retail,Trades Hotels and Catering Services	其他行业 Others
全省	**Provincial Total**	**17241950**	**8663855**	**3145901**	**1465758**	**422448**	**87244**	**974316**	**2482428**
南昌市	Nanchang	1353300	697379	176458	120469	51129	7317	111585	188963
景德镇市	Jingdezhen	535948	208885	102940	59450	13579	2229	27646	121219
萍乡市	Pingxiang	715147	294605	223292	59856	24069	4368	47120	61837
九江市	Jiujiang	1809161	909203	272903	140748	39789	10292	84443	351783
新余市	Xinyu	397467	207620	49561	39407	10723	1839	27011	61306
鹰潭市	Yingtan	412954	224820	65405	37354	9337	1381	30739	43918
赣州市	Ganzhou	3649794	1906957	741527	260669	61020	12920	154737	511964
吉安市	Ji'an	1916040	1031031	431077	151846	46337	10060	87585	158104
宜春市	Yichun	1981904	1035400	349154	128517	46808	6892	97283	317850
抚州市	Fuzhou	1494893	915321	165331	133710	38805	5574	88829	147323
上饶市	Shangrao	2975342	1232634	568253	333732	80852	24372	217338	518161

12-4 各地区耕地面积（2009年）
Area of Cultivated Land by Region (2009)

单位：公顷 (hectare)

地区	Region	耕地面积 Area of Cultivated Land	水田 Paddy Field	旱地 Dry Land
全省	**Provincial Total**	**2819768**	**2270269**	**429181**
南昌市	Nanchang	249225	198861	39267
景德镇市	Jingdezhen	86512	70830	11223
萍乡市	Pingxiang	64381	56193	6698
九江市	Jiujiang	295774	177632	86892
新余市	Xinyu	85915	60233	18159
鹰潭市	Yingtan	88138	74615	10372
赣州市	Ganzhou	362903	297483	54346
吉安市	Ji'an	425522	366924	49585
宜春市	Yichun	469827	387117	66238
抚州市	Fuzhou	321397	282193	27356
上饶市	Shangrao	370174	298188	59045

注：2009年数据为国土资源厅统计数。

a) The data in 2009 are providde by the department of land and resources of jiangxi province.

12-5 农、林、牧、渔业总产值和商品产值

Gross Output Value，and Commodity Output Value of Farming, Forestry, Animal Husbandry and Fishery

本表按当年价格计算

Data in this table are calculated at current prices.

单位：万元 (10000 yuan)

年份 Year	农林牧渔业总产值 Gross Output Value of Farming,Forestry, Animal Husbandry and Fishery	农业产值 Output Value of Farming	林业产值 Output Value of Forestry	牧业产值 Output Value of Animal Husbandry	渔业产值 Output Value of Fishery	服务业产值 Output Value of Services	农林牧渔业商品产值 Commodity Output Value of Farming, Forestry, Animal Husbandry and Fishery	农林牧渔业商品率(%) Commodity Rate of Farming, Forestry, Animal Husbandry and Fishery(%)
1978	492900	364752	58723	63025	6400		175842	35.7
1979	665189	481718	85897	90597	6977		253118	38.1
1980	681508	482402	96038	95168	7900		279874	41.1
1981	742600	522463	104083	104682	11372		305367	41.1
1982	831511	586907	103454	127796	13354		364929	43.9
1983	860800	594400	114129	135497	16774		402457	46.8
1984	983498	665510	124571	170557	22860		479589	48.8
1985	1145040	740353	141190	228397	35100		566795	49.5
1986	1247893	768670	144880	291666	42677		646039	51.8
1987	1443474	890020	157209	343928	52317		803109	55.6
1988	1741810	962597	188566	518391	72256		1042194	59.8
1989	1979302	1111245	189588	597366	81103		1210169	61.1
1990	2119055	1202955	195286	620351	100463		1372256	64.8
1990	2552437	1534586	239624	674764	103463		1372256	53.8
1991	2715836	1612274	288951	688523	126088		1483574	54.6
1992	2983528	1683513	315804	830611	153600		1735728	58.2
1993	3601064	1961358	314875	1095139	229692		2165316	60.1
1994	5278602	2762704	375230	1776561	364107		3368228	63.8
1995	6317137	3316376	414590	2095348	490823		4053816	64.2
1996	7334888	3863193	463328	2311829	696538		4751920	66.9
1997	7855119	3946088	468592	2558551	881888		5180617	66.0
1998	7348844	3615365	476187	2383146	874146		4824857	65.7
1999	7502895	3881699	495903	2239960	885333		4824974	64.3
2000	7602670	3872737	511086	2217976	1000871		4923589	64.8
2000	7413543	3446961	579735	2217976	1000871	168000	4497813	60.7
2001	7674396	3583299	605300	2261129	1042668	182000	4812927	62.7
2002	7918643	3664496	649332	2339367	1099548	165900	5093507	64.3
2003	8416300	3837127	704801	2540056	1185493	148823	5598337	66.5
2004	10549211	4910558	790778	3249823	1431346	166706	6836789	64.8
2005	11429925	5104715	873713	3650964	1625621	174912	7797125	68.2
2006	12252714	5571936	1046051	3440455	1643115	551157	8364442	68.3
2007	14269333	6212597	1264574	4355792	1822009	614361	9673395	67.8
2008	16804990	6943243	1507654	5560144	2115976	677973	11427251	68.0
2009	17338215	7297223	1617850	5414950	2311804	696388	12638262	72.9

注：1990年数为按老口径计算的数据，自2000年后按新的国民经济行业分类计算,后同。

a)The data of 1990 was calculated on old basis.The data since 2000 is calculated on the new classification standards for national economic.

12-6 农、林、牧、渔业总产值构成
Gross Output Value Composition of Farming, Forestry, Animal Husbandry and Fishery

本表按当年价格计算

Data in this table are calculated at current prices.

单位：% (%)

年 份 Year	农林牧渔业总产值 Gross Output Value of Farming,Forestry, Animal Husbandry and Fishery	农业产值 Output Value of Farming	林业产值 Output Value of Forestry	牧业产值 Output Value of Animal Husbandry	渔业产值 Output Value of Fishery	服务业产值 Output Value of Services
1978	100.0	74.0	11.9	12.8	1.3	
1979	100.0	72.5	12.9	13.6	1.0	
1980	100.0	70.7	14.1	14.0	1.2	
1981	100.0	70.4	14.0	14.1	1.5	
1982	100.0	70.6	12.4	15.4	1.6	
1983	100.0	69.1	13.3	15.7	1.9	
1984	100.0	67.7	12.7	17.3	2.3	
1985	100.0	64.7	12.3	19.9	3.1	
1986	100.0	61.6	11.6	23.4	3.4	
1987	100.0	61.7	10.9	23.8	3.6	
1988	100.0	55.3	10.8	29.8	4.1	
1989	100.0	56.1	9.6	30.2	4.1	
1990	100.0	56.8	9.2	29.3	4.7	
1990	100.0	60.1	9.4	26.4	4.1	
1991	100.0	59.4	10.6	25.4	4.6	
1992	100.0	56.5	10.6	27.8	5.1	
1993	100.0	54.5	8.7	30.4	6.4	
1994	100.0	52.3	7.1	33.7	6.9	
1995	100.0	52.4	6.6	33.2	7.8	
1996	100.0	52.7	6.3	31.5	9.5	
1997	100.0	50.2	6.0	32.6	11.2	
1998	100.0	49.2	6.5	32.4	11.9	
1999	100.0	51.7	6.6	29.9	11.8	
2000	100.0	50.9	6.7	29.2	13.2	
2000	100.0	46.5	7.8	29.9	13.5	2.3
2001	100.0	46.7	7.9	29.5	13.6	2.3
2002	100.0	46.3	8.2	29.5	13.9	2.1
2003	100.0	45.6	8.4	30.2	14.1	1.7
2004	100.0	46.5	7.5	30.8	13.6	1.6
2005	100.0	44.7	7.7	31.9	14.2	1.5
2006	100.0	45.5	8.5	28.1	13.4	4.5
2007	100.0	43.5	8.9	30.5	12.8	4.3
2008	100.0	41.3	9.0	33.1	12.6	4.0
2009	100.0	42.1	9.3	31.2	13.3	4.0

12-7 农、林、牧、渔业总产值指数

Indices of Gross Output Value of Farming,Forestry,Animal Husbandry and Fishery

本表按可比价格计算。

Data in this table are calculated at constant pieces.

年 份 Year	以1978年为100 (year of 1978=100)						以上年为100 (preceding year=100)					
	农林牧渔业总产值 Gross Output Value of Farming, Forestry, Animal Husbandry and Fishery	农业产值 Output Value of Farming	林业产值 Output Value of Forestry	牧业产值 Output Value of Animal Husbandry	渔业产值 Output Value of Fishery	服务业产值 Output Value of Services	农林牧渔业总产值 Gross Output Value of Farming, Forestry, Animal Husbandry and Fishery	农业产值 Output Value of Farming	林业产值 Output Value of Forestry	牧业产值 Output Value of Animal Husbandry	渔业产值 Output Value of Fishery	服务业产值 Output Value of Services
1978	100	100	100	100	100	100	102.8	101.6	105.7	107.2	98.9	
1979	114.8	115.0	112.4	116.5	113.6		114.8	115.0	112.4	116.5	113.6	
1980	111.2	109.3	108.7	120.6	127.4		96.9	95.1	96.8	103.6	112.2	
1981	115.6	111.2	127.3	122.6	150.7		103.9	101.7	117.1	101.8	118.3	
1982	127.4	122.4	124.8	148.7	170.0		110.2	110.1	98.0	121.1	112.8	
1983	129.4	122.7	128.2	152.7	213.2		101.5	100.2	102.7	102.7	125.4	
1984	143.3	135.4	144.5	169.0	240.9		110.8	110.3	112.7	110.7	112.9	
1985	153.6	140.4	153.7	200.8	291.5		107.2	103.7	106.4	118.8	121.0	
1986	157.7	138.0	154.9	232.9	337.4		102.6	98.3	100.8	116.0	115.7	
1987	171.6	150.8	169.3	247.9	387.9		108.8	109.3	109.3	106.4	115.0	
1988	176.3	147.5	176.9	282.1	445.1		102.7	97.8	104.5	113.8	114.8	
1989	185.8	156.8	177.6	296.5	485.3		105.4	106.3	100.4	105.1	109.0	
1990	198.0	167.7	184.0	315.5	532.0		106.5	106.9	103.6	106.4	109.6	
1991	210.0	176.0	199.4	337.6	584.6		106.1	105.0	108.3	107.0	109.9	
1992	223.8	181.4	212.9	378.7	712.1		106.6	103.0	106.8	112.2	121.8	
1993	240.1	185.2	194.2	456.3	972.1		107.3	102.1	91.2	120.5	136.5	
1994	264.7	193.4	209.7	537.7	1243.1		110.2	104.5	108.0	117.8	127.9	
1995	278.4	193.9	210.3	590.9	1562.5		105.2	100.2	100.3	109.9	125.7	
1996	301.8	208.4	221.5	609.2	2087.5		108.4	107.5	105.3	103.1	133.6	
1997	322.9	221.3	218.1	644.1	2510.9		107.0	106.2	98.5	105.7	120.3	
1998	310.2	203.8	220.4	623.6	2656.1		96.1	92.1	101.1	96.8	105.8	
1999	325.4	226.2	216.8	600.3	2847.3		104.9	111.0	98.4	96.3	107.2	
2000	334.5	230.3	234.4	599.1	3103.6	335.0	102.8	101.8	108.1	99.8	109.0	100.6
2001	344.5	238.1	237.2	608.7	3261.9	364.8	103.0	103.4	101.2	101.6	105.1	108.9
2002	358.3	244.5	251.2	628.8	3539.2	332.3	104.0	102.7	105.9	103.3	108.5	91.1
2003	368.1	243.3	268.7	651.4	3819.9	296.1	102.7	99.5	107.0	103.6	107.9	89.1
2004	397.6	269.3	280.8	685.9	4125.4	307.9	108.0	110.7	104.5	105.3	108.0	104.0
2005	424.6	278.5	293.2	770.3	4451.3	316.8	106.8	103.4	104.4	112.3	107.9	102.9
2006	450.5	293.5	346.8	794.2	4780.5	356.4	106.1	105.4	118.3	103.1	107.4	112.5
2007	469.4	303.5	377.0	818.0	5067.3	383.8	104.2	103.4	108.7	103.0	106.0	107.7
2008	491.9	315.3	406.8	859.7	5340.9	399.5	104.8	103.9	107.9	105.1	105.4	104.1
2009	514.5	323.5	430.8	909.6	5725.4	413.1	104.6	102.6	105.9	105.8	107.2	103.4

12-8 农、林、牧、渔业总产值

Gross Output Value of Farming,Forestry,Animal Husbandry and Fishery

单位：万元 (10000 yuan)

行业	Sector	2008	2009	2009年比2008年增长（%） Increase Rate in 2009 over 2008(%)
农林牧渔业总产值	**Gross Output Value of Farming,Foretry, Animal Husbands and Fishery**	**16804990**	**17338215**	**4.6**
农业产值	**Output Value of Farming**	**6943243**	**7297223**	**2.6**
谷物及其他作物	Cereal and Other Cereal	4438164	4613500	2.2
谷物	Cereal	3351337	3431146	2.4
薯类	Tubers	101669	112462	1.3
油料	Oil-bearing Crops	410364	426733	8.9
豆类	Soybeans	109613	116530	0.7
棉花	Cotton	167425	201214	11.9
麻类	Fiber Crops	13730	12111	-16.4
糖料	Sugar Crops	45587	44860	-2.9
烟草	Tobacco	43827	45681	-9.3
其他农作物	Other Cereal	194612	222763	-18.1
蔬菜园艺作物	Vegetable and Gardening Cereal	1582743	1709111	-0.8
水果、坚果和香料作物	Fruit,Nut and Spicery Cereal	861868	921127	11.4
中药材	Chinese Traditional Medicinal Materials	60468	53485	-13.9
林业产值	**Output Value of Forestry**	**1507654**	**1617850**	**5.9**
林木的培育和种植	Forest Cultivated and Planted	526927	669102	26.5
竹木采运	Bamboo and timber's Cutting and Transport	572184	338409	-38.7
林产品	Forestry Products	342200	610339	41.9
牧业产值	**Output Value of Animal Husbandry**	**5560144**	**5414950**	**5.8**
牲畜饲养	Livestock Raised	423644	431816	4.9
猪的饲养	Hogs Raised	3780818	3553235	6.5
家禽饲养	Poultry Raised	1228002	1302013	4.4
狩猎和捕捉动物	Animal Hutted and Caught	13125	13125	-4.8
其他畜牧业	Other Animal Husbandry	114555	114761	0.5
渔业产值	**Output Value of Fishery**	**2115976**	**2311804**	**7.2**
鱼类	Fish	1567372	1665364	6.6
甲壳类	Carapace	166912	233447	22.2
贝类	Shell-fish	49898	58738	10.4
其他渔业	Other Fishery	331794	354256	2.5
农林牧渔服务业产值	**Services Output Value of Farming, Forestry, Animal Husbandry and Fishery**	**677973**	**696388**	**3.4**

注：增长速度由当年可比价格产值除以上年现行价格产值所得。

a) The growth is equal to the output value that caculated at current year's constant prices divided by the output value that caculated at last year's current prices.

12-9 各地区农、林、牧、渔业总产值（2009年）
Gross Output Value of Farming, Forestry, Animal Husbandry and Fishery by Region (2009)

本表按当年价格计算

Data in this table are calculated at current prices.

单位：万元

地 区	Region	农林牧渔业总产值 Gross Output Value of Farming,Forestry, Animal Husbandry and Fishery	#农业产值 Output Value of Farming	#林业产值 Output Value of Forestry	#牧业产值 Output Value of Animal Husbandry	#渔业产值 Output Value of Fishery
全 省	**Provincial Total**	**17338215**	**7297223**	**1617850**	**5414950**	**2311804**
南昌市	Nanchang	1871995	712237	21813	712034	390411
景德镇市	Jingdezhen	508692	278938	34684	140307	36185
萍乡市	Pingxiang	582149	224358	40739	278609	34655
九江市	Jiujiang	1475936	657803	85891	326856	365709
新余市	Xinyu	568842	250637	74192	180939	48574
鹰潭市	Yingtan	494562	196272	29045	206755	55913
赣州市	Ganzhou	3053856	1404894	196073	1097697	301659
吉安市	Ji'an	2189505	1033772	230287	678169	210313
宜春市	Yichun	2617454	1173887	215248	946794	261054
抚州市	Fuzhou	1949112	1083065	101615	553954	176395
上饶市	Shangrao	2237352	905762	164631	671930	454079

12-10 各地区粮食作物和多种经营产值（2009年）
Output Value of Grain Crops and Multi deal by Region (2009)

本表按当年价格计算

Data in this table are calculated at current prices.

地 区	Region	农林牧渔业总产值(万元) Gross Output Value of Farming, Forestry,Animal Husbandry and Fishery(10000yuan)			构成(以农林牧渔业总产值为100) Composition (Gross Output Value of Farming, Forestry,Animal Husbandry and Fishery=100)	
			粮食作物 Grain Crops	多种经营 Multi-dealing	粮食作物 Grain Crops	多种经营 Multi-dealing
全 省	**Provincial Total**	**17338215**	**3660138**	**13678077**	**21.1**	**78.9**
南昌市	Nanchang	1871995	447897	1424098	23.9	76.1
景德镇市	Jingdezhen	508692	112997	395695	22.2	77.8
萍乡市	Pingxiang	582149	100963	481186	17.3	82.7
九江市	Jiujiang	1475936	278439	1197497	18.9	81.1
新余市	Xinyu	568842	126816	442026	22.3	77.7
鹰潭市	Yingtan	494562	128621	365941	26.0	74.0
赣州市	Ganzhou	3053856	538754	2515102	17.6	82.4
吉安市	Ji'an	2189505	664933	1524572	30.4	69.6
宜春市	Yichun	2617454	763087	1854367	29.2	70.8
抚州市	Fuzhou	1949112	513948	1435164	26.4	73.6
上饶市	Shangrao	2237352	583977	1653375	26.1	73.9

12-11 农林牧渔业商品产值和商品率
Commodity Output Value and Commdity Rate of Farming, Forestry, Animal Husbandry and Fishery

本表按当年价格计算

Data in this table are calculated at current prices.

行　　业	sector	农林牧渔业商品产值(万元) Commodity Output Value of Farming, Forestry, Animal Husbandry and Fishery (10000 yuan)		农林牧渔业商品率 (%) Commdity Rate of Farming, Forestry, Animal Husbandry and Fishery (%)	
		2008	2009	2008	2009
合　　计	**Total**	**11427251**	**12638262**	**68.0**	**72.9**
#粮食作物产值	Output Value of Grain Crops	2174984	2429632	61.1	66.4
多种经营产值	Output Value of Multi-dealing	9252267	10208630	69.9	74.6
农　业	Farming	4493638	5014497	64.7	68.7
林　业	Forestry	650847	727389	43.2	45.0
牧　业	Animal Husbandry	4286083	4766911	77.1	88.0
渔　业	Fishery	1840090	1931562	87.0	83.6
服务业	Services	156593	197903	23.1	#REF!

12-12 各地区农林牧渔业商品产值和商品率（2009年）
Commodity Output Value and Commdity Rate of Farming, Forestry, Animal Husbandry and Fishery by Region (2009)

本表按当年价格计算

Data in this table are calculated at current prices.

地　区	Region	农林牧渔业商品产值(万元) Commodity Output Value of Farming, Forestry, Animal Husbandry and Fishery (10000 yuan)	#农　业 Farming	#林　业 Forestry	#牧　业 Animal Husbandry	#渔　业 Fishery	农林牧渔业商品率(%) Commdity Rate of Farming, Forestry, Animal Husbandry and Fishery (%)
全　省	**Provincial Total**	**12638262**	**5014497**	**727389**	**4766911**	**1931562**	**72.9**
南昌市	Nanchang	1436608	447136	6226	605545	354141	76.7
景德镇市	Jingdezhen	371281	187980	15659	118284	30780	73.0
萍乡市	Pingxiang	385506	110724	20996	224992	26098	66.2
九江市	Jiujiang	1032515	420858	37980	249493	306906	70.0
新余市	Xinyu	410337	161255	58528	137730	38324	72.1
鹰潭市	Yingtan	348294	114953	21922	164442	40508	70.4
赣州市	Ganzhou	2082672	776518	102483	896406	261574	68.2
吉安市	Ji'an	1580580	694879	150443	547690	168782	72.2
宜春市	Yichun	1872108	694731	132852	823286	215338	71.5
抚州市	Fuzhou	1495692	797018	69059	456858	159383	76.7
上饶市	Shangrao	1622669	608445	111241	542185	329728	72.5

12-13 农、林、牧、渔业中间消耗

Intermediate Consumption of Farming,Forestry,Animal Husbandry and Fishery

单位：万元 (10000 yuan)

行 业	Sector	2008	2009
农林牧渔业中间消耗总计	**Total Intermediate Consumption of Farming,Forestry, Animal Husbandry and Fishery**	**6201225**	**6353998**
农业中间消耗	**Intermediate Consumption of Farming**	**2310145**	**2369542**
物质消耗	Material Consumption	2097264	2145661
用种量	Quantity of Seeds Used	372833	393833
役畜用饲料	Feedstuff for Service-lovestock	113297	120297
肥料	Fertilizer	977338	958838
燃料	Fuel	110466	120466
农药	Pesticide	150741	151065
农用塑料薄膜	Plastic Film for Farming	70116	73666
用电量	Consumption of Electricity	110170	118178
小农具购置	Small Dead Stock	75470	81470
办公用品购置	Office Stationary Purchased	6081	7081
其他	Others	110752	120767
生产服务支出	Production and Services Expenditure	212881	223881
林业中间消耗	**Intermediate Consumption of Forestry**	**343646**	**368731**
物质消耗	Material Consumption	259881	276964
用种量	Quantity of Seeds Used	91435	93135
肥料	Fertilizer	58820	64320
燃料	Fuel	16547	19047
农药	Pesticide	13565	15965
用电量	Consumption of Electricity	9144	10727
小农具购置	Small Dead Stock	17616	20616
办公用品购置	Office Stationary Purchased	6031	7231

12-13 续表 continued

单位：万元 (10000 yuan)

行 业	Sector	2008	2009
其他物质消耗	Other Material Consumption	46723	45923
生产服务支出	Production and Services Expenditure	83765	91767
牧业中间消耗	**Intermediate Consumption of Animal Husbandry**	**2598111**	**2598494**
物质消耗	Material Consumption	2452902	2469546
用种量	Quantity of Seeds Used	396932	410667
饲料、饲草	Feedstuff,Forage Grass	1792342	1818053
燃料	Fuel	94749	86468
用电量	Consumption of Electricity	17802	17311
畜牧用药品	Leechdom for Livestock	74461	70265
其他	Others	76616	66782
生产服务支出	Production and Services Expenditure	145209	128948
渔业中间消耗	**Intermediate Consumption of Fishery**	**644210**	**703830**
物质消耗	Material Consumption	554159	606062
饲料	Feedstuff	400783	429424
燃料	Fuel	20687	24711
用电量	Consumption of Electricity	12318	15184
办公用品购置	Office Stationary Purchased	6418	7228
其他	Others	113953	129515
生产服务支出	Production and Services Expenditure	90051	97768
农林牧渔服务业中间消耗	**Intermediate Consumption of Services of Farming,Forestry, Animal Husbandry and Fishery**	**305113**	**313401**
物质消耗	Material Consumption	188932	193979
生产服务支出	Production and Services Expenditure	116181	119422

12-14　主要农业机械年末拥有量和机耕情况

Major Agricultural Machinery at the Year-end and Condition of Tractor-ploughing

指　标	Item	1990	2000	2005	2008	2009
农业机械总动力(万瓦特)	**Total Power of Agricultural Machinery(10000 watts)**	**667717**	**902307**	**1781260**	**2946430**	**3358930**
柴油发动机动力	Power of Diesel Motor	410637	620228	1333070	2262500	2619050
汽油发动机动力	Power of Pectol Motor	80651	63401	93690	127940	144270
电动机动力	Power of Electromotor	176429	211399	348130	531800	595610
其他机械动力	Power of Other Engine		7279	6370	24190	
农业机械与设备	**Agricultural Machinery and Equiment**					
大中型拖拉机(台)	Large and Medium Agricultural Tractors(unit)	19324	22725	88300	13100	15200
(万瓦特)	(10000 watts)	49449	54001	171440	29300	34960
小型拖拉机(台)	Mini-Tractors(unit)	91682	78634	147000	286300	328400
(万瓦特)	(10000 watts)	76492	65329	119880	377220	394080
大中型配套农具(部)	Number of Large and Medium Agricultural Tractor Towing Farm Machinery(unit)	10190	3037	7000	19300	19800
小型配套农具(部)	Number of Mini-Tractor Towing Farm Machinery(unit)	67319	105813	145900	203200	231600
农用排灌动力机械(台)	Agricultural Irrigation and Drainage Engines(unit)	130713	253881	622700	963400	1020400
(万瓦特)	(10000 watts)	150864	213168	435150	686900	748030
#柴油机(台)	Diesel Engines(unit)	67476	144926	436800	650900	681400
(万瓦特)	(10000 watts)	68615	111667	300300	397500	469490
电动机(台)	Electromotors(unit)	60446	90423	184200	265100	339000
(万瓦特)	(10000 watts)	80923	103744	159350	254600	278540
农用水泵(台)	Agricultural Water Pumps(unit)	118122	223295	503900	689800	703400
节水灌溉机械(套)	Water-saving Irrigation Machine(set)	4816	7033	13680	35120	38200
机动脱粒机(台)	Motorized Thrashing Machine(unit)	42047	253864	547800	821070	896700
机动喷雾(粉)机(部)	Motorized Spraying Machine(unit)	6942	24589	73000	115300	130500
(万瓦特)	(10000 watts)	1155	3676	13660	26700	32480
农用运输车(辆)	Agricultural Transport Cars(unit)	22811	57489	116500	175100	201500
(万瓦特)	(10000 watts)	27037	92667	248960	423600	483100
农业机耕情况	**Condition of Agricultural Tractor-ploughing**					
当年实际机耕面积(千公顷)	Real Tractor-ploughing Areas in Current Year(1000 hectares)	640.6	1029.4	1864.4	2485.9	2579.4

12-15 农村小水电和农业电气化、化学化、水利化情况
Rual Small Hydropower and Agricultural Electrization, Chamization,Adequate Irrigation

指　　标	Item	1990	2000	2005	2008	2009
农村小水电情况	**Rual Small Hydropower Condition**					
乡镇(场)及以下办水电站个数(个)	Number of Hydropower Stations under Town(Township) (unit)	4623	2069	1816	2408	2519
发电能力(千瓦)	Gegerating Capacity(kw)	219709	344232	608540	985419	1047974
农业电气化情况	**Agricultural Electrization**					
农村用电量(万千瓦小时)	Electricity Consumed in Rural Areas(10000 kw per hour)	159927	339255	451319	585165	654143
通电的村民委员会个数(个)	Number of Villagers' Committees with Electricity(unit)	18957	20242	17188	17223	17225
通电的村委会占村委会总数比重(%)	Percentage of Villagers' Committees with Electricity in Total Villagers'Committees(%)	91.1	97.6	99.7	99.9	99.9
农业化学化情况	**Agricultural Chamization**					
农用化肥施用量(实物量)(万吨)	Quantity of Chemical Fertilizers Used for Farming (Material) (10000 tons)	285.6	343.4	384.5	402.6	410.1
氮　　肥	Nitrogenous Fertilizer	150.5	150.2	144.1	137.1	134.4
磷　　肥	Phosphorus Fertilizer	90.0	88.2	90.8	81.1	80.7
钾　　肥	Kalium Fertilizer	26.7	40.0	48.8	51.8	52.2
复 合 肥	Compound Fertilizer	18.4	65.0	100.8	132.6	142.8
农用化肥施用量(折纯量)(万吨)	Quantity of Chemical Fertilizers Used for Farming (net) (10000 tons)	83.6	106.9	129.4	133.0	135.8
氮　　肥	Nitrogenous Fertilizer	46.1	47.5	47.7	44.1	43.3
磷　　肥	Phosphorus Fertilizer	17.8	19.6	25.4	21.5	21.7
钾　　肥	Kalium Fertilizer	13.3	17.2	20.8	20.9	20.8
复 合 肥	Compound Fertilizer	6.4	22.7	35.5	46.5	50.0
农用塑料薄膜使用量(吨)	Quantity of Plastic Film for Farming Consumed(ton)	16428	28599	45010	41645	43719
农药使用量(吨)	Quantity of Pesticide Consumed(ton)	36482	51406	75305	96662	97593
农业水利化情况	**Agricultural Adequate Irrigation**					
有效灌溉面积(千公顷)	Irrigated Areas(1000 hectares)	1836.7	1903.4	1831.4	1841.2	1840.4
旱涝保收面积(千公顷)	Farmland of Stable Yields Despite of Drought or Waterlogging(1000 hectares)	1365.9	1544.1	1475.5	1482.0	1486.1

12-16 水利灌溉设施年末建成达到情况

Construction Condition of Water Conservancy for Irrigation at the End of Year

指　标	Item	1990	2000	2005	2008	2009
工程座数	**Number of Projects**					
蓄水工程(座)	Water Storage Project(unit)	265967	256664	252733	258530	258685
大型水库	Large-scale Reservoir	18	23	25	25	26
中型水库	Medium-scale Reservoir	193	209	227	238	240
小(一)型水库	Small(1)-scale Reservoir	1307	1328	1343	1446	1451
小(二)型水库	Small(2)-scale Reservoir	7969	8042	7799	8090	8092
塘坝	Embankment	256480	247062	243339	248731	248876
引水工程(处)	Diversion Projectset)	98388	97907	96711	94568	96065
机电灌站(处)	Mechanical and Electrical Irrigation Station(set)	24460	26572	25986	26656	26650
水轮泵站(处)	Water-wheel and Pump Station(set)	1237	1147	1113	816	712
机电井(眼)	Mechanical and Electrical Well(unit)	2036	2248	4233	5349	5349
引水工程总库容(万立方米)	**Total Holding Capacity of Diversion Project (10000 cu.m)**	**2527166**	**2948757**	**3011598**	**3069205**	**3121703**
大型水库	Large-scale Reservoir	1325400	1664860	1701136	1698058	1741258
中型水库	Medium-scale Reservoir	437727	495538	535591	559855	566483
小(一)型水库	Small(1)-scale Reservoir	369672	372721	379489	404124	407885
小(二)型水库	Small(2)-scale Reservoir	214169	221578	215895	222657	221169
塘坝	Embankment	180198	194060	179487	184511	184910
有效灌溉面积(千公顷)	**Irrigated Areas(1000 hectares)**	**1836.8**	**1903.4**	**1831.4**	**1841.2**	**1840.4**
蓄水工程	Water Storage Project	930.0	974.3	950.0	951.9	950.9
大型水库	Large-scale Reservoir	80.2	81.3	81.1	81.3	82.3
中型水库	Medium-scale Reservoir	204.9	214.6	224.2	229.8	228.9
小(一)型水库	Small(1)-scale Reservoir	242.5	247.7	240.5	243.3	248.5
小(二)型水库	Small(2)-scale Reservoir	201.2	210.8	205.8	202.1	201.0
塘坝	Embankment	201.2	219.9	198.4	195.5	190.3
引水工程	Diversion Project	488.6	503.4	477.6	483.9	483.9
30万亩以上	300000 mu and over	54.9	57.3	58.2	60.6	52.0
1-30万亩	10000-100000 mu	93.2	94.4	83.8	91.5	93.5
1万亩以下	under 10000 mu	340.5	351.7	335.6	331.9	338.4
机电泵井提灌	Mechanical and Electrical Well Pump Irrigation	414.0	423.9	403.8	405.4	404.6
其他	Others	4.2	1.8			

12-17 各地区农村小水电和农业电气化、化学化、水利化情况（2009年）

指　　标	Item	全 省 Provincial Total	南昌市 Nanchang
农村小水电情况	**Rual Small Hydropower Condition**		
乡镇(场)及以下办水电站个数(个)	Number of Hydropower Stations under Town(Township)(unit)	2519	12
发电能力(千瓦)	Gegerating Capacity(kw)	1047974	1565
农业电气化情况	**Agricultural Electrization**		
农村用电量(万千瓦小时)	Electricity Consumed in Rural Areas(10000 kw per hour)	654143	102199
通电的村民委员会个数(个)	Number of Villagers' Committees with Electricity(unit)	17225	1180
通电的村委会占村委会总数比重(%)	Percentage of Villagers' Committees with Electricity in Total Villagers'Committees(%)	99.9	100.0
农业化学化情况	**Agricultural Chamization**		
农用化肥施用量(实物量)(吨)	Quantity of Chemical Fertilizers Used for Farming (material) (ton)	4100661	381814
氮　肥	Nitrogenous Fertilizer	1343902	113634
磷　肥	Phosphorus Fertilizer	806678	89688
钾　肥	Kalium Fertilizer	521603	56555
复 合 肥	Compound Fertilizer	1428478	121937
农用化肥施用量(折纯量)(吨)	Quantity of Chemical Fertilizers Used for Farming (net)(ton)	1357593	145986
氮　肥	Nitrogenous Fertilizer	432987	36368
磷　肥	Phosphorus Fertilizer	217372	28528
钾　肥	Kalium Fertilizer	207724	26663
复 合 肥	Compound Fertilizer	499510	54427
农用塑料薄膜使用量(吨)	Quantity of Plastic Film for Farming Consumed(ton)	43719	2033
农药使用量(吨)	Quantity of Pesticide Consumed(ton)	97593	8966
农业水利化情况	**Agricultural Adequate Irrigation**		
有效灌溉面积(千公顷)	Irrigated Areas(1000 hectares)	1840.4	191.1
旱涝保收面积(千公顷)	Farmland of Stable Yields Despite of Drought or Waterlogging(1000 hectares)	1486.1	160.3

Rual Small Hydropower and Agricultural Electrization,Chamization, Adequate Irrigation by Region (2009)

景德镇市 Jingdezheng	萍乡市 Pingxiang	九江市 Jiujiang	新余市 Xinyu	鹰潭市 Yingtan	赣州市 Ganzhou	吉安市 Ji'an	宜春市 Yichun	抚州市 Fuzhou	上饶市 Shangrao
16	96	257	11	28	595	258	518	311	417
3781	51417	113562	1485	10120	217535	167538	176130	145722	159119
20324	42988	65529	26845	7980	84164	62117	90632	39794	111571
502	639	1801	401	353	3465	2534	2261	1794	2295
100.0	100.0	99.9	100.0	100.0	99.9	100.0	100.0	100.0	100.0
80727	98014	400266	106725	98543	733792	513284	615204	529859	542433
24903	44271	153881	34815	26057	285968	142197	183308	165954	168914
12255	22433	74170	29141	29647	136021	85186	128922	117651	81564
7368	11720	52573	16240	15366	80874	53321	95815	71960	59811
36201	19590	119642	26529	27473	230929	232580	207159	174294	232144
30297	36150	153203	27183	29835	224100	169758	215915	194246	130920
9214	14977	61083	9440	7385	65847	47666	71398	66743	42866
3065	8837	25078	6288	9426	29604	22651	29804	36138	17953
3537	5066	22377	4391	4750	35722	21099	39444	29557	15118
14481	7270	44665	7064	8274	92927	78342	75269	61808	54983
1211	864	3367	1271	1346	11001	5309	6866	4971	5480
1901	2670	9365	1952	2192	12545	12509	10806	14220	20467
53.4	37.3	179.8	47.4	51.4	261.3	291.0	278.6	211.7	237.5
44.0	33.5	110.6	41.0	43.3	223.4	214.6	231.4	176.9	207.2

12-18 堤防、水闸、除涝、水土保持及解决饮水困难情况

Condition of Dike,Sluice,Waterlogging Control,Water and Soil Conversation and Easing the Shortage of Drinking Water

指　标	Item	1990	2000	2005	2008	2009
堤防长度(公里)	**Dike Projects(km)**	**9259.06**	**9868.00**	**9719.73**	**9788.91**	**9791.27**
堤防保护耕地面积(千公顷)	**Area of Cultivated Land Protected by Dike (1000 hectares)**	**629.28**	**677.84**	**762.28**	**700.93**	**761.02**
堤防保护人口(万人)	**Population Protected by Dike(10000 persons)**	**936.10**	**1118.71**	**1165.12**	**1102.95**	**1202.44**
水闸工程设施(座)	**Sluice Projects(set)**	**365**	**394**	**641**	**1174**	**1181**
大型水闸	Large-scale Sluice	3	3	3	26	30
中型水闸	Medium-scale Sluice	31	34	49	275	271
小型水闸	Small-scale Sluice	331	357	589	873	880
低洼易涝耕地面积(千公顷)	**Area of Depression Waterlogged Cultivated Land (1000 hectares)**	**473.31**	**473.63**	**493.27**	**527.47**	**529.14**
除涝面积	Area of Waterlogging Control	313.86	337.95	350.63	368.94	370.61
除涝标准3-5年一遇的	Once 3-5 Years	143.52	157.73	164.96	179.19	180.02
除涝标准5年以上的	Once over 5 Years	170.34	180.22	185.67	189.75	190.59
现有易涝面积	Existing Waterlogged Area	159.45	135.68	142.64	158.53	158.53
水土流失治理面积(千公顷)	**Area of Soil Erosion under Control(1000 hectares)**	**1223.45**	**2759.98**	**3666.28**	**4135.50**	**4348.84**
#小流域综合治理	Small Water Basin Comprehensive Management	184.63	630.39	859.60	988.74	1052.59
采取水平梯田措施治理	Horizontal Terrace	73.49	179.60	195.53	218.18	221.55
采取沟坝地措施治理	Dyke	21.03	55.76	63.33	69.97	70.39
采取水保林措施治理	Forestry Conversed by Water	1091.82	2221.67	1821.49	2014.06	2073.99
采取种草措施治理	Planting Grass	9.19	55.49	84.70	104.92	113.05
采取其他措施治理	Others	27.93	247.46	1501.23	1728.37	1869.86

12-19 农作物播种面积和产量（2009年）

Total Sown Areas and Output of Farm Crops (2009)

类 别	Type	播种面积（千公顷）Sown Area (1000 hectares)	单 产（千克/公顷）Yield per Unit (kg/hectare)	总产量(粮食:万吨；其他：吨) Total Output (Grain:10000 tons; Others:ton)	总产量比上年增长(%) Total Growth Over Last Year (%)
总 计	**Total**	**5376.38**			
粮食作物	Grain Crops	3604.60	5556	2002.56	2.3
谷 物	Cereal	3311.51	5786	1916.13	2.3
稻 谷	Rice	3282.06	5807	1905.90	2.4
早 稻	Early Rice	1400.80	5667	793.80	2.7
中稻及一季晚稻	Middle-season and Late Rice	392.53	6695	262.80	-2.0
二季晚稻	Second season Late Rice	1488.73	5705	849.30	3.5
小 麦	Wheat	9.94	1930	1.91	1.1
杂 谷	Mixed Cereal	19.51	4261	8.32	1.1
#玉 米	Corn	16.09	4531	7.29	10.8
大(米)麦	Barley	0.28	1676	0.06	-16.7
豆类合计	Total Legume	153.96	1747	26.89	6.0
大 豆	Soybean	99.54	1980	19.71	2.1
杂 豆	Mixed bean	54.42	1319	7.18	-3.2
薯类(按折粮计算)	Tubers (converted into grain)	139.13	4 279	59.54	0.7
油料折油(含油茶籽)	Oil-bearing (include tea-oil seeds)			370794	16.8
油料合计	Total Oil-bearing	716.42	1424	1020240	11.9
#花 生	Peanuts	146.39	2609	381959	3.8
油 菜 籽	Rape Seeds	538.49	1132	609619	18.1
芝 麻	Sesame	30.78	898	27626	4.7
棉 花	Cotton	75.51	1657	125104	11.8
麻类合计	Total Fiber Crops	7.42	1447	10738	-16.2
黄红麻	Jute and Ambary Hemp	0.20	4417	901	-35.8
苎 麻	Ramee	7.22	1363	9837	-13.8
甘 蔗	Sugarcane	13.60	45747	622022	-3.1
烟叶合计	Tabacco Total	18.13	2390	43333	-9.3
烤 烟	Flue-cured Tobacco	17.46	2372	41411	-11.4
晒 烟	Sun-cured Tobacco	0.67	2860	1922	79.6
中 药 材	Traditional Chinese Medicinal Materials	21.35	3558	75962	-12.3
蔬菜、瓜类	Vegetables and Melons	581.01	21669	12589864	0.4
#蔬 菜	Vegetables	509.69	21358	10886083	0.3
其他作物	Other Crops	338.34			
#莲 子	Lotus Seeds	9.96	1154	11488	-2.5
青 饲 料	Succulence	74.49	12498	931030	22.9

注：本表粮食作物均为农产量抽样调查数。

a) Data of Grain Crops in this table are estimated from sample surveys.

12-20 农作物播种面积

单位：千公顷

年 份 Year	合 计 Total	粮食作物 Grain Crops	#稻 谷 Cereal	#小 麦 Wheat	棉 花 Cotton	油 料 Oil-bearing	#花 生 Peanut
1978	5701.1	3820.8	3380.3	121.2	114.3	270.8	46.2
1979	5699.5	3844.0	3386.8	136.1	98.9	329.7	46.4
1980	5553.7	3775.3	3383.7	121.3	108.5	324.0	47.7
1981	5542.8	3758.3	3362.7	116.3	104.7	360.5	48.7
1982	5578.3	3743.9	3339.5	104.0	100.9	370.3	49.6
1983	5465.3	3714.1	3323.7	98.4	82.6	351.7	48.6
1984	5456.7	3714.1	3326.9	98.7	81.1	348.0	52.3
1985	5419.1	3650.9	3264.9	94.2	66.3	372.0	64.2
1986	5438.7	3629.8	3250.7	86.8	61.5	414.5	80.3
1987	5482.7	3647.9	3268.7	83.7	62.2	449.8	89.7
1988	5396.3	3588.7	3210.5	80.1	65.2	440.9	93.3
1989	5555.3	3693.9	3297.7	78.2	66.1	507.1	91.9
1990	5759.7	3700.9	3286.6	74.9	70.3	686.5	91.7
1991	5829.7	3589.7	3146.1	71.9	114.6	800.7	92.0
1992	5844.9	3446.2	2981.5	72.5	135.1	913.9	117.9
1993	5721.0	3360.1	2865.1	74.0	151.3	840.9	131.1
1994	5753.4	3434.4	2939.5	73.1	163.3	853.8	138.5
1995	5949.5	3510.0	3019.4	59.1	131.8	1057.0	130.3
1996	6105.3	3570.6	3055.4	72.3	107.4	1055.3	140.0
1997	6037.6	3586.5	3087.4	72.5	102.2	1003.3	142.6
1998	5804.0	3421.1	3034.6	63.3	108.4	947.7	151.8
1999	5871.0	3548.2	3050.0	61.5	69.2	900.4	163.5
2000	5650.8	3322.0	2832.0	51.4	69.0	858.1	179.9
2001	5534.7	3265.2	2808.3	38.3	70.5	778.7	183.4
2002	5355.1	3188.0	2786.7	28.5	55.0	704.2	176.7
2003	4997.4	3051.1	2685.3	20.6	65.5	632.7	166.8
2004	5258.1	3425.4	3095.9	19.1	62.5	566.2	134.5
2005	5328.9	3519.0	3187.7	15.9	63.9	577.0	135.1
2006	5255.6	3547.1	3271.1	12.4	65.7	585.8	132.6
2007	5215.0	3525.3	3196.3	11.2	68.3	583.5	132.1
2008	5330.9	3578.1	3255.5	10.2	66.6	658.8	142.0
2009	5376.4	3604.6	3282.1	9.9	75.5	716.4	146.4

Total Sown Areas of Farm Crops

(1000 hectares)

#油菜籽 Rape Seeds	#芝 麻 Sesame	黄红麻 Jute and Ambary Hemp	苎 麻 Ramee	甘 蔗 Sugarcane	烤 烟 Flue-cured Tobacco	晒 烟 Sun-cured Tobacco	蔬 菜 Vegetables
174.3	50.3	5.2	1.3	19.5	3.8	4.1	69.9
214.1	69.3	5.1	1.4	18.8	2.1	3.8	65.1
217.7	58.7	6.4	2.1	19.1	1.1	3.1	70.2
252.2	59.6	10.1	2.7	24.1	2.3	3.3	71.1
255.9	64.7	7.9	2.5	23.7	2.8	3.7	128.7
246.1	57.1	4.7	2.3	21.1	1.8	3.0	159.5
238.3	57.4	5.4	2.6	30.1	2.1	3.8	185.9
245.9	61.9	16.3	9.5	37.7	2.3	4.8	207.1
273.0	61.1	9.7	28.9	38.9	1.7	4.3	211.3
302.9	57.2	7.7	37.3	36.7	3.2	4.9	222.3
300.1	47.5	6.9	21.1	36.1	11.7	6.5	238.3
358.9	56.3	7.7	12.0	31.8	10.5	6.7	243.5
540.9	54.0	8.3	6.6	35.6	14.8	5.9	269.2
657.2	51.3	8.3	5.3	41.8	28.1	6.5	272.3
741.5	54.5	6.9	6.4	50.4	31.1	6.9	317.9
648.8	61.1	6.9	5.0	43.4	37.4	6.5	371.6
653.8	61.4	5.9	7.0	38.5	16.0	5.5	399.1
864.1	62.4	4.4	8.6	40.2	9.8	5.1	436.1
853.6	61.8	3.9	9.1	37.0	11.8	4.9	484.7
801.1	59.7	3.0	8.5	41.8	23.7	4.9	508.1
745.3	50.6	2.8	7.5	38.6	13.9	3.2	491.6
685.4	51.4	1.8	7.3	33.6	11.8	3.1	525.9
629.2	49.0	1.7	9.0	28.4	11.5	2.7	560.1
547.7	47.0	1.3	9.9	25.9	12.1	2.6	605.0
482.9	42.4	1.0	8.9	26.0	11.3	2.1	625.0
428.1	36.1	0.6	8.3	24.4	9.7	1.8	548.3
400.5	29.1	1.1	7.3	18.6	7.8	1.0	552.9
409.7	30.6	0.5	7.3	17.7	10.6	1.0	543.6
418.7	31.7	0.5	7.3	15.1	14.7	0.9	505.5
414.3	35.8	0.3	7.4	14.1	14.7	0.8	500.5
482.3	29.8	0.4	7.8	14.0	19.8	0.7	512.9
538.5	30.8	0.2	7.2	13.6	17.5	0.7	509.7

12-21 主要农产品产量

年份 Year	粮食 (万吨) Grain (10000ton)	棉花 (吨) Cotton (ton)	油料折油 (吨) Oil-bearing (ton)	油料合计 (吨) Total Oil-bearing (ton)	#花生 Peanuts	#油菜籽 Rape Seeds	#芝麻 Sesame	黄红麻 (吨) Jute and Ambary Hemp (ton)
1978	1125.74	34796	66271	134940	51686	68399	14855	4793
1979	1296.50	43542	103540	199216	60588	100639	37989	7529
1980	1240.04	43039	67804	137605	50502	71999	15104	10775
1981	1268.71	46909	104690	198344	56713	116275	25356	14993
1982	1408.74	65621	105360	259958	62974	159804	37180	11567
1983	1460.45	47932	93031	228752	62424	141353	24975	6427
1984	1549.18	69141	104260	245317	74155	144974	26188	8257
1985	1533.54	62199	122268	288842	103050	156691	29101	29875
1986	1453.77	54558	115323	315869	135578	156664	23627	18301
1987	1562.77	59187	135282	356974	157779	171632	27563	14080
1988	1535.43	32495	122547	328348	138059	174773	15516	10456
1989	1589.62	50050	148379	376519	150739	198755	27025	13423
1990	1658.20	56995	196114	548851	151909	371383	25559	18846
1991	1625.70	108998	226176	621726	149377	444558	27791	20472
1992	1566.00	148368	257389	741627	215142	490178	36307	17984
1993	1517.10	156222	260851	778140	257203	480746	40191	18327
1994	1603.50	174714	282747	836078	309554	483500	42966	17547
1995	1607.40	118547	346693	1035823	302510	690239	42971	13597
1996	1766.30	123071	339313	1010393	331169	634898	44277	9017
1997	1767.70	132390	365379	1056276	332669	681332	42244	7984
1998	1555.50	76092	282503	843455	334317	477853	31165	6555
1999	1732.70	63417	318638	943803	365179	546651	31907	4254
2000	1614.60	68025	325212	967297	403832	529998	33407	4437
2001	1600.00	80510	300390	905295	408616	463306	32333	4142
2002	1549.50	66891	277100	824182	407900	383506	30824	2882
2003	1450.30	76148	252998	759765	368282	364761	24603	1552
2004	1803.40	84812	257237	745278	317971	400887	23035	1793
2005	1853.86	87196	262238	761229	316617	416814	25318	909
2006	1896.52	95015	276246	779766	321554	428286	27094	898
2007	1904.21	107641	285360	841699	332692	429588	26885	1108
2008	1958.10	111915	317434	911919	367891	516281	26398	1404
2009	2002.56	125104	370794	1020240	381959	609619	27626	901

注：本表1990年以后粮食产量为农产量抽样调查数。

Output of Major Farm Products

苎　麻 (吨) Ramee (ton)	甘　蔗 (吨) Sugarcane (ton)	烤　烟 (吨) Flue-cured Tobacco (ton)	晒　烟 (吨) Sun-cured Tobacco (ton)	水　果 (吨) Fruits (ton)	肉　类总产量 (吨) Output of Meat (ton)	生猪年末存栏 (万头) Hogs on Hand at the End of the Year (10000 heads)	水产品总产量 (万吨) Gross Output of Aquatic Products (10000 tons)
773	682908	2601	3540	29229	262704	944.3	5.93
1212	790784	1726	3266	60190	313749	1004.7	6.73
1252	857362	950	2758	56126	380490	1018.0	7.55
1627	1167281	2542	3265	70870	411140	1006.6	8.58
2050	1204245	3439	4184	73356	441368	1023.3	9.40
1732	1021939	2033	2777	89348	458122	1079.4	11.55
2495	1499874	2758	4046	89485	547967	1138.8	13.01
5106	1971006	2914	5880	107543	642514	1232.5	16.02
13211	1720310	1664	4287	161274	777126	1344.1	19.28
33475	1907887	3525	5928	172879	838692	1387.6	22.59
19212	1735822	7699	5890	146135	978268	1454.5	25.59
10581	1494895	9155	6173	229708	1040340	1486.5	28.12
6039	1942913	17175	5942	232983	1117438	1547.3	30.68
5166	2299461	31454	6686	334161	1239667	1589.6	33.93
6592	2561426	38246	7867	140914	1410488	1656.6	41.32
5727	2311395	46106	7980	208141	1676110	1781.0	55.49
8644	2041521	15186	6433	303658	1976564	1867.1	69.48
11141	2000272	10179	5730	427637	2193984	1951.0	84.04
12224	1857833	14870	6422	503928	2219302	1978.7	100.10
11288	2205930	31444	7527	676384	2275735	1979.8	115.08
9921	1863799	15906	3660	454628	2147125	1799.6	118.35
9692	1720059	14156	3304	703877	1982708	1554.3	122.12
11397	1368109	15092	3065	423403	1923111	1473.5	127.12
13034	1237046	16635	3095	577314	1931396	1406.5	132.26
12729	1308464	17232	2555	652276	1967198	1309.4	138.20
10165	1182490	15470	2434	777691	2013931	1362.7	146.06
10774	857182	15442	1387	1023742	2200265	1421.3	156.34
10944	783147	19761	1469	1302821	2448110	1485.4	168.66
10992	701340	29955	1321	1609336	2402215	1344.1	179.95
11149	660864	32751	1111	2181603	2473363	1420.1	196.06
11416	642066	46724	1070	2753566	2616319	1530.6	190.39
9837	622022	41411	1922	3270764	3009138	1680.1	205.30

a) Data of Grain Crops since 1990 in this table are estimated from sample surveys.

12-22 各地区农作物播种面积（2009年）

单位：公顷

类别	Type	全省 Provincial Total	南昌市 Nanchang	景德镇市 Jingdezheng
总计	**Total**	**5376376**	**540121**	**152632**
粮食作物	Grain Crops	3604602	363757	92519
谷物	Cereal	3311510	348082	83998
稻谷	Rice	3282060	346421	83049
早稻	Early Rice	1400800	154411	29764
中稻及一季晚稻	Middle-season and Late Rice	392530	24699	21503
二季晚稻	Second season Late Rice	1488730	167311	31782
小麦	Wheat	9944	396	143
杂谷	Mixed Cereal	19506	1265	806
#玉米	Corn	16090	1265	623
大(米)麦	Barley	281		23
豆类合计	Total Legume	153960	10967	5055
大豆	Soybean	99539	9740	3336
杂豆	Mixed bean	54421	1227	1719
薯类(按折粮计算)	Tubers (converted into grain)	139132	4708	3466
油料合计	Total Oil-bearing	716419	85188	22465
#花生	Peanuts	146389	15464	2153
油菜籽	Rape Seeds	538485	62463	18656
芝麻	Sesame	30778	7261	1656
棉花	Cotton	75505	1188	798
麻类合计	Total Fiber Crops	7423	67	3
黄红麻	Jute and Ambary Hemp	204		
苎麻	Ramee	7216	67	3
甘蔗	Sugarcane	13597	968	958
烟叶合计	Tabacco Total	18131		
烤烟	Flue-cured Tobacco	17459		
晒烟	Sun-cured Tobacco	672		
中药材	Traditional Chinese Medicinal Materials	21348	63	302
蔬菜、瓜类	Vegetables and Melons	581011	35366	27677
#蔬菜	Vegetables	509692	31629	25599
其他作物	Other Crops	338340	53524	7910
#莲子	Lotus Seeds	9958		
青饲料	Succulence	74492	1841	1450

Total Sown Areas of Farm Crops by Region (2008)

(hectare)

萍乡市 Pingxiang	九江市 Jiujiang	新余市 Xinyu	鹰潭市 Yingtan	赣州市 Ganzhou	吉安市 Ji'an	宜春市 Yichun	抚州市 Fuzhou	上饶市 Shangrao
136817	**508056**	**139241**	**149076**	**761460**	**910883**	**884528**	**604552**	**753153**
79731	266446	99262	114871	515748	645550	604578	408219	553078
68656	233008	92085	109105	471697	598574	547569	380652	517241
66235	217333	92012	108834	469122	593217	542423	379255	511469
21994	68596	41920	49333	205743	274178	238969	159481	220583
20734	77929	4410	8088	40412	37518	47902	47693	63238
23507	70808	45682	51413	222967	281521	255552	172081	227648
309	5386		18	37		877	35	2743
2112	10289	73	253	2538	5357	4269	1362	3029
1778	9367	64	185	2510	1500	3121	1330	1883
	7		14			28	12	197
4669	12319	4906	2916	24689	25032	30283	12546	20578
2258	7995	2710	1520	10799	15419	22028	9761	13973
2411	4324	2196	1396	13890	9613	8255	2785	6605
6406	21119	2271	2850	19362	21944	26726	15021	15259
14827	120945	11302	9474	44408	139307	121657	35948	110898
1334	8223	3185	5256	30138	22058	31754	13097	13727
13135	108773	7839	3538	14055	115404	83563	21738	89321
8	3755	264	660	215	1845	6340	1110	7664
28	56025	3265	4	17	170	7924	2543	3543
	1580	2942	10	24	237	2291	97	172
			5	23	25		71	80
	1580	2942	5	1	209	2291	26	92
25	624	50	569	336	1420	2033	3803	2811
134				8417	2649	242	6510	179
				8277	2611	26	6401	144
134				140	38	216	109	35
1397	3516	2	12	879	5212	3624	4935	1406
26058	45089	11859	13381	115933	95079	76046	80940	53583
23336	38789	9057	11778	106387	86948	66521	61471	48177
14617	13831	10559	10755	75698	21259	66133	61557	27483
1	7			4717	62	98	4951	122
3215	6913	4815	1054	15454	6838	15876	8740	8296

12-23 各地区主要农作物单位播种面积产量（2009年）

单位：千克/公顷

类别	Type	全省 Provincial Total	南昌市 Nanchang	景德镇市 Jingdezheng
粮食作物	Grain Crops	5556	6301	6140
谷物	Cereal	5786	6465	6462
稻谷	Rice	5807	6475	6507
早稻	Early Rice	5667	6146	5719
中稻及一季晚稻	Middle-season and Late Rice	6695	7312	7134
二季晚稻	Second season Late Rice	5705	6654	6820
小麦	Wheat	1930	1104	951
杂谷	Mixed Cereal	4261	5605	2793
#玉米	Corn	4531	5605	3225
大(米)麦	Barley	1676		913
豆类合计	Total Legume	1747	1431	1623
大豆	Soybean	1980	1442	1710
杂豆	Mixed bean	1319	1347	1454
薯类(按折粮计算)	Tubers (converted into grain)	4279	5506	4930
油料合计	Total Oil-bearing	1424	1173	1147
#花生	Peanuts	2609	2888	2821
油菜籽	Rape Seeds	1132	806	962
芝麻	Sesame	898	679	1051
棉花	Cotton	1657	1681	1233
麻类合计	Total Fiber Crops	1447	4776	1333
黄红麻	Jute and Ambary Hemp	4417		
苎麻	Ramee	1363	4776	1333
甘蔗	Sugarcane	45747	39675	48203
烟叶合计	Tabacco Total	2390		
烤烟	Flue-cured Tobacco	2372		
晒烟	Sun-cured Tobacco	2860		
其他作物	Other Crops			
#莲子	Lotus Seeds	1154		

Output of Unit of Major Farm Crops Sown Area by Region (2008)

(kg/hectare)

萍乡市 Pingxiang	九江市 Jiujiang	新余市 Xinyu	鹰潭市 Yingtan	赣州市 Ganzhou	吉安市 Ji'an	宜春市 Yichun	抚州市 Fuzhou	上饶市 Shangrao
6815	5760	6051	5566	5385	5786	6258	6633	5453
7324	6011	6371	5720	5646	5994	6508	6760	5602
7417	6218	6373	5727	5656	6008	6532	6766	5632
6582	5749	6046	5460	5545	5937	6340	6496	5399
8201	6767	6917	6332	5874	6567	6848	6973	6303
7506	6069	6620	5887	5720	6003	6653	6960	5671
3511	1995		2222	2216		1835	1886	1820
4981	3734	4630	3059	3870	4448	4377	5051	4008
5145	3790	4641	3335	3891	3309	4700	5095	4491
	1857		2286			2464	2167	1574
2335	1843	1210	1810	1484	1642	2106	2313	1812
2984	1935	1414	1922	2073	1896	2179	2400	1812
1727	1672	959	1687	1026	1233	1910	2007	1812
4623	5280	3509	3495	3977	4842	5835	7028	5314
1539	1454	1146	2086	2100	1087	1451	1774	1606
1957	1983	2347	2819	2599	2039	2819	2712	3038
1503	1427	661	1168	1047	911	974	1240	1442
1500	1080	1042	1202	991	738	877	1174	963
714	1627	1429	2500	1471	1241	1588	1657	2603
	1577	1157	4800	3208	405	1377	5639	3459
			4600	3304	1960		6000	4175
	1577	1157	5000	1000	191	1377	4654	2837
14560	28503	22040	43086	49185	49185	52421	54011	33912
1127				2252	2632	1231	2534	2609
				2259	2383	577	2519	2438
1127				1836	19684	1310	3367	3314
1000	7571			1200	952	4959	1004	2123

12-24 各地区主要农作物总产量（2009年）

单位：粮食：万吨；其他：吨

类别	Type	全省 Provincial Total	南昌市 Nanchang	景德镇市 Jingdezheng
粮食作物	Grain Crops	20025600	2292119	568069
谷物	Cereal	19161300	2250501	542780
稻谷	Rice	19059000	2242974	540393
早稻	Early Rice	7938000	949075	170224
中稻及一季晚稻	Middle-season and Late Rice	2628000	180606	153408
二季晚稻	Second season Late Rice	8493000	1113293	216761
小麦	Wheat	19194	437	136
杂谷	Mixed Cereal	83106	7090	2251
#玉米	Corn	72900	7090	2009
大(米)麦	Barley	471		21
豆类合计	Total Legume	268900	15695	8203
大豆	Soybean	197098	14042	5704
杂豆	Mixed bean	71802	1653	2499
薯类(按折粮计算)	Tubers	595400	25923	17086
油料合计	Total Oil-bearing	1020240	99961	25757
#花生	Peanuts	381959	44659	6073
油菜籽	Rape Seeds	609619	50370	17944
芝麻	Sesame	27626	4932	1740
棉花	Cotton	125104	1997	984
麻类合计	Total Fiber Crops	10738	320	4
黄红麻	Jute and Ambary Hemp	901		
苎麻	Ramee	9837	320	4
甘蔗	Sugarcane	622022	38405	46178
烟叶合计	Tabacco Total	43333		
烤烟	Flue-cured Tobacco	41411		
晒烟	Sun-cured Tobacco	1922		
其他作物	Other Crops			
#莲子	Lotus Seeds	11488		

Total Output of Major Farm Crops by Region (2008)

(grain:10000 tons,others:ton)

萍乡市 Pingxiang	九江市 Jiujiang	新余市 Xinyu	鹰潭市 Yingtan	赣州市 Ganzhou	吉安市 Ji'an	宜春市 Yichun	抚州市 Fuzhou	上饶市 Shangrao
543361	1534838	600603	639322	2777066	3735450	3783167	2707703	3016077
502844	1400623	586697	624084	2663425	3588112	3563461	2573119	2897708
491239	1351458	586359	623270	2653522	3564282	3543165	2566174	2880576
144767	394385	253454	269371	1140814	1627861	1515053	1035937	1191013
170037	527352	30503	51216	237375	246376	328044	332574	398612
176435	429721	302402	302683	1275333	1690045	1700068	1197663	1290951
1085	10747		40	82		1609	66	4992
10520	38418	338	774	9821	23830	18687	6879	12140
9148	35500	297	617	9766	4963	14669	6777	8457
	13		32			69	26	310
10903	22700	5937	5277	36633	41092	63771	29020	37290
6739	15472	3832	2922	22384	29241	48008	23430	25324
4164	7228	2105	2355	14249	11851	15763	5590	11966
29614	111515	7969	9961	77008	106246	155935	105564	81079
22814	175895	12953	19760	93262	151483	176472	63774	178109
2611	16304	7475	14818	78327	44975	89503	35514	41700
19737	155204	5184	4131	14722	105147	81409	26957	128814
12	4057	275	793	213	1361	5560	1303	7380
20	91173	4666	10	25	211	12582	4215	9221
	2492	3404	48	77	96	3155	547	595
			23	76	49		426	334
	2492	3404	25	1	40	3155	121	261
364	17786	1102	24516	16526	69842	106571	205405	95327
151				18952	6971	298	16494	467
				18695	6223	15	16127	351
151				257	748	283	367	116
1	53			5660	59	486	4970	259

12-25 茶叶、水果生产情况

Production Conditions of Tea,Fruits

指 标	Item	2008	2009	2009年比2008年增长（%）Increase Rate in 2009 over 2008(%)
产 量(吨)	**Output(ton)**			
茶 叶	Tea	22977	26359	14.7
#红毛茶	Black Tea	2778	3680	32.5
绿毛茶	Green Tea	18139	19658	8.4
水 果	Fruits	2753566	3270764	18.8
#柑桔类	Citrus	2485062	2993721	20.5
#柑	Hesperidium	223515	293674	31.4
桔	Orange	1172546	1414180	20.6
橙	Orange	1006675	1248721	24.0
柚	Grapefruit	36044	37146	3.1
梨	Pear	113715	117653	3.5
桃	Peach	45915	45745	-0.4
其他水果	Other Fruits	108874	113645	4.4
面 积(公顷)	**Area(hectare)**			
年末茶园面积	Area of Tea Plantations at the End of Year	44204	50821	15.0
#当年采摘	Picked in Current Year	35707	40266	12.8
当年新增	Newly Added in Current Year	3497	5880	68.1
年末果园面积	Area of Orchard at the End of Year	361383	374546	3.6
柑桔园	Orange Plantation	281933	296364	5.1
梨园	Pear Plantation	26093	26233	0.5
桃园	Peach Plantation	11366	10816	-4.8
其他果园	Other Plantation	41991	41133	-2.0
当年新增	Newly Added in Current Year	24916	22116	-11.2

12-26 各地区茶叶、水果产量（2009年）

Output of Tea,Fruits by Region (2009)

单位：吨 (ton)

地 区	Region	茶 叶 Tea	#红毛茶 Black Tea	#绿毛茶 Green Tea	水 果 Fruits	#柑 桔 Orange	#梨 Pear
全 省	**Provincial Total**	**26359**	**3680**	**19658**	**3270764**	**2993721**	**117653**
南 昌 市	Nanchang	1192	13	1171	22102	17387	1238
景德镇市	Jingdezhen	3407	1833	1574	9082	2994	1705
萍 乡 市	Pingxiang	282		262	11259	8684	595
九 江 市	Jiujiang	4079	1020	1456	116604	73725	19866
新 余 市	Xinyu	197		182	40051	29289	4106
鹰 潭 市	Yingtan	108	1	22	39286	22128	9521
赣 州 市	Ganzhou	1988		1988	1546170	1476506	13205
吉 安 市	Ji'an	1740	451	1264	287872	268508	8281
宜 春 市	Yichun	1593	157	1239	103325	82413	6613
抚 州 市	Fuzhou	2231	54	1497	1047309	986464	43466
上 饶 市	Shangrao	9542	151	9003	47704	25623	9057

12-27 各地区茶园、果园面积（2009年）

Area of Tea Plantations,Orchard by Region (2009)

单位：公顷 (hectare)

地　区	Region	年末茶园面积 Area of Tea Plantations at the End of Year	年末果园面积 Area of Orchard at the End of Year	#柑桔 Orange	#当年新增面积 Areas Newly Added in Current Year
全　省	**Provincial Total**	**50821**	**374546**	**296364**	**22116**
南昌市	Nanchang	1379	5697	3633	251
景德镇市	Jingdezhen	6368	4402	1337	88
萍乡市	Pingxiang	441	3680	2755	320
九江市	Jiujiang	6119	21474	8119	1516
新余市	Xinyu	77	7472	4579	149
鹰潭市	Yingtan	402	6115	2916	26
赣州市	Ganzhou	6743	173750	149125	6660
吉安市	Ji'an	5270	36681	31266	4966
宜春市	Yichun	5413	14999	10926	369
抚州市	Fuzhou	2594	84708	75236	7500
上饶市	Shangrao	16015	15568	6472	271

12-28 各地区主要林产品产量(2009年)

Output of Major Forest Products by Region(2009)

地　区	Region	木材（万立方米）Output of Timber (10000 cu.m)	原木 Logs	竹材产品（万根）Output of Bamboo (10000 units)	毛竹 Mao Bamboo	竹笋干（吨）Dried Bamboo Shoots (ton)	油茶籽（吨）Tea-oil Seeds (ton)	油桐籽（吨）Tung-oil Seeds (ton)	松脂（吨）Rosin (ton)
全　省	**Provincial Total**	**339.79**	**314.81**	**7423.01**	**6732.78**	**9979**	**268966**	**12433**	**57306**
南昌市	Nanchang	2.55	2.46	10.35	10.15	31	2007	11	70
景德镇市	Jingdezhen	10.00	10.00	99.22	86.76	120	922	28	2543
萍乡市	Pingxiang	2.88	2.88	217.00	180.70	10	22580	404	715
九江市	Jiujiang	14.32	13.71	230.80	184.71	435	5026	445	488
新余市	Xinyu	6.67	6.62	86.82	83.27	682	14851	4079	1901
鹰潭市	Yingtan	8.73	5.32	88.67	87.37	280	1015	27	126
赣州市	Ganzhou	58.96	58.27	1443.71	1271.47	1539	34382	3687	17645
吉安市	Ji'an	116.81	102.29	913.93	840.48	2532	55396	1285	22184
宜春市	Yichun	52.67	48.28	2424.89	2208.91	838	87277	1763	4200
抚州市	Fuzhou	41.71	41.50	1155.20	1053.37	1178	10370	31	2170
上饶市	Shangrao	24.49	23.47	752.41	725.59	2334	35140	673	1264

12-29 主要林产品产量
Output of Major Forest Products

年 份 Year	木材（万立方米） Output of Timber (10000 cu.m)	原木 Logs	竹材产品（万根） Output of Bamboo (10000 units)	毛竹 Mao Bamboo	竹笋干（吨） Dried Bamboo Shoots (ton)	油茶籽（吨） Tea-oil Seeds (ton)	油桐籽（吨） Tung-oil Seeds (ton)	松脂（吨） Rosin (ton)
1978	192.21		1532.76		440	122398	4940	38600
1979	243.88		1482.43		1035	191660	5620	46900
1980	280.29		1826.30		725	125205	3800	37850
1981	257.12		1739.24		1305	206955	6100	45700
1982	262.95		1821.23		1544	105021	6500	44450
1983	256.43		1822.21		10770	102272	7400	53450
1984	312.74		1728.02		2000	135115	8800	50650
1985	276.34		1583.38		3290	163441	7682	30257
1986	285.05		2051.70		3458	100958	7600	36671
1987	245.41		2147.10		6173	139804	5507	41357
1988	236.82		2519.37		3917	124063	6562	37208
1989	253.22		2622.09		5077	172038	5916	38821
1990	296.91		2014.50		5451	136402	6295	43370
1991	247.34	243.50	2911.20	2686.11	7474	167556	7151	39347
1992	278.33	275.88	3582.41	3180.79	4585	148410	9210	28771
1993	263.42	253.67	2179.05	1982.94	6190	119108	9206	37788
1994	268.73	254.70	3199.84	2856.53	7025	152144	10328	28461
1995	269.11	265.14	2706.20	961.65	6834	149655	13048	31819
1996	276.48	265.78	3613.84	3469.55	8355	162715	11339	29945
1997	268.65	263.27	4103.37	3817.88	13256	221622	13046	40475
1998	249.68	236.60	3062.41	2849.34	13842	156819	13829	35254
1999	254.99	250.66	3302.52	3008.67	19317	187094	15344	40718
2000	237.93	232.42	3698.72	3096.87	11041	194763	13973	41638
2001	319.76	309.46	4024.18	3722.37	10492	171726	15448	46387
2002	279.87	263.72	4086.50	3287.80	10019	189586	14252	48801
2003	354.24	301.51	4472.37	3646.23	8600	163191	12681	54758
2004	459.07	363.60	4953.37	4379.40	6815	193170	10252	75892
2005	503.17	396.48	6043.19	5299.23	6921	189020	16160	93164
2006	483.03	424.51	6750.90	6021.59	7624	230365	12526	97098
2007	491.56	434.22	11406.81	10771.52	18013	208332	18778	80722
2008	610.23	578.02	10755.45	9835.83	7536	191377	7848	48214
2009	339.79	314.81	7423.01	6732.78	9979	268966	12433	57306

12-30 牧业生产情况

Production Condition of Animal Husbandry

指 标	Item	2008	2009	2009年比2008年增长（%）Increase Rate in 2009 over 2008(%)
当年出栏肉猪头数(头)	Number of Slaughtered Fattened Hogs in Current Year(head)	25369000	28145469	10.9
当年出售和自宰肉用牛(头)	Cattles for Sale and Butchering in Current Year(head)	1192546	1375431	15.3
当年出售和自宰肉用羊(只)	Sheep for Sale and Butchering in Current Year(head)	844198	909523	7.7
当年出售和自宰肉用兔(只)	Rabbits for Sale and Butchering in Current Year(head)	2753835	2960873	7.5
当年出售和自宰肉用禽(万羽)	Poultry for Sale and Butchering in Current Year(10000 heads)	36196.7	37874.9	4.6
肉类总产量(吨)	Total Output of Meat(ton)	2616319	3009140	15.0
#猪 肉	Pock	2000038	2307886	15.4
牛 肉	Beef	105753	156259	47.8
羊 肉	Mutton	12902	13822	7.1
兔 肉	Rabbit Meat	4124	4930	19.5
禽 肉	Meat of Poultry	493462	517166	4.8
牛奶产量(吨)	Output of Milk(ton)	112000	118847	6.1
家禽产蛋量(吨)	Output of Eggs(ton)	406196	505580	24.5
蜂蜜产量(吨)	Output of Honey(ton)	10137	11191	10.4
牛年末头数(头)	Number of Cattle at the End of Year(head)	3094139	3098632	0.1
#从事农事劳役的	For Farming Service	1979537	1974368	-0.3
能繁殖母牛	Number of Cow with Fertility	1525359	1715968	12.5
当年生仔牛	Number of Cow Born in Current Year	709723	816149	15.0
生猪年末头数(头)	Number of Hogs at the End of Year(head)	15305922	16800510	9.8
#能繁殖母猪	Number of Female Hogs with Fertility	1424979	1735242	21.8
羊年末只数(只)	Number of Sheep and goats at the End of Year(head)	658120	700040	6.4
兔年末只数(只)	Number of Rabbits at the End of Year(head)	1452319	1420910	-2.2
家禽年末只数(万羽)	Number of Poultry at the End of Year(10000 heads)	17578.8	18141.5	3.2
养蜂年末箱数(箱)	Number of Boxes for Beekeeping at the End of Year(box)	319196	362370	13.5
年末桑园面积(公顷)	Area of Mulberry Plantation at the End of Year(hectare)	14321	13000	-9.2
蚕 茧(吨)	Pods(ton)	7833	8375	6.9

12-31 各地区牧业生产情况（2009年）

指　　标	Item	全　省 Provincial Total	南昌市 Nanchang	景德镇市 Jingdezheng
当年出栏肉猪头数(头)	Number of Slaughtered Fattened Hogs in Current Year(head)	28145469	3126077	542831
当年出售和自宰肉用牛(头)	Cattles for Sale and Butchering in Current Year(head)	1375431	54820	19568
当年出售和自宰肉用羊(只)	Sheep for Sale and Butchering in Current Year(head)	909523	23577	10718
当年出售和自宰肉用兔(只)	Rabbits for Sale and Butchering in Current Year(head)	2960873	20866	106034
当年出售和自宰肉用禽(万羽)	Poultry for Sale and Butchering in Current Year(10000 heads)	37874.9	3979.2	484.1
肉类总产量(吨)	Total Output of Meat(ton)	3009140	328634	57443
#猪　肉	Pock	2307886	266772	45385
牛　肉	Beef	156259	6304	2144
羊　肉	Mutton	13822	447	195
兔　肉	Rabbit Meat	4930	34	216
禽　肉	Meat of Poultry	517166	52918	8918
牛奶产量(吨)	Output of Milk(ton)	118847	46533	210
家禽产蛋量(吨)	Output of Eggs(ton)	505580	140655	8620
蜂蜜产量(吨)	Output of Honey(ton)	11191	233	203
牛年末头数(头)	Number of Cattle at the End of Year(head)	3098632	233065	49509
能繁殖母牛	Number of Cow with Fertility	1715968	118208	23821
当年生仔牛	Number of Cow Born in Current Year	816149	50458	13569
生猪年末头数(头)	Number of Hogs at the End of Year(head)	16800510	1918060	368827
#能繁殖母猪	Number of Female Hogs with Fertility	1735242	212821	31134
羊年末只数(只)	Number of Sheep and goats at the End of Year(head)	700040	24237	11493
兔年末只数(只)	Number of Rabbits at the End of Year(head)	1420910	10839	16135
家禽年末只数(万羽)	Number of Poultry at the End of Year(10000 heads)	1814153.0	288768.0	35600.0
养蜂年末箱数(箱)	Number of Boxes for Beekeeping at the End of Year(box)	362370	3137	11229
年末桑园面积(公顷)	Area of Mulberry Plantation at the End of Year(hectare)	13000	4	29
蚕　茧(吨)	Pods(ton)	8375	8	21

Production Condition of Animal Husbandry by Region (2009)

萍乡市 Pingxiang	九江市 Jiujiang	新余市 Xinyu	鹰潭市 Yingtan	赣州市 Ganzhou	吉安市 Ji'an	宜春市 Yichun	抚州市 Fuzhou	上饶市 Shangrao
1295155	1895863	738647	1245003	5252451	3297517	5442802	2695157	2613966
13678	27271	56499	36057	289614	445809	263929	65374	102812
208919	161846	17358	16920	89524	42157	214904	13019	110581
12880	87210	5175	182565	1388653	73575	1020917	22340	40658
865.5	1608.0	433.2	985.6	9846.4	6035.5	3715.4	7050.4	2871.6
132310	179165	77168	115436	580427	416102	547218	288264	286973
112474	149248	63344	94880	422534	279036	454915	199789	219509
1561	3136	6433	4018	31571	50768	30352	8149	11823
3285	2368	276	279	1338	709	2963	283	1679
41	279	11	415	1923	152	1733	21	105
14029	24011	7049	15002	122696	83291	55731	80022	53499
5589	408	211	470	45997	1952	933	16193	351
8153	66497	11213	18004	58499	46496	60312	32852	54279
153	900	50	961	1395	1434	2951	1150	1761
85783	91140	93811	78625	630146	711671	555066	321095	248721
29298	40330	54215	44522	403595	488378	280742	127177	105682
6792	16654	32439	25154	191675	269425	111704	51111	47168
648810	1093262	411921	669948	3110544	2039013	3038916	1590980	1910229
67457	105068	62242	75772	285367	218512	358908	168790	149171
172181	132613	10237	9004	77193	38582	156898	10484	57118
16824	67690	3580	102488	422917	76706	622616	7252	73863
50657.0	102052.0	26483.0	45131.0	436296.0	220549.0	203402.0	216738.0	188477.0
8382	24114	4347	15088	74188	42753	92963	24152	62017
280	6443			1360	1651	338	2466	429
42	4122			834	1057	332	1828	131

12-32 渔业生产情况
Production Condition of Fishery

指　　标	Item	2008	2009	2009年比2008年增长（%）Increase Rate in 2009 over 2008(%)
渔业乡(个)	Number of Fishery Townships(unit)	16	28	75.0
渔业村(个)	Number of Fishery Villages(unit)	345	346	0.3
渔业户(户)	Number of Fishery Households(household)	366388	345913	-5.6
渔业人口(万人)	Population of Fishery(10000 persons)	158.87	159.44	0.4
渔业劳动力(万人)	Laborers of Fishery(10000 persons)	94.79	96.38	1.7
专业劳动力	Speciality Laborers	44.43	44.28	-0.3
捕捞专业劳动力	Laborers of Catch	6.09	6.52	7.1
养殖专业劳动力	Laborers of Culture	32.79	31.70	-3.3
其他专业劳动力	Laborers of logistics	5.55	6.06	9.2
兼业劳动力	Laborers of Concurrent Post	39.94	42.87	7.3
已养殖面积(千公顷)	Cultured Area(1000 hectares)	402.06	417.06	3.7
#池　塘	Pond	122.72	147.20	19.9
水　库	Reservoir	150.60	145.37	-3.5
湖　泊	Lake	89.98	107.27	19.2
养殖亩产(千克/公顷)	Per Unit Area Yield of Culture(kg/hectare)	4135	4365	5.6
#池　塘	Pond	6556	6636	1.2
水　库	Reservoir	2621	2963	13.0
湖　泊	Lake	2560	2470	-3.5
水产品总产量(吨)	Total Output of Aquatic Products(ton)	1903862	2052625	7.8
#养殖产量	Cultured Output	1662508	1820350	9.5
#池　塘	Pond	804531	976843	21.4
水　库	Reseroir	394711	430671	9.1
湖　泊	Lake	230372	264929	15.0
水产品总产量中：鱼　类	Fish	1529670	1657679	8.4
甲壳类	Carapace	60142	78675	30.8
贝　类	Shell-fish	37101	43513	17.3
珍珠产量(千克)	Output of Pearls(kg)	935700	971500	3.8
鱼苗产量(亿尾)	Output of Frys(100 millon fries)	242.47	245.39	1.2
鱼种产量(吨)	Output of Advanced Frys(ton)	199942	210468	5.3

12-33　各地区渔业生产情况（2009年）
Production Condition of Fishery by Region (2009)

地　区	Region	渔业劳动力（人）Laborers of Fishery (person)	专业劳动力 Speciality Laborers	捕捞劳动力 Laborers of Catch	养殖劳动力 Laborers of Culture	其他劳动力 Laborers of Logistics	兼业劳动力 Laborers of Concurrent Post	养殖面积（公顷）Cultured Area (hectare)	养殖单产（千克/公顷）Per Unit Area Yield of Culture (kg/hectare)
全　省	**Provincial Total**	**963779**	**442836**	**65174**	**317066**	**60596**	**428675**	**417056**	**4365**
南昌市	Nanchang	78815	44575	8080	32185	4310	23053	56100	4897
景德镇市	Jingdezhen	3520	2386	395	1546	445	866	6704	3536
萍乡市	Pingxiang	21781	8316	412	7146	758	13270	5124	5900
九江市	Jiujiang	73665	42224	14517	23302	4405	26099	77886	3769
新余市	Xinyu	15649	6676	1179	4376	1121	7621	11569	3104
鹰潭市	Yingtan	16202	12234	5738	1878	4618	2151	7726	5509
赣州市	Ganzhou	285703	121530	5298	102840	13392	153521	45716	5024
吉安市	Ji'an	93108	27390	1975	22306	3109	55547	42963	3744
宜春市	Yichun	128133	60394	5641	46458	8295	44430	47295	5299
抚州市	Fuzhou	60952	17813	1567	13767	2479	38758	36335	3646
上饶市	Shangrao	186251	99298	20372	61262	17664	63359	79638	4345

12-33　续表　continued

地　区	Region	水产品总产量(吨) Total Output of Aquatic Products (ton)	#养殖产量 Cultured Output	水产品产量中 Among Output of Aquatic Products: 鱼类 Fish	甲壳类 Carapace	贝类 Shell-fish	珍珠产量(千克) Output of Pearl (kg)	鱼苗产量(万尾) Output of Fry (10000 fries)	鱼种产量(吨) Output of Advanced Fry (ton)
全　省	**Provincial Total**	**2052625**	**1820350**	**1657679**	**78675**	**43513**	**971500**	**2453890**	**210468**
南昌市	Nanchang	324700	274727	243279	15897	11450	87000	282800	30376
景德镇市	Jingdezhen	26600	23701	20914	2176	449	10000	90600	777
萍乡市	Pingxiang	32001	30231	28585	523	641		80000	3754
九江市	Jiujiang	349139	293570	255582	30041	5516	490000	371600	16640
新余市	Xinyu	39600	35909	33552	773	1018	13000	23400	3145
鹰潭市	Yingtan	47113	42561	38387	1088	1801	12000	133200	6429
赣州市	Ganzhou	246000	229672	212838	3993	5730		483690	33583
吉安市	Ji'an	169603	160849	151947	2104	1965	44000	200000	13590
宜春市	Yichun	281100	250598	228089	9951	5887	57000	337300	35035
抚州市	Fuzhou	141000	132466	121240	1288	2849	157500	213400	23701
上饶市	Shangrao	395769	346066	323266	10841	6207	101000	237900	43438

12-34 各地区农村经济效益（2009年）

指标	Item	全省 Provincial Total	南昌市 Nanchang
每一农业劳动力创造农林牧渔业总产值(元)	Gross Output of Farming,Forestry,Animal Husbandry and Fishery Created by Per Rural Laborer(yuan)	20012	26843
每一农业劳动力创造农林牧渔业增加值(元)	Value-added of Farming,Forestry,Animal Husbandry and Fishery Created by Per Rural Laborer(yuan)	12681	16046
每一农业劳动力创造农林牧渔业商品产值(元)	Commodity Output of Farming,Forestry,Animal Husbandry and Fishery Created by Per Rural Laborer(yuan)	14587	20600
每一农业劳动力生产的主要农产品(千克)	Major Farm Products Producted by Per Rural Laborer(kg)		
粮　食	Grain	2311.40	3286.76
棉　花	Cotton	14.44	2.86
油　料	Oil-bearing	117.76	143.34
糖　料	Sugar	71.80	55.07
肉类总产量	Total Output of Meat	346.78	471.24
水产品产量	Output of Aquatic Products	236.92	465.60
农林牧渔业中间消耗占农林牧渔业总产值(%)	Percentage of Intermediate Consumption of Farming,Forestry,Animal Husbandry and Fishery in Gross Output of Farming,Forestry,Animal Husbandry and Fishery(%)	36.63	40.22
农林牧渔业商品率(%)	Commdity Rate of Farming, Forestry, Animal Husbandry and Fishery(%)	72.9	76.7

12-35 各地区按人口平均的主要农产品产量（2009年）

指标	Item	全省 Provincial Total	南昌市 Nanchang	景德镇市 Jingdezheng	萍乡市 Pingxiang
粮　食(千克/人)	Grain(kg/person)	453.46	494.84	361.62	292.45
棉　花(千克/人)	Cotton(kg/person)	2.83	0.43	0.63	0.01
油料折油(千克/人)	Oil-bearing(kg/person)	8.40	6.50	5.29	6.79
花　生(千克/人)	Peanut(kg/person)	8.65	9.64	3.87	1.41
油菜籽(千克/人)	Rape Seeds(kg/person)	13.80	10.87	11.42	10.62
芝　麻(千克/人)	Sesame(kg/person)	0.63	1.06	1.11	0.01
生猪出栏(头/人)	Slaughtered Fattened Hogs(kg/person)	0.64	0.67	0.35	0.70
生猪存栏(头/人)	Hogs on Hand(kg/person)	0.38	0.41	0.23	0.35
肉类总产量(千克/人)	Total Output of Meat(kg/person)	68.03	70.95	36.19	70.72
水产品产量(千克/人)	Output of Aquatic Products(kg/person)	46.48	70.10	16.93	17.22
水果产量(千克/人)	Output of Fruits(kg/person)	74.06	4.77	5.78	6.06
#柑　桔	Oranges	67.79	3.75	1.91	4.67

Rural Economic Efficiency by Region (2009)

景德镇市 Jingdezheng	萍乡市 Pingxiang	九江市 Jiujiang	新余市 Xinyu	鹰潭市 Yingtan	赣州市 Ganzhou	吉安市 Ji'an	宜春市 Yichun	抚州市 Fuzhou	上饶市 Shangrao
24353	19760	16233	27398	21998	16014	21236	25280	21294	18151
16106	12507	9699	15982	13653	10239	12536	14102	11935	10985
17774	13086	11356	19764	15492	10921	15330	18081	16341	13164
2719.53	1844.37	1688.11	2892.80	2843.71	1456.28	3623.02	3653.82	2958.20	2446.86
4.71	0.07	100.28	22.47	0.04	0.01	0.20	12.15	4.60	7.48
123.31	77.44	193.46	62.39	87.89	48.91	146.92	170.44	69.67	144.49
221.07	1.24	19.56	5.31	109.05	8.67	67.74	102.93	224.41	77.34
272.20	445.99	197.06	371.41	509.71	304.18	403.58	527.04	314.93	232.52
127.34	108.62	384.01	190.73	209.56	129.00	164.50	271.49	154.04	321.08
33.86	36.71	40.25	41.67	37.94	36.07	40.97	44.22	43.95	39.48
73.0	66.2	70.0	72.1	70.4	68.2	72.2	71.5	76.7	72.5

Output of Major Rural Products per Person by Region (2009)

九江市 Jiujiang	新余市 Xinyu	鹰潭市 Yingtan	赣州市 Ganzhou	吉安市 Ji'an	宜春市 Yichun	抚州市 Fuzhou	上饶市 Shangrao
321.60	528.49	575.25	330.69	776.19	692.33	695.79	463.03
19.10	4.11	0.01		0.04	2.30	1.08	1.42
11.92	6.49	5.09	3.93	12.34	13.33	5.32	9.81
3.42	6.58	13.33	9.33	9.35	16.38	9.13	6.40
32.52	4.56	3.72	1.75	21.85	14.90	6.93	19.78
0.85	0.24	0.71	0.03	0.28	1.02	0.33	1.13
0.40	0.65	1.12	0.63	0.69	1.00	0.69	0.40
0.23	0.36	0.60	0.37	0.42	0.56	0.41	0.29
37.54	67.85	103.11	69.07	86.46	99.86	74.07	44.00
73.16	34.85	42.39	29.29	35.24	51.44	36.23	60.76
24.43	35.24	35.35	184.12	59.82	18.91	269.12	7.32
15.45	25.77	19.91	175.82	55.79	15.08	253.49	3.93

12-36 商品粮基地县农村经济情况（2009年）

地 区	Region	乡村人口（人）Rural Population (person)	农作物总播种面积（公顷）Total Sown Areas of Farm Crops (hectare)	#粮 食 Grain	粮食总产量（吨）Total Output of Grain (ton)
47个粮食基地	**Base of Commodity Grain**				
南昌县	Nanchang	737750	172750	122293	817062
新建县	Xinjian	552854	133651	97234	645672
进贤县	Jinxian	200900	45729	26605	153777
浮梁县	Fuliang	672686	144692	86369	483288
乐平市	Leping	246636	43247	26307	155916
莲花县	Lianhua	669485	98949	60939	377336
修水县	Xiushui	223052	39987	21701	129274
永修县	Yongxiu	708238	66807	45628	225434
都昌县	Duchang	685662	101324	64094	384795
渝水区	Yushui	383889	76377	57095	363547
余江县	Yujiang	301052	53896	41463	238541
贵溪市	Guixi	433184	83644	65120	355289
信丰县	Xinfeng	586160	73173	48205	264601
宁都县	Ningdu	686134	99232	69303	406955
于都县	Yudu	773516	73708	50053	248789
兴国县	Xingguo	623413	78671	55214	276672
瑞金市	Ruijing	514672	60245	35136	187354
吉安县	Ji'an	372585	104618	74885	424256
吉水县	Jishui	397922	112817	86671	545165
峡江县	Xiajing	123702	54733	37971	230281
新干县	Xingan	247734	84363	55779	329010
永丰县	Yongfeng	348118	80391	60634	319908
泰和县	Taihe	436451	133329	87289	500003
万安县	Wan'an	255485	57126	43598	261015
安福县	Anfu	298285	85859	55674	318373
永新县	Yongxin	408873	67939	46019	284200
袁州区	Yuanzhou	733734	98826	72501	380922
奉新县	Fengxin	223292	59266	42873	292787
万载县	Wanzai	423114	66941	45250	258252
上高县	Shanggao	246927	72719	45932	289714
宜丰县	Yifeng	188116	43520	38443	251800
丰城市	Fengcheng	1021927	215498	152879	918989
樟树市	Zhangshu	393425	124636	79725	541042
高安市	Gao'an	604472	172244	105501	719152
临川区	Linchuan	697827	149746	93374	665703
南城县	Nancheng	241064	51871.3	37338.9	263839
南丰县	Nanfeng	225165	44032.5	28048.3	206139
崇仁县	Chongren	278334	66131	38924	265806
乐安县	Le'an	275785	47558.6	41068.1	237939
金溪县	Jinxi	235763	65429	47513	323565
东乡县	Dongxiang	318565	65274	47307	292075
上饶县	Shangrao	692354	43551	32595	178441
玉山县	Yushan	460172	50785	37083	219655
弋阳县	Yiyang	319012	46661	36509	211229
余干县	Yugan	850087	149896	121382	627401
鄱阳县	Poyang	1343031	214422	152945	815588
万年县	Wannian	301301	50723	37888	232151

Conditions of Rural Economy of Base of Commodity Grain (2009)

棉花总产量 (吨) Total Output of Cotton (ton)	油料总产量 (吨) Total Output of Oil-bearing (ton)	肉类总产量 (吨) Total Output of Meat (ton)	农业机械总动力(万千瓦特) Total Power of Agricultural Machinery (10000 kw)	有效灌溉面积 (公顷) Irrigated Area (hectare)	化肥施用量 (折纯量,吨) Consumption of Chemical Firtilizer (net,ton)	农村用电量 (万千瓦小时) Electricity Consumed in Rural Area (10000 kwh)	农林牧渔总产值 (当年价格)(万元) Gross Output Value of Farming, Forestry, Animal Husbandry and Fishery (at current prices) (10000 yuan)
	10884	130359	123.4	71540	59895	30937	593699
99	28421	74295	90.9	48470	32126	13853	518281
1600	13944	21550	16.3	18720	16879	2989	110867
243	42973	72813	88.2	44520	26893	21219	484032
161	5256	12409	45.3	16540	6958	4644	131914
717	18593	32422	82.2	32190	20009	12989	309892
18	11847	14937	33.8	8750	8644	1740	82595
444	11526	30344	44.2	34314	14720	10071	154795
8798	20066	21682	51.2	30619	25467	5039	218151
2682	7917	40435	59.8	25630	10878	9032	288342
60	12313	82431	23.0	20010	9100	3025	212098
	6616	32554	37.6	27380	19455	3612	216342
	12345	47988	47.1	22060	17223	6038	270775
	8345	50409	42.8	31560	24808	5238	302223
	15691	36922	34.7	26240	18714	9106	229518
	5395	44832	41.7	24790	14105	5327	277035
2	11188	41326	26.2	19610	10282	5106	185636
2	18442	67924	54.8	31590	8345	4747	224730
	12277	41501	60.0	29160	28046	4395	260953
61	11567	9919	21.7	16470	12892	3521	99070
148	19737	78879	38.2	25810	17611	3819	174349
	4757	17206	43.5	30020	16886	2855	206930
	20417	64537	62.0	39370	24224	6256	335851
	9383	17573	31.9	17560	12059	2279	116810
	21641	39597	35.6	30350	14454	13832	195328
	22269	28782	40.7	22840	8860	3630	181923
110	12442	91047	65.9	30560	17369	12487	327686
1432	13041	17800	44.2	22592	14946	7598	148338
36	6956	30546	29.4	18620	10560	5075.8	194537
528	14359	64283	40.2	19660	22118	15730	274225
366	1027	25068	50.9	18960	13357	6632	184000
378	36893	71369	98.6	69230	38473	12315	569817
286	35885	82068	77.1	33320	34296	6251	356662
8434	49061	113498	103.0	53630	61119	18478	423514
1918	17238	49072	79.8	48700	38955	10157	476024
167	3642	22541	35.9	16570	10075	3100	170420
	5648	11796	26.5	18000	37757	4700	265054
2106	16137	75295	15.0	18990	27783	2100	210844
	1576	9270	27.8	19540	9780	5569	117767
	4724	14208	32.0	20500	24057	6670	141911
	8732	89981	53.6	26080	21179	3903	217620
28	4988	13167	35.2	18570	4743	22203	141281
103	12578	22016	28.7	17960	10418	4676	141852
18	6545	23144	28.4	16150	11092	5750	142138
44	21223	33302	71.2	39030	36175	12478	332700
8456	94108	32942	115.0	51570	29937	18190	541045
408	8341	41023	9.1	19050	6282	5667	182999

12-37 生猪调出奖励大县农村经济情况（2009年）
Conditions of Rural Economy of County Which are Rewarded for Lare Hog-contributed (2009)

地 区	Region	乡村人口(人) Rural Population (person)	农作物总播种面积(公顷) Total Sown Areas of Farm Crops (hectare)	#粮食 Grain	粮食总产量(吨) Total Output of Grain (ton)	棉花总产量(吨) Total Output of Cotton (ton)	油料总产量(吨) Total Output of Oil-bearing (ton)
12个生猪大县（市、区）	**Large Hog-raising County (County-level City、District)**	**6503568**	**1401174**	**947683**	**5888854**	**10286**	**286739**
南昌县	Nanchang	737750	172750	122293	817062		10884
新建县	Xinjiang	552854	133651	97234	645672	99	28421
进贤县	Jinxian	672686	144692	86369	483288	243	42973
余江县	Yujiang	301052	53896	41463	238541	60	12313
南康市	Nankang	672442	62625	40700	233387		15039
新干县	Xingan	247734	84363	55779	329010	148	19737
袁州区	Yuanzhou	733734	98826	72501	380922	110	12442
上高县	Shanggao	246927	72719	45932	289714	528	14359
丰城市	Fengcheng	1021927	215498	152879	918989	378	36893
樟树市	Zhangshu	393425	124636	79725	541042	286	35885
高安市	Gao'an	604472	172244	105501	719152	8434	49061
东乡县	Dongxiang	318565	65274	47307	292075		8732

12-37 续表 continued

地 区	Region	肉类总产量(吨) Total Output of Meat (ton)	农业机械总动力(万千瓦) Total Power of Agricultural Machinery (10000 kw)	有效灌溉面积(公顷) Irrigated Area (hectare)	化肥施用量(折纯量,吨) Consumption of Chemical Firtilizer (net,ton)	农村用电量(万千瓦小时) Electricity Consumed in Rural Area (10000 kwh)	农林牧渔总产值(当年价格)(万元) Gross Output Value of Farming, Forestry, Animal Husbandry and Fishery(at current prices)(10000 yuan)
12个生猪大县（市、区）	**Large Hog-raising County (County-level City、District)**	**1014501**	**846**	**464040**	**358168**	**150004**	**4393800**
南昌县	Nanchang	130359	123.4	71540	59895	30937	593699
新建县	Xinjiang	74295	90.9	48470	32126	13853	518281
进贤县	Jinxian	72813	88.2	44520	26893	21219	484032
余江县	Yujiang	82431	23.0	20010	9100	3025	212098
南康市	Nankang	63478	44.2	21210	17989	7987	241817
新干县	Xingan	78879	38.2	25810	17611	3819	174349
袁州区	Yuanzhou	91047	65.9	30560	17369	12487	327686
上高县	Shanggao	64283	40.2	19660	22118	15730	274225
丰城市	Fengcheng	71369	98.6	69230	38473	12315	569817
樟树市	Zhangshu	82068	77.1	33320	34296	6251	356662
高安市	Gao'an	113498	103.0	53630	61119	18478	423514
东乡县	Dongxiang	89981	53.6	26080	21179	3903	217620

12-38 乡镇企业主要经济指标（2009年）

Main Economic Indicators of Township Enterprises (2009)

指 标	Item	企业个数（个）Number of Enterprises (unit)	从业人员（人）Number of Employed Persons (person)	增加值（万元）Value-added (10000-yuan)	营业收入（万元）Business Income (10000-yuan)	利润总额（万元）Total Profits (10000-yuan)	上交税金（万元）Taxes Payable (10000-yuan)
总 计	**Total**	**148160**	**2923479**	**17715692**	**56969973**	**54893581**	**3253539**
按登记注册类型分组	**Grouped by Status of Registration**						
内资企业小计	Domestic-funded Enterprises	147596	2784395	16628489	53504105	51538921	3028498
#集体企业	Collective-owned Enterprises	2135	56397	254040	791898	773561	36730
股份合作企业	Share-Holding Cooperative Enterprises	10435	88350	495128	1812715	1791558	86527
联营企业	Joint-operation Enterprises	4845	40817	173681	448940	415661	33436
有限责任公司	Limited Liability Corporations	15038	477286	4088170	12766329	12414672	694698
股份有限公司	Share-holding Corporation Ltd.	7041	71886	486071	2101095	2104716	101279
私营企业	Private Enterprises	108102	2049659	11131399	35583128	34038753	2075828
港、澳、台商投资企业	Enterprises with Investment from Hong Kong,Macao and Taiwan	376	97204	781231	2307342	2216458	131510
外商投资企业	Enterprises with Foreign Investment	188	41880	305972	1158526	1138202	93531
按国民经济行业分组	**Grouped by Sector**						
农林牧渔业	Farming,Forestry,Animal Husbandry and Fishery	9491	106683	347444	1033112	984134	81686
工业	Industry	60304	1732421	13612004	44518295	42737713	2495120
#采矿业	Mining	9683	212804	1164328	4037270	3956945	325343
制造业	Manufacture	47559	1490414	12263678	39913530	38228514	2129386
建筑业	Construction	9702	250194	979663	3233795	3135967	184912
交通运输仓储业	Transport and Storage	15379	149995	517978	1762324	1766982	92903
批发零售业	Wholesale and Retail Trades	19610	248044	802384	2783328	2725726	151490
住宿及餐饮业	Hotels and Catering Services	15613	224563	570917	1784157	1719283	97672
#餐饮业	Catering Services	10307	102282	217951	690815	637841	37228
社会服务业	Social Services	10908	104933	245439	845394	797020	59051
其 他	Others	7153	106646	639863	1009568	1026756	90705

注：本表不含个体工商户数据。以下同。

a) The data in this table do not include the industrial and commercial unit.The same applies to the following table.

12-39 各地区乡镇企业单位数和从业人数（2009年）

Number of Enterprises and Employed Persons of Township Enterprises by Region (2009)

地 区	Region	单位数（个）Number of Enterprises (unit)	集体 Collective-owned	个私 Private	从业人数（人）Number of Employed Persons (person)	集体 Collective-owned	个私 Private
全 省	**Provincial Total**	**148160**	**2135**	**146025**	**2923479**	**56397**	**2867082**
南昌市	Nanchang	29267	28	29239	312075	4548	307527
景德镇市	Jingdezhen	3745	64	3681	78153	4706	73447
萍乡市	Pingxiang	14133	142	13991	285119	4927	280192
九江市	Jiujiang	10926	577	10349	356850	22846	334004
新余市	Xinyu	5387	24	5363	116935	1542	115393
鹰潭市	Yingtan	1266	27	1239	25856	609	25247
赣州市	Ganzhou	27537	638	26899	416358	7606	408752
吉安市	Ji'an	11284	382	10902	293460	5068	288392
宜春市	Yichun	15203		15203	461464		461464
抚州市	Fuzhou	12687	238	12449	211851	4241	207610
上饶市	Shangrao	16725	15	16710	365358	304	365054

12-40 各地区乡镇企业总产值和增加值（2009年）

Gross Output Value and Value-added of Township Enterprises by Region (2009)

本表按当年价格计算

Data in this table are calculated at current prices.

单位：万元 (10000 yuan)

地 区	Region	总产值 Gross Output Value	集体 Collective-owned	个私 Private	增加值 Value-added	集体 Collective-owned	个私 Private
全 省	**Provincial Total**	**56969973**	**791898**	**56178075**	**17715692**	**254040**	**17461652**
南昌市	Nanchang	8762078	181638	8580440	2770965	56732	2714233
景德镇市	Jingdezhen	1550225	59095	1491130	443792	16383	427409
萍乡市	Pingxiang	7673871	137847	7536024	2770244	62492	2707752
九江市	Jiujiang	1126513	149655	976858	310324	35511	274813
新余市	Xinyu	3867767	29284	3838483	1091517	8709	1082808
鹰潭市	Yingtan	570766	5162	565604	107287	1039	106248
赣州市	Ganzhou	6225278	135527	6089751	1796658	48593	1748065
吉安市	Ji'an	6650179	54606	6595573	2026929	13652	2013277
宜春市	Yichun	7159862		7159862	2394973		2394973
抚州市	Fuzhou	2777801	19526	2758275	744938	5641	739297
上饶市	Shangrao	10605633	19558	10586075	3258065	5288	3252777

12-41 农村贫困人口分布情况
Distribution of Poverty-stricken Population

单位：人 (person)

县(市、区)	County(County level City,District)	2008	2009
全 省	**Provincial Total**	**1324978**	**864946**
南 昌 市	**Nanchang City**	**35937**	**24319**
湾 里 区	Wanli	2290	1328
青山湖区	Qingshanhu	169	128
青云谱区	Qingyunpu	153	65
高新开发区	High and New Development Zone	66	122
经济技术开发区	Economic Technologe Development Zone	37	25
红谷滩新区	Honggutan New Area	13	52
桑海技术开发区	Sanghai Technologe Development Zone	128	13
南 昌 县	Nanchang	9103	6260
新 建 县	Xinjian	9740	6691
安 义 县	Anyi	4448	3010
进 贤 县	Jinxian	9790	6625
景德镇市	**Jingdezhen City**	**19547**	**12502**
昌 江 区	Changjiang	1629	1713
浮 梁 县	Fuliang	11403	4741
乐 平 市	Leping	6515	6048
萍 乡 市	**Pingxiang City**	**32640**	**24410**
湘 东 区	Xiangdong	1803	1558
莲 花 县	Lianhua	18807	12449
上 栗 县	Shangli	6528	5342
芦 溪 县	Luxi	5502	4561
安 源 区	Anyauan		400
萍乡市开发区	Development Zone		100
九 江 市	**Jiujiang City**	**168960**	**111807**
庐 山 区	Lushan	983	743
共 青 区	Gongqing	300	252
浔 阳 区	Xunyang	36	30
九 江 县	Jiujiang	10232	6100
武 宁 县	Wuning	11108	7960
修 水 县	Xiushui	62834	41215
永 修 县	Yongxiu	9923	7168
德 安 县	De'an	4061	1459
星 子 县	Xingzi	7767	5400
都 昌 县	Duchang	29950	21109
湖 口 县	Hukou	8320	5110
彭 泽 县	Pengze	11302	8080
瑞 昌 市	Ruichang	12144	7181
新 余 市	**Xinyu City**	**10185**	**6329**
渝 水 区	Yushui	3768	3195
分 宜 县	Fenyi	5602	2056
仙女湖区	Xiannvhu	815	256
九江市开发区	Development Zone		759
仰天岗	Yangtianggang		63
鹰 潭 市	**Yingtan City**	**15206**	**9946**
月 湖 区	Yuehu	957	626
龙虎山景区	Longhu Mountain Scenic spot	596	390
余 江 县	Yujiang	5371	3513
贵 溪 市	Guixi	8282	5417
赣 州 市	**Ganzhou City**	**397853**	**261025**
章 贡 区	Zhanggong	1791	1171
赣州市开发区	Development Zone	1562	1021
赣 县	Gan	31096	19897
信 丰 县	Xinfeng	8698	5685
大 余 县	Dayu	11191	7314
上 犹 县	Shangyou	19579	13156
崇 义 县	Chongyi	3737	2442
安 远 县	Anyuan	23437	15335
龙 南 县	Long'nan	15784	10316
定 南 县	Ding'nan	10535	6886
全 南 县	Quannan	5 176	3 383
宁 都 县	Ningdu	45 311	29 231
于 都 县	Yudu	46561	30759
兴 国 县	Xingguo	51613	34161
会 昌 县	Huichang	32041	21251
寻 乌 县	Xunwu	22974	15379
石 城 县	Shicheng	16119	10535
瑞 金 市	Ruijin	26087	17050
南 康 市	Nankang	24561	16053
吉 安 市	**Ji'an City**	**200622**	**127840**
吉 州 区	Jizhou	4132	2382
青 原 区	Qingyuan	6147	3543
吉 安 县	Ji'an	21801	14139
吉 水 县	Jishui	9141	5268
峡 江 县	Xiajiang	2554	1473
新 干 县	Xingan	5886	3392
永 丰 县	Yongfeng	15878	9151
泰 和 县	Taihe	9823	5662
遂 川 县	Suichuan	38072	25267
万 安 县	Wan'an	25135	17805
安 福 县	Anfu	13105	7553
永 新 县	Yongxin	37282	24516
井冈山市	Jinggangshan	11666	7689
宜 春 市	**Yichun City**	**67201**	**41447**
袁 州 区	Yuanzhou	16158	9967
奉 新 县	Fengxin	3532	2177
万 载 县	Wanzai	14457	8917
上 高 县	Shanggao	2879	1774
宜 丰 县	Yifeng	2698	1662
靖 安 县	Jing'an	2964	1826
铜 鼓 县	Tonggu	3108	1915
丰 城 市	Fengcheng	8515	5251
樟 树 市	Zhangshu	12200	7525
高 安 市	Gaoan	690	433
抚 州 市	**Fuzhou City**	**104920**	**66203**
临 川 区	Linchuan	8106	4895
南 城 县	Nancheng	5433	3281
黎 川 县	Lichuan	7316	4419
南 丰 县	Nanfeng	5118	3091
崇 仁 县	Chongren	4479	2705
乐 安 县	Le'an	32926	21815
宜 黄 县	Yihuang	5605	3385
金 溪 县	Jinxi	7909	4776
资 溪 县	Zixi	2757	1665
东 乡 县	Dongxiang	3422	2067
广 昌 县	Guangchang	21849	14104
上 饶 市	**Shangrao City**	**271907**	**179118**
信 州 区	Xinzhou	3043	1975
上 饶 县	Shangrao	53349	35261
广 丰 县	Guangfeng	3293	2150
玉 山 县	Yushan	7230	4779
铅 山 县	Qianshan	6583	4339
横 峰 县	Hengfeng	16615	11025
弋 阳 县	Yiyang	7912	5285
余 干 县	Yugan	56903	37316
鄱 阳 县	Poyang	94562	62036
万 年 县	Wannian	7043	4691
婺 源 县	Wuyuan	9308	2358
德 兴 市	Dexing	3508	6212
上饶市开发区	Development Zone	2558	1691

注：2008年农村贫困人口标准进行了调整。

a) Rural poverty-stricken population of 2008 is adjusted.

12-42 农村重点村扶贫资金使用效益情况
Efficiency of Aid-the-poor Funds Utilization for the Key Poverty-stricken Village

指　标	Item	2008	2009	2009年比2008年增长（%）Increase Rate in 2009 over 2008(%)
当年扶持种养业情况	**Condition of Aiding Crop Cultivation,Aquiculture and Poultry Raising in Current Year**			
开发桑果茶园(千公顷)	Development of Silkworm and Orchard Tea Plantation(1000 hectares)	7.18	21.50	199.4
造育林面积(千公顷)	Area of Afforesting(1000 hectares)			
经济作物播种面积(千公顷)	Sown Area of Economic Crops(1000 hectares)	7.10	5.03	-29.2
粮食作物播种面积(千公顷)	Sown Area of Grain Crops(1000 hectares)	14.30	15.00	4.9
饲养家畜(万头)	Feeding Livestock(10000 heads)	31.00	7.30	-76.5
饲养家禽(万羽)	Feeding Poultry(10000 heads)	493.00	486.00	-1.4
当年扶持基础设施情况	**Condition of Aiding infrastructure in Current Year**			
新增灌溉面积(千公顷)	Newly Irrigated Areas (1000 hectares)	7	12	71.4
排 灌 站(座)	Irrigation and Drainage Pumping Stations (set)	110	168	52.7
(千瓦)	(kw)	5488	9180	67.3
小 水 库(座)	Small-scale Reservoirs(set)	237	198	-16.5
(万立方米)	(10000 cu.m)	241.00	196.00	-18.7
小水电站(座)	Small-scale Hydropower Stations(set)	12	8	-33.3
(千瓦)	(kw)	1060	960	-9.4
公　路(条)	Roads(road)	2614	2412	-7.7
(公里)	(km)	4984	4826	-3.2
桥　梁(座)	Bridges(set)	487	1016	108.6
(米)	(m)	7320	8987	22.8
学　校(平方米)	Schools(sq.m)	61896	29584	-52.2
卫 生 院(所)	Health-care Stations(unit)	627	727	15.9

注：重点村指2002年全省确定的“十五”期间1200个扶贫开发工作重点村。

a) The key poverty-stricken villages are those which confirmed as one of the 1200 key anti-poverty and development strategy villages during the tenth five-year plan period (2001-2005).

主要统计指标解释

农林牧渔总产值　以货币表现的农林牧渔业的全部产品总量和对农林牧渔业生产活动进行的各种支持性服务活动的价值。它反映一定时期内农林牧渔业生产总规模和总成果，是观察农林牧渔业生产水平和发展速度的重要指标，同时也是计算农林牧渔业劳动生产率和农林牧渔业增加值的基础资料。

农林牧渔业总产值的计算，一般采用"产品法"，即凡有产品产量的，都按产品价格乘产量的办法求得每种产品产量的产值，然后相加求得各业的产值，最后各业相加求出农林牧渔业总产值。

农林牧渔业增加值　指农、林、牧、渔及农林牧渔服务业在一定时期内生产货物或提供服务活动而增加的价值。它反映了农业生产经营活动的最终成果和对社会的贡献。

农业增加值的计算方法有两种：(1) 生产法，是从生产角度进行计算的一种方法。即用农业总产出减去农业中间消耗求得。(2) 分配法，是从分配角度进行计算的一种方法。即通过农业生产单位在生产经营和劳务活动过程中形成的不含中间消耗的各种收入来计算。具体包括农业劳动者收入、福利基金、利税、固定资产折旧及大修理和其他。一般采用生产法计算。

耕地面积　指可以用来种植农作物，经常进行耕锄的田地，包括熟地、当年新开荒地、连续撂荒未满三年的耕地和当年的休闲地（轮歇地），还包括以种植农作物为主并附带种植桑树、茶树、果树和其他林木的土地以及沿海、沿湖地区已围垦利于的"海涂"、"湖田"等面积。不包括属于专业性的桑园、茶园、果园、果木苗圃、林地、芦苇地、天然或人工草地面积。

农作物播种面积　指实际播种或移植有农作物的面积。凡是实际种植有农作物的面积，不论种植在耕地上还是种植在非耕地上，均包括在农作物播种面积中，在播种季节基本结束后，因遭灾而重新改种和补种的农作物面积，也包括在内。播种面积的大小，反映农作物的生产规模和耕地的利用程度。

农作物总产量　指在一定时期内（通常是一年）生产的各种农作物产品总产量。无论是种植在耕地上或非耕地上的农作物产量，都包括在内。有的农作物收割期较长，虽在当年冬季就开始收割，但需跨年延到来年春季才能收完的，仍计算为本年农作物总产量。它是衡量农业生产成果，统筹安排城乡人民生活，研究生产、积累和消费比例关系及编制国民经济计划的基本数据。

粮食产量　指全社会的产量。包括国有经济经营的、集体统一经营的和农民家庭经营的粮食产量，还包括工矿企业办的农场和其他生产单位的产量。粮食除包括稻谷、小麦、玉米、高粱、谷子及其他杂粮外，还包括薯类和豆类。

猪、牛、羊肉产量　指当年出栏并已屠宰、除去头蹄下水后带骨肉（即胴体重）的重量。

期初（末）畜禽存栏头（只）数　指报告期初（末）农村各种合作经济组织和国营农场、农民个人、机关、团体、学校、工矿企业、部队等单位以及城镇居民饲养的大牲畜、猪、羊、家禽等畜禽的存栏数。

农用化肥施用量　指本年内实际用于农业生产的化肥数量，包括氮肥、磷肥、钾肥和复合肥。化肥施用量要求按折纯量计算数量。折纯量是指指把氮肥、磷肥、钾肥分别按含氮、含五氧化二磷、含氧化钾的百分之一百成份进行折算后的数量。复合肥按其所含主要成分折算。

有效灌溉面积　指具有一定的水源，地块比较平整，灌溉工程或设备已经配套，在一般年景下当年能够进行正常灌溉的耕地面积。

农业机械总动力　指主要用于农、林、牧、渔业的各种动力机械的动力总和。包括耕作机械、排灌机械。收获机械、农用运输机械、植物保护机械、牧业机械、林业机械、渔业机械和其他农业机械〔内燃机按引擎马力折成瓦（特）计算、电动机按功率折成瓦（特）计算〕。不包括专门用于乡、镇、村、组办工业、基本建设、非农业运输、科学试验和教学等非农业生产方面用的动力机械与作业机械。

Explanatory Notes on Main Statistical Indicators

Gross Out Value of Agriculture refer to the total volume of products of farming, forestry, animal husbandry and fishery and the value of various services supporting the production of farming, forestry, animal husbandry and fishery in monetary terms, which reflects the total scale and total results of farming, forestry, animal husbandry and fishery production during a given period of time. It is an important indicator to observe the production level and development speed of farming, forestry, animal husbandry and fishery. It is also the foundation for calculating the labor productivity and value-added of farming, forestry, animal husbandry and fishery.

Generally, the gross output value of farming, forestry, animal husbandry, and fishery is calculated with the production approach. Where applicable, the gross output value of each single product is obtained by multiplying the output of each product by its price. These values are then summed up to obtain the output value of each sector. The sum of output values of all sectors is the gross output value of farming, forestry, animal husbandry, and fishery.

Value-added of Farming, Forestry, Animal Husbandry and Fishery refers to the value-added of goods produced or services provided by farming, forestry, animal husbandry and fishery in a given period of time. It shows the final results of the activities of production and management of agriculture and its contributions to the society.

The value-added of agriculture is calculated with two approaches:

(1) Production of approach is a method from the production angle, i.e. total output of agriculture minus intermediate consumption of agriculture. The value-added of agriculture is usually calculated with the production approach as no complete accounting records of the rural households are available;

(2) Distribution approach is a method from the distribution angle, i.e. various incomes from the activities of production and management of the productive units of agriculture without intermediate consumption, including incomes of the rural laborers, welfare funds, profit and tax, depreciation of fixed assets and major overhaul and others.

Cultivated Area (Area under cultivation) refers to farmland which is plowed constantly for growing crops, including cultivated land, newly cultivated land in the current year, farmland left without cultivation for less than three years and fallow land in the current year, rotation land of grass and crops, farmland with some fruit trees, mulberry trees and other trees and cultivated seashore land, lake land, and etc. The land of mulberry fields, tea plantations, orchards, nurseries of young plants, forest land, reed land, natural and man-made grassland and other land are not included in cultivated land.

Sown Area of Crops refers to area of land sown or transplanted with crops regardless of being in cultivated area or non cultivated area. Area of land re-sown due to natural disasters is also included. It refers the scale of crops and the use of cultivated area.

Total Output of Crops refers to the total output of farm crops of various kinds during a given period of time (usually a year). It covers the output of crops in both cultivated and uncultivated area. Crops with an extensive reaping period beginning in the winter of the current year are included in the total output of crops of the current year, even if harvest is extended until the spring of the following year. It is the basic figure to examine the production results of agriculture, make overall arrangements in the life of urban and rural households, study the proportionate relationships between production, accumulation and consumption and work out a plan of national economy.

Grain Yield refers to the yield in the whole country including grains produced by state farm, collective units, industrial enterprises and mines. Grain includes rice, wheat, corn, sorghum, millet and other miscellaneous grains as well as tubers and beans.

Output of Pork, Beef, and Mutton refers to the meat of slaughtered hogs, cattle, sheep and goats with head, feet, and offal taken away.

Number of Livestock or Poultry in Stock at Beginning (or End) refers to the total number of large animals, pigs, sheep, fowls, etc. raised by rural cooperative organizations, state farms, rural individuals, government agencies, schools, Industrial and mining enterprises, army, and urban residents at the beginning (or end) of the reference period.

Consumption of Chemical Fertilizers in Agriculture refers to the quantity of chemical fertilizers applied in agriculture in the year, including nitrogenous fertilizer, phosphate fertilizer, potash fertilizer, and compound fertilizer. The consumption of chemical fertilizers is required in calculation to convert the gross weight into weight containing 100% effective component (e.g.100% nitrogen content in nitrogenous fertilizer,100% phosphorous pentoxide contents in phosphate fertilizer,100% potassium oxide contents in potash fertilizer). Compound fertilizer is converted with its major component.

Irrigated Area refers to areas that are effectively irrigated, i.e. level land which has water source and complete sets of irrigation facilities to lift and move adequate water for irrigation purpose under normal conditions.

Total Power of Farm Machinery refers to total mechanical power of machinery used in farming, forestry, animal husbandry, and fishery, including ploughing, irrigation and drainage, harvesting, transport, plant protection, stock breeding, forestry and fishery. The power of internal combustion engines is required to convert horsepower into watts and the power of electric motors is required to be converted into watts. Machinery employed for non agricultural purposes, such as the machines used in township run and village-run Industry, construction, non agricultural transport, scientific experiments and teaching, is exclude.

工业 13

Industry

◆ 307/372

资料整理及英文翻译：齐 晶 丁 亦 徐烈强

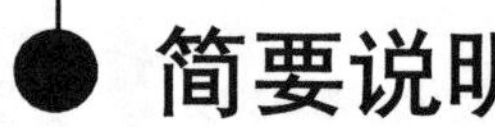

简要说明

一、本篇资料的主要内容

本篇资料反映全省规模以上工业经济方面的基本情况，包括11个设区市的主要工业经济统计数据:

1.规模以上工业企业单位数和总产值，以及按企业登记注册类型、轻重工业、企业规模、工业行业大类和按地区分组的主要经济指标和经济效益指标;

2.规模以上国有及国有控股、外商投资、港澳台商投资和私营工业企业主要经济指标和经济效益指标;

3.规模以上主要工业产品产量。

二、本篇资料的统计范围

工业统计调查范围为全省境内的全部工业企业。1997年以前，工业的统计范围按隶属关系划分，分为乡及乡以上独立核算工业企业和非独立核算生产单位、村办工业、城镇合作工业、农村合作工业、城镇个体工业、农村个体工业六大部分。(1984年以前村办工业不在工业统计范围内)。

1998年及以后年份，工业统计调查范围由按隶属关系划分，改变为按企业规模划分，分为全部国有及年主营业务收入在500万元以上非国有工业企业和年主营业务收入在500万元以下非国有工业企业两部分。本篇资料中的统计范围为年主营业务收入在500万元以上工业企业。

本篇资料中工业行业分类按2002年《国民经济行业分类标准》划分；企业大中小型划分按2003年《统计上大中小型企业划分办法（暂行）》标准执行。

三、本篇的资料来源和统计调查方法

本篇工业企业统计数据主要是根据工业统计月度报表中有关资料整理汇总的。

Brief Introduction

I. Main Contents

Data in this chapter reflect the basic conditions of the industrial sector, presenting main industrial economic indicators of 11 municipalities city.

(1) The number and the gross industrial output value of all State-owned industrial enterprises and the non-State-owned enterprises that are above designated size; as well as their main economic indicators and efficiency indicators classified by type of registration, by light and heavy industries, by size of the enterprises, by branch of industry and by region.

(2) Main economic indicators and efficiency indicators of State-owned industrial enterprises and enterprises where the State holds the majority of shares; foreign-funded industrial enterprises and enterprises funded by entrepreneurs from Hong Kong, Macao and Taiwan; and private enterprises, classified by branch of industry.

(3) Output of Industrial products.

II. Scopes of Statistics

Industrial statistics cover all industrial enterprises within the province. Before 1997, industrial statistics were based on type of ownership, consisting of following six parts: corporate industrial enterprises above county level with independent accounting system and production units with dependent accounting system, village industrial enterprises; urban joint industrial enterprises, rural joint industrial enterprises, urban individual industrial enterprises, and rural industrial enterprises (village industrial enterprises were not included in the scope of industrial statistics before 1984).

Since 1998, scope of industrial statistics changed from the basis of type of ownership to the size of enterprises, they are: all State-owned industrial enterprises and those non-State industrial enterprises with revenue from principal business over 5 million yuan, and non-state industrial enterprises with revenue from principle business below 5 million yuan.

Data by industries in this chapter are based on the 2002 National Industrial Classification of all Economic Activities, and data by size of enterprises are based on the Preliminary Standards of Enterprises by Size in 2003.

III. Sources of Data and Methods of Survey

The data on enterprises statistics in this Chapter are collated mainly based on the relevant data in the monthly industrial statistics reporting forms.

13-1 规模以上工业企业单位数及工业总产值（2009年）

Number and Gross Industrial Output value of Industrial Enterprises above Designated Size (2009)

项目	Item	企业单位数（个） Number of Enterprises (unit)	亏损企业 Loss Enterprises	工业总产值（万元） Gross Industrial Output Value (10 000 yuan)
总计	**Total**	**7329**	**522**	**97004723**
按登记注册类型及隶属关系分	**By Registration Status and Jurisdiction of Management**			
国有企业	State-owned Enterprises	307	60	9244698
中央企业	Central Enterprises	14	60	1450181
地方企业	Local Enterprises	293	5	7794517
集体企业	Collective-owned Enterprises	123	9	1010095
股份合作企业	Cooperative Enterprises	175	6	1379648
联营企业	Joint Ownership Enterprises	17		90652
有限责任公司	Limited Liability Corporations	1605	146	26974476
股份有限公司	Share-holding Corporations Limited	262	22	6577141
私营企业	Private Enterprises	4062	203	36293038
港、澳、台商投资企业	Enterprises with Funds from Hong Kong,Macao and Taiwan	466	40	6574285
外商投资企业	Foreign Funded Enterprises	312	36	8860690
#国有控股企业	State-owned Holding Enterprises	543	113	25068428
按轻、重工业分	**Grouped by Light & Heavy Industries**			
轻工业	Light Industry	2914	165	30248973
重工业	Heavy Industry	4415	357	66755750
按企业规模分	**Grouped by Size of Enterprises**			
大型企业	Large Enterprises	40	5	22367899
中型企业	Medium-sized Enterprises	557	66	18039905
小型企业	Small Enterprises	6732	451	56596919
按工业行业分	**Grouped by Sector**			
#煤炭开采和洗选业	Mining and Washing of Coal	237	10	1586876
黑色金属矿采选业	Mining and Processing of Ferrous Metal Ores	108	6	1097914
有色金属矿采选业	Mining and Processing of Non-Ferrous Metal Ores	154	25	1424090

13-1 续表1 continued

项 目	Item	企业单位数（个） Number of Enterprises (unit)	亏损企业 Loss Enterprises	工业总产值（万元） Gross Industrial Output Value (10 000 yuan)
非金属矿采选业	Mining and Processing of Nonmetal Ores	129	9	784526
农副食品加工业	Processing of Food from Agricultural Products	451	13	4772166
食品制造业	Manufacture of Foods	167	6	1775927
饮料制造业	Manufacture of Beverages	112	7	1094537
烟草制品业	Manufacture of Tobacco	1		829411
纺织业	Manufacture of Textile	438	29	3795824
纺织服装、鞋、帽制造业	Manufacture of Textile Wearing Apparel,Footware and Caps	254	16	2084283
皮革、毛皮、羽毛(绒)及其制品业	Manufacture of Leather, Fur, Feather and Related Products	123	3	1344909
木材加工及木、竹、藤、棕、草制品业	Processing of Timber, Manufacture of Wood,Bamboo, Rattan, Palm and Straw Products	288	15	1605725
家具制造业	Manufacture of Furniture	55	1	425502
造纸及纸制品业	Manufacture of Paper and Paper Products	153	5	1177773
印刷业和记录媒介的复制	Printing, Reproduction of Recording Media	82	7	669108
文教体育用品制造业	Manufacture of Articles For Culture, Education and Sport Activities	71	5	446645
石油加工、炼焦及核燃料加工业	Processing of Petroleum,Coking,Processing of Nuclear Fuel	21	2	2658581
化学原料及化学制品制造业	Manufacture of Raw Chemical Materials and Chemical Products	822	52	7045849
医药制造业	Manufacture of Medicines	238	18	3487133
化学纤维制造业	Manufacture of Chemical Fibers	11	2	340867
橡胶制品业	Manufacture of Rubber	50	2	453400
塑料制品业	Manufacture of Plastics	196	10	1277939
非金属矿物制品业	Manufacture of Non-metallic Mineral Products	866	65	7227159
黑色金属冶炼及压延加工业	Smelting and Pressing of Ferrous Metals	97	13	6850205

13-1 续表2 continued

项 目	Item	企业单位数（个）Number of Enterprises (unit)	亏损企业 Loss Enterprises	工业总产值（万元）Gross Industrial Output Value (10 000 yuan)
有色金属冶炼及压延加工业	Smelting and Pressing of Non-ferrous Metals	465	49	16438844
金属制品业	Manufacture of Metal Products	213	9	1736793
通用设备制造业	Manufacture of General Purpose Machinery	239	20	1670794
专用设备制造业	Manufacture of Special Purpose Machinery	145	10	1303632
交通运输设备制造业	Manufacture of Transport Equipment	212	15	5259666
电气机械及器材制造业	Manufacture of Electrical Machinery and Equipment	314	19	6681088
通信设备、计算机及其他电子设备制造业	Manufacture of Communication Equipment,Computers and Other Electronic Equipment	169	15	2470740
仪器仪表及文化、办公用机械制造业	Manufacture of Measuring Instruments and Machinery for Cultural Activity and Office Work	58	8	405835
工艺品及其他制造业	Manufacture of Artwork and Other Manufacturing	106	4	753496
废弃资源和废旧材料回收加工业	Recycling and Disposal of Waste	18		115316
电力、热力的生产和供应业	Production and Supply of Electric Power and Heat Power	188	40	5519768
燃气生产和供应业	Production and Supply of Gas	21	1	209690
水的生产和供应业	Production and Supply of Water	57	11	182712
按地区分	**By Region**			
南 昌 市	Nanchang	1087	89	20966709
景德镇市	Jingdezhen	414	25	4959525
萍 乡 市	Pingxiang	752	15	7079961
九 江 市	Jiujiang	757	74	10538420
新 余 市	Xinyu	361	24	7941318
鹰 潭 市	Yingtan	179	30	7885156
赣 州 市	Ganzhou	781	91	8670299
吉 安 市	Ji'an	724	34	7355843
宜 春 市	Yichun	790	42	8547671
抚 州 市	Fuzhou	728	8	5108030
上 饶 市	Shangrao	756	90	7951792

13-2 规模以上工业企业增加值

Value-added of Industrial Enterprises above Designated Size

单位：万元 (10000 yuan)

分类	Item	2009	2009年比2008年增长（%） Increase Rate in 2009 over 2008(%)
总计	**Total**	**26107510**	**20.10**
按登记注册类型及隶属关系分	**By Registration Status and Jurisdiction of Management**		
国有企业	State-owned Enterprises	2643097	2.71
中央企业	Central Enterprises	722817	6.94
地方企业	Local Enterprises	1920280	1.39
集体企业	Collective-owned Enterprises	261173	1.02
股份合作企业	Cooperative Enterprises	402570	27.43
联营企业	Joint Ownership Enterprises	23241	28.33
有限责任公司	Limited Liability Corporations	7039669	19.27
股份有限公司	Share-holding Corporations Limited	1475817	13.48
私营企业	Private Enterprises	9982724	26.91
港、澳、台商投资企业	Enterprises with Funds from Hong Kong, Macao and Taiwan	1904745	25.02
外商投资企业	Foreign Funded Enterprises	2374475	21.87
#国有控股企业	State-owned Holding Enterprises	6295047	4.58
按轻、重工业分	**Grouped by Light & Heavy Industries**		
轻工业	Light Industry	8771383	20.91
重工业	Heavy Industry	17336127	19.73
按企业规模分	**Grouped by Size of Enterprises**		
大型企业	Large Enterprises	5309738	6.74
中型企业	Medium-sized Enterprises	5048291	7.81
小型企业	Small Enterprises	15749481	31.13
按工业行业分	**Grouped by Sector**		
#煤炭开采和洗选业	Mining and Washing of Coal	503570	6.06
黑色金属矿采选业	Mining and Processing of Ferrous Metal Ores	328840	15.90
有色金属矿采选业	Mining and Processing of Non-Ferrous Metal Ores	544716	18.49
非金属矿采选业	Mining and Processing of Nonmetal Ores	241796	16.91
农副食品加工业	Processing of Food from Agricultural Products	1207850	21.92
食品制造业	Manufacture of Foods	522687	15.52
饮料制造业	Manufacture of Beverages	389579	6.58
烟草制品业	Manufacture of Tobacco	532428	6.53
纺织业	Manufacture of Textile	1129643	25.41
纺织服装、鞋、帽制造业	Manufacture of Textile Wearing Apparel,Footware and Caps	626420	21.88
皮革、毛皮、羽毛(绒)及其制品业	Manufacture of Leather, Fur, Feather and Related Products	375803	31.86
木材加工及木、竹、藤、棕、草制品业	Processing of Timber, Manufacture of Wood,Bamboo, Rattan, Palm and Straw Products	471577	19.78
家具制造业	Manufacture of Furniture	128542	34.61

13-2 续表 continued

单位：万元 (10000 yuan)

分 类	Item	2009	2009年比2008年增长（%） Increase Rate in 2009 over 2008(%)
造纸及纸制品业	Manufacture of Paper and Paper Products	342786	14.80
印刷业和记录媒介的复制	Printing, Reproduction of Recording Media	219737	12.36
文教体育用品制造业	Manufacture of Articles For Culture, Education and Sport Activities	129768	45.80
石油加工、炼焦及核燃料加工业	Processing of Petroleum,Coking,Processing of Nuclear Fuel	270645	17.47
化学原料及化学制品制造业	Manufacture of Raw Chemical Materials and Chemical Products	2336761	19.81
医药制造业	Manufacture of Medicines	1075347	16.92
化学纤维制造业	Manufacture of Chemical Fibers	79618	39.09
橡胶制品业	Manufacture of Rubber	112196	26.29
塑料制品业	Manufacture of Plastics	394421	29.23
非金属矿物制品业	Manufacture of Non-metallic Mineral Products	2323756	27.52
黑色金属冶炼及压延加工业	Smelting and Pressing of Ferrous Metals	1278238	9.97
有色金属冶炼及压延加工业	Smelting and Pressing of Non-ferrous Metals	3187572	14.70
金属制品业	Manufacture of Metal Products	552908	31.54
通用设备制造业	Manufacture of General Purpose Machinery	661034	18.65
专用设备制造业	Manufacture of Special Purpose Machinery	411741	25.68
交通运输设备制造业	Manufacture of Transport Equipment	1132342	21.25
电气机械及器材制造业	Manufacture of Electrical Machinery and Equipment	1795328	34.07
通信设备、计算机及其他电子设备制造业	Manufacture of Communication Equipment,Computers and Other Electronic Equipment	696546	48.46
仪器仪表及文化、办公用机械制造业	Manufacture of Measuring Instruments and Machinery for Cultural Activity and Office Work	96099	17.77
工艺品及其他制造业	Manufacture of Artwork and Other Manufacturing	226731	18.72
废弃资源和废旧材料回收加工业	Recycling and Disposal of Waste	39850	23.19
电力、热力的生产和供应业	Production and Supply of Electric Power and Heat Power	1585301	11.56
燃气生产和供应业	Production and Supply of Gas	76608	67.13
水的生产和供应业	Production and Supply of Water	78726	19.16
按地区分	**By Region**		
南 昌 市	Nanchang	6151026	18.01
景德镇市	Jingdezhen	1451884	21.50
萍 乡 市	Pingxiang	1776831	21.19
九 江 市	Jiujiang	2716608	20.65
新 余 市	Xinyu	2264570	20.42
鹰 潭 市	Yingtan	1288249	15.76
赣 州 市	Ganzhou	2504865	20.20
吉 安 市	Ji'an	2090092	21.90
宜 春 市	Yichun	2479294	20.50
抚 州 市	Fuzhou	1336002	22.03
上 饶 市	Shangrao	2210794	20.42

13-3 各地区规模以上工业企业单位数（2009年）

单位：个

分　　类	Item	全　省 Total	南昌市 Nanchang	景德镇市 Jingdezhen
总　　计	**Total**	**7329**	**1087**	**414**
按登记注册类型及隶属关系分	**By Registration Status and Jurisdiction of Management**			
国有企业	State-owned Enterprises	307	55	36
中央企业	Central Enterprises	14	3	1
地方企业	Local Enterprises	293	52	35
集体企业	Collective-owned Enterprises	123	25	17
股份合作企业	Cooperative Enterprises	175	32	6
联营企业	Joint Ownership Enterprises	17	2	1
有限责任公司	Limited Liability Corporations	1605	337	131
股份有限公司	Share-holding Corporations Limited	262	52	16
私营企业	Private Enterprises	4062	434	173
港、澳、台商投资企业	Enterprises with Funds from Hong Kong,Macao and Taiwan	466	63	16
外商投资企业	Foreign Funded Enterprises	312	87	18
#国有控股企业	State-owned holding enterprises	543	105	54
按轻、重工业分	**Grouped by Light & Heavy Industries**			
轻工业	Light Industry	2914	634	170
重工业	Heavy Industry	4415	453	244
按企业规模分	**Grouped by Size of Enterprises**			
大型企业	Large Enterprises	40	15	6
中型企业	Medium-sized Enterprises	557	82	36
小型企业	Small Enterprises	6732	990	372

13-4 各地区规模以上工业企业总产值（2009年）

单位：万元

分　　类	Item	全　省 Total	南昌市 Nanchang	景德镇市 Jingdezhen
总　　计	**Total**	**97004724**	**20966709**	**4959525**
按登记注册类型及隶属关系分	**By Registration Status and Jurisdiction of Management**			
国有企业	State-owned Enterprises	9244698	1560520	911552
中央企业	Central enterprises	1450181	953903	4684
地方企业	Local enterprises	7794517	606617	906869
集体企业	Collective-owned Enterprises	1010095	218142	95867
股份合作企业	Cooperative Enterprises	1379648	378145	15901
联营企业	Joint Ownership Enterprises	90652	6814	4210
有限责任公司	Limited Liability Corporations	26974476	7776431	1789385
股份有限公司	Share-holding Corporations Limited	6577141	1632260	585830
私营企业	Private Enterprises	36293038	4376937	1279571
港、澳、台商投资企业	Enterprises with Funds from Hong Kong,Macao and Taiwan	6574285	1204792	143785
外商投资企业	Foreign Funded Enterprises	8860690	3812669	133423
#国有控股企业	State-owned holding enterprises	25068428	8464521	1954916
按轻、重工业分	**Grouped by Light & Heavy Industries**			
轻工业	Light Industry	30248973	9221228	1513675
重工业	Heavy Industry	66755750	11745481	3445850
按企业规模分	**Grouped by Size of Enterprises**			
大型企业	Large Enterprises	22367899	7645640	1460737
中型企业	Medium-sized Enterprises	18039905	3655286	1003091
小型企业	Small Enterprises	56596919	9665783	2495697

Number of Industrial Enterprises above Designated Size By Region (2009)

(unit)

萍乡市 Pingxiang	九江市 Jiujiang	新余市 Xinyu	鹰潭市 Yingtan	赣州市 Ganzhou	吉安市 Ji'an	宜春市 Yichun	抚州市 Fuzhou	上饶市 Shangrao
752	**757**	**361**	**179**	**781**	**724**	**790**	**728**	**756**
10	50	8	10	21	30	23	23	41
	4	1	3		1			1
10	46	7	7	21	29	23	23	40
13	10	15	4	6	6	15	6	6
59	24	1	2	5	1	12	6	27
3	4	1			1	1	2	2
76	133	92	74	138	91	192	223	118
41	33	1	6	11	8	26	18	50
537	415	226	74	383	505	461	394	460
8	52	3	4	158	55	34	42	31
5	36	14	5	59	27	26	14	21
17	79	23	17	77	49	34	32	56
88	336	78	59	282	325	316	366	260
664	421	283	120	499	399	474	362	496
3	6	2	1	2		4		1
12	70	35	22	77	56	77	40	50
737	681	324	156	702	668	709	688	705

Gross Output Value of Industrial Enterprises above Designated Size By Region (2009)

(10000 yuan)

萍乡市 Pingxiang	九江市 Jiujiang	新余市 Xinyu	鹰潭市 Yingtan	赣州市 Ganzhou	吉安市 Ji'an	宜春市 Yichun	抚州市 Fuzhou	上饶市 Shangrao
7079961	**10538420**	**7941318**	**7885156**	**8670299**	**7355843**	**8547671**	**5108030**	**7951792**
261244	744152	71275	4124344	231889	194676	416667	114620	613759
	227063	2427	34787		17155			210163
261244	517089	68848	4089556	231889	177522	416667	114620	403597
65571	78798	141856	39811	128090	26447	110350	32704	72461
519011	125819	1443	2320	23718		58942	12569	241781
11088	20532	11617			18089	756	8432	9114
710739	2106751	4208660	1965186	1589977	1149824	2669882	1738968	1268673
572750	2258439	12792	206678	186221	108792	272024	151614	589742
4796302	3915584	1823136	1472189	3633157	4523943	3768624	2600300	4103295
80194	593342	79047	49733	1629070	685367	824874	355522	928559
63064	695004	1591493	24895	1248177	648705	425553	93300	124407
430297	3163158	2652777	4552021	1059738	513055	1002704	235654	1039589
642157	3179758	2409176	372976	2827253	2677605	3561538	2029259	1814347
6437804	7358662	5532142	7512179	5843046	4678238	4986133	3078771	6137444
1481498	3207789	3483037	4011483	239269		753531		84915
339655	2198147	1428575	1129596	1923005	1666382	2613596	665706	1416867
5258808	5132484	3029706	2744078	6508025	5689461	5180544	4442324	6450009

13-5 工 业 产 品 产 量 (2009年)
Output of Industrial Products (2009)

品 名	Item	2009	2009年比2008年增长 (%) Increase Rate in 2009 over 2008(%)
原 煤 (万吨)	Coal (10000 tons)	2982.47	15.28
洗 精 煤 (万吨)	Coal Washing (10000 tons)	83.76	28.75
硫铁矿生产量(折含硫 35%)(万吨)	Pyrite Ore (converted into 35% sulphur) (10000 tons)	150.87	-6.41
钨精矿折含量 (万吨)	Scheelite presentation of content (10000 tons)	5.24	11.31
原 盐 (万吨)	Salt (10000 tons)	197.60	5.76
配混合饲料 (万吨)	Mixed Feed (10000 tons)	543.15	23.53
乳 制 品 (万吨)	Milk Products (10000 tons)	18.71	10.23
罐 头 (万吨)	Canned Food (10000 tons)	3.41	-27.01
软 饮 料 (万吨)	Soft Drinks (10000 tons)	111.40	23.30
白 酒 (万千升)	White Spirit (10000 kiloliter)	15.36	31.72
啤 酒 (万千升)	Beer (10000 kiloliter)	106.28	22.32
精 制 茶 (吨)	Refined Tea (ton)	31293.04	56.77
卷 烟 (亿支)	Cigarettes (100 million pieces)	529.00	4.96
纱 (万吨)	Yarn (10000 tons)	62.02	39.50
布 (万米)	Cloth (10000 m)	67651.41	11.74
纯棉布	Cotton Cloth	35799.03	9.39
棉混纺交织布	Cotton Blended Cloth	29788.91	13.98
纯化纤布	Chemical Fiber Cloth	2063.47	22.54
印 染 布 (万米)	Printed Fabric (10000 m)	10746.20	-16.80
丝 (吨)	Silk (ton)	3677.19	43.09
服 装 (万件)	Garments (10000 pieces)	103420.02	31.57
皮 鞋 (万双)	Shoes (10000 pairs)	7220.68	49.65
人 造 板 (万立方米)	Manmade Plates (10000 cu.m)	371.34	-2.08
机制纸及纸板 (万吨)	Machine-made Paper and Paperboards (10000 tons)	139.64	18.76
家 具 (万件)	Furniture (10000 pieces)	512.31	57.16
原油加工量 (万吨)	Processed Crude Oil (10000 tons)	450.07	10.00
焦 炭 (万吨)	Coke (10000 tons)	626.06	27.20
硫 酸 (万吨)	Sulfuric Acid (10000 tons)	213.56	12.92
烧 碱 (万吨)	Caustic Soda (10000 tons)	24.49	-28.04
电石 (折300升/千克)(万吨)	Calcium carbide (convert to 300 L/kg) (10000 tons)	2.17	-63.88
合 成 氨 (万吨)	Synthetic Ammonia (10000 tons)	45.51	2.90
化学肥料 (折有效成份100%)(万吨)	Chemical Fertilizer (10000 tons)	48.71	-0.04
氮 肥	Nitrogen Fertilizer	34.56	0.22
磷 肥	Phosphate Fertilizer	14.14	-0.67
化学农药 (吨)	Chemical Pesticide (ton)	21611.54	-2.78
纯 苯 (吨)	Benzene (ton)	20119.00	28.28
油 漆 (吨)	Paint (ton)	16310.58	35.72
塑料树脂及共聚物 (万吨)	Primary Plastic (10000 tons)	12.53	-3.43
肥 皂 (万吨)	Soap (10000 tons)	0.14	-37.33
合成洗涤剂 (吨)	Synthetic Detergents (ton)	24122.82	23.60
火 柴 (万 件)	Match (10000 pieces)	2.58	40.26
化学原料药 (吨)	Chemical Medicines (ton)	28305.93	33.06
中 成 药 (吨)	Traditional Chemical Medicine (ton)	62429.21	10.82
化学纤维 (万吨)	Chemical Fiber (10000 tons)	13.50	8.21
粘胶纤维	Viscose Fiber	9.90	11.05
合成纤维	Synthetic Fiber	3.59	1.08
轮胎外胎 (万条)	Tires (10000 tires)	417.86	-19.26
塑料制品 (吨)	Plastic Articles (ton)	303057.23	32.30
水 泥 (万吨)	Cement (10000 tons)	6153.20	17.65
平板玻璃 (万重量箱)	Plate Glass (10000 weight boxes)	449.82	-19.48
日用玻璃制品 (万吨)	Glass Products for Daily Use (10000 tons)	1.01	49.96
玻璃保温容品 (万个)	Glass Proof Container (10000 units)	3242.63	34.47
日用陶瓷 (万件)	Ceramics for Daily Use (10000 units)	259118.22	65.48

13-5 续表 continued

品　名	Item	2009	2009年比2008年增长(%) Increase Rate in 2009 over 2008(%)
耐火材料制品(万吨)	Fire-resistant Products (10000 tons)	24.27	-18.53
生　铁(万吨)	Pig Iron (10000 tons)	1446.96	39.63
粗钢(万吨)	Crude Steel (10000 tons)	1620.88	30.75
钢材(万吨)	Rolled Steel (10000 tons)	1647.40	29.13
#中小型型材	Rolled Steel,Medium and Small	3.50	-52.65
棒　材	Steel Bar	87.41	14.65
钢　筋	Corrugated Steel Bar	594.20	19.18
线　材	Wire Rod	461.11	46.52
厚钢板	Thick Steel Plate	83.15	23.98
中　板	Medium Steel Plate	150.19	-1.90
热轧窄钢带	Hot Roll Narrow Steel Belt	9.37	-20.80
冷轧窄钢带	Non Hot Roll Narrow Steel Belt	21.35	56.00
电工钢板	Electrical steel	8.60	24.82
无缝钢管	Seamless Steel Pipe	43.93	-32.32
焊接钢管	Welded Steel Pipe	5.07	-9.44
十种有色金属(万吨)	Ten Kinds of Nonferrous Metals (10000 tons)	94.23	9.07
#铜	Refined Copper	81.62	10.57
铁合金(万吨)	Ferroalloy (10000 tons)	5.21	15.98
搪瓷制品(吨)	Enamelware Products (ton)	365.00	-5.93
工业锅炉(蒸发量吨)	Industrial Boilers (evaporation ton)	1144.30	44.28
金属切削机床(台)	Metal Cutting Machine Tools (unit)	959.00	-29.69
#数控机床	CNC Machine Tools (unit)	45.00	55.17
泵(万台)	Pumps (10000 units)	8.72	-12.12
风　机(万台)	Fans (10000 units)	0.94	143.07
气体压缩机(台)	Gas Compressor (unit)	1707.77	31.30
轴　承(万套)	Rolling Bearings (10000 units)	7606.19	-0.12
矿山设备(吨)	Mining Equipment (ton)	77844.05	58.31
印刷机(吨)	Printing Presses (ton)	2826.20	-9.30
小型拖拉机(万台)	Small Tractors (10000 units)	1.55	12.47
汽　车(万辆)	Motor Vehicles (10000 units)	28.47	35.01
#载货汽车	Trucks	16.08	46.17
民用钢质船舶(万总吨)	Civil Steel Vessels (10000 tons)	11.65	26.72
发电设备(万千瓦)	Power Generating Equipment (10000 kw)	185.42	-10.10
交流电动机(万千瓦)	AC Motors (10000 kw)	343.99	13.98
变压器(万千伏安)	Transformers (10000 KVA pm)	2279.58	-18.44
通信及电子网络用电缆(对千米)	Cable for Communications and Electronic Network (couples·km)	636542.76	30.08
原电池及原电池组(万只)	Primary Cells and Batteries (10000 unit)	1373.62	65.36
冷　柜(台)	Freezers (unit)	91615	-18.50
家用电冰箱(万台)	Household Refrigerators (10000 unit)	91.27	20.05
房间空气调节器(万台)	Air Conditioners (10000 unit)	132.72	1.60
电风扇(万台)	Fans (10000 unit)	41.53	38.43
灯　泡(万只)	Light Bulbs (10000 unit)	23587.53	17.05
电话单机(万部)	Telephone Sets (10000 unit)	32.83	162.96
彩色电视机(万台)	Color Television Sets (10000 unit)	90.97	103.88
照相机(万台)	Cameras (10000 unit)	2.69	39.53
发电量总计(亿千瓦小时)	Electricity (100 million kwh)	496.42	12.71
火力发电	Thermal Power	447.84	16.11
水力发电	Hydro Power	48.58	-11.86

13-6 主要工业产品产量

年份 Year	化学纤维 (万吨) Chemical Fiber (10000 tons)	纱 (吨) Yarn (ton)	布 (万米) Cloth (10000 m)	机制纸及纸板 (万吨) Machine-made Paper and Paperboards (10000 tons)	自行车 (万辆) Bicycles (10000 units)	日用瓷 (万件) Ceramics for Daily Use (10000 units)	火柴 (万件) Match (10000 units)
1978	0.42	42373	20173	9.26	0.30	32095	54.37
1979	0.78	51695	24773	11.02	0.25	29635	55.27
1980	1.33	61791	30011	12.69	3.39	33087	64.85
1981	1.62	68151	32491	12.71	10.23	33504	79.80
1982	1.34	73379	33222	12.94	25.74	35983	89.50
1983	0.76	61419	27505	14.94	27.34	35286	99.49
1984	1.09	63725	23080	18.41	22.80	36807	122.65
1985	1.30	72161	26009	22.17	30.65	35041	132.85
1986	1.50	79782	30817	22.79	39.17	40166	126.34
1987	1.77	86317	34240	24.89	51.31	45899	120.54
1988	1.84	86666	33219	25.62	56.01	43759	131.78
1989	1.95	87099	32015	25.56	58.27	47315	162.00
1990	2.00	80749	30566	25.59	27.74	44969	176.65
1991	2.37	86729	27897	26.36	52.33	53083	192.41
1992	2.54	96433	29194	31.03	59.25	55837	203.02
1993	4.13	90595	29670	36.54	60.61	53063	188.28
1994	5.33	101349	34041	36.29	39.61	54702	150.62
1995	5.11	109652	35784	41.07	37.32	48652	122.49
1996	4.80	105556	33256	38.24	16.11	60053	126.27
1997	6.33	110362	36086	35.49	9.62	57016	76.18
1998	6.42	107994	25088	23.39	9.75	38213	53.71
1999	7.65	109102	26315	27.96	4.09	52391	25.82
2000	7.08	99512	21710	24.02	0.38	57470	15.76
2001	7.74	79652	17948	26.04	0.08	55737	5.49
2002	8.59	112105	20491	28.18	0.15	56791	8.81
2003	10.02	148731	22095	24.66	0.40	44588	15.11
2004	14.59	186303	32187	35.51	0.33	58966	24.41
2005	18.07	204424	28057	67.00	0.48	61893	6.15
2006	20.76	255128	34137	91.35	0.58	54902	3.78
2007	27.63	390421	46424	106.21	0.27	116774	1.33
2008	16.87	445644	47026	113.73	0.08	160380	1.84
2009	13.50	620191	67651	139.64		259118	2.58

Output of Major Industrial Products

合成洗涤剂 (吨) Synthetic Detergents (ton)	机制糖 (万吨) Refined Sugar (10000 tons)	卷烟 (万箱) Cigarettes (10000 boxes)	粗钢 (万吨) Crude Stell (10000 tons)	生铁 (万吨) Pig Iron (10000 tons)	钢材 (万吨) Rolled Steel (10000 tons)	发电量 (亿千瓦小时) Electricity (100 Million kwh)
5098	4.09	19.14	25.64	35.84	24.50	45.31
7047	5.97	20.79	27.65	27.90	37.54	51.11
6298	7.14	22.32	38.76	31.45	46.65	57.21
8181	7.04	24.17	42.71	30.86	46.03	59.86
9198	9.54	26.88	43.08	30.14	44.44	62.75
9662	7.51	31.03	48.69	33.06	44.33	64.39
10538	9.52	33.52	59.84	35.42	49.23	71.83
12778	13.32	32.11	77.42	57.43	60.98	83.75
13905	13.52	29.91	91.71	80.30	76.40	94.30
13392	11.65	32.89	106.02	84.02	90.92	102.77
15595	12.05	39.17	105.91	84.85	94.04	115.66
16377	10.09	43.11	105.83	78.57	93.44	119.71
17083	10.59	47.02	112.09	89.03	92.32	121.41
21700	14.38	49.58	109.68	84.05	95.27	129.96
25100	15.03	49.49	133.06	97.83	109.76	143.63
29984	13.86	50.09	148.68	120.72	119.61	153.13
34600	8.95	46.42	150.94	150.16	129.84	170.57
45194	9.04	43.76	149.73	136.63	126.36	176.34
42063	8.62	38.63	173.02	133.86	139.87	183.29
38626	9.92	35.54	173.80	149.48	154.79	179.82
38267	9.31	38.31	222.94	192.43	179.23	181.06
24696	8.37	41.20	267.03	248.24	228.60	187.80
34257	1.5	50.99	319.86	304.69	282.90	201.06
24400	1.64	54.57	399.83	338.26	375.63	216.16
14563	1.99	55.95	548.21	453.04	531.64	247.99
17141	1.22	60.44	599.53	496.40	655.37	320.94
6377	0.87	64.46	748.00	638.16	774.90	327.77
11210	0.19	81.81	963.20	819.84	1017.82	349.27
20453	0.21	89.80	1162.97	949.60	1235.77	403.53
18385	0.23	95.80	1306.15	1045.30	1349.50	464.98
20130		100.80	1240.94	1036.30	1277.21	466.87
24123		105.80	1620.88	1446.96	1647.40	496.42

13-6 续表

年 份 Year	原 煤(万吨) Coal (10000 tons)	焦 炭(万吨) Coke (10000 tons)	原油加工量(万吨) Processed Crude Oil (10000 tons)	硫 酸(万吨) Sulfuric (10000 tons)	烧 碱(万吨) Caustic (10000 tons)	化学肥料(万吨) Chemical Fertilizer (10000 tons)	化学农药(吨) Chemical Pesticide (ton)
1978	1435.50	88.75		2.68	2.32	15.97	13539
1979	1567.61	85.85		2.84	2.76	18.37	15163
1980	1490.31	79.39	10.31	4.00	3.07	25.73	17405
1981	1553.13	70.86	36.50	3.79	3.09	23.74	13587
1982	1634.62	73.44	48.17	4.25	3.34	22.76	11783
1983	1707.62	77.02	69.66	5.24	2.91	23.12	6766
1984	1875.37	79.35	70.30	4.69	3.24	23.67	5508
1985	1938.15	83.40	83.37	3.81	3.74	19.41	2753
1986	1863.67	87.51	121.61	29.03	4.43	24.21	3362
1987	1970.23	109.36	134.91	36.77	5.26	28.37	2574
1988	2049.19	120.54	143.55	39.83	5.17	29.92	3077
1989	2063.31	115.31	150.86	43.27	5.36	30.48	4209
1990	2027.11	119.96	155.10	43.59	5.88	31.07	5146
1991	2122.98	145.31	180.98	46.93	6.12	32.49	5819
1992	2087.81	146.26	208.82	47.49	6.59	33.04	5151
1993	2104.22	160.60	230.52	49.40	7.24	29.44	4100
1994	2267.18	177.60	202.32	52.00	8.53	31.78	4589
1995	2877.90	166.53	230.56	57.10	9.97	38.44	5997
1996	2437.72	167.02	234.37	54.27	9.74	37.86	5793
1997	2064.42	170.58	246.51	59.72	9.57	44.73	6257
1998	2107.46	177.87	248.80	61.43	10.51	52.22	7495
1999	1730.73	182.11	280.70	62.77	12.76	54.55	12810
2000	1813.76	184.48	327.62	79.92	16.24	43.43	13796
2001	1634.05	187.91	296.99	87.75	18.65	46.88	14428
2002	1375.04	223.63	296.87	78.95	18.87	55.96	12710
2003	951.66	236.35	311.90	103.29	19.91	47.90	9657
2004	1232.64	323.73	361.10	110.13	25.60	50.67	15177
2005	1620.80	397.50	364.88	113.19	24.62	47.61	14425
2006	2121.70	492.61	415.49	134.53	30.03	55.80	17173
2007	2379.80	557.11	394.26	139.97	33.36	53.80	16126
2008	2592.36	524.19	409.16	185.15	34.03	54.20	21212
2009	2982.47	626.06	450.07	213.56	24.49	48.71	21612

continued

化学原料药(吨) Chemical Medicines (ton)	交流电动机(万千瓦) AC Motors (10000 kw)	金属切削机床(台) Metal-cutting Machine tools (unit)	汽车(辆) Motor Vehicles (unit)	电视机(万台) Television Sets (10000 units)	照相机(万台) Cameras (10000 units)	水泥(万吨) Cement (10000 tons)
847	52.74	2619	991	0.25	1.00	155.56
998	60.40	1938	1087	0.78	1.20	189.70
860	36.02	4012	1463	2.51	1.40	201.00
698	34.95	5297	679	9.03	3.40	227.05
932	48.64	5124	369	11.30	4.60	248.20
973	60.57	5482	1909	12.83	5.50	280.97
1012	61.95	3977	2978	17.44	7.51	303.96
8472	81.20	5330	7060	31.40	10.55	354.19
8520	96.33	4784	3811	9.57	14.75	400.35
9080	104.48	6428	8074	22.69	19.00	443.71
11334	114.20	6875	11065	32.94	23.83	503.00
10582	98.56	7063	9821	38.20	29.60	504.54
10140	88.45	4727	9711	43.88	9.00	469.13
12750	97.48	4686	14443	48.90	16.17	566.91
15442	118.09	6055	25301	61.90	14.20	689.25
13910	136.07	7043	38678	59.16	13.15	811.63
14799	127.51	4905	45321	63.64	17.97	905.80
24318	106.33	5646	52479	52.56	21.75	1005.59
7697	78.79	4014	63166	32.16	21.78	1062.16
5487	64.31	3073	90943	17.31	17.32	1105.39
4389	46.35	2163	121987	6.50	29.34	1133.38
1631	48.51	2693	119915	31.27	18.87	1315.02
1842	61.73	3559	133562	19.80	17.84	1382.00
1182	70.52	3047	159407	30.16	28.81	1574.00
2327	93.06	3281	207453	44.86	34.87	1966.00
2457	119.82	4023	185199	64.10	41.47	2172.00
1832	160.72	5087	183962	72.62	15.49	2976.00
5801	157.81	4272	207112	89.11	6.73	3477.01
8009	205.84	5020	233893	64.22	4.38	4206.31
13133	274.75	3774	221832	39.06	1.99	4956.97
16108	301.81	1548	211942	44.62	1.93	5271.59
28306	343.99	959	284659	90.97	2.69	6153.20

13-7 规模以上工业企业经济指标

指　　标	Item	2000
企业单位数(个)	Number of Enterprises (unit)	3548
#亏损企业	Loss Enterprises	1250
资产总计(万元)	Total Assets (10000 yuan)	18358562
流动资产合计(万元)	Total Working Capitals (10000 yuan)	7302030
流动资产年平均余额(万元)	Annual Average Balance of Working Capitals (10000 yuan)	7082303
固定资产合计(万元)	Total Fixed Assets (10000 yuan)	8918184
固定资产原值(万元)	Original Value of Fixed Assets (10000 yuan)	11543905
固定资产净值年平均余额(万元)	Annual Average Balance of Net value of Fixed Assets (10000 yuan)	7635813
负债总计(万元)	Total Liabilities (10000 yuan)	12538729
流动负债合计(万元)	Total Working Liabilities (10000 yuan)	8031375
长期负债合计(万元)	Total Long-term Liabilities (10000 yuan)	4304673
所有者权益(万元)	Owners' Equity (10000 yuan)	5749725
主营业务收入(万元)	Revenue from Principal Business (10000 yuan)	8970030
#主营业务税金及附加	Taxes and Other Charges on Principal Business	223525
营业费用	Operating Expenses	348333
利润总额(万元)	Total Profits (10000 yuan)	125262
利润和税金总额(万元)	Total Profits and Taxes (10000 yuan)	805410
全部从业人员年平均人数(人)	Annual Average Empolyed Persons (person)	1088214
工业总产值(万元)	Gross Industrial Output Value (10000 yuan)	9323234
工业增加值(万元)	Value Added of Industry (10000 yuan)	2698133
总资产贡献率(%)	Ratio of Total Assets to Output Value (%)	6.19
资本保值增值率(%)	Changing Rate of Net Assets (%)	108.93
资产负债率(%)	Assets-Liability Ratio (%)	68.30
流动资产周转率(次)	Ratio of Turnover Working Capitals (time)	1.27
成本费用利润率(%)	Ratio of Profits to Cost (%)	1.44
全员劳动生产率(元／人)	Overall Labor Productivity (yuan/person)	24794
产品销售率(%)	Proportion of Products Sold (%)	97.27
工业经济效益综合指数(%)	Aggregate Index of Industrial Economic Efficiency (%)	81.77

Economic Indicators of Industrial Enterprises above Designated Size

2001	2002	2003	2004	2005	2006	2007	2008	2009
3283	3076	3051	4019	4403	5333	6028	6226	7329
1135	945	766	1056	859	888	748	667	522
19327549	20186707	22687483	26341487	30583375	36714081	46887884	52936108	67355232
7482694	8083948	9424790	10560275	12656554	16213919	20587012	23706799	27942172
7448744	7864189	8882273	10126344	12314279	14948281	18589124	22335838	25972911
9426658	9848235	10911809	12202601	14655077	16908182	21166814	23455507	29125803
12345658	12909539	14262655	15892098	18244585	21675254	26444034	29209657	35698853
8028311	8427155	9233975	10377592	12209640	14661330	18410782	20429710	25238668
12827411	13168071	15025558	17155063	19322205	22388278	27793878	30671736	38348158
8304867	8660017	10285580	11920829	13523982	16715860	21437692	23700600	30188108
4417273	4128921	4559627	4991329	5027121	5313642	5738950	6971136	8160049
6419158	6825559	7425979	9168985	10961595	14036300	19092849	22264371	29007074
9736008	11432603	14942837	21865899	29091272	41737387	62411363	82819433	98141565
254856	296939	340780	391459	495427	606686	802634	995491	1385549
414143	456096	548482	638788	860647	1091098	1296073	1520240	1887424
134872	231011	514116	718782	1124119	1941917	3077476	3155831	4967457
901489	1094632	1561040	2068626	2796022	4237080	6079370	6818608	9426976
1006489	957232	961219	1017715	1121126	1257972	1407253	1481676	1698449
10160151	11887991	14723335	22119791	29788802	42454878	61941823	82087339	97004723
3082230	3626837	4467808	6270619	8823017	12880910	18222355	23235213	26107510
6.24	7.00	8.31	9.07	10.43	12.81	14.18	15.72	16.97
111.64	106.33	108.80	123.47	119.55	128.05	136.02	121.44	123.86
66.37	65.23	66.23	65.13	63.18	60.98	59.28	57.94	56.93
1.31	1.45	1.68	2.16	2.36	2.79	3.36	3.71	3.78
1.42	2.09	3.65	3.45	4.14	5.04	5.40	4.12	5.59
30624	37889	46481	61615	78698	102394	129489	162992	168029
97.60	97.95	98.01	98.14	98.48	98.46	98.58	98.55	98.82
86.70	96.11	111.96	128.84	146.43	174.67	202.00	221.86	233.83

13-8 规模以上工业企业主要经济指标（2009）

单位：万元

项目	Item	主营业务收入 Revenue from Principal Business	主营业务税金及附加 Taxes and Other Charges on Principal Business
总计	**Total**	**98141565**	**1385549**
按登记注册类型及隶属关系分	**By Registration Status and Jurisdiction of Management**		
国有企业	State-owned Enterprises	10506657	433047
中央企业	Central Enterprises	1458859	387152
地方企业	Local Enterprises	9047798	45895
集体企业	Collective-owned Enterprises	989257	12028
股份合作企业	Cooperative Enterprises	1354040	14577
联营企业	Joint Ownership Enterprises	88155	921
有限责任公司	Limited Liability Corporations	27137845	159962
股份有限公司	Share-holding Corporations Limited	6551719	416600
私营企业	Private Enterprises	36090652	271528
港、澳、台商投资企业	Enterprises with Funds from Hong Kong,Macao and Taiwan	6480132	22319
外商投资企业	Foreign Funded Enterprises	8943110	54568
#国有控股企业	State-owned Holding Enterprises	26985648	903562
按轻、重工业分	**Grouped by Light & Heavy Industries**		
轻工业	Light Industry	29760332	568824
重工业	Heavy Industry	68381233	816725
按企业规模分	**Grouped by Size of Enterprises**		
大型企业	Large Enterprises	24536653	858095
中型企业	Medium-sized Enterprises	17744966	144796
小型企业	Small Enterprises	55859946	382658
按工业行业分	**Grouped by Sector**		
#煤炭开采和洗选业	Mining and Washing of Coal	1535414	32606
黑色金属矿采选业	Mining and Processing of Ferrous Metal Ores	1080243	24000
有色金属矿采选业	Mining and Processing of Non-Ferrous Metal Ores	1421798	13900
非金属矿采选业	Mining and Processing of Nonmetal Ores	776231	11976
农副食品加工业	Processing of Food from Agricultural Products	4729513	20476
食品制造业	Manufacture of Foods	1762955	8840
饮料制造业	Manufacture of Beverages	1066534	58935
烟草制品业	Manufacture of Tobacco	844766	381753
纺织业	Manufacture of Textile	3760313	16382
纺织服装、鞋、帽制造业	Manufacture of Textile Wearing Apparel,Footware and Caps	2006500	7685
皮革、毛皮、羽毛(绒)及其制品业	Manufacture of Leather, Fur, Feather and Related Products	1323033	5255
木材加工及木、竹、藤、棕、草制品业	Processing of Timber, Manufacture of Wood, Bamboo, Rattan, Palm and Straw Products	1585066	10539
家具制造业	Manufacture of Furniture	416629	2235

Main Economic Indicators of Industrial Enterprises above Designated Size (2009)

(10000 yuan)

主营业务成本 Cost of Principal Business	营业费用 Operating Expenses	资产合计 Total Assets	流动资产 Total Working Capitals	#产成品 Finished Products	流动资产年平均余额 Annual Average Balance of Working Capitals
83634502	**1887424**	**67355232**	**27942172**	**3042332**	**25972911**
8750947	154321	11033013	4494801	332195	4813112
844314	23422	1875830	680846	27285	717661
7906633	130899	9157183	3813956	304911	4095451
877632	13100	333247	133534	16379	116576
1109428	20435	660844	237507	34881	275622
74514	1845	37778	16536	2227	13812
24007453	384954	21525809	8173749	791224	7324471
5294252	223054	5030146	2205767	271181	2304307
30441956	700085	14734800	6569730	1098700	5507745
5617471	115201	3771479	1548773	229439	1506336
7460849	274431	10228116	4561775	266107	4110931
23229816	551091	30315254	11717577	864103	12022835
24350186	1003466	18401337	8168664	1016308	7451356
59284316	883959	48953896	19773508	2026024	18521555
20971527	561793	25511318	10885632	653376	10958760
15002783	471784	16001440	6326344	810002	6355296
47660192	853848	25842475	10730196	1578953	8658856
1146506	33347	1218512	424815	29654	327202
844209	22715	384113	177548	21166	167991
1201302	11428	1144489	607028	77303	468753
637124	19299	408697	168663	18143	122729
4126615	95360	1614144	771607	107641	719388
1414562	91233	886614	330327	42846	279108
738907	73212	919036	390452	54396	460965
304500	20198	670000	437802	10100	510866
3243825	67472	1590571	676604	114957	593671
1713034	52079	769545	409087	93699	361603
1150072	11079	407629	148488	29775	157059
1320361	33182	902422	364027	62348	295721
353942	6423	150307	64641	9476	61444

13-8 续表1

单位：万元

项目	Item	主营业务收入 Revenue from Principal Business	主营业务税金及附加 Taxes and Other Charges on Principal Business
造纸及纸制品业	Manufacture of Paper and Paper Products	1165722	9485
印刷业和记录媒介的复制	Printing, Reproduction of Recording Media	682010	4392
文教体育用品制造业	Manufacture of Articles For Culture, Education and Sport Activities	413066	3621
石油加工、炼焦及核燃料加工业	Processing of Petroleum,Coking,Processing of Nuclear Fuel	2635500	373048
化学原料及化学制品制造业	Manufacture of Raw Chemical Materials and Chemical Products	6989220	84611
医药制造业	Manufacture of Medicines	3449257	17137
化学纤维制造业	Manufacture of Chemical Fibers	344449	253
橡胶制品业	Manufacture of Rubber	441125	2646
塑料制品业	Manufacture of Plastics	1272720	5972
非金属矿物制品业	Manufacture of Non-metallic Mineral Products	7124929	57588
黑色金属冶炼及压延加工业	Smelting and Pressing of Ferrous Metals	7570788	27559
有色金属冶炼及压延加工业	Smelting and Pressing of Non-ferrous Metals	17717347	69300
金属制品业	Manufacture of Metal Products	1703215	7681
通用设备制造业	Manufacture of General Purpose Machinery	1656366	8362
专用设备制造业	Manufacture of Special Purpose Machinery	1264258	6342
交通运输设备制造业	Manufacture of Transport Equipment	5342135	51181
电气机械及器材制造业	Manufacture of Electrical Machinery and Equipment	6493973	20778
通信设备、计算机及其他电子设备制造业	Manufacture of Communication Equipment,Computers and Other Electronic Equipment	2399535	9274
仪器仪表及文化、办公用机械制造业	Manufacture of Measuring Instruments and Machinery for Cultural Activity and Office Work	407504	1646
工艺品及其他制造业	Manufacture of Artwork and Other Manufacturing	745371	4228
废弃资源和废旧材料回收加工业	Recycling and Disposal of Waste	115110	1588
电力、热力的生产和供应业	Production and Supply of Electric Power and Heat Power	5498653	20880
燃气生产和供应业	Production and Supply of Gas	213719	1728
水的生产和供应业	Production and Supply of Water	186599	1668
按地区分	**By Region**		
南 昌 市	Nanchang	21058300	488298
景德镇市	Jingdezhen	4752857	33940
萍 乡 市	Pingxiang	7323111	125961
九 江 市	Jiujiang	10412398	398081
新 余 市	Xinyu	8048252	49503
鹰 潭 市	Yingtan	9327865	34559
赣 州 市	Ganzhou	8519965	51489
吉 安 市	Ji'an	7272713	53551
宜 春 市	Yichun	8423878	90127
抚 州 市	Fuzhou	5086393	21912
上 饶 市	Shangrao	7915832	38130

continued

(10000 yuan)

		资产合计 Total Assets	流动资产 Total Working Capitals		流动资产年平均余额 Annual Average Balance of Working Capitals
主营业务成本 Cost of Principal Business	营业费用 Operating expenses			#产成品 Finished Products	
971143	14136	771376	231226	33247	220402
556933	11882	477038	152575	21095	158391
362763	8640	198464	87981	11422	87384
2077735	26548	1219417	538084	78008	502898
5673144	106262	3746120	1638688	238352	1292183
2525920	421275	2312760	979864	156597	1034067
303790	2859	499564	179905	8948	143732
376506	8639	283112	80142	26695	111772
1068403	20825	487367	216449	45753	188063
5791621	135230	5050874	1701727	257310	1755942
6926831	49318	6357149	2730609	211716	2332518
16244704	86128	8799054	4272962	437296	4273593
1435241	22435	742409	347155	62132	304061
1404216	40935	1046340	542808	64907	488667
1061531	19522	855130	295237	43671	290700
4434777	197919	6242879	3033761	235267	3302047
5579846	97028	5820385	3162764	270241	2624061
2095229	24920	1249268	609496	101663	479879
342185	9838	435494	226740	30872	213451
599445	24202	367186	122586	24902	130525
92704	1832	104236	56464	2472	24206
5211742	2658	8243251	1514925	3046	1230591
166168	9476	266183	57095	2898	60993
136970	7893	714097	191840	2319	196285
17802143	644248	16522137	6859480	649859	6906857
3820383	105804	4490595	2068758	253980	1810027
5754058	116069	3337643	1393974	133385	1042631
8893021	144429	7125356	2609600	373986	2605868
7089473	105863	8054514	3728933	208391	3074982
8578410	67809	6397817	2697931	194433	3140176
7659684	118770	5279650	2342531	333939	2130892
5897241	156340	3722271	1383772	183445	920198
6763400	265887	5289138	1898182	347733	1778731
4384104	79823	2080776	931690	116883	800478
6992586	82381	5055337	2027320	246299	1762071

13-8 续表2

单位：万元

项目	Item	固定资产合计 Total Fixed Assets	固定资产原值 Original Value of Fixed Assets
总计	**Total**	**29125804**	**35698853**
按登记注册类型及隶属关系分	**By Registration Status and Jurisdiction of Management**		
国有企业	State-owned Enterprises	4417297	5873423
中央企业	Central Enterprises	1035250	1484819
地方企业	Local Enterprises	3382046	4388604
集体企业	Collective-owned Enterprises	157077	193836
股份合作企业	Cooperative Enterprises	337738	409626
联营企业	Joint Ownership Enterprises	16849	20301
有限责任公司	Limited Liability Corporations	10222346	13175446
股份有限公司	Share-holding Corporations Limited	2044313	2571688
私营企业	Private Enterprises	5972615	7033813
港、澳、台商投资企业	Enterprises with Funds from Hong Kong,Macao and Taiwan	1667571	1806280
外商投资企业	Foreign Funded Enterprises	4289998	4614440
#国有控股企业	State-owned Holding Enterprises	13743754	18408048
按轻、重工业分	**Grouped by Light & Heavy Industries**		
轻工业	Light Industry	7478945	8309755
重工业	Heavy Industry	21646859	27389098
按企业规模分	**Grouped by Size of Enterprises**		
大型企业	Large Enterprises	10171924	12827313
中型企业	Medium-sized Enterprises	7370429	9061195
小型企业	Small Enterprises	11583451	13810345
按工业行业分	**Grouped by Sector**		
#煤炭开采和洗选业	Mining and Washing of Coal	592060	753781
黑色金属矿采选业	Mining and Processing of Ferrous Metal Ores	141956	172075
有色金属矿采选业	Mining and Processing of Non-Ferrous Metal Ores	402236	434871
非金属矿采选业	Mining and Processing of Nonmetal Ores	158112	190610
农副食品加工业	Processing of Food from Agricultural Products	585076	650720
食品制造业	Manufacture of Foods	442840	533706
饮料制造业	Manufacture of Beverages	308886	423204
烟草制品业	Manufacture of Tobacco	173855	306250
纺织业	Manufacture of Textile	684016	810959
纺织服装、鞋、帽制造业	Manufacture of Textile Wearing Apparel,Footware and Caps	262536	278844
皮革、毛皮、羽毛(绒)及其制品业	Manufacture of Leather, Fur, Feather and Related Products	164012	149622
木材加工及木、竹、藤、棕、草制品业	Processing of Timber, Manufacture of Wood, Bamboo, Rattan, Palm and Straw Products	442465	545717
家具制造业	Manufacture of Furniture	63758	65773

continued

(10000 yuan)

固定资产净值年平均余额 Annual Average Balance of Net value of Fixed Asssets	负　债合　计 Total Liabilities	流动负债合　计 Total Working Liabilities	长期负债合　计 Total Long-term Liabilities	所有者权益合　计 Total Owners' Equities	利润总额 Total Profits	#盈利企业的利润额 Profits of Profit-making Enterprises	#亏损企业的亏损额 Losses of Loss Enterprises	利润税金总　额 Total Profits and Taxes
25238668	**38348158**	**30188108**	**8160049**	**29007074**	**4967457**	**5312359**	**344902**	**9426976**
3888145	6144695	4618962	1525733	4888318	554143	600273	46130	1407070
976428	1180921	684662	496258	694909	84228	106607	22379	600550
2911716	4963774	3934299	1029475	4193409	469916	493667	23751	806520
139721	216428	170004	46424	116819	45470	46501	1031	83013
294964	308418	233872	74546	352426	101297	104651	3354	168752
14608	18920	14963	3957	18858	4773	4773		8784
8951708	13987499	10374023	3613476	7538310	1031061	1138277	107216	1994062
1764178	3076745	2454958	621787	1953401	170256	252784	82528	849481
5159483	6774087	5664742	1109345	7960713	2102084	2163532	61448	3491553
1403989	1736554	1435129	301425	2034925	370991	387511	16520	564845
3621874	6084813	5221456	863357	4143303	587383	603903	16520	859418
12217311	18992890	14209841	4783049	11322364	829164	1029279	200115	2737783
6275930	9641018	8227584	1413433	8760319	1791078	1841835	50757	3175309
18962738	28707140	21960524	6746616	20246756	3176379	3470523	294144	6251667
8569349	16123668	13218084	2905585	9387650	948446	1025707	77261	2659019
6474686	9397642	7123702	2273940	6603798	962200	1077514	115314	1712985
10194633	12826848	9846323	2980525	13015627	3056811	3209139	152328	5054972
562103	694795	546838	147958	523717	152119	154687	2568	282658
129772	160339	146334	14005	223774	106111	106524	413	202935
268595	505704	396556	109148	638785	108827	116496	7669	195455
124842	148187	138861	9327	260510	60314	60993	679	99139
516299	747334	617666	129668	866810	227848	228100	252	306029
418269	391424	276313	115111	495190	125861	126649	788	180913
269652	499175	402889	96287	419861	91271	96481	5210	198330
159425	317233	317137	96	352767	72082	72082		544313
583086	790382	678009	112373	800189	196042	203872	7830	310494
226446	317582	292190	25393	451963	98110	99289	1179	146706
135173	153976	143879	10097	253653	82788	85782	2994	121982
407945	360892	248898	111993	541530	105799	107393	1594	173581
48160	59863	54924	4939	90444	18452	18482	30	29328

13-8 续表3

单位：万元

项　目	Item	固定资产合计 Total Fixed Assets	固定资产原值 Original Value of Fixed Assets
造纸及纸制品业	Manufacture of Paper and Paper Products	454912	483656
印刷业和记录媒介的复制	Printing, Reproduction of Recording Media	274438	402730
文教体育用品制造业	Manufacture of Articles For Culture, Education and Sport Activities	70983	78013
石油加工、炼焦及核燃料加工业	Processing of Petroleum,Coking,Processing of Nuclear Fuel	529933	803330
化学原料及化学制品制造业	Manufacture of Raw Chemical Materials and Chemical Products	1639692	1781715
医药制造业	Manufacture of Medicines	826711	941453
化学纤维制造业	Manufacture of Chemical Fibers	287871	373761
橡胶制品业	Manufacture of Rubber	169680	185105
塑料制品业	Manufacture of Plastics	228675	263873
非金属矿物制品业	Manufacture of Non-metallic Mineral Products	2695005	3253188
黑色金属冶炼及压延加工业	Smelting and Pressing of Ferrous Metals	2495604	3138803
有色金属冶炼及压延加工业	Smelting and Pressing of Non-ferrous Metals	2581408	3175683
金属制品业	Manufacture of Metal Products	281929	335631
通用设备制造业	Manufacture of General Purpose Machinery	335284	405422
专用设备制造业	Manufacture of Special Purpose Machinery	476188	495034
交通运输设备制造业	Manufacture of Transport Equipment	2186592	2307409
电气机械及器材制造业	Manufacture of Electrical Machinery and Equipment	1809460	1653294
通信设备、计算机及其他电子设备制造业	Manufacture of Communication Equipment,Computers and Other Electronic Equipment	445920	546553
仪器仪表及文化、办公用机械制造业	Manufacture of Measuring Instruments and Machinery for Cultural Activity and Office Work	138123	175198
工艺品及其他制造业	Manufacture of Artwork and Other Manufacturing	192912	216787
废弃资源和废旧材料回收加工业	Recycling and Disposal of Waste	39878	45155
电力、热力的生产和供应业	Production and Supply of Electric Power and Heat Power	5957653	8633807
燃气生产和供应业	Production and Supply of Gas	156797	178855
水的生产和供应业	Production and Supply of Water	428350	508271
按地区分	**By Region**		
南 昌 市	Nanchang	7247683	9260904
景德镇市	Jingdezhen	1711962	2033943
萍 乡 市	Pingxiang	1412950	1775725
九 江 市	Jiujiang	3636208	4240841
新 余 市	Xinyu	3030136	3499508
鹰 潭 市	Yingtan	2156349	2739995
赣 州 市	Ganzhou	2215092	2704509
吉 安 市	Ji'an	1881360	2362244
宜 春 市	Yichun	2648521	3305984
抚 州 市	Fuzhou	866509	1007718
上 饶 市	Shangrao	2319032	2767483

continued

(10000 yuan)

固定资产净值年平均余额 Annual Average Balance of Net value of Fixed Asssets	负债合计 Total Liabilities	流动负债合计 Total Working Liabilities	长期负债合计 Total Long-term Liabilities	所有者权益合计 Total Owners' Equities	利润总额			利润税金总额 Total Profits and Taxes
					Total Profits	#盈利企业的利润额 Profits of Profit-making Enterprises	#亏损企业的亏损额 Losses of Loss Enterprises	
427464	359166	335479	23687	412210	73989	74545	556	117760
257559	161870	116008	45862	315168	56152	58737	2585	82054
63194	85932	79611	6322	112532	13685	17021	3336	25081
481665	900262	744716	155545	319155	18897	25736	6839	510160
1306580	1793706	1436222	357484	1952414	450664	479540	28876	751908
672968	1090205	944167	146038	1222555	200505	206320	5815	375053
284163	330629	164188	166441	168935	20316	22435	2119	25250
140781	115966	89283	26683	167146	29296	29341	45	43192
207232	217012	188639	28373	270355	62627	66815	4188	102662
2427992	2409340	1752643	656698	2641534	551185	573777	22592	870370
1984328	4294456	3848890	445566	2062693	236635	244191	7556	456925
2175974	4747837	3905608	842229	4051217	717621	762752	45131	1338243
275168	358435	324348	34087	383974	102280	105120	2840	145155
280310	542011	491182	50829	504329	96209	100998	4789	148029
410516	329354	277570	51784	525776	59517	67225	7708	98919
1750110	3908033	3500929	407105	2334846	204493	270957	66464	407417
1274895	3937332	3623877	313455	1883053	400358	410035	9677	538525
416685	618435	500651	117784	630833	99309	105274	5965	147295
122832	229328	207568	21760	206166	29438	29588	150	42785
182733	144222	112193	32030	222964	53116	55512	2396	79784
38934	19586	17882	1704	84650	10147	10147		16033
5719358	6101015	2931119	3169896	2142236	11826	87702	75876	269842
143839	149853	115983	33870	116330	15269	15518	249	24745
343626	357286	218862	138425	356811	8299	16243	7944	17928
6439527	9490720	7591372	1899348	7031417	897640	951823	54183	1960580
1436334	2695194	2239726	455468	1795401	118381	182836	64455	290098
1238243	1403071	1223468	179603	1934572	673728	683489	9761	1152075
3009825	4700337	3321208	1379129	2425019	462374	515385	53011	1169118
2470672	5398144	4815365	582780	2656370	528496	551997	23501	747661
1843333	3217991	2488150	729840	3179826	399640	422455	22815	672369
1917289	2982697	2311209	671488	2296953	365174	394174	29000	710863
1721976	1509922	1125119	384803	2212349	455356	473359	18003	800180
2401359	2994270	2063566	930704	2294868	584503	591095	6592	994053
747398	1006737	815359	191378	1074039	165449	167486	2037	312333
2012713	2949075	2193566	755509	2106262	316716	378260	61544	617646

13-8 续表4

单位：%

项目	Item	企业亏损面 Ratio to Lossmaking Enterprises	经济效益综合指数 Aggregate Index of Economic Efficiency
总计	**Total**	**7.12**	**233.83**
按登记注册类型及隶属关系分	**By Registration Status and Jurisdiction of Management**		
国有企业	State-owned Enterprises	19.54	200.78
中央企业	Central Enterprises	35.71	371.67
地方企业	Local Enterprises	18.77	182.64
集体企业	Collective-owned Enterprises	7.32	279.09
股份合作企业	Cooperative Enterprises	3.43	284.46
联营企业	Joint Ownership Enterprises		258.55
有限责任公司	Limited Liability Corporations	9.10	240.43
股份有限公司	Share-holding Corporations Limited	8.40	257.98
私营企业	Private Enterprises	5.00	287.34
港、澳、台商投资企业	Enterprises with Funds from Hong Kong,Macao and Taiwan	8.58	200.41
外商投资企业	Foreign Funded Enterprises	11.54	214.14
#国有控股企业	State-owned Holding Enterprises	20.81	207.17
按轻、重工业分	**Grouped by Light & Heavy Industries**		
轻工业	Light Industry	5.66	220.68
重工业	Heavy Industry	8.09	248.39
按企业规模分	**Grouped by Size of Enterprises**		
大型企业	Large Enterprises	12.50	243.81
中型企业	Medium-sized Enterprises	11.85	186.04
小型企业	Small Enterprises	6.70	279.85
按工业行业分	**Grouped by Sector**		
#煤炭开采和洗选业	Mining and Washing of Coal	4.22	225.42
黑色金属矿采选业	Mining and Processing of Ferrous Metal Ores	5.56	442.42
有色金属矿采选业	Mining and Processing of Non-Ferrous Metal Ores	16.23	256.26
非金属矿采选业	Mining and Processing of Nonmetal Ores	6.98	317.64
农副食品加工业	Processing of Food from Agricultural Products	2.88	310.33
食品制造业	Manufacture of Foods	3.59	276.78
饮料制造业	Manufacture of Beverages	6.25	275.03
烟草制品业	Manufacture of Tobacco		1049.42
纺织业	Manufacture of Textile	6.62	238.36
纺织服装、鞋、帽制造业	Manufacture of Textile Wearing Apparel, Footware and Caps	6.30	221.90
皮革、毛皮、羽毛(绒)及其制品业	Manufacture of Leather, Fur, Feather and Related Products	2.44	255.69
木材加工及木、竹、藤、棕、草制品业	Processing of Timber, Manufacture of Wood,Bamboo, Rattan,Palm and Straw Products	5.21	240.47
家具制造业	Manufacture of Furniture	1.82	267.06

(%)

总资产贡献率 Ratio of Total Assets to Output Value	资本保值增值率 Changing Rate of Net Assets	资产负债率 Assets-Liability Ratio	流动资产周转率(次) Ratio of Turnover Working Capitals (time)	成本费用利润率 Ratio of Profits to Cost	全员劳动生产率(元/人) Overall Labor Productivity (yuan/person)	产品销售率 Proportion of Products Sold
16.97	**123.86**	**56.93**	**3.78**	**5.59**	**168029**	**98.82**
14.86	115.61	55.69	2.18	5.86	146444	97.39
34.28	136.74	62.95	2.03	8.54	350454	100.04
10.52	112.73	54.21	2.21	5.55	132133	96.90
28.01	123.43	64.95	8.49	4.99	138373	98.46
27.69	121.65	46.67	4.91	8.73	180831	99.42
30.64	158.59	50.08	6.38	6.04	113973	98.16
11.97	119.65	64.98	3.71	4.07	208321	99.03
18.67	131.92	61.17	2.84	2.91	233230	99.23
28.67	138.76	45.97	6.55	6.55	165730	98.98
18.97	129.01	46.04	4.30	6.27	92756	99.10
10.53	111.99	59.49	2.18	7.21	174058	98.51
10.91	113.81	62.65	2.24	3.29	185579	98.73
20.88	124.53	52.39	3.99	6.77	123381	98.42
15.55	123.57	58.64	3.69	5.09	200985	99.01
12.95	112.97	63.20	2.24	4.19	234690	98.78
12.41	118.88	58.73	2.79	5.91	118450	98.49
24.35	136.22	49.63	6.45	6.12	171660	98.95
27.54	114.07	57.02	4.69	11.88	69765	98.35
61.19	140.45	41.74	6.43	11.66	290886	100.12
19.82	126.52	44.19	3.03	8.49	189792	98.72
28.76	133.11	36.26	6.32	8.85	205952	99.64
23.99	132.73	46.30	6.57	5.24	227320	98.77
25.65	116.86	44.15	6.32	7.99	157346	99.01
24.23	112.54	54.32	2.31	10.64	208713	97.75
86.56	113.26	47.35	1.65	18.47	1255174	101.94
24.46	143.90	49.69	6.33	5.70	105592	99.09
23.25	139.06	41.27	5.55	5.35	98982	95.69
36.22	130.38	37.77	8.42	6.97	58928	99.36
23.67	134.21	39.99	5.36	7.53	118093	99.36
24.53	158.80	39.83	6.78	4.98	146725	98.92

13-8 续表5

单位：%

项目	Item	企业亏损面 Ratio to Lossmaking Enterprises	经济效益综合指数 Aggregate Index of Economic Efficiency
造纸及纸制品业	Manufacture of Paper and Paper Products	3.27	258.42
印刷业和记录媒介的复制	Printing, Reproduction of Recording Media	8.54	277.95
文教体育用品制造业	Manufacture of Articles For Culture, Education and Sport Activities	7.04	168.11
石油加工、炼焦及核燃料加工业	Processing of Petroleum,Coking,Processing of Nuclear Fuel	9.52	404.76
化学原料及化学制品制造业	Manufacture of Raw Chemical Materials and Chemical Products	6.33	292.76
医药制造业	Manufacture of Medicines	7.56	236.46
化学纤维制造业	Manufacture of Chemical Fibers	18.18	214.64
橡胶制品业	Manufacture of Rubber	4.00	228.28
塑料制品业	Manufacture of Plastics	5.10	268.24
非金属矿物制品业	Manufacture of Non-metallic Mineral Products	7.51	257.30
黑色金属冶炼及压延加工业	Smelting and Pressing of Ferrous Metals	13.40	232.64
有色金属冶炼及压延加工业	Smelting and Pressing of Non-ferrous Metals	10.54	351.83
金属制品业	Manufacture of Metal Products	4.23	295.70
通用设备制造业	Manufacture of General Purpose Machinery	8.37	222.02
专用设备制造业	Manufacture of Special Purpose Machinery	6.90	219.80
交通运输设备制造业	Manufacture of Transport Equipment	7.08	175.74
电气机械及器材制造业	Manufacture of Electrical Machinery and Equipment	6.05	235.24
通信设备、计算机及其他电子设备制造业	Manufacture of Communication Equipment,Computers and Other Electronic Equipment	8.88	208.14
仪器仪表及文化、办公用机械制造业	Manufacture of Measuring Instruments and Machinery for Cultural Activity and Office Work	13.79	172.04
工艺品及其他制造业	Manufacture of Artwork and Other Manufacturing	3.77	231.87
废弃资源和废旧材料回收加工业	Recycling and Disposal of Waste		383
电力、热力的生产和供应业	Production and Supply of Electric Power and Heat Power	21.28	235.87
燃气生产和供应业	Production and Supply of Gas	4.76	266.53
水的生产和供应业	Production and Supply of Water	19.30	122.45
按地区分	**By region**		
南昌市	Nanchang	8.19	259.71
景德镇市	Jingdezhen	6.04	195.38
萍乡市	Pingxiang	1.99	330.95
九江市	Jiujiang	9.78	225.88
新余市	Xinyu	6.65	256.76
鹰潭市	Yingtan	16.76	253.38
赣州市	Ganzhou	11.65	214.40
吉安市	Jian	4.70	283.49
宜春市	Yichun	5.32	241.02
抚州市	Fuzhou	1.10	233.63
上饶市	Shangrao	11.90	246.97

(%)

总资产贡献率 Ratio of Total Assets to Output Value	资本保值增值率 Changing Rate of Net Assets	资产负债率 Assets-Liability Ratio	流动资产周转率(次) Ratio of Turnover Working Capitals (time)	成本费用利润率 Ratio of Profits to Cost	全员劳动生产率(元/人) Overall Labor Productivity (yuan/person)	产品销售率 Proportion of Products Sold
17.78	111.99	46.56	5.29	7.23	173920	98.70
21.20	154.57	33.93	4.31	9.23	189849	98.50
14.71	122.11	43.30	4.73	3.56	64854	95.70
47.36	368.74	73.83	5.24	0.86	314780	99.55
26.07	135.68	47.88	5.41	7.56	195672	99.44
18.91	118.71	47.14	3.34	6.40	169793	98.18
6.07	141.19	66.18	2.40	6.36	186983	98.65
17.83	126.18	40.96	3.95	7.37	142482	96.26
26.00	133.77	44.53	6.77	5.59	146077	98.87
20.95	134.04	47.70	4.06	8.95	166642	99.41
9.26	118.63	67.55	3.25	3.28	217468	100.26
18.31	114.56	53.96	4.15	4.31	362812	98.02
24.02	129.62	48.28	5.60	6.80	210006	98.29
16.68	111.34	51.80	3.39	6.34	153741	99.22
13.52	124.55	38.52	4.35	5.28	148036	98.78
7.80	125.95	62.60	1.62	4.11	145896	98.05
11.91	115.62	67.65	2.47	6.81	205217	98.65
15.38	115.51	49.50	5.00	4.50	119404	98.13
12.29	119.04	52.66	1.91	7.88	97106	101.81
26.27	123.35	39.28	5.71	8.10	89139	98.73
26.86	454.62	18.79	4.76	10.21	265673	100.30
5.55	113.06	74.01	4.47	0.22	237930	99.70
12.51	134.96	56.30	3.50	8.19	221078	100.90
4.13	108.07	50.03	0.95	4.48	80418	98.28
14.33	123.36	57.44	3.05	4.62	237045	98.21
8.13	140.25	60.02	2.63	2.87	164064	98.38
43.56	166.58	42.04	7.02	11.02	149848	100.42
19.32	128.76	65.97	4.00	4.93	150015	99.07
11.41	106.37	67.02	2.62	7.06	239905	99.66
12.50	109.49	50.30	2.97	4.50	237513	97.15
16.97	123.89	56.49	4.00	4.55	138865	98.94
25.06	134.12	40.56	7.90	7.25	145346	98.31
23.10	112.50	56.61	4.74	8.02	132692	99.07
18.41	116.83	48.38	6.35	3.61	135185	98.89
16.30	137.61	58.34	4.49	4.34	184672	99.84

13-8 续表6

项　目	Item	全部从业人员年平均人数（人）Annual Average Empolyed Persons (person)
总　计	**Total**	**1698449**
按登记注册类型及隶属关系分	**By Registration Status and Jurisdiction of Management**	
国有企业	State-owned Enterprises	185722
中央企业	Central Enterprises	12174
地方企业	Local Enterprises	173548
集体企业	Collective-owned Enterprises	21476
股份合作企业	Cooperative Enterprises	22446
联营企业	Joint Ownership Enterprises	2340
有限责任公司	Limited Liability Corporations	380945
股份有限公司	Share-holding Corporations Limited	82965
私营企业	Private Enterprises	644267
港、澳、台商投资企业	Enterprises with Funds from Hong Kong,Macao and Taiwan	208521
外商投资企业	Foreign Funded Enterprises	149767
#国有控股企业	State-owned Holding Enterprises	397412
按轻、重工业分	**Grouped by Light & Heavy Industries**	
轻工业	Light Industry	721283
重工业	Heavy Industry	977166
按企业规模分	**Grouped by Size of Enterprises**	
大型企业	Large Enterprises	280397
中型企业	Medium-sized Enterprises	448064
小型企业	Small Enterprises	969988
按工业行业分	**Grouped by Sector**	
#煤炭开采和洗选业	Mining and Washing of Coal	83910
黑色金属矿采选业	Mining and Processing of Ferrous Metal Ores	12814
有色金属矿采选业	Mining and Processing of Non-Ferrous Metal Ores	31912
非金属矿采选业	Mining and Processing of Nonmetal Ores	12982
农副食品加工业	Processing of Food from Agricultural Products	58571
食品制造业	Manufacture of Foods	38725
饮料制造业	Manufacture of Beverages	21323
烟草制品业	Manufacture of Tobacco	4763
纺织业	Manufacture of Textile	119635
纺织服装、鞋、帽制造业	Manufacture of Textile Wearing Apparel,Footware and Caps	69657
皮革、毛皮、羽毛(绒)及其制品业	Manufacture of Leather, Fur, Feather and Related Products	73787
木材加工及木、竹、藤、棕、草制品业	Processing of Timber, Manufacture of Wood,Bamboo, Rattan,Palm and Straw Products	44680
家具制造业	Manufacture of Furniture	10005

continued

产值利税率 (%) Ratio of Profits and Taxes to Output Value (%)	销售利税率 (%) Ratio of Profits and Taxes to Sales (%)	资金利税率 (%) Ratio of Profits and Taxes to Funds (%)	人均实现利税 (元) Profits and Taxes Per Capita (yuan)	人均实现利润 (元) Profits Per Capita (yuan)	人均占有固定资产原值 (元) Original Value of Fixed Assets Per Capita (yuan)	人均实现工业增加值 (元) Added Value of Industry Per Capita (yuan)
9.72	**9.61**	**18.41**	**55503**	**29247**	**210185**	**153714**
15.22	13.39	16.17	75762	29837	316248	142315
41.41	41.17	35.45	493305	69187	1219664	593738
10.35	8.91	11.51	46472	27077	252876	110648
8.22	8.39	32.39	38654	21172	90257	121612
12.23	12.46	29.58	75181	45129	182494	179350
9.69	9.96	30.91	37538	20397	86756	99321
7.39	7.35	12.25	52345	27066	345862	184795
12.92	12.97	20.88	102390	20521	309973	177884
9.62	9.67	32.73	54194	32628	109175	154947
8.59	8.72	19.41	27088	17792	86623	91345
9.70	9.61	11.11	57384	39220	308108	158545
10.92	10.15	11.29	68890	20864	463198	158401
10.50	10.67	23.13	44023	24832	115208	121608
9.36	9.14	16.68	63978	32506	280291	177412
11.89	10.84	13.62	94831	33825	457470	189365
9.50	9.65	13.35	38231	21475	202230	112669
8.93	9.05	26.81	52114	31514	142376	162368
17.81	18.41	31.78	33686	18129	89832	60013
18.48	18.79	68.15	158370	82809	134287	256626
13.72	13.75	26.51	61248	34102	136272	170693
12.64	12.77	40.04	76367	46460	146826	186255
6.41	6.47	24.77	52249	38901	111099	206220
10.19	10.26	25.94	46717	32501	137819	134974
18.12	18.60	27.15	93012	42804	198473	182704
65.63	64.43	81.21	1142794	151337	642977	1117842
8.18	8.26	26.39	25953	16387	67786	94424
7.04	7.31	24.95	21061	14085	40031	89929
9.07	9.22	41.74	16532	11220	20278	50931
10.81	10.95	24.67	38850	23679	122139	105545
6.89	7.04	26.76	29313	18443	65740	128478

13-8 续表7

项　　目	Item	全部从业人员年平均人数(人) Annual Average Empolyed Persons (person)
造纸及纸制品业	Manufacture of Paper and Paper Products	22774
印刷业和记录媒介的复制	Printing, Reproduction of Recording Media	12917
文教体育用品制造业	Manufacture of Articles For Culture, Education and Sport Activities	22100
石油加工、炼焦及核燃料加工业	Processing of Petroleum,Coking,Processing of Nuclear Fuel	10836
化学原料及化学制品制造业	Manufacture of Raw Chemical Materials and Chemical Products	121997
医药制造业	Manufacture of Medicines	70444
化学纤维制造业	Manufacture of Chemical Fibers	4933
橡胶制品业	Manufacture of Rubber	8455
塑料制品业	Manufacture of Plastics	29832
非金属矿物制品业	Manufacture of Non-metallic Mineral Products	153137
黑色金属冶炼及压延加工业	Smelting and Pressing of Ferrous Metals	66874
有色金属冶炼及压延加工业	Smelting and Pressing of Non-ferrous Metals	103487
金属制品业	Manufacture of Metal Products	27424
通用设备制造业	Manufacture of General Purpose Machinery	37830
专用设备制造业	Manufacture of Special Purpose Machinery	30126
交通运输设备制造业	Manufacture of Transport Equipment	88757
电气机械及器材制造业	Manufacture of Electrical Machinery and Equipment	103496
通信设备、计算机及其他电子设备制造业	Manufacture of Communication Equipment,Computers and Other Electronic Equipment	66919
仪器仪表及文化、办公用机械制造业	Manufacture of Measuring Instruments and Machinery for Cultural Activity and Activity and Office Work	13917
工艺品及其他制造业	Manufacture of Artwork and Other Manufacturing	28884
废弃资源和废旧材料回收加工业	Recycling and Disposal of Waste	1652
电力、热力的生产和供应业	Production and Supply of Electric Power and Heat Power	74214
燃气生产和供应业	Production and Supply of Gas	3572
水的生产和供应业	Production and Supply of Water	11108
按地区分	**By Region**	
南 昌 市	Nanchang	280388
景德镇市	Jingdezhen	97066
萍 乡 市	Pingxiang	147318
九 江 市	Jiujiang	194379
新 余 市	Xinyu	94539
鹰 潭 市	Yingtan	61949
赣 州 市	Ganzhou	199861
吉 安 市	Ji'an	162557
宜 春 市	Yichun	215992
抚 州 市	Fuzhou	112941
上 饶 市	Shangrao	131459

continued

产值利税率 (%) Ratio of Profits and Taxes to Output Value (%)	销售利税率 (%) Ratio of Profits and Taxes to Sales (%)	资金利税率 (%) Ratio of Profits and Taxes to Funds (%)	人均实现利税 (元) Profits and Taxes Per Capita (yuan)	人均实现利润 (元) Profits Per Capita (yuan)	人均占有固定资产原值 (元) Original Value of Fixed Assets Per Capita (yuan)	人均实现工业增加值 (元) Added Value of Industry Per Capita (yuan)
10.00	10.10	18.18	51708	32488	212372	150516
12.26	12.03	19.73	63524	43471	311783	170115
5.62	6.07	16.66	11349	6192	35300	58719
19.19	19.36	51.82	470801	17439	741353	249765
10.67	10.76	28.93	61633	36941	146046	191542
10.76	10.87	21.97	53241	28463	133646	152653
7.41	7.33	5.90	51186	41184	757675	161399
9.53	9.79	17.10	51085	34649	218930	132698
8.03	8.07	25.97	34413	20993	88453	132214
12.04	12.22	20.80	56836	35993	212436	151744
6.67	6.04	10.58	68326	35385	469361	191141
8.14	7.55	20.75	129315	69344	306868	308017
8.36	8.52	25.06	52930	37296	122386	201615
8.86	8.94	19.25	39130	25432	107169	174738
7.59	7.82	14.11	32835	19756	164321	136673
7.75	7.63	8.06	45903	23040	259969	127578
8.06	8.29	13.81	52033	38683	159745	173468
5.96	6.14	16.43	22011	14840	81674	104088
10.54	10.50	12.72	30743	21153	125888	69052
10.59	10.70	25.47	27622	18389	75054	78497
13.90	13.93	25.39	97052	61423	273335	241223
4.89	4.91	3.88	36360	1593	1163366	213612
11.80	11.58	12.08	69275	42746	500714	214468
9.81	9.61	3.32	16140	7471	457572	70873
9.35	9.31	14.69	69924	32014	330289	219376
5.85	6.10	8.94	29887	12196	209542	149577
16.27	15.73	50.51	78203	45733	120537	120612
11.09	11.23	20.82	60146	23787	218174	139758
9.41	9.29	13.48	79085	55902	370166	239538
8.53	7.21	13.49	108536	64511	442299	207953
8.20	8.34	17.56	35568	18271	135319	125330
10.88	11.00	30.28	49225	28012	145318	128576
11.63	11.80	23.78	46023	27061	153060	114786
6.11	6.14	20.18	27655	14649	89225	118292
7.77	7.80	16.36	46984	24092	210521	168174

13-9 规模以上国有控股工业企业经济指标

指 标	Item	2000
企业单位数(个)	Number of Enterprises (unit)	2506
#亏损企业	Loss Enterprises	1053
资产总计(万元)	Total Assets (10000 yuan)	16329797
流动资产合计(万元)	Total Working Capitals (10000 yuan)	6429562
流动资产年平均余额(万元)	Annual Average Balance of Working Capitals (10000 yuan)	6254565
固定资产合计(万元)	Total Fixed Assets (10000 yuan)	8051655
固定资产原值(万元)	Original Value of Fixed Assets (10000 yuan)	10499338
固定资产净值年平均余额(万元)	Annual Average Balance of Net value of Fixed Assets (10000 yuan)	6848173
负债总计(万元)	Total Liabilities (10000 yuan)	11278672
流动负债合计(万元)	Total Working Liabilities (10000 yuan)	7103967
长期负债合计(万元)	Total Long-term Liabilities (10000 yuan)	4008410
所有者权益(万元)	Owners' Equity (10000 yuan)	4981017
主营业务收入(万元)	Revenue from Principal Business (10000 yuan)	7221113
#主营业务税金及附加	Taxes and Other Charges on Principal Business	200331
营业费用	Operating Expenses	221515
利润总额(万元)	Total Profits (10000 yuan)	84322
利润和税金总额(万元)	Total Profits and Taxes (10000 yuan)	672393
全部从业人员年平均人数(人)	Annual Average Empolyed Persons (person)	889644
工业总产值(万元)	Gross Industrial Output Value (10000 yuan)	7373147
工业增加值(万元)	Value Added of Industry (10000 yuan)	2148119
总资产贡献率(%)	Ratio of Total Assets to Output value (%)	5.94
资本保值增值率(%)	Changing Rate of Net Assets (%)	106.21
资产负债率(%)	Assets-Liability Ratio (%)	69.07
流动资产周转率(次)	Ratio of Turnover Working Capitals (time)	1.15
成本费用利润率(%)	Ratio of Profits to Cost (%)	1.20
全员劳动生产率(元/人)	Overall Labor Productivity (yuan/person)	24146
产品销售率(%)	Proportion of Products Sold (%)	97.67
工业经济效益综合指数(%)	Aggregate Index of Industrial Economic Efficiency (%)	78.28

Economic Indicators of State-holding Industrial Enterprises above Designated Size

2001	2002	2003	2004	2005	2006	2007	2008	2009
1981	1519	1071	1228	804	706	563	558	543
826	639	407	487	275	211	132	167	113
16880605	17046385	17829549	18535069	19449500	22034893	25536051	27779963	30315254
6386346	6711016	7383855	7049250	7746481	9484535	10740181	11648204	11717577
6401691	6524880	6914411	6958141	7580170	8715402	9779786	11716916	12022835
8339684	8473690	8722765	8885846	9774636	10594485	11845860	12942695	13743754
11050373	11289157	11826568	12082458	12736501	14518366	16135879	17349041	18408048
7049304	7168488	7369675	7468066	7966635	9013638	10390006	11498190	12217311
11320340	11421660	12371281	12892114	13494055	14642855	16628458	17686025	18992890
7167866	7342960	8184216	8483766	8945439	10499799	12217947	12977761	14209841
4078151	3757087	4099168	4271286	4115752	3953683	4232824	4708263	4783049
5479285	5431649	5222322	5625517	5655984	7106514	8907593	10093937	11322364
7463900	8484138	9980005	12766815	15262090	19498190	24560686	27229935	26985648
225670	262013	288983	321418	359035	417856	494431	546687	903562
243865	282917	297947	306376	340005	395913	456021	481064	551091
78683	133192	262938	373966	571611	1066988	1267392	376295	829164
726457	854150	1072265	1313172	1622508	2421762	2712624	1919325	2737783
759204	661102	565081	498973	470614	461026	423776	407662	397412
7685343	8678614	9466047	12788918	15315489	19697841	23304461	25881696	25068428
2377795	2703277	2835212	3438354	4167351	5326312	6233268	6803306	6295047
5.87	6.63	7.53	8.33	9.74	12.39	12.00	9.07	10.91
110.00	99.13	96.15	107.72	100.54	97.20	125.34	114.57	113.81
67.06	67.00	69.39	69.56	69.38	66.45	65.12	63.66	62.65
1.17	1.30	1.44	1.83	2.01	2.24	2.51	2.32	2.24
1.08	1.62	2.76	3.10	4.00	5.98	5.60	1.43	3.29
31320	40890	50174	68909	88551	115532	147089	186782	185579
98.27	98.34	98.79	98.82	99.49	99.10	98.69	99.24	98.73
83.43	92.55	104.49	123.96	142.87	174.30	198.01	198.06	207.17

13-10 国有控股工业企业主要经济指标（2009年）

单位：万元

项目	Item	企业单位数（个） Number of Enterprises (unit)	亏损企业 Loss Enterprises	工业总产值 Gross Industrial Output Value
总计	**Total**	**543**	**113**	**25068428**
按登记注册类型及隶属关系分	**By Registration Status and Jurisdiction of Management**			
国有企业	State-owned Enterprises	307	60	9244698
中央企业	Central Enterprises	14	5	1450181
地方企业	Local Enterprises	293	55	7794517
集体企业	Collective-owned Enterprises			
股份合作企业	Cooperative Enterprises			
联营企业	Joint Ownership Enterprises	6		16447
有限责任公司	Limited Liability Corporations	180	42	9501757
股份有限公司	Share-holding Corporations Limited	32	7	4218262
私营企业	Private Enterprises			
港、澳、台商投资企业	Enterprises with Funds from Hong Kong, Macao and Taiwan	4		166778
外商投资企业	Foreign Funded Enterprises	14	4	1920486
按轻、重工业分	**Grouped by Light & Heavy Industries**			
轻工业	Light Industry	152	33	2923695
重工业	Heavy Industry	391	80	22144733
按企业规模分	**Grouped by Size of Enterprises**			
大型企业	Large Enterprises	29	5	17437869
中型企业	Medium-sized Enterprises	189	36	4637418
小型企业	Small Enterprises	325	72	2993141
按工业行业分	**Grouped by Sector**			
#煤炭开采和洗选业	Mining and Washing of Coal	20	6	534831
黑色金属矿采选业	Mining and Processing of Ferrous Metal Ores	2		16749
有色金属矿采选业	Mining and Processing of Non-Ferrous Metal Ores	37	4	380289
非金属矿采选业	Mining and Processing of Nonmetal Ores	11	3	53931
农副食品加工业	Processing of Food from Agricultural Products	22	4	161143
食品制造业	Manufacture of Foods	8	1	78956
饮料制造业	Manufacture of Beverages	10	2	127151
烟草制品业	Manufacture of Tobacco	1		829411
纺织业	Manufacture of Textile	10	2	73412
纺织服装、鞋、帽制造业	Manufacture of Textile Wearing Apparel,Footware and Caps	5		197092
皮革、毛皮、羽毛(绒)及其制品业	Manufacture of Leather, Fur, Feather and Related Products	1		3224
木材加工及木、竹、藤、棕、草制品业	Processing of Timber, Manufacture of Wood,Bamboo, Rattan,Palm and Straw Products	5	1	9706
家具制造业	Manufacture of Furniture			
造纸及纸制品业	Manufacture of Paper and Paper Products	5	1	11775

Main Indicators of State-holding Industrial Enterprises (2009)

(10000 yuan)

工业增加值 Value Added of Industry	主营业务收入 Revenue from Principal Business	主营业务税金及附加 Taxes and Other Charges on Principal Business	主营业务成本 Cost of Principal Business	营业费用 Operating Expenses	资产合计 Total Assets	流动资产 Total Working Capitals	#产成品 Finished Products	流动资产年平均余额 Annual Average Balance of Working Capitals
6295047	**26985648**	**903562**	**23229816**	**551091**	**30315254**	**11717577**	**864103**	**12022835**
2643097	10506657	433047	8750947	154321	11033013	4494801	332195	4813112
722817	1458859	387152	844314	23422	1875830	680846	27285	717661
1920280	9047798	45895	7906633	130899	9157183	3813956	304911	4095451
5257	16096	665	12639	501	12030	3413	356	2218
2356020	10014107	51057	9284740	92833	12955492	4565353	290171	4296013
805961	4207920	392356	3355612	174022	3472095	1463574	153750	1641192
33291	162966	945	143792	7463	134362	72984	5239	83136
451421	2077903	25491	1682086	121950	2708262	1117451	82393	1187165
1094751	2894735	403001	1864347	204271	3018081	1396505	188331	1560679
5200296	24090913	500561	21365469	346820	27297173	10321072	675772	10462156
4113108	19367525	848766	16522302	394004	20045307	8297187	555111	8871170
1318450	4674123	31924	4092243	116390	6161222	2228171	209715	2209308
863489	2944000	22872	2615270	40697	4108725	1192218	99277	942357
158264	496591	5913	374370	11259	859654	299705	9258	219748
5060	19275	253	12681	812	16381	7764	229	9877
152835	388572	6481	287711	3623	651518	362412	46079	247091
19800	54217	415	45482	3150	34626	14291	903	12768
39661	160783	1733	132135	7056	53153	24071	1917	21666
24455	76814	2157	51151	8668	137161	53605	5065	33463
44159	121999	7348	87606	13286	98652	41482	5035	40742
532428	844766	381753	304500	20198	670000	437802	10100	510866
21685	69929	420	66954	962	64335	26695	6214	21493
58011	170207	205	152345	8351	107510	57250	25694	91883
913	3228	10	3083	14	429	142	38	243
3022	11509	31	9928	300	14147	5883	1565	8292
3598	11316	30	10470	93	5477	1808	484	3635

13-10 续表1

单位：万元

项目	Item	企业单位数（个）Number of Enterprises (unit)	亏损企业 Loss Enterprises	工业总产值 Gross Industrial Output Value
印刷业和记录媒介的复制	Printing, Reproduction of Recording Media	13	3	188377
文教体育用品制造业	Manufacture of Articles For Culture, Education and Sport Activities			
石油加工、炼焦及核燃料加工业	Processing of Petroleum,Coking,Processing of Nuclear Fuel	2	1	2269617
化学原料及化学制品制造业	Manufacture of Raw Chemical Materials and Chemical Products	28	6	636917
医药制造业	Manufacture of Medicines	14	3	635817
化学纤维制造业	Manufacture of Chemical Fibers			
橡胶制品业	Manufacture of Rubber			
塑料制品业	Manufacture of Plastics	5	2	12295
非金属矿物制品业	Manufacture of Non-metallic Mineral Products	46	11	555808
黑色金属冶炼及压延加工业	Smelting and Pressing of Ferrous Metals	3		3193641
有色金属冶炼及压延加工业	Smelting and Pressing of Non-ferrous Metals	26	4	4991782
金属制品业	Manufacture of Metal Products	7		65499
通用设备制造业	Manufacture of General Purpose Machinery	15	5	238690
专用设备制造业	Manufacture of Special Purpose Machinery	11	3	75836
交通运输设备制造业	Manufacture of Transport Equipment	27	6	3253795
电气机械及器材制造业	Manufacture of Electrical Machinery and Equipment	14	2	734305
通信设备、计算机及其他电子设备制造业	Manufacture of Communication Equipment,Computers and Other Electronic Equipment	10	4	217454
仪器仪表及文化、办公用机械制造业	Manufacture of Measuring Instruments and Machinery for Cultural Activity and Office Work	6		146578
工艺品及其他制造业	Manufacture of Artwork and Other Manufacturing	1		61261
废弃资源和废旧材料回收加工业	Recycling and Disposal of Waste	2		2008
电力、热力的生产和供应业	Production and Supply of Electric Power and Heat Power	132	28	5167533
燃气生产和供应业	Production and Supply of Gas	4	1	22840
水的生产和供应业	Production and Supply of Water	40	10	120705
按地区分	**By Region**			
南昌市	Nanchang	105	26	8464521
景德镇市	Jingdezhen	54	16	1954916
萍乡市	Pingxiang	17	6	430296
九江市	Jiujiang	79	14	3163158
新余市	Xinyu	23	5	2652777
鹰潭市	Yingtan	17	5	4552020
赣州市	Ganzhou	77	15	1059738
吉安市	Ji'an	49	14	513055
宜春市	Yichun	34	4	1002704
抚州市	Fuzhou	32		235654
上饶市	Shangrao	56	8	1039589

continued

(10000 yuan)

工业增加值 Value Added of Industry	主营业务收入 Revenue from Principal Business	主营业务税金及附加 Taxes and Other Charges on Principal Business	主营业务成本 Cost of Principal Business	营业费用 Operating Expenses	资产合计 Total Assets	流动资产 Total Working Capitals	#产成品 Finished Products	流动资产年平均余额 Annual Average Balance of Working Capitals
62770	188027	1921	137424	1193	189696	61824	10247	89885
62								
190497	2249033	371705	1738793	22914	1043028	452494	63817	436599
299100	656749	3792	595669	8551	751809	327045	32509	322042
182885	659955	3770	443726	125084	721064	299154	39435	358458
2033								
5874	10613	33	9155	576	15341	6488	1262	6937
201884	538242	5068	434255	19918	983454	320304	49531	370633
534683	3655183	13167	3432422	33389	3606424	1617772	141750	1488865
1008341	6416852	28077	5798971	37219	5491320	2407022	101756	2715948
50663	63541	288	56713	1202	37931	16719	8502	25740
208825	236676	996	206485	8876	251545	132785	13173	154601
56410	72504	155	61839	2667	144586	60956	5552	59402
671637	3405635	41438	2839409	163945	4745044	2325179	142809	2700722
123576	702549	4201	578733	25562	790800	451753	88396	481976
49292	196969	522	157363	7529	351975	198515	27224	187578
24024	154233	455	129840	3672	251441	122916	18634	122166
18610	51786	22	42889	3117	17792	5310	1473	6319
1009	1457	4	1225	2	2602	1496	595	2199
1475574	5145976	19437	4914319	1080	7577921	1409148	1728	1132547
11655	24687	301	18902	1632	127439	27335	1104	23215
51752	125777	1464	93268	5191	500998	140455	2027	115236
2479211	8792982	428440	7273365	290758	10165086	4099075	298481	4479903
487174	1918479	18636	1689513	75226	2752790	1357413	183335	1398632
114340	417189	5302	341957	9283	559105	204034	7787	120572
533800	3143699	374556	2564440	24803	2454580	818749	107141	843487
601380	2888747	12189	2680377	34920	3509110	1428218	98085	1278560
830122	5998382	28698	5390952	52532	5218346	2114100	74411	2558238
398186	1042199	16174	916736	15060	1341682	567829	45920	410270
195158	510195	5020	447134	11152	1060693	235731	3590	146615
310625	992808	7238	825084	11261	1667340	399794	10279	293804
67264	241898	1255	208775	8354	292984	114594	7184	84952
340377	1039071	6055	891482	17743	1293537	378039	27890	407803

13-10 续表2

单位：万元

项 目	Item	固定资产合 计 Total Fixed Assets	固定资产原 值 Original Value of Fixed Assets	固定资产净值年平均余额 Annual Average Balance of Net value Asssets
总 计	**Total**	**13743754**	**18408048**	**12217311**
按登记注册类型及隶属关系分	**By Registration Status and Jurisdiction of Management**			
国有企业	State-owned Enterprises	4417297	5873423	3888145
中央企业	Central enterprises	1035250	1484819	976428
地方企业	Local enterprises	3382046	4388604	2911716
集体企业	Collective-owned Enterprises			
股份合作企业	Cooperative Enterprises			
联营企业	Joint Ownership Enterprises	6999	8877	6214
有限责任公司	Limited Liability Corporations	6512563	9061517	5875657
股份有限公司	Share-holding Corporations Limited	1482888	1904761	1265365
私营企业	Private Enterprises			
港、澳、台商投资企业	Enterprises with Funds from Hong Kong,Macao and Taiwan	46117	53770	41547
外商投资企业	Foreign Funded Enterprises	1277891	1505700	1140384
按轻、重工业分	**Grouped by Light & Heavy Industries**			
轻工业	Light Industry	1213623	1602551	998586
重工业	Heavy Industry	12530130	16805496	11218725
按企业规模分	**Grouped by Size of Enterprises**			
大型企业	Large Enterprises	8148626	11020697	7118893
中型企业	Medium-sized Enterprises	3079386	4059900	2765237
小型企业	Small Enterprises	2515742	3327451	2333181
按工业行业分	**Grouped by Sector**			
#煤炭开采和洗选业	Mining and Washing of Coal	417695	531788	396560
黑色金属矿采选业	Mining and Processing of Ferrous Metal Ores	6208	7525	5675
有色金属矿采选业	Mining and Processing of Non-Ferrous Metal Ores	226522	247002	149582
非金属矿采选业	Mining and Processing of Nonmetal Ores	14874	18758	11136
农副食品加工业	Processing of Food from Agricultural Products	21300	24443	19162
食品制造业	Manufacture of Foods	69795	87206	66545
饮料制造业	Manufacture of Beverages	38551	50866	29715
烟草制品业	Manufacture of Tobacco	173855	306250	159425
纺织业	Manufacture of Textile	27458	32948	24262
纺织服装、鞋、帽制造业	Manufacture of Textile Wearing Apparel, Footware and Caps	36322	38593	31259
皮革、毛皮、羽毛(绒)及其制品业	Manufacture of Leather, Fur, Feather and Related Products	186	165	149
木材加工及木、竹、藤、棕、草制品业	Processing of Timber, Manufacture of Wood, Bamboo, Rattan,Palm and Straw Products	7205	8445	6666
家具制造业	Manufacture of Furniture			
造纸及纸制品业	Manufacture of Paper and Paper Products	2862	3106	2587

continued

(10000 yuan)

负债合计 Total Liabilities	流动负债合计 Total Working Liabilities	长期负债合计 Total Long-term Liabilities	所有者权益合计 Total Owners' Equities	利润总额 Total Profits	#盈利企业的利润额 Profits of Profit-making Enterprises	#亏损企业的亏损额 Losses of loss Enterprises	利润税金总额 Total Profits and Taxes
18992890	**14209841**	**4783049**	**11322364**	**829164**	**1029279**	**200115**	**2737783**
6144695	4618962	1525733	4888318	554143	600273	46130	1407070
1180921	684662	496258	694909	84228	106607	22379	600550
4963774	3934299	1029475	4193409	469916	493667	23751	806520
2808	1972	836	9222	1150	1150		2672
9102775	6553963	2548812	3852717	124025	198530	74505	503652
2275916	1773781	502135	1196179	30585	103710	73125	605285
95516	78924	16592	38846	5901	5901		10217
1371181	1182240	188941	1337081	113359	113359		208888
1684600	1418236	266365	1333481	189545	209144	19599	758020
17308290	12791605	4516685	9988883	639619	820134	180515	1979764
12265260	9857303	2407957	7780047	629392	706653	77261	2187555
4097384	2837972	1259412	2063838	127459	212020	84561	339819
2630247	1514566	1115681	1478478	72313	110606	38293	210410
603667	475114	128552	255987	33286	35388	2102	84454
8709	8267	441	7672	2784	2784		4222
263944	200671	63273	387574	45285	46554	1269	79048
17989	16706	1283	16637	2374	2477	103	5838
31712	26529	5183	21441	7974	8047	73	11669
70480	41045	29435	66681	13414	13484	70	20171
53387	40029	13358	45265	3512	5071	1559	17105
317233	317137	96	352767	72082	72082		544313
85867	74720	11147	-21532	-4646	399	5045	-1844
91677	84218	7459	15833	4629	4629		7010
259	242	17	170	24	24		130
11439	9319	2120	2708	-330	226	556	40
2422	2239	183	3055	493	560	67	905

13-10 续表3

单位：万元

项　　目	Item	固定资产合计 Total Fixed Assets	固定资产原值 Original Value of Fixed Assets	固定资产净值年平均余额 Annual Average Balance of Net value Asssets
印刷业和记录媒介的复制	Printing, Reproduction of Recording Media	107761	159772	100317
文教体育用品制造业	Manufacture of Articles For Culture, Education and Sport Activities			
石油加工、炼焦及核燃料加工业	Processing of Petroleum,Coking,Processing of Nuclear Fuel	464741	714272	420651
化学原料及化学制品制造业	Manufacture of Raw Chemical Materials and Chemical Products	330852	395729	268744
医药制造业	Manufacture of Medicines	250873	286783	207317
化学纤维制造业	Manufacture of Chemical Fibers			
橡胶制品业	Manufacture of Rubber			
塑料制品业	Manufacture of Plastics	7621	8597	7418
非金属矿物制品业	Manufacture of Non-metallic Mineral Products	539086	650140	492027
黑色金属冶炼及压延加工业	Smelting and Pressing of Ferrous Metals	1304400	1867434	1104990
有色金属冶炼及压延加工业	Smelting and Pressing of Non-ferrous Metals	1631148	2081274	1356953
金属制品业	Manufacture of Metal Products	15808	18718	15696
通用设备制造业	Manufacture of General Purpose Machinery	80472	103790	68609
专用设备制造业	Manufacture of Special Purpose Machinery	69184	73641	56319
交通运输设备制造业	Manufacture of Transport Equipment	1629106	1723836	1314528
电气机械及器材制造业	Manufacture of Electrical Machinery and Equipment	213156	284857	132970
通信设备、计算机及其他电子设备制造业	Manufacture of Communication Equipment,Computers and Other Electronic Equipment	118745	167322	128857
仪器仪表及文化、办公用机械制造业	Manufacture of Measuring Instruments and Machinery for Cultural Activity and Office Work	89958	120373	78318
工艺品及其他制造业	Manufacture of Artwork and Other Manufacturing	10030	11149	9518
废弃资源和废旧材料回收加工业	Recycling and Disposal of Waste	981	1121	956
电力、热力的生产和供应业	Production and Supply of Electric Power and Heat Power	5448320	7924390	5229953
燃气生产和供应业	Production and Supply of Gas	75069	85629	68865
水的生产和供应业	Production and Supply of Water	313615	372129	251585
按地区分	**By Region**			
南昌市	Nanchang	4617773	6274275	4155555
景德镇市	Jingdezhen	948134	1131955	782052
萍乡市	Pingxiang	275463	340478	252970
九江市	Jiujiang	1383881	1866788	1213331
新余市	Xinyu	1466191	2053048	1281686
鹰潭市	Yingtan	1708807	2241215	1449169
赣州市	Ganzhou	616115	793279	531425
吉安市	Ji'an	735505	1013463	694572
宜春市	Yichun	1096718	1488330	1041806
抚州市	Fuzhou	144040	188027	123919
上饶市	Shangrao	751128	1017192	690826

continued

(10000 yuan)

负债合计 Total Liabilities	流动负债合计 Total Working Liabilities	长期负债合计 Total Long-term Liabilities	所有者权益合计 Total Owners' Equities	利润总额 Total Profits	#盈利企业的利润额 Profits of Profit-making Enterprises	#亏损企业的亏损额 Losses of loss Enterprises	利润税金总额 Total Profits and Taxes
60703	42986	17717	128993	29514	31680	2166	41406
817470	673895	143575	225558	1357	8190	6833	476604
443124	363726	79399	308685	10036	23524	13488	29882
375082	321969	53114	345982	32808	34271	1463	73979
7473	5616	1856	7868	194	310	116	493
561732	411055	150676	421722	41220	46665	5445	68830
2504644	2404987	99657	1101780	25418	25418		129146
2504553	1997397	507155	2986767	339557	348065	8508	544000
28931	26015	2916	9000	1831	1831		4548
157478	147016	10462	94067	1622	5834	4212	7855
63041	54435	8606	81545	-2697	2723	5420	256
3161541	2815251	346291	1583503	96428	159417	62989	242201
473365	428791	44574	317435	40372	40439	67	52718
150889	122812	28077	201086	9894	10893	999	15684
132987	122381	10606	118454	7616	7616		11755
8134	5989	2145	9658	5747	5747		6082
344	330	14	2258	75	75		99
5653197	2746254	2906943	1924724	4424	73903	69479	247827
89267	69091	20176	38172	2294	2543	249	3011
240154	153609	86545	260844	573	8412	7839	8346
6534235	5049069	1485166	3630851	328360	355982	27622	1094799
1919184	1614397	304787	833606	-18375	45573	63948	47922
351642	276659	74983	207463	9206	18166	8960	46991
2044501	1398604	645897	410079	-264	40230	40494	515750
2367217	2062950	304267	1141893	41706	58327	16621	140898
2293358	1724131	569226	2924988	320633	334561	13928	519597
826951	599182	227770	514731	39356	50447	11091	108486
372001	197802	174199	688692	994	16284	15290	30422
1239015	656957	582058	428325	42525	43932	1407	109080
207078	145493	61585	85906	10095	10095		20417
837709	484597	353112	455828	54927	55682	755	103422

13-10 续表4

单位：%

项目	Item	企业亏损面 Ratio to Lossmaking Enterprises	经济效益综合指数 Aggregate Index of Economic Efficiency
总计	**Total**	**20.81**	**207.17**
按登记注册类型及隶属关系分	**By Registration Status and Jurisdiction of Management**		
国有企业	State-owned Enterprises	19.54	200.78
中央企业	Central Enterprises	35.71	371.67
地方企业	Local Enterprises	18.77	182.64
集体企业	Collective-owned Enterprises		
股份合作企业	Cooperative Enterprises		
联营企业	Joint Ownership Enterprises		248.18
有限责任公司	Limited Liability Corporations	23.33	197.28
股份有限公司	Share-holding Corporations Limited	21.88	272.2
私营企业	Private Enterprises		
港、澳、台商投资企业	Enterprises with Funds from Hong Kong,Macao and Taiwan		343.98
外商投资企业	Foreign Funded Enterprises	28.57	226.21
按轻、重工业分	**Grouped by Light & Heavy Industries**		
轻工业	Light Industry	21.71	221.92
重工业	Heavy Industry	20.46	208.27
按企业规模分	**Grouped by Size of Enterprises**		
大型企业	Large Enterprises	17.24	250.4
中型企业	Medium-sized Enterprises	19.05	146.98
小型企业	Small Enterprises	22.15	181.24
按工业行业分	**Grouped by Sector**		
#煤炭开采和洗选业	Mining and Washing of Coal	30.00	134.27
黑色金属矿采选业	Mining and Processing of Ferrous Metal Ores		223.3
有色金属矿采选业	Mining and Processing of Non-Ferrous Metal Ores	10.81	188.29
非金属矿采选业	Mining and Processing of Nonmetal Ores	27.27	222.58
农副食品加工业	Processing of Food from Agricultural Products	18.18	252.23
食品制造业	Manufacture of Foods	12.50	249.26
饮料制造业	Manufacture of Beverages	20.00	202.86
烟草制品业	Manufacture of Tobacco		1049.42
纺织业	Manufacture of Textile	20.00	36.57
纺织服装、鞋、帽制造业	Manufacture of Textile Wearing Apparel,Footware and Caps		203.71
皮革、毛皮、羽毛(绒)及其制品业	Manufacture of Leather, Fur, Feather and Related Products		262.58
木材加工及木、竹、藤、棕、草制品业	Processing of Timber, Manufacture of Wood,Bamboo,Rattan,Palm and Straw Products	20.00	83.32
家具制造业	Manufacture of Furniture		
造纸及纸制品业	Manufacture of Paper and Paper Products	20.00	181.17

(%)

总资产贡献率 Ratio of Total Assets to Output Value	资本保值增值率 Changing Rate of Net Assets	资产负债率 Assets-Liability Ratio	流动资产周转率（次） Ratio of Turnover Working Capitals (time)	成本费用利润率 Ratio of Profits to Cost	全员劳动生产率（元/人） Overall Labor Productivity (yuan/person)	产品销售率 Proportion of Products Sold
10.91	**113.81**	**62.65**	**2.24**	**3.29**	**185579**	**98.73**
14.86	115.61	55.69	2.18	5.86	146444	97.39
34.28	136.74	62.95	2.03	8.54	350454	100.04
10.52	112.73	54.21	2.21	5.55	132133	96.90
						0.00
						0.00
36.2	114.71	23.34	7.26	8.25	60863	100.00
5.72	105.71	70.26	2.33	1.26	201759	99.96
18.15	122.06	65.55	2.56	0.81	280290	99.17
						0.00
13.51	120.78	71.09	1.96	3.7	408204	97.67
9.32	126.67	50.63	1.75	5.79	210314	98.21
27.47	108.13	55.82	1.85	8.23	134350	98.78
9.07	114.61	63.41	2.3	2.79	195417	98.73
13.25	111.77	61.19	2.18	3.52	248972	98.62
6.64	123.94	66.5	2.12	2.82	104015	99.23
6.98	111.81	64.02	3.12	2.55	146303	98.61
12.2	104.83	70.22	2.26	7.46	41227	96.85
26.3	87.59	53.16	1.95	17.36	83624	110.97
13.48	132.81	40.51	1.57	13.52	88333	98.46
19.62	97.99	51.95	4.25	4.7	144721	99.61
26.08	95.03	59.66	7.42	5.32	119033	98.66
17.76	143.22	51.38	2.3	19.38	125126	98.66
18.3	106.83	54.12	2.99	3.22	144453	97.34
86.56	113.26	47.35	1.65	18.47	1255174	101.94
-1.3		133.47	3.25	-6.3	45085	99.05
6.93	209.04	85.27	1.85	2.81	194796	85.13
29.92	114.93	60.48	13.31	0.74	53173	99.17
2.08	222.64	80.86	1.39	-2.85	44858	102.35
9.49	156.56	44.21	3.11	4.58	114115	99.01

13-10 续表5

单位：%

项目	Item	企业亏损面 Ratio to Lossmaking Enterprises	经济效益综合指数 Aggregate Index of Economic Efficiency
印刷业和记录媒介的复制	Printing, Reproduction of Recording Media	23.08	266.10
文教体育用品制造业	Manufacture of Articles For Culture, Education and Sport Activities		
石油加工、炼焦及核燃料加工业	Processing of Petroleum,Coking,Processing of Nuclear Fuel	50.00	452.45
化学原料及化学制品制造业	Manufacture of Raw Chemical Materials and Chemical Products	21.43	175.17
医药制造业	Manufacture of Medicines	21.43	189.74
化学纤维制造业	Manufacture of Chemical Fibers		
橡胶制品业	Manufacture of Rubber		
塑料制品业	Manufacture of Plastics	40.00	114.17
非金属矿物制品业	Manufacture of Non-metallic Mineral Products	23.91	182.90
黑色金属冶炼及压延加工业	Smelting and Pressing of Ferrous Metals		180.57
有色金属冶炼及压延加工业	Smelting and Pressing of Non-ferrous Metals	15.38	297.05
金属制品业	Manufacture of Metal Products		179.27
通用设备制造业	Manufacture of General Purpose Machinery	33.33	136.12
专用设备制造业	Manufacture of Special Purpose Machinery	27.27	83.00
交通运输设备制造业	Manufacture of Transport Equipment	22.22	163.48
电气机械及器材制造业	Manufacture of Electrical Machinery and Equipment	14.29	227.02
通信设备、计算机及其他电子设备制造业	Manufacture of Communication Equipment,Computers and Other Electronic Equipment	40.00	117.85
仪器仪表及文化、办公用机械制造业	Manufacture of Measuring Instruments and Machinery for Cultural Activity and Office Work		134.54
工艺品及其他制造业	Manufacture of Artwork and Other Manufacturing		558.27
废弃资源和废旧材料回收加工业	Recycling and Disposal of Waste		144.54
电力、热力的生产和供应业	Production and Supply of Electric Power and Heat Power	21.21	237.71
燃气生产和供应业	Production and Supply of Gas	25.00	140.15
水的生产和供应业	Production and Supply of Water	25.00	97.22
按地区分	**By Region**		
南昌市	Nanchang	24.76	234.56
景德镇市	Jingdezhen	29.63	149.95
萍乡市	Pingxiang	35.29	126.22
九江市	Jiujiang	17.72	267.53
新余市	Xinyu	21.74	205.97
鹰潭市	Yingtan	29.41	253.51
赣州市	Ganzhou	19.48	178.41
吉安市	Ji'an	28.57	154.17
宜春市	Yichun	11.76	174.94
抚州市	Fuzhou		137.31
上饶市	Shangrao	14.29	198.96

(%)

总资产贡献率 Ratio of Total Assets to Output Value	资本保值增值率 Changing Rate of Net Assets	资产负债率 Assets-Liability Ratio	流动资产周转率(次) Ratio of Turnover Working Capitals (time)	成本费用利润率 Ratio of Profits to Cost	全员劳动生产率(元/人) Overall Labor Productivity (yuan/person)	产品销售率 Proportion of Products Sold
22.45	116.11	32.00	2.09	18.73	151736	98.65
49.61	419.21	78.37	5.15	0.07	384006	99.64
5.77	103.68	58.94	2.04	1.56	163364	100.08
12.88	106.70	52.02	1.84	5.29	145013	99.01
3.17	118.01	48.71	1.53	1.79	75002	97.37
9.69	151.35	57.12	1.45	8.40	120854	98.36
5.03	88.80	69.45	2.46	0.70	180894	100.73
11.99	110.90	45.61	2.36	5.62	313954	96.25
12.50	35.48	76.27	2.47	2.98	156142	102.16
3.98	89.26	62.60	1.53	0.69	122512	100.34
0.58	100.12	43.60	1.22	-3.59	73724	98.77
6.13	127.75	66.63	1.26	2.94	145440	98.18
8.90	142.81	59.86	1.46	6.18	211752	98.32
5.88	105.35	42.87	1.05	5.20	62217	96.89
6.22	95.72	52.89	1.26	5.20	85497	105.12
39.15	124.72	45.72	8.20	11.97	523320	97.93
7.82	101.85	13.22	0.66	5.88	103297	96.84
5.52	116.40	74.60	4.54	0.09	240205	99.72
3.01	108.76	70.05	1.06	9.32	85504	100.00
2.74	105.34	47.94	1.09	0.44	66250	99.35
12.36	109.63	64.28	1.96	4.06	227811	98.84
3.22	143.83	69.72	1.37	-0.96	152257	99.62
10.52	90.42	62.89	3.46	2.29	45034	98.14
23.25	191.35	83.29	3.73	-0.01	236470	99.62
5.78	94.32	67.46	2.26	1.46	216764	100.74
11.76	110.51	43.95	2.34	5.69	242854	95.95
10.95	121.12	61.64	2.54	3.96	126722	99.51
4.36	188.81	35.07	3.48	0.20	99543	99.08
8.68	89.53	74.31	3.38	4.74	122730	99.26
8.89	89.10	70.68	2.85	4.31	69615	99.57
11.01	116.56	64.76	2.55	5.66	152363	99.16

13-10 续表6

项　　目	Item	全部从业人员年平均人数(人) Annual Average Empolyed Persons (Person)
总　　计	**Total**	**397412**
按登记注册类型及隶属关系分	**By Registration Status and Jurisdiction of Management**	
国有企业	State-owned Enterprises	185722
中央企业	Central Enterprises	12174
地方企业	Local Enterprises	173548
集体企业	Collective-owned Enterprises	
股份合作企业	Cooperative Enterprises	
联营企业	Joint Ownership Enterprises	795
有限责任公司	Limited Liability Corporations	138552
股份有限公司	Share-holding Corporations Limited	44276
私营企业	Private Enterprises	
港、澳、台商投资企业	Enterprises with Funds from Hong Kong,Macao and Taiwan	1202
外商投资企业	Foreign Funded Enterprises	26865
按轻、重工业分	**Grouped by Light & Heavy Industries**	
轻工业	Light Industry	64023
重工业	Heavy Industry	333389
按企业规模分	**Grouped by Size of Enterprises**	
大型企业	Large Enterprises	206056
中型企业	Medium-sized Enterprises	131167
小型企业	Small Enterprises	60189
按工业行业分	**Grouped by Sector**	
#煤炭开采和洗选业	Mining and Washing of Coal	47857
黑色金属矿采选业	Mining and Processing of Ferrous Metal Ores	680
有色金属矿采选业	Mining and Processing of Non-Ferrous Metal Ores	18310
非金属矿采选业	Mining and Processing of Nonmetal Ores	1270
农副食品加工业	Processing of Food from Agricultural Products	3777
食品制造业	Manufacture of Foods	2165
饮料制造业	Manufacture of Beverages	3579
烟草制品业	Manufacture of Tobacco	4763
纺织业	Manufacture of Textile	5419
纺织服装、鞋、帽制造业	Manufacture of Textile Wearing Apparel, Footware and Caps	3347
皮革、毛皮、羽毛(绒)及其制品业	Manufacture of Leather, Fur, Feather and Related Products	196
木材加工及木、竹、藤、棕、草制品业	Processing of Timber, Manufacture of Wood,Bamboo, Rattan, Palm and Straw Products	711
家具制造业	Manufacture of Furniture	
造纸及纸制品业	Manufacture of Paper and Paper Products	347

continued

产值利税率 (%) Ratio of Profits and Taxes to Output Value (%)	销售利税率 (%) Ratio of Profits and Taxes to Sales (%)	资金利税率 (%) Ratio of Profits and Taxes to Funds (%)	人均实现利 税 (元) Profits and Taxes Per Capita (yuan)	人均实现利 润 (元) Profits Per Capita (yuan)	人均占有固定资产原值 (元) Original Value of Fixed Assets Per Capita (yuan)	人 均 实 现 工业增加值 (元) Added Value of Industry Per Capita (yuan)
10.92	**10.15**	**11.29**	**68890**	**20864**	**463198**	**158401**
15.22	13.39	16.17	75762	29837	316248	142315
41.41	41.17	35.45	493305	69187	1219664	593738
10.35	8.91	11.51	46472	27077	252876	110648
16.25	16.60	31.69	33610	14465	111660	66126
5.30	5.03	4.95	36351	8952	654016	170046
14.35	14.38	20.82	136707	6908	430202	182031
6.13	6.27	8.19	85000	49093	447338	276963
10.88	10.05	8.97	77755	42196	560469	168033
25.93		29.62	118398	29606	250309	170993
8.94	8.22	9.13	59383	19185	504081	155983
12.54		13.68	106163	30545	534840	199611
7.33	7.27	6.83	25907	9717	309521	100517
7.03	7.15	6.42	34958	12014	552834	143463
15.79		13.70	17647	6955	111120	33070
25.21	21.90	27.15	62088	40941	110662	74412
20.79	20.34	19.93	43172	24732	134900	83471
10.82	10.77	24.42	45969	18693	147701	155906
7.24	7.26	28.58	30895	21112	64715	105007
25.55	26.26	20.17	93169	61958	402799	112958
13.45	14.02	24.28	47793	9813	142123	123383
65.63	64.43	81.21	1142794	151337	642977	1117842
-2.51	-2.64	-4.03	-3403	-8574	60801	40016
3.56	4.12	5.69	20944	13830	115306	173322
4.03	4.03	33.16	6643	1209	8398	46578
0.41	0.35	0.27	560	-4647	118776	42504
7.69	8.00	14.55	26081	14207	89510	103689

13-10 续表7

项　　目	Item	全部从业人员年平均人数（人） Annual Average Empolyed Persons (Person)
印刷业和记录媒介的复制	Printing, Reproduction of Recording Media	4550
文教体育用品制造业	Manufacture of Articles For Culture, Education and Sport Activities	
石油加工、炼焦及核燃料加工业	Processing of Petroleum,Coking,Processing of Nuclear Fuel	7583
化学原料及化学制品制造业	Manufacture of Raw Chemical Materials and Chemical Products	13209
医药制造业	Manufacture of Medicines	15039
化学纤维制造业	Manufacture of Chemical Fibers	
橡胶制品业	Manufacture of Rubber	
塑料制品业	Manufacture of Plastics	559
非金属矿物制品业	Manufacture of Non-metallic Mineral Products	16239
黑色金属冶炼及压延加工业	Smelting and Pressing of Ferrous Metals	37481
有色金属冶炼及压延加工业	Smelting and Pressing of Non-ferrous Metals	36315
金属制品业	Manufacture of Metal Products	1391
通用设备制造业	Manufacture of General Purpose Machinery	6782
专用设备制造业	Manufacture of Special Purpose Machinery	3519
交通运输设备制造业	Manufacture of Transport Equipment	55080
电气机械及器材制造业	Manufacture of Electrical Machinery and Equipment	11024
通信设备、计算机及其他电子设备制造业	Manufacture of Communication Equipment,Computers and Other Electronic Equipment	11303
仪器仪表及文化、办公用机械制造业	Manufacture of Measuring Instruments and Machinery for Cultural Activity and Office Work	5709
工艺品及其他制造业	Manufacture of Artwork and Other Manufacturing	400
废弃资源和废旧材料回收加工业	Recycling and Disposal of Waste	74
电力、热力的生产和供应业	Production and Supply of Electric Power and Heat Power	68820
燃气生产和供应业	Production and Supply of Gas	1006
水的生产和供应业	Production and Supply of Water	8908
按地区分	**By Region**	
南 昌 市	Nanchang	117784
景德镇市	Jingdezhen	41228
萍 乡 市	Pingxiang	29792
九 江 市	Jiujiang	37013
新 余 市	Xinyu	34952
鹰 潭 市	Yingtan	34976
赣 州 市	Ganzhou	26769
吉 安 市	Ji'an	16555
宜 春 市	Yichun	27394
抚 州 市	Fuzhou	10118
上 饶 市	Shangrao	20831

continued

产值利税率 (%) Ratio of Profits and Taxes to Output Value (%)	销售利税率 (%) Ratio of Profits and Taxes to Sales (%)	资金利税率 (%) Ratio of Profits and Taxes to Funds (%)	人均实现利税 (元) Profits and Taxes Per Capita (yuan)	人均实现利润 (元) Profits Per Capita (yuan)	人均占有固定资产原值 (元) Original Value of Fixed Assets Per Capita (yuan)	人均实现工业增加值 (元) Added Value of Industry Per Capita (yuan)
21.98	22.02	21.77	91002	64866	351147	137956
21.00	21.19	55.60	628516	1790	941939	251216
4.69	4.55	5.06	22622	7598	299590	226437
11.64	11.21	13.08	49191	21815	190693	121607
4.01	4.65	3.43	8819	3470	153792	105075
12.38	12.79	7.98	42386	25383	400357	124321
4.04	3.53	4.98	34456	6782	498235	142654
10.90	8.48	13.36	149800	93503	573117	277665
6.94	7.16	10.98	32696	13163	134565	364219
3.29	3.32	3.52	11582	2392	153037	307910
0.34	0.35	0.22	727	-7664	209267	160300
7.44	7.11	6.03	43973	17507	312969	121938
7.18	7.50	8.57	47821	36622	258397	112097
7.21	7.96	4.96	13876	8753	148033	43610
8.02	7.62	5.86	20590	13340	210848	42080
9.93	11.74	38.40	152050	143675	278720	465259
4.93	6.79	3.14	13378	10135	151527	136331
4.80	4.82	3.90	36011	643	1151466	214411
13.18	12.20	3.27	29930	22803	851183	115855
6.91	6.64	2.28	9369	643	417747	58097
12.93	12.45	12.68	92950	27878	532693	210488
2.45	2.50	2.20	11624	-4457	274560	118166
10.92	11.26	12.58	15773	3090	114285	38379
16.30	16.41	25.08	139343	-71	504360	144220
5.31	4.88	5.50	40312	11932	587391	172059
11.41	8.66	12.97	148558	91672	640787	237340
10.24	10.41	11.52	40527	14702	296342	148749
5.93	5.96	3.62	18376	600	612179	117885
10.88	10.99	8.17	39819	15523	543305	113392
8.66	8.44	9.77	20179	9977	185834	66480
9.95	9.95	9.41	49648	26368	488307	163399

13-11 规模以上集体企业经济指标
Economic Indicators of Collective-owned Industrial Enterprises above Designated Size

指　　标	Item	2000	2005	2008	2009
企业单位数(个)	Number of Enterprises (unit)	476	130	131	123
#亏损企业	Loss Enterprises	80	25	14	9
资产总计(万元)	Total Assets (10000 yuan)	788828	229162	280842	333247
流动资产合计(万元)	Total Working Capitals (10000 yuan)	339498	111332	128877	133534
流动资产年平均余额(万元)	Annual Average Balance of Working Capitals (10000 yuan)	313842	106523	132151	116576
固定资产合计(万元)	Total Fixed Assets (10000 yuan)	295016	98718	125446	157077
固定资产原值(万元)	Original Value of Fixed Assets (10000 yuan)	353776	119780	156216	193836
固定资产净值年平均余额(万元)	Annual Average Balance of Net value of Fixed Assets (10000 yuan)	260054	85953	112556	139721
负债总计(万元)	Total Liabilities (10000 yuan)	524042	161107	182763	216428
流动负债合计(万元)	Total Working Liabilities (10000 yuan)	382372	126517	148468	170004
长期负债合计(万元)	Total Long-term Liabilities (10000 yuan)	118493	20693	34295	46424
所有者权益(万元)	Owners' Equity (10000 yuan)	264786	68054	98079	116819
主营业务收入(万元)	Revenue from Principal Business (10000 yuan)	639739	361711	1378805	989257
#主营业务税金及附加	Taxes and Other Charges on Principal Business	9083	3078	7866	12028
营业费用	Operating Expenses	28613	7522	7406	13100
利润总额(万元)	Total Profits (10000 yuan)	16296	10666	51449	45470
利润和税金总额(万元)	Total Profits and Taxes (10000 yuan)	45840	27309	105778	83013
全部从业人员年平均人数(人)	Annual Average Empolyed Persons (person)	89896	22005	20736	21476
工业总产值(万元)	Gross Industrial Output Value (10000 yuan)	721640	380504	1362781	1010095
工业增加值(万元)	Value Added of Industry (10000 yuan)	202119	135072	346071	261173
总资产贡献率(%)	Ratio of Total Assets to Output Value (%)	7.45	12.60	41.94	28.01
资本保值增值率(%)	Changing Rate of Net Assets (%)	105.66	111.03	124.91	123.43
资产负债率(%)	Assets-Liability Ratio (%)	66.43	70.30	65.08	64.95
流动资产周转率(次)	Ratio of Turnover Working Capitals (time)	2.04	3.40	10.43	8.49
成本费用利润率(%)	Ratio of Profits to Cost (%)	2.65	3.08	4.03	4.99
全员劳动生产率(元／人)	Overall Labor Productivity (yuan/person)	22484	61383	193350	138373
产品销售率(%)	Proportion of Products Sold (%)	96.13	97.92	98.82	98.46
工业经济效益综合指数(%)	Aggregate Index of Industrial Economic Efficiency (%)	94.86	142.90	354.23	279.09

13-12 规模以上股份制工业企业经济指标

Economic Indicators of Share-holding Industrial Enterprises above Designated Size

指 标	Item	2000	2005	2008	2009
企业单位数(个)	Number of Enterprises (unit)	199	972	1540	1867
#亏损企业	Loss Enterprises	46	199	208	168
资产总计(万元)	Total Assets (10000 yuan)	4344536	13787559	21596536	26555955
流动资产合计(万元)	Total Working Capitals (10000 yuan)	1711422	5440497	9183176	10379516
流动资产年平均余额(万元)	Annual Average Balance of Working Capitals (10000 yuan)	1641880	5306044	8321368	9628778
固定资产合计(万元)	Total Fixed Assets (10000 yuan)	2280284	6832539	10271292	12266659
固定资产原值(万元)	Original Value of Fixed Assets (10000 yuan)	2897780	8683898	13665875	15747134
固定资产净值年平均余额(万元)	Annual Average Balance of Net value of Fixed Assets (10000 yuan)	1949481	5537290	9148202	10715886
负债总计(万元)	Total Liabilities (10000 yuan)	2869565	9321612	14110986	17064244
流动负债合计(万元)	Total Working Liabilities (10000 yuan)	1795625	6133381	10491022	12828981
长期负债合计(万元)	Total long-term liabilities (10000 yuan)	1074924	2966084	3619963	4235263
所有者权益(万元)	Owners' Equity (10000 yuan)	1416631	4424947	7485550	9491711
主营业务收入(万元)	Revenue from Principal Business (10000 yuan)	2058324	11225035	27914802	33689564
#主营业务税金及附加	Taxes and Other Charges on Principal Business	16177	124353	255564	576562
营业费用	Operating Expenses	94606	293763	476956	608007
利润总额(万元)	Total Profits (10000 yuan)	70249	281401	429581	1201317
利润和税金总额(万元)	Total Profits and Taxes (10000 yuan)	216345	850327	1604812	2843542
全部从业人员年平均人数(人)	Annual Average Empolyed Persons (person)	215719	346472	411568	463910
工业总产值(万元)	Gross Industrial Output Value (10000 yuan)	2126128	11348631	27772306	33551616
工业增加值(万元)	Value Added of Industry (10000 yuan)	648393	3056479	7402165	8515485
总资产贡献率(%)	Ratio of Total Assets to Output Value (%)	7.13	7.62	9.99	13.37
资本保值增值率(%)	Changing Rate of Net Assets (%)	141.23	100.48	115.86	121.98
资产负债率(%)	Assets-Liability Ratio (%)	66.05	67.61	65.34	64.26
流动资产周转率(次)	Ratio of Turnover Working Capitals (time)	1.25	2.12	3.35	3.50
成本费用利润率(%)	Ratio of Profits to Cost (%)	3.52	2.62	1.60	3.86
全员劳动生产率(元／人)	Overall Labor Productivity (yuan/person)	30057	88217	198524	212776
产品销售率(%)	Proportion of Products Sold (%)	97.75	98.90	98.62	99.07
工业经济效益综合指数(%)	Aggregate Index of Industrial Economic Efficiency (%)	99.44	135.03	217.29	243.42

13-13 规模以上外商及港、澳、台投资工业企业经济指标

Economic Indicators of Industrial Enterprises with Funds form Foreign, Hong Kong,Macao and Taiwan above Designated Size

指　标	Item	2000	2005	2008	2009
企业单位数(个)	Number of Enterprises (unit)	161	497	709	778
#亏损企业	Loss Enterprises	48	105	97	76
资产总计(万元)	Total Assets (10000 yuan)	1535865	4342147	10001964	13999595
流动资产合计(万元)	Total Working Capitals (10000 yuan)	699168	1909426	4840402	6110547
流动资产年平均余额(万元)	Annual Average Balance of Working Capitals (10000 yuan)	659581	1800592	4049145	5617267
固定资产合计(万元)	Total Fixed Assets (10000 yuan)	651389	1992323	4238772	5957569
固定资产原值(万元)	Original Value of Fixed Assets (10000 yuan)	792979	2312068	4570564	6420720
固定资产净值年平均余额(万元)	Annual Average Balance of Net Value of Fixed Assets (10000 yuan)	595971	1656889	3569885	5025862
负债总计(万元)	Total Liabilities (10000 yuan)	964810	2256224	4908205	7821366
流动负债合计(万元)	Total Working Liabilities (10000 yuan)	652390	1565627	4180045	6656584
长期负债合计(万元)	Total Long-term Liabilities (10000 yuan)	310447	449254	728159	1164782
所有者权益(万元)	Owners' Equity (10000 yuan)	564655	1828112	5093759	6178229
主营业务收入(万元)	Revenue from Principal Business (10000 yuan)	902503	4347580	12662737	15423242
#主营业务税金及附加	Taxes and Other Charges on Principal Business	10834	34229	92853	76887
营业费用	Operating Expenses	48151	187397	326456	389632
利润总额(万元)	Total Profits (10000 yuan)	35482	222587	858410	958374
利润和税金总额(万元)	Total Profits and Taxes (10000 yuan)	81449	393455	1234875	1424263
全部从业人员年平均人数(人)	Annual Average Empolyed Persons (person)	58244	175763	308941	358288
工业总产值(万元)	Gross Industrial Output Value (10000 yuan)	970094	4474476	12644473	15434975
工业增加值(万元)	Value Added of Industry (10000 yuan)	228297	1292092	3842575	4279320
总资产贡献率(%)	Ratio of Total Assets to Output Value (%)	7.29	9.90	15.23	12.73
资本保值增值率(%)	Changing Rate of Net Assets (%)	128.36	102.77	133.96	117.08
资产负债率(%)	Assets-Liability Ratio (%)	62.82	51.96	49.07	55.87
流动资产周转率(次)	Ratio of Turnover Working Capitals (time)	1.37	2.41	3.13	2.75
成本费用利润率(%)	Ratio of Profits to Cost (%)	4.11	5.48	7.49	6.82
全员劳动生产率(元／人)	Overall Labor Productivity (yuan/person)	39197	73513	120411	126741
产品销售率(%)	Proportion of Products Sold (%)	96.60	97.16	98.64	98.76
工业经济效益综合指数(%)	Aggregate Index of Industrial Economic Efficiency (%)	107.76	146.38	203.81	194.42

13-14 规模以上私营工业企业经济指标

Economic Indicators of Private Industrial Enterprises above Designated Size

指 标	Item	2000	2005	2008	2009
企业单位数(个)	Number of Enterprises (unit)	252	2079	3349	4062
#亏损企业	Loss Enterprises	38	291	241	203
资产总计(万元)	Total Assets (10000 yuan)	280103	4618283	10632193	14734800
流动资产合计(万元)	Total Working Capitals (10000 yuan)	135471	2136102	5113712	6569730
流动资产年平均余额(万元)	Annual Average Balance of Working Capitals (10000 yuan)	135133	2017743	4758772	5507745
固定资产合计(万元)	Total Fixed Assets (10000 yuan)	116574	1989683	4420360	5972615
固定资产原值(万元)	Original Value of Fixed Assets (10000 yuan)	141489	2272513	5037046	7033813
固定资产净值年平均余额(万元)	Annual Average Balance of Net value of Fixed Assets (10000 yuan)	103881	1779826	3733777	5159483
负债总计(万元)	Total Liabilities (10000 yuan)	176173	2378298	5523003	6774087
流动负债合计(万元)	Total Working Liabilities (10000 yuan)	128931	2048337	4534469	5664742
长期负债合计(万元)	Total Long-term Liabilities (10000 yuan)	37505	294330	988533	1109345
所有者权益(万元)	Owners' Equity (10000 yuan)	103930	2239923	5109189	7960713
主营业务收入(万元)	Revenue from Principal Business (10000 yuan)	333975	7176739	28791878	36090652
#主营业务税金及附加	Taxes and Other Charges on Principal Business	4011	82945	248326	271528
营业费用	Operating Expenses	19971	250797	557444	700085
利润总额(万元)	Total Profits (10000 yuan)	5450	289789	1299507	2102084
利润和税金总额(万元)	Total Profits and Taxes (10000 yuan)	21757	647106	2462699	3491553
全部从业人员年平均人数(人)	Annual Average Empolyed Persons (person)	33823	315183	527120	644267
工业总产值(万元)	Gross Industrial Output Value (10000 yuan)	355569	7500600	28993186	36293038
工业增加值(万元)	Value Added of Industry (10000 yuan)	101405	2368465	8306254	9982724
总资产贡献率(%)	Ratio of Total Assets to Output Value (%)	9.90	15.21	28.47	28.67
资本保值增值率(%)	Changing Rate of Net Assets (%)	197.87	175.04	123.02	138.76
资产负债率(%)	Assets-Liability Ratio (%)	62.90	51.50	51.95	45.97
流动资产周转率(次)	Ratio of Turnover Working Capitals (time)	2.47	3.56	6.05	6.55
成本费用利润率(%)	Ratio of Profits to Cost (%)	1.70	4.37	4.97	6.55
全员劳动生产率(元／人)	Overall Labor Productivity (yuan/person)	29981	75146	161819	165730
产品销售率(%)	Proportion of Products Sold (%)	96.70	97.73	98.13	98.98
工业经济效益综合指数(%)	Aggregate Index of Industrial Economic Efficiency (%)	118.07	174.17	271.44	287.34

13-15 工业园区主要经济指标(2009年)

项目	Item	本年实际累计开发面积(平方公里) Actually Total Area Developed This Year (sq.km)	投产工业企业数(个) Number of Industrial Enterprises Completed and Put into Use (unit)	招商实际到位资金(万元) Actually Introduced Funds (10000 yuan) 绝对数 Value	比上年增长(%) Rate of Increase over Preceding Year
全省总计	**Provincical Total**	**408.05**	**7936**	**14252710**	**-3.2**
重点园区合计	**Main Park Total**	**208.66**	**4374**	**8792464**	**-5.5**
南昌昌东工业园区	Nanchang Changdong Industrial Park	7.41	397	332851	8.7
江西南昌小蓝经济开发区	Jiangxi Nanchang Xiaolan Economic Development Zone	6.60	261	511271	6.3
江西新建长埃工业园区	Jiangxi Xinjian Changleng Industrial Park	3.50	121	113005	-15.5
南昌经济技术开发区	NanChang Economic-Technological Devolopment Zone	9.80	274	398106	-19.6
南昌高新技术产业开发区	Nanchang High-tech Industry Development Zone	11.70	319	438461	6.1
江西景德镇高新技术产业园区	Jiangxi Jingdezhen High-tech Industry Park	11.34	107	414111	25.8
江西乐平工业园区	Jiangxi Leping Industrial Park	3.59	82	129750	-36.9
江西萍乡经济开发区	Jiangxi Pingxiang Economic Development Zone	5.60	119	404819	-11.4
江西永修云山经济开发区	Jiangxi Yongxiu Yunshan Economic Development Zone	7.10	77	301553	145.3
江西湖口金砂湾工业园区	Jiangxi Hukou Jinshawan Industrial Park	3.20	37	534861	6.4
江西瑞昌工业园区	Jiangxi Ruichang Industrial Park	5.00	87	235614	-23.9
江西九江经济开发区	Jiangxi Jiujiang Economic Development Zone	9.28	189	266889	-23.1
江西新余经济开发区	Jiangxi Xinyu Economic Development Zone	4.90	152	659765	19.3
江西鹰潭工业园区	Jiangxi Yingtan Industrial Park	3.72	68	225717	3.4
江西贵溪工业园区	Jiangxi Guixi Industrial Park	4.00	80	136720	-56.8
江西赣州沙河工业园区	Jiangxi Ganzhou Shahe Industrial Park	4.00	97	55850	-70.6
江西赣县经济开发区	Jiangxi Ganxian Economic Development Zone	5.00	87	146500	-18.9
江西龙南经济技术开发区	Jiangxi Longnan Economic-Technological Devolopment Zone	7.30	116	190858	-2.9
江西于都工业园区	Jiangxi Yudu Industrial Park	3.50	103	49520	-71.6
江西赣州经济开发区	Jiangxi Ganzhou Economic Development Zone	9.50	179	373177	-0.8
江西井冈山经济技术开发区	Jiangxi Jinggangshan Economic-Technological Devolopment Zone	5.10	85	256899	8.5
江西泰和工业园区	Jiangxi Taihe Industrial Park	4.44	140	156730	-33.1
江西宜春经济开发区	Jiangxi Yichun Economic Development Zone	13.78	106	164984	15.1
江西奉新工业园区	Jiangxi Fengxin Industrial Park	3.42	82	253755	-6.5
江西上高工业园区	Jiangxi Shanggao Industrial Park	3.10	125	215098	-29.0
江西丰城工业园区	Jiangxi Fengcheng Industrial Park	8.80	69	306061	-3.2
江西樟树工业园区	Jiangxi Zhangshu Industrial Park	3.20	105	126913	-21.1
江西高安工业园区	Jiangxi Gao'an Industrial Park	8.00	123	295387	17.2
江西抚州金巢经济开发区	Jiangxi Fuzhou Jinchao Economic Development Zone	9.53	137	238290	-12.1
江西东乡经济开发区	Jiangxi Dongxiang Economic Development Zone	4.80	61	137620	88.5
江西上饶经济开发区	Jiangxi Shangrao Economic Development Zone	8.00	171	250932	-28.4
江西广丰工业园区	Jiangxi Guangfeng Industrial Park	7.20	161	264460	12.1
江西横峰工业园区	Jiangxi Hengfeng Industrial Park	3.25	57	205937	40.8

Main Economic Indicators of Industrial Park (2009)

工业增加值 (万元) Value-added of Industry (10000 yuan)		出口交货值 (万元) Delivery Value of Industry Export (10000 yuan)		主营业务收入 (万元) Revenue from Principal Business (10000 yuan)		利税总额 (万元) Total Profits and Taxes (10000 yuan)		从业人员 (人) Number of Employed Persons (person)	
绝对数 Value	比上年增长(%) Rate of Increase over Preceding Year	绝对数 Value	比上年增长(%) Rate of Increase over Preceding Year	绝对数 Value	比上年增长(%) Rate of Increase over Preceding Year	绝对数 Value	比上年增长(%) Rate of Increase over Preceding Year	绝对数 Value	比上年增长(%) Rate of Increase over Preceding Year
21027085	**21.6**	**6648891**	**13.7**	**66872596**	**19.4**	**6276315**	**25.4**	**1391131**	**3.2**
14937937	**19.9**	**4744228**	**8.0**	**47394443**	**17.7**	**4466509**	**19.9**	**833039**	**2.2**
949086	16.1	234960	5.9	2763903	17.5	279587	147.3	44838	19.3
702298	19.0	108129	50.6	2182601	20.3	124761	25.2	41171	6.0
397093	25.4	35418	202.2	1245273	25.7	104815	36.7	16402	1.4
972199	12.1	374301	-24.6	3256762	13.8	191353	-5.7	40540	0.5
1824803	11.4	373437	-9.4	5377929	9.3	779055	8.7	73842	1.5
327373	31.1	12057	-18.3	985802	42.4	70574	36.0	17012	19.5
356942	24.3	50109	41.4	1011586	22.4	90162	18.7	16040	22.2
539089	16.4	115019	20.4	2201145	3.0	345832	33.9	35691	21.0
274612	26.4	14264	-40.9	800993	29.2	92197	21.8	12272	9.9
332656	54.3	44393	-10.0	1065303	55.0	47355	131.1	11303	7.2
297260	19.8	211061	6.8	920668	23.4	87757	20.4	22494	12.0
503288	26.9	145015	44.1	1552009	30.1	133226	50.8	35622	17.2
1002534	15.0	968637	-1.8	2744802	19.3	288273	-23.8	31953	-9.7
313083	9.3	21042	66.1	1379472	3.5	51189	-18.9	12514	7.0
346481	2.9	25802	-12.9	1686533	-11.0	61338	-13.6	9855	-25.5
232364	2.7	109659	-51.6	717291	-16.6	72869	1.6	17124	-11.3
324193	24.1	142606	55.0	1021150	28.2	54153	-12.8	17406	2.1
238847	29.6	201277	17.2	692460	10.1	59183	11.5	29576	-6.2
260131	29.9	240720	40.0	761190	26.9	69490	13.1	19317	-8.5
426240	34.1	325702	26.1	1427546	31.6	121251	22.3	39577	0.5
370359	18.0	99925	89.8	1114935	19.1	105760	30.2	22729	19.6
216638	20.7	88566	-2.4	722036	12.7	85455	24.7	20609	-9.9
179366	-4.8	9126	-31.7	549705	-3.0	61541	-9.0	19791	-9.3
269140	27.3	88011	326.9	904884	23.5	140829	45.7	22132	-30.4
308932	25.2	200008	35.5	933554	26.8	147219	72.0	33956	1.6
498984	22.9	26558	-20.9	1506863	29.5	158808	19.8	23388	-3.9
256635	23.9	8077	94.3	714653	18.0	70749	11.0	21950	2.0
358862	27.5	23008	104.5	1026678	22.4	111214	103.7	25706	-0.5
319407	21.0	36226	50.1	1026178	27.9	56552	22.5	17989	-4.8
177257	15.9	1695	-20.1	583332	13.0	49589	-4.8	9959	9.3
606419	13.7	217285	35.2	1854184	9.9	144774	21.6	33272	9.9
578638	23.9	147124	24.3	1761981	27.1	167628	64.6	30058	12.0
176725	29.6	45011	28.7	901045	27.6	41966	0.7	6951	9.3

主要统计指标解释

工业 指从事自然资源的开采，对采掘品和农产品进行加工和再加工的物质生产部门。具体包括:(1)对自然资源的开采，如采矿、晒盐等(但不包括禽兽捕猎和水产捕捞); (2)对农副产品的加工、再加工，如粮油加工、食品加工、缫丝、纺织、制革等; (3)对采掘品的加工、再加工，如炼铁、炼钢、化工生产、石油加工、机器制造、木材加工等，以及电力、自来水、煤气的生产和供应等; (4)对工业品的修理、翻新，如机器设备的修理、交通运输工具(如汽车)的修理等。

工业统计调查单位为独立核算法人工业企业。

独立核算法人工业企业指从事工业生产经营活动的单位。独立核算法人工业企业应同时具备以下条件: ①依法成立，有自己的名称、组织机构和场所，能够承担民事责任; ②独立拥有和使用资产，承担负债，有权与其他单位签订合同; ③独立核算盈亏，并能够编制资产负债表。

本年鉴中涉及的企业登记注册类型:

国有及国有控股企业 指国有企业加上国有控股企业。国有企业(即原全民所有制工业或国营工业)指企业全部资产归国家所有，并按《中华人民共和国企业法人登记管理条例》规定登记注册的非公司制的经济组织。包括国有企业、国有独资公司和国有联营企业。1957 年以前的公私合营和私营工业，后均改造为国营工业，1992 年改为国有工业，这部分工业的资料不单独分列时，均包括在国有企业内。国有控股企业是对混合所有制经济的企业进行的“国有控股”分类。它是指这些企业的全部资产中国有资产(股份)相对其他所有者中的任何一个所有者占资(股)最多的企业。该分组反映了国有经济控股情况。

集体企业 指企业资产归集体所有，并按《中华人民共和国企业法人登记管理条例》规定登记注册的经济组织。是社会主义公有制经济的组成部分。包括城乡所有使用集体投资举办的企业，以及部分个人通过集资自愿放弃所有权并依法经工商行政管理机关认定为集体所有制的企业。

股份合作企业 指以合作制为基础，由企业职工共同出资入股，吸收一定比例的社会资产投资组建，实行自主经营，自负盈亏，共同劳动，民主管理，按劳分配与按股分红相结合的一种集体经济组织。

联营企业 指两个及两个以上相同或不同所有制性质的企业法人或事业单位法人，按自愿、平等、互利的原则，共同投资组成的经济组织。联营企业包括:

国有联营企业指国有企业与国有企业间的联营;

集体联营企业指集体企业与集体企业间的联营;

国有与集体联营企业指国有企业与集体企业间的联营。

有限责任公司 指根据《中华人民共和国公司登记管理条例》规定登记注册，由两个以上，五十个以下的股东共同出资，每个股东以其所认缴的出资额对公司承担有限责任，公司以其全部资产对其债务承担责任的经济组织。

有限责任公司包括国有独资公司以及其他有限责任公司。

股份有限公司 指根据《中华人民共和国企业法人登记管理条例》规定登记注册，其全部注册资本由等额股份构成并通过发行股票筹集资本，股东以其认购的股份对公司承担有限责任，公司以其全部资产对其债务承担责任的经济组织。

私营企业 指由自然人投资设立或由自然人控股，以雇佣劳动为基础的营利性经济组织。包括按照《公司法》、《合伙企业法》、《私营企业暂行条例》规定登记注册的私营有限责任公司、私营股份有限公司、私营合伙企业和私营独资企业。

港、澳、台商投资企业 指企业注册登记类型中的港、澳、台资合资、合作、独资经营企业和股份有限公司之和。

外商投资企业 指企业注册登记类型中的中外合资、合作经营企业、外资企业和外商投资股份有限公司之和。

“三资”企业系指港、澳、台商投资企业和外资企业的简称。

轻工业 指主要提供生活消费品和制作手工工具的工业。按其所使用的原料不同，可分为两大类: (1)以农产品为原料的轻工业，是指直接或间接以农产品为基本原料的轻工业。主要包括食品制造、饮料制造、烟草加工、纺织、缝纫、皮革和毛皮制作、造纸以及印刷等工业; (2)以非农产品为原料的轻工业，是指以工业品为原料的轻工业。主要包括文教体育用品、化学药品制造、合成纤维制造、日用化学制品、日用玻璃制品、日用金属制品、手工工具制造、医疗器械制造、文化和办公用机械制造等工业。

重工业 指为国民经济各部门提供物质技术基础的主要生产资料的工业。按其生产性质和产品用途，可以分为下列三类: (1)采掘(伐)工业，是指对自然资源的开采，包括石油开采、煤炭开采、金属矿开采、非金属矿开采等工业; (2)原材料工业，指向国民经济各部门提供基本材料、动力和燃料的工业。包括金属冶炼及加工、炼焦及焦炭、化学、化工原料、水泥、人造板以及电力、石油和煤炭加工等工业; (3)加工工业，是指对工业原材料进行再加工制造的工业。包括装备国民经济各部门的机械设备制造工业、金属结构、水泥制品等工业，以及为农业提供的生产资料如化肥、农药等工业。

根据上述划分原则，修理业中以重工业产品为修理作业对象的划为重工业，反之划为轻工业。

工业总产值

(1)定义:

工业总产值是以货币形式表现的,工业企业在一定时期内生产的工业最终产品或提供工业性劳务活动的总价值量。它反映一定时间内工业生产的总规模和总水平。

(2)计算原则:

工业生产的原则,即凡是企业在报告期生产的经检验合格的产品,不管是否在报告期销售,均包括在内。

最终产品的原则,即凡是计入工业总产值的产品,必须是本企业生产的经检验合格的,不需要再进行任何加工的最终产品。如果企业有中间产品(半成品)对外销售,则对外销售的中间产品应视为企业的最终产品。

工厂法原则,即工业总产值是以工业企业作为基本计算(核算)单位,即按企业的最终产品计算工业总产值。按这种方法计算的工业总产值,不允许同一产品价值在企业内部重复计算,不能把企业内部各个车间(分厂)生产的成果相加,但允许企业间的重复计算。

(3)内容及计算方法:

1995 年全国工业普查对工业总产值(原规定)的内容及计算原则和方法做了某些修订,修订后的工业总产值(新规定)包括三项内容:即本期生产成品价值、对外加工费收入、在制品半成品期末期初差额价值三部分。

本期生产成品价值:指企业本期生产,并在报告期内不再进行加工,经检验、包装入库的全部工业成品(半成品)价值合计,包括企业生产的自制设备及提供给本企业在建工程、其他非工业部门和福利部门等单位使用的成品价值。本期生产成品价值为按自备原材料生产的产品的数量乘以本期不含增值税(销项税额)的产品实际销售平均单价计算;会计核算中按成本价格转帐的自制设备和自产自用的成品,按成本价格计算生产成品价值。生产成品价值中不包括用定货者来料加工的成品(半成品)价值。

对外加工费收入:指企业在报告期内完成的对外承接的工业品加工(包括用定货者来料加工产品)的加工费收入和对外工业修理作业所取得的加工费收入。对外加工费收入按不含增值税(销项税额)的价格计算,可根据会计“产品销售收入”科目的有关资料取得。

对于本企业对内非工业部门提供的加工修理、设备安装的劳务收入,如果企业会计核算基础较好,能取得这部分资料,而且这部分价值所占比重较大,应包括在对外加工费收入中。

自制半成品在制品期末期初差额价值:指企业报告期在制品期末减期初的差额价值,本指标一般可以从会计核算资料中取得。如果会计产品成本核算中不计算半成品、在制品的成本,则总产值中也不包括这部分价值,反之则包括。

(4)工业总产值统计范围变化和计算方法修订情况:

1984 年以前工业总产值不包括村办工业,村办工业总产值划归农业。1984 年以后工业总产值包括村办工业。

1995 年工业普查对工业总产值计算方法做了修订,即从 1995 年始按新修订(新规定)方法计算工业总产值。新规定与原规定的区别如下:

全价与加工费的计算原则不同:新规定为凡自备原材料,不论其生产繁简程度如何,一律按全价计算工业总产值;凡来料加工,允许按加工费计算工业总产值。原规定则视生产加工的繁简程度不同,规定哪些行业按全价,哪些行业按加工费计算工业总产值。

自制半成品、在产品期末期初差额价值的计算原则不同:新规定要求,凡会计产品成本核算时计算了成本的差额价值,总产值中就应包括,否则可不包括;原规定则按生产周期六个月的界限区分,凡生产周期六个月以上的企业,总产值计算中应包括这部分差额价值,否则可不包括。

计算价格不同:新规定按不含增值税(销项税额)的价格计算;原规定则按含增值税(销项税额)的价格计算。

工业增加值 指工业企业在报告期内以货币表现的工业生产活动的最终成果。

工业增加值有两种计算方法:一是生产法,即工业总产出减去工业中间投入加上应交增值税;二是收入法,即从收入的角度出发,根据生产要素在生产过程中应得到的收入份额计算,具体构成项目有固定资产折旧、劳动者报酬、生产税净额、营业盈余,这种方法也称要素分配法。本年鉴中的工业增加值是以生产法计算的。

生产法工业增加值的计算方法为:

工业增加值=工业总产出-工业中间投入+应交增值税

(1)工业总产出:指工业企业在一定时期内工业生产活动的总成果。工业总产出包括:成品生产价值,对外加工费收入,自制半成品、在产品期末期初差额价值。1995 年后用新规定计算的工业总产值代替。

(2)工业中间投入:指工业企业在工业生产活动中消耗的外购物质产品和对外支付的服务费用。服务费用包括支付给物质生产部门(工业、农业、批发零售贸易业、建筑业、运输邮电业)的服务费用和支付给非物质生产部门(如保险、金融、文化教育、科学研究、医疗卫生、行政管理等)的服务费用。工业中间投入的确定须遵循以下原则:必须从外部购入的,并已计入工业总产出的产品和服务价值;必须是本期投入生产,并一次性消耗掉(包括本期摊销的低值易耗品等)的产品和服务价值。

工业中间投入包括直接材料费用、制造费用中的工业中间投入、管理费用中的工业中间投入、销售费用中的工业中间投入和利息支出五部分。

资产总计 指企业拥有或控制的能以货币计量的经济资源,包括各种财产、债权和其他权利。资产按流动性分为流动资产、长期投资、固定资产、无形资产、递延资产和其他资产。该指标根据企业会计“资产负债表”中“资产总计”项目的期末数增列。

流动资产 指企业可以在一年内或者超过一年的一个生产周期内变现或者耗用的资产，包括现金及各种存款、短期投资，应收及预付款项、存货等。

流动资产平均余额 指企业在报告期内全部流动资产的平均余额。

固定资产原价 指企业在建造、购置、安装、改建、扩建、技术改造某项固定资产时所支出的全部货币总额。它一般包括买价、包装费、运杂费和安装费等。

固定资产净值年平均余额 指固定资产净值在报告期内余额的平均数。计算公式为:

$$\text{固定资产净值年平均余额}=\frac{\text{1至12月各月月初、月末固定资产净值之和}}{24}$$

该指标根据“资产负债表”中“固定资产原价”、“累计折旧”指标的期初、期末数计算填列。

固定资产净值指固定资产原价减去历年已提折旧额后的净额。计算公式为:

固定资产净值=固定资产原价-累计折旧

负债合计 指企业所承担的能以货币计量，将以资产或劳务偿付的债务，偿还形式包括货币、资产或提供劳务。负债一般按偿还期长短分为流动负债和长期负债。根据会计“资产负债表”中“负债合计”的年末数填列。

所有者权益 指企业投资人对企业净资产的所有权。企业净资产等于企业全部资产减去全部负债后的余额，包括企业投资人对企业的最初投入的实际到位的资产及资本公积金、盈余公积金和未分配利润。所有者权益合计数小于零，表示企业资不抵债。

主营业务收入 指企业销售产品和提供劳务等主要经营业务取得的收入。

主营业务成本 指企业销售产品和提供劳务等主要经营业务过程中的实际成本。

主营业务税金及附加 指企业销售产品和提供劳务等主要经营业务应负担的城市维护建设税、消费税、资源税和教育费附加。

利润总额 指企业生产经营活动的最终成果，是企业在一定时期内实现的盈亏相抵后的利润总额(亏损以“-”号表示)，它等于营业利润加上补贴收入加上投资收益加上营业外净收入再加上以前年度损益调整。

本年应交增值税 指企业在报告期内应交纳的增值税额。它等于本年销项税额加上出口退税加上进项税额转出数减去本年进项税额。小规模纳税企业直接按全年计税销售额乘以征收率计算取得。

从业人员平均人数 是指报告期内每天拥有的从业人员人数。其计算公式为:

$$\text{季平均人数}=\frac{\text{季内各月平均人数之和}}{3}$$

$$\text{月平均人数}=\frac{\text{报告月内每天实有人数之和}}{\text{报告月日历日数}}$$

$$\text{年平均人数}=\frac{\text{年内各月平均人数之和}}{12}$$

工业增加值率 指在一定时期内工业增加值占同期工业总产值的比重，反映降低中间消耗的经济效益。计算公式为:

工业增加值率（%）＝工业增加值（现价）／工业总产值（现价）×100%

总资产贡献率 反映企业全部资产的获利能力，是企业经营业绩和管理水平的集中体现，是评价和考核企业盈利能力的核心指标。计算公式为:

$$\text{总资产贡献率(\%)}=\frac{\text{利润总额}+\text{税金总额}+\text{利息支出}}{\text{平均资金总额}}\times 100\%$$

公式中: 税金总额为产品销售税金及附加与应交增值税之和; 平均资产总额为期初期末资产之和的算术平均值。

资产负债率 该指标既反映企业经营风险的大小，也反映企业利用债权人提供的资金从事经营活动的能力。计算公式为:

$$\text{资产负债率(\%)}=\frac{\text{负债总额}}{\text{资产总额}}\times 100\%$$

资产与负债均为报告期期末数。

流动资产周转次数 指一定时期内流动资产完成的周转次数，反映投入工业企业流动资金的周转速度。计算公式为:

$$\text{流动资产周转次数}=\frac{\text{产品销售收入}}{\text{全部流动资产平均余额}}$$

公式中: 全部流动资产平均余额为期初和期末的流动资产之和的算术平均值。

成本费用利润率 反映企业投入的生产成本及费用的经济效益，同时也反映企业降低成本所取得的经济效益。计算公式为:

$$\text{成本费用利润率(\%)}=\frac{\text{利润总额}}{\text{成本费用总额}}\times 100\%$$

公式中: 成本费用总额为产品销售成本、销售费用、管理费用、财务费用之和。

产品销售率 该指标反映工业产品已实现销售的程度，是分析工业产销衔接情况，研究工业产品满足社会需求的指标。计算公式为:

$$\text{产品销售率(\%)}=\frac{\text{工业销售产值}}{\text{工业总产值(现价)}}\times 100\%$$

全员劳动生产率 指根据产品的价值量指标计算的平均每一就业人员在单位时间内的产品生产量。是考核企业经济活动的重要指标，是企业生产技术水平、经营管理水平、职工技术熟练程度和劳动积极性的综合表现。目前，我国的全员

劳动生产率是将工业企业的增加值除以同一时期全部就业人员的平均人数来计算的。计算公式为:

$$全员员劳动生产率=\frac{工业增加值}{全部从业人员平均人数}$$

资本保值增值率 该指标反映企业净资产的变动状况，是企业发展能力的集中体现。计算公式为:

$$资本保值增值率（\%）=\frac{报告期期末所有者权益}{上年同期期末所有者权益}\times 100\%$$

工业经济效益综合指数 是综合衡量地区工业经济效益总体水平的一种特殊相对数，是反映一定时期工业经济运行质量的主要指标。工业经济效益综合指数由总资产贡献率、资本保值增值率、资产负债率、流动资产周转率、成本费用利润率、全员劳动生产率和产品销售率的实际数值分别除以该项指标的全国标准值，并乘以各自的权数，加总后除以总权数求得。该指标可从静态水平和动态趋势上较为全面地反映各地区工业经济效益的变化情况，并可在一定程度上消除地区对比的不可比因素。

Explanatory Notes on Main Statistical Indicators

Industry refers to the material production sector which is engaged in the extraction of natural resources and processing and reprocessing of minerals and agricultural products, including (1) extraction of natural resources, such as mining, salt production (but not including hunting and fishing); (2) processing and reprocessing of farm and sideline produces, such as rice husking, flour milling, wine making, oil pressing, silk reeling, spinning and weaving, and leather making; (3) manufacture of industrial products, such as steel making, iron smelting, chemicals manufacturing, petroleum processing, machine building, timber processing; water and gas production and electricity generation and supply; (4)repairing of industrial products such as the repairing of machinery and means of transport (including cars).

In industrial statistics surveys, the units of enquiry are corporate industrial enterprises with independent accounting systems.

Corporate industrial enterprises with independent accounting systems refer to enterprises engaging in industrial production activities, which meet the following requirements: (1) They are established legally, having their own names, organizations, location and able to take civil liability; (2) They possess and use their assets independently, assume liabilities and are entitled to sign contracts with other units; (3) They are financially independent and compile their own balance sheets.

Enterprises covered in the industrial statistics in the Yearbook include the following categories by their registration:

State-owned and State-holding Enterprises refer to state-owned enterprises plus State-holding enterprises. State-owned enterprises (originally known as State-run enterprises with ownership by the whole society) are non-corporate economic entities registered in accordance with the Regulation of the People's Republic of China on the Management of Registration of Legal Enterprises, where all assets are owned by the State. Included in this category are State-owned enterprises, State-funded corporations and State-owned joint-operation enterprises. Joint State-private industries and private industries, which existed before 1957, were transformed into state-run industries since 1957, and into State-owned industries after 1992. Statistics on those enterprises are included in the State-owned industries instead of being grouped them separately. State-holding enterprises are a sub-classification of enterprises with mixed ownership, referring to enterprises where the percentage of State assets (or shares by the State) is larger than any other single share holder of the same enterprise. This sub-classification illustrates the control of the State over a particular industry.

Collective-owned Enterprises refer to economic entities registered in accordance with the Regulation of the People's Republic of China on the Management of Registration of Legal Enterprises, where assets are owned collectively. Collective enterprises constitute an integral part of the socialist economy with public ownership. They include urban and rural enterprises invested collectively, and some enterprises registered in industrial and commercial administration agency as collective units where funds are pooled together by individuals who voluntarily give up their right of ownership.

Share-holding Cooperative Enterprises refer to economic units set up on a cooperative basis, with funding partly from employees of the enterprise and partly from outside investment, where the operation and management is decided by all the members who also participate in the production, and the distribution of income is based both on work (labour input) and on shares (capital input).

Joint-operation Enterprises refer to economic units that are established by joint investment by two or more corporate enterprises or institutions of the same or different types of ownership on voluntary, equal and mutual-beneficial basis. They include:

a) State-owned joint-operation enterprises (joint operation between State-owned enterprises);

b) Collective joint-operation enterprises (joint operation between collective enterprises; and

c) State-collective joint-operation enterprises (joint operation between state and collective enterprises).

Limited Liability Corporations refer to economic units registered in accordance with the Regulation of the People's Republic of China on the Management of Registration of Corporations, with capital from 2 to 49 investors, each investor bears limited liability to the corporation depending on his/her holding of shares, and the corporation bears liability to its debt to the maximum of its total assets.

Share-holding Corporations Ltd. refer to economic units registered in accordance with the Regulation of the People's Republic of China on the Management of Registration of Corporate Enterprises, with total registered capital divided into equal shares and raised through issuing stocks. Each investor bears limited liability to the corporation depending on the holding of shares, and the corporation bears liability to its debt to the maximum of its total assets.

Private Enterprises refer to economic units invested or controlled (by holding the majority of the shares) by natural persons who hire labours for profit-making activities. Included in this category are private limited liability corporations, private share-holding corporations Ltd., private partnership enterprises and private sole investment enterprises registered in accordance with the Corporation Law, Partnership Enterprise Law and Tentative Regulation on Private Enterprises.

Enterprises with Funds from Hong Kong, Macao and Taiwan refers to all industrial enterprises registered as the joint-venture, cooperative, sole (exclusive) investment industrial enterprises and limited liability corporations with funds from Hong Kong, Macao and Taiwan.

Foreign Funded Enterprises refer to all industrial enterprises registered as the joint-venture, cooperative, sole (exclusive) investment industrial enterprises and limited liability corporations with foreign funds.

Enterprises with Hong Kong, Macao, Taiwan and Foreign Fund refer to all the enterprises with funds from Hong Kong, Macao, Taiwan and foreign funded enterprises.

Light Industry refers to the industry that produces consumer goods and hand tools. It consists of two categories, depending on the materials used:

(1) Industries using farm products as raw materials. These are the branches of light industry which directly or indirectly use farm products as basic raw materials, including the manufacture of food and beverages, tobacco processing, textile, clothing, fur and leather manufacturing, paper making, printing, etc.

(2) Industries using non-farm products as raw materials. These are the branches of light industry which use manufactured goods as raw materials, including the manufacture of cultural, educational articles and sports goods, chemicals, synthetic fibre, chemical products for daily use, glass products for daily use, metal products for daily use, hand tools, medical apparatus and instruments, and the manufacture of cultural and office machinery.

Heavy Industry refers to the industry which produces capital goods, and provides various sectors of the national economy with necessary material and technical basis for production. It consists of the following three branches according to the purpose of production or the use of products:

(1) Mining, quarrying and logging industry, which refers to the industry that extracts natural resources, including extraction of petroleum, coal, metal and non-metal ores.

(2) Raw materials industry refers to the industry that provides various sectors of the national economy with raw materials, fuels and power. It includes smelting and processing of metals, coking and coke chemistry, chemical materials and building materials such as cement, plywood, and power, petroleum refining and coal dressing.

(3) Manufacturing industry which refers to the industry that processes raw materials. It includes machine-building industries which equip sectors of the national economy; industries producing metal structure and cement products; and industries producing means of agricultural production, such as chemical fertilizers and pesticides.

In accordance with the above principles of classification, the repairing trades, which are engaged primarily in repairing products of heavy industry, are classified as heavy industry while those which are engaged in repairing products of light industry are classified as light industry.

Gross Industrial Output Value

(1) Definition: Gross industrial output value is the total volume of final industrial products produced and industrial services provided during a given period. It reflects the total

achievements and overall scale of industrial production during a given period.

(2) Principles for calculation:

Statistics on industrial production follow the principle that all products produced by the enterprises and accepted through quality check during the reference period are to be included no matter whether they are sold or not during the reference period.

Determination of final products follows the principle that all products that are included in the calculation of gross industrial output value are the final products of the enterprise which have been accepted through quality check and require no further processing. If an enterprise has intermediate (semi-finished) products to sell, these intermediate products are considered as the final products of the enterprise.

Gross industrial output value is calculated following the principle of factory approach, i.e. industrial enterprise is used as the basic accounting unit in calculating the gross industrial output value. By this approach, value of the same product is not to be double-counted, and the output value of different workshops (branch factories) within the enterprise should not be added. However, this approach allows the possibility of double counting between enterprises.

(3) Content and method of calculation: The old definition of gross industrial output value was modified during the 1995 National Industrial Census. The revised (new) definition of gross industrial output value consists of 3 components: value of the finished products during the reference period, income from processing for external parties, and value of change in semi-finished products between the end and the beginning of the reference period.

Value of finished products during the reference period: refers to the value of all finished (semi-finished) industrial products that are produced during the reference period without the need for further processing, checked for acceptance, packed and put into the warehouse of the enterprise, including the value of own-produced equipment and the value of products provided to the projects under construction of the enterprise, and to other non-industrial or welfare units. Value of finished products during the reference period is calculated by the quantity of products produced using own materials multiplied by the average unit prices at which products are sold (excluding value-added tax). Own-produced equipment and products produced for own use are valued at cost prices as in the case of enterprise accounting. Value of finished products does not include the value of finished products (semi-finished products) that are produced using the materials from the clients who place the orders.

Income from external processing: refers to income from contracted external processing of industrial products (including processing of industrial products using materials from the clients), and the income from industrial repairing work provided to other parties. Income from external processing is calculated using information from the item “products sales income” in the enterprise accounting at the prices with value-added tax excluded.

For income from services such as processing, repairing and installation of equipment provided to non-industrial units within the enterprise, if the accounting work of the enterprise is good enough to separate it from other records, and the share of such services is significant, it should also be included in the income from external processing.

Value of change in semi-finished products between the end and the beginning of the reference period: refers to the value of change in semi-finished products between the end and the beginning of the reference period, which generally can be obtained from accounting records of enterprises. If the enterprise accounting excludes the cost of semi-finished products, then it should not be included in the gross industrial output value, and the reverse if otherwise.

(4) Changes in the scope and method of calculation of the gross industrial output value

Prior to 1984, the value of rural industry run by villages was classified into agriculture instead of industry. Since 1984, it has been included in the gross industrial output value. Method of calculation for the gross industrial output value was modified in the industrial census in 1995. The difference in the new method as compared with the old one is outlined below:

Principle in using full value vs. processing fee: The new method stipulates that all products produced using own materials are to be calculated with full value in reporting the gross industrial output value irrespective of the complexity of production, and for external processing, it allows calculation using processing fee. In the old method, however, the use of full value or processing fee was determined by the degree of complexity of production in different branches of industries.

Principle in determining the value of change in semi-finished products: The new method requires that value of change in semi-finished products should be included in the gross industrial output value if it is included in the accounting record of the enterprise, otherwise it should not be included. In the old method, it is determined by the type of enterprises in terms of production cycle. If the production cycle is over 6 months, the value of change in semi-finished products is included in the gross industrial output value, otherwise it is not.

Difference in prices: The new method uses prices excluding value-added tax in the calculation of gross industrial output value, while the old method used prices including value-added tax.

Value-added of Industry refers to the final results of industrial production of industrial enterprises in money terms during the reference period.

Industrial value-added can be calculated by two approaches: the production approach, i.e. gross industrial output value minus intermediate input plus value-added tax, and the income approach, i.e. income for various factors used in the course of production, including depreciation of fixed assets, remuneration of labourers, net of production tax, and operating surplus. Value-added of industry in the Yearbook is calculated by the production approach as follows:

Value-added of industry = gross industrial output - industrial intermediate input + value-added tax

(1) Gross industrial output: refers to the total achievements of industrial production activities during a given period. Gross industrial output includes value of finished products, income from external processing, and value of change in semi-finished products between the end and the beginning of the reference period. Since 1995, the gross industrial output value obtained by the new method is used in the calculation.

(2) Industrial intermediate input: refers to purchased goods and paid services consumed during the industrial production of enterprises. Fees paid for services include fees paid for the services provided by material production sectors (industry, agriculture, wholesale and retail trade, construction, transport, post and telecommunications) and by non-material production sectors (insurance, banking, culture, education, scientific research, health and medical care, public administration, etc.). The determination of industrial intermediate input follows the principle that the goods and services must be purchased from outside and included in the gross industrial output, and that the goods and services are inputted into production and consumed (include low-value consumables) during the reference period.

Industrial intermediate input includes 5 components, namely direct consumption of materials, industrial intermediate input in manufacturing cost, industrial intermediate input in management cost, industrial intermediate input in marketing cost and expenditure on interest.

Total Assets refer to all economic resources, in monetary term, these are owned or controlled by enterprises, including properties, creditor's equity and other economic rights of all forms. Classified by the degree of liquidity, total assets include working capitals, long-term investment, fixed assets, intangible assets, deferred assets and other assets. Data on this indicator can be obtained by the year-end figures of total assets in the Assets and Liability Table of accounting records of enterprises.

Working Capital refers to capital that an enterprise can cash or use during one year or one production cycle that may exceed one year, including cash and savings deposits of various forms, short-term investment, money receivable and prepaid money, inventories, etc.

Annual Average Value of Working Capital refers to the average value of all working capital of the enterprise during the reference period.

Original Value of Fixed Assets refers to the total value, in monetary terms, that an enterprise spent on fixed assets, through construction, purchase, installation, transformation, expansion or technical upgrading. Generally, it covers cost of purchase, packing, transportation and installation, etc.

Annual Average of Net Value of Fixed Assets refers to the average of the net value of fixed assets during the reference period, calculated with the following formula:

$$\text{Annual Average of Net Value of Fixed Assets} = \frac{\text{sum of net value of fixed assets at the beginning and at the end of each month from January to December}}{24}$$

Information on this indicator can be obtained from the beginning and ending figures of the original value of fixed assets and cumulative depreciation from the Assets and Liability Table of enterprises.

Net value of fixed assets refers to the original value of fixed assets minus depreciation over the years, i.e.:

Net value of fixed assets = original value of fixed assets - cumulative depreciation

Total Liabilities refer to payable liabilities of enterprises that have to be repaid in terms of money, assets or labour services. In terms of payment, it can be divided into liquid liabilities and long-term liabilities. Data on this item is obtained from the ending figures on total liabilities from the Assets and Liability Table from the enterprises.

Owner's Equity refers to the ownership of net assets of enterprise by its investors. Net assets equal total assets minus total liabilities of the enterprise, including the actual assets invested into the enterprise by investors, accumulation of capital and operating surplus and non-distributed profits. The enterprise's assets are less than its liabilities if the sum of owner's equity is smaller than zero.

Revenue from Principal Business is obtained by deducting depreciation over years from the original value of fixed assets.

Cost of Principal Business refers to the revenue from the sales of products by industrial enterprises and the revenue from services provided and etc.

Tax and Extra Charges from Principal Business refers to the actual cost of products of industrial enterprises and industrial services provided, etc.

Total Profits refer to the final achievement of production and operation activities of the enterprises, represented by total profits after deducting losses (loss is expressed by the negative figure). It is the sum of profits from operation, income from subsidies, investment earnings, net income from activities other than operation, and adjustment of profits and losses of previous years.

Value-added Tax Payable in the Current Year refers to the amount of the value-added tax which should be paid by the enterprises during the reference period. It is the sum of tax on sales, export rebate, and transferred tax on purchases of the current year, minus the tax on purchases of the current year. Value-added tax payable of small-size enterprises is determined by the taxable sales of the year multiplied by the tax rate.

Average Annual Number of Employed Persons Employed persons refer to all those who are employed in enterprises and receive remunerations there from, including currently working employees, retirees who are re-employed, teachers of local-run schools, as well as foreigners, staff from Hong Kong, Macao and Taiwan, part-time employees and persons with second job who are employed by the enterprise, and employees of other units temporarily working in the enterprises, but excluding former employees who left the enterprise with their employment records still being kept by the enterprises.

Average number of employed persons refers to the number of employee everyday during the reference period, calculated with the following formula:

$$\text{Monthly average number} = \frac{\text{sum of actual employees everyday in reference month}}{\text{number of calendar dates in reference month}}$$

$$\text{Quarterly average number} = \frac{\text{sum of monthly average number in reference quarter}}{3}$$

$$\text{Annual average number} = \frac{\text{sum of monthly average number in reference year}}{12}$$

Ratio of Value-added to Gross Industrial Output Value refers to the ratio of value added of industry in a given period to the gross output value in the same period, which reflects the economic efficiency of cutting down the intermediate input. It is calculated as follows:

Ratio of Value-added to Gross Industrial Output Value (%) =Value Added of Industry (at Current Prices)/Gross Output Value (at Current Prices) ×100%

Ratio of Profits, Taxes and Interests to Average Assets reflects the profit-making capability of all assets of the enterprise and is a key indicator manifesting the performance and management and evaluating the profit-making potential of the enterprise. It is calculated as follows:

$$\text{Ratio of Profits, Taxes and Interests to Average Assets (\%)} = \frac{\text{total profits + total taxes + interest payment}}{\text{average assets}} \times 100\%$$

In the above formula, total taxes is the sum of tax and extra charges on the sales of products and value-added tax payable; and average assets is the arithmetic mean of the sum of beginning assets and ending assets.

Ratio of Debts to Assets reflects both the operation risk and the capability of the enterprise in making use of the capital from the creditors. It is calculated as follows:

$$\text{Ratio of Debts to Assets (\%)} = \frac{\text{total debts}}{\text{total assets}} \times 100\%$$

Both assets and debts are figures at the end of the reference period.

Turnover of Working Capital refers to the number of times of turnover of working capital in a given period of time, which reflects the speed of the turnover of working capital of industrial enterprises, and is calculated as follows:

$$\text{Turnover of Working Capital} = \frac{\text{sales revenue of products}}{\text{average balance of total working capital}}$$

In the above formula, average balance of total working capital refers to the arithmetic mean of the sum of working capital at the beginning and at the end of the reference period.

Ratio of Profits to Total Industrial Costs refers to the ratio of profits realized in a given period to the total costs in the same period, which reflects the economic efficiency of input cost and is calculated as follows:

$$\text{Ratio of Profits to Total Industrial Cost (\%)} = \frac{\text{total profits}}{\text{total costs}} \times 100\%$$

Total costs in the above formula are the sum of cost of products sold, marketing cost, management cost and financial cost.

Sales Ratio of Products is an indicator reflecting the actual sale of industrial products, analyzing the production-selling and supply-demand relations. It is calculated as:

$$\text{Sales Ratio of Products (\%)} = \frac{\text{value of industrial sales}}{\text{gross industrial output value (current prices)}} \times 100\%$$

Overall Labor Productivity refers to the average output per employed person in industrial enterprises in value terms. At present, the value added and the average number of staff and workers of an industrial enterprises in a given period are used to calculate the overall labor productivity. It is calculated as:

$$\text{Overall Labor Productivity} = \frac{\text{Value Added of Industry}}{\text{Average Number of Staff and Workers}}$$

Changing Rate of Net Assets refers to the changes of an enterprise's net assets. It epitomizes the growth capability of an enterprise .Its calculating formula is:

$$\text{Changing Rate of Net Assets} = \frac{\text{Ownership equity at the end of the reporting period}}{\text{Ownership equity at same period of the previous year}} \times 100\%$$

Aggregate Index of Industrial Economic Efficiency is a special kind of relative figure to comprehensively measure overall economic efficiency of regional industry, showing the quality of industrial economic efficiency of the reference period. Industrial comprehensive index of economic efficiency is calculated with 7 items of ratio of total assets to industrial output value, ratio of creditors' equity of current year to that of previous year, ratio of liabilities to assets, turnover ratio of output value, circulating funds, ratio of profits to cost, overall labor productivity, ratio of sales to products. The actual figure of every indicator above is divided by responding national standard numerical value, and the results multiply correlative weight coefficients, then the total number is divided by general weight coefficient. The index comprehensively reflects the changes of regional industrial economic efficiency in static and dynamic status, eliminating the incomparable factors at a certain extent.

建筑业 14

Construction

资料整理及英文翻译：洪英灏

简要说明

一、本篇资料的主要内容

本篇资料反映全省建筑业概况和发展情况。包括建筑业企业基本情况和生产经营情况。主要指标有企业个数、从业人员数、建筑业总产值、房屋建筑面积、自有机械设备、资产负债、损益及分配、劳动生产率等。

二、本篇的统计范围

根据建筑业发展的实际情况，建筑业统计范围从2002年年报起由原具有建筑业资质等级四级及四级以上的独立核算建筑业企业调整为具有建筑业资质的独立核算建筑业企业。

三、本篇的资料来源

本篇建筑业企业统计数据是根据国家统计局制定的《建筑业统计报表制度》搜集资料，整理汇总的。

四、本篇的统计调查方法

由各级统计部门采取全面调查的方法布置、收集，是逐级上报的全面报表。

Brief Introduction

I. Main Contents

Data in this chapter show the general situation and the development of the construction industry for the whole province. They cover the situation of production and management of the construction enterprises, including the number of enterprises; number of employed persons; gross output value and value added of the construction industry; floor space of buildings under construction; profits and taxes ; and labour productivity etc. They also cover main indicators on the situation of prospecting and designing institutions and personnel.

II. Scope of Statistics

In view of the development of the construction industry, starting from 2002 the scope of construction statistics has been adjusted to include all the construction enterprises of various types of ownership with qualification certificates and independent accounting systems, replacing the previous criteria that required construction enterprises of various types of ownership to have qualification certificates at or above Class 4 with independent accounting systems.

III. Sources of Data

Data on construction enterprises are collected in accordance with the Reporting Form System of Construction Statistics stipulated by the National Bureau of Statistics.

IV.Methods of Survey

The annual reporting forms on construction statistics are designed in accordance with local situations for comprehensive collection by statistical bureaus of each municipality and conveyance level by level upwards.

14-1 建筑业主要经济指标
Main Economic Indicators on Construction by Registration Status

指标	Item	2008	2009
企业个数(个)	**Number of Enterprises(unit)**	**1505**	**1429**
建筑业合同情况(万元)	**Construction Contract(10000 yuan)**		
签订的合同额	Contract Value Signed	15833418	21366781
上年结转合同额	Contract Value on Hand Last Year	5276407	7490112
本年新签合同额	Contract Value Newly Signed this Year	10557011	13876669
承包工程完成情况(万元)	**Conditions Finished of Contracted Projects(10000 yuan)**		
直接从建设单位承揽工程完成的产值	Completed Output Value of Projects Constracted Directly from Investors	10180791	13068343
自行完成施工产值	Own-completed output Value	10133495	12954142
分包出去工程的产值	Output Value of out-sourced Projects	47296	114201
从建设单位以外承揽工程完成的产值	Completed Output Value of Projects Constracted from Non-investors	211199	292072
建筑业总产值(万元)	**Gross Output Value(10000 yuan)**	**10344694**	**13246214**
#装饰装修产值	Building Decoration	449861	509099
在外省完成的产值	Output in Other Provinces	2373057	3366756
建筑工程产值	Construction	8970975	11721381
安装工程产值	Installation	702654	875617
其他产值	Others	671065	649216
竣工产值(万元)	**Buildings Completed Output Value of Construction(10000yuan)**	**6505449**	**8285527**
房屋建筑施工及竣工面积(万平方米)	**Floor Space of Buildings Under Construction and Completed(10000 sq.m)**		
房屋建筑施工面积	Floor Space of Buildings Under Construction	10669.44	12015.73
#本年新开工面积	Floor Space Started This Year	5803.40	6357.90
实行投标承包面积	Floor Space of Enter a Bid Contract	8415.38	8908.64
#本年新开工	Started This Year	5008.64	5420.76
房屋建筑竣工面积	Floor Space of Buildings Completed	5239.07	5944.11
厂房、仓库	Factory and Warehouse Buildings	732.69	861.65
住　宅	Residential Buildings	3337.31	3829.76
办公用房	Official Buildings	402.22	489.91
批发和零售用房	Wholesale and Retail Buildings	80.22	88.65
住宿和餐饮用房	Accommodation and Dining Buildings	70.51	48.13
居民服务业用房	Inhabitant Service Buildings	58.71	103.95
教育用房	Education Buildings	227.09	228.92
文化、体育用房	Buildings for Culture,Sports, and Amusement	54.74	46.06
卫生医疗用房	Public Health and Medical Buildings	31.11	50.51
科研用房	Scientific Research Buildings	5.67	4.37
其他用房	Other Buildings	238.80	192.19

14-1 续表1 continued

指 标	Item	2008	2009
竣工房屋价值(万元)	**Value of Floor Space (10000 yuan)**	**3650714**	**4564381**
厂房、仓库	Factory and Warehouse Buildings	438261	661052
住 宅	Residential Buildings	2281040	2865329
办公用房	Official Buildings	305472	438344
批发和零售用房	Wholesale and Retail Buildings	61876	75570
住宿和餐饮用房	Accommodation and Dining Buildings	53425	43976
居民服务业用房	Inhabitant Service Buildings	48614	58339
教育用房	Education Buildings	208766	181493
文化、体育用房	Buildings for Culture,Sports, and Amusement	49845	41384
卫生医疗用房	Public Health and Medical Buildings	25756	40702
科研用房	Scientific Research Buildings	9675	5829
其他用房	Other Buildings	167984	152363
年末自有机械设备	**Year-end Self-own Machinery and Equipment**		
净 值(万元)	Net Value of Machinery and Equipment Owned(10000 yuan)	471224	529997
总台数(台)	Number of Machinery and Equipment Owned(set)	163633	170201
总功率(万千瓦)	Total Power of Machinery and Equipment Owned (10000 kw)	232.58	254.57
劳动人员情况(万人)	**Labourers(10000 persons)**		
计算劳动生产率的平均人数	Staff and Workers Annual Average	68.39	79.66
期末从业人数	Number of Persons Engaged	66.14	77.30
#管理人员	Manager in Employed Persons at the Year-end	7.42	7.51
工程技术人员	Technologist in Employed Persons at the Year-end	9.89	10.79
年末资产负债(万元)	**Year-end Assets and Liabilities(10000 yuan)**		
流动资产合计	Total Circulating Funds	4696299	5728613
#存 货	Stock	1134529	1161895
长期投资	Long-term Investment	319824	332514
固定资产合计	Total Fixed Assets	1678036	1774046
固定资产原值	Original Value of Fixed Assets	1926564	2051954
#生产经营用	Used by Production	1190793	1274238
累计折旧	Total Depreciation	548559	607764
#本年折旧	Depreciation This Year	147368	157063
在建工程	Under Construction Project	169008	168291
无形及递延资产小计	Total Intangible and Deferred Assets	232684	249768
#无形资产	Intangible Assets	186553	203305
其他资产	Other Assets	28057	29603
资产合计	Total Assets	7001922	8136923
流动负债合计	Liquid Liabilities	3787907	4612451
长期负债合计	Long-term Liabilities	245724	240860
负债合计	Total Liabilities	4045854	4862538
所有者权益合计	Total Creditors Equity	2921270	3273052
#实收资本	Capitals Hold	2202816	2333351
国家资本	State-owned	678978	766942
集体资本	Collective-owned	393754	413648
法人资本	Institutional Units	420315	493335
个人资本	Individuals	672495	637148
港澳台资本	Funds from Hong Kong,Macao and Taiwan	35372	20478
外商资本	Foreign Funds	1902	1800
损益及分配(万元)	**Loss-profit and Allocation(10000 yuan)**		
工程结算收入	Revenue of Project Settlement Accounts	9517825	11232462

14-1 续表2 continued

指 标	Item	2008	2009
工程结算成本	Costs of Project Settlement Accounts	8243263	9862212
工程结算税金及附加	Taxes and Extra Charges on Project Settle Accounts	435110	458945
工程结算利润	Profits of Project Settlement Accounts	772384	823835
其他业务收入	Other Revenue from Business	99570	69072
其他业务利润	Other Profit from Business	24542	28973
经营费用	Running Expenses	65207	86042
管理费用	Management Fee	306571	336595
#税金	Taxes	26089	27770
财产保险费	Premium of Property	1501	1802
差旅费	Travel Expense	19031	20816
工会经费	Trade Union Outlays	4957	6563
财务费用	Financial Expenses	71380	68138
#利息支出	Expenses of Interest	29244	32084
营业利润	Profits of Business	419927	450426
营业外收入	Nonoperating Income	7045	7110
营业外支出	Nonoperating Expense	10295	7553
利润总额	Total Profits	391895	422008
#应交所得税	Income Tax Payable	62654	66634
应付利润	Profits Payable	103325	158872
劳动、待业保险费	Labor and Unemployment Insurance	31202	36624
住房公积金及住房补贴	Housing Accumulation Fund and Allowance	19720	21272
工资、福利费(万元)	**Wages,Welfare (10000 yuan)**		
本年应付工资总额	Payable Total Wages this Year	1238648	1336176
#主营业务应付工资总额	Payable Total Wages of Main Business	1199364	1289849
本年应付福利费总额	Payable Total Welfare this Year	105740	111111
#主营业务应付福利费总额	Payable Total Wages of Main Business	98476	107031
其他	**Others**		
劳动生产率(按总产值计算)(元/人)	Overall Labor Productivity (In Terms of Gross Output Value)(yuan/person)	151260	166287
利税总额(万元)	Total Pre-Tax Profits(10000 yuan)	853094	908724
产值利润率(%)	Ratio of Profit to Gross Output Vaiue(%)	3.8	3.2
产值利税率(%)	Ratio of Pre-tax Profit to Gross Output Value(%)	8.2	6.9
资产负债率(%)	Assets-Liability Ratio(%)	57.8	59.8
技术装备率(元/人)	Value of Machinery per Laborer(yuan/person)	7125	6857
动力装备率(千瓦/人)	Power of Machinery per Laborer(kw/person)	3.5	3.3
房屋建筑面积竣工率(%)	Rate of Floor Space of Buildings Completed(%)	49.1	49.5

注：建筑业统计范围为具有建筑业资质等级的独立核算建筑业企业。

a) Statistics of Construction refers to enterprises with qualification and with independent accounting.

14-2 按登记注册类型分的建筑业企业主要经济指标（2009年）

指标	Item	合计 Total	内资企业 Domestic Funded
企业个数(个)	**Number of Enterprises(unit)**	**1429**	**1417**
建筑业合同情况(万元)	**Construction Contract(10000 yuan)**		
签订的合同额	Contract Value Signed	21366781	21252976
上年结转合同额	Contract Value on Hand last Year	7490112	7471627
本年新签合同额	Contract Value Newly Signed this Year	13876669	13781349
承包工程完成情况(万元)	**Conditions Finished of Contracted Projects(10000 yuan)**		
直接从建设单位承揽工程完成的产值	Contracted Directly from Fabricative Units Output Value Finished of Projects	13068343	13027088
自行完成施工产值	Output Value Self-Finished of Buildings Under Construction	12954142	12912887
分包出去工程的产值	Output Value of Projects Subcontracted	114201	114202
从建设单位以外承揽工程完成的产值	Contracted Directly Exceptant Fabricative Units Output Value Finished of Projects	292072	291836
建筑业总产值(万元)	**Gross Output Value (10000 yuan)**	**13246214**	**13204723**
#装饰装修产值	Building Decoration	509099	502547
在外省完成的产值	Output in Other Provinces	3366756	3366756
建筑工程产值	Construction	11721381	11686810
安装工程产值	Installation	875617	870046
其他产值	Others	649216	647867
竣工产值(万元)	**Buildings Completed Output Value of Construction(10000 yuan)**	**8285527**	**8265591**
房屋建筑施工及竣工面积(万平方米)	**Floor Space of Buildings Under Construction and Completed(10000 sq.m)**		
房屋建筑施工面积	Floor Space of Buildings Under Construction	12015.73	12013.02
#本年新开工面积	Floor Space Started this Year	6357.90	6355.19
实行投标承包面积	Floor Space of Enter a bid Contract	8908.64	8905.94
#本年新开工	Started this Year	5420.76	5418.06
房屋建筑竣工面积	Floor Space of Buildings Completed	5944.11	5944.11
厂房、仓库	Factory and Warehouse Buildings	861.65	861.65
住　宅	Residential Buildings	3829.76	3829.76
办公用房	Official Buildings	489.91	489.91
批发和零售用房	Wholesale and Retail Buildings	88.65	88.65
住宿和餐饮用房	Accommodation and Dining Buildings	48.13	48.13
居民服务业用房	Inhabitant Service Buildings	103.95	103.95
教育用房	Education Buildings	228.92	228.92
文化、体育用房	Buildings for Culture,Sports, and Amusement	46.06	46.06
卫生医疗用房	Public Health and Medical Buildings	50.51	50.51
科研用房	Scientific Research Buildings	4.37	4.37
其他用房	Other Buildings	192.19	192.19
竣工房屋价值(万元)	Value of Floor Space (10000 yuan)	4564381	4564381
厂房、仓库	Factory and Warehouse Buildings	661052	661052
住　宅	Residential Buildings	2865329	2865329
办公用房	Official Buildings	438344	438344
批发和零售用房	Wholesale and Retail Buildings	75570	75570
住宿和餐饮用房	Accommodation and Dining Buildings	43976	43976
居民服务业用房	Inhabitant Service Buildings	58339	58339
教育用房	Education Buildings	181493	181493
文化、体育用房	Buildings for Culture,Sports, and Amusement	41384	41384
卫生医疗用房	Public Health and Medical Buildings	40702	40702
科研用房	Scientific Research Buildings	5829	5829
其他用房	Other Buildings	152363	152363
年末自有机械设备	**Year-end Self-own Machinery and Equipment**		
净　值(万元)	Net Value of Machinery and Equipment Owned (10000yuan)	529997	523607
总台数(台)	Number of Machinery and Equipment Owned (set)	170201	169437
总功率(万千瓦)	Total Power of Machinery and Equipment Owned (10000kw)	254.57	254.04
劳动人员情况(万人)	**Labourers(10000 persons)**		
计算劳动生产率的平均人数	Staff and Workers Annual Average	79.66	79.44
期末从业人数	Number of Persons Engaged at the Year-end	77.30	77.06
#管理人员	Manager in Employed Persons at the Year-end	7.51	7.47
工程技术人员	Technologist in Employed Persons at the Year-end	10.79	10.76

Main Economic Indicators on Construction Enterprises by Registrtion Status (2009)

国有企业 State-owned	集体企业 Collective-owned	股份合作企业 Cooperative	联营企业 Joint Ownership Units	有限责任公司 Limited liability Enterprises	股份有限公司 Share-holding Corporations Ltd	私营企业 Private Enterprise	其他企业 Others	港澳台商投资企业 Funded from Hong Kong, Macao and Taiwan	外商投资企业 Foreign Funded
190	**225**	**24**	**3**	**435**	**114**	**423**	**3**	**10**	**2**
7250840	2786191	228906	15302	6281086	1877711	2808929	4011	111972	1833
2712743	928726	62478	1902	2277573	950197	536958	1050	18130	355
4538097	1857465	166428	13400	4003513	927514	2271971	2961	93841	1478
4100461	1877812	169269	13026	3483462	1234361	2145853	2845	39649	1606
4018239	1866874	169269	13026	3477671	1222556	2142407	2845	39649	1606
82222	10938			5791	11805	3446			
67322	12199	10250		22271	58163	121633		236	
4085561	**1879072**	**179519**	**13026**	**3499942**	**1280719**	**2264040**	**2845**	**39885**	**1606**
98325	32196	2942		190208	64007	113332	1537	6552	
1737850	209413	10565		787499	428023	193407			
3501936	1805870	162809	13026	3113245	1094189	1992891	2845	34571	
373488	39155	11951		203037	141258	101158		4966	606
210137	34048	4760		183660	45272	169991		349	1000
2198264	**1330285**	**180723**	**11993**	**2294195**	**593601**	**1654482**	**2049**	**18331**	**1606**
3277.77	2859.36	250.83	18.81	2974.64	622.38	2009.25		2.71	
1169.64	1662.45	151.39	15.92	1725.34	389.87	1240.59		2.71	
2010.85	2397.13	155.54	11.89	2524.89	419.91	1385.72		2.71	
974.30	1479.63	110.35	8.11	1540.32	287.30	1018.05		2.71	
868.43	1519.99	168.45	16.78	1587.90	388.07	1394.48			
137.88	146.25	16.46		216.13	57.96	286.97			
513.83	1184.78	111.28	11.58	1002.20	250.52	755.56			
100.24	51.19	8.79	2.72	138.81	29.37	158.78			
3.39	20.99	10.78		8.00	7.04	38.45			
10.44	12.00	1.57		17.31	0.50	6.31			
46.60	20.10	1.80		28.72	2.00	4.72			
14.44	49.35	15.82	1.85	68.41	14.54	64.51			
9.12	5.79	0.95		22.10	1.89	6.20			
8.12	10.65	0.20		18.49	2.04	11.02			
2.96	0.27			0.35		0.79			
21.40	18.61	0.80	0.62	67.36	22.22	61.18			
851618	1068051	161094	10094	1227276	268017	978232			
170131	93183	27053		148170	37405	185111			
474040	837568	90299	6934	761809	168609	526070			
112721	38981	9857	1635	124676	31025	119449			
2853	15852	8886		5357	5219	37403			
9585	7420	11207		10195	842	4727			
16925	10076	2756		23962	1515	3106			
18095	39298	9112	1131	59677	8957	45222			
13460	4246	808		17018	820	5032			
8699	7636	150		14329	1112	8776			
4768	111			292		657			
20341	13679	966	394	61790	12514	42680			
133369	65620	3172	26	155308	65139	100865	108	4883	1506
39155	34385	1643	16	44958	16282	32955	43	644	120
66.50	35.32	1.89	0.15	70.88	22.17	57.03	0.11	0.03	0.50
19.22	15.87	1.58	0.10	20.66	6.58	15.40	0.03	0.21	0.01
18.11	15.09	1.15	0.11	20.99	6.17	15.43	0.03	0.23	0.01
1.87	1.27	0.12	0.00	2.38	0.65	1.18		0.04	
1.90	1.93	0.21	0.02	3.16	1.09	2.45	0.01	0.03	

14-2 续表

指标	Item	合计 Total	内资企业 Domestic Funded
年末资产负债(万元)	**Year-end Assets and Liabilities(10000 yuan)**		
流动资产合计	Total Circulating Funds	5728613	5679538
#存货	Stock	1161895	1150536
长期投资	Long-term Investment	332514	330849
固定资产合计	Total Fixed Assets	1774046	1759798
固定资产原值	Original Value of Fixed Assets	2051954	2029766
#生产经营用	Used by Production	1274238	1253837
累计折旧	Total Depreciation	607764	599468
#本年折旧	Depreciation this Year	157063	153970
在建工程	Under Construction Project	168291	168291
无形及递延资产小计	Total Intangible and Deferred Assets	249768	248499
#无形资产	Intangible Assets	203305	202036
其他资产	Other Assets	29603	29590
资产合计	Total Assets	8136923	8063474
流动负债合计	Liquid Liabilities	4612451	4585092
长期负债合计	Long-term Liabilities	240860	235197
负债合计	Total Liabilities	4862538	4829488
所有者权益合计	Total Creditors Equity	3273052	3232663
#实收资本	Capitals Hold	2333351	2304833
国家资本	State-owned	766942	766342
集体资本	Collective-owned	413648	413648
法人资本	Institutional Units	493335	487595
个人资本	Individuals	637148	637148
港澳台资本	Funds from Hong Kong,Macao and Taiwan	20478	100
外商资本	Foreign Funds	1800	
损益及分配(万元)	**Loss-profit and Allocation(10000 yuan)**		
工程结算收入	Revenue of Project Settlement Accounts	11232462	11190898
工程结算成本	Costs of Project Settlement Accounts	9862212	9826701
工程结算税金及附加	Taxes and Extra Charges on Project Settle Accounts	458945	457826
工程结算利润	Profits of Project Settlement Accounts	823835	818993
其他业务收入	Other Revenue from Business	69072	69003
其他业务利润	Other Profit from Business	28973	28959
经营费用	Running Expenses	86042	86003
管理费用	Management Fee	336595	334801
#税金	Taxes	27770	27760
财产保险费	Premium of Property	1802	1801
差旅费	Travel Expense	20816	20805
工会经费	Trade Union Outlays	6563	6561
财务费用	Financial Expenses	68138	66590
#利息支出	Expenses of Interest	32084	31686
营业利润	Profits of Business	450426	448857
营业外收入	Nonoperating Income	7110	7108
营业外支出	Nonoperating Expense	7553	7553
利润总额	Total Profits	422008	420421
#应交所得税	Income Tax Payable	66634	66257
应付利润	Profits Payable	158872	158842
劳动、待业保险费	Labor and Unemployment Insurance	36624	36618
住房公积金及住房补贴	Housing Accumulation Fund and Allowance	21272	21268
工资、福利费(万元)	**Wages,Welfare (10000 yuan)**		
本年应付工资总额	Payable Total Wages this Year	1336176	1332515
#主营业务应付工资总额	Payable Total Wages of Main Business	1289849	1286190
本年应付福利费总额	Payable Total Welfare this Year	111111	110670
#主营业务应付福利费总额	Payable Total Wages of Main Business	107031	106590
其他	**Others**		
劳动生产率(按总产值计算)(元/人)	Overall Labor Productivity (In Terms of Gross Output Value)(yuan/person)	166287	166226
利税总额(万元)	Total Pre-Tax Profits(10000 yuan)	908724	906007
产值利润率(%)	Ratio of Profit to Gross Output Value(%)	3.2	3.2
产值利税率(%)	Ratio of Pre-tax Profit to Gross Output Value(%)	6.9	6.9
资产负债率(%)	Assets-Liability Ratio(%)	59.8	59.9
技术装备率(元/人)	Value of Machinery Per Laborer(yuan/person)	6857	6795
动力装备率(千瓦/人)	Power of Machinery Per Laborer(kw/person)	3.3	3.3
房屋建筑面积竣工率(%)	Rate of Floor Space of Buildings Completed(%)	49.5	49.5

continued

国有企业 State-owned	集体企业 Collective-owned	股份合作企业 Cooperative	联营企业 Joint Ownership Units	有限责任公司 Limited liability Enterprises	股份有限公司 Share-holding Corporations Ltd	私营企业 Private Enterprise	其他企业 Others	港澳台商投资企业 Funded from Hong Kong, Macao and Taiwan	外商投资企业 Foreign Funded
2104746	522695	125581	1404	1807558	509318	606796	1441	47183	1892
411155	149558	61489	542	236685	131359	159338	410	11292	67
124091	44598	10208	62	72921	16808	62162		1664	
484706	233789	18942	1717	485426	184078	349681	1460	12242	2006
611341	240356	23472	2215	578901	199934	371636	1912	20031	2156
335270	130906	14220	1968	389432	149527	230792	1723	18396	2006
221832	60848	7204	648	160685	49361	98439	452	8145	150
40626	11488	1184	218	46598	20248	33441	168	3032	60
45146	26954	1314		39866	14639	40372			
79648	50252	3935		50940	24708	39015	0	789	480
60046	40443	3934		44689	22286	30638		789	480
5082	1152	19		8326	5677	9335		13	
2801166	852838	158685	3183	2426923	741994	1075784	2901	69071	4378
1917334	432885	103742	683	1378912	381068	370361	108	24981	2378
97933	16804	2185	51	56516	35796	25913		5663	
2017725	449822	105927	734	1436084	417547	401542	108	30672	2378
783366	402996	52758	2450	990756	324364	673180	2792	38389	2000
575312	323897	40885	1822	661696	225114	474228	1880	26718	1800
573351			1530	157437	34023			600	
	317772	38581	292	20905	36099				
1960	6125	141		246724	75946	154819	1880	5740	
		2163		236530	79046	319409			
				100				20378	
									1800
3377292	1687072	119350	12163	2920606	1218521	1853122	2772	39958	1606
3046535	1480839	95049	9185	2590858	1072598	1529665	1974	34018	1493
117084	76373	6537	650	116754	46877	93423	129	1091	28
200976	112980	16555	1764	188957	90290	206885	586	4762	80
29737	6138	997	0	20149	2848	9073	61	68	
11188	3675	627	0	9834	1052	2561	21	14	
12171	16815	1209	564	23771	8686	22703	83	33	5
122100	41253	5703	528	75948	31930	57169	171	1753	41
5398	5172	300	34	6455	2562	7835	4	8	2
561	149	36		485	234	337		1	
7473	1674	342	47	4656	1949	4657	7	9	3
2580	428	119		1943	545	946		2	
20042	4591	605	152	25330	6257	9592	22	1536	12
7319	2308	473	37	12043	4278	5215	12	386	12
70650	70879	10875	1084	98012	53225	143718	414	1542	27
517	320	44		2874	1997	1356		2	
3903	243	145		2385	574	303		1	
64407	54820	11098	1084	92166	55168	141263	414	1560	27
11414	9533	812	13	18466	9223	16692	106	376	1
21553	25510	5252	6	35219	19028	51956	318	17	13
16220	3278	1445	5	9007	3149	3507	7	6	
9181	2435	790		4242	1927	2675	18	4	
384037	240327	14975	1286	386594	79820	225110	366	3572	88
371501	235100	14571	1286	374571	77144	211651	366	3572	87
38969	20225	1187	7	29806	5274	15156	47	438	3
37270	19867	1111	7	28847	4945	14496	47	438	3
212536	118435	113354	129609	169441	194641	147019	103839	187961	118933
186888	136365	17934	1769	215376	104607	242521	547	2660	57
1.6	2.9	6.2	8.3	2.6	4.3	6.2	14.6	3.9	1.7
4.6	7.3	10.0	13.6	6.2	8.2	10.7	19.2	6.7	3.5
72.0	52.7	66.8	23.0	59.2	56.3	37.3	3.7	44.4	54.3
7366	4348	2769	249	7398	10562	6539	3923	21531	114098
3.7	2.3	1.6	1.4	3.4	3.6	3.7	3.9	0.1	37.9
26.5	53.2	67.2	89.2	53.4	62.4	69.4			

14-3 各地区建筑业企业主要经济指标（2009年）

指 标	Item	全 省 Total	南昌市 Nanchang
企业个数(个)	**Number of Enterprises(unit)**	**1429**	**448**
建筑业合同情况(万元)	**Construction Contract(10000 yuan)**		
签订的合同额	Contract Value Signed	21366781	11793800
上年结转合同额	Contract Value on Hand last Year	7490112	4782704
本年新签合同额	Contract Value Newly Signed this Year	13876669	7011096
承包工程完成情况(万元)	**Conditions Finished of Contracted Projects(10000 yuan)**		
直接从建设单位承揽工程完成的产值	Contracted Directly from Fabricative Units Output Value Finished of Projects	13068343	6332650
自行完成施工产值	Output Value Self-Finished of Buildings Under Construction	12954142	6225849
分包出去工程的产值	Output Value of Projects Subcontracted	114201	106801
从建设单位以外承揽工程完成的产值	Contracted Directly Exceptant Fabricative Units Output Value Finished of Projects	292072	144779
建筑业总产值(万元)	**Gross Output Value (10000 yuan)**	**13246214**	**6370629**
#装饰装修产值	Building Decoration	509099	282459
在外省完成的产值	Output in Other Provinces	3366756	1952881
建筑工程产值	Construction	11721381	5466920
安装工程产值	Installation	875617	516087
其他产值	Others	649216	387622
竣工产值(万元)	**Buildings Completed Output Value of Construction(10000 yuan)**	**8285527**	**3603449**
房屋建筑施工及竣工面积(万平方米)	**Floor Space of Buildings Under Construction and Completed(10000 sq.m)**		
房屋建筑施工面积	Floor Space of Buildings Under Construction	12015.73	5569.69
#本年新开工面积	Floor Space Started this Year	6357.90	2126.43
实行投标承包面积	Floor Space of Enter a bid Contract	8908.64	3852.75
#本年新开工	Started This Year	5420.76	1821.31
房屋建筑竣工面积	Floor Space of Buildings Completed	5944.11	1915.84
厂房、仓库	Factory and Warehouse Buildings	861.65	331.40
住 宅	Residential Buildings	3829.76	1219.69
办公用房	Official Buildings	489.91	150.46
批发和零售用房	Wholesale and Retail Buildings	88.65	34.47
住宿和餐饮用房	Accommodation and Dining Buildings	48.13	6.09
居民服务业用房	Inhabitant Service Buildings	103.95	51.18
教育用房	Education Buildings	228.92	50.11
文化、体育用房	Buildings for Culture,Sports, and Amusement	46.06	7.05
卫生医疗用房	Public Health and Medical Buildings	50.51	9.05
科研用房	Scientific Research Buildings	4.37	0.06
其他用房	Other Buildings	192.19	56.28
竣工房屋价值(万元)	Value of Hoor Space (10000 yuan)	4564381	1752376
厂房、仓库	Factory and Warehouse Buildings	661052	270193
住 宅	Residential Buildings	2865329	1124304
办公用房	Official Buildings	438344	163019
批发和零售用房	Wholesale and Retail Buildings	75570	28337
住宿和餐饮用房	Accommodation and Dining Buildings	43976	16349
居民服务业用房	Inhabitant Service Buildings	58339	24107
教育用房	Education Buildings	181493	58784
文化、体育用房	Buildings for Culture,Sports, and Amusement	41384	5679
卫生医疗用房	Public Health and Medical Buildings	40702	10431
科研用房	Scientific Research Buildings	5829	1
其他用房	Other Buildings	152363	51171
年末自有机械设备	**Year-end Self-own Machinery and Equipment**		
净 值(万元)	Net Value of Machinery and Equipment Owned(10000 yuan)	529997	175308
总台数(台)	Number of Machinery and Equipment Owned(set)	170201	47120
总功率(万千瓦)	Total Power of Machinery and Equipment Owned (10000 kw)	254.57	74.51
劳动人员情况(万人)	**Labourers(10000 persons)**		
计算劳动生产率的平均人数	Staff and Workers Annual Average	79.66	33.46
期末从业人数	Number of Persons Engaged at the Year-end	77.30	30.56
#管理人员	Manager in Employed Persons at the Year-end	7.51	2.95
工程技术人员	Technologist in Employed Persons at the Year-end	10.79	3.29

Main Economic Indicators on Construction by Region (2009)

景德镇市 Jingdezhen	萍乡市 Pingxiang	九江市 Jiujiang	新余市 Xinyu	鹰潭市 Yingtan	赣州市 Ganzhou	吉安市 Ji'an	宜春市 Yichun	抚州市 Fuzhou	上饶市 Shangrao
60	**89**	**141**	**66**	**40**	**133**	**111**	**139**	**87**	**115**
682185	536081	2077722	890773	951141	953173	823811	637782	878442	1141871
386067	101010	937960	165322	249333	223714	181218	113921	140430	208435
296118	435072	1139762	725452	701808	729459	642593	523861	738013	933437
275264	335352	1557196	447363	457903	865219	551267	545546	722535	978048
274189	335352	1557196	444378	457903	865219	549159	545546	722535	976814
1075			2985			2108			1234
1085	2009	51145	4482		4866	1867	1856	1184	78800
275273	**337361**	**1608341**	**448861**	**457903**	**870085**	**551026**	**547402**	**723719**	**1055614**
2624	19689	24578	7370	32719	37544	27185	27612	16802	30517
151069		612961	136261	195153	27323	35676	35912	149836	69685
263402	282745	1546271	411655	402234	782017	501752	480078	683299	901008
8656	51311	37045	18836	42653	15027	28166	48934	26806	82097
3215	3306	25025	18369	13016	73041	21108	18390	13614	72510
209046	**141775**	**1034490**	**274755**	**168417**	**456935**	**525321**	**452132**	**605760**	**813447**
454.05	239.34	1150.13	279.12	373.81	631.45	758.07	802.35	886.07	871.65
173.75	150.33	729.97	150.99	180.23	388.18	561.43	594.13	649.11	653.34
391.10	199.83	846.22	218.66	366.31	406.37	537.54	668.61	764.41	656.84
161.91	135.48	637.18	128.18	171.90	290.37	412.09	535.55	590.48	536.33
162.69	81.25	791.67	151.75	130.47	343.98	529.86	561.47	588.94	686.20
26.22	39.63	62.04	22.46	5.39	45.31	81.25	71.81	68.61	107.51
108.24	26.77	581.92	114.61	103.82	222.44	321.64	435.66	395.24	299.73
8.97	12.82	46.35	8.33	6.94	17.15	31.14	17.23	53.62	136.92
		5.57		0.70	16.48	3.27	2.63	7.60	17.94
2.42		15.40		0.07	1.41	12.58	2.00	6.16	1.99
5.30		12.20	1.87		2.30	9.04	2.18	3.48	16.40
4.20	0.55	24.33	2.98	1.40	27.50	32.95	8.04	24.76	52.10
0.72	0.23	14.95	0.71	6.50	0.81	5.92	2.26	2.97	3.95
	0.30	6.93	0.16	4.14	3.48	8.73	5.25	6.25	6.23
		0.14			0.13	3.38		0.32	0.33
6.61	0.95	21.84	0.64	1.53	6.96	19.97	14.40	19.91	43.10
137099	86041	514038	107144	114138	232268	315478	328107	445370	532322
18733	41850	46739	22140	3175	28805	43685	42964	44806	97962
86727	30398	363143	73525	86592	149502	180767	250606	308115	211651
8961	12537	33665	6735	6951	11333	25614	10748	44038	114744
		7293		321	11025	2547	1667	5698	18681
1244		9260		88	1153	9479	1084	3886	1432
4934		7648	1036		1536	6450	990	2718	8920
3507	337	17437	2569	860	21670	20466	4958	19078	31826
2054	168	10025	683	11031	574	4642	1340	1510	3678
	156	5036	151	4391	2427	5286	3470	5895	3458
		95			122	5076		161	374
10939	595	13697	307	728	4120	11467	10279	9465	39596
15401	13151	79718	20905	11182	40851	38889	45183	43972	45438
6049	9451	27838	10931	2845	11293	15198	13701	15682	10093
11.23	12.63	36.76	11.15	7.86	14.54	20.03	21.38	19.04	25.44
2.09	2.27	7.83	2.14	1.63	6.75	5.69	4.40	6.14	7.26
2.17	2.29	8.06	2.22	1.68	6.62	5.32	4.44	6.29	7.65
0.33	0.24	0.92	0.30	0.27	0.59	0.48	0.45	0.50	0.48
0.35	0.40	1.20	0.83	0.38	1.16	0.67	0.88	0.67	0.97

14-3 续表

指标	Item	全省 Total	南昌市 Nanchang
年末资产负债(万元)	**Year-end Assets and Liabilities(10000 yuan)**		
流动资产合计	Total Circulating Funds	5728613	3316610
#存货	Stock	1161895	584614
长期投资	Long-term Investment	332514	225870
固定资产合计	Total Fixed Assets	1774046	765310
固定资产原值	Original Value of Fixed Assets	2051954	930343
#生产经营用	Used by Production	1274238	506448
累计折旧	Total Depreciation	607764	291678
#本年折旧	Depreciation this Year	157063	56767
在建工程	Under Construction Project	168291	64422
无形及递延资产小计	Total Intangible and Deferred Assets	249768	97451
#无形资产	Intangible Assets	203305	77160
其他资产	Other Assets	29603	12509
资产合计	Total Assets	8136923	4426265
流动负债合计	Liquid Liabilities	4612451	2794640
长期负债合计	Long-term Liabilities	240860	112304
负债合计	Total Liabilities	4862538	2912799
所有者权益合计	Total Creditors Equity	3273052	1513092
#实收资本	Capitals Hold	2333351	1084443
国家资本	State-owned	766942	501479
集体资本	Collective Owned	413648	216693
法人资本	Institutional Units	493335	194957
个人资本	Individuals	637148	159902
港澳台资本	Funds from Hong Kong,Macao and Taiwan	20478	10613
外商资本	Foreign Funds	1800	800
损益及分配(万元)	**Loss-profit and Allocation(10000 yuan)**		
工程结算收入	Revenue of Project Settlement Accounts	11232462	5464505
工程结算成本	Costs of Project Settlement Accounts	9862212	4897611
工程结算税金及附加	Taxes and Extra Charges on Project Settle Accounts	458945	187942
工程结算利润	Profits of Project Settlement Accounts	823835	343654
其他业务收入	Other Revenue from Business	69072	39557
其他业务利润	Other Profit from Business	28973	17257
经营费用	Running Expenses	86042	35010
管理费用	Management Fee	336595	174041
#税金	Taxes	27770	10750
财产保险费	Premium of Property	1802	797
差旅费	Travel Expense	20816	9355
工会经费	Trade Union Outlays	6563	2593
财务费用	Financial Expenses	68138	42316
#利息支出	Expenses of Interest	32084	16138
营业利润	Profits of Business	450426	145627
营业外收入	Nonoperating Income	7110	2985
营业外支出	Nonoperating Expense	7553	5071
利润总额	Total Profits	422008	130656
#应交所得税	Income Tax Payable	66634	26405
应付利润	Profits Payable	158872	55342
劳动、待业保险费	Labor and Unemployment Insurance	36624	18805
住房公积金及住房补贴	Housing Accumulation Fund and Allowance	21272	12332
工资、福利费(万元)	**Wages,Welfare (10000 yuan)**		
本年应付工资总额	Payable Total Wages this Year	1336176	612926
#主营业务应付工资总额	Payable Total Wages of Main Business	1289849	590049
本年应付福利费总额	Payable Total Welfare this Year	111111	57678
#主营业务应付福利费总额	Payable Total Wages of Main Business	107031	55822
其他	**Others**		
劳动生产率(按总产值计算)(元/人)	Overall Labor Productivity (In Terms of Gross Output Value)(yuan/person)	166287	190379
利税总额(万元)	Total Pre-Tax Profits(10000 yuan)	908724	329348
产值利润率(%)	Ratio of Profit to Gross Output Value(%)	3.2	2.1
产值利税率(%)	Ratio of Pre-tax Profit to Gross Output Value(%)	6.9	5.2
资产负债率(%)	Assets-Liability Ratio(%)	59.8	65.8
技术装备率(元/人)	Value of Machinery Per Laborer(yuan/person)	6857	5737
动力装备率(千瓦/人)	Power of Machinery per Laborer(kw/person)	3.3	2.4
房屋建筑面积竣工率(%)	Rate of Floor Space of Buildings Completed(%)	49.5	34.4

continued

景德镇市 Jingdezhen	萍乡市 Pingxiang	九江市 Jiujiang	新余市 Xinyu	鹰潭市 Yingtan	赣州市 Ganzhou	吉安市 Ji'an	宜春市 Yichun	抚州市 Fuzhou	上饶市 Shangrao
101705	100829	721143	340531	46910	309283	170288	245892	194312	181112
20706	16385	161241	44949	7265	93753	48774	58130	78583	47495
2072	13929	5307	3399	4086	18069	16561	7064	5179	30979
40978	43430	189973	53562	49446	94794	105169	125389	99121	206874
42348	60151	229246	70181	55578	109993	129847	131969	117915	174383
20422	30171	171057	54666	36126	92563	76857	98730	79765	107431
11376	20966	64978	21149	9619	47747	39116	28556	28210	44370
2974	4684	21910	3131	1104	21330	15878	4249	7043	17992
5771	3113	12053	4069	201	21039	7733	14251	3835	31804
23637	5270	37740	4989	5355	16883	21941	9081	11650	15769
21383	5062	31069	2850	5308	16481	16058	8651	9680	9604
343	191	3282		75	1448	3649	2101	929	5076
168798	165184	957695	402646	105872	444057	317607	389699	312047	447053
71428	78048	628796	273157	37907	205853	102168	152104	118896	149455
15347	2187	35392	5424	12	14810	4241	12990	18051	20104
86786	80256	664275	278581	37919	223861	106409	165118	136949	169587
82011	84186	293416	124000	67954	220154	211199	224572	175065	277403
65078	63107	203738	89857	49231	135779	140843	160732	132805	207738
21211	1083	65902	25611	23932	40046	25667	14888	30021	17103
16330	9349	47552	19964	794	21103	26585	10855	27681	16742
19302	32081	42038	22253	4983	15780	32738	27543	22852	78809
6335	20594	48247	22029	19521	58386	55854	107085	51252	87943
1900					464		360		7141
								1000	
216112	241923	1657154	415785	303690	594728	519776	516431	644475	657885
193073	172136	1484594	367544	282396	506669	421886	422449	589417	524437
11965	21282	59203	15040	12754	41618	20609	31806	24560	32167
10407	44797	105178	28560	7857	43750	69934	53220	27556	88924
745	3261	4232	3476	2821	2039	7007	933	1160	3841
132	1349	2074	1128	1090	1050	3363	427	5	1099
660	3558	7984	4485	683	2290	7347	8881	2871	12273
5468	9633	40693	10902	4407	16813	23510	15814	11927	23387
556	849	2020	1500	386	1634	2188	2780	1873	3237
17	8	196	273	18	118	106	66	61	142
297	492	2696	1032	533	1762	736	1347	606	1960
143	91	914	614	252	644	139	498	445	231
1309	661	6686	1624	346	2616	1516	2526	2005	6533
880	376	4789	1195	124	2130	712	2025	1265	2451
3768	36003	60077	17337	4195	25792	48272	35461	13708	60186
28	49	878	102	39	826	10	675	164	1355
5	160	776	72	55	667	88	43	332	286
2861	35870	50327	17358	4358	25264	39781	29210	12591	73732
357	2922	7284	3306	704	5571	6396	4067	2431	7190
398	9627	28369	8369	2202	12772	11363	5631	7893	16908
583	1252	4109	1792	2664	2982	1646	646	690	1456
252	701	2158	1692	240	2311	164	672	377	373
54228	35014	113929	44323	44736	92068	71405	73155	95013	99379
54126	35014	107402	43048	44501	91611	66597	71577	90827	95097
1424	3008	7767	5260	5172	5923	5745	4188	6531	8416
1415	3008	7284	4757	5142	5870	5588	4071	6113	7961
131988	148525	205297	209660	280389	128898	96829	124531	117937	145453
15382	58000	111550	33898	17498	68516	62578	63795	39024	109136
1.0	10.6	3.1	3.9	1.0	2.9	7.2	5.3	1.7	7.0
5.6	17.2	6.9	7.6	3.8	7.9	11.4	11.7	5.4	10.3
51.4	48.6	69.4	69.2	35.8	50.4	33.5	42.4	43.9	37.9
7085	5731	9893	9423	6657	6170	7308	10185	6994	5943
5.2	5.5	4.6	5.0	4.7	2.2	3.8	4.8	3.0	3.3
35.8	33.9	68.8	54.4	34.9	54.5	69.9	70.0	66.5	78.7

14-4 劳务分包建筑业企业生产经营状况

Main Indicators on Construction Enterprises Service Subcontracted

指 标	Item	2008	2009
企业个数(个)	Number of Construction Enterprises (unit)	62	55
建筑业总产值(万元)	Gross Output Value of Construction (10000 yuan)	14948	13786
#装饰装修产值	Output Value of Fitment	404	366
计算劳动生产率的平均人数(人)	Staff and Workers Annual Average (person)	2388	2252
年末从业人员(人)	Number of Employed Persons at the Year-end (person)	2501	2297
#管理人员	Manager in Employed Persons at the Year-end	180	260
工程技术人员(人)	Technologist in Employed Persons at the Year-end (person)	230	263
现场施工工人(人)	Builder in Employed Persons at the Year-end (person)	1635	1568
固定资产原值(万元)	Original Value of Fixed Assets (10000 yuan)	7874	4860
#本年折旧	Draw Depreciation this Year	170	211
资产总计(万元)	Total Assets (10000 yuan)	47022	25430
负债合计(万元)	Total Liabilities (10000 yuan)	12223	9337
实收资本(万元)	Capitals Hold (10000 yuan)	32662	14361
营业收入(万元)	Total Revenue (10000 yuan)	10699	12507
#工程结算收入	Revenue of Project Settlement Accounts	10440	12263
工程结算成本(万元)	Costs of Project Settlement Accounts (10000 yuan)	8125	10268
工程结算税金及附加(万元)	Taxes and Extra Charges on Project Settle Accounts (10000 yuan)	454	567
费用合计(万元)	Total Charges (10000 yuan)	1167	1563
劳动、待业保险费(万元)	Premium of Unemployment and Labour (10000 yuan)	121	67
营业利润(万元)	Profits of Business (10000 yuan)	953	792
利润总额(万元)	Total Profits (10000 yuan)	865	819
从业人员劳动报酬(万元)	Labour Reward of Employed Persons(10000 yuan)	3046	2734

主要统计指标解释

建筑业统计单位 指从事房屋、构筑物建造和设备安装活动的法人企业。建筑业法人企业应同时具备的条件是：①依法成立，有自己的名称、组织机构和场所，能够承担民事责任；②独立拥有和使用资产，承担负债，有权与其他单位签订合同；③独立核算盈亏，能够编制资产负债表。

建筑业总产值 是以货币形式表现的建筑业企业在一定时期内生产的建筑业产品和提供的服务的总和。建筑业总产值包括：

⑴建筑工程产值：指列入建筑工程预算内的各种工程价值。

⑵安装工程产值：指设备安装工程价值，不包括被安装设备本身的价值。

⑶其他产值：建筑业总产值中除建筑工程、安装工程以外的产值。包括房屋构筑物修理产值、非标准设备制造产值、总包企业向分包企业收取的管理费以及不能明确划分的施工活动所完成的产值。

a.房屋构筑物修理产值：指房屋和构筑物修理所完成的产值，但不包括被修理房屋、构筑物本身价值和生产设备的修理产值。

b.非标准设备制造产值：指加工制造没有定型的非标准生产设备的加工费和原材料价值(如化工厂、炼油厂用的各种罐、槽，矿井生产统一使用的各种漏斗、三角槽、阀门等)以及附属加工厂为本企业承建工程制作的非标准设备的价值。

建筑业增加值 指建筑业企业在报告期内以货币形式表现的建筑业生产经营活动的最终成果。

从 2004 年第一次全国经济普查开始，建筑业现价增加值按生产法和分配法(收入法)两种方法计算，以收入法的计算结果为准，即从收入的角度出发，根据生产要素在生产过程中应得的收入份额计算。具体计算方法：经济普查年度建筑业增加值按照《经济普查年度 GDP 核算方案》计算，非经济普查年度建筑业增加值按照《非经济普查年度 GDP 核算方案》计算。

房屋建筑施工面积 指在报告期内施工的全部房屋建筑面积，包括本期新开工的房屋面积、上期施工跨入本期继续施工的房屋面积、上期停缓建在本期恢复施工的房屋面积、本期竣工的房屋面积及本期施工后又停缓建的房屋面积。

房屋建筑竣工面积 指在报告期内房屋建筑按照设计要求全部完工，达到了住人和使用条件，经验收鉴定合格，正式移交使用单位的房屋建筑面积。

自有机械设备年末总台数 指归本企业所有，属于本企业固定资产的生产性机械设备年末总台数。包括施工机械、生产设备、运输设备以及其他设备。

自有机械设备年末总功率 指本企业自有施工机械、生产设备、运输设备以及其他设备等列为在册固定资产的生产性机械设备年末总功率，按设定能力或查定能力计算。包括机械本身的动力和为该机械服务的单独动力设备，如电动机等。计算单位用千瓦，动力换算可按 1 马力＝0.735 千瓦折合成千瓦数。电焊机、变压器、锅炉不计算动力。

工程结算收入 指企业承包工程实现的工程价款结算收入，以及向发包单位收取的除工程价款以外的按规定列作营业收入的各种款项，如临时设施费、劳动保险费、施工机械调迁费等以及向发包单位收取的各种索赔款。

工程结算利润 指已结算工程实现的利润，如亏损以“－”号表示。计算公式为：

工程结算利润＝工程结算收入－工程结算成本－工程结算税金及附加

Explanatory Notes on Main Statistical Indicators

Statistical Unit in Construction refers to corporate enterprise engaged in the construction of buildings and structures and in the installation of equipment. A corporate construction enterprise should meet the following 3 requirements:①being set up in line with relevant legal basis, having its full name, organization and location, and capable of taking civil liabilities;②independently possessing and using its assets and assuming its liabilities, and entitled to sign contracts with other institutions; and ③ making independent accounts of its profits and losses, and capable of compiling its own balance sheet

Gross Output Value of Construction refers to total of construction products and services, expressed in money terms, produced or rendered by construction and installation enterprises during a given period of time. It includes:

(1) Output value of construction projects: the value of projects covered by the project budgets;

(2) Output value of installation projects: the value of the installation of equipment, (excluding the value of the equipment to be installed);

(3) Other output values: the output value of construction industry apart from that of construction projects and installation projects. It includes: output value of repair of buildings and structures; output value of non-standard equipment manufacturing; overhead expenses received by contracted enterprises from the sub-contracted enterprises and the completed output value of construction activities for which there is no clear definition.

a. Output value of repair of buildings and structures: the value created through the repairs of buildings or structures. It does not include the value of buildings or structures being repaired and the value of the repair of production equipment;

b. Output value of manufactured non-standard equipment: the value of non-standard production equipment, including raw materials and manufacturing cost, made for the construction project (i.e., chemical plant; kettles or tanks used by refineries; various fillers, triangle tanks, valves used by mines). It also includes the output value of equipment manufactured by subsidiary workshops.

Value-added of Construction refers to the final result of the activities of production and operation of enterprises of the construction industry in monetary terms during the reference period.

Starting from the 2004 economic census, value-added of construction is calculated by both production approach and income approach, with the figures from the income approach as the final figures., Under the income approach,, calculation starts from the perspective of income and is based on the share of income derived from the production process by the relevant factors of production.. Specifically, value-added of construction for the Census years is calculated in accordance with the *Programme of Compi*lation of GDP and National Accounts for the Year of Economic Census, and value-added of construction for other years is calculated in accordance with the Programme of Compilation of GDP and National Accounts for the Non Economic Census Years.

Floor Space of Buildings Under Construction refers to floor space of buildings under construction during the reference period, including newly started buildings, buildings started earlier and continued during the reference period, and buildings suspended earlier but restarted during the reference period, buildings completed during the reference period, and buildings under construction and then suspended during the reference period.

Floor Space of Buildings Completed refers to the floor space of buildings that are completed in the reference period in accordance with the requirements of the design, up to the standard for putting them into use, and have been checked and accepted by concerned departments as qualified ones.

Total Number of Machinery and Equipment Owned by the End of Year refers to the number of machines and equipment owned by the enterprises, and listed as the fixed assets of the enterprises by the end of the year, including machinery and equipment for construction, production and transportation.

Total Power of Machinery and Equipment Owned by the End of Year refers to the total power of machinery and equipment owned by the enterprises, and listed as the fixed assets of the enterprises by the end of the year, including machinery and equipment for construction, production and transportation. The power of the machinery is calculated on basis of the designed or verified capacity, covering the power of the machinery/equipment and the separate power equipment serving the machinery/equipment (such as electric motors), but excluding welders, transformers and boilers. The unit used for the calculation of power is kilowatt, with horsepower converted to kilowatt by 1 horsepower=0.735 kilowatt.

Income from Settlement of Projects refers to the income received by the construction enterprise from the contracted project through settlement procedures, and other charges to the contractee as operational costs in addition to the value of the project, such as temporary facility fee, labour insurance premium, moving cost of construction equipment, as well as various types of claims to the contractee.

Profit from Settlement of Projects refers to profit realized through settled projects. It is calculated with the following formula:

Profit from Settlement of Projects=Income from Settlement of Projects−Settled Cost−Settled Taxes and Other Cost.

交通运输、邮电通讯业

15

Transportation,Postal and Telecommunications

◆ 389/398

资料整理及英文翻译: 周红　魏健

简要说明

一、本篇资料的主要内容

本篇资料反映了全省交通运输业和邮电通讯业发展的基本状况，主要包括各种运输方式的线路里程、各种运输方式完成的货物运输量和旅客运输量及周转量、邮政和电信基本情况、民用汽车拥有量等方面的内容。

二、本篇资料的来源

本篇资料中，交通运输资料分别来源于南昌铁路局、省交通厅、东方航空公司江西分公司、省公安厅交警总队，邮电通信业资料来源于省通信管理局和省邮政管理局。

Brief Introduction

Ⅰ.Main Contents

Data in this chapter present the development of transportation, post and telecommunication in Jiangxi province. They cover mainly the length of the routes of various means of transportation, freight traffic and passenger traffic accomplished by various means of transportation and turnover, basic conditions of post and telecommunications, and the possession of civil motor vehicles etc.

Ⅱ.Sources of Data

Data on transportation in this chapter are from Nanchang Railway Bureau, Jiangxi Provincial Communications Department, China Eastern Airlines Jiangxi Branch, and Jiangxi Provincial Department of Public Security Traffic Administrative Bureau. Data on post and telecommunication services come from Jiangxi Communication Administration, and Provincial Postal Administration.

15-1 运输线路长度
Length of Transportation Routes

单位：公里 (km)

指 标	Item	1978	1980	1990	1995	2000	2005	2008	2009
铁路营业里程	Length of Railways in Operation	1184	1335	1581	1579	2197	2307	2549	2612
公路通车里程	Length of Highways	30245	29651	33203	34915	60292	62300	133847	137011
等级公路	Expressway and Class I to IV Highways		12096	18561	20942	34999	43523	77375	92237
高速公路	Expressway					421	1559	2316	2433
一级公路	First Class Highways			15	15	314	565	1199	1278
二级公路	Second Class Highways		169	1105	1999	6471	8555	8562	9192
三级公路	Third Class Highways		521	2156	2571	5581	6193	6640	6433
等外公路	Highways Below Class IV		17559	14642	13973	25293	18777	56472	44775
内河通航里程	Length of Navigable Inland Waterways	6630	4937	4937	4937	5537	5560	5716	5716
等级航道	Standard Waterways					2343	2271	2427	2427
等外航道	Substandard Waterways					3194	3289	3289	3289

注：1.2000年的公路通车里程根据公路普查作了调整。
2.公路通车里程从2006年开始包括村道。
a) The total Length of highways is adjusted according to the Highways Census in 2000.
b) The total length of highways have included the village road since 2006.

15-2 交通运输工具年末实有数
Actual Number of Transportation Facilities at Year-end

指 标	Item	1990	1995	2000	2005	2008	2009
民用汽车合计(辆)	Total Civil Motor Vehicles (unit)	110432	168979	247000	483613	937836	1180840
#载货汽车	Trucks	74424	92904	131147	198925	272286	334191
载客汽车	Passenger Vehicles	29473	61934	100794	271758	531774	722377
其他汽车	Other Vehicles	6535	14141	15059	12930	133776	124272
摩托车(辆)	Motorcycles(unit)	51630	173426	891179	2423762	3510438	3839919
汽车挂车(辆)	Trailers (unit)	5209	1460	1190	4699	12943	26208
运输船舶(艘)	Transport Vessels (unit)	8687	6719	4856	5545	4971	4083
机动船(艘)	Motor Vessels (unit)	8051	6215	4511	5418	4927	4047
(净载重量吨)	(Dead Weight Cargo Tonnage)	333989	322261	356441	1123023	1447237	1627980
(客位)	(Number of Seats)	13362	14059	16172	17345	15013	13680
驳 船(艘)	Barges (unit)	636	504	345	127	44	36
(净载重量吨)	(Dead Weight Cargo Tonnage)	76267	87794	74504	33073	15466	17340
补充资料:	Supplementary Information:						
汽车驾驶员(人)	Drivers (person)	168842	364366	791545	1089366	3134792	3561287

注：其他汽车从2006年起，将农业运输车放入民用汽车中其他汽车。
a) Since 2006,Other vehicles inclued farm vehicles.

15-3 公路里程年底到达数（2009年）
Length of Highways at Year-end (2009)

单位：公里 (km)

地　区	Region	合　计 Total	等级公路 Expressway and Class I to IV Highway	高速公路 Expressway	一　级 First Class
全　省	**Provincial Total**	**137011**	**92237**	**2401**	**1278**
#南昌市	Nanchang	9419	7083	41	110
景德镇市	Jingdezhen	4056	3165		43
萍乡市	Pingxiang	5891	4018		43
九江市	Jiujiang	17482	9481		130
新余市	Xinyu	3933	2817		43
鹰潭市	Yingtan	3547	2340		19
赣州市	Ganzhou	25337	16755	184	225
吉安市	Ji'an	19634	16738		113
宜春市	Yichun	15464	9408		232
抚州市	Fuzhou	12431	8567		189
上饶市	Shangrao	17641	9690		131
省高管局	Jiangxi Expressway Administration Bureau	877	877	877	
省公路局	Jiangxi Highway Bureau	852	852	852	
公路开发公司	Jiangxi Highway Development Corporation	447	447	447	

15-3 续表 continued

单位：公里 (km)

地　区	Region	二　级 Second Class	三　级 Third Class	四　级 Fourth Class	等外公路 Highway Below Class IV
全　省	**Provincial Total**	**9192**	**6433**	**72934**	**44775**
#南昌市	Nanchang	582	491	5858	2336
景德镇市	Jingdezhen	371	362	2389	891
萍乡市	Pingxiang	386	154	3435	1873
九江市	Jiujiang	689	938	7724	8001
新余市	Xinyu	290	281	2202	1117
鹰潭市	Yingtan	140	355	1826	1207
赣州市	Ganzhou	1755	723	13868	8582
吉安市	Ji'an	1492	797	14336	2896
宜春市	Yichun	1465	743	6967	6056
抚州市	Fuzhou	577	742	7059	3864
上饶市	Shangrao	1444	846	7269	7951
省高管局	Jiangxi Expressway Administration Bureau				
省公路局	Jiangxi Highway Bureau				
公路开发公司	Jiangxi Highway Development Corporation				

15-4 全社会运输量

Total Freight Traffic and Passenger Traffic

单位：万吨、万人 (10000 tons, 10000 persons)

指 标	Item	2008	2009	2009年比2008年增长(%) Increase Rate in 2009 over 2008(%)
货物运输量	**Freight Traffic**	**80332**	**85718**	**6.7**
民 航	Civil Aviation	2	2	-5.0
铁 路	Railways	5389	5229	-3.0
公 路	Highways	70270	75200	7.0
水 运	Waterways	4671	5287	13.2
内 河	Inland Waterways	4281	4895	14.3
沿 海	Coastal	357	359	0.6
远 洋	Ocean	33	33	
旅客运输量	**Passenger Traffic**	**66261**	**70674**	**6.7**
民 航	Civil Aviation	169	178	5.3
铁 路	Railways	5214	5470	4.9
公 路	Highways	60573	64770	6.9
水 运	Waterways	305	256	-16.1
内 河	Inland Waterways	305	256	-16.1

注:交通运输数据按新口径计算(后同)。
a)The datas of transportation are calculated according to new statistical scope,The same applies to the tables following.

15-5 全社会运输周转量

Total Freight Ton-kilometers and Passenger-kilometers

单位：万吨公里、万人公里 (10000 ton-km, 10000 passenger-km)

指 标	Item	2008	2009	2009年比2008年增长(%) Increase Rate in 2009 over 2008(%)
货物周转量	**Freight Ton-kilometers**	**22898520**	**23509074**	**2.7**
民 航	Civil Aviation	2089	1903	-8.9
铁 路	Railways	6839417	6756730	-1.2
公 路	Highways	14941575	15364575	2.8
水 运	Waterways	1115439	1385866	24.2
内 河	Inland Waterways	551403	829092	50.4
沿 海	Coastal	450524	478549	6.2
远 洋	Ocean	113512	78225	-31.1
旅客周转量	**Passenger-kilometers**	**8070117**	**8072337**	**0.0**
民 航	Civil Aviation	159193	170974	7.4
铁 路	Railways	5299101	5105255	-3.7
公 路	Highways	2606642	2792169	7.1
水 运	Waterways	5181	3939	-24.0
内 河	Inland Waterways	5181	3939	-24.0

15-6 交通运输主要经济技术指标
Principal Economic and Technical Indicators of Transportation

指 标	Item	1995	2000	2005	2008	2009
铁 路	**Railway Transport**					
货车周转时间(天)	Turning Around Time of Freight Cars Locomotives(day)	1.78	1.85	2.60	2.39	2.41
平均每日装车数(辆)	Average Daily Loading Coaches (coach)	1272	1456	2155	4136	4015.1
货车平均静载重(吨)	Average Static Load of Freight Cars Locomotives (ton)	58.9	58.9		60.7	61.2
货物列车旅行速度(公里/小时)	Running Speed of Freight Trains (km/hour)	26.4	38.9	28.0	32.6	32.3
货运机车平均日产量(万吨公里)	Average Daily Ton-kilometers of Freight Locomotives (10000 ton-km)	77.7	107.0	106.0	110.4	110.1
内燃机车每万吨公里耗油(公斤)	Oil Consumption of Diesel Locomotives per 10000 ton-km(kg)	21.5	22.8	22.9	25.5	27.1
公 路	**Highways Transport**					
载货汽车工作率(%)	Work Rate of Trucks(%)	52.6	72.1	81.0	75.0	78.6
载货汽车实载率(%)	Carry Rate of Trucks(%)	64.4	95.3	79.0	126.5	165.6
载客汽车工作率(%)	Work Rate of Passenger Vehicles(%)	66.8	85.0	95.0	96.0	98.2
载客汽车实载率(%)	Carry Rate of Passenger Vehicles(%)	55.4	78.4	84.0	68.0	68.4
载货汽车每百车公里耗汽油(升)	Gasoline Consumption of per 100 Trucks/km (L)	30.6	20.0	16.3	21.5	16.8
载货汽车每百吨公里耗汽油(升)	Gasoline Consumption of Trucks per 100 Ton-km (L)	7.8	6.0	7.3	6.8	6.4
载货汽车每百车公里耗柴油(升)	Diesel Consumption of per 100 Trucks/km (L)	34.4	17.0	18.4	27.2	23.1
载货汽车每百吨公里耗柴油(升)	Diesel Consumption of Trucks per 100 Ton-km (L)	3.7	5.0	6.3	2.0	2.9
载客汽车每百车公里耗汽油(升)	Gasoline Consumption of per 100 Passenger Vehicles/km(L)	27.3	14.0	15.7	11.1	12.3
载客汽车每百吨公里耗汽油(升)	Gasoline Consumption of Passenger Vehicles per 100 ton-km(L)	12.7	8.7	11.3	5.5	9.3

15-7 铁路重要车站、九江港主要指标

Principal Indicators of Important Railway Stations and Jiujiang Port

指　　标	Item	1980	1990	2000	2005	2008	2009
南 昌 站	**Nanchang Station**						
货物发送量(万吨)	Volume of Freight Dispatched (10000 tons)	3.26	3.62	1.30	0.40	0.8	0.4
旅客发送量(万人)	Number of Passenger Dispatched(10000 persons)	327.83	397.63	867.72	1217.70	1671.1	1764.3
平均每日装车数(车)	Daily Loading Coach (coach)	2.0	4.5	0.7	0.4	0.4	0.2
平均每日卸车数(车)	Daily UnLoading Coach (coach)	13.3	11.9	8.5	8.9	10.1	9.3
南昌南站	**Southern Nanchang Station**						
货物发送量(万吨)	Volume of Freight Dispatched (10000 tons)	71.92	76.20	189.59	317.60	299.60	278.6
旅客发送量(万人)	Number of Passenger Dispatched(10000 persons)	2.43	2.00	0.73			
平均每日装车数(车)	Daily Loading Coach (coach)	79.1	41.5	94.0	151.5	147.1	139.1
平均每日卸车数(车)	Daily UnLoading Coach (coach)	244.5	165.9	304.0	443.1	492.7	475
平均每日办理车数(车)	Daily Transaction Coach (coach)		1038.0	786.0	672.6	491.0	262
向 塘 站	**Xiangtang Station**						
货物发送量(万吨)	Volume of Freight Dispatched (10000 tons)	9.48	14.17	7.45	19.90	23.4	23.5
旅客发送量(万人)	Number of Passenger Dispatched(10000 persons)	62.81	61.51	82.41	82.40	80.6	70
平均每日装车数(车)	Daily Loading Coach (coach)	5.4	7.3	3.6	9.3	11.3	13.6
平均每日卸车数(车)	Daily unLoading Coach (coach)	20.2	20.9	18.0	19.7	23.9	31.1
平均每日办理车数(车)	Daily Transaction Coach (coach)	3692	4726	11769	14644	12887	12069
鹰 潭 站	**Yingtan Station**						
货物发送量(万吨)	Volume of Freight Dispatched (10000 tons)	51.08	67.01	222.45	300.40	389.4	436.9
旅客发送量(万人)	Number of Passenger Dispatched(10000 persons)	122.87	150.57	363.97	376.60	454.9	450.5
平均每日装车数(车)	Daily Loading Coach (coach)	41.7	31.3	109.6	140.0	180.2	204.9
平均每日卸车数(车)	Daily unLoading Coach (coach)	57.0	39.9	174.0	283.3	276.0	234.0
平均每日办理车数(车)	Daily Transaction Coach (coach)	3552	5208	10473	10527	11559	9001
长航九江港务局	**Jiujiang Port Authority**						
旅客吞吐量(万人)	Volume of Passenger Traffic(10000 persons)	272.62	188.00	92.00	2.18		
货物吞吐量(万吨)	Volume of Freight Handled(10000 tons)	622	445	623	928	596	596

15-8 邮政电信业务主要指标
Principal Indicators of Postal and Telecommunications Services

指　　标	Item	1995	2000	2005	2008	2009
邮电业务总量(亿元)	Business Volume of Post and Telecommunication Services(100 million yuan)	14.18	81.31	259.44	495.17	624.24
邮政业务总量	Business Volume of Postal Services		5.45	17.64	26.87	31.14
电信业务总量	Business Volume of Telecommunications		75.9	241.8	468.3	593.1
邮路总长度(公里)	Length of Postal Routes(km)	46182	119905	75355	71416	92561
#航空邮路	Aviation Routes	3788	73487	23431	12674	22808
铁路邮路	Railway Routes	5262	6507	7078	7113	7113
农村投递路线总长度(公里)	Length of Rural Delivery Routes(km)	120365	118555	114673	101106	100488
自备火车车厢(辆)	Owned Postal Railway Carriage(unit)	18	19	18	18	18
邮政汽车(辆)	Postal Cars(unit)	498	1098	1149	1438	1448
函　件(万件)	Number of Letters(10000 pcs)	23254	14010	8983	10854	17414
包　裹(万件)	Package(10000 pcs)		247	182	147	132
报刊期发数(万份)	Issue of Newspapers and Magazines(10000 copies)	516	375	333	341	363
报刊累计数(万份)	Total Number of Newspapers and Magazines Subscribed(10000 copies)	56016	48881	46048	49102	52492
特快专递(万件)	Pieces of Express Mail Services(10000 pcs)	157	283	517	791	921
邮政储蓄年末收储余额(亿元)	Postal Saving Deposit Balance(100 million yuan)	41.2	132.6	497.0	713	835
集　邮(万枚)	Stamps for Collection(10000 stamps)	9278	11127	3328	3803	2924
固定电话用户(万户)	Fixed Telephone Subscribers(10000 Subscribers)	74.09	354.09	829.00	846.9	748.5
#城市电话用户	Urban Fixed Telephone Subscribers	63.06	234.34	478.60	495.9	448.0
#住宅电话	Household Fixed Telephone Subscribers	45.70	191.39	345.40	329.9	257.4
农村电话用户	Rural Fixed Telephone Subscribers	11.03	119.75	350.60	351.0	300.5
#住宅电话	Household Fixed Telephone Subscribers		109	316	318.9	265.5
公用电话	Public Telephone	1.86	4.33	60.30	69.4	67.0
移动电话用户(万户)	Number of Mobile Telephone Subscribers (10000 Subscribers)		140	798	1277	1547
计算机互连网用户(万户)	Number of Internet Services Subscribers (10000 Subscribers)		26.95	315.60	607	245.9
长途光缆线路长度(公里)	Length of Long-distance Optical Cable Lines(km)			16252	20381	20989
本地中继线光缆线路长度(公里)	Length of Local Optical Cable Lines(km)			110587	117277	197879
长途电话交换机容量(路端)	Capacity of Long Distance Telephone Exchanges (circuit)	118311	190330	400094	553153	542000
局用交换机容量(万门)	Capacity of Office Telephone Exchanges(10000 line)	174	439	1096	1224	1208.5
移动电话交换机容量(万门)	Capacity of Mobile Telephone Exchanges (10000 line)			951	2741	3589
已通电话行政村(个)	Number of Adminstrative Village with Telephone(unit)		18876	17354	17235	17227

注：1.2000年以前年份邮电业务总量按1990年不变价计算，2001年以后年份按2000年不变价计算。
2.2003年以后“固定电话用户”包括小灵通用户。
3.局用交换机容量包括接入网数据。
4.2009年互联网用户口径变化为宽带用户数。

a) The business volume of postal and telecommunications Services before 2000 were calculated at 1990 constant prices.The data were calculated at 2000 constant prices since 2001.
b) The fixed telephone subscribers includes PHS subscribers since 2003.
c) The capacity of office telephone exchanges includes the access network.
d) Internet subscriber is adjusted to DSL subscriber in 2009.

主要统计指标解释

铁路营业里程 指办理客货运输业务的铁路正线总长度。凡是全线或部分建成双线及以上的线路，以第一线的实际长度计算；复线、站线、段管线、岔线和特别用途线以及不计算运费的联络线都不计算营业里程。铁路营业里程是反映铁路运输业基础设施发展水平的重要指标，也是计算客货周转量、运输密度和机车车辆运用效率指标的基础资料。

公路里程 也称“公路通车里程”，是指实际达到《公路工程[WTB2]技术标准 JTJ01-88》规定的等级公路，并经主管部门的正式验收支付使用的公路里程数。它包括大中城市的郊区公路以及通过小城镇街道的公路里程，也包括桥梁、渡口的长度，但不包括城市的街道以及厂矿、林区和农业生产用道的里程。两条或多条公路共同经由同一路段，只计算一次，不重复计算里程长度。公路里程是反映公路建设发展规模的重要指标，也是计算运输网密度等指标的基础资料。

内河航道里程 也称“内河通航里程”，是指在枯水季节水深在０.３米及以上，能通航运输船舶及排筏的天然河流、湖泊水库、运河及通航渠道的长度。包括全年季节性通航累计三个月以上的航道，但不包括仅供零散流放竹木排的河道。内河航道里程是反映内河水运网规模、水平和发展情况的主要指标。

货（客）运量 指运输业实际运送的货物（旅客）数量。货运按吨计算，客运按人计算。货物不论运输距离长短，货物类别，均按实际重量统计；旅客不论行程远近或票价多少，均按一人一次作为客运量统计。半票价、小孩票，也按一人统计。货（客）运量是反映运输业为国民经济和人民生活服务的数量指标，也是制定和检查运输生产计划、研究运输展规模和速度的重要指标。

货物（旅客）周转量 指运输业运送的货物（旅客）数量与其相应运输距离的乘积之总和，通常以吨公里和人公里为计算单位。计算货物周转量通常按发出站与到达站之间的最短距离，也就是计费距离计算。它是反映运输业生产总成果的重要指标，也是编制和检查运输生产计划、计算运输效率、劳动生产率以及核算运输单位成本的主要基础资料。

铁路货运机车平均日产量 指平均每台货运机车在一昼夜内所完成的总重吨公里数。它既包括载运货物的重量，也包括车辆本身的自重，它是从时间和牵引能力两方面反映了机车运用效率的综合性指标。计算公式为:

$$\text{货运机车平均日产量} = \frac{\text{货运总重吨公里数}}{\text{货运机车台日数}}$$

邮电业务总量 指以货币表现的邮电部门为用户传递信息和提供其他邮电服务的总量。它用各种邮电分类业务量，如函件件数、电报份数、长话张数、市内电话和农村电话的年均户数、订销报刊累计份数等，分别乘以相应的不变单价加总后再加上出租电路和设备的收入、代用户维护电话交换机和线路等设备的收入、其他业务收入求得。邮电业务总量综合反映了一定时期邮电工作的总成果，是研究邮电业务量构成和发展趋势的重要指标。

Explanatory Notes on Main Statistical Indicators

Length of Railways in Operation refers to the total length of the trunk line for passenger and freight transportation (including both full operation and temporary operation). The calculation is based on the actual length of the first line if this line has a full or partial double (or more). Not included are double tracks, station sidings, tracks under the charge of stations, branch lines, special-purpose lines and non-payable connecting lines. The length of railways in operation is an important indicator to show the development of the infrastructure of railway transport. It is also essential data to calculate volume of passenger freight transport, traffic density and utilization efficiency of locomotives and carriages.

Length of Highways refers to the length of highways which are built in conformity with the grades specified by the highway engineering standard [Highways WTBZ-Technical Standard JTJ01-88]formulated by the Ministry of Communications, and have been formally checked and accepted by the departments of highways and put into use. The length of highways includes that of the suburb highways at large and medium-sized cities, highways passing through streets at small cities and towns, and also the length of bridges and ferry piers. It does not include the length of streets in big and medium-sized cities and highways built for the production purpose at factories, mines, forest areas and agricultural areas. If two or more highways go the same section of the way, the length of the section is only calculated for once and no duplication is allowed. The length of highways is an indicator to show the development of the scale of highway construction and to provide essential information to calculate the transport network density.

Length of Navigable Inland Waterways is an indicator reflecting the size and development of inland water network. It refers to the length of the natural rivers, lakes, reservoirs, canals, and ditches open to navigation during a given period, which enables transportation by ships and rafts. It includes the channels open to navigation for over an accumulated period of 3 months in a year, yet this does not include the river courses which are only used to float odd logs and bamboo rafts. This indicator can reflect the scale, level and development situation of the inland waterway network.

Freight (Passenger) Traffic refers to the volume of freight (passenger) transported with various means within a specific period of time. This indicator reflects the service of the transport industry towards the national economy and people's living conditions, as well as an important indicator used in formulating and monitoring transport production plans and research into the scale and pace of transport development. Freight transport is calculated in tons and passenger traffic is calculated in terms of number of persons. Freight transport is calculated in terms of the actual weight of the goods and takes no account of the type of freight and distance of travel. Passenger traffic is calculated by the principle that one person can be counted only once in one trip and takes no account of the travelling distance and ticket price. The passengers who travel with a half price ticket or a child's ticket is also calculated as one person.

Freight Ton-kilometres (Passenger-kilometres) refers to the sum of the product of the volume of transported cargo (passengers) multiplied by the transport distance. It is an important indicator to reflect the achievement of the transportation industry. This is an important indicator to show the total results of the transport industry; to prepare and examine the transport plan; and to serve as the main basic data for calculating the efficiency, labour productivity and unit cost of transport. Normally, the shortest distance between the departure station and the destination station (i.e., the payable distance) is the basis in calculating the freight ton-kilometres.

Average Daily Haul of Freight Locomotives refers to the average total ton-kilometres accomplished by each freight transport locomotive over one day and night during a given period of time. It includes both the weight of the goods carried and the dead weight of the train itself. It is a comprehensive indicator reflecting the locomotive efficiency in terms of both time and the pulling force.

$$\begin{array}{c}\text{Average daily haul of}\\ \text{freight transport locomotive}\\ \text{(ton - kilometre)}\end{array} = \frac{\begin{array}{c}\text{Total ton - kilometres}\\ \text{of freight}\end{array}}{\begin{array}{c}\text{Daily number of freight}\\ \text{transport locomotive}\end{array}}$$

Business Volume of Post and Telecommunications refers to the total amount of postal and telecommunication services, expressed in value terms, provided by the post and telecommunications departments for society. Postal and telecommunication services can be classified as letters, parcels, remittance, issue of newspapers and magazines, fast mail service, express mail service, savings deposits, stamps for collection, facsimiles, long-distance telephone service, leasing of telephone lines, mobile telephone service, data transmission, income from leasing, maintenance, etc. The accounting approach is to multiply the service products of all types with their average unit price (constant price) to get the total business value, and to add to it income from other services such as leasing of telephone lines and equipment and maintenance of telephone switchboards and lines on behalf of customers. This indicator reflects the overall results of postal and telecommunication services during a given period, and is important for studying the composition of business service and the trend of development of postal and telecommunication services.

国内贸易和旅游

16

Domestic Trade and Tourism

资料整理及英文翻译：张雪梅　王杨帆

简要说明

一、本篇资料的主要内容

本篇资料主要反映全省国内贸易基本情况、零售市场的发展和批发和零售业商品流转情况、住宿和餐饮业经营情况以及主要财务状况；旅游的历年概况等。主要内容包括：社会消费品零售总额及其分组指标；城乡个体私营批发零售贸易、餐饮业基本情况；限额以上批发和零售业、住宿和餐饮业基本情况、商品流转和经营情况、财务状况；亿元商品交易市场成交情况；旅游统计资料等。

二、本篇资料的统计范围

从事批发和零售业、住宿和餐饮业的法人企业、产业活动单位和个体户，以及年成交额在亿元以上的商品交易市场。

根据国家统计局对社会消费品零售总额指标调整的要求，我们对社会消费品零售总额进行了调整，即：1993年以后社会消费品零售总额指标不包括农业生产资料；1997年以后社会消费品零售总额指标不包括居民购买住房；2003年以后社会消费品零售总额指标不包括有各种经济类型的制造业法人企业、产业活动单位和个体工业、直接售给城乡居民（包括本企业职工）和社会集团的商品以及农民在田间地头出售的农产品。

限额以上批发和零售业、住宿和餐饮业统计限额标准：批发业，年末从业人员20人及以上，年销售额2000万元及以上；零售业，年末从业人员60人及以上，年销售额500万元及以上；住宿业，有星级标志的宾馆、饭店；餐饮业，年末从业人员40人及以上，年营业额200万元及以上。

国际旅游和国内旅游资料。

三、本篇的资料来源

本篇资料国内贸易部分是江西省统计局贸易外经处根据国家统计局制定的《批发和零售业、住宿和餐饮业统计报表制度》进行搜集和加工整理而得；旅游资料来自省旅游局。

四、本篇的统计调查方法

本篇资料中限额以上批发和零售业、住宿和餐饮业法人企业资料和限额以下批发和零售业、住宿和餐饮企业及个体户的资料采用全面调查和抽样调查的方法，逐级汇总上报；城乡个体私营批发零售贸易、餐饮业基本情况资料由省工商局提供；国际、国内旅游收入和旅游人数等指标采取抽样调查方法取得。

Brief Introduction

I. Main Contents

Data in this chapter reflect the development for the whole province of domestic market, development of retail trade, and circulation of commodities through wholesale and retail trades, and the operation, management and financial situation of hotels catering services and annual tourism. Main contents include total retail sales of consumer goods and its indicators by group; the basic conditions of private enterprises in wholesale and retail trades and catering services in urban and rural areas; the basic statistics of the wholesale and retail trades, hotels and catering services above designated size; circulation of commodities (in operation and financial terms); turnover of large commodity transaction markets with transaction over 100 million yuan;. statistical information of tourism.

II. Scope of Statistics

Included in this chapter are corporation enterprises, economic active establishments and self-employed individuals of wholesale and retail trades; hotels and catering services and large commodity markets with transaction value over 100 million yuan.

Based on requests from national bureau of statistics, adjustments have been made for total retail sales of consumer goods. Starting from 1993, this indicator does not include means of agricultural production; starting from 1997, this indicator does not include purchase of houses by residents. Since 2003, this indicator does not include commodities sold to urban and rural households (including their own employees) and institutions directly by manufacturing corporations, establishments and individual manufacturers, nor farm products sold by farmers in the fields.

Criteria for wholesale and retail sale trades, hotels and catering services above designated size are as follows: wholesale trade, having 20 or more employees at year-end with annual sales over 20 million yuan; retail trade, having 60 or more employees at year-end with annual sales over 5 million yuan; hotels, certified hotels with star-ranking; catering services, having 40 or more employees with annual income over 2 million yuan.

Statistical information of home and aboard tourism.

III. Sources of Data

Data on domestic trade in this chapter are collected and processed in accordance with The Statistical Reporting Form System on Wholesale and Retail Trades, Hotels and Catering Services of the National Bureau of Statistics by the Department of Trade and External Economic Relations of Jiangxi Provincial Bureau of Statistics. Dta on tourism are provided by Tourism Bureau of Jiangxi Province.

IV. Methods of Survey

Data on basic conditions for all corporate enterprises of wholesale and retail trades, hotels and catering services above designated size and enterprises and individual enterprises below the designated size are collected through comprehensive reporting form system and sample surveys. Data are reported to their next higher level. Data on private enterprises in wholesale and retail trades and catering services in urban and rural areas are offered by Jiangxi Administration for Industry and Commerce.Data on revenue and population of home and aboard tourism are collected from sample surveys.

16-1 社会消费品零售总额

Total Retail Sales of Consumer Goods

单位：万元 (10000 yuan)

年 份 Year	社会消费品零售总额 Total Retail Sales of Consumer Goods	按行业分 Gruped by Sector				按所在地分 Grouped by Location		
		批发零售贸易业 Wholesale and Retail Trades	住宿餐饮业 Hotels and Catering Services	制造业 Manufacturing industry	其他行业 Others	市 City	县 County	县以下 Below County Level
1978	339281	301242	12106	5228	20705	81464	111112	146705
1979	386025	339534	13018	5542	27931	106317	130811	148897
1980	454837	394464	14716	11925	33732	136117	124878	193842
1981	537447	444442	14937	25399	52669	160661	144047	232739
1982	576394	465837	15716	25243	69598	171527	164334	240533
1983	619871	481525	17573	37663	83110	187029	179720	253122
1984	703276	537889	22029	45474	97884	230731	200969	271576
1985	857101	624672	29833	67896	134700	284121	241686	331294
1986	964954	689294	35031	70309	170320	318128	275034	371792
1987	1087661	774577	40786	62469	209829	363857	323673	400131
1988	1400335	949004	60001	112202	279128	505161	390082	505092
1989	1527447	1032102	64918	106617	323810	552336	423994	551117
1990	1519351	992798	67288	123838	335427	565455	416650	537246
1991	1691914	1104809	76691	124733	385681	652942	452991	585981
1992	1976150	1252247	95006	140292	488605	773815	552926	649409
1993	2436197	1558161	133924	182450	561662	993276	647603	795318
1994	3309488	2170230	190318	225022	723918	1417590	842239	1049659
1995	4108625	2621800	240923	339499	906403	1754824	1032896	1320905
1996	4904426	3097082	324083	415364	1067896	2136075	1160310	1608041
1997	5585484	3393320	434171	422694	1335299	2509674	1328683	1747127
1998	6050877	3663941	487089	455056	1444791	2783772	1416479	1850626
1999	6504678	3976504	529461	472388	1526325	3024481	1504438	1975759
2000	7048677	4332119	601080	482100	1633378	3336519	1597858	2114300
2001	7633414	4719534	668622	505988	1739270	3689149	1712064	2232201
2002	8327099	5208415	750374	533849	1834461	4062171	1867732	2397196
2003	9232088	8120182	852549		259357	4553077	2066072	2612939
2004	10744928	9516427	1064138		164363	5545548	2358081	2841299
2005	12448931	11020953	1270375		157603	6449814	2737685	3261432
2006	14481923	12805426	1512142		164355	7594410	3170514	3716999
2007	17189295	15175878	1834720		178697	9097512	3736589	4355194
2008	21417862	18879278	2335508		203076	11464236	4583190	5370436
2009	24844266	21855608	2785850		202808	13305829	5317196	6221240

注：2004年、2008年为经济普查数据，2005-2007年为按经济普查口径统计数据。下同。

a) The data of 2004 and 2008 were the figures of general survey of economy. That of the 2005-2007 were the figures of statistics acording to the bore of general survey of economy.The same applies to the following.

16-2 各地区社会消费品零售总额（2009年）

Total Retail Sales of Consumer Goods by Region (2009)

单位：万元 (10000 yuan)

地 区	Region	社会消费品零售总额 Total Retail Sales of Consumer Goods	按行业分 Gruped by Sector			
			批发业 Wholesale Trade	零售业 Retail Trade	住宿餐饮业 Hotels and Catering Services	其它行业 Others
全 省	**Provincial Total**	**24844266**	**3868504**	**17987104**	**2785850**	**202808**
南昌市	Nanchang	6344337	962878	4848169	522482	10809
景德镇市	Jingdezhen	1185402	519106	503782	150830	11684
萍乡市	Pingxiang	1336380	140016	990643	199838	5883
九江市	Jiujiang	2405051	136144	1939238	320718	8951
新余市	Xinyu	948331	72780	655273	218103	2175
鹰潭市	Yingtan	726707	89838	540617	94561	1691
赣州市	Ganzhou	3171375	600900	2217008	320174	33292
吉安市	Jian	1710044	226232	1278245	169403	36165
宜春市	Yichun	2261011	444075	1569289	234598	13050
抚州市	Fuzhou	1992064	143955	1539380	265518	43210
上饶市	Shangrao	2763564	532581	1905461	289624	35899

16-2 续表 continued

单位：万元 (10000 yuan)

地 区	Region	按所在地分 Grouped by Location		
		市 City	县 County	县以下 Below County Level
全 省	**Provincial Total**	**13305829**	**5317196**	**6221240**
南昌市	Nanchang	5167738	482948	693652
景德镇市	Jingdezhen	1000785	26011	158606
萍乡市	Pingxiang	1085403	72207	178770
九江市	Jiujiang	1150063	631364	623624
新余市	Xinyu	631637	125768	190926
鹰潭市	Yingtan	539261	76732	110714
赣州市	Ganzhou	1022785	1044279	1104311
吉安市	Jian	434207	644462	631375
宜春市	Yichun	914996	331462	1014553
抚州市	Fuzhou	628858	815236	547970
上饶市	Shangrao	730097	1066728	966739

16-3 限额以上批发和零售业主要商品分类销售额

Sale Values of Enterprises above Designated Size of Wholesale and Retail Trades

单位：万元 (10000 yuan)

类别	Type	销售合计 Total Sale Values		批发额 Wholesale Value		零售额 Retail Vaule	
		2008	2009	2008	2009	2008	2009
合计	**Total**	11526351	14945203	7210398	9555194	4315952	5390009
粮油、食品、饮料、烟酒类	Food, Beverages, Tobacco and Liquor	2627860	3180501	2154174	2632230	473686	548272
粮油类	Grain and Oil	583976	730598	252493	335624	331483	394974
肉禽蛋类	Meat, Poultry and Eggs	259964	315837	174755	206954	85210	108883
其他食品类	Other Food	70966	39221	21455	991	49511	38230
饮料类	Beverages	117888	136365	66221	73893	51667	62473
烟酒类	Tobacco and Liquor	1925996	2313538	1835461	2222713	90536	90825
服装、鞋帽、针纺织品类	Clothing, Shoes, Hats and Textiles	515754	594264	177082	198822	338672	395442
服装类	Clothing	327239	384117	111956	149746	215284	234371
鞋帽类	Shoes and Hats	81029	108433	7844	8734	73185	99699
针、纺织品类	Knitwear and Textiles	107485	101714	57282	40343	50203	61371
化妆品类	Cosmetics	44441	58755	2467	1971	41974	56783
金银珠宝类	Gold, Silver and Jewelry	60419	73112	2367	3383	58051	69728
日用品类	Articlds for Daily Use	232691	258028	109963	110518	122727	147510
#洗涤用品类	Washing Articles	105120	100846	52361	38142	52759	62704
儿童玩具类	Children Toys	16170	16582		34	16170	16548
五金、电料类	Hardware and Electrical Materials	15742	11597	8931	3819	6811	7778
体育、娱乐用品类	Sports and Recreation Articles	5275	5651	140	25	5135	5625
书报杂志类	Newspapers and Magazines	211296	322031	74734	142629	136563	179402
电子出版物及音像制品类	E-journals and Video Products	19666	24851	13	4	19653	24846
家用电器和音像器材类	Household Appliances and Video Appliances	717965	1139058	396338	796878	321626	342180
中西药品类	Traditional Chinese and Western Medicines	921476	1356401	707485	1050178	213991	306223
#西药	Western Medicines	530155	737481	371917	510732	158238	226749
中草药及中成药	Traditional Chinese Medicines	386232	593819	331448	515633	54784	78186
文化办公用品类	Cultural and Offices Appliances	155552	149648	71231	75505	84321	74143
家俱类	Furniture	23027	53114	8717	17109	14310	36004
通讯器材类	Communication Appliances	103534	78601	38785	18843	64748	59759
煤炭及制品类	Coal and Related Products	358395	367119	358367	362843	27	4276
木材及制品类	Wood and Wooden Products	3063	5217	3039	5217	23	
石油及制品类	Petroleum and Related Products	2900322	3250364	1199776	1334376	1700546	1915988
化工材料及制品类	Chemical Materials and Related Products	330443	155583	329662	155583	781	
#化肥类	Fertilizers	264847	93445	264847	93445		
金属材料类	Metal Materials	678304	1173959	673320	1173959	4984	
建筑及装潢材料类	Building and Decoration Materials	26852	100082	24718	72479	2134	27602
机电产品及设备类	Mechanical and Electrical Products	134122	238659	134122	234598		4061
#农机类	Agricultural Machineries	11551	27239	11551	27239		
汽车类	Automobiles	926655	1508998	255328	366021	671327	1142977
种子饲料类	Seeds and Feedstuff	5526	9737	5526	5526		
棉麻类	Cotton, Hemp	4475	18472	4475	4475		
其他类	Others	503498	811405	469639	769995	33860	41410

16-4 消费品市场交易情况

Trade of Consumable Markets in Urban and Rural Areas

年 份 Year	消费品市场数 (个) Number of Consumable Markets (unit)			消费品市场成交额 (万元) Turnover of Consumable Markets(10000 yuan)	
	总 计 Total	城市市场 Urban Areas	农村市场 Rural Areas	总 计 Total	城市市场 Urban Areas
1978	1192			34403	
1979	1346	96	1250	50773	7070
1980	1401	104	1297	70319	9456
1981	1425	125	1300	89662	13453
1982	1475	125	1350	111464	15249
1983	1598	124	1454	120575	14615
1984	1858	201	1624	137899	19359
1985	2094	209	1775	199130	32599
1986	2234	256	1978	258353	64799
1987	2350	290	2060	341983	94359
1988	2440	321	2119	477410	139990
1989	2419	288	2131	611730	191343
1990	2406	299	2107	678141	222631
1991	2508	350	2158	788201	292339
1992	2567	367	2200	889886	326132
1993	2686	412	2274	1106298	423390
1994	2720	426	2294	1582588	664185
1995	2777	488	2289	2343230	1137689
1996	2852	559	2293	3032135	1553444
1997	2898	525	2373	3621111	1929357
1998	2936	568	2368	4190650	2376853
1999	2885	586	2299	4454459	2551129
2000	2374	440	1934	6778073	3075986
2001	2623	588	2035	5377491	3233460
2002	2522	515	2007	4944639	2583518
2003	2508	521	1987	5545477	3017732
2004	2009	589	1420		
2005	2161	703	1458		
2006	1602	553	1049		
2007	1677	522	1155		
2008	1396	468	928		
2009	1668	588	1080		

16-5 城乡个体批发和零售贸易、住宿餐饮业基本情况
Basic Conditions of Individual Wholesale and Retail Trades,Hotel and Catering Services in Both Urban and Rural Areas

指　　标	Item	2000	2008	2009
户数合计(户)	**Units(unit)**	**340190**	**488167**	**571029**
城　镇	Urban Areas	171011	307986	365851
农　村	Rural Areas	169179	180181	205178
人数合计(人)	**Persons(person)**	**797020**	**1177282**	**1368994**
城　镇	Urban Areas	397949	738005	853434
农　村	Rural Areas	399071	439277	515560
销售额(营业收入)(万元)	**Revenue of Business (10000 yuan)**	**2282493**	**10681009**	**10322936**
城　镇	Urban Areas	1253638	7329255	7007535
农　村	Rural Areas	1028855	3351754	3315401

16-6 私营批发和零售贸易、住宿餐饮企业基本情况（2009年）
Basic Conditions of Private Enterprises in Wholesale and Retail Trade,Hotel and Catering Services in both Urban and Rural Areas (2009)

类　　别	Type	户数(户) Number of Households (household)	投资者(人) Employers (person)	雇工人数(人) Persons Employed (person)	注册资本金(万元) Registration Funds (10000 yuan)
合　计	**Total**	**45495**	**106705**	**597778**	**5815561**
按经营地区分	**By Region**				
城　镇	Urban Areas	32930	78823	216272	4142188
农　村	Rural Areas	12565	27882	381506	1673373
按注册登记分	**By Status Registration**				
独资企业	Enterprises with Sole Funds	3227	3215	34437	233473
合伙企业	Cooperative Enterprises	1108	2987	13390	65196
有限责任公司	Limited Liability Cororations	41120	100416	549398	5471897
股份有限公司	Share--holding Corporations Ltd.	40	87	553	44994

16-7 亿元以上商品交易市场摊位成交额情况（2009年）

Classification of Commodity Exchange Markets of Transaction Value over 100 Million Yuan (2009)

类别	Classification	摊位数（个）Number of Booths (unit)	成交额（万元）Turnover (10000yuan)
全省	**Total**	**59620**	**10475715**
食品、饮料、烟酒类	Food,Beverages,Tobacco and Liquor	20923	4691302
#食品类	Food	18758	4176104
#粮油类	Grain and Oil	1653	758780
肉禽蛋类	Meat,Poultry and Eggs	4278	804780
水产品类	Aquatic Products	944	155628
蔬菜类	Vegetables	6716	828521
干鲜果品类	Dried and Fresh Melons and Fruits	3928	1067601
饮料类	Beverages	970	217220
烟酒类	Tobacco and Liquor	1195	297978
服装鞋帽、针、纺织品类	Clothing,shoes,Hats and Textiles	13516	1937183
#服装类	Clothing	8430	1059130
鞋帽类	Footwear and Hats	2666	371064
针、纺织类	Knitwear and Textiles	2420	506989
化妆品类	Cosmetics	895	115024
金银珠宝类	Gold silver and Jeweller	34	3439
日用品类	Articles for Daily Use	3756	349509
#洗涤用品类	Washing Articles	933	67013
儿童玩具类	Children Toys	428	16830
五金、电料类	Hardware & Electrical Materials	973	203314
体育、娱乐用品类	Sports & Recreational Articles	133	11129
书报杂志类	Newspapers and Magazines	108	8894
电子出版物及音像制品类	E-journal and Video Products	202	13478
家用电器和音像器材类	Household Appliances and Video Equipments	1622	217041
中西药品类	Traditional Chinese and Western Medicine	466	127361
#西药类	Western Medicine	25	11534
中草药及中成药类	Traditional Chinese	426	112552
文化办公用品类	Cultural and official Goods	1038	150831
家俱类	Furniture	1789	220807
通讯器材类	Communication Appliances	108	19575
木材及制品类	Wood and Wooden Products	436	34118
石油及制品类	petroleum and Related products	2	23
化工材料及制品类	Raw Chemical Materials and Related Products	246	19939
#化肥类	Fertilizer	16	1798
金属材料类	Metal Materials	956	807478
建筑及装潢材料类	Building and Decoration Materials	6853	855916
机电产品及设备类	Mechanical & Electrical Products	586	324277
#农机类	Agricultural Machinery	117	40368
汽车类	Automobile	1384	185236
种子饲料类	Seed and Feedstuff	282	25397
棉麻类	Cotton and Hemp	159	16456
其他类	Others	3153	137988

16-8 限额以上批发零售贸易业商品购进、销售、库存总额(2009)

单位：万元

指　　标	Item	购进总额 Total Purchases	#进　口 Imports
总　计	**Total**	**11352977**	**126363**
批发业	**wholesale Trade**	**7764247**	**88613**
按登记注册类型分	**By Types of Registration**		
内资企业	Domestic Funded Enterprises	7542206	88613
国有企业	State-owned Enterprises	2889888	7591
集体企业	Collective-owned Enterprises	5997	
股份合作企业	Cooperative Enterprises	98957	
有限责任公司	Limited Liability Corporations	2702629	80323
国有独资公司	State Sole Funded Corporations	280693	
其他有限责任公司	Other Limited Liability Corporations	2421936	80323
股份有限公司	Share-holding Corporations Ltd.	759717	
私营企业	Private Enterprises	1042355	700
#私营有限责任公司	Private Limited Liability Corporations	658965	700
私营股份有限公司	Private Share-holding Corporations Ltd.	20120	
其他企业	Other Enterprises	42663	
港澳台商投资企业	Enterprises with Funds from Hong Kong, Macao and Taiwan	29686	
与港澳台商合资经营企业	Joint-venture Enterprises		
港澳台商独资企业	Enterprises with Sole Funds		
港澳台商投资股份有限公司	Share-holding Corporations Ltd. with Funds	29686	
外商投资企业	Foreign Funded Enterprises	192355	
#中外合资经营企业	Joint-venture Enterprises	60974	
外资企业	Enterprises with Sole Foreign Funds	96506	
按国民经济行业分	**By Sector**		
农畜产品批发业	Wholesale of Farm Produce and Livestock Products	148587	
食品、饮料及烟草制品批发业	Wholesale of Food, Beverages and Tobaccos	1913992	
#米、面制品及食用油批发业	Wholesale of Rice, Flour and Edible Oil	86097	
烟草制品批发业	Whole of Tobaccos	1552928	
纺织、服装及日用品批发业	Wholesale of Textiles, Garments and Daily Consumer Articles	178690	27298
#服装批发业	Wholesale of Garments	116165	27251
文化、体育用品及器材批发业	Wholesale of Culture, Sports Appliances and Equipments	109349	
医药及医疗器材批发业	Wholesale of Medicines and Medical Appliances	1025713	
矿产品、建材及化工产品批发业	Wholesale of Mineral Products, Building Materials and Chemical Products	3137590	49903
#煤炭及制品批发业	Wholesale of Coal and Related Products	396369	
石油及制品批发业	Wholesale of Petrolem and Related Products	1140964	
金属及金属矿批发业	Wholesale of Metal Materials	1426364	43066
建材批发业	Wholesale of Building Materials	66178	692
化肥批发业	Wholesale of Chemical Fertilizer	39279	4560
机械设备、五金交电及电子产品批发业	Wholesale of Machinery, Hardware and Electronic Equipment	844841	
#汽车、摩托车及零配件批发业	Wholesale of Motor Vehicles, Motorcycles and Parts	188901	
家用电器批发业	Wholesale of Household Electrical Appliances	415954	
计算机、软件及辅助设备批发业	Wholesale of Computer, Software and Assistant Appliances	83914	
贸易经纪与代理	Trade Broker and Agency	4651	
其他批发业	Other Wholesale not Classified Elsewhere	400834	11412

Total Purchases,Sales and Inventory of Enterprise above Designated Size in Wholesale and Retail Sale Trades(2009)

(10000 yuan)

销售总额 Total Sales	批发 wholesale Trade	#出口 Exports	零售 Retail Trade	年末库存总额 Inventory (year-end)
14563054	**9148208**	**386527**	**5414846**	**920795**
10028029	**8703179**	**384182**	**1324850**	**560308**
9782961	8458111	332181	1324850	547904
3386670	3340805	61362	45865	259614
8512	8512			2875
106041	106041			4999
3110766	2925827	146093	184939	151869
364204	361060		3144	16854
2746563	2564767	146093	181795	135015
1842138	778362	29089	1063776	72999
1282602	1252332	95637	30270	54162
889110	859640	78895	29470	35702
22031	22031	16742		2815
46232	46232			1385
32295	32295			454
32295	32295			454
212773	212773	52001		11951
68681	68681	52001		487
107202	107202			6896
189555	189555			37871
2438129	2425773	4794	12356	193237
103750	98633		5117	42660
2039802	2036658		3144	131632
216117	208296	151220	7822	14791
146949	139941	93204	7008	13950
127430	127430			28235
1119431	1069034	22818	50397	56910
4286257	3205127	91743	1081130	180380
410540	410540			2584
2230855	1154390		1076465	100751
1458940	1455599	66284	3340	50732
71899	70575	13013	1324	2197
41870	41870			15614
957853	784707	82437	173146	44420
198578	185902	57864	12676	12365
442985	322295		120690	17179
107126	69815		37311	4287
4651	4651	4651		4
688606	688606	26520		4461

16-8 续表

单位：万元

指 标	Item	购进总额 Total Purchases	#进 口 Imports
零售业	**Retail Trade**	**3588730**	**37750**
按登记注册类型分	**By Types of Registration**		
内资企业	Domestic Funded Enterprises	3394971	34121
国有企业	State-owned Enterprises	220912	10
股份合作企业	Cooperative Enterprises	24183	
有限责任公司	Limited Liability Corporations	1424756	34111
国有独资公司	State Sole Funded Corporations	2436	
其他有限责任公司	Other Limited Liability Corporations	1422320	34111
股份有限公司	Share-holding Corporations Ltd.	684627	
私营企业	Private Enterprises	1001204	
私营独资企业	Private-funded Enterprises	232815	
私营合伙企业	Private Share-holding Corporations Ltd.	46138	
私营有限责任公司	Private Limited Liability Corporations	638704	
私营股份有限公司	Private Share-holding Corporations Ltd.	83548	
其他企业	Other Enterprises	28875	
港澳台商投资企业	Enterprises with Funds from Hong Kong, Macao and Taiwan	16149	
#与港澳台商合资经营企业	Joint-venture Enterprises	4326	
港澳台商独资企业	Enterprises with Sole Funds	5023	
外商投资企业	Foreign Funded Enterprises	177611	3629
中外合资经营企业	Joint-venture Enterprises	65075	
中外合作经营企业	Cooperation Enterprises		
外资企业	Enterprises with Sole Foreign Funds	112536	3629
外商投资股份有限公司	Share-holding Corporations Ltd. with Foreign Funds		
按国民经济行业分	**By Sector**		
综合零售业	Integrated Retail	1106014	
#百货零售业	Retail of General Merchandise	686020	
超级市场零售业	Retail of Supermarkets	383323	
食品、饮料及烟草制品专门零售业	Retail of Food, Beverages and Tobaccos	10800	
纺织、服装及日用品专门零售业	Special Retail of Textiles, Garments and Daily Consumer Articles	62855	
#服装零售业	Retail of Garments	35044	
文化、体育用品及器材专门零售业	Retail of Culture, Sports Appliances and Equipments	215662	20520
#图书零售业	Retail of Books	184987	10
医药及医疗器材专门零售业	Retail of Medicines and Medical Appliances	236032	
#药品零售业	Retail of Medicines	214160	
汽车、摩托车、燃料及零配件专门零售业	Retail of Motor Vehicles, Motorcycles, Fuel and Parts	1594557	17215
#汽车零售业	Retail of Motor Vehicles	1147213	17215
机动车燃料零售业	Retail of Fuel of Motor Vehicles	441065	
家用电器及电子产品专门零售业	Special Retail of Household Electric Appliances and Electronic Products	287788	16
#家用电器零售业	Retail of Household Electric Appliances	203013	16
计算机、软件及辅助设备零售业	Retail of Computer, Software and Assistant Appliances	58426	
通讯设备零售业	Retail of Communication Equipments	25018	
五金、家具及室内装修材料专门零售业	Special Retail of Hardware, Furniture and Decoration Materials	66157	
无店铺及其他零售业	Non-shop and Other Retails	8865	

continued

(10000 yuan)

销售总额 Total Sales	批发 wholesale Trade	#出口 Exports	零售 Retail Trade	年末库存总额 Inventory (year-end)
4535025	**445029**	**2345**	**4089996**	**360487**
4310388	441667	2345	3868721	346166
251760	15004		236756	28502
26794	106		26688	2844
1634387	161542	2345	1472846	134111
2700			2700	76
1631687	161542	2345	1470146	134035
1260090	179907		1080183	66963
1094141	85108		1009033	109892
239525	5628		233897	17070
47760	7		47753	5358
713292	79174		634117	82250
93564	299		93266	5214
32412			32412	2932
18448			18448	1480
4746			4746	444
6999			6999	236
206189	3362		202827	12841
60802	3362		57439	4725
145388			145388	8116
1290125	92885		1197241	113840
810046	92106		717940	62949
437993	779		437214	49552
11785	7		11778	942
70879	10023		60856	11458
37920	9756		28164	9297
232492	11506	2345	220986	27009
192211	6086		186125	21144
272253	33292		238961	28438
241311	33292		208018	22906
2271912	257385		2014527	144336
1332971	144412		1188558	116220
932911	112566		820346	26763
297144	22823		274321	31765
209707	5940		203767	23012
61184	8320		52864	5093
24808	8564		16244	3635
79331	17108		62223	2387
9104			9104	312

16-9 限额以上批发零售贸易业主要财务指标（2009年）

单位：万元

类　　别	Type	资产合计 Total Assets
总　计	**Total**	**5463075**
批发业	**Wholesale Trade**	**3449109**
按登记注册类型分	**By Types of Registration**	
内资企业	Domestic Funded Enterprises	3379232
国有企业	State-owned Enterprises	1156662
集体企业	Collective-owned Enterprises	4456
股份合作企业	Cooperative Enterprises	22982
有限责任公司	Limited Liability Corporations	1336785
国有独资公司	State Sole Funded Corporations	130537
其他有限责任公司	Other Limited Liability Corporations	1206248
股份有限公司	Share-holding Corporations Ltd.	462673
私营企业	Private Enterprises	381986
#私营独资企业	Private-funded Enterprises	88161
私营有限责任公司	Private Limited Liability Corporations	272658
港澳台商投资企业	Enterprises with Funds from Hong Kong, Macao and Taiwan	322
#港澳台商独资企业	Enterprises with Sole Funds	
外商投资企业	Foreign Funded Enterprises	69555
#中外合资经营企业	Joint-venture Enterprises	36735
外资企业	Enterprises with Sole Foreign Funds	21821
按国民经济行业分	**By Sector**	
农畜产品批发业	Wholesale of Farm Produce and Livestock Products	184310
食品、饮料及烟草制品批发业	Wholesale of Food, Beverages and Tobaccos	1081168
#米、面制品及食用油批发业	Wholesale of Rice, Flour and Edible Oil	73903
烟草制品批发业	Wholesale of Tobaccos	730737
纺织、服装及日用品批发业	Wholesale of Textiles, Garments and Daily Consumer Articles	79501
#服装批发业	Wholesale of Garments	54424
文化、体育用品及器材批发业	Wholesale of Culture, Sports Appliances and Equipments	83079
医药及医疗器材批发业	Wholesale of Medicines and Medical Appliances	423946
矿产品、建材及化工产品批发业	Wholesale of Mineral Products, Building Materials and Chemical Products	1044427
#煤炭及制品批发业	Wholesale of Coal and Related Products	117625
石油及制品批发业	Wholesale of Petrolem and Related Products	507165
金属及金属矿批发业	Wholesale of Metal Materials	326666
建材批发业	Wholesale of Building Materials	29988
化肥批发业	Wholesale of Chemical Fertilizer	22730
机械设备、五金交电及电子产品批发业	Wholesale of Machinery, Hardware and Electronic Equipment	425516
#汽车、摩托车及零配件批发业	Wholesale of Motor Vehicles, Motorcycles and Parts	95198
家用电器批发业	Wholesale of Household Electrical Appliances	222864
计算机、软件及辅助设备批发业	Wholesale of Computer, Software and Assistant Appliances	43582
贸易经纪与代理	Trade Broker and Agency	1075
其他批发业	Other Wholesale not Classified Elsewhere	126086

Main Financial Indicators of Enterprises above Designated Size in Wholesale and Retail Trade (2009)

(10000 yuan)

流动资产合计 Working Capitals	固定资产原价 Original Value of Fixed Assets	负债合计 Total Liabilities	所有者权益合计 Total Owners' Equities	主营业务收入 Revenue from Principal Business	主营业务成本 Cost of Principal Business
3649937	**1315416**	**3481538**	**1981537**	**13408137**	**11674157**
2421483	**680374**	**2126877**	**1322232**	**9265355**	**8061074**
2364013	671579	2070502	1308730	9039414	7856462
751263	329017	521664	634997	3162686	2600211
4133	413	4218	238	8512	8205
12148	11173	22870	113	100772	96113
1159348	101429	1005528	331258	2867667	2545919
104494	25916	10603	119934	310286	235315
1054855	75513	994925	211323	2557381	2310604
179586	207249	258108	204565	1633446	1505314
245347	22130	248158	133828	1226787	1064319
30553	3366	27436	60725	327948	264604
199632	17533	206366	66293	850069	752325
	54		322	27793	25373
57471	8741	56376	13180	198149	179240
32362	3927	28445	8290	68681	60566
19021	2589	22191	-371	97938	88804
119252	61471	187386	-3075	178870	168876
727562	264067	362579	718590	2342344	1683785
53802	21793	70059	3844	103750	75017
506092	198199	137119	593619	1951809	1405157
69927	3932	59446	20056	208233	198650
46659	2624	40913	13511	141868	135165
45170	3249	46977	36102	116416	98911
329405	34423	289684	134262	1041600	882309
610542	292752	668887	375541	3839036	3543084
114330	1522	114406	3220	348919	333746
180722	266618	264289	242877	1991191	1839770
230363	19143	210232	116434	1321858	1204381
25396	3294	25340	4648	70119	64687
20882	1371	20407	2323	41870	38677
397391	18011	388394	37123	870092	787530
85797	6053	80890	14308	187526	176732
216993	4065	225531	-2667	386087	366333
34650	3117	28062	15520	97870	91643
1072	4	1040	35	4156	4044
121164	2466	122487	3600	664609	693885

16-9 续表1

单位：万元

类　　别	Type	资产合计 Total Assets
零售业	**Retail Trade**	**2013966**
按登记注册类型分	**By Types of Registration**	
内资企业	Domestic Funded Enterprises	1924408
国有企业	State-owned Enterprises	163791
股份合作企业	Cooperative Enterprises	8770
有限责任公司	Limited Liability Corporations	818628
国有独资公司	State Sole Funded Corporations	4042
其他有限责任公司	Other Limited Liability Corporations	814586
股份有限公司	Share-holding Corporations Ltd.	375874
私营企业	Private Enterprises	534071
私营独资企业	Private-funded Enterprises	167515
私营合伙企业	Private Partnership Enterprises	25316
私营有限责任公司	Private Limited Liability Corporations	263941
私营股份有限公司	Private Share-holding Corporations Ltd.	77299
其他企业	Other Enterprises	19623
港澳台商投资企业	Enterprises with Funds from Hong Kong, Macao and Taiwan	9818
#与港澳台商合资经营企业	Joint-venture Enterprises	2244
港澳台商独资企业	Enterprises with Sole Funds	6088
外商投资企业	Foreign Funded Enterprises	79740
中外合资经营企业	Joint-venture Enterprises	22072
外资企业	Enterprises with Sole Foreign Funds	57669
外商投资股份有限公司	Share-holding Corporations Ltd. with Foreign Funds	
按国民经济行业分	**By Sector**	
综合零售业	Integrated Retail	738565
#百货零售业	Retail of General Merchandise	523058
超级市场零售业	Retail of Supermarkets	198888
食品、饮料及烟草制品专门零售业	Retail of Food, Beverages and Tobaccos	3714
纺织、服装及日用品专门零售业	Special Retail of Textiles, Garments and Daily Consumer Articles	33330
#服装零售业	Retail of Garments	29055
文化、体育用品及器材专门零售业	Retail of Culture, Sports Appliances and Equipments	178959
#图书零售业	Wholesale of Coal and Related Products	144045
医药及医疗器材专门零售业	Retail of Medicines and Medical Appliances	127030
药品零售业	Retail of Medicines	110293
汽车、摩托车、燃料及零配件专门零售业	Retail of Motor Vehicles, Motorcycles, Fuel and Parts	656969
#汽车零售业	Retail of Motor Vehicles	452402
机动车燃料零售业	Retail of Fuel of Motor Vehicles	200369
家用电器及电子产品专门零售业	Special Retail of Household Electric Appliances and Electronic Products	250370
#家用电器零售业	Retail of Household Electric Appliances	210205
计算机、软件及辅助设备零售业	Retail of Computer, Software and Assistant Appliances	31874
通讯设备零售业	Retail of Communication Equipments	7768
五金、家具及室内装修材料专门零售业	Special Retail of Hardware, Furniture and Decoration Materials	19035
无店铺及其他零售业	Non-shop and Other Retails	5994

continued

(10000 yuan)

流动资产合计 Circulating Funds	固定资产原价 Original Value of Fixed Assets	负债合计 Total Liabilities	所有者权益合计 Total Creditors' Equity	主营业务收入 Revenue from Principal Business	主营业务成本 Cost of Principal Business
1228454	**635042**	**1354661**	**659305**	**4142782**	**3613082**
1165565	613543	1299100	625308	3946988	3450817
95434	54944	72059	91732	227417	169743
7632	1400	5167	3604	26661	22344
585524	134201	626303	192325	1466965	1320705
2407	2010	248	3794	2700	2057
583118	132192	626055	188531	1464265	1318648
150907	234103	238084	137791	1177485	1004804
314052	178831	342212	191858	1008109	898623
60386	85881	94368	73147	218554	199006
15440	3514	9798	15518	45702	42070
188595	64897	185987	77954	652627	583061
49632	24540	52060	25239	91226	74487
10543	8875	14126	5497	29547	27288
6153	1581	6480	3338	15373	12574
1860	281	1201	1043	3680	2531
2964	845	4231	1858	5999	4880
56736	19918	49081	30659	180421	149692
18587	124	6700	15371	52005	41499
38149	19794	42381	15288	128415	108193
372432	274431	518493	220072	1154195	979974
245422	205357	373562	149497	706379	625030
119918	63159	133158	65731	411897	326995
3188	633	1432	2282	11371	9875
19922	3432	23064	10266	65028	54008
16621	2849	20059	8996	36253	30500
95406	71856	61399	117560	209420	155455
78641	51715	49844	94201	174095	126653
92526	37805	107496	19534	236647	205451
80631	32413	80757	29536	209996	186794
432809	219824	425516	231453	2097751	1884943
367097	59215	337492	114909	1204066	1132021
63393	159159	84725	115644	887654	748007
196719	19975	201465	48905	283523	255489
166274	13221	179435	30770	205548	188066
22741	5909	17115	14759	54636	45456
7181	845	4896	2872	22104	20829
12436	5501	13217	5818	76540	62048
3015	1586	2579	3416	8307	5839

16-9 续表2

单位：万元

类　别	Type	主营业务税金及附加 Taxes and Other Charges on Principal Business
总　计	**Total**	**125762**
批发业	**Wholesale Trade**	**106982**
按登记注册类型分	**By Types of Registration**	
内资企业	Domestic Funded Enterprises	106933
国有企业	State-owned Enterprises	56130
集体企业	Collective-owned Enterprises	41
股份合作企业	Cooperative Enterprises	133
有限责任公司	Limited Liability Corporations	37123
国有独资公司	State Sole Funded Corporations	10700
其他有限责任公司	Other Limited Liability Corporations	26423
股份有限公司	Share-holding Corporations Ltd.	1795
私营企业	Private Enterprises	11687
#私营独资企业	Private-funded Enterprises	6479
私营有限责任公司	Private Limited Liability Corporations	5182
港澳台商投资企业	Enterprises with Funds from Hong Kong, Macao and Taiwan	
#港澳台商独资企业	Enterprises with Sole Funds	
外商投资企业	Foreign Funded Enterprises	49
#中外合资经营企业	Joint-venture Enterprises	48
外资企业	Enterprises with Sole Foreign Funds	1
按国民经济行业分	**By Sector**	
农畜产品批发业	Wholesale of Farm Produce and Livestock Products	47
食品、饮料及烟草制品批发业	Wholesale of Food, Beverages and Tobaccos	84151
#米、面制品及食用油批发业	Wholesale of Rice, Flour and Edible Oil	178
烟草制品批发业	Wholesale of Tobaccos	64755
纺织、服装及日用品批发业	Wholesale of Textiles, Garments and Daily Consumer Articles	508
#服装批发业	Wholesale of Garments	494
文化、体育用品及器材批发业	Wholesale of Culture, Sports Appliances and Equipments	243
医药及医疗器材批发业	Wholesale of Medicines and Medical Appliances	2204
矿产品、建材及化工产品批发业	Wholesale of Mineral Products, Building Materials and Chemical Products	14883
#煤炭及制品批发业	Wholesale of Coal and Related Products	1177
石油及制品批发业	Wholesale of Coal and Related Products	1771
金属及金属矿批发业	Wholesale of Metal Materials	11435
建材批发业	Wholesale of Building Materials	311
化肥批发业	Wholesale of Chemical Fertilizer	27
机械设备、五金交电及电子产品批发业	Wholesale of Machinery, Hardware and Electronic Equipment	962
#汽车、摩托车及零配件批发业	Wholesale of Motor Vehicles, Motorcycles and Parts	151
家用电器批发业	Wholesale of Household Electrical Appliances	368
计算机、软件及辅助设备批发业	Wholesale of Computer, Software and Assistant Appliances	160
贸易经纪与代理	Trade Broker and Agency	
其他批发业	Other Wholesale not Classified Elsewhere	3986

continued

(10000 yuan)

主营业务利润 Profits from Principal Business	营业利润 Profits	利润总额 Total Profits	本年应交增值税 Valued Added Payable	利税总额 Total Pre-Tax Profits
1441022	**630930**	**602619**	**342789**	**1071170**
980754	**471980**	**475219**	**270746**	**852947**
959478	470626	473058	268829	848821
425282	241821	264566	77042	397739
266	140	8	418	467
4530	949	549	375	1057
312903	114915	95607	128786	261515
64095	48681	48960	11742	71402
248809	66234	46646	117044	190113
96039	28712	26816	27435	56046
117318	84009	85232	34441	131360
56865	46306	46608	791	53877
58581	37717	38586	33472	77241
2420	134	134	406	539
18856	1219	2027	1511	3587
8062	660	1331	34	1413
9133	374	510	1003	1514
6051	-4792	3246	788	4080
496596	313443	314769	93962	492881
26780	20516	2089	1710	3977
405860	269847	276232	70664	411652
7711	-1101	-149	4069	4428
6003	-953	31	3505	4029
17263	5133	6461	1293	7996
145660	15934	15588	27394	45186
274674	137723	122399	34947	172229
7094	9699	9271	1789	12237
152598	39171	38795	28121	68686
106932	85682	71008	3624	86067
3492	1072	1083	205	1599
1465	759	613	39	678
50876	9656	12068	5573	18602
10426	154	2119	487	2757
19076	22	688	2656	3712
5870	2113	2270	791	3221
112			3	3
-18189	-4018	838	102718	107542

16-9 续表3

单位：万元

类　　别	Type	主营业务税金及附加 Taxes and Other Charges on Principal Business
零售业	**Retail Trade**	**18780**
按登记注册类型分	**By Types of Registration**	
内资企业	Domestic Funded Enterprises	18075
国有企业	State-owned Enterprises	1701
股份合作企业	Cooperative Enterprises	335
有限责任公司	Limited Liability Corporations	5724
国有独资公司	State Sole Funded Corporations	4
其他有限责任公司	Other Limited Liability Corporations	5720
股份有限公司	Share-holding Corporations Ltd.	2570
私营企业	Private Enterprises	7625
私营独资企业	Private-funded Enterprises	3887
私营合伙企业	Private Partnership Enterprises	258
私营有限责任公司	Private Limited Liability Corporations	2963
私营股份有限公司	Private Share-holding Corporations Ltd.	517
其他企业	Other Enterprises	68
港澳台商投资企业	Enterprises with Funds from Hong Kong, Macao and Taiwan	438
#与港澳台商合资经营企业	Joint-venture Enterprises	374
港澳台商独资企业	Enterprises with Sole Funds	48
外商投资企业	Foreign Funded Enterprises	266
中外合资经营企业	Joint-venture Enterprises	36
外资企业	Enterprises with Sole Foreign Funds	230
外商投资股份有限公司	Share-holding Corporations Ltd. with Foreign Funds	
按国民经济行业分	**By Sector**	
综合零售业	Integrated Retail	8655
#百货零售业	Retail of General Merchandise	5214
超级市场零售业	Retail of Supermarkets	3338
食品、饮料及烟草制品专门零售业	Retail of Food, Beverages and Tobaccos	43
纺织、服装及日用品专门零售业	Special Retail of Textiles, Garments and Daily Consumer Articles	527
#服装零售业	Retail of Garments	144
文化、体育用品及器材专门零售业	Retail of Culture, Sports Appliances and Equipments	2170
#图书零售业	Wholesale of Coal and Related Products	1317
医药及医疗器材专门零售业	Retail of Medicines and Medical Appliances	759
#药品零售业	Retail of Medicines	645
汽车、摩托车、燃料及零配件专门零售业	Retail of Motor Vehicles, Motorcycles, Fuel and Parts	3789
#汽车零售业	Retail of Motor Vehicles	2626
机动车燃料零售业	Retail of Fuel of Motor Vehicles	1011
家用电器及电子产品专门零售业	Special Retail of Household Electric Appliances and Electronic Products	1452
#家用电器零售业	Retail of Household Electric Appliances	985
计算机、软件及辅助设备零售业	Retail of Computer, Software and Assistant Appliances	406
通讯设备零售业	Retail of Communication Equipments	60
五金、家具及室内装修材料专门零售业	Special Retail of Hardware, Furniture and Decoration Materials	1260
无店铺及其他零售业	Non-shop and Other Retails	125

continued

(10000 yuan)

主营业务利润 Profits from Principal Business	营业利润 Profits	利润总额 Total Profits	本年应交增值税 Valued Added Payable	利税总额 Total Pre-Tax Profits
460268	**158951**	**127400**	**72043**	**218223**
429805	151675	118638	65439	202152
53234	16310	10101	6148	17950
3983	2360	2278	144	2757
120270	18206	15858	14346	35928
638	77	126	34	164
119632	18129	15732	14312	35764
145244	78872	49358	25342	77270
104398	34670	40576	16683	64883
25451	4030	11893	2630	18410
3505	662	806	344	1408
61812	24664	24911	12459	40333
13630	5314	2966	1249	4733
2192	773	614	217	899
2361	64	150	376	964
775	106	142	203	718
1071	6		121	168
28103	7212	8612	6228	15106
10420	3052	3036	1195	4267
17683	4161	5576	5033	10839
151875	30047	35778	25560	69993
84476	17296	21724	16134	43072
59533	9468	11280	9406	24024
1428	308	254	91	388
10624	453	458	1360	2346
5740	-1196	-1189	360	-685
49684	14248	10956	5164	18289
44967	11802	8408	4222	13947
28270	2167	2467	4290	7516
20390	2605	2893	3016	6553
179711	95545	62086	32221	98097
63778	16377	14086	21245	37956
114970	78893	47831	10942	59784
23586	5591	4920	2695	9066
15888	3623	2313	1730	5028
6480	1816	2421	770	3597
1215	147	182	180	422
13011	9033	8924	583	10768
2080	1560	1557	79	1761

16-10 限额以上餐饮业主要财务指标（2009年）

单位：万元

类 别	Type	资产合计 Total Assets	流动资产合计 Working Capitals	固定资产原价 Original Value of Fixed Assets
总 计	**Total**	**210905**	**81465**	**107702**
按登记注册类型分组	**By Types of Registration**			
内资企业	Domestic Funded Enterprises	180162	71026	93077
国有企业	State-owned Enterprises	4108	1268	3605
集体企业	Collective-owned Enterprises			
股份合作企业	Cooperative Enterprises	4930	4688	793
有限责任公司	Limited Liability Corporations	35876	15225	18424
其他有限责任公司	Other Limited Liability Corporations	35876	15225	18424
股份有限公司	Share-holding Corporations Ltd.	1886	1384	517
私营企业	Private Enterprises	128226	47146	65659
私营独资企业	Private Limited Liability Corporations	73784	21625	36041
私营合伙企业	Private Partnership Enterprises	11106	2907	8398
私营有限责任公司	Private Limited Liability Corporations	41620	22122	19737
私营股份有限公司	Private Share-holding Corporations Ltd.	1716	492	1482
其他企业	Other Enterprises	4937	1185	4029
港澳台商投资企业	Enterprises with Funds from Hong Kong, Macao and Taiwan	15632	7258	5814
#与港澳台商合资经营企业	Joint-venture Enterprises	9360	3597	4299
港澳台商独资企业	Enterprises with Sole Funds	2768	2504	729
外商投资企业	Foreign Funded Enterprises	15111	3181	8812
中外合资经营企业	Joint-venture Enterprises	158	140	127
外资企业	Enterprises with Sole Foreign Funds	14602	2979	8372
外商投资股份有限公司	Share-holding Corporations Ltd. with Foreign Funds	351	63	313
按国民经济行业分组	**By Sector**			
正餐服务业	Dinner	193296	76880	98243
快餐服务业	Snack	14525	2697	8687

Main Financial Indicators of Enterprises above Designated Size in Catering Services (2009)

(10000 yuan)

负债合计 Total Liabilities	所有者权益合计 Total Owners Equity	主营业务收入 Revenue from Principal Business	主营业务成本 Cost of Principal Business	主营业务税金及附加 Taxes and Other Charges on Principal Business	主营业务利润 Profits from Principal Business	营业利润 Profits	利润总额 Total Profits	利税总额 Total Pre-Tax Profits
94845	**116060**	**244603**	**130562**	**12404**	**100451**	**26437**	**24477**	**36881**
79141	101021	190490	107026	9699	72508	20250	17572	27272
1013	3095	3272	1537	137	1600	69	123	260
2103	2827	4018	2584	258	1175	-296	203	461
23049	12827	25922	13107	1420	11435	935	369	1788
23049	12827	25922	13107	1420	11435	935	369	1788
535	1351	2500	1921	143	436	182	130	273
51455	76771	146073	81854	7330	55539	18496	16073	23404
24415	49369	87335	48825	4339	33254	15473	13149	17488
3903	7203	13900	8393	760	4694	872	1178	1937
22818	18802	42706	23643	2117	16567	2136	1731	3848
319	1397	2131	994	114	1023	16	17	131
986	3951	8442	5826	401	2266	814	625	1025
10316	5316	14786	9253	748	4786	-141	289	1036
5873	3487	7638	4745	385	2508	-320	109	495
2478	290	3543	2319	177	1047	168	168	346
5387	9723	39326	14283	1957	23157	6327	6616	8573
	158	238	146	12	80	-11		12
5240	9361	38318	13846	1900	22643	6133	6418	8318
147	204	770	290	46	434	205	198	243
88294	105002	196328	112057	10080	72897	17245	17337	27417
5038	9487	44483	16351	2201	26039	8240	6782	8983

16-11 限额以上住宿业主要财务指标（2009年）

单位：万元

类别	Type	资产合计 Total Assets	流动资产合计 Working Capitals	固定资产原价 Original Value of Fixed Assets
总计	**Total**	**918117**	**278343**	**606149**
按登记注册类型分组	**By Types of Registration**			
内资企业	Domestic Funded Enterprises	828563	257476	524861
国有企业	State-owned Enterprises	248426	46921	168121
集体企业	Collective-owned Enterprises	2342	1264	1664
股份合作企业	Cooperative Enterprises	31548	9639	24420
联营企业	Joint Ownership Enterprises			
国有联营企业	State Joint Ownership Enterprises			
有限责任公司	Limited Liability Corporations	287786	115243	166259
其他有限责任公司	Other Limited Liability Corporations	287786	115243	166259
股份有限公司	Share-holding Corporations Ltd.	33142	7045	24547
私营企业	Private Enterprises	222238	76629	137440
私营独资企业	Private - Funded Enterprises	32850	12722	18136
私营合伙企业	Private Partnership Enterprises	32423	4624	27054
私营有限责任公司	Private Limited Liability Corporations	130201	51512	74423
私营股份有限公司	Private Share-holding Corporations Ltd.	26764	7770	17826
其他企业	Other Enterprises	3081	735	2411
港澳台商投资企业	Enterprises with Funds from Hong Kong, Macao and Taiwan	43131	9441	28717
与港澳台商合资经营企业	Joint-venture Enterprises	8114	1789	7165
与港澳台商合作经营企业	Cooperation Enterprises	16384	3376	7724
港澳台商独资企业	Enterprises with Sole Funds	18633	4276	13828
港澳台商独资股份有限公司	Share-holding Corporations Ltd. with Funds			
外商投资企业	Foreign Funded Enterprises	46424	11426	52572
中外合资经营企业	Joint-venture Enterprises	14341	6095	5094
中外合作经营企业	Cooperation Enterprises	6794	339	7452
外资企业	Enterprises with Sole Foreign Funds	17476	2051	30948
外商投资股份有限公司	Share-holding Corporations Ltd. with Foreign Funds	7814	2941	9078
按国民经济行业分组	**By Sector**			
旅游饭店	Tourism Hotel	727480	210111	504683
一般旅馆	General Hotel	186109	66286	99866
其他住宿服务	Other Residential Services	4528	1946	1600

Main Financial Indicators of Star-ranking Hotels (2009)

(10000 yuan)

负债合计 Total Liabilities	所有者权益合计 Total Owners Equity	主营业务收入 Revenue from Principal Business	主营业务成本 Cost of Principal Business	主营业务税金及附加 Taxes and Other Charges on Principal Business	主营业务利润 Profits from Principal Business	营业利润 Profits	利润总额 Total Profits	利税总额 Total Pre-Tax Profits
574786	**343332**	**288610**	**102402**	**15554**	**159589**	**539**	**2252**	**17805**
529501	299062	259781	93135	14191	141657	2295	3382	17573
127538	120888	75454	26695	3904	40364	-3604	-2646	1258
1485	857	3044	1621	206	1217	77	126	333
22784	8764	8356	3388	385	4584	2788	973	1357
219284	68502	81835	22161	4499	52529	-1032	785	5284
219284	68502	81835	22161	4499	52529	-1032	785	5284
16231	16911	10392	6744	807	2625	-2597	-850	-44
141464	80773	79377	32003	4293	39764	6497	4842	9134
21592	11258	13485	6260	638	6789	2577	1830	2468
15571	16852	12761	4895	824	6869	930	507	1331
82387	47814	44005	18219	2362	20750	2266	2509	4871
21915	4849	9127	2629	469	5356	724	-5	464
715	2366	1323	524	98	576	167	153	251
20152	22979	10677	5605	473	4599	-1024	-1134	-661
4827	3287	2732	648	143	1941	198	197	340
4951	11433	1144	180	75	888	-217	-215	-140
10374	8259	6801	4777	254	1770	-1006	-1115	-861
25133	21292	18152	3662	890	13332	-732	3	893
4945	9396	8122	1710	400	6012	191	168	568
4630	2164	948	109	47	792	-180		47
8144	9332	7244	1488	354	5335	-253	-165	189
7414	400	1839	356	89	1194	-490		89
457323	270158	239042	79303	12974	137536	-768	651	13625
115339	70771	48075	22568	2481	21441	1406	1573	4054
2124	2403	1493	531	99	612	-98	28	127

16-12 各地区限额以上批发零售贸易业基本情况（2009年）
Basic Conditions of Domestic Trade by Region (2009)

地 区	Region	法人企业(个) Number of Corporation Unit	批发企业 Wholesale Trade	零售企业 Retail Trade	产业活动单位(个) Number of Economic Active Units(unit)	年末从业人数(人) Persons Employed (person)
全 省	**Provincial Total**	**772**	**318**	**454**	**2168**	**96405**
南昌市	Nanchang	317	156	161	659	35437
景德镇市	Jingdezhen	39	12	27	98	3776
萍乡市	Pingxiang	26	5	21	119	3798
九江市	Jiujiang	66	17	49	193	8022
新余市	Xinyu	50	26	24	23	3112
鹰潭市	Yingtan	33	17	16	86	2371
赣州市	Ganzhou	61	13	48	317	7996
吉安市	Ji'an	33	8	25	231	6710
宜春市	Yichun	72	42	30	147	13178
抚州市	Fuzhou	19	7	12	160	4233
上饶市	Shangrao	56	15	41	135	7772

16-12 续表 continued

地 区	Region	销售合计(万元) Total Purchase Value(10000yuan)	批发额(万元) Wholesale Value(10000yuan)	#出 口 Exports	零售额(万元) Retail Value(1000 yuan)
全 省	**Provincial Total**	**14563054**	**9148208**	**386527**	**5414846**
南昌市	Nanchang	7241121	4472637	297494	2768484
景德镇市	Jingdezhen	380795	215628	40558	165167
萍乡市	Pingxiang	306893	143225		163668
九江市	Jiujiang	914233	536765		377468
新余市	Xinyu	749280	571818		177461
鹰潭市	Yingtan	677365	567342		110023
赣州市	Ganzhou	1031341	460360		570981
吉安市	Ji'an	593468	463433		130035
宜春市	Yichun	1472691	1072149	43696	400542
抚州市	Fuzhou	568413	307520	4780	260892
上饶市	Shangrao	627455	337331		290125

16-13 限额以上餐饮业经营情况（2009年）

Business of Catering Services above Designated Size (2009)

单位：万元 10000 yuan

类别	Type	法人企业（个） Number of Corporation (unit)	从业人数（人） Persons Employed (person)	营业额 Business Revenue	#客房收入 Revenue from Hotel Rooms	#餐费收入 Revenue from Meals	#商品销售收入 Revenue from Commodities
总计	**Total**	**266**	**26089**	**247278**	**12224**	**203587**	**30678**
按登记注册类型分	**By Types of Registration**						
内资企业	Domestic Funded Enterprises	250	21900	193450	12130	152830	27707
国有企业	State-owned Enterprises	5	559	3274	859	2294	119
集体企业	Collective-owned Enterprises						
股份合作企业	Cooperative Enterprises	5	417	4018	583	2918	516
有限责任公司	Limited Liability Corporations	31	2586	25659	1631	20310	3585
其他有限责任公司	Other Limited Liability Corporations	31	2586	25659	1631	20310	3585
股份有限公司	Share-holding Corporations Ltd.	3	372	2500	292	1452	755
私营企业	Private Enterprises	190	17077	149261	8610	119106	21018
私营独资企业	Private - Funded Enterprises	112	9621	89145	5078	71698	12098
私营合伙企业	Private Partnership Enterprises	26	1895	14219	950	10920	2154
私营有限责任公司	Private Limited Liability Corporations	50	5197	43765	2449	34806	6450
私营股份有限公司	Private Share-holding Corporations Ltd.	2	364	2131	133	1682	317
其他企业	Other Enterprises	15	861	8475	156	6486	1714
港澳台商投资企业	Enterprises with Funds from Hong Kong, Macao and Taiwan	9	1177	14691		12366	2325
#与港澳台商合资经营企业	Joint-venture Enterprises	6	756	7799		6195	1604
港澳台商独资企业	Enterprises with Sole Funds	1	218	3286		3089	197
外商投资企业	Foreign Funded Enterprises	7	3012	39137	94	38390	647
中外合资经营企业	Joint-venture Enterprises	1	30	238		144	95
中外合作经营企业	Cooperation Enterprises						
外资企业	Enterprises with Sole Foreign Funds	4	2940	38136	94	37595	447
外商投资股份有限公司	Share-holding Corporations Ltd. with Foreign Funds	2	42	763		652	105
按国民经济行业分组	**By Sector**						
正餐服务业	Dinner	251	22493	199090	12224	155872	30302
快餐服务业	Snack	10	3328	44396		43923	376

16-14 限额以上住宿业经营情况（2009年）

Business of Star-ranking Hotels (2009)

单位：万元 10000 yuan

类别	Type	法人企业（个） Number of Corporation (unit)	从业人数（人） Persons Employed (person)	营业额 Business Revenue	#客房收入 Revenue from Hotel Rooms	#餐费收入 Revenue from Meals	#商品销售收入 Revenue from Commodities
总计	**Total**	**288**	**34596**	**290521**	**155479**	**106089**	**13324**
按登记注册类型分	**By Types of Registration**						
内资企业	Domestic Funded Enterprises	267	31525	261518	139206	96002	12500
国有企业	State-owned Enterprises	71	8685	76844	41417	27178	4920
集体企业	Collective-owned Enterprises	5	502	3365	1485	1858	10
股份合作企业	Cooperative Enterprises	10	1240	8179	4482	3248	382
联营企业	Joint Ownership Enterprises						
国有联营	State Joint Ownership Enterprises						
有限责任公司	Limited Liability Corporations	60	9306	82637	43674	31129	2949
其他有限责任公司	Other Limited Liability Corporations	60	9306	82637	43674	31129	2949
股份有限公司	Share-holding Corporations Ltd.	13	1325	10363	6140	2658	1027
私营企业	Private Enterprises	105	10233	78460	41234	29044	3203
私营独资企业	Private - Funded Enterprises	20	1608	13144	6534	5161	1167
私营合伙企业	Private Partnership Enterprises	18	1581	12853	7035	4994	549
私营有限责任公司	Private Limited Liability Corporations	58	5864	44280	23735	15060	1400
私营股份有限公司	Private Share-holding Corporations Ltd.	9	1180	8184	3931	3829	87
其他企业	Other Enterprises	3	234	1671	775	887	9
港澳台商投资企业	Enterprises with Funds from Hong Kong, Macao and Taiwan	10	1382	10850	6259	4351	11
与港澳台商合资经营企业	Joint-venture Enterprises	3	338	2756	1206	1503	
与港澳台商合作经营	Cooperation Enterprises	1	220	1280	1231	34	3
港澳台商独资企业	Enterprises with Sole Funds	6	824	6815	3822	2813	8
港澳台商独资股份有限公司	Share-holding Corporations Ltd. with Funds						
外商投资企业	Foreign Funded Enterprises	11	1689	18152	10014	5736	813
中外合资经营企业	Joint-venture Enterprises	3	597	8122	4287	2684	486
中外合作经营企业	Cooperation Enterprises	1	191	948	385	145	62
外资企业	Enterprises with Sole Foreign Funds	5	696	7244	3977	2543	156
外商投资股份有限公司	Share-holding Corporations Ltd. with Foreign Funds	2	205	1839	1365	364	110
按国民经济行业分	**By Sector**						
旅游饭店	Tourism Hotel	218	28115	240217	125621	89602	10725
一般旅馆	General Hotel	67	6259	48802	29005	15883	2564
其他住宿服务	Other Residential Hotel	3	222	1502	854	604	34

16-15 旅游业发展情况
Development of Tourism

年 份 Year	旅游总收入(亿元) Total Tourism Earnings (100 million yuan)	占全国旅游总收入比重(%) As Percentage of Total National Tourism Earnings(%)	为全省地区生产总值 (%) As Percentage of the Province's GDP (%)	为全省地区生产总值中第三产业 (%) As Percentage of Tertiary Industry in the Province's GDP(%)
1991	4.30	1.23	0.90	3.04
1992	4.81	1.03	0.84	2.79
1993	5.31	0.47	0.73	2.47
1994	6.33	0.38	0.67	2.14
1995	8.39	0.40	0.67	2.14
1996	50.15	2.02	3.31	10.27
1997	79.35	2.55	4.63	13.64
1998	81.64	2.37	4.41	12.35
1999	111.29	2.78	5.67	15.03
2000	134.6	2.98	6.72	16.47
2001	161.4	3.23	7.42	18.31
2002	191.1	3.43	7.80	19.85
2003	197.47	4.04	6.98	18.93
2004	240.81	3.52	6.97	19.65
2005	320.02	4.16	7.89	22.67
2006	390.89	4.37	8.37	25.00
2007	463.67	4.23	8.43	26.44
2008	559.38	4.83	8.63	27.90
2009	675.61	5.20	8.83	25.62

16-16 国际旅游收入情况
Income from International Turism

单位：万美元 (USD 10000)

指 标	Item	2008	2009
合 计	**Total**	**25170**	**28975**
长途交通	Long Distance Transportation	9212	7476
民 航	Civil Aviation	5210	5766
铁 路	Railway	1686	956
汽 车	Highway	1359	493
轮 船	Waterway	957	261
游 览	Sightseeing	1082	1420
住 宿	Accommodation	2668	3361
餐 饮	Food and Beverage	2165	2579
娱 乐	Entertainment	1133	1999
购 物	Shopping	6318	7591
邮电通讯	Post and Communication Services	579	666
市内交通	Local Transportation	201	638
其 他	Others	1812	3245

16-17 入境旅游情况
Development of Oversea Visitor Arrivals

指标	Item	2000	2005	2007	2008	2009
旅游人数(人次)	**Number of Oversea Visitor Arrivals (Person-time)**	**163057**	**372513**	**664686**	**802052**	**964299**
外国人	Foreigners	55411	136270	239443	308321	387577
#印度尼西亚	Indonesia	239	1982	5196	8041	11933
日本	Japan	12282	23945	34128	30029	34096
马来西亚	Malaysia	1256	3639	7286	9135	13865
菲律宾	Philippines	270	1794	4471	8359	10206
新加坡	Singapore	2018	8271	14838	16568	18748
韩国	Korea Rep.	1183	10809	24794	30056	37849
泰国	Thailand	2559	1716	4448	8317	10509
英国	United Kingdom	2966	11543	12257	17193	21159
德国	Germany	3080	5943	11833	17219	20729
法国	France	1212	6488	7729	14027	16825
意大利	Italy	464	3320	3633	5207	9989
荷兰	Netherlands	417				
西班牙	Spain	195	3757	3987	6310	7790
瑞典	Sweden	195	1131	2069	3998	6147
瑞士	Switzerland	236	364	1898	3556	6249
俄罗斯	Russia	419	2329	4572	7562	13443
加拿大	Canada	1069	4380	5031	8206	11631
美国	United States	11997	27235	43117	42393	43696
澳大利亚	Australia	640	4622	7044	7661	11810
新西兰	New Zealand	164	1486	2676	3449	4129
港澳同胞	Chinese Compatriots from Hong Kong and Macao	69375	154885	301993	368627	433115
台湾同胞	Chinese Compatriots fromTaiwan Province	38271	81358	123250	125104	143607
旅游外汇收入(万美元)	**Foreign Exchange Earnings from International Tourism (USD 10000)**	**6234**	**10395**	**19554**	**25170**	**28975**

注：外国人包括了华侨人数。

a) Overseas Chinese are included in foreigners.

16-18 各地区入境旅游情况（2009年）
Development of Oversea Visitor Arrivals by Region (2009)

地 区	Region	旅游人数（人次） Number of Oversea Visitor Arrivals (Person-time)	外国人 Foreigners	香港同胞 Hong Kong Compatriots	澳门同胞 Macao Compatriots	台湾同胞 Taiwan Compatriots	旅游收汇（万美元） Foreign Exchange Earnings from International Tourism (USD 10000)
全 省	**Provincial Total**	**964299**	**387577**	**308106**	**125009**	**143607**	**28975**
南昌市	Nanchang	104047	82644	10097	932	10374	3167
景德镇市	Jingdezhen	155864	60472	43914	20956	30522	5272
萍乡市	Pingxiang	38159	14070	9956	6116	8017	1044
九江市	Jiujiang	220010	129921	38647	12718	38724	7761
新余市	Xinyu	11172	4991	1515	1349	3317	232
鹰潭市	Yingtan	58855	2738	38683	9157	8277	976
赣州市	Ganzhou	105523	4064	72301	15546	13612	3032
吉安市	Ji'an	101648	16128	47779	28105	9636	1993
宜春市	Yichun	47240	30374	6491	3342	7033	1422
抚州市	Fuzhou	44995	31889	4755	3749	4602	1436
上饶市	Shangrao	76786	10286	33968	23039	9493	2640

16-19 各地区“春节、五一、十一”旅游情况（2009年）
Development of Tourism by Region in Spring Festival, May Day or National Day Holidays (2009)

地 区	Region	旅游人数（万人次） Number of Visitors (10000 person-times)			旅游收入（万元） Tourism Earnings (10000 Yuan)		
		春节 Spring Festival	五一 Labor Day	十一 National Day	春节 Spring Festival	五一 Labor Day	十一 National Day
全 省	**Provincial Total**	**321.9**	**447.0**	**1226.6**	**104459**	**171901**	**419537**
南昌市	Nanchang	74.9	82.7	297.9	31648	32038	88082
景德镇市	Jingdezhen	22.4	43.4	104.4	2720	10921	24700
萍乡市	Pingxiang	8.9	26.7	79.4	3025	6350	24217
九江市	Jiujiang	34.3	50.6	136.8	9300	28000	72800
新余市	Xinyu	19.7	28.1	50.5	4065	4820	12892
鹰潭市	Yingtan	24.1	22.8	69.4	16500	6272	13100
赣州市	Ganzhou	36.2	35.2	108.5	9853	8897	31063
吉安市	Ji'an	18.6	54.0	120.0	7083	38373	52425
宜春市	Yichun	34.0	26.2	105.3	6423	6527	38958
抚州市	Fuzhou	18.6	17.1	45.2	5164	4103	16700
上饶市	Shangrao	30.2	60.2	109.2	8678	25600	44600

16-20 主要星级饭店基本情况（2009年）

Basic Conditions of Main Star-rated Hotels (2009)

名 称	Name	星级	Star-rated	评星时间 Time	客房总数(间) Total Rooms (room)	床位总数(张) Total Beds (bed)	地 址	Address	邮政编码 Postal Code
江西宾馆	Jiangxi Hotel	五 星	Five	2003	228	407	南昌市	Nanchang	330006
凯莱大酒店	Gloria Grand Hotel Co.Ltd	五 星	Five	2003	327	442	南昌市	Nanchang	330008
嘉莱特和平国际酒店	Galatic Peace International Hotel	五 星	Five	2007	252	337	南昌市	Nanchang	330002
锦峰大酒店	Jinfeng Hotel	五 星	Five	2007	167	307	南昌市	Nanchang	330002
泰耐克国际大酒店	Trilec International Hotel	五 星	Five	2009	209	299	南昌市	Nanchang	330038
瑞都大酒店	Ruidu Hotel	四 星	Four	2004	115	212	南昌市	Nanchang	330002
富豪酒店	Jiangxi Regal Hotel	四 星	Four	2004	219	410	南昌市	Nanchang	330002
七星商务酒店	Senven Star Commercial Hotel	四 星	Four	2005	230	352	南昌市	Nanchang	330006
赣江宾馆	Ganjiang Hotel	四 星	Four	2005	312	589	南昌市	Nanchang	330003
江西饭店	Jiangxi Hotel	四 星	Four	2006	301	535	南昌市	Nanchang	330006
锦都皇冠酒店	Jindu Crown Hotel	四 星	Four	2006	214	333	南昌市	Nanchang	330002
民航花园酒店	Jiangxi Civil Aviation Garden Hotel	四 星	Four	2006	138	250	南昌市	Nanchang	330025
皇廷大酒店	Nanchang Palace Hotel	四 星	Four	2006	221	358	南昌市	Nanchang	330002
白鹿会馆	Jiangxi Shida Bailu Hotel	四 星	Four	2006	87	164	南昌市	Nanchang	330022
华悦国际大酒店	Huayue Hotel	四 星	Four	2006	118	172	南昌市	Nanchang	330002
泽源大酒店	Zeyuan Hotel	四 星	Four	2006	67	128	南昌市	Nanchang	330077
国贸酒店	International Trade Hotel	四 星	Four	2007	243	409	南昌市	Nanchang	330002
洪都宾馆	Jiangxi Hongdu Hotel Co.Ltd	四 星	Four	2007	277	505	南昌市	Nanchang	330006
鄱阳湖大酒店	Poyanghu Hotel	四 星	Four	2008	270	481	南昌市	Nanchang	330002
鑫峰假日酒店	Xinfeng Holiday hotel	四 星	Four	2008	142	241	南昌市	Nanchang	330038
百瑞四季酒店	Braim Seasons Hotel	四 星	Four	2009	244	430	南昌市	Nanchang	330046
京西宾馆	Jingxi Hotel	四 星	Four	2009	178	331	南昌市	Nanchang	330046
青山湖宾馆	QSH Hotel	三 星	Three	1992	260	347	南昌市	Nanchang	330006
环湖宾馆	Lake Side Hotel	三 星	Three	1996	172	292	南昌市	Nanchang	330006
抚州大饭店	Fuzhou Hotel	三 星	Three	1998	110	230	南昌市	Nanchang	330003
华宇商务酒店	Huayu Business Hotel	三 星	Three	2000	167	289	南昌市	Nanchang	330002
灌城度假村	Guancheng Resort	三 星	Three	2001	40	78	南昌市	Nanchang	330029
锦昌大酒店	Jinchang Hotel	三 星	Three	2003	144	237	南昌市	Nanchang	330002
天圆饭店	Tianyuan Hotel	三 星	Three	2003	100	183	南昌市	Nanchang	330006
铁路大酒店	Nanchang Railway Hotel	三 星	Three	2003	129	218	南昌市	Nanchang	330002
明园大酒店	Mingyuan Hotel	三 星	Three	2004	150	283	南昌市	Nanchang	330002
君来大酒店	Junlai Hotel	三 星	Three	2005	223	456	南昌市	Nanchang	330046
北京宾馆	Beijing Hotel	三 星	Three	2006	112	206	南昌市	Nanchang	330029
核工宾馆	Hegong Hotel	三 星	Three	2006	132	271	南昌市	Nanchang	330046
金袁州宾馆	Jinyuanzhou Hotel	三 星	Three	2006	131	242	南昌市	Nanchang	330006
金悦宾馆	Jinyue Hotel	三 星	Three	2006	88	170	南昌市	Nanchang	330003
东城宾馆	Nanchang Dongcheng Hotel	三 星	Three	2007	140	240	南昌市	Nanchang	330029
军山湖大酒店	Junshan Lake Hotel,Jinxian County	三 星	Three	2007	150	194	南昌市	Nanchang	331700
莫泰168连锁商务酒店	Motai 168 Chain Commercial Hotel	三 星	Three	2008	357	600	南昌市	Nanchang	330002
银龙大酒店	Yinlong Hotel	三 星	Three	2008	117	206	南昌市	Nanchang	330001
阳光假日酒店	Sunshine Holiday Hotel	三 星	Three	2009	116	160	南昌市	Nanchang	330077
百胜酒店	Baisheng Hotel	三 星	Three	2009	125	224	南昌市	Nanchang	330029
景德镇大酒店	Jingdezhen Hotel	四 星	Four	2005	127	238	景德镇市	Jingdezhen	333000
开门子大酒店	Jingdezhen Kaimenzi Grand Hotel	四 星	Four	2005	148	220	景德镇市	Jingdezhen	333000
圣山酒店	Shengshan Hotel	四 星	Four	2008	181	319	景德镇市	Jingdezhen	333000
合资宾馆	Joint Venture Hotel,China	三 星	Three	1991	143	275	景德镇市	Jingdezhen	333000

16-20 续表1 continued

名称	Name	星级	Star-rated	评星时间 Time	客房总数(间) Total Rooms (room)	床位总数(张) Total Beds (bed)	地址	Address	邮政编码 Postal Code
金叶大酒店	Jinye Hotel	三 星	Three	2003	198	410	景德镇市	Jingdezhen	333000
景德镇宾馆	Jingdezhen Hotel	三 星	Three	2004	69	140	景德镇市	Jingdezhen	333000
良友宾馆	Liangyou Hotel	三 星	Three	2006	75	141	景德镇市	Jingdezhen	333000
新昌江大酒店	Xinchangjiang Hotel	三 星	Three	2006	99	154	景德镇市	Jingdezhen	333000
昌河宾馆	Changhe Hotel	三 星	Three	2006	58	71	景德镇市	Jingdezhen	333000
财政宾馆	Caizheng hotel	三 星	Three	2006	93	168	景德镇市	Jingdezhen	333000
瓷都宾馆	Porcelain Capital Hotel	三 星	Three	2008	133	242	景德镇市	Jingdezhen	333000
昌南半岛酒店	Changnan Bandao Hotel	三 星	Three	2007	67	128	景德镇市	Jingdezhen	333000
佳佳基大酒店	Leping Jiajiaji Hotel	三 星	Three	2007	91	165	景德镇市	Jingdezhen	333000
蓝波湾花园酒店	Blue Golf Hotel	四 星	Four	2005	131	221	萍乡市	Pingxiang	337000
萍钢宾馆	Pinggang Hotel	四 星	Four	2006	80	154	萍乡市	Pingxiang	337019
安源宾馆	Anyuan Hotel	三 星	Three	1999	132	244	萍乡市	Pingxiang	337000
天堂谷大酒店	Paradise Valley Hotel	三 星	Three	2003	84	150	萍乡市	Pingxiang	337000
豪门国际大酒店	International Noble Hotel	三 星	Three	2005	103	184	萍乡市	Pingxiang	337000
天鹅宾馆	Swan Hotel	三 星	Three	2008	108	192	萍乡市	Pingxiang	337000
赣星世纪大酒店	Ganxing Century Hotel	三 星	Three	2008	94	157	萍乡市	Pingxiang	331700
远洲国际大酒店	S&N International Hotel, Jiujiang China	五 星	Five	2007	420	630	九江市	Jiujiang	332000
其士(九江)大酒店	Chevalier Hotel,Jiujiang	四 星	Four	2001	232	421	九江市	Jiujiang	332000
西湖宾馆	Lushan Xihu Hotel	四 星	Four	2001	57	152	庐山	Lushan	332900
星河大酒店	Xinhe Hotel	四 星	Four	2004	90	156	九江市	Jiujiang	332000
天沐温泉度假村	Tianmu Spa Resort	四 星	Four	2005	112	201	星子县	Xingzi	332802
雅格泰大酒店	Agartha Hotel	四 星	Four	2006	213	368	九江市	Jiujiang	332000
龙湾温泉度假村	Longwang Hotsprings Resort, Lushan China	四 星	Four	2006	125	238	星子县	Xingzi	332802
国脉宾馆	Lushan Guomai Hotel	四 星	Four	2006	89	163	庐山	Lushan	332900
国际阳光温泉度假村	International Sunshine Hopsprings Resort	四 星	Four	2008	96	165	庐山	Lushan	332800
花旗假日大酒店	Citi Holiday Hotel	四 星	Four	2008	123	251	九江市	Jiujiang	332005
金轩益君大酒店	Jinxuanyijun Hotel	四 星	Four	2009	166	314	九江市	Jiujiang	332000
五丰宾馆	Wufeng Hotel	三 星	Three	1995	78	160	九江市	Jiujiang	332000
九江宾馆	Jiujiang Hotel	三 星	Three	1996	121	261	九江市	Jiujiang	332000
白鹿宾馆	Bailu Hotel	三 星	Three	1997	212	393	九江市	Jiujiang	332000
新世纪宾馆	Xinshiji Hotel	三 星	Three	2001	40	72	庐山	Lushan	332900
良璐宾馆	Lushan Lianglu Hotel	三 星	Three	2001	48	90	庐山	Lushan	332900
飞云宾馆	Lushan Feiyun Hotel	三 星	Three	2002	49	95	庐山	Lushan	332900
经纬宾馆	Jingwei Hotel	三 星	Three	2002	56	111	庐山	Lushan	332900
电力宾馆	Lushan Electric Power Hotel	三 星	Three	2002	84	164	庐山	Lushan	332900
信息宾馆	Xinxi Hotel	三 星	Three	2002	68	129	九江市	Jiujiang	332000
中景假期酒店	Zhongjing Holiday Hotel	三 星	Three	2003	135	259	九江市	Jiujiang	332000
欧迪大酒店	Audit Hotel	三 星	Three	2004	83	164	九江市	Jiujiang	332000
石钟山宾馆	Shizhongshan Hotel	三 星	Three	2004	39	74	湖口县	Hukou	332500

16-20 续表2 continued

名称	Name	星级	Star-rated	评星时间 Time	客房总数(间) Total Rooms (room)	床位总数(张) Total Beds (bed)	地址	Address	邮政编码 Postal Code
体育宾馆	Lushan Sports Hotel	三星	Three	2004	39	77	庐山	Lushan	332900
鑫诚大酒店	Xincheng Hotel	三星	Three	2005	98	171	九江市	Jiujiang	332000
鑫缔宾馆	Lushan Xindi Hotel	三星	Three	2005	71	137	庐山	Lushan	332900
如琴湖饭店	Lushan Ruqinhu Hotel	三星	Three	2005	65	123	庐山	Lushan	332900
庐山宾馆	Lushan Hotel	三星	Three	2005	68	136	庐山	Lushan	332900
皇家大酒店	Royal Hotel	三星	Three	2005	108	206	瑞昌市	Ruichang	332200
黄金假日酒店	Gold Holiday hotel	三星	Three	2006	112	205	九江市	Jiujiang	332000
天翔商务大酒店	Tianxiang Business Hotel	三星	Three	2006	113	197	九江市	Jiujiang	332000
天山宾馆	Tianshan Hotel	三星	Three	2006	45	92	庐山	Lushan	332900
龙城大酒店	Longcheng Hotel	三星	Three	2006	50	87	彭泽县	Pengze	332700
德安宾馆	De'an Hotel	三星	Three	2006	90	150	德安县	De'an	330400
太极宾馆	Lushan Taiji Hotel	三星	Three	2007	33	64	庐山	Lushan	332900
白云宾馆	Lushan Baiyun Hotel	三星	Three	2007	87	174	庐山	Lushan	332900
江虹宾馆	Jianghong Hotel	三星	Three	2007	88	168	九江市	Jiujiang	332000
牯岭大酒店	Guling Hotel	三星	Three	2007	60	112	庐山	Lushan	332900
福泰118酒店	Jiujiang Fond 118 Hotel	三星	Three	2008	118	203	九江市	Jiujiang	332000
明星大酒店	Mingxing Hotel	三星	Three	2008	110	203	武宁县	Wuning	332300
云雾国际大酒店	Yunwu International Hotel	三星	Three	2009	57	115	庐山	Lushan	332900
兴隆宾馆	Xingrong Hotel	三星	Three	2009	55	112	庐山	Lushan	332900
北湖宾馆听湖楼、翠湖楼	Tinghu & Cuihu Building of Beihu Hotel	四星	Four	2003	49	68	新余市	Xinyu	338000
北湖宾馆	Beihu Hotel	三星	Three	1996	121	220	新余市	Xinyu	338000
万年青商务酒店	Evergreen Business Hotel	三星	Three	2005	105	200	新余市	Xinyu	338000
金爵酒店	Jinjue Hotel	三星	Three	2006	94	163	新余市	Xinyu	338000
金豪大酒店	Jinhao Hotel	三星	Three	2006	84	150	分宜县	Fenyi	336600
悦华商务酒店	Yuehua Business Hotel	三星	Three	2007	127	234	新余市	Xinyu	338000
华侨大厦	Overseas Chinese Hotel Co.Ltd	四星	Four	2006	239	478	鹰潭市	Yingtan	335000
鹰潭宾馆	Yingtan Hotel	三星	Three	2001	75	139	鹰潭市	Yingtan	335000
鹰潭饭店	Yingtan Restaurant	三星	Three	2003	110	220	鹰潭市	Yingtan	335000
瑞林山庄	Ruilin Villa	三星	Three	2004	35	71	鹰潭市	Yingtan	335004
东方宾馆	Dongfang Hotel	三星	Three	2005	67	147	鹰潭市	Yingtan	335000
余江大酒店	Yujiang Hotel	三星	Three	2006	100	195	余江县	Yujiang	335200
太子龙大酒店	Taizilong Hotel	三星	Three	2007	50	96	鹰潭市	Yingtan	335000
香江国际大酒店	Xiangjiang International Hotel	三星	Three	2007	130	229	鹰潭市	Yingtan	335000
赣电大厦	Gandian Hotel	四星	Four	2001	97	187	赣州市	Ganzhou	341000
希桥酒店	Uchoice Hotel	四星	Four	2007	87	162	上犹县	Shangyou	341200
章源宾馆	Zhangyuan Hotel	四星	Three	2008	120	200	大余县	Dayu	341500
山水大厦	Shanshui Hotel	四星	Three	2008	193	348	赣州市	Ganzhou	341000
美瑞欧大酒店	Mario Hotel	四星	Three	2008	56	104	瑞金市	Ruijin	342500
耀升国际饭店	Yaosheng International Hotel	四星	Three	2008	117	209	崇义县	Chongyi	341300
明珠大酒店	Pearl Hotel	三星	Three	1995	87	163	赣州市	Ganzhou	341000
赣龙大酒店	Ganglong Hotel	三星	Three	1996	131	242	赣州市	Ganzhou	341000
虔城大酒店	Qiancheng Hotel	三星	Three	1998	82	145	赣州市	Ganzhou	341000

16-20 续表3 continued

名 称	Name	星 级	Star-rated	评星时间 Time	客房总数(间) Total Rooms (room)	床位总数(张) Total Beds (bed)	地 址	Address	邮政编码 Postal Code
赣南宾馆一号楼	No.1 Building of Gannan Hotel	三 星	Three	1998	174	342	赣州市	Ganzhou	341000
铁龙大酒店	Tielong Hotel	三 星	Three	2001	95	173	赣州市	Ganzhou	341000
海天大酒店	Haitian Hotel	三 星	Three	2002	88	148	赣州市	Ganzhou	341000
赣州饭店	Ganzhou Hotel	三 星	Three	2004	191	370	赣州市	Ganzhou	341000
将军宾馆	Jiangjun Hotel	三 星	Three	2004	123	220	兴国县	Xingguo	342400
瑞金宾馆	Ruijin Hotel	三 星	Three	2004	110	202	瑞金市	Ruijin	342500
银发大酒店	Yinfa Hotel	三 星	Three	2005	87	165	信丰县	Xinfeng	341600
华龙大酒店	Hualong Hotel	三 星	Three	2005	56	110	南康市	Nankang	341400
麦饭石大酒店	Maifanshi Hotel	三 星	Three	2005	70	140	信丰县	Xinfeng	341600
赣州宾馆	Ganzhou Hotel	三 星	Three	2006	114	203	赣州市	Ganzhou	341000
瑞金大酒店	Ruijin Grand Hotel Co.Ltd	三 星	Three	2006	117	196	瑞金市	Ruijin	342500
长正大酒店	Changzheng Hotel	三 星	Three	2006	82	161	瑞金市	Ruijin	342500
梅苑宾馆	Meiyuan Hotel	三 星	Three	2006	83	152	赣 县	Ganxian	341100
会昌宾馆	Huichang Hotel	三 星	Three	2006	68	121	会昌县	Huichang	342600
逸豪宾馆	Yihao Hotel	三 星	Three	2007	64	88	赣州市	Ganzhou	341000
红都大酒店	Hongdu Hotel	三 星	Three	2007	87	160	瑞金市	Ruijin	342500
新赣南饭店	New Gannan Hotel	预 三	Three	2008	74	112	赣州市	Ganzhou	341000
中山大酒店	Zhongshan Hotel	预 三	Three	2008	154	294	瑞金市	Ruijin	342500
福平酒店	Fuping Hotel	三 星	Three	2009	70	112	龙南县	Longnan	341700
白鹭宾馆	Bailu Hotel	四 星	Four	2004	136	248	吉安市	Ji'an	343000
文山国际大酒店	Wenshan International Hotel	四 星	Four	2004	162	291	吉安市	Ji'an	343000
黄洋界宾馆	Huangyangjie Hotel	四 星	Four	2005	96	200	井冈山市	Jinggangshan	343600
映山红宾馆	Yingshanhong Hotel	四 星	Four	2005	84	162	井冈山市	Jinggangshan	343600
天乐府大酒店	Eden Plaza Hotel	四 星	Four	2006	56	107	井冈山市	Jinggangshan	343600
锦江大酒店	Jinggangshan Jinjiang Hotel	四 星	Four	2006	115	206	井冈山市	Jinggangshan	343600
华拓国际大酒店	Everpop Grand Hotel	四 星	Four	2007	134	236	吉安市	Ji'an	343000
井秀山庄	Jingxiu Mountain Villa	四 星	Four	2007	86	199	井冈山市	Jinggangshan	343600
星期酒店	Sunyday Hotel	四 星	Four	2007	162	302	井冈山市	Jinggangshan	343600
米西宾馆	Mixi Hotel	三 星	Three	1997	98	190	吉安市	Ji'an	343000
金叶大厦	Jinye Hotel	三 星	Three	2000	195	390	井冈山市	Jinggangshan	343600
吉安宾馆	Ji'an Hotel	三 星	Three	2001	50	97	吉安市	Ji'an	343000
翠湖宾馆	Cuihu Hotel	三 星	Three	2001	89	177	井冈山市	Jinggangshan	343600
井冈山宾馆	Jinggangshan Hotel	三 星	Three	2003	154	310	井冈山市	Jinggangshan	343600
国脉宾馆	Guomai Hotel	三 星	Three	2003	92	196	井冈山市	Jinggangshan	343600
遂川宾馆	Suichuan Hotel	三 星	Three	2003	112	214	遂川县	Suichuan	343900
中煤宾馆	Zhongmei Hotel	三 星	Three	2004	100	200	井冈山市	Jinggangshan	343600
长青宾馆	Changqing Hotel	三 星	Three	2004	60	119	井冈山市	Jinggangshan	343600
圣地山庄	Shengdi Villa	三 星	Three	2005	49	95	井冈山市	Jinggangshan	343600
白凤宾馆	Baifeng Hotel	三 星	Three	2005	72	140	泰和县	Taihe	343700
明珠宾馆	Mingzhu Hotel	三 星	Three	2006	50	87	吉安市	Ji'an	343000
井峰宾馆	Jingfeng Hotel	三 星	Three	2006	51	102	井冈山市	Jinggangshan	343600

16-20 续表4 continued

名称	Name	星级	Star-rated	评星时间 Time	客房总数(间) Total Rooms (room)	床位总数(张) Total Beds (bed)	地址	Address	邮政编码 Postal Code
建业宾馆	Jianye Hotel	三星	Three	2006	87	162	井冈山市	Jinggangshan	343600
林野大酒店	Linye Hotel	三星	Three	2006	129	263	井冈山市	Jinggangshan	343600
峡江宾馆	Xiajiang Hotel	三星	Three	2007	78	142	峡江县	Xiajiang	341400
文山酒店	Wenshan Hotel,Jishui	三星	Three	2007	52	82	吉水县	Jishui	341600
新干宾馆	Xingan Hotel	三星	Three	2007	66	126	新干县	Xingan	341300
良景大酒店	Liangjing Hotel	三星	Three	2007	55	110	井冈山市	Jinggangshan	343600
武功山温泉山庄	Wugong Mountain Hotspring Resort	三星	Three	2008	70	137	安福县	Anfu	343200
瑞峰宾馆	Ruifeng Hotel	三星	Three	2009	129	249	井冈山市	Jinggangshan	343600
东方假日酒店	Oriental Holiday Hotel	三星	Three	2009	127	263	井冈山市	Jinggangshan	343600
锦绣山庄	Jinxiu Villa	四星	Four	2004	134	231	宜春市	Yichun	336000
德和大酒店	Dehe Hotel	四星	Four	2005	215	399	宜春市	Yichun	336000
阳光大酒店	Sunshine Hotel	三星	Three	2002	119	210	宜春市	Yichun	336000
青龙大酒店	Qinglong Hotel	三星	Three	2002	340	900	宜春市	Yichun	336000
秀江宾馆	Xiujiang Hotel	三星	Three	2003	94	107	宜春市	Yichun	336000
海通大酒店	Haitong Hotel	三星	Three	2004	74	135	宜春市	Yichun	336000
药都宾馆	Yaodu Hotel	三星	Three	2006	152	281	樟树市	Zhangshu	331200
名典商旅酒店	Mingdian Business Trip Hotel	三星	Three	2007	90	152	上高县	Shanggao	336400
瑞雪宾馆	Ruixue Hotel	三星	Three	2007	135	245	高安县	Gaoan	330800
粮贸宾馆	Liangmao Hotel	三星	Three	2007	75	107	宜丰县	Yifeng	336300
山水温泉疗养院	Shanshui Spa Resort	三星	Three	2007	160	330	宜春市	Yichun	336000
今日商务大酒店	Today Business Hotel	三星	Three	2009	81	136	丰城市	Fengcheng	331100
临川大酒店	Linchuan Hotel	四星	Four	2007	122	241	抚州市	Fuzhou	344114
波尔度假酒店	Boer Holiday Hotel	四星	Four	2007	108	215	金溪县	Jinxi	344800
温泉宾馆	Hotspring Hotel	三星	Three	2001	56	102	抚州市	Fuzhou	344114
华洋酒店	Huayang Hotel	三星	Three	2002	123	228	抚州市	Fuzhou	344000
商城宾馆	Shangcheng Hotel	三星	Three	2006	95	172	抚州市	Fuzhou	344700
京都国际酒店	Jingdu International Hotel	四星	Four	2006	122	226	上饶县	Shangrao	334100
永利国际大酒店	Yongli International Hotel	四星	Four	2007	209	338	广丰县	Guangfeng	334600
江湾大酒店	Jiangwan Hotel	四星	Four	2008	144	269	婺源县	Wuyuan	333200
华都国际大酒店	Huadu International Hotel	四星	Four	2009	310	521	上饶市	Shangrao	334000
和平国际大酒店	Peace International Hotel	四星	Four	2009	178	315	上饶市	Shangrao	334000
三清山天门山庄	Sqs Tianmen Villa	三星	Three	2000	97	202	玉山县	Yushan	334700
华都度假村	Huadu Holiday Resort	三星	Three	2000	91	164	上饶市	Shangrao	334000
三清大酒店	Sanqing Hotel	三星	Three	2003	125	234	上饶市	Shangrao	334000
明珠大酒店	Mingzhu Hotel	三星	Three	2004	80	150	婺源县	Wuyuan	333200
鄱阳宾馆	Poyang Hotel	三星	Three	2004	108	200	上饶市	Shangrao	334000
万年宾馆	Wannian Hotel	三星	Three	2006	77	137	万年县	Wannian	335500
龟峰山庄	Guifeng Villa	三星	Three	2006	90	178	弋阳县	Yiyang	334416
广丰宾馆	Guangfeng Hotel	三星	Three	2006	136	232	广丰县	Guangfeng	334600
青云山庄	Qingyun Villa	三星	Three	2006	78	151	玉山县	Yushan	334700
余干宾馆	Yugan Hotel	三星	Three	2006	72	136	余干县	Yugan	335100
铅山宾馆	Yanshan Hotel	三星	Three	2007	93	177	铅山县	Qianshan	334500
三清山南星宾馆	Sqs Nanxing Hotel	三星	Three	2007	92	185	玉山县	Yushan	334700
三清山天伦宾馆	Sqs Tianlun Hotel	三星	Three	2007	82	163	玉山县	Yushan	334700
婺源花园大酒店	Wuyuan Garden Hotel	三星	Three	2008	106	212	婺源县	Wuyuan	333200
婺源紫阳大酒店	Wuyuan Ziyang Hotel	三星	Three	2009	84	162	婺源县	Wuyuan	333200

主要统计指标解释

社会消费品零售总额 指批发和零售业、餐饮业、新闻出版业、邮政业和其他服务业等，售予城乡居民用于生活消费的商品和社会集团用于公共消费的商品之总量。社会消费品零售总额包括:

一、批发和零售业企业（单位）:

1.售予城乡居民的各种生活消费品;

2.售予人境旅游的外国人、华侨、港澳台同胞的各类商品;

3.售予行政事业单位、社会团体、军队和武警等机构的商品，以及以零售方式售予各类企业的商品。具体包括：用于非生产和社会交往的办公用品，如通讯设备、计算器具和设备、电讯网络设备、文印设备、音像视听器材和设备、纸张、本册、文具及装订文印材料、家具、日用电器、针纺织品、清洁卫生用品、文体用品、奖品、纪念品、礼品等；供内部人员乘坐的交通工具和燃料；用于办公设施修缮的各类配件、材料、工具等；用于取暖和防暑降温的设备、燃料、材料及食品等；专用于教学的用品和设备；非营利医疗机构的中、西药品、中药材和医疗设备器材；非专用的劳动保护用品；不对外营业的内部食堂用的餐具、炊具、设备、清洁卫生工具和食品、燃料等；军队、武警用于其人员生活的衣着品和个人用品；其他各类非生产性设备和用品。

二、餐饮业出售的主食、菜肴、烟酒饮料和其他商品。

三、新闻出版业、邮政业售予城乡居民、企事业单位、军队和武警等机构的书报杂志、音像制品、邮品等。

四、其他服务业出售的食品、烟酒饮料、服装鞋帽、日常生活用品、医药保健用品、艺术品、工艺美术品、玩具、殡葬用品以及其他消费品。

批发零售贸易业商品购、销、存总额 指各种登记注册类型的批发、零售业企业(单位)以本企业(单位)为总体的，从国内、国外市场购进的商品总量，销售和出口的商品总量、库存商品总量等情况。该指标可以反映商品流转过程中商品的购进、销售、库存之间的比例关系和存在的问题。

商品购进总额 指从本企业(单位)以外的单位和个人购进(包括从境外直接进口)作为转卖或加工后转卖的商品总额。它反映批发零售贸易业从国内、国外市场上购进商品的总量。商品购进总额包括：(1)从工农业生产者购进的商品；(2)从出版社、报社的出版发行部门购进的图书、杂志和报纸；(3)从各种登记注册类型的批发零售贸易企业(单位)购进的商品；(4)从其他单位购进的商品，如从机关、团体、企业等单位购进的剩余物资，从餐饮业、服务业购进的商品，从海关、市场管理部门购进的缉私和没收的商品，从居民手中收购的废旧商品等；(5)从国(境)外直接进口的商品。不包括企业(单位)为自身经营用和未通过买卖行为而收入的商品以及销售退回、商品升溢等。

商品销售总额 指对本企业(单位)以外的单位和个人出售(包括对境外直接出口)的商品总额。它反映批发零售贸易业在国内市场上销售商品以及出口商品的总量。商品销售总额包括：(1)售给城乡居民和社会集团消费用的商品；(2)售给工业、农业、建筑业、运输邮电业、批发零售贸易业、餐饮业、服务业等作为生产、经营使用的商品；(3)售给批发零售贸易业作为转卖或加工后转卖的商品；(4)对国(境)外直接出口的商品。不包括出售本企业(单位)自用的废旧包装用品；未通过买卖行为付出的商品；经本单位介绍，由买卖双方直接结算，本单位只收取手续费的业务；购货退出的商品以及商品损耗和损失等。

批发零售贸易业库存 指报告期末各种登记注册类型的批发零售贸易企业(单位)已取得所有权的商品。它反映批发零售贸易企业(单位)的商品库存情况和对市场商品供应的保证程度。期末库存包括：(1)存放在批发零售贸易业经营单位(如门市部、批发站、经营处)仓库、货场、货柜和货架中的商品；(2)挑选、整理、包装中的商品；(3)已记入购进而尚未运到本单位的商品，即发货单或银行承兑凭证已到而货未到的部分；(4)寄放他处的商品，如因购货方拒绝承付而暂时存放在购货方的商品和已办完加工成品收回手续而未提回的商品；(5)委托其他单位代销(未作销售或调出)尚未售出的商品；(6)代其他单位购进尚未交付的商品。不包括所有权不属于本单位的商品、拨付除批发零售贸易业以外的其他行业所属独立核算加工厂等加工生产尚未收回成品的商品、代国家物资储备部门保管的商品等。

库存总额采用的计算价格是：农副产品采购单位按购进价计算；批发单位按进货价计算；零售单位按核算价格计算，即按什么价格核算就按什么价格计算。

餐饮业商品零售额 指餐饮企业、产业活动单位或个体户直接对居民和社会集团零售的各种商品。包括：(1)经烹饪、调制加工后出售的各种食品，如主食、炒菜、凉拌菜等；(2)不经加工直接转卖的各种外购商品，如卷烟、酒、饮料、熟食、水果等；(3)附设非独立核算的专门销售商品的小卖部出售的各种食品及其他商品。

亿元商品交易市场成交额 指年销售额达到亿元以上，经工商部门批准、专门从事商品批发、零售业务活动的市场。其市场所有摊位销售总额称为商品交易市场成交额。

连锁企业（或称连锁店、连锁公司） 指在核心企业或总店的领导下，由分散的、经营同类商品或服务的企业或活动单位，采取共同方针，实行集中采购和分散销售的有机结合，通过规范化经营，实现规模效益的经济联合组织形式。一般连锁店应由若干个分店组成。其经营特征：（1）经营同类商品；（2）使用统一商号；（3）统一采购配送，采购与销售相分离（部分商品可根据物流合理和保质保鲜原则，由供应商直接送货到门店，其余均由总部统一配送）。

连锁门店包括下列两种形式：

直营连锁：指正规连锁。连锁门店均由总部独资或控股开设，在总部的直接领导下统一经营。

加盟连锁：指特许连锁。各连锁门店（被特许人）通过合同形式，取得使用总部（特许人）商标、商号、经营技术和销售总部开发的商品的特许权，各加盟连锁门店为独立法人，在总部指导下统一经营。

旅游人数

(1)入境旅游人数：指报告期内来我国观光、度假、探亲访友、就医疗养、购物、参加会议或从事经济、文化、体育、宗教活动的外国人、港澳台同胞等入境游客。统计时，外国人、港澳台同胞每入境一次统计1人次。

(2)国内旅游人数：指在报告期内在中国（大陆）观光游览、度假、探亲访友、就医疗养、购物、参加会议或从事经济、文化、体育、宗教活动的中国（大陆）居民人数，其出游的目的不是通过所从事的活动谋取报酬。统计时，国内游客按每出游一次统计1人次。

国际旅游(外汇)收入 指入境游客在中国（大陆）境内旅行、游览过程中用于交通、参观游览、住宿、餐饮、购物、娱乐等全部花费。

国内旅游收入 指国内游客在国内旅行、游览过程中用于交通、参观游览、住宿、餐饮、购物、娱乐等全部花费。

星级饭店 指设备、设施、服务符合《旅游饭店星级的划分与评定》（GB/T14308-2003），通过相关旅游管理部门评定，并取得星级饭店称号的饭店（含预备星级饭店）。

Explanatory Notes on Main Statistical Indicators

Total Retail Sales of Consumer Goods refer to the sum of retail sales of commodities sold by wholesale, retail, catering, publishing, post and telecommunications and other service industries to urban and rural households for private consumption and to social institutions for public consumption. Retail sales of consumer goods include:

1) Sales by wholesale and retail units:

a) of consumer goods sold to urban and rural households

b) of commodities sold to foreigners, overseas Chinese and Chinese compatriots from Hong Kong, Macao and Taiwan visiting in China

c) of commodities sold to government agencies, institutions, social organizations, military and armed police units, and commodities sold to enterprises in the form of retail sales. More specifically, they include: office facilities and articles for non-production purposes such as communications equipment, computing equipment and instruments, TV and network equipment, printing and copying equipment, audio-visual equipment and instruments, paper, notebooks, stationeries, furniture, electric appliances, knitwear, sanitation and cleaning articles, cultural and sport articles, articles for prizes, souvenirs, etc.; transport vehicles and fuels for employees; materials, spare parts and tools for the maintenance of office facilities; equipment, fuels, materials and food for winter heating or summer cooling purposes; articles and equipment for teaching purpose; Chinese and western medicines and medical equipment and facilities purchased by non profit-making medical institutes; non-specialized work safety articles; cooking utensils, tableware, equipment, cleaning articles, food and fuels purchased by internal cafeterias; clothes and personal articles purchased by military or armed police units for their officials and soldiers; and other equipment and articles for non-production purposes.

2) Sales of stable food, cooked dishes, beverages, tobaccos and other articles by catering units.

3) Sales of books, newspapers, magazines, audio-visual

products and post products by publishing, post and telecommunications departments to urban and rural households and to enterprises, institutions, military and armed police units.

4) Sales of food, beverages, tobaccos, clothing, hats, footwear, articles for daily use, medicines, medical and health articles, work of art, handicrafts, toys, funeral articles and other articles by other service industries.

Purchase, Sales and Stock of Commodities by Wholesale and Retail Trades refer to the total volume of commodities purchased, total volume of sales and exports, and the stock of commodities by wholesale and retail enterprises (establishments) of different status of registration from domestic and overseas markets. This indictor reflects the relationship among purchase, sales and stock of commodities in the circulation of goods and reveals the existing problems.

Total Purchases of Commodities refer to the total value of purchases of commodities by the enterprises (establishments) from other establishments or individuals (including direct import from abroad) for the purpose of re-selling, either with or without further processing of the commodities purchased. This indicator is used to show the total value of purchases of commodities by wholesale and retail establishments from domestic and overseas markets. The total purchases include: (1) agricultural and industrial products purchased from producers; (2) books, magazines and newspapers purchased from distribution departments of the publishers; (3) commodities purchased from wholesale and retail establishments of different status of registration; (4) commodities purchased from other units, such as surplus materials purchased from government agencies, enterprises or institutions, commodities purchased from catering and service establishments, confiscated goods purchased from customs authorities or market management agencies, second-hand goods and wastes purchased from residents; and (5) commodities directly imported from abroad. Excluded are commodities purchased by enterprises (establishments) for use in their own business operation, commodities obtained without buying or selling procedures, rejected commodities, etc.

Total Sales of Commodities refer to value of commodities sold by the establishments to other establishments and individuals (including direct export). This indicator is used to show the total value of sales of commodities at domestic markets and export. The total sales include: (1) commodities sold to urban and rural residents and social groups for their consumption; (2) commodities sold to establishments in industry, agriculture, construction, transportation, post and telecommunications, wholesale and retail trades, catering trade and public utility for their production and operation; (3) commodities sold to wholesale and retail establishments for reselling, with or without further processing; and (4)commodities for direct export to other countries. Excluded are selling of waste packaging materials used by the establishments (units) themselves, commodities transferred without buying or selling procedures, commission income from brokerage in transactions whose settlement is directly handled by buyers and sellers, rejected commodities in the purchase, loss in commodities, etc.

Commodity Stock of Wholesale and Retail Enterprises refers to total commodities possessed by wholesale and retail enterprises (units) of various types of registration status at the end of the reference period, which reflects the commodity stock level of various wholesale and retail enterprises and the potential for market supply. It includes: (1) commodities located in storage, garages, counters, and shelves of operating units (such as sale stores, wholesale centers, and operating offices) of wholesale and retail enterprises; (2) commodities in the process of selecting, sorting, and packing; (3) commodities not arrived but recorded as purchase in the account, i.e. commodities not arrived but payment receipts for the commodities from the sellers or the banks arrived; (4) commodities deposited in other places rather than places mentioned above, for instance: commodities in the hold of purchasers temporarily due to the refusal of payment and commodities not taken back after going through the formalities; (5) commodities entrusted to other units to sell but not sold yet; (6) commodities purchased for other units but not delivered yet. Commodities not included as stock are those not owned by the enterprises (units), those allocated to financially independent factories rather than wholesale and retail enterprises for processing but not taken back yet, and finally those put in stock by wholesale and retail enterprises on behalf of the state material reserves units.

For the calculation of the value of commodities stock, the value is calculated at purchasing prices in agricultural goods purchasing units and wholesale units, and at the accounting prices in retail units.

Retail Sales of Commodities in Catering Industry: refer to retail sales to residents and social groups by catering enterprises, establishments and individual, including: (1) various food sold after cooking and processing, such as: staple food, cooked dishes, cold and dressed dishes and so on. (2) re-selling commodities without further processing, such as beverages, tobaccos, cooked food, fruits and so on. (3) food and other commodities sold in affiliated shops without independent accounting system.

Volume of Transaction at Large Commodity Markets (with

transaction value over 100 million yuan) refers to markets approved by the industrial and commercial administration departments, which specialize in wholesale and retail of commodities with an annual sales of over 100 million yuan. The sum of sales of all sellers in the markets makes up the transaction value of the markets.

Chain Enterprises (also called chain stores or chain corporations) refer to a form of joint economic entities under which scattered enterprises or establishments engaged in providing homogeneous commodities or services, with the central leadership of core enterprise or headquarters and guided by common policies, conduct centralized purchase and distributed selling of commodities, in order to gain better efficiency through standardized operation. Consisting of a number of branch stores, the chain stores have in general following features: 1) homogeneous commodities, 2) unique name of stores, 3) centralized purchase and delivery which is separated from distributed selling operation (most commodities are delivered from the headquarters except some items which, from logistics, quality or freshness considerations, might be delivered by the suppliers directly).

Chain stores have two categories:

a) Chain stores under direct management: These are formal chain stores invested or controlled by the headquarters. They operate under the direct and unified management from the headquarters.

b) Chain stores through license arrangement: Through contracts, chain stores (their owners) obtain licenses from the headquarters to use designated trade marks, names, operation know-how, and to sell the commodity developed by the headquarters. Under this arrangement, each store in the chain is an independent legal entity and operates under the guidance from the headquarters.

Number of Tourists

Ⅰ. Total Number of International Tourists Arrival to China: The number of inbound tourism: Refers to the period of China's tourism, vacation, Visiting Relatives and Friends and to seek medical treatment in convalescence and shopping, attend meetings or engage in economic, cultural, sports, religious activities of foreigners, the tourists Hong Kong and Macao compatriots and other immigrants、 Statistics、foreigners、immigrants Hong Kong and Macao compatriots every time a number of statistics.

Ⅱ. Total Number of Domestic Tourists: That during the reporting period in China (mainland) for sightseeing、holiday、to visit relatives and friends and to seek medical treatment in convalescence and shopping、attend meetings or engage in economic、cultural、sports、religious activities in China (mainland) the number of inhabitants, is not the purpose of its trips through Engaged in activities to seek compensation. Statistics, the domestic tourist trips per statistical first time.

International Tourism (Exchange) Earnings That inbound tourists in China (mainland) in travel, Tour for the process of transportation, sightseeing, accommodation, food and beverage, shopping, entertainment and all other spending.

Domestic Tourism Earnings That domestic tourists travel in the country, Tour for the process of transportation, sightseeing, accommodation, food and beverage, shopping, entertainment and all other spending.

Tourist Hotel Refers to equipment, facilities, services in line with 《 the stars of tourist hotels and Evaluation 》 (GB/T14308-2003), through the relevant tourism management departments to inform and obtain the title of the hotel-Tourist Hotels (including the preparation Tourist Hotel)

金融业

17

Financial Industry

资料整理及英文翻译：鲁赣凤　徐金玉　黄小平

简要说明

本篇资料主要反映全省金融、保险、证券等方面的基本情况。

金融资料由中国人民银行南昌中心支行提供。

保险业务资料由江西省保险学会提供。

证券资料由江西省证监局提供。

Brief Introduction

The data in this chapter show the basic conditions of local government banking，insurance and stocks of the whole province.

The data on banking are provided by Nanchang Branch of the People's Bank of China.

The data on insurance are provided by Insurance Institute of Jiangxi Province.

The data on stocks are provided by Securities Regulatory Bureau of Jiangxi Province.

17-1 金融机构人民币信贷资金平衡表年末余额

Balance Sheet of Credit Funds of Financial Institutions at Year-end

单位：万元 (10000 yuan)

指　　标	Item	2006	2007	2008	2009
资金来源合计	**Funds Sources**	**47522524**	**52061916**	**64436830**	**85911234**
各项存款	Total Deposits	52137571	59000625	72065639	92963922
企业存款	Deposits by Enterprises	12584464	15422545	18456070	25982585
活期存款	Current Deposits	9734263	11581344	13065365	17878843
定期存款	Time Deposits	2850201	3841201	5390705	8103742
财政存款	Fiscal Deposits	2238714	2826983	2759906	3375706
机关团体存款	Deposits by Government Departments and Organizations	2533915	3204693	4074566	5394435
储蓄存款	Savings Deposits	31516842	33608099	41661949	50926656
农业存款	Agricultural Deposits	1187503	1549479	1853664	2515590
其　他	Others	2076134	2388826	3259483	4620643
资金运用合计	**Funds Uses**	**47522524**	**52061916**	**64436830**	**85911234**
各项贷款	Total Loans	34608033	40267439	45448353	63469937
短期贷款	Short-term Loans	16575377	18798207	19492563	26666799
工业贷款	Loans to Industrial Sector	4569016	5227576	5109258	6090027
商业贷款	Loans to Commercial Sector	3547668	3762897	3666720	4586945
农业贷款	Loans to Agricultural Sector	3772941	4347152	4894001	6916852
其他短期贷款	Other Short-term Loans	3733665	5460582	5822584	6365174
中长期贷款	Medium-term and Long-term Loans	16236525	19750883	23139543	33683878
票据融资	Note Financing	1770028	1713120	2794819	3091489
其他各项垫款	Others	26102	5229	21428	22972

注：本表统计口径包括中国人民银行、政策性银行、国有独资商业银行、邮政信汇局、其他商业银行、农村合作银行、城市信用社、农村信用社、信托投资公司、财务公司等金融机构。

a) The statistical scope in the table include the People's Bank of China,policy banks,State-owned commercial banks,postal savings bureau,other commercial banks,rural cooperative banks,urban credit cooperatives,rural credit cooperatives,financial trust and investment companies,finance companies.

17-2 国有商业银行人民币信贷收支表

Renminbi Balance of Credit on State-owned Commercial Banks

单位：万元 (10000 yuan)

指　　标	Item	2008	2009
资金来源合计	**Funds Sources**	**41333496**	**53479279**
各项存款	Total Deposits	37899801	47898474
企业存款	Deposits by Enterprises	11690534	15456310
机关团体存款	Deposits by Government Departments and Organizations	2924323	3730938
储蓄存款	Savings Deposits	21824474	26379551
农业存款	Agricultural Deposits	20262	47510
其他存款	Others Deposit	1440208	2284165
代理财政性存款	Fiscal Deposits	168643	180064
资金运用合计	**Funds Uses**	**41333496**	**53479279**
各项贷款	Total Loans	21511922	29656385
短期贷款	Short-term Loans	5744209	8234395
工业贷款	Loans to Industrial Sector	3559204	3809712
商业贷款	Loans to Commercial Sector	341724	467847
农业贷款	Loans to Agricultural Sector	46027	101640
其他短期贷款	Other Short-term Loans	1332855	2307343
中长期贷款	Medium-term and Long-term Loans	13570853	19051746
票据融资	Note Financing	2187960	2361345
其他各项垫款	Others	8900	8900

17-3 政策性银行人民币信贷收支表
Renminbi Balance of Credit on Policy Banks

单位：万元 (10000 yuan)

指　　标	Item	2008	2009
资金来源合计	**Funds Sources**	**8193027**	**10667404**
各项存款	Total Deposits	774145	1218098
企业存款	Deposits by Enterprises	732865	1094413
机关团体存款	Deposits by Government Departments and Organizations		
储蓄存款	Savings Deposits		
农业存款	Agricultural Deposits		
其他存款	Others Deposit	41280	123685
代理财政性存款	Fiscal Deposits	224759	251888
资金运用合计	**Funds Uses**	**8193027**	**10667404**
各项贷款	Total Loans	8010793	10551185
短期贷款	Short-term Loans	3270820	4397236
工业贷款	Loans to Industrial Sector		
商业贷款	Loans to Commercial Sector	2796327	3316319
农业贷款	Loans to Agricultural Sector		
其他短期贷款	Other Short-term Loans	474493	1080917
中长期贷款	Medium-term and Long-term Loans	4736948	6153754
票据融资	Note Financing	3025	194
其他各项垫款	Others		

17-4 股份制商业银行人民币信贷收支表
Renminbi Balance of Credit on Joint-stock Commercial Banks

单位：万元 (10000 yuan)

指　　标	Item	2008	2009
资金来源合计	**Funds Sources**	**6814596**	**9836670**
各项存款	Total Deposits	6043419	9032403
企业存款	Deposits by Enterprises	3185884	4900849
机关团体存款	Deposits by Government Departments and Organizations	426871	753272
储蓄存款	Savings Deposits	1536440	2166317
农业存款	Agricultural Deposits	4436	1299
其他存款	Others Deposit	889789	1210667
代理财政性存款	Fiscal Deposits	993	931
资金运用合计	**Funds Uses**	**6814596**	**9836670**
各项贷款	Total Loans	4557993	7815778
短期贷款	Short-term Loans	2674443	3789970
工业贷款	Loans to Industrial Sector	1300306	1859102
商业贷款	Loans to Commercial Sector	309667	457225
农业贷款	Loans to Agricultural Sector	28780	25579
其他短期贷款	Other Short-term Loans	729953	1125628
中长期贷款	Medium-term and Long-term Loans	1588981	3462072
票据融资	Note Financing	282873	550101
其他各项垫款	Others	11696	13634

17-5 财产保险公司主要指标
Main Indicators of Property Insurance Companies

单位：万元 (10000 yuan)

指　　标	Item	保费收入 Premium Income		赔款支出 Indemnity Expenditure	
		2008	2009	2008	2009
合　　计	**Total**	**351570**	**460730**	**260509**	**236613**
企业财产保险	Enterprise Property Insurance	22257	23783	59635	9958
机动车辆保险	Motor Vehicle Insurance	268460	356947	166909	190038
货物运输保险	Freight Transport Insurance	4790	4890	2081	1718
责任保险	Liability Insurance	16301	18041	9990	7476
信用保证保险	ExportCredit Insurance	1152	2577	2093	329
农业保险	Agriculture Insurance	10078	20087	6648	12760
其它财产保险	Other Insurance	28532	34405	13153	14334

17-6 人寿保险公司主要指标
Main Indicators of Life Insurance Companies

单位：万元 (10000 yuan)

指　　标	Item	2006	2007	2008	2009
保费收入合计	**Total Premium Income**	**755153**	**843649**	**1361624**	**1410623**
团体业务	Group Business	65069	74224	58428	67509
人寿保险	Life Insurance	26757	26983	20342	21540
意外伤害保险	Accident Injury Insurance	7665	19235	8508	9515
健康保险	Health Insurance	30647	28006	29578	36454
个人业务	Personal Business	690083	769425	1303093	1343247
人寿保险	Life Insurance	649592	740451	1253220	1281201
意外伤害保险	Accident Injury Insurance	15988	6428	18842	22519
健康保险	Health Insurance	24503	22546	31031	39527
赔款支出合计	**Total Indemnity Expenditure**	**87666**	**252246**	**307563**	**321740**
团体业务	Group Business	24909	30235	30727	39037
年金给付	Annuity Payment	2396	5225	3841	9408
满期给付	Mature Payment	2679	2247	1717	1740
死伤医疗给付	Payment for Death ,Injury and Medical Treatment	3825	2647	7039	8122
赔　　款	Payment	16009	20116	18130	19767
个人业务	Personal Business	62758	222010	276836	282703
年金给付	Annuity Payment	21958	8300	10639	21460
满期给付	Mature Payment	20448	195541	239745	231314
死伤医疗给付	Payment for Death ,Injury and Medical Treatment	10267	12428	14772	17605
赔　　款	Payment	10085	5741	11680	12323

17-7 各地区保险业务情况（2009年）

Insurance Business Conditions by Region (2009)

单位：万元 (10000 yuan)

地区	Region	全部业务 Insurance Total Business		财产保险业务 Property Insurance Business		人身保险业务 Life Insurance Business	
		保费收入 Premium Income	比上年增长(%) Growth Rate over Preceding year (%)	保费收入 Premium Income	比上年增长(%) Growth Rate over Preceding year (%)	保费收入 Premium Income	比上年增长(%) Growth Rate over Preceding year (%)
南昌市	Nanchang	461337	8.2	103965	29.1	357372	3.4
景德镇市	Jingdezhen	65277	4.0	15921	5.1	49356	-0.9
萍乡市	Pingxiang	80892	10.9	19252	49.0	61640	7.8
九江市	Jiujiang	170732	11.5	39680	21.5	131052	5.7
新余市	Xinyu	83691	12.7	19371	22.9	64320	8.8
鹰潭市	Yingtan	672	7.6	135	26.3	537	3.7
赣州市	Ganzhou	273931	15.3	60682	29.8	213249	11.8
吉安市	Ji'an	199092	17.1	37732	29.9	161360	13.6
宜春市	Yichun	194845	0.7	58511	34.8	136334	-9.2
抚州市	Fuzhou	128800	8.1	266	35.6	1022	2.7
上饶市	Shangrao	145575	2.8	46139	64.6	99436	-8.7

17-7 续表 continued

单位：万元 (10000 yuan)

地区	Region	保险密度（元） Density of Insurance(yuan)			保险深度（%） Deep of Insurance(%)		
		全部业务 Total Insurance Business	财产险 Property Insurance	人身险 Life Insurance	全部业务 Total Insurance Business	财产险 Property Insurance	人身险 Life Insurance
南昌市	Nanchang	992.35	223.63	768.72	2.51	0.57	1.94
景德镇市	Jingdezhen	414.04	100.98	313.06	1.79	0.44	1.36
萍乡市	Pingxiang	433.90	103.26	330.64	1.92	0.46	1.46
九江市	Jiujiang	356.47	82.85	273.62	2.05	0.48	1.57
新余市	Xinyu	733.93	169.87	564.06	1.73	0.40	1.33
鹰潭市	Yingtan	602.28	120.94	481.33	2.61	0.53	2.09
赣州市	Ganzhou	324.99	71.99	253.00	2.91	0.65	2.27
吉安市	Ji'an	412.18	78.11	334.07	3.41	0.65	2.76
宜春市	Yichun	355.28	106.69	248.59	2.78	0.84	1.94
抚州市	Fuzhou	329.77	67.99	261.78	2.56	0.53	2.03
上饶市	Shangrao	222.67	70.57	152.10	2.00	0.63	1.37

注：保险密度=年保费收入/国民年平均人口；保险深度=年保费收入/年国内生产总值。

a) Density of insurance=The annualy premium income/The National annual owerage population.
Deep of insurance=The annualy premium income/The annual Gross Domestic Product.

17-8 上市公司数量

Summary for Number of Listed Companies

单位：个 (unit)

地 区	Region	2005	2006	2007	2008	2009
全 省	**Total**	**24**	**24**	**27**	**26**	**26**
南 昌 市	Nanchang	14	14	15	15	15
景德镇市	Jingdezhen	2	2	3	3	3
萍 乡 市	Pingxiang	1	1	1	1	1
九 江 市	Jiujiang	1	1	1	1	1
新 余 市	Xinyu	1	1	1	1	1
鹰 潭 市	Yingtan	1	1	1	1	1
赣 州 市	Ganzhou	1	1	1	1	1
吉 安 市	Ji'an					
宜 春 市	Yichun	1	1	2	1	1
抚 州 市	Fuzhou					
上 饶 市	Shangrao	2	2	2	2	2

17-9 股票发行量和筹资额

Issued Share and Raised Capital

年 份 Year	股票发行量 (亿股) Issued Share (100million shares)	A股 A Shares	H股 H Shares	B股 B shares	股票筹资额 (亿元) Raised Capital (100milln shares)	A股 A Shares	配股 Rights Issued	B股 B Shares
2006	4.4	4.4			14.49	14.49		
2007	14.43				141.61	141.61		
2008	0.28				3.1	3.1		
2009	2.5				20.86	20.86		

17-10 证券市场基本情况
General Statistics on Securities Markets

指 标	Item	2005	2006	2007	2008	2009
证券法人公司(个)	Securities Company corporation(unit)	2	2	2	2	2
证券营业部(个)	Security Exchange(unit)	60	60	60	60	87
投资者开户数(万户)	Total Investors (10000 units)	95.77	98.41	133.8	151.39	176.65
A股成交金额(亿元)	Stock A turnover value(100 million yuan)	883.38	2416.4	10698.83	7864.18	16066.59
B股成交金额(亿元)	Stock B turnover value(100 million yuan)	2.26	5.8	48.34	10.15	18.93
上市公司总股本(亿股)	Total Share Capital of Listed Company(100 million shares)	96.1	108.86	128.58	136.22	151.25
A股	Stock A	78.89	91.55	111.27	118.31	133.94
B股	Stock B	3.44	3.44	3.44	3.44	3.44
流通股本(亿股)	Share Capital in Circulation(100 million shares)	43.15	52.93	61.19	74.48	113.03
股票市价总值(亿元)	Total Market Capitalization(100 million yuan)	447.19	874.96	3099.05	878.98	2717.56
A股	Stock A	356.1	671.35	2319.99	711.62	2086.83
B股	Stock B	11.42	31.03	37.5	13.83	45.68
股票流通市值(亿元)	Negotiable Market Capitalization(100 million yuan)	206.36	449.26	1562.91	491.63	1930.08
A股	Stock A	115.27	245.65	783.85	324.27	1299.35
B股	Stock B	11.42	31.03	37.5	13.83	45.68
股票成交金额(亿元)	Total Turnover(100 million yuan)	446.54	1269.04	5752.21	2844.26	6978.65
期货总成交量(万手)	Trading Volume of Future(10000 transactions)	80.56	150.05	412.75	799.78	1196.37
期货总成交额(亿元)	Trading Turnover of Future(100 million yuan)	303.3	799.66	2513.48	4416.9	7147.28

主要统计指标解释

信贷资金 国家银行用于发放贷款的资金叫信贷资金。中国人民银行信贷资金的来源有各项存款、对国际金融机构负债、流通中货币、银行自有资金及当年结益等。信贷资金的运用有各项贷款、黄金占款、外汇占款、财政借款及在国际金融机构中的资产等。

存款 企业、机关、团体或居民根据可以收回的原则，把货币资金存入银行或其他信用机构保管并取得一定利息的一种信用活动形式。根据存款对象的不同可划分：企业存款、财政存款、机关团体存款、对外贸易存款、城乡居民储蓄存款和农村存款等科目，它是银行信贷资金的主要来源。

贷款 银行或其他信用机构根据必须归还的原则，按一定利率，为企业、个人等提供资金的一种信用活动形式。我国银行贷款，分流动资金贷款、固定资产贷款、城乡个体工商户贷款以及农业贷款等科目。

城乡居民储蓄存款 指某一时点城乡居民存入银行及农村信用社的储蓄金额，包括城镇居民储蓄存款和农民个人储蓄存款，不包括居民的手存现金和工矿企业、部队、机关、团体等单位存款。

保险金额 指保险人承担赔偿或者给付保险金责任的最高限额。

保费 指投保人为取得保险人在约定范围内所承担赔偿责任而支付给保险人的费用。

赔偿 指保险人根据保险合同的规定，向被保险人支付的赔偿保险责任损失的金额。

Explanatory Notes on Main Statistical Indicators

Credit Funds refer to the monetary funds accumulated and distributed in the means of credit by the financial institutions. The sources of credit funds include various deposits, financial bonds, liabilities to international financial institutions, currency in circulation, other items. The uses of credit funds include loans, securities and investment, position for bullion and silver purchase, position for foreign exchange purchase, advances to treasury, and assets with international financial institutions.

Deposit is a form of credit by which enterprises, institutions, organizations or households can put money into banks and other credit institutions for safekeeping and interest earning under the principle of free withdrawal. According to different depositors, deposits are divided into enterprise deposits, fiscal deposits, deposits of government agencies and organizations, savings deposits of rural and urban households, agricultural savings deposits, entrusted deposits and other deposits. Deposits are major sources of the credit funds of banks.

Loan is a form of credit by which banks and other credit institutions provide funds at certain interest rate to enterprises and individuals in the light of the principle of unconditional repayment. Loans from Chinese banks include short-term loan, medium- term and long-term loans, entrusted loans, and other loans.

Amount Insured refers to the maximum that the insurant will get for the claim of the case insured.

Premium is the fee paid by the insurant to the insurer to obtain the obligation of compensation from the insurance within the agreed terms.

Settled Claim is the compensation paid by the insurer to the insurant in accordance with the insurance contract.

房地产开发和其他服务业

18

Real Estate Development and Other Services

◆ 449/466

资料整理及英文翻译：焦 毅　徐金玉　黄小平

简要说明

本篇资料主要分为房地产开发和限额以上其他服务业两部分。

房地产开发统计资料的主要内容包括：全省房地产开发建设方面的基本情况，包括11个设区市的主要房地产统计数据。如：房地产开发投资额、房屋施工面积、房屋竣工面积、商品房销售面积、商品房销售额、房地产开发投资资金来源等。

统计范围：房地产开发投资统计的统计范围为各种登记注册类型的房地产开发公司、商品房建设公司及其他房地产开发单位统一开发的包括统代建、拆迁还建的住宅、厂房、仓库、饭店、宾馆、度假村、写字楼、办公楼等房屋建筑物和配套的服务设施、土地开发工程，如道路、给水、排水、供电、供热、通讯、平整场地等基础设施工程。包括实际从事房地产开发或经营活动的附营房地产开发单位。

资料来源：根据国家统计局制定的《房地产开发投资统计报表制度》搜集资料，由省统计局固定资产投资处整理汇总。

统计调查方法：由各级统计部门采取全面调查方法，是逐级上报的全面报表。

限额以上服务业指营业收入100万元（含100万元）以上的服务业企业。

本篇中其他服务业企业范围是：仓储、邮政业，信息传输、计算机服务和软件业，租赁和商务服务业，科学研究、技术服务和地质勘查业，水利、环境和公共设施管理业，居民服务和其他服务业，教育，卫生、社会保障和社会福利业，文化、体育和娱乐等行业中执行企业会计准则或企业会计制度的法人单位。该部分资料由省统计局服务业处整理汇总。

Brief Introduction

This chapter include mainly two parts of Real Estate Statistic and other Service Enterprises above Designated Size.

Main Contents of Real Estate Statistic: Datas in this chapter show the general situation and the development of real estate, They cover the situation of real estate of the 11 cities in the whole Jiangxi Province. For instance,the value of real estate development, floor space under construction, floor space completed, floor space sold, value of house sold,the sourse of funds for the development of construction.

Scope of Statistics: The scope of the development of real estate statistics covers the investment by the real estate development companies, commercial buildings construction companies and other real estate development units of various types of ownership in the construction of house buildings, such as residential buildings, factory buildings, warehouses, hotels, guesthouses, holiday villages, office buildings, and the complementary service facilities and land development projects, such as roads, water supply, water drainage, power supply, heating, telecommunications, land leveling and other projects of infrastructure. It includes practical in the real estate development or business activities of the business of real estate development unit.

Sources of Data: Datas on Real Estate Statistic are collected in accordance with the Reporting Form System of the Development of Real Estate Statistics stipulated by the National Bureau of Statistics and provided by Fixed Assets Investment Division.

Methods of Survey The Data are from comprehensive collection and report by local level statistical bureans.

Service Enterprises above Designated Size refer to the enterprises of business sales over 10 million yuan.

Scope of Statistics of other Service Enterprises: The corporate unit executing Accounting Standards and Accounting System for enterprises in following sectors:Storage and Post; Information Transmission，Computer Services and Software; Leasing and Business Services; Scientific Research, Ploytechnic Services and Geological; Management of Water Conservancy, Environment and Public Facilities; Services to Households and Other Services; Education; Health、Social Security and Social Welfare; Culture, Sports and Entertainment. Datas on other Service Enterprises above Designated Size are provided by Service Division.

18-1 房地产开发与经营主要指标

Main Indicators of Enterprises for Real Estate Development

指　　标	Item	2000	2008	2009
企业个数(个)	**Number of Enterprises**	539	2410	2050
投资额和新增固定资产(万元)	**Investment and Newly Increased Fixed Assets (10000 yuan)**			
投资额	Investment	423705	5476570	6345238
#商品房建设投资额	Construction of Commercialized Buildings	290590		
土地开发投资额	Land Development	75072	412377	282800
按隶属关系分	Grouped by Administrative Relationship			
中　央	Central Investment	8476	72495	31422
地　方	Local Investment	415229	5404075	6313816
按登记注册类型分	Grouped by Registration Status			
内　资	Domestic Funds	319440	4943273	5734556
#国　有	State-Owned Units	143139	377640	369975
集　体	Collective-Owned Units	39137	70873	24336
股份合作	Cooperative Units	16395	69383	67904
联　营	Joint Ownership Units	627	18602	10088
有限责任公司	Limited liability Corporations	29918	1998139	2739145
股份有限公司	Share-holding Corporations Ltd.	16114	725399	670758
私　营	Private Enterprises	73810	1596660	1788963
其　他	Others	300	86577	63387
港澳台商投资	Funds from Hong Kong,Macao and Taiwan	63317	370997	498275
外商投资	Foreign Funds	40948	162300	112407
按构成分	Grouped by Use of Funds			
建筑工程	Construction	294410	4151754	4774615
安装工程	Installation	10658	238596	368774
设备工器具购置	Purchase of Equipment and Instruments	2704	49260	73628
其他费用	Others	115933	1036960	1128221
#土地购置费	Land Purchase	66281	730371	664315
按工程用途分	Grouped by Use of Projects			
住　宅	Residential Buildings	264555	4464119	5091670
#经济适用房	Economically Affordable Housing	83853	199697	154825

18-1 续表 continued

指 标	Item	2000	2008	2009
别墅、高档公寓	Villas、High-grade Apartments	14316	102685	154728
办公楼	Office Buildings	14324	46521	115995
商业营业用房	Houses for Bussiness Use	67984	507506	631837
其 他	Others	76842	458424	505736
本年新增固定资产	Newly Increased Fixed Assets this Year	294124	2601388	2836786
土地开发(万平方米)	**Land Space Developed (10000 sq.m)**			
本年完成开发土地面积	Land Space Developed this Year	258.67	822.89	649.93
本年购置土地面积	Land Space Purchased this Year	287.81	991.86	694.48
资金来源(万元)	**Sources of Funds(10000 yuan)**			
本年资金来源小计	Sources of Funds this Year	444086	6307606	8766713
国家预算内资金	State Budgetary Appropriation	620		
国内贷款	Domestic Loans	71414	959370	1239645
#银行贷款	Bank Loans		921985	1192863
非银行金融机构贷款	Non-banking Financial Institutions Loans		37385	46782
债 券	Bonds	700		
利用外资	Foreign Investment	33925	56383	44553
#外商直接投资	Foreign Direct Investment	32997	21290	37003
自筹资金	Self-raising Funds	134697	2823583	3148617
#企事业单位自有资金	Enterprises and Institutions Self-own Fund	68906	1626000	1544569
其他资金来源	Others	202730	2468270	4333898
#定金及预付款	Deposit and Advance Payment	164019	1330611	2551787
个人按揭贷款	Individual Credit		671844	1179611
房屋施工、竣工和销售、出租情况(平方米)	**Floor Space of Buildings Under Construction and Completed、On Sale and for Rent(sq.m)**			
房屋施工面积	Floor Space under Construction	8966158	63447028	67555972
#新开工面积	Started this Year	4909155	25299030	23009630
房屋竣工面积	Floor Space Completed	4027996	15866976	16468025
商品房销售面积	Floor Space of Commercialized Buildings Sold	2866853	17276001	22809083
商品房销售额(万元)	Total Sales of Commercialized Buildings(10000 yuan)	272008	3689630	6028009
商品房出租面积	Floor Space of Commercialized Buildings for Rent	46719	402548	388584
商品房空置面积	Eloor Space of Commercialized Bulidings Lying Idle	1028965	2897469	3270084

18-2 房地产开发房屋施工、竣工、销售与出租情况（2009年）

Residential Buildings under Construction, Completed, Sale and for Rent of Real Estate Development (2009)

指标	Item	合计 Total	住宅 Residential Budildings	#90平方米及以下住房 Housing of 90 Squre Metres and Below	#经济适用房 Economically Affordable Housing
房屋施工面积(平方米)	Floor Space under Construction(sq.m)	67555972	57685636	11799751	2606068
#新开工面积	Started this Year	23009630	19560160	4350769	726078
房屋竣工面积(平方米)	Floor Space Completed(sq.m)	16468025	14375058	2611455	771369
房屋竣工价值(万元)	Value of Buildings Completed(10000 yuan)	2346650	1979146	330742	79212
商品房销售面积(平方米)	Floor Space of Commercialized Buildings Sold (sq.m)	22809083	21080658	4047508	896057
#现房销售面积	Floor Space of Marketable Housing Sold	8474164	7688123	1701814	466877
期房销售面积	Floor Space of Futures Marketable Housing Sold	14334919	13392535	2345694	429180
出租房屋面积(平方米)	Floor Space for Rent(sq.m)	388584	38053	12000	6228
不可销售面积(平方米)	Floor Space Unsalable(sq.m)	105978	66529	31030	772
空置面积(平方米)	Floor Space Lying Idle (sq.m)	3270084	2402568	316419	33497
商品房销售额(万元)	Total Sales of Commarcialized Buildings(10000 yuan)	6028009	5305604	1055803	115257
#现房销售额	Sale of Marketable Housing	1905316	1630364	346129	57278
期房销售额	Sale of Futures Marketable Housing	4122693	3675240	709674	57979

18-2 续表 continued

指标	Item	#别墅、高档公寓 Villas, High-grade Apartments	#办公楼 Office Buildings	#商业营业用房 Houses for Bussiness Use	其他 Other
房屋施工面积(平方米)	Floor Space under Construction(sq.m)	1523717	652367	6550947	2667022
#新开工面积	Started this Year	272517	285180	2328032	836258
房屋竣工面积(平方米)	Floor Space Completed(sq.m)	465057	55221	1599426	438320
房屋竣工价值(万元)	Value of Buildings Completed(10000 yuan)	83709	9440	296067	61997
商品房销售面积(平方米)	Floor Space of Commercialized Buildings Sold (sq.m)	475 889	92 108	1 207 009	429 308
#现房销售面积	Floor Space of Marketable Housing Sold	244021	70750	535577	179714
期房销售面积	Floor Space of Futures Marketable Housing Sold	231868	21358	671432	249594
出租房屋面积(平方米)	Floor Space for Rent(sq.m)		11	346927	3593
不可销售面积(平方米)	Floor Space Unsalable(sq.m)	27	1299	9835	28315
空置面积(平方米)	Floor Space Lying Idle (sq.m)	148129	15356	724320	127840
商品房销售额(万元)	Total Sales of Commarcialized Buildings(10000 yuan)	130726	42056	564459	115890
#现房销售额	Sale of Marketable Housing	72986	34271	212078	28603
期房销售额	Sale of Futures Marketable Housing	57740	7785	352381	87287

18-3 按登记注册类型分的房地产开发投资（2009年）

单位:万元

指　　标	Item	合　计 Total	内　资 Domestic Funds	国　有 State-Owned Units
投资总额	**Total Investment**	**6345238**	**5734556**	**369975**
按构成分	Grouped by Use of Funds			
建筑工程	Construction	4 774 615	4310959	308549
安装工程	Installation	368774	328450	16511
设备工器具购置	Purchase of Equipment and Instruments	73628	62643	3314
其他费用	Others	1128221	1032504	41601
按工程用途分	Grouped by Use of Projects			
住　宅	Residential Buildings	5091670	4575247	314441
#90平方米及以下住房	Housing of 90 square metres and below	1157821	1006937	142611
经济适用房	Economically Affordable Housing	154825	150462	96970
别墅、高档公寓	Villas、High-grade Apartments	154728	136089	1040
办公楼	Office Buildings	115995	111371	2426
商业营业用房	Houses for Bussiness Use	631837	568263	30145
其　他	Others	505736	479675	22963
本年资金来源合计	**Total Sources of Funds**	**10064845**	**8800458**	**656611**
上年末结余资金	Surplus Funds Last Year	1298132	1051124	42048
本年资金来源小计	Sources of Funds this Year	8766713	7749334	614563
国内贷款	Domestic Loans	1239645	1050860	67096
#银行贷款	Bank Loans	1192863	1008908	64736
非银行金融机构贷款	Non-banking Financial Institutions Loans	46782	41952	2360
利用外资	Foreign Investment	44553	15250	
#外商直接投资	Foreign Direct Investment	37003	9600	
自筹资金	Self-raising Funds	3148617	2904490	161458
#企事业单位自有资金	Enterprises and Institutions Self-own Fund	1544569	1436787	93547
其他资金来源	Others	4333898	3778734	386009
#定金及预付款	Deposit and Advance Payment	2551787	2235572	313254
个人按揭贷款	Individual Credit	1179611	1024652	50942

Investment in Real Estate Development by Registration Status (2009)

(10000 yuan)

					港澳台商投资	外商投资
集 体 Collective-Owned Units	私营及个体投资 Private & Self-employed	联 营 Joint Ownership Units	股份有限公司 Share-holding Corporations Ltd.	其他内资 Others	Funds from Hong Kong, Macao and Taiwan	Foreign Funds
24 336	**1 788 963**	**10088**	**670758**	**63387**	**498275**	**112407**
20924	1342173	9424	514106	40842	389723	73933
1202	114537		60975	6 027	31609	8715
	16658		1733	1 070	9548	1437
2210	315595	664	93944	15448	67395	28322
22015	1447659	9489	568480	51164	412850	103573
7021	327382	983	98285	2203	132784	18100
6015	16245		2490		4179	184
	30069		10126	735	17539	1100
15	10771		1429	5 999	4624	
893	184214		65126	5096	61269	2305
1413	146319	599	35723	1128	19532	6529
32555	**2831030**	**29594**	**1031382**	**96540**	**940970**	**323417**
1463	388489	1 854	92439	32637	216274	30734
31092	2442541	27740	938943	63903	724696	292683
1471	312597		124772	867	124825	63960
1471	303578		121966	767	121995	61960
	9019		2806	100	2830	2 000
	3400			2 700	19303	10000
	3400			2 700	17403	10000
14410	838179	380	438650	55066	111469	132658
10800	391249	380	212954	15075	72413	35369
15211	1288365	27360	375521	5270	469099	86065
8111	782117	12638	251173	3552	294954	21261
3770	379732	14722	71943	643	137715	17244

18-4 各地区房地产开发和经营指标（2009年）

指标	Item	全省 Total	南昌市 Nanchang	景德镇市 Jingdezhen
企业个数(个)	**Number of Enterprises (unit)**	**2050**	**508**	**159**
投资额和新增固定资产(万元)	**Investment And Newly Increased Fixed Assets(10000 yuan)**			
投资额	**Investment**	**6345238**	**1982468**	**249760**
#土地开发投资额	Land Development	282800	25440	19154
按登记注册类型分	Grouped by Registration Status			
内资	Domestic Funds	5734556	1546133	210627
#国有	State-Owned Units	369975	128986	10711
集体	Collective-Owned Units	24336	1494	5332
私营及个体	Individuals	1788963	370814	85098
联营	Joint Ownership Units	10088	7 773	
股份有限公司	Share-holding Corporations Ltd.	670758	196501	16092
其他内资	Others	63387	11 013	2 800
港澳台商投资	Funded by Entrepreneurs from Hong Kong, Macao and Taiwa	498275	343318	39133
外商投资	Enterprises with Foreign Investment	112407	93017	
按构成分	Grouped by Use of Funds			
建筑工程	Construction	4774615	1400284	187679
安装工程	Installation	368774	185999	5880
设备工器具购置	Purchase of Equipment and Instruments	73628	38039	2602
其他费用	Others	1128221	358146	53599
#土地购置费	Land Purchase	664315	182368	46143
按工程用途分	Grouped by Use of Projects			
住宅	Residential Buildings	5091670	1586647	210456
#90平方米及以下住房	Housing of 90 square metres and below	1157821	568768	46374
经济适用房	Economically Affordable Housing	154825	51992	14113
别墅、高档公寓	Villas、High-grade Apartments	154728	54202	292
办公楼	Office Buildings	115995	83366	650
商业营业用房	Houses for Bussiness Use	631837	210192	34410
其他	Others	505736	102263	4244
本年新增固定资产	**Newly Increased Fixed Assets this Year**	**2836786**	**742886**	**80535**
土地开发情况(公顷)	**Land Space Developed(Hectare)**			
本年完成开发土地面积	Land Space Developed this Year	6499319	912696	602642
本年购置土地面积	Land Space Purchased this Year	6944835	1532717	642379
资金来源(万元)	**Source of Funds(10000 yuan)**			
本年资金来源小计(万元)	**Source of Funds this Year(10000 yuan)**	**8766713**	**3302583**	**265812**
国内贷款	Domestic Loans	1239645	612814	21829
#银行贷款	Bank Loans	1192863	596682	21829
非银行金融机构贷款	Non-banking Financial Institutions Loans	46782	16132	
利用外资	Foreign Investment	44553	26810	5650
#外商直接投资	Foreign Direct Investment	37003	26810	
自筹资金	Self-raising Funds	3148617	680438	162957
#企事业单位自有资金	Enterprises and Institutions Self-own Fund	1544569	261072	108026
其他资金来源	Others	4333898	1982521	75376
#定金及预付款	Deposit and Advance Payment	2551787	1249177	27535
个人按揭贷款	Individual Credit	1179611	478207	27031
房屋施工、竣工和销售、出租情况	**Floor Space of Buildings Under Construction and Completed、on sale and for rent**			
房屋施工面积(平方米)	**Floor Space of Buildings under Construction(sq.m)**	**67555972**	**17820255**	**3011753**
住宅	Residential Buildings	57685636	14839854	2529812
#90平方米及以下住房	Housing of 90 square metres and below	11799751	4725014	387803
经济适用房	Economically Affordable Housing	2606068	1136391	100583
别墅、高档公寓	Villas、High-grade Apartments	1523717	370518	40735
办公楼	Office Buildings	652367	384964	15801
商业营业用房	Houses for Bussiness Use	6550947	1737627	354373
其他	Others	2667022	857810	111767

Development and Operating Indicators for Real Estate by Region (2009)

萍乡市 Pingxiang	九江市 Jiujiang	新余市 Xinyu	鹰潭市 Yingtan	赣州市 Ganzhou	吉安市 Ji'an	宜春市 Yichun	抚州市 Fuzhou	上饶市 Shangrao
149	**184**	**100**	**59**	**233**	**138**	**158**	**183**	**179**
199201	**490023**	**241359**	**109982**	**766242**	**341586**	**429049**	**629909**	**905659**
10206	58989	6679	11454	24382	38311	12999	20139	55047
195270	466833	230476	109982	720024	328876	414318	615514	896503
1381	39808	27899	645	58660	23195	35037	14318	29335
2569	2200	4180		210	2950	4500	901	
43029	137774	102238	10860	282261	185344	179468	126554	265523
		260				2 055		
16009	15682	4159	4600	8399	27780	31127	244067	106342
	8 821			28610	1 617	6		10520
	18984	6923		45205	12632	8529	14395	9156
3931	4206	3960		1013	78	6202		
152308	333265	197557	89348	546397	254958	333684	564669	714466
1808	25049	5024	379	40556	23487	17771	7572	55249
238	7563	1511	415	2546	4783	3351	2564	10016
44847	124146	37267	19840	176743	58358	74243	55104	125928
31444	103324	21278	12921	76884	31993	48820	40010	69130
162665	400919	204592	91413	520524	284810	366438	584136	679070
27396	123997	21293	17388	60529	80221	47696	97856	66303
1607	11998	11670	2998	24529	10617	6638	6758	11905
1928	5040	5983	10350	18162	14426	7695	1 200	35450
930	936	350	1660	5578	2047	2615	990	16873
11293	39392	16548	5834	98293	25111	23967	32116	134681
24313	48776	19869	11075	141847	29618	36029	12667	75035
45043	**431075**	**152364**	**41193**	**405376**	**178846**	**291964**	**159332**	**308172**
424861	908388	549765	88936	838685	268610	843257	392295	669184
434564	1165722	416232	104460	835031	435430	666496	100341	611463
272751	**658104**	**483412**	**108304**	**991492**	**390085**	**561265**	**706575**	**1026330**
42336	63711	38112	11425	131977	46619	64933	31575	174314
42336	61955	34162	11425	131227	46299	63483	30367	153098
	1756	3950		750	320	1450	1208	21216
	9600			2493				
	9600			593				
132846	329835	76541	42575	384919	144917	152696	482245	558648
110640	162566	61124	10580	203163	102823	101507	266336	156732
97569	254958	368759	54304	472103	198549	343636	192755	293368
42643	151599	275051	35947	236166	105100	203928	102020	122621
47755	73664	93706	11 970	170072	66746	119411	38021	53028
1565669	**5743691**	**5281365**	**990269**	**9516311**	**4888945**	**6024399**	**5556414**	**7156901**
1378566	5108690	4532158	846575	7704754	4342361	5342377	5040511	6019978
281390	1510323	357208	161097	728500	516128	655251	1839020	638017
10964	228164	191242	24643	359510	213523	64511	77500	199037
11963	35061	124399	21270	364745	372177	54290	14 350	114209
4115	5918	5925	12354	100265	2633	22924	11814	85654
164194	519100	436960	54290	1164986	394041	501362	444032	779982
18794	109983	306322	77050	546306	149910	157736	60057	271287

18-4 续表

指　　标	Item	全　省 Total	南昌市 Nanchang	景德镇市 Jingdezhen
房屋新开工面积(平方米)	**Floor Space Started this Year(sq.m)**	**23009630**	**3598739**	**667112**
住　宅	Residential Buildings	19560160	2795854	551316
#90平方米及以下住房	Housing of 90 Square Metres and Below	4350769	1083895	95237
经济适用房	Economically Affordable Housing	726078	204612	14000
别墅、高档公寓	Villas、High-grade Apartments	272517	24451	1800
办公楼	Office Buildings	285180	208720	6701
商业营业用房	Houses for Bussiness Use	2328032	446303	100290
其　他	Others	836258	147862	8805
房屋竣工面积(平方米)	**Floor Space Completed(sq.m)**	**16468025**	**3652067**	**714793**
住　宅	Residential Buildings	14375058	3266146	641469
#90平方米及以下住房	Housing of 90 Square Metres and Below	2611455	1119398	106285
经济适用房	Economically Affordable Housing	771369	413077	15000
别墅、高档公寓	Villas、High-grade Apartments	465057	99006	12400
办公楼	Office Buildings	55221	771	4181
商业营业用房	Houses for Bussiness Use	1599426	321958	65756
其　他	Others	438320	63192	3 387
竣工房屋价值(万元)	**Value of Buildings Completed(10000 yuan)**	**2346650**	**544160**	**78489**
住　宅	Residential Buildings	1979146	483371	59455
#90平方米及以下住房	Housing of 90 Square Metres and Below	330742	158750	8137
经济适用房	Economically Affordable Housing	79212	46985	1530
别墅、高档公寓	Villas、High-grade Apartments	83709	18903	1240
办公楼	Office Buildings	9440	120	836
商业营业用房	Houses for Bussiness Use	296067	51267	17509
其　他	Others	61997	9402	689
商品房销售面积(平方米)	**Floor Space Sold of Commercialized Buildings(sq.m)**	**22809083**	**4946856**	**891083**
住　宅	Residential Buildings	21080658	4636258	833963
#90平方米及以下住房	Housing of 90 Squre Metres and Below	4047508	1551725	73233
经济适用房	Economically Affordable Housing	896057	214728	32628
别墅、高档公寓	Villas、High-grade Apartments	475889	34111	466
办公楼	Office Buildings	92108	57857	
商业营业用房	Houses for Bussiness Use	1207009	198376	39415
其　他	Others	429308	54365	17705
商品房出租面积(平方米)	**Floor Space for rent(sq.m)**	**388584**	**133660**	
住　宅	Residential Buildings	38053	8 604	
#90平方米及以下住房	Housing of 90 Squre Metres and Below	12000		
经济适用房	Economically Affordable Housing	6 228		
别墅、高档公寓	Villas、High-grade Apartments			
办公楼	Office Buildings	11		
商业营业用房	Houses for Bussiness Use	346927	125056	
其　他	Others	3593		
商品房空置面积(平方米)	**Floor Space Lying Idle (sq.m)**	**3270084**	**399225**	**253349**
住　宅	Residential Buildings	2402568	338029	184814
#90平方米及以下住房	Housing of 90 Square Metres and Below	316419	123578	2000
经济适用房	Economically Affordable Housing	33497	3 972	2185
别墅、高档公寓	Villas、High-grade Apartments	148129	9 395	
办公楼	Office Buildings	15356		2000
商业营业用房	Houses for Bussiness Use	724320	59028	66535
其　他	Others	127840	2168	
商品房销售额(万元)	**Floor Space Sales(10000 yuan)**	**6028009**	**1867205**	**190740**
住　宅	Residential Buildings	5305604	1686391	173788
#90平方米及以下住房	Housing of 90 Square Metres and Below	1055803	480635	14677
经济适用房	Economically Affordable Housing	115257	41008	3508
别墅、高档公寓	Villas、High-grade Apartments	130726	20204	182
办公楼	Office Buildings	42056	32896	
商业营业用房	Houses for Bussiness Use	564459	126338	15334
其　他	Others	115890	21580	1618

continued

萍乡市 Pingxiang	九江市 Jiujiang	新余市 Xinyu	鹰潭市 Yingtan	赣州市 Ganzhou	吉安市 Ji'an	宜春市 Yichun	抚州市 Fuzhou	上饶市 Shangrao
1061361	**2526252**	**1302094**	**281302**	**3444829**	**1538258**	**2621606**	**2805873**	**3162204**
944004	2316353	1150095	238296	2640554	1403756	2307131	2525767	2687034
193855	861397	95022	72488	223480	208280	243631	914797	358687
10964	134589	65788	12643	100749	78223	29760	50108	24642
6366	35 061	35381		34331	29899	51000		54228
1726	2478	194	12104	29303		10848	1 634	11472
100295	174136	67527	13188	515026	85279	221684	250209	354095
15336	33285	84278	17714	259946	49223	81943	28263	109603
489498	**2037275**	**918484**	**320344**	**2631236**	**1219245**	**1742202**	**929938**	**1812943**
414882	1827132	803537	240767	2162718	1031949	1583259	827610	1575589
97712	306690	170143	14609	71913	97766	249650	129091	248198
3500		116000	12000	23 800	65064	37100	25992	59836
1166	7 930	26727		102348	148235		14 350	52895
2389	1 400	531		36111		768	1080	7 990
66729	139008	83250	31 701	313857	173422	119897	92608	191240
5498	69735	31166	47 876	118550	13874	38278	8640	38124
41168	**407504**	**146734**	**36004**	**345724**	**105305**	**230701**	**112516**	**298345**
34928	356182	125080	28503	268779	88851	202031	94882	237084
7352	46571	19561	1232	7629	8708	26527	15463	30812
243		10854	764	1 848	5596	3685	2911	4796
256	3 800	5192		17600	21531		2 583	12604
477	140	153		5775		200	152	1 587
5270	36872	16832	3 605	56131	15562	23980	16148	52891
493	14310	4669	3 896	15039	892	4490	1334	6783
701334	**2661569**	**1506592**	**404036**	**3704228**	**2039441**	**2310299**	**1988753**	**1654892**
647223	2545751	1401321	377068	3177900	1890467	2185493	1886881	1498333
123635	656794	104369	39957	280429	305528	261366	308126	342346
8885	51091	107064		96 523	132767	111899	29564	110908
7816	7 382	13431	14633	122803	228162	3262	530	43293
		10 961		16463			897	5930
47065	89071	82310	19724	333548	120654	84563	61268	131015
7046	26747	12000	7 244	176317	28320	40243	39707	19614
10292	**28156**	**98594**		**14674**	**48377**	**43 318**	**41**	**11472**
	12 000			9594		443	20	7 392
	12 000							
							16	6 212
							11	
10292	16156	98594		1600	48377	42 762	10	4080
				3480		113		
138079	**54185**	**388497**	**81 078**	**400195**	**532539**	**513482**	**157295**	**352160**
103316	43049	206250	80 697	298711	289078	455286	97780	305558
12 099	1860	30344	10 811	984	31043	60998	24 257	18 445
		12 900						14 440
6 191		36701		9 993	30043	15264	5 250	35292
3 529	1400	5200		452		834		1 941
19191	4736	137100	381	71607	214707	51241	57 677	42117
12043	5000	39947		29425	28754	6121	1 838	2544
150157	**799467**	**318409**	**117558**	**980934**	**386565**	**447143**	**428622**	**341209**
136384	754640	292696	98276	732983	342603	412428	391709	283706
27163	218192	20222	14483	75687	47731	39725	62722	54566
760	7666	12591		12 376	14268	9924	3900	9256
2753	3 503	3883	4713	37498	45260	1464	123	11143
		1 993		6036			125	1006
12623	35709	21452	18132	184091	39481	27895	30964	52440
1150	9118	2268	1 150	57824	4481	6820	5824	4057

18-5 赣房景气指数
Housing Prosperous Index in Jiangxi

指　　数	Index	2000	2005	2006	2007	2008	2009
赣房景气指数	**Housing Prosperous Index**	**99.96**	**98.59**	**98.61**	**101.22**	**99.66**	**97.48**
开发投资指数	Development and Investment	102.57	103.29	97.61	104.67	101.56	100.04
资金来源指数	Source of Funds	99.89	101.00	97.03	101.45	99.44	99.48
土地开发面积指数	Land Space Developed	104.76	99.31	100.51	101.78	100.83	99.20
施工面积指数	Floor Space Under Construction	93.91	100.40	96.47	100.45	99.97	97.14
空置面积指数	Floor Space Lying Idle	100.58	96.18	101.12	105.26	102.14	93.23
销售价格指数	Selling Price	98.21	94.61	97.95	95.28	95.27	97.46

18-6 分季度赣房景气指数
Housing Prosperous Index by Quart in Jiangxi

指　　数	Index	2000	2005	2006	2007	2008	2009
一 季 度	The First Quarter	98.77	96.53	101.87	97.49	101.40	97.46
二 季 度	The Second Quarter	100.86	95.57	102.50	98.91	101.44	96.14
三 季 度	The Third Quarter	100.90	96.03	101.02	100.84	100.62	96.90
四 季 度	The Fourth Quarter	99.96	98.59	98.61	101.22	99.66	97.48

18-7 赣房景气指数状况（2009年）
Condition of Housing Prosperous Index in Jiangxi(2009)

指 数	Index	一季度 The First Quarter			二季度 The Second Quarter		
		指数值 Index Value	比上年同期增减 Fluctuation over the same period of Preceding Year	景气状况 Prosperity Condition	指数值 Index Value	比上年同期增减 Fluctuation over the same period of Preceding Year	景气状况 Prosperity Condition
赣房景气指数	**Housing Prosperous Index**	**97.46**	**-3.94**	**不景气Depression**	**96.14**	**-5.30**	**不景气Depression**
开发投资指数	Development and Investment	94.39	-9.88	不景气Depression	93.61	-10.65	不景气Depression
资金来源指数	Source of Funds	101.57	2.06	景气Prosperity	100.47	1.15	景气Prosperity
土地开发面积指数	Area of Land Developed	96.35	-8.66	不景气Depression	96.03	-8.71	不景气Depression
施工面积指数	Floor Space Under Construction	98.63	-2.56	不景气Depression	96.51	-6.09	不景气Depression
空置面积指数	Area of Land Lying Idle	97.67	-9.23	景气Prosperity	94.69	-10.44	景气Prosperity
销售价格指数	Selling Price	96.90	3.27	不景气Depression	96.48	1.65	不景气Depression

18-7 续表 continued

指 数	Index	三季度 The Third Quarter			四季度 The Fourth Quarter		
		指数值 Index Value	比上年同期增减 Fluctuation over the same period of Preceding Year	景气状况 Prosperity Condition	指数值 Index Value	比上年同期增减 Fluctuation over the same period of Preceding Year	景气状况 Prosperity Condition
赣房景气指数	**Housing Prosperous Index**	**96.90**	**-3.72**	**不景气Depression**	**97.48**	**-2.18**	**不景气Depression**
开发投资指数	Development and Investment	97.35	-6.42	不景气Depression	100.04	-1.52	景气Prosperity
资金来源指数	Source of Funds	101.50	3.19	景气Prosperity	99.48	0.04	不景气Depression
土地开发面积指数	Land Space Developed	97.10	-6.34	不景气Depression	99.20	-1.63	不景气Depression
施工面积指数	Floor Space Under Construction	96.97	-4.82	不景气Depression	97.14	-2.83	不景气Depression
空置面积指数	Floor Space Lying Idle	93.85	-9.51	景气Prosperity	93.23	-8.91	景气Prosperity
销售价格指数	Selling Price	96.40	1.49	不景气Depression	97.46	2.19	不景气Depression

18-8 限额以上其他服务业主要经济指标（2009年）

单位：亿元

行　业	Sector	资产合计 Total Assets	固定资产原价 Original Value of Fixed Assets
总　计	**Total**	**798.95**	**619.56**
仓储和邮政业	**Storage and Post**	**147.12**	**47.64**
仓储业	Storage	117.22	22.89
邮政业	Post	29.90	24.75
信息传输、计算机服务和软件业	**Information Transmission, Computer Services and Software**	**343.84**	**491.96**
电信和其他信息传输服务业	Telecommunications and Other Information Transmission Services	319.92	483.33
计算机服务业	Computer Services	2.05	1.24
软件业	Software	21.87	7.39
租赁和商务服务业	**Leasing and Business Services**	**182.71**	**37.40**
租赁业	Leasing	1.49	1.67
商务服务业	Business Services	181.22	35.73
科学研究、技术服务和地质勘查业	**Scientific Research, Ploytechnic Services and Geological Prospecting**	**25.03**	**6.14**
研究与试验发展	Research and Experimental Development	0.14	0.07
专业技术服务	Professional Technical Services	16.34	3.29
科技交流和推广服务业	Services of Science and Technology Exchanges and Promotion	3.85	1.37
地质勘查业	Geological Prospecting	4.70	1.41
水利、环境和公共设施管理业	**Management of Water Conservancy, Environment and Public Facilities**	**52.61**	**16.38**
水利管理业	Management of Water Conservancy	7.40	0.18
环境管理业	Environmental Management	0.89	0.60
公共设施管理业	Management of Public Facilities	44.32	15.60
居民服务和其他服务业	**Services to Households and Other Services**	**8.99**	**4.85**
居民服务业	Services to Households	6.08	2.81
其他服务业	Other Services	2.91	2.04
教育	**Education**	**3.23**	**2.44**
卫生、社会保障和社会福利业	**Health, Social Security and Social Welfare**	**1.80**	**1.31**
卫生	Health	1.80	1.31
社会保障业	Social Security		
社会福利业	Social Welfare		
文化、体育和娱乐业	**Culture, Sports and Entertainment**	**33.62**	**11.44**
新闻出版业	Journalism and Publishing Activities	18.87	6.03
广播、电视、电影和音像业	Broadcasting, Movies, Television and Audiovisual Activities	3.80	1.20
文化艺术业	Cultural and Art Activities	0.41	0.35
体育	Sports Activities	0.19	0.14
娱乐业	Entertainment	10.35	3.72

Main Indicators of Above-Norm Service Industry (2009年)

100 million

累计折旧 Total Depreciation	负债合计 Total Liabilities	实收资本 Capitals Hold	营业收入 Operating Income	营业成本 Operating Costs	营业利润 Profits of Business	利润总额 Total Profits	从业人员年平均人数(人) Annual Average Empolyed Persons (person)
265.53	**419.00**	**123.55**	**403.62**	**253.77**	**45.31**	**49.23**	**119222**
15.17	**112.38**	**16.82**	**57.88**	**51.41**	**-3.36**	**0.78**	**25234**
5.85	103.42	10.71	37.16	35.24	-2.91	1.28	7525
9.32	8.96	6.11	20.72	16.17	-0.45	-0.50	17709
233.19	**175.88**	**7.83**	**197.17**	**101.41**	**32.41**	**32.37**	**32617**
230.28	162.96	2.93	177.42	87.05	30.40	30.28	28729
0.48	1.40	0.67	2.70	1.93	0.31	0.33	1056
2.43	11.52	4.23	17.05	12.43	1.70	1.76	2832
7.55	**73.60**	**59.78**	**91.19**	**66.77**	**7.57**	**7.42**	**28265**
1.05	0.74	0.63	1.18	0.88	0.15	0.14	382
6.50	72.86	59.15	90.01	65.89	7.42	7.28	27883
1.79	**12.52**	**7.49**	**17.38**	**11.24**	**2.22**	**2.22**	**11001**
0.01	0.06	0.08	0.13	0.08	0.02	0.02	95
1.14	9.65	3.48	13.81	8.94	1.73	1.73	7051
0.30	1.37	1.93	2.40	1.47	0.44	0.43	2816
0.34	1.44	2.00	1.04	0.75	0.03	0.04	1039
2.39	**29.50**	**18.28**	**12.69**	**6.44**	**2.24**	**2.24**	**6103**
0.03	5.19	1.66	0.49	0.28	0.19	0.18	50
0.24	0.40	0.48	0.53	0.33	0.11	0.09	462
2.12	23.91	16.14	11.67	5.83	1.94	1.97	5591
1.07	**2.12**	**2.68**	**7.20**	**4.87**	**1.10**	**1.08**	**4152**
0.65	1.37	1.68	2.58	1.33	0.54	0.55	2158
0.42	0.75	1.00	4.62	3.54	0.56	0.53	1994
0.48	**1.01**	**1.33**	**1.40**	**0.84**	**0.15**	**0.13**	**2018**
0.16	**0.50**	**1.24**	**1.76**	**0.78**	**0.10**	**0.08**	**1506**
0.16	0.50	1.24	1.76	0.78	0.10	0.08	1506
3.73	**11.49**	**8.10**	**16.95**	**10.01**	**2.88**	**2.91**	**8326**
2.54	6.80	5.33	11.56	7.68	1.21	1.21	4806
0.34	2.85	0.92	1.34	0.39	0.41	0.43	945
0.06	0.09	0.30	0.55	0.38	0.09	0.09	284
0.04	0.03	0.12	0.17	0.11	0.04	0.04	122
0.75	1.72	1.43	3.33	1.45	1.13	1.14	2169

主要统计指标解释

房地产业 是指从事房地产开发、建设、经营、租赁及维修等活动的经济部门。按照国民经济行业划分的规定，房地产业包括房地产开发与经营、房地产管理和房地产经纪与代理业三部分内容。

房地产开发业 是房地产业的一个重要组成部分，是指进行商品房屋建设和土地开发及经营活动的企业和单位。

房地产开发投资额 是以货币形式表现的房地产开发企业（单位）在一定时期内进行房屋建设及土地开发所完成的工作量及有关费用的总称。

商品房建设投资额 指房地产开发企业(单位)开发建设的供出售、出租用的商品住宅、厂房、仓库、饭店、度假村、写字楼、办公楼等房屋工程及其配套的服务设施所完成的投资额(含拆迁、回迁还建用房)。

建筑工程 指各种房屋、建筑物的建造工程，又称建筑工作量。这部分投资额必须兴工动料，通过施工活动才能实现。

安装工程 指各种设备、装置的安装工程，又称安装工作量。

设备、工器具购置 指工业企业生产的产品转化为固定资产的购置活动，包括建设单位或企、事业单位购置或自制的，达到固定资产标准的设备、工具、器具的价值。

商品住宅 指房地产开发企业(单位)建设并出售、出租给使用者，仅供居住用的房屋。

经济适用房 指根据地方经济适用房计划安排建设的政策性住宅。经济是指房屋建筑造价和销售价格低于一般商品住宅；适用是指适合中低收入家庭购买使用。经济适用房主要是由地方政府统一下达投资计划，房地产公司开发，对外销售；用地一般采用行政划拨或招标投标方式，免收土地出让金；对各种经批准的收费减半征收，开发利润不超过3%；销售价格实行政府指导价。该指标可以分析房地产投资结构，反映中低收入家庭商品住宅的供求平衡情况。

别墅、高档公寓 指建筑造价和销售价格明显高于一般商品住宅的商品住宅。别墅一般指地处郊区，独立成栋的商品住宅；高档公寓一般指地处市内高尚社区，高层或多层的商品住宅。别墅、高档公寓的确定标准：一是经有房地产投资计划审批权的主管部门审批建设的别墅、高档公寓开发项目；二是销售价格高于当地同等地段商品住宅平均销售价格一倍以上的别墅、公寓开发项目。该指标可以分析房地产投资结构，反映高收入家庭商品住宅的供求平衡情况。

办公楼 指企业、事业、机关、团体、学校、医院等单位使用的各类办公用房(又称写字楼)。

本年新增固定资产 指在报告期已经完成建造和开发过程并交付使用的房屋和土地开发面积的价值。指房地产开发公司进行开发经营活动的最终成果，即为社会提供的固定资产，而且是在报告期内新增加的。不是反映房地产开发企业本身固定资产的增加。

本年资金来源合计 指房地产开发企业(单位)在本年内收到的可用于房地产开发和经营的各种资金来源数之和，包括上年末结余资金、本年度内拨入、借入或以各种方式筹集的资金。

上年末结余资金 指上年资金来源中没有形成投资额而结余的资金。包括尚未用到工程上去的材料价值、未开始安装的需要安装设备价值及结存的现金和银行存款等。可根据有关财务数字填报。上年末结余资金不能出现负数，即不能把上年应付工程、材料款作为上年末结余资金的负数来处理。

本年资金来源小计 指房地产开发企业(单位)实际拨入的，用于房地产开发的各种货币资金。包括国内贷款、利用外资、自筹资金和其他资金。

国内贷款 指报告期房地产开发企业(单位)向银行及非银行金融机构借入的用于房地产开发与经营的各种国内借款，包括银行利用自有资金及吸收的存款发放的贷款、上级主管部门拨入的国内贷款、国家专项贷款(包括煤代油贷款、劳改煤矿专项贷款等)，地方财政专项资金安排的贷款、国内储备贷款、周转贷款等。

银行贷款 指向各商业银行、政策性银行借入的用于房地产开发与经营的各项贷款。

利用外资 指报告期收到的用于房地产开发与经营的境外资金(包括外国及港澳台地区)，包括外商直接投资、对外借款(外国政府贷款、国际金融组织贷款、出口信贷、外国银行商业贷款、对外发行债券和股票)及外商其他投资(包括补偿贸易和加工装配由外商提供的设备价款、国际租赁)。不包括我国自有外汇资金(包括国家外汇、地方外汇、留成外汇、调剂外汇和中国银行自有资金发行的外汇贷款等)。各类外资按报告期的外汇牌价(中间价)折成人民币“万元”计算。

自筹资金 指各地区、各部门及企事业单位筹集用于房地产开发与经营的预算外资金。

其他资金来源 指在报告期收到的除以上各种资金之外其他用于房地产开发与经营的资金。包括国家预算内资金、债券、社会集资、个人资金、无偿捐赠的资金及用征地迁移补偿费、移民费等进行房地产开发的资金。

房屋施工面积 指报告期内施工的全部房屋建筑面积。包括本期新开工的面积和上年开工跨入本期继续施工的房屋面积，以及上期已停建在本期恢复施工的房屋面积。本期竣工和本期施工后又停建缓建的房屋面积仍包括在施工面积中，多层建筑应填各层建筑面积之和。

房屋竣工面积 指报告期内房屋建筑按照设计要求已全部完工，达到住人和使用条件，经验收鉴定合格或达到竣工验收标准，可正式移交使用的各栋房屋建筑面积的总和。

竣工房屋价值 指在报告期内竣工房屋本身的建造价值。竣工房屋的价值一般按房屋设计和预算规定的内容计算。包括竣工房屋本身的基础、结构、屋面、装修以及水、电、卫等附属工程的建筑价值，也包括作为房屋建筑组成部分而列入房屋建筑工程预算内的设备(如电梯、通风设备等)的购置和安装费用；不包括厂房内的工艺设备、工艺管线的购置和安装，工艺设备基础的建造；办公和生活用家具的购置等费用；购置土地的费用；迁移补偿费和场地平整的费用及城市建设配套投资。竣工房屋价值一般按结算价格计算。

出租房屋面积 指在报告期期末房屋开发单位出租的商品房屋的全部面积。

商品房销售面积 指报告期内出售商品房屋的合同总面积(即双方签署的正式买卖合同中所确定的建筑面积)。由现房销售建筑面积和期房销售建筑面积两部分组成。

商品房销售额 指报告期内出售商品房屋的合同总价款(即双方签署的正式买卖合同中所确定的合同总价)。该指标与商品房销售面积同口径，由现房销售额和期房销售额两部分组成。

空置面积 指报告期末已竣工的可供销售或出租的商品房屋建筑面积中，尚未销售或出租的商品房屋建筑面积，包括以前年度竣工和本期竣工的房屋面积，但不包括报告期已竣工的拆迁还建、统建代建、公共配套建筑、房地产公司自用及周转房等不可销售或出租的房屋面积。

本年完成开发土地面积 指报告期内对土地进行开发并已完成七通一平等前期开发工程，具备进行房屋建筑物施工或出让条件的土地面积。

本年购置土地面积 指在本年内通过各种方式获得土地使用权的土地面积。

Explanatory Notes on Main Statistical Indicators

Real Estate Industry refers to those engaged in real estate development,construction,management,leasing and maintenance activities in the sectors of the economy. In accordance with the provisions of the national economy sectors, the real estate industry including real estate development and management, property management and real estate brokers and agents part of the contents of the three.

Real Estate Development Industry is an important component of real estate industry ,refers to enterprises and units engaged in housing construction and land development and management.

Value of Real Estate Development Investment is in the form of money in real estate development enterprises (units) in a certain period for housing construction and land development by the workload and related costs.

Construction of Commercialized Buildings refer to the amount of commercial housing construction investment in real estate development enterprises (units) for the development and construction of the sale, rental of goods used in housing, factories, warehouses, hotels, resorts, office buildings, office buildings and other housing projects and supporting services and facilities by the amount of investment(include the demolition, relocation builings).

Construction refers to the construction of houses and buildings,also called work volume of construction.This part of investment can only be realized under construction.

Installation refers to the installation of various kinds of equipment and instruments,also called work volume of installation.

Purchase of Equipment and Instruments Purchase of equipment and instruments refers to the total value of equipment, tools, and instruments purchased or self-produced which come up to the cut-off point for fixed assets by the construction units or investing enterprises or institutions.

Residential Buildings refers to buildings built and sod, least to users, only used for living .

Economically Affordable Housing refers to housing constructed according to the State Plan for economically affordable housing. The features of houses of this category are low cost of construction and low prices, and therefore are affordable to mid-income and low income households. Economically affordable housing projects are developed by real estate companies under the State Investment Plan, with the land provided through government allocation or tendering procedures. Developers are exempted from land utilization fees and enjoy another 50% exemption of all other legitimate fees, while their profits are limited to less than 3%, and the completed houses are sold under government-guided prices. This indicator helps to analyze the investment structure of the real estate industry and the demand and supply of housing for mid-income and low income households

Villas、High-grade Apartments refers to commercial houses whose construction costs and marketing prices are significantly higher than ordinary housing.Villas are independent structures generally located in the suburbs;high-grade apartments are multi-story buildings located in elegant urban neighborhoods.Criteria for villas and high-grade apartments include:1）projects for the construction of villas or high-grade apartments have to be approved by comprtent departments in charge of real estate development and investment plans,and 2)prices for projects on villas or high-grade apartments are higher by over 100% compared with the average prices of ordinary commercial housing projects in similar location.This indicator helps to analyze the investment structure of the real estate industry and the demand and supply of housing for high-income households.

Office Buildings refers to office space for enterprise, business, institutions, organizations, schools, hospitals and other units .

Newly Increased Fixed Assets This year refer to the newly increased value of fixed assets,constructed or purchased,that have been transferred to the investors.This is an indicator that demonstrates the results of investment in fixed assets in monetary terms,and an important indicator to reflect the speed of construction and to calculate the efficiency of investement.

Total source of funds refers to the various funds received by real estate enterprises in this year for the purpose of construction and purchase of investment in real estate. It includes balance of funds brought forward from the previous year, funds appropriated and brought in this year, and funds collected by various ways.

Surplus Funds Last Year refers to the surplus funds which didn't form the investment in fixed assets in the sources of funds in previous year. It includes material values that will be used in the projects, facilities values that must be and will be installed, and surplus cashes and deposits in bank.

Sources of Funds This Year refers to the monetary funds received by investing enterprises during the reference period for the purpose of investment in fixed assets. It includes funds from domestic loans, foreign investment, self-raised funds, and others.

Domestic Loans refer to loans of various forms borrowed by investing units from banks and non-bank financial institutions during the reference period, including loans issued by banks from their self-owned funds and deposit, loans appropriated by higher responsible authorities, special loans by government (including loan for substituting petroleum with coal, special loan for reform-through-labour coal mines), loans arranged by local government from special funds, domestic reserve loan, and working loan, etc.

Bank Loans refers to loans for real estate development and management brought from commercial banks and policy banks.

Foreign Investment refers to foreign funds received during the reference period for investment in fixed assets (covering equipment, materials and technology), including foreign direct investment, foreign borrowings (loans from foreign governments and international financial institutions, export credit, commercial loans from foreign banks, issuance of bonds and stocks overseas), and other foreign investment (covering facilities' funds provided by foreign investment by compensation trade and processing & assembly, as well as international lease).

Self-raising Funds refer to extra-budgetary funds for investment in fixed assets received by investing units from central government ministries, local governments, enterprises and institutions during the reference period.

Others Sources of Funds refer to funds for investment in fixed assets received from the sources other than those listed above, including funds raised from social and individuals, through donations, and funds transferred from other units.

Floor Space under Construction refers to total floor space of all buildings under construction during the reference period, including floor space of newly started buildings during the reference period, floor space of construction extended from the previous period to the current period, and floor space of construction suspended during the previous period and resumed in the current period. Floor space of construction completed in the current period, and floor space of construction started and then suspended in the current period are also included in the floor space under construction of the current year.

Floor Space Completed refers to the floor space of all buildings completed in the reference period, which have been appraised and accepted (or come up to the designed standards) and have been transferred to owner units.

Value of Buildings Completed refers to the intrinsic construction value of buildings completed in the reference period. It is figured by the rules of buildings design and budget, which not only includes the construction value of foundations, structure, furnishings, subsidiary projects such as water, electricity, toilet, etc. but also includes purchase and installation expenditures of facilities (such as lift, ventilation, etc.) listed into buildings budget as component of building construction. It excludes the purchase and installation of technical facilities, leads and lines in factories, construction of technical facilities' basis, expenditures of environment projects such as water, eructate, electricity, toilet, road projects, wall fended to earth outside, purchase of furniture in office or house, purchase of lands, as well as expenditures of move compensation and land leveling etc.

Floor Space of Buildings for rent refers to the total area for rent in the end of the reference period.

Floor Space of Commercialized Buildings Sold refers to total contracted area of commercialized housing (i.e. area of floor space as designated in the formal contracts signed by both sides) during the reference time. It constitutes floor space of completed housing and floor space of future housing.

Total Sales of Commercialized Buildings Sold refers to the total contracted value (i.e. value of sales/purchase for selling/purchase of commercialized housing as designated in the contract signed by both sides) during the reference time. This indicator has the same coverage as the area of commercialized housing sold, which constitutes floor space of completed housing and floor space of housing yet to be completed.

Floor Space Lying Idle refers he area has not yet sold or rent, including the housing area completed in the current period the previous year, but does not include demolition re-construction,united construction and the building of agents, public supporting the construction, real estate companies, such as swing space for personal use and not for sale or rental of housing area. has been completed in the reporting period.

Land Space Developed This Year refers to the land area of land development and prophase development projects completed, which can carry out construction or remise.

Land Space Purchased This Year refers to the land area accessible by various means in current year.

科技、教育、文化

19

Sci-Tech,Education and Culture

资料整理及英文翻译：万 玲　黄小平(女)

简要说明

本篇资料主要分为科技、教育、文化三部分。

科技统计资料主要内容包括：国有企事业单位专业技术人员情况；独立核算的科研机构、高校及各类企事业单位的科技活动人员、科技活动经费筹集及支出、研究与试验发展（R&D）活动、科技成果及奖励等情况；职务及非职务专利申请和授权情况；全省技术市场技术合同成交情况；科协系统科技活动情况；高新技术产业主要经济指标和科技活动情况等。

统计范围：科技活动统计资料基本包括了全社会有科技活动的企事业单位，具体包括大中型工业企业、独立核算的科研机构、普通高等学校、规模以上小型工业企业、具有一级资质的建筑企业以及从事软件开发活动的企业等。

资料来源：全省综合资料、各类企业资料和高新技术企业资料由省统计局调查提供；独立核算的科研机构资料、技术市场资料由省科技厅调查提供；高校科技活动资料由省教育厅调查提供；国防科研机构资料由省国防科工委调查提供；专业技术人员资料由省组织部门和省人事厅调查提供；科协系统科技活动资料由省科协调查提供；专利由省知识产权局等部门调查提供。

统计调查方法：工业企业、独立核算的科研机构、高校的科技活动资料采用全数调查取得，其中大中型工业企业实施年报调查制度，专利资料采用抽样等多种调查方法取得；建筑业和软件业采用五年为一周期的滚动调查制度。

科技活动统计资料口径变动说明：2000年以前科技活动统计资料只包括大中型工业企业、独立核算的科研机构、普通高等学校，2000年及以后年份扩大到了小型工业、建筑业和软件业等行业企事业单位。

教育统计资料包括研究生教育、高等教育(普通教育本专科、成人教育本专科)、中等教育(高中阶段教育和初中阶段教育)、初等教育(小学)、学前教育、特殊教育(盲聋哑和弱智儿童学校等)以及教育经费等资料。主要指标包括学校数、在校学生数、招生数、毕业生数、教职工数和专任教师数等。资料来源于省教育厅，技工学校资料来源于省劳动和社会保障厅，资料提供由省统计局科技环保处。

文化统计资料主要包括艺术表演团体、艺术表演场所、公共图书馆、博物馆、文化馆、文化站、文物、文化产业、新闻出版、广播电视等资料，资料来源于省文化厅、省新闻出版局、省广播电视厅、省统计局，资料由省统计局科技环保处提供。

Brief Introduction

This chapter includes three parts: technology, education and culture.

Data on technology mainly include: condition of professional scientific and technological personnel of state-owned enterprises and institutions; scientific and technological institutions with independent accounting system, scientific and technological personnel in universities and colleges and various enterprises or institutions, funds raising and expenditure on scientific and technological activities, activities of R&D and scientific and technological achievements and prizes; condition on applied and certified patent applications by services and non-services both domestically and overseas; the situation of signed technological contracts on technological market; scientific and technological activities within scientific and technological system; major economic indicators of high and new-tech industry and scientific and technological activities of those.

Statistical scope: data on scientific and technological activities include all institutions of the society engaged in those activities, they are mainly: large and medium-sized industrial enterprises, scientific and technological institutions with independent accounting system, universities and colleges, small industrial enterprises above designated size, the construction enterprises with first grade and enterprises engaged in software development and so on.

Sources of data: data on national level, various enterprises, medical and health care institutions and agricultural undertakings are from Jiangxi Bureau of Statistics; data on scientific and technologic research institutions, technological markets and high and new-tech industrial zones are from Bureau of Science and Technology; data on scientific and technological activities in universities and colleges are from Ministry of Education; data on scientific research institutions for defense are from Commission of Science, Technology and Industry for Provincial Defense. Department of Organization of the Communist Party of Jiangxi and Jiangxi Bureau of Statistics provide the data on the number of scientific and technological personnel. Jiangxi Science Association provides data on the scientific and technological activities. Data on supervision and checking of the products quality and patents are provided by Inspection and Quarantine and State Intellectual Property Office.

Statistical methodology: data on industrial enterprises, scientific and technological institutions with independent accounting system and scientific and technological activities of universities and colleges are collected through complete surveys, of which data on large and medium-sized industrial enterprises are following the scheme of annual reporting system. Data on supervision and checking of the products quality and patent applications are through sample surveys and other surveys. Data on construction and software industry are from rolling survey system with 5 years as one cycle.

Changes of the statistical scope of data on scientific and technological activities: before 2000, data only included large and medium-sized industrial enterprises, scientific research institutions with independent accounting system, and universities and colleges. Since 2000 (inclusive), data include: small industrial enterprises, construction sector.

The data on education cover the situations on postgraduates, higher education (universities and colleges), secondary education (senior and junior high schools), elementary education (primary schools), preschool education, special education (schools for the blind, deaf-mutes, and the retarded) and expenditure on education. The main indicators cover the number of schools, the number of students enrolled, the number of new students enrolled, the number of graduates, the number of staff and workers, the number of full-time teachers, sources and outlay of education fund, education expenditure from the state budget. The data are mainly provided by Bureau of Education. Data on the technical training schools are provided by the Bureau of Labor and Social Security. Data are provided by Division of Science,Technology and Environment, Jiangxi Bureau of Statistics.

Data on culture industry include show groups, art places, public libratory, museums, culture centers, culture satiations, relics, publishing and broadcasting. Data source from Jiangxi Bureau of Culture, Bureau of Press and Publication, Bureau of Broadcasting, Jiangxi Bureau of Statistics,Data are provided by Division of Science,Technology and Environment, Jiangxi Bureau of Statistics.

19-1 地方企事业单位专业技术人员(一)

Professional Technical Personnel in Local Institutions and Enterprises (I)

单位：人 (person)

类别	Type	2000	2005	2006	2007	2008	2009
总　计	**Total**	**693530**	**693932**	**696871**	**703924**	**705195**	**709372**
工程技术人员	Engineering	91360	74607	74637	72574	68416	69264
农业技术人员	Agriculture	19470	19733	19899	20558	20032	19950
卫生技术人员	Health Care	99631	110834	111257	113665	119150	122430
科学研究人员	Scientific Research	2333	3840	3236	3269	3261	3104
教学人员	Teaching	360818	399404	407887	407970	416673	419753
其他人员	Others	119918	85514	79955	85888	77663	74871

19-2 地方企事业单位专业技术人员(二)

Professional Technical Personnel in Local Institutions and Enterprises (II)

类别	Type	人数(人) Personnel (person)		比重(%) Percentage (%)		平均每万人口专业技术人员(人) Professional Technical Staff per 10000 Population (person)		平均每万在岗职工专业技术人员(人) Professional Technical Staff per 10000 Staff and Workers (person)	
		2008	2009	2008	2009	2008	2009	2008	2009
总　计	**Total**	**705195**	**709372**	**100**	**100**	**160**	**160**	**2562**	**2591**
工程技术人员	Engineering	68416	69264	9.7	9.8	16	16	249	253
农业技术人员	Agriculture	20032	19950	2.8	2.8	5	5	73	73
卫生技术人员	Health Care	119150	122430	16.9	17.3	26	27	433	447
科学研究人员	Scientific Research	3261	3104	0.5	0.4	1	1	12	11
教学人员	Teaching	416673	419753	59.1	59.2	94	94	1513	1533
其他人员	Others	77663	74871	11.0	10.6	18	17	282	274

19-3 地方企事业单位分行业专业技术人员（2009年）

Professional Technical Personnel in Local Institutions and Enterprises by Sector (2009)

单位：人 (person)

行业	Sector	合计 Total	事业单位 Institutions	企业单位 Enterprises
总计	**Total**	**709372**	**635792**	**73580**
农、林、牧、渔业	Agriculture,Forestry,Animal Husbandry and Fishery	31327	24959	6368
采掘业	Mining	16612		16612
制造业	Manufacturing	17307	42	17265
电力、燃气及水的生产和供应业	Production and Supply of Electric Power,Gas and Water	1896	269	1627
建筑业	Construction	5328	149	5179
交通运输、仓储和邮政业	Transport,Storage and Post	14534	9842	4692
信息传输、计算机服务和软件业	Information Transmission,Computer Services and Software	539	465	74
批发和零售业	Wholesale and Retail Trade	4999	102	4897
住宿餐饮业	Hotel and Catering	515	314	201
金融业	Financial Intermediation	11168		11168
房地产业	Real Estate	2879	2262	617
租赁和商务服务业	Leasing and Business Services	699	227	472
科学研究、技术服务和地质勘查业	Scientific Research,Technical Service and Geologic Prospecting	17672	16684	988
水利、环境和公共设施管理业	Management of Water Conservancy,Environment and Public Facilities	9686	9135	551
居民服务和其他服务业	Services to households and Other Services	2702	1723	979
教育	Education	414810	414810	
卫生、社会保障和社会福利业	Health, Social Security and Social Welfare	119428	119370	58
文化、体育和娱乐业	Culture, Sports and Entertainment	19812	17980	1832
公共管理和社会组织	Public Management and Social Organization	17459	17459	

19-4 地方企业单位按专业技术职务分专业技术人员（2009年）
Technical Personnel in Local Stated-owned Enterprises by Rank (2009)

单位：人 (person)

类 别	Type	合 计 Total	工程技术人员 Engineering	农业技术人员 Agriculture	科学研究人员 Scientific Research	卫生技术人员 Health Care	教学人员 Teaching	其他人员 Others
总 计	**Total**	**73580**	**29025**	**1664**	**123**	**6520**	**1226**	**35022**
高级职务	Senior	4787	2605	22	2	362	170	1626
#正高级	High Senior	273				124	72	77
中级职务	Middle	19443	10068	270	5	1882	381	6837
初级职务	Junior	42565	15654	768	3	3772	566	21802
未聘任专业技术职务	Un-titled	6785	698	604	113	504	109	4757

19-5 地方事业单位按专业技术职务分专业技术人员（2009年）
Technical Personnel in Local Institutions by Rank (2009)

单位：人 (person)

类 别	Type	合 计 Total	工程技术人员 Engineering	农业技术人员 Agriculture	科学研究人员 Scientific Research	卫生技术 Health Care	教学人员 Teaching	其他人员 Others
总 计	**Total**	**635792**	**40239**	**18286**	**2981**	**115910**	**418527**	**39849**
高级职务	Senior	71746	5573	1021	842	9107	52825	2378
#正高级	High Senior	5450		49	231	1637	3340	193
中级职务	Middle	237552	9409	3610	936	38475	173034	12088
初级职务	Junior	294052	21563	10846	921	57032	184134	19556
未聘任专业技术职务	Un-titled	32442	3694	2809	282	11296	8534	5827

19-6 地方事业单位按学历分专业技术人员（2009年）
Technical Personnel in Local Institutions by Schooling and Profession (2009)

单位：人 (person)

类别	Type	合计 Total	工程技术人员 Engineering	农业技术人员 Agriculture	科学研究人员 Scientific Research	卫生技术人员 Health Care	教学人员 Teaching	其他人员 Others
总计	**Total**	**635792**	**40239**	**18286**	**2981**	**115910**	**418527**	**39849**
研究生	Postgraduates	18411	1018	111	822	2300	13662	498
大学本科	Undergraduate	199476	14694	2855	1527	26939	141525	11936
大学专科	Junior College	242995	15143	6985	442	40098	163779	16548
中专	Junior Secondary School	146997	6828	5759	150	38914	89668	5678
高中及以下	Senior Secondary School and Below	27913	2556	2576	40	7659	9893	5189

19-7 地方事业单位按年龄分专业技术人员（2009年）
Technical Personnel in Local Institutions by Age and Profession (2009)

单位：人 (person)

年龄(岁) Age (year old)	合计 Total	工程技术人员 Engineering	农业技术人员 Agriculture	科学研究人员 Scientific Research	卫生技术人员 Health Care	教学人员 Teaching	其他人员 Others
总计 Total	**635792**	**40239**	**18286**	**2981**	**115910**	**418527**	**39849**
35岁及以下 35 and below	262849	18178	6373	1124	51384	171168	14622
36-40	112965	7375	4451	444	20622	71853	8220
41-45	97464	6879	3332	585	18910	60751	7007
46-50	74568	4119	2066	421	13589	49240	5133
51-54	53820	2312	1230	239	7250	39838	2951
55岁及以上 55 and over	34126	1376	834	168	4155	25677	1916

19-8 地方企业单位按学历分专业技术人员（2009年）
Technical Personnel in Local Enterprises by Schooling and Profession (2009)

单位：人 (person)

类别	Type	合计 Total	工程技术人员 Engineering Technical Personnel	农业技术人员 Agriculture Technical Personnel	科学研究人员 Scientific Research Personnel	卫生技术人员 Medical Technical Personnel	教学人员 Teaching Personnel	其他人员 Other Personnel
总计	**Total**	**73580**	**29025**	**1664**	**123**	**6520**	**1226**	**35022**
研究生	Postgraduates	1028	554		7	19	23	425
大学本科	Undergraduate	18810	10415	103	94	1132	409	6657
大学专科	Junior College	26815	10638	365	17	1728	486	13581
中专	Junior Secondary School	12920	4559	706	3	1893	191	5568
高中及以下	Senior Secondary School and Below	14007	2859	490	2	1748	117	8791

19-9 地方企业单位按年龄分专业技术人员（2009年）
Technical Personnel in Local Enterprises by Age (2009)

单位：人 (person)

年龄(岁) Age (year old)	合计 Total	工程技术人员 Engineering	农业技术人员 Agriculture	科学研究人员 Scientific Research	卫生技术人员 Health Care	教学人员 Teaching	其他人员 Others
总计 Total	**73580**	**29025**	**1664**	**123**	**6520**	**1226**	**35022**
35岁及以下 35 and below	22557	11768	325	36	2497	309	7622
36-40	14578	5327	274	13	1086	211	7667
41-45	15946	5460	571	49	1443	292	8131
46-50	11272	3542	283	9	904	235	6299
51-54	5553	1780	118	12	359	123	3161
55岁及以上 55 and over	3674	1148	93	4	231	56	2142

19-10 政府部门属科技机构情况（2009年）
Government Administratied Science Institutions (2009)

类别	Type	机构数(个) Number of Institutions (unit)	从业人员 总数(人) Total Number of Employees (person)	#单位在职科技活动人员 Personnel Engaged in S&T Activities	经费收入 总额(千元) Total Income (1000yuan)	经费支出 总额(千元) Total Expenditures (1000yuan)	#科技经费支出 on Science and Technology
总计	**Total**	**110**	**9227**	**4878**	**731705**	**681420**	**519490**
按隶属关系分	**Grouped by Jurisdiction of Management**						
省级部门属	Provincial Department Administratied	52	6197	3356	592534	542869	425717
地市级部门属	Municipal Departments Administratied	58	3030	1522	139171	138551	93773
按国民经济行业分	**Group by Sector**						
农、林、牧、渔业	Agriculture,Forestry,Animal Husbandry and Fishery	44	4945	1912	273495	243546	159933
采矿业	Mining	1	155	33	23596	23476	20267
制造业	Manufacturing	18	916	663	70137	67962	55652
建筑业	Construction	2	125	85	20630	19739	17028
交通运输、仓储和邮政业	Transport,Storage and Post	1	181	64	11182	19867	15866
信息传输、计算机服务和软件业	Information Transmission, Computer Services and Software	1	86	73	7804	4358	4358
科学研究、技术服务和地质勘查业	Scientific Research,Technical Service and Geologic Prospecting	34	2176	1530	230163	204976	170127
水利、环境和公共设施管理业	Management of Water Conservancy, Environment and Public Facilities	5	350	278	58537	60342	57994
卫生、社会保障和社会福利业	Health, Social Security and Social Welfare	4	293	240	36161	37154	18265
按学科领域分	**Grouped by Field of Study**						
自然科学领域	Natural Science	5	294	254	33434	33031	23381
农业科学领域	Agriculture Science	45	5278	1980	332181	290986	203142
医学科学领域	Medical Science	8	548	454	59318	60345	33876
工程科学与技术领域	Engineering Science and Technology	37	2545	1741	255490	256581	225760
社会、人文科学领域	Social and Human Science	15	562	449	51282	40477	33331
按地区分	**Grouped by Region**						
南昌市	Nanchang	54	5817	3296	548282	500095	418481
景德镇市	Jingdezhen	6	299	215	14459	13794	9473
萍乡市	Pingxiang	7	204	161	16136	14266	12067
九江市	Jiujiang	10	1108	331	65736	67062	24422
新余市	Xinyu	2	50	32	3599	3599	1702
鹰潭市	Yingtan	2	25	20	824	1386	1315
赣州市	Ganzhou	10	818	362	36572	37593	22572
吉安市	Ji'an	5	313	117	11811	12810	6079
宜春市	Yichun	4	195	126	18208	14947	10964
抚州市	Fuzhou	6	169	99	6036	6016	4825
上饶市	Shangrao	4	229	119	10042	9852	7590

19-11 县以上政府部门属自然科学研究与开发机构情况（2009年）

County and above Departments Administratied Natural Science Research and Development Institutions (2009)

类别	Type	机构数（个）Number of Institutions (unit)	从业人员 总数(人) Total Number of Employees (person)	#单位在职科技活动人员 Personnel Engaged in S&T Activities	经费收入 总额（千元）Total Income (1000yuan)	经费支出 总额（千元）Total Expenditures (1000yuan)	#科技经费支出 on Science and Technology
总计	**Total**	**96**	**8649**	**4412**	**681188**	**641648**	**487897**
按隶属关系分	**Grouped by Jurisdiction of Management**						
省级部门属	Provincial Department Administratied	49	5846	3079	555474	515490	402320
地市级部门属	Municipal Departments Administratied	47	2803	1333	125714	126158	85577
按国民经济行业分	**Group by Sector**						
农、林、牧、渔业	Agriculture,Forestry,Animal Husbandry and Fishery	44	4945	1912	273495	243546	159933
采矿业	Mining	1	155	33	23596	23476	20267
制造业	Manufacturing	18	916	663	70137	67962	55652
建筑业	Construction	2	125	85	20630	19739	17028
交通运输、仓储和邮政业	Transport,Storage and Post	1	181	64	11182	19867	15866
信息传输、计算机服务和软件业	Information Transmission, Computer Services and Software	1	86	73	7804	4358	4358
科学研究、技术服务和地质勘查业	Scientific Research,Technical Service and Geologic Prospecting	20	1598	1064	179646	165204	138534
水利、环境和公共设施管理业	Management of Water Conservancy, Environment and Public Facilities	5	350	278	58537	60342	57994
卫生、社会保障和社会福利业	Health, Social Security and Social Welfare	4	293	240	36161	37154	18265
按学科领域分	**Grouped by Field of Study**						
自然科学领域	Natural Science	4	250	213	31045	30736	22981
农业科学领域	Agriculture Science	45	5278	1980	332181	290986	203142
医学科学领域	Medical Science	8	548	454	59318	60345	33876
工程科学与技术领域	Engineering Science and Technology	37	2545	1741	255490	256581	225760
社会、人文科学领域	Social and Human Science	2	28	24	3154	3000	2138
按地区分	**Grouped by Region**						
南昌市	Nanchang	50	5422	2978	508833	470421	394684
景德镇市	Jingdezhen	5	275	194	13529	12864	8543
萍乡市	Pingxiang	6	188	147	14980	13583	11384
九江市	Jiujiang	9	1085	314	64386	65812	23172
新余市	Xinyu	1	31	18	2570	2570	951
鹰潭市	Yingtan	1	13	11	555	517	483
赣州市	Ganzhou	9	795	344	35061	36082	21941
吉安市	Ji'an	4	302	106	11046	12052	5983
宜春市	Yichun	3	168	106	15562	13185	9286
抚州市	Fuzhou	5	154	87	5467	5454	4462
上饶市	Shangrao	3	216	107	9199	9108	7008

19-12 高等学校科技人力资源情况（2009年）
Basic Statistics on Higher Education for Human Resource (2009)

单位：人 (person)

类别	Type	合计 Total	自然科学 Natural Sciences	工程与技术 Engineering and Technology	医药科学 Medical Science	农业科学 Agricultural Science	其他 Others
合计	**Total**	**17793**	**2957**	**5930**	**7197**	**463**	**1246**
教师	Teacher	11172	2617	4762	2863	404	526
教授	Professor	1719	386	597	636	68	32
副教授	Associate Professor	2917	743	1081	803	150	140
讲师	Lecturer	4086	954	1947	830	129	226
助教	Assistant	2312	491	1069	578	55	119
其他	Others	138	43	68	16	2	9
其他技术职务系列人员	Others Technical Position personnel	6621	340	1168	4334	59	720
高级	Senior	1018	104	235	560	29	90
中级	Medium	2324	139	449	1489	17	230
初级	Junior	2639	61	311	2056	11	200
其他	Others	218	15	60	95	1	47
辅助人员	Assistant	422	21	113	134	1	153

注：本表数据为高校理工院校。
a) The data refers to polytechnic colleges.

19-13 高等学校科技项目情况（2009年）
Situations on Scientific Projects in Schools of Higher Education (2009)

类别	Type	课题数(项) Number of Project (item)	当年投入(万元) Input this Year (10000 yuan)	当年支出经费(万元) Expenture this Year (10000 yuan)	当年投入人员(人年) Staff Input this Year (person-year)	高级职务 Senior Title	中级职务 Middle Title	初级职务 Junior Title	其他 Others
总计	**Total**	**6721**	**70615**	**62448**	**4576**	**2257**	**1558**	**735**	**26**
基础研究	Basic Research	1879	15359	13333	1443	689	504	240	10
应用研究	Applied Research	3235	33466	29169	2113	988	730	382	13
试验发展	Experimental Development	420	6190	5236	363	153	151	56	3
R&D成果应用	R&D Production Application	258	2833	2721	207	112	59	35	0
其他科技服务	Other Scientific Services	929	12768	11989	450	314	114	22	0

注：本表数据为高校理工院校。
a) The data refers to polytechnic colleges.

19-14 科协系统科技活动情况（2009年）

Basic Statistics on S&T Activities of S&T Associations (2009)

指标	Item	科协合计 Total Number of Associations	省科协 Provincial Associations	市科协 Prefectural Associations	县科协 County Associations	省学会合计 Total Number of Learned Societies
机构与人员	**Number of Associations or Academic Societies and Personnel**					
机构数(个)	Number of Associations (unit)		1	11	100	
人员数(人)	Number of Personnel (person)		33	142	516	
举办学术交流活动	**Academic Exchange**					
次　数(次)	Number of Academic Meetings (time)	658	16	292	139	211
参加人数(人次)	Number of Participants (person-time)	57978	7520	17537	9269	23652
科普活动	**S&T Popularization Activities**					
科普讲座次数(次)	Number of S&T Popularization Lectures (time)	5127	137	757	1995	2238
听讲人次(人次)	Number of Participants (person-time)	1187856	82950	256820	621467	226619
科普展览次数(次)	Number of S&T Popularization Exhibitions (time)	1951	60	369	1370	152
参观人次(人次)	Number of Participants (person-time)	2441877	210000	418919	1641232	171726
咨询服务	**Advisory Services**					
完成技术咨询合同(项)	Technical Advisory Contracts Completed (piece)	559	328	30	52	149
咨询合同实现金额(万元)	The Amount of Technical Advisory Contracts Completed (10000 yuan)	11027	3800	151	6878	199
出　版	**S&T Media**					
科技期刊种数(种)	Number of S&T Journals (kind)	63	2	7	23	31
科技期刊年发行总数(万册)	Printed Copies (10000 copies)	143	84	3	3	53
科技报纸种数(种)	Number of S&T Newspapers (kind)	101	54	18	24	5
科技报纸年发行总数(万份)	Printed Copies (10000 copies)	27	16	1	1	9
科技图书种数(种)	Number of S&T Books (kind)	53	6	9	28	10
科技图书年发行总数(万册)	Printed Copies (10000 copies)	23	10	2	5	5

19-15 技术市场基本情况（2009年）

Basic Statistics on Technology Market (2009)

类别	Type	项数（项） Item (item)	成交额（万元） Total Turnover (10000 yuan)
总　计	**Total**	**2274**	**99082.70**
按签订的技术合同类别分	**Grouped by Signed Technological Contracts**		
技术开发合同	Technological Development Contract	929	58877.68
技术转让合同	Technological Transfer Contract	288	26450.53
技术咨询合同	Technological Consultation Contract	517	3408.82
技术服务合同	Technological Service Contract	540	10355.67

19-16 专利申请受理量和批准量
Patents Application Accepted and Granted

单位：项 (unit)

类别	Type	受理量 Number of Patent Applications Examined				批准量 Number of Patent Applications Granted			
		2000	2005	2008	2009	2000	2005	2008	2009
总计	**Total**	**1557**	**2815**	**3746**	**5224**	**1072**	**1361**	**2295**	**2915**
按总类分	**Grouped by Types**								
发明	Inventions	267	713	1016	1502	67	142	218	386
实用新型	Utility Models	806	1280	1726	2439	690	717	1520	1515
外观设计	Designs	484	822	1004	1283	315	502	557	1014
按申请者分	**Grouped by Applicants**								
个人	Individuals	1303	2180	2471	3011	854	1089	1460	1784
大专院校	Universities and Colleges	6	62	270	587	6	12	109	147
科研单位	Research Institutions	18	19	34	67	11	11	25	23
工矿企业	Industrial and Mining Enterprises	222	546	960	1549	193	247	695	953
机关团体	Government Agencies and Organizations	8	8	11	10	8	2	6	8

19-17 获国家级、省级科技奖项数
National-level and Provincial-level S&T Awards

单位：项 (item)

类别	Type	2005	2006	2007	2008	2009
国家级科技进步奖	National-level S&T Advancement Award	5	4	3	2	6
省级奖项合计	Total Provincial-level Awards	79	111	105	96	110
自然科学奖	Natural Science Award	8	15	12	11	13
一等奖	First Prize	1		1		2
二等奖	Second Prize	3	5	4	3	3
三等奖	Third Prize	4	10	7	8	8
技术发明奖	Technology Invention Award	2	2	2	1	5
一等奖	First Prize	1				
二等奖	Second Prize		2	2		3
三等奖	Third Prize	1			1	2
科技进步奖	S&T Advancement Award	69	94	91	84	92
一等奖	First Prize	4	3	6	5	4
二等奖	Second Prize	17	24	23	24	31
三等奖	Third Prize	48		62	55	57

19-18 各类全日制学校基本情况（2009年）

Total Enrollment of Full-time Schools by Type of School (2009)

单位：人 (person)

类别	Type	学校数（所） Number of Schools (unit)	在校学生数 Total Enrollment	招生数 New Enrollment	毕业生数 Graduates	教职工数 Teachers and Staff	#专任教师 Full-time Teachers
研究生	Post-graduates		17990	7464	5018		4301
普通高等学校	Regular Institutions of Higher Education	85	793488	246419	213303	72123	48637
普通中等专业学校	Regular Specialized Secondary School	66	231772	89025	71946	8840	5975
中等技术学校	Technical Schools	61	217784	83516	68194	7971	5288
中等师范学校	Teacher Training Schools	5	13988	5509	3752	869	687
普通中学	Regular Secondary Schools	2579	2664803	947679	798152	182827	165445
高(完)中	Senior Secondary Schools	476	772405	250953	279087		47512
初中	Junior Secondary Schools	2103	1892398	696726	519065		117933
职业中学	Secondary Vocational Schools	348	394300	169834	109143	18470	13599
高(完)中	Senior Secondary Vocational Schools	347	393679	169689	108864	18428	13557
初中	Junior Secondary Vocational Schools	1	621	145	279	42	42
技工学校	Technical Schools	83	179760	69164	45663	9531	7754
小学	Primary Schools	13021	4227464	714886	694818	208702	201461
特殊教育学校	Special Education Schools	69	22355	3739	2143	894	764
幼儿园	Kindergartens	8325	1122232	727433	363120	60102	39541
工读学校	Schools for Juvenile Delinquents	1				4	

注：普通初中含九年一贯制学校。

a) Junior secondary schools include Grade 1-9 school system schools.

19-19 各类全日制学校在校学生数

Total Enrollment of Full-time Schools by Type of School

类别	Type	1980	1990	2000	2005	2008	2009
研究生(人)	Post-graduates (person)	58	479	2118	9860	15304	17990
普通高等学校(人)	Regular Institutions of Higher Education (person)	35623	56608	144293	646086	764182	793488
普通中等专业学校(人)	Regular Specialized Secondary School (person)	40800	61675	160022	261404	228255	231772
中等技术学校	Technical Schools	25163	34921	128726	247872	214935	217784
中等师范学校	Teacher Training Schools	15637	26754	31296	13532	13320	13988
普通中学(万人)	Regular Secondary Schools (10000 persons)	154.86	181.06	259.22	286.15	256.69	266.48
高(完)中	Senior Secondary Schools	28.01	26.23	38.53	84.92	82.2	77.24
初中	Junior Secondary Schools	126.85	154.83	220.69	201.23	174.49	189.24
职业中学(万人)	Secondary Vocational Schools (10000 persons)	0.51	11.69	12.71	26.69	34.89	39.43
高(完)中	Senior Secondary Vocational Schools	0.15	9.17	10.72	26.56	34.81	39.37
初中	Junior Secondary Vocational Schools	0.36	2.52	1.99	0.13	0.08	0.06
技工学校(人)	Technical Schools (person)	13370	34237	34617	101252	167109	179760
小学(万人)	Primary Schools (10000 persons)	529.30	450.44	422.68	384.16	423.93	422.75
特殊教育学校(人)	Special Education Schools (person)	485	1195	13142	18805	20326	22355
幼儿园(万人)	Kindergartens (10000 persons)	30.61	36.26	62.06	71.68	92.45	112.22

19-20 各类全日制学校毕业生数
Graduates in Full-time Schools by Type of School

类 别	Type	1980	1990	2000	2005	2008	2009
研究生(人)	Post-graduates (person)		215	409	1772	4116	5018
普通高等学校(人)	Regular Institutions of Higher Education (person)	3363	13616	24449	97781	264549	213303
中等专业学校(人)	Regular Specialized Secondary School (person)	11296	21040	45776	48084	83796	71946
中等技术学校	Technical Schools	2898	11717	33151	45086	79742	68194
中等师范学校	Teacher Training Schools	8398	9323	12625	2998	4054	3752
普通中学(万人)	Regular Secondary Schools (10000 persons)	34.82	49.02	73.79	98.22	88.75	79.82
高(完)中	Senior Secondary Schools	15.83	8.39	9.19	23.96	28.68	27.91
初中	Junior Secondary Schools	18.99	40.63	64.60	74.25	60.07	51.91
职业中学(万人)	Secondary Vocational Schools (10000 persons)	0.12	3.03	4.62	6.48	11.09	10.91
高(完)中	Senior Secondary Vocational Schools	0.08	2.39	3.88	6.41	11.07	10.89
初中	Junior Secondary Vocational Schools	0.04	0.64	0.74	0.07	0.02	0.03
技工学校(人)	Technical Schools(person)	297	9457	14740	26155	43236	45663
小学(万人)	Primary Schools (10000 persons)	60.89	86.02	85.61	64.88	65.48	69.48
特殊教育(人)	Special Education Schools (person)	65	98	1073	1551	1913	2143

19-21 各类学校教师负担学生数
Student-Teacher Ratio by Level of Regular Schools

年份 Year	普通高等学校 Regular Institutions of Higher Education		中等学校 Secondary Education		小学 Primary Education	
	教师数(万人) Teachers (10000 persons)	平均每个教师负担学生数(人) Student-Teacher Ratio(person)	教师数(万人) Teachers (10000 persons)	平均每个教师负担学生数(人) Student-Teacher Ratio(persons)	教师数(万人) Teachers (10000 persons)	平均每个教师负担学生数(人) Student-Teacher Ratio(person)
1978	0.43	5.07	8.54	20.55	19.85	25.88
1980	0.53	6.72	7.98	20.15	20.39	25.96
1985	0.80	5.61	8.99	19.05	21.17	27.06
1986	0.88	5.61	9.76	19.15	21.63	26.46
1987	0.92	5.66	10.38	18.99	21.68	25.30
1988	0.92	5.73	11.30	17.38	22.08	23.02
1989	0.94	5.69	11.63	16.78	22.16	21.46
1990	0.91	6.24	12.16	16.64	22.41	20.10
1991	0.91	6.21	12.68	16.55	22.42	19.20
1992	0.90	6.56	13.12	16.19	22.44	18.68
1993	0.90	7.91	13.22	15.80	22.48	18.43
1994	0.93	8.42	13.45	15.88	22.72	18.54
1995	0.95	8.71	13.72	16.37	22.80	18.88
1996	0.97	8.86	14.19	17.05	22.92	19.35
1997	0.98	9.10	14.61	17.62	23.08	19.69
1998	0.96	9.96	15.03	17.95	22.88	19.79
1999	1.01	11.08	15.43	18.27	22.48	19.57
2000	1.04	14.11	15.78	18.47	22.30	18.95
2001	1.22	16.38	16.34	18.59	21.44	18.91
2002	1.59	16.97	16.70	19.30	20.59	19.27
2003	2.19	16.61	17.16	19.72	19.85	19.67
2004	3.04	16.10	17.76	19.38	19.44	19.87
2005	3.86	16.74	18.22	19.16	19.35	19.85
2006	4.22	18.25	18.48	18.14	19.55	20.45
2007	4.50	17.31	18.66	17.56	19.80	21.08
2008	4.75	16.08	19.04	17.39	19.80	21.41
2009	4.86	16.31	19.28	18.00	20.15	20.98

19-22 普通高等学校分学科学生、专任教师情况（2009年）

Basic Statistics on Students and Full-time Teacher in Regular Institutions of Higher Education by Field of Study (2009)

单位：人 (person)

类别	Type	在校学生数 Total Enrollment	招生数 New Enrollment	毕业生数 Graduates	专任教师 Full-time Teachers	#正、副高级 Senior and Sub-sinior	#中级 Midedle	#初级 Junior
总计	**Total**	**793488**	**246419**	**213303**	**48637**	**16918**	**16878**	**11998**
#女	Female	359173	111001	96947	19529	5605	6969	5729
哲学	Philosophy	341	103	49	1734	746	578	307
经济学	Economics	37343	10326	9639	3945	1228	1378	1131
法学	Law	20812	6445	6364	2020	716	703	493
教育学	Education	50255	16984	14473	3827	1378	1236	962
文学	Literature	125754	36848	33076	9901	2923	3452	2953
#外语	Foreign Language	53440	15756	14453	3964	1029	1429	1276
艺术	Art	51943	15197	13412	2790	686	1034	922
历史学	History	1451	490	316	637	258	225	111
理学	Science	31366	9039	7263	6598	2526	2311	1374
工学	Engineering	285751	89967	78175	13042	4426	4698	3219
农学	Agriculture	7964	2731	1870	891	425	285	147
医学	Medicine	63980	19082	16294	2748	1196	819	541
管理学	Management	168471	54404	45784	3294	1096	1193	760
总计中:	Total							
本科	Full Undergraduate Courses	366922	103897	81519	29301	11307	10731	6172
专科	Specialized Undergraduate Courses	426566	142522	131784	19336	5611	6147	5826

注：1.此表包括8所成人高等学校专科学生数。
2.专科教师中包括其他机构教师。

a) Students from eight adult institutions of higher education are included.

b) Specialized undergraduate courses teachers include teachers from other institutions.

19-23 中等职业学校基本情况（2009年）

Basic Statistics on Schools, Students and Full-time Teacher in Vocational Secondary Education by Type of School(2009)

单位：人 (person)

类别	Type	学校数(所) Number of Schools (unit)	在校学生数 Total Enrollment	招生数 New Enrollment	毕业生数 Graduates	教职工数 Teachers and Staff	#专任教师 Full-time Teachers
总计	**Total**	**505**	**639022**	**265726**	**183916**	**29713**	**21444**
#女	Female		326260	135347	92172	11446	8557
全日制	Full-time		636894	264890	183211		
非全日制	Part-time		2128	836	705		
按办学类型分:	Grouped by School Types						
普通中等专业学校	Regular Specialized Secondary School	66	231772	89025	71946	8840	5975
中等技术学校	Technical Schools	61	217784	83516	68194	7971	5288
中等师范学校	Teacher Training Schools	5	13988	5509	3752	869	687
成人中等专业学校	Adult Specialized Secondary School	92	13571	7012	3106	1942	1547
职业高中学校	Vocational Junior Secondary School	347	393679	169689	108864	18428	13557
按举办部门分:	Grouped by Administrative Department						
中央部门	Central Department	1	225	112	245	45	16
地方部门	Regional Department	294	451363	188987	127226	19390	14620
教育部门	Educational Department	232	272162	126540	66819	13362	10835
非教育部门	Non-educational Department	62	179201	62447	60407	6028	3785
民办	Non-public	210	187434	76627	56445	10278	6808

注:教职工、专任教师中不包括教学点，各项相加不等于总数。

a)The data Teachers and Staff and Full-time teachers do not include those from teaching stations,and the subentry figures do not add up to the total.

19-24 普通中等专业学校分科学生数（2009年）

Number of Students in Regular Specialized Secondary School by Field of Study (2009)

单位：人 (person)

类别	Type	在校学生数 Total Enrollment	招生数 New Enrollment	#招收初中毕业生数 Junior Secondary	#招收应届毕业生数 Gurrent yeae	毕业生数 Graduates	专任教师 Full-time Teachers
总计	**Total**	**231772**	**89025**	**75822**	**65502**	**71946**	**5975**
#女	Female	136324	52087	46203	42136	40389	2646
农林类	Agriculture and Forestry	7874	6753	1566	934	316	142
资源与环境类	Resources and Environment	1323	563	367	358	501	36
能源类	Energy	2262	573	336	315	1015	82
土木水利工程类	Civil and Hydraulic Engineering	5329	2376	2233	1643	1195	113
加工制造类	Manufacturing	43669	13799	12705	11012	16771	498
交通运输类	Communication & Transportation	2497	1051	1000	974	619	20
信息技术类	Information Technologies	35494	13599	12500	9984	13878	913
医药卫生类	Medicine and Health	63763	22556	21962	21054	17759	471
商贸与旅游类	Trade and Tourism	12233	5958	4846	2768	4547	111
财经类	Finance and Economics	10212	3564	2742	2404	3619	252
文化艺术与体育类	Culture, Arts and Physical Education	9551	3304	2792	2379	2341	367
社会公共事物类	Public Affairs	5296	2640	1003	739	1783	43
师范类	Teacher Training	23117	8528	8094	7992	4936	254
其他	Others	9152	3761	3667	2946	2666	117

注：专任教师其他中包括文化基础课、实习指导课老师。

a) Number of full-time teachers include the number of teachers of basic culture and intern guide.

19-25 各地区中等专业学校基本情况（2009年）

Basic Statistics on Regular Specialized Secondary School by Region (2009)

单位：人 (person)

地区	Region	学校数(所) Number of Schools(unit)	在校学生数 Total Enrollment	招生数 New Enrollment	毕业生数 Graduates	教职工数 Teachers and Staff	#专任教师 Full-time Teachers
全省	**Provincial Total**	**66**	**231772**	**89025**	**71946**	**8840**	**5975**
南昌市	Nanchang	30	95311	38510	32675	3460	2111
景德镇市	Jingdezhen	3	5904	1736	1151	332	247
萍乡市	Pingxiang	2	8814	3651	2886	420	281
九江市	Jiujiang	4	14425	4776	3232	373	252
新余市	Xinyu	5	8542	2008	4107	1156	802
鹰潭市	Yingtan	1	4697	2160	1466	127	65
赣州市	Ganzhou	4	26856	7642	11137	619	456
吉安市	Ji'an	8	16559	6311	3883	708	560
宜春市	Yichun	1	21615	9867	4670	434	323
抚州市	Fuzhou	1	6403	2877	1167	135	105
上饶市	Shangrao	7	22646	9487	5572	1076	773

19-26 普通中学基本情况（2009年）

Basic Statistics on Regular Secondary Schools (2009)

单位：人 (person)

类别	Type	学校数(所) Number of Schools(unit0	在校学生数 Total Enrollment	初中 Junior Secondary Schools	高中 Senior Secondary School	招生数 New Enrollment	初中 Junior Secondary Schools
全省	**Provincial Total**	**2579**	**2664803**	**1892398**	**772405**	**947679**	**696726**
#女	Female		1170891	858772	312119	420265	317957
民办	Non-public	283	248776	135576	113200	86511	48664
按城乡分	**Grouped by Residence**						
城市	Cities	223	335854	196168	139686	114963	70002
县镇	Counties and Towns	733	1297386	718039	579347	447830	259640
农村	Rural Areas	1623	1031563	978191	53372	384886	367084
按地区分	**Grouped by Region**						
南昌市	Nanchang	263	296619	218076	78543	105682	74294
景德镇市	Jingdezhen	104	87706	60902	26804	31710	23918
萍乡市	Pingxiang	113	107737	79651	28086	35322	26261
九江市	Jiujiang	310	295698	190935	104763	99449	68119
新余市	Xinyu	48	56411	35110	21301	19386	13760
鹰潭市	Yingtan	70	62431	42044	20387	24939	19065
赣州市	Ganzhou	447	487403	345542	141861	187158	145620
吉安市	Ji'an	307	281697	193400	88297	97174	66481
宜春市	Yichun	245	301009	217428	83581	109354	82310
抚州市	Fuzhou	215	245694	177941	67753	85620	63180
上饶市	Shangrao	457	442398	331369	111029	151885	113718

19-26 续表 continued

单位：人 (person)

类别	Type	高中 Senior Secondary Schools	毕业生数 Graduates	初中 Junior Secondary Schools	高中 Senior Secondary Schools	教职工数 Teachers and Staff	#专任教师 Full-time Teachers
全省	**Provincial Total**	**250953**	**798152**	**519065**	**279087**	**182827**	**165445**
#女	Female	102308	345175	233068	112107	62659	57154
民办	Non-public	37847	76102	35936	40166	18204	12755
按城乡分	**Grouped by Residence**						
城市	Cities	44961	101173	51331	49842	25033	21964
县镇	Counties and Towns	188190	393463	183941	209522	83230	74357
农村	Rural Areas	17802	303516	283793	19723	74564	69124
按地区分	**Grouped by Region**						
南昌市	Nanchang	31388	92992	63924	29068	19680	17144
景德镇市	Jingdezhen	7792	26607	16871	9736	7113	6486
萍乡市	Pingxiang	9061	29538	16565	12973	8379	7780
九江市	Jiujiang	31330	90727	54519	36208	19551	18040
新余市	Xinyu	5626	17781	10109	7672	4834	4587
鹰潭市	Yingtan	5874	23737	16164	7573	4819	4361
赣州市	Ganzhou	41538	136582	84617	51965	32865	29740
吉安市	Ji'an	30693	92000	62796	29204	19797	18325
宜春市	Yichun	27044	83352	56041	27311	19554	18192
抚州市	Fuzhou	22440	75368	49940	25428	15876	14652
上饶市	Shangrao	38167	129468	87519	41949	30359	26138

19-27 职业中学基本情况（2009年）

Basic Statistics on Vocational Secondary Schools (2009)

单位：人 (person)

地 区	Region	学校数(所) Number of Schools (unit)	在校学生数 Total Enrollment	初中 Junior Secondary Schools	高中 Senior Secondary School	招生数 New Enrollment	初中 Junior Secondary Schools
全 省	**Provincial Total**	**348**	**394300**	**621**	**393679**	**169834**	**145**
#女	Female		183973	347	183626	80590	64
南昌市	Nanchang	24	17588		17588	5679	
景德镇市	Jingdezhen	21	8135		8135	3504	
萍乡市	Pingxiang	29	31113		31113	14802	
九江市	Jiujiang	34	35030		35030	14759	
新余市	Xinyu	21	56832		56832	19359	
鹰潭市	Yingtan	10	18926		18926	6783	
赣州市	Ganzhou	52	70379		70379	31869	
吉安市	Ji'an	47	31124		31124	15787	
宜春市	Yichun	35	47319		47319	24147	
抚州市	Fuzhou	27	30456		30456	13779	
上饶市	Shangrao	48	47398	621	46777	19366	145

19-27 续表 continued

单位：人 (person)

地 区	Region	高中 Senior Secondary Schools	毕业生数 Graduates	初中 Junior Secondary Schools	高中 Senior Secondary Schools	教职工数 Teachers and Staff	#专任教师 Full-time Teachers
全 省	**Provincial Total**	**169689**	**109143**	**279**	**108864**	**18470**	**13599**
#女	Female	80526	50337	139	50198	6892	5224
南昌市	Nanchang	5679	7811		7811	934	715
景德镇市	Jingdezhen	3504	2574		2574	678	490
萍乡市	Pingxiang	14802	7921		7921	1628	1257
九江市	Jiujiang	14759	8392		8392	1771	1363
新余市	Xinyu	19359	21113		21113	2519	1634
鹰潭市	Yingtan	6783	6174		6174	897	614
赣州市	Ganzhou	31869	19126		19126	3189	2226
吉安市	Ji'an	15787	6440		6440	1145	856
宜春市	Yichun	24147	8164		8164	2044	1695
抚州市	Fuzhou	13779	9508		9508	1361	1125
上饶市	Shangrao	19221	11920	279	11641	2304	1624

19-28 职业中学高中阶段分科学生情况（2009年）

Students Statistics in Senior Secondary Schools by Field of Study (2009)

单位：人 (person)

类别	Type	在校学生数 Total Enrollment	招生数 New Enrollment	毕业生数 Graduates
总计	**Total**	**393679**	**169689**	**108864**
#女	Female	183626	80526	50198
农林类	Agriculture and Forestry	18590	13868	1640
土木水利工程类	Civil and Hydraulic Engineering	2160	766	403
加工制造类	Manufacturing	94814	37064	27296
交通运输类	Communication & Transportation	7108	3767	1257
信息技术类	Information Technologies	135955	57282	43312
医药卫生类	Medicine and Health	12049	4581	2918
商贸与旅游类	Trade and Tourism	25686	10458	6049
财经类	Finance and Economics	12473	4442	4513
文化艺术与体育类	Culture, Arts and Physical Education	23704	9754	6570
社会公共事业类	Public Affairs	22307	7944	6770
师范类	Teacher Training	20333	11672	3513
其他	Others	18500	8091	4623

19-29 小学、特殊教育、工读学校基本情况（2009年）

Basic Statistics on Primary Schools, Special Education and Schools for Juvenile Delinquents (2009)

单位：人 (person)

类别	Type	学校数（所）Number of Schools (unit)	在校学生数 Total Enrollment	招生数 New Enrollment	毕业生数 Graduates	教职工数 Teachers and Staff	#专任教师 Full-time Teachers
小学	**Primary Schools**	**13021**	**4227464**	**714886**	**694818**	**208702**	**201461**
#女	Female		1901383	320037	317189	97832	95216
民办	Non-public	64	81472	10584	16940	5763	3851
按城乡分	Grouped by Residence						
城市	Cities	241	343459	54249	54928	16416	15405
县镇	Counties and Towns	1075	1020573	160629	192620	47630	44957
农村	Rural Areas	11705	2863432	500008	447270	144656	141099
按地区分	Grouped by Region						
南昌市	Nanchang	1064	445798	73389	76158	22599	21472
景德镇市	Jingdezhen	495	140752	24198	22848	7367	7065
萍乡市	Pingxiang	420	143485	26898	24975	8189	7939
九江市	Jiujiang	1430	425290	78314	67042	21213	20629
新余市	Xinyu	162	87447	13838	14349	5348	5263
鹰潭市	Yingtan	359	103966	17435	18665	5320	5012
赣州市	Ganzhou	2628	923347	149299	145308	40140	38378
吉安市	Ji'an	1211	371572	63530	65231	19726	19352
宜春市	Yichun	1640	476332	83244	81692	23974	23634
抚州市	Fuzhou	1388	404641	64786	61791	20339	19730
上饶市	Shangrao	2224	704834	119955	116759	34487	32987
特殊教育	**Special Education**	**69**	**22979**	**3808**	**2189**	**894**	**764**
#女	Female		6849	1214	668	639	565
工读学校	**Schools for Juvenile Delinquents**	**1**				**4**	

19-30 平均每万人口在校学生数
Number of Students Per 10000 Population by Level

指　　标	Item	1980	1990	2000	2005	2008	2009
各类学校在校学生占全省人口比重(%)	Schools of All Types of Students in the Proportion of the Population of the Province (%)	21.21	17.28	17.57	18.51	18.93	22.31
平均每万人口在校学生数	Number of Students Per 10000 population by Level						
普通高等学校(人)	Regular Institutions of Higher Education (person)	10.91	14.98	35.29	149.86	177.15	179.03
中等学校(人)	Secondary Education (person)	491.67	530.97	702.41	809.75	752.51	783.06
中等专业学校	Specialized Secondary Schools	12.48	16.18	38.57	60.63	51.87	52.29
普通中学	Regular Secondary Schools	473.55	475.13	624.84	663.73	583.37	601.24
职业中学	Vocational Secondary Schools	1.55	30.68	30.65	61.90	79.29	88.96
技工学校	Technical Schools	4.09	8.98	8.35	23.49	37.98	40.56
小　学(人)	Primary Schools (person)	1618.56	1182.05	1018.85	891.06	963.45	953.82

注：普通高等学校包括研究生。后同。

a) Number of regular institutions of higher education include the number of post-graduates. The same applies to the tables following.

19-31 各类学校学生构成情况
Composition of Students by Type of School

单位：%　　(%)

类　　别	Type	1980	1990	2000	2005	2008	2009
各类学校学生占学生总数比重	**Schools of All Types of Students in Poportion of Students**						
普通高等学校	Regular Institutions of Higher Education	0.5	0.9	2.0	8.2	9.4	9.3
中 等 学 校	Sceondary Education	23.2	30.7	40.0	43.8	39.7	40.9
中等专业学校	Specialized Secondary Schools	0.6	0.9	2.2	3.3	2.7	2.7
普 通 中 学	Regular Secondary Schools	22.3	27.5	35.5	35.8	30.8	31.4
职 业 中 学	Vocational Secondary Schools	0.1	1.8	1.8	3.3	4.2	4.6
技 工 学 校	Technical Schools	0.2	0.5	0.5	1.3	2.0	2.1
小　　学	Primary Schools	76.3	68.4	58.0	48.1	50.9	49.8

19-32 初中毕业生、小学毕业生升学率

Proportion of Students Entering into Junior and Senior Secondary Schools

年 份 Year	初 中 Junior Secondary School			小 学 Primary School		
	毕业生数 (万人) Graduates (10000 persons)	高级中等学校招生数(万人) New Enrollment of Senior Secondary Schools (10000 persons)	升学率 (%) Rate of Entering the Higher School (%)	毕业生数 (万人) Graduates (10000 persons)	初级中等学校招生数(万人) New Enrollment of Junior Secondary Schools (10000 persons)	升学率 (%) Rate of Entering the Higher School (%)
1978	41.77	20.69	49.53	72.03	56.36	78.25
1979	39.55	21.36	54.01	61.41	45.49	74.08
1980	19.03	10.78	56.65	60.89	41.23	67.71
1981	33.88	15.22	44.92	64.86	41.13	63.41
1982	31.71	12.40	39.10	67.30	39.89	59.27
1983	29.99	12.64	42.15	69.90	41.20	58.94
1984	28.75	14.26	49.60	67.85	42.58	62.76
1985	30.04	13.42	44.67	71.75	45.50	63.41
1986	34.07	14.68	43.09	76.41	50.10	65.57
1987	37.32	15.14	40.57	83.68	52.55	62.80
1988	40.35	15.46	38.31	88.94	54.07	60.79
1989	41.18	14.88	36.13	86.96	53.83	61.90
1990	41.27	15.88	38.48	86.02	56.65	65.86
1991	43.41	16.38	37.73	85.44	57.66	67.49
1992	45.83	17.10	37.31	79.45	57.18	71.97
1993	47.51	18.36	38.64	71.50	57.87	80.94
1994	48.44	19.26	39.76	67.99	58.23	85.64
1995	46.99	20.57	43.78	70.05	63.08	90.04
1996	51.27	20.96	40.88	73.70	68.44	92.86
1997	55.51	21.38	38.52	77.20	72.88	94.39
1998	59.55	21.99	36.92	80.35	75.70	94.21
1999	62.28	25.53	40.99	83.90	78.57	93.65
2000	65.34	26.57	40.67	85.61	81.23	94.89
2001	65.49	30.53	46.62	85.47	81.00	94.77
2002	67.15	38.81	57.80	82.15	81.25	98.91
2003	68.66	43.30	63.06	75.74	75.96	100.29
2004	72.42	48.69	67.23	67.68	67.72	100.06
2005	74.32	57.88	77.88	64.88	64.53	99.46
2006	69.48	57.63	82.94	53.84	53.54	99.44
2007	62.06	54.81	88.32	54.28	54.73	100.82
2008	60.09	55.90	93.03	65.48	66.83	102.06
2009	51.90	51.67	99.56	69.48	69.69	100.30

注：2009年高级中等学校招生人数包括中等职业教育学校和高(完)中招生数。

a) Number of new Enroument of Senior Secondary Schools in 2009 include the number of Secondary Vocational Educations and Senior Secondary Schools.

19-33 小学学龄儿童数和入学率
Number of School-age Children and Rate of Entering the Primary Schools

单位：万人 (10000 persons)

年份 Year	学龄儿童数 School-age Children	#农村 Rural	已入学学龄儿童数 School-age Children Enrollment	#农村 Rural	入学率(%) Rate of Entering the Primary Schools(%)	#农村 Rural
1978	436.66	391.79	411.10	366.48	94.15	93.54
1979	441.58	398.05	410.82	367.76	93.03	92.39
1980	443.15	397.47	415.07	369.60	93.66	92.99
1981	445.81	398.40	416.46	368.27	93.42	92.44
1982	456.45	406.80	426.33	376.98	93.40	92.67
1983	462.17	413.08	437.56	388.56	94.67	94.06
1984	458.27	409.40	440.82	392.12	96.19	95.78
1985	464.66	412.84	450.19	398.32	96.89	96.48
1986	459.05	409.02	445.54	395.65	97.06	96.73
1987	435.42	385.39	423.66	373.92	97.30	97.02
1988	403.31	355.63	392.06	344.68	97.21	96.92
1989	378.45	328.56	370.01	320.33	97.77	97.50
1990	358.31	318.24	351.99	312.00	98.24	98.04
1991	349.80	264.94	343.78	260.00	98.28	98.14
1992	351.62	261.22	347.18	257.64	98.74	98.63
1993	363.71	258.84	359.45	255.31	98.83	98.64
1994	370.48	255.01	367.15	252.49	99.10	99.01
1995	389.04	257.54	386.78	255.89	99.42	99.36
1996	404.23	252.15	402.80	251.07	99.65	99.57
1997	413.80	244.25	411.99	243.08	99.56	99.52
1998	416.12	238.82	414.31	237.74	99.57	99.55
1999	405.52	223.09	403.96	222.11	99.61	99.56
2000	390.24	206.64	388.58	205.57	99.58	99.49
2001	370.61	208.59	359.15	204.23	96.91	96.41
2002	355.09	186.25	349.84	183.33	98.53	98.44
2003	350.83	205.58	347.34	203.57	99.01	99.00
2004	349.19	202.63	345.84	200.59	99.04	98.99
2005	348.46	233.24	345.02	230.92	99.01	99.00
2006	364.24	256.56	362.93	255.61	99.64	99.63
2007	378.85	246.15	378.22	245.69	99.83	99.81
2008	390.71	248.94	390.42	248.74	99.93	99.92
2009	396.68	267.64	396.26	267.35	99.89	99.89

19-34 幼儿园基本情况

Basic Statstics on Kindergartens

单位：人 (person)

年 份 Year	幼儿园数（所） Number of Kindergartens(unit)	入园幼儿数 New Enrollment	在园幼儿数 Total Enrollment	教职工数 Teachers and Staff	#教 师 Teachers
1978	2104		105914	6278	4159
1979	3854		172476	8304	6509
1980	7204		306055	13565	11184
1981	6364		300231	14366	11853
1982	5488		300630	15638	12693
1983	1857		296400	16000	12923
1984	4987		310300	15257	13454
1985	5208		323021	14778	12998
1986	5866	190318	318347	17744	14147
1987	5406	194370	329718	18229	14259
1988	4547	182034	327540	18471	14579
1989	4520	187932	330680	18953	14574
1990	4827	208294	362621	19798	15492
1991	4141	283249	394487	20013	15780
1992	4490	294967	450005	21050	16983
1993	3856	337689	491055	21365	17271
1994	4123		505530	21058	17755
1995	4600	419190	525330	22284	18976
1996	5084	462715	584601	23757	19822
1997	5986	496134	609026	26124	21764
1998	6626	518683	619048	26879	22321
1999	7602	514200	626009	29179	24124
2000	6573	500453	620624	26472	21154
2001	2894	428073	488380	18519	12335
2002	3469	475561	574756	21526	14275
2003	4478	504672	633073	26515	17612
2004	4370	507222	658093	28406	18228
2005	4870	526960	716760	32367	20742
2006	5848	594627	806287	37453	24235
2007	6245	648555	881690	41853	27093
2008	6620	649104	924488	47920	30447
2009	8326	728337	1123138	60102	39541

19-35 幼儿园基本情况（2009年）

Basic Statstics on Kindergartens (2009)

单位：人 (person)

类别	Type	园数(所) Number of Kindergarten	入园幼儿数 New Enrollment	在园幼儿数 Total Enrollment	离园幼儿数 Dropout	教职工数 Teachers and Staff	#教师 Teachers
全省	**Provincial Total**	**8326**	**728337**	**1123138**	**363758**	**60102**	**39541**
#女	Female		313393	486424	153942	56051	38652
民办	Non-public	7720	434012	738854	191240	50189	32397
按城乡分	**Grouped by Residence**						
城市	Cities	722	50484	120363	35204	11536	7086
县镇	Counties and Towns	2452	230065	394362	108639	26284	17811
农村	Rural Areas	5152	447788	608413	219915	22282	14644
按地区分	**Grouped by Region**						
南昌市	Nanchang	531	52849	92379	25346	7730	4598
景德镇市	Jingdezhen	172	15497	22918	5551	1520	990
萍乡市	Pingxiang	424	34973	52785	19777	3042	1908
九江市	Jiujiang	585	49953	92826	20277	5051	3125
新余市	Xinyu	188	14876	31789	10352	2545	1574
鹰潭市	Yingtan	129	16409	25959	11717	1542	933
赣州市	Ganzhou	1937	188207	260457	81717	12553	8335
吉安市	Ji'an	1231	90958	133421	36446	6484	4227
宜春市	Yichun	976	100064	150213	69128	7191	4525
抚州市	Fuzhou	513	39436	75532	20060	4034	3122
上饶市	Shangrao	1640	125115	184859	63387	8410	6204

19-36 成人教育基本情况（2009年）

Basic Statistics on Adult Educations (2009)

单位：人 (person)

类别	Type	学校数(所) Number of Schools(unit)	在校学生数 Total Enrollment	招生数 New Enrollment	毕业生数 Graduates	教职工数 Teachers and Staff	#专任教师 Full-time Teachers
成人高等学校	Institutions of Higher Education for Adults	10	9822	5735	4223	2298	1413
广播电视大学	Radio and Televison College	1	1053	840	379	295	223
职工高等学校	Institutions of Higher Education for Workers	4	1518	782	620	322	206
管理干部学院	School of Management Cadres off-job Courses	2	1977	1489	701	751	374
教育学院	Educational School	3	5274	2624	2523	930	610
业余大学	Amateur College		31321	11565	7847		
#普通高等学校办	Amateur College Managed by Institutions of Higher Education		29812	10642	7066		
函授部	Correspondence Education Department		74941	26473	21191		
#普通高等学校办	Correspondence Department Managed by Institutions of Higher Education		71791	24904	19849		
脱产班	Off-job Training		14103	3243	10464		
#普通高等学校办	Adult Full-time Class Managed by Institutions of Higher Education		8940		8364		
成人中等专业学校	Adult Specialized Secondary School	92	13571	7012	3106	1942	1547
成人中学	Secondary School for Adult	7	339		269	18	15
成人小学	Primary School for Adult	762	28808		25254	1126	625
#扫盲班	Literacy Courses	191	3816		3552	133	56
成人技术培训学校	Technical Training Schools for Adult	1348	250182		251731	1875	872

19-37 成人教育基本情况
Basic Statistics on Adult Educations

单位：人 (person)

类　　别	Type	1990	2000	2005	2008	2009
成人高等学校	**Adult Institutions of Higher Education**					
学校数(所)	Number of Schools(unit)	28	18	11	11	10
在校学生数	Total Enrollment	37525	85953	101254	121184	120365
招生数	New Enrollment	14191	39761	43504	41185	41281
毕业生数	Graduates	11156	20461	39916	37927	39502
教职工数	Teachers and Staff	4732	4015	2704	2604	2298
#专任教师	Full-time Teachers	2165	1875	1389	1578	1413
成人中等专业学校	**Adult Specialized Secondary School**					
在校学生数	Total Enrollment	28215	27552	14605	13927	13571
招生数	New Enrollment	11318	7839	2603	6679	7012
毕业生数	Graduates	6822	12946	8449	5890	3106
成人中学	**Adult Institutions of Secondary Education**					
在校学生数	Total Enrollment	33492	4563	3003	4831	339
招生数	New Enrollment	25627	3891			
毕业生数	Graduates	16125	4713	16217	3953	269
成人初等学校	**Adult Institutions of Primary Education**					
在校学生数	Total Enrollment	277810	176278	118917	22077	28808
招生数	New Enrollment	205164	135331			
毕业生数	Graduates	122310	230159	134392	13190	25254
成人技术培训学校	**Adult Technical Training Schools**					
在校学生数	Total Enrollment	107932	1563308	389930	201804	250182
招生数	New Enrollment	89438	1495816			
毕业生数	Graduates	96023	1512540	487906	225197	251731

注：成人高等学校在校学生数、招生数、毕业生数包括普通高等学校的成人在校学生数、招生数和毕业生数。

a) Number of total Enrollment,New Enrollment,Graduates of Adult Institutions of Higher Education in 2009 do not include the number of institutions of Higher Education.

19-38 文化事业机构与人员数

Number of Institutions and Staff Personnel for Cultural Undertakings

指　标	Item	1980	1990	2000	2005	2008	2009
机构数(个)	**Number of Institutions (unit)**						
艺术表演团体	Art Performance Troupes	118	86	79	79	83	83
艺术表演场所	Art Performance Places	59	77	62	57	58	50
文化馆(站)	Cultural Centers (Station)	739	2084	1988	1544	1823	1822
文 化 馆	Cultural Centers	102	101	101	101	101	103
文 化 站	Cultural Stations	637	1983	1887	1433	1722	1719
群众艺术馆	Mass Art Centers	11	12	12	12	12	12
图 书 馆	Libraries	49	104	104	104	105	108
博 物 馆	Museums	52	82	81	82	99	103
文物保护管理所	Agencies of Historical Relics Preservation	10	33	44	68	64	66
文物科研机构	Scientific and Research Historical Relics Agencies				2	2	2
文物商店	Cultural Relic Shops	3	4	4	4	4	4
其他文物机构	Other Historical Relics Agencies		1	2	2	2	2
人员数(人)	**Number of Staff (person)**						
艺术表演团体	Art Performance Troupes	7747	4384	3949	3495	3621	3594
艺术表演场所	Art Performance Places	107	874	919	709	616	543
文 化 馆(站)	Cultural Centers (Station)	2296	5119	4080	3869	3747	3623
文 化 馆	Cultural Centers	1434	1484	1486	1378	1308	1327
文 化 站	Cultural Stations	862	3635	2594	2491	2439	2296
群众艺术馆	Mass Art Centers	244	369	340	322	306	337
图 书 馆	Libraries	475	1277	1462	1373	1399	1426
博 物 馆	Museums	764	1134	1324	1435	2002	8691
文物保护管理所	Agencies of Historical Relics Preservation	292	510	242	554	220	217
文物科研机构	Scientific and Research Historical Relics Agencies				42	47	44
文物商店	Cultural Relic Shops	47	136	126	42	66	69
其他文物机构	Other Historical Relics Agencies		280	292	292	327	319

19-39 各地区文化事业单位数（2009年）

Number of Institutions for Cultural undertakings by Region (2009)

单位：个 (unit)

地　区	Region	艺术表演团体 Art Performance Troupes	艺术表演场所 Art Performance Places	群众艺术馆文化馆 Cultural Centers and Mass Art Centers	公共图书馆 Public Libraries	#总藏量（万册） Total Collections (10000 copies)	博物馆 Museums	文物保护管理所 Agencies of Historical Relics Preservation
全　省	**Provincial Total**	**83**	**50**	**115**	**108**	**14735661**	**103**	**66**
南昌市	Nanchang	7	5	10	10	1561425	8	2
景德镇市	Jingdezhen	4	3	6	6	675092	6	2
萍乡市	Pingxiang	4	4	6	6	657036	2	6
九江市	Jiujiang	6	7	15	12	1574734	15	12
新余市	Xinyu	1	1	3	3	513120	2	1
鹰潭市	Yingtan	2	1	4	4	342074	4	6
赣州市	Ganzhou	19	8	19	18	1798212	15	11
吉安市	Ji'an	12	7	14	13	2043694	14	7
宜春市	Yichun	9	2	11	10	1084828	11	7
抚州市	Fuzhou	3	3	13	12	885937	9	6
上饶市	Shangrao	10	6	13	13	916897	12	6
省　级	Provincial	6	3	1	1	2682612	5	

注：文物保护管理所包括其它文物机构。
a) Data on agency of historical relics preservations include data on other historical relics institutions.

19-40 文化产业机构基本情况（2009年）

Basic Statistics on Cultural Industry Institutions (2009)

单位：个 (unit)

指　标	Item	合计 Total	文化部门 Culture Department	国有经济 State-owned Units	集体经济 Collective-owned Units	其他经济 Other Ownerships	其他部门 Other Departments
总　计	**Total**	**11002**	**2558**	**2542**	**5**	**11**	**8444**
文化产业	Cultural Industry	10996	2552	2537	4	11	8444
艺术业	Art Industry	167	153	145		8	14
图书馆业	Museum Industry	108	108	108			
群众文化业	Mass Art Industry	1834	1834	1834			
艺术教育业	Art Education Industry	4	4	4			
文化市场经营业	The Cultural Market Management Industry	8442	14	10	1	3	8428
文艺科研	Art Research	15	15	15			
文物业	Cultural Relic Industry	177	175	175			
其他文化产业	Other Cultural Industries	249	249	246	3		
非文化产业	Non-cultural Industries	6	6	5	1		

注：有关文化产业的指标仅含文化厅本系统的数据。后同。
a) Data on indicators of cultural industry include only data from culture system.The same applies to the tables following.

19-41 文化产业从业人员基本情况（2009年）
Basic Statistics on Employed Persons of Cultural Industry (2009)

单位:人 (person)

指标	Item	合计 Total	文化产业 Cultural Industry	艺术业 Art Industry	图书馆业 Library	群众文化业 Mass Culture	艺术教育业 Art Education
总计	**Total**	**62023**	**61948**	**4753**	**1426**	**3960**	**200**
#高级职称	Senior Title	769	768	318	70	139	57
中级职称	Middle Title	2441	2433	1149	283	546	63
文化部门	**Cultural Department**	**22750**	**22675**	**4473**	**1426**	**3960**	**200**
#高级职称	Senior Title	767	766	316	70	139	57
中级职称	Middle Title	2400	2392	1112	283	546	63
国有经济	State-owned Units	22473	22415	4263	1426	3960	200
#高级职称	Senior Title	763	762	312	70	139	57
中级职称	Middle Title	2381	2373	1096	283	546	63
集体经济	Collective owned Units	49	32				
#高级职称	Senior Title						
中级职称	Middle Title	3	3				
其他经济	Other Ownerships	228	228	210			
#高级职称	Senior Title	4	4	4			
中级职称	Middle Title	16	16	16			
其他部门	**Other Departments**	**39273**	**39273**	**280**			

19-41 续表 continued

单位：人 (person)

指标	Item	文化市场经营业 Cultural Market Management	文艺科研 Art research	文物业 Cultural Relic	其他文化产业 Other Cultural Industries	非文化产业 Non-cultural Industry
总计	**Total**	**39209**	**121**	**9361**	**2918**	**75**
#高级职称	Senior Title		26	136	22	1
中级职称	Middle Title		38	325	29	8
文化部门	**Cultural Department**	**264**	**121**	**9313**	**2918**	**75**
#高级职称	Senior Title		26	136	22	1
中级职称	Middle Title		38	321	29	8
国有经济	State-owned Units	243	121	9313	2889	58
#高级职称	Senior Title		26	136	22	1
中级职称	Middle Title		38	319	26	8
集体经济	Collective owned Units	3			29	17
其他经济	Other Ownerships	18				
#高级职称	Senior Title					
中级职称	Middle Title					
其他部门	**Other Departments**	**38945**		**48**		

19-42 文化产业机构人员情况（2009年）

Basic Statistics on Personnel of Cultural Industry Institutions (2009)

单位：人 (person)

指 标	Item	合 计 Total	文化部门 Culture Department	国有经济 State-owned Units	集体经济 Collective-owned Units	其他经济 Other Ownerships	其他部门 Other Departments
总 计	**Total**	**62023**	**22750**	**22473**	**49**	**228**	**39273**
文化产业	Cultural Industry	61948	22675	22415	32	228	39273
艺术业	Art Industry	4753	4473	4263		210	280
图书馆业	Museum Industry	1426	1426	1426			
群众文化业	Mass Art Industry	3960	3960	3960			
艺术教育业	Art Education Industry	200	200	200			
文化市场经营业	The Cultural Market Management Industry	39209	264	243	3	18	38945
文艺科研	Art Research	121	121	121			
文物业	Cultural Relic Industry	9361	9313	9313			48
其他文化产业	Other Cultural Industries	2918	2918	2889	29		
非文化产业	Non-cultural Industries	75	75	58	17		

19-43 各地区文化产业主营业务收入、增加值(2009年)

Culture Industry Revenue from Principal Business and Value-added by Region(2009)

单位：万元 (10000 yuan)

地 区	Region	文化产业主营业务收入 Culture Industry Revenue from Principal Business	文化产业增加值 Culture Industry Value-added	文化产业增加值占地区生产总值比重 Culture Industry Value-added as Percentage of GDP
全 省	**Total**	**7411036**	**2184070**	**2.9**
南昌市	Nanchang	3203862	800046	4.4
景德镇市	Jingdezhen	259912	137313	3.8
萍乡市	Pingxiang	340207	122343	2.9
九江市	Jiujiang	431475	178777	2.2
新余市	Xinyu	405092	112926	2.3
鹰潭市	Yingtan	146848	64389	2.5
赣州市	Ganzhou	776045	242060	2.6
吉安市	Ji'an	469868	133768	2.3
宜春市	Yichun	445482	123096	1.8
抚州市	Fuzhou	334512	100836	2.0
上饶市	Shangrao	597734	168514	2.3

19-44 文化产业主营业务收入
Culture Industry Revenue from Principal Business

单位：万元 (10000 yuan)

分　类	Sector	2008	2009	2009年比2008年增长（%） Increase Rate in 2009 over 2008(%)
文化产业主营业务收入(万元)	**Culture Industry Revenue from Principal Business (1000 yuan)**	**6575953**	**7411036**	**12.7**
按部门分	**By Department**			
文化部门	Cultural Department	518551	545584	5.2
广电部门	Broadcasting and TV Department	217579	260883	19.9
新闻出版部门	Journalism and Publishing Department	1466367	1751696	19.5
旅游部门	Tourist Department	636462	820112	28.9
其他	Others	3736993	4032760	7.9
按层次分	**By Structural Levels**			
核心层	Core	1490751	1874081	25.7
新闻服务	News Service	2606	3634	39.5
出版发行和版权服务	Publishing Distribution and Copyright Service	1339767	1660143	23.9
广播、电视、电影服务	Broadcasting TV and Film Service	93624	137636	47.0
文化艺术服务	Cultural Art Service	54755	72667	32.7
外围层	Margin	1565816	1739370	11.1
网络文化服务	Internet Service	123995	227519	83.5
文化休闲娱乐服务	Entertainment and Recreation Service	880721	955282	8.5
其他文化服务	Other Cultural Services	561100	556569	-0.8
相关层	Periphery	3519386	3797584	7.9
文化用品、设备及相关文化产品的生产	Manufaction of Cultural Goods Equipment and Related Product	2454761	2628338	7.1
文化用品、设备及相关文化产品的销售	Distribution of Cultural Goods Equipment and Related Product	1064625	1169246	9.8
文化产业主营业务收入构成(%)	**Composition of Culture Industry Revenue from Principal Business(%)**	**100.00**	**100.00**	
按部门分	**By Department**			
文化部门	Cultural Department	7.89	7.36	
广电部门	Broadcasting and TV Department	3.31	3.52	
新闻出版部门	Journalism and Publishing Department	22.30	23.64	
旅游部门	Tourist Department	9.68	11.07	
其他	Others	56.83	54.42	
按层次分	**By Structural Levels**			
核心层	Core	22.67	25.29	
新闻服务	News Service	0.04	0.05	
出版发行和版权服务	Publishing Distribution and Copyright Service	20.37	22.40	
广播、电视、电影服务	Broadcasting TV and Film Service	1.42	1.86	
文化艺术服务	Cultural Art Service	0.83	0.98	
外围层	Margin	23.81	23.47	
网络文化服务	Internet Service	1.89	3.07	
文化休闲娱乐服务	Entertainment and Recreation Service	13.39	12.89	
其他文化服务	Other Cultural Services	8.53	7.51	
相关层	Periphery	53.52	51.24	
文化用品、设备及相关文化产品的生产	Manufaction of Cultural Goods Equipment and Related Product	37.33	35.47	
文化用品、设备及相关文化产品的销售	Distribution of Cultural Goods Equipment and Related Product	16.19	15.78	

19-45 文化产业增加值
Culture Industry Value-added

单位：万元 (10000 yuan)

分　　类	Sector	2008	2009	2009年比2008年增长（%） Increase Rate in 2009 over 2008(%)
文化产业增加值(万元)	**Culture Industry Value-added(1000 yuan)**	**1862769**	**2184070**	**17.3**
按部门分	**By Department**			
文化部门	Cultural Department	161014	174064	8.1
广电部门	Broadcasting and TV Department	123986	140550	13.4
新闻出版部门	Journalism and Publishing Department	448142	541178	20.8
旅游部门	Tourist Department	167547	201610	20.3
其他	Others	962080	1126668	17.1
按层次分	**By Structural Levels**			
核心层	Core	495733	559122	12.8
新闻服务	News Service	1519	1529	0.7
出版发行和版权服务	Publishing Distribution and Copyright Service	401769	441619	9.9
广播、电视、电影服务	Broadcasting TV and Film Service	60003	82558	37.6
文化艺术服务	Cultural Art Service	32442	33416	3.0
外围层	Margin	419344	438124	4.5
网络文化服务	Internet Service	44854	55257	23.2
文化休闲娱乐服务	Entertainment and Recreation Service	242771	246800	1.7
其他文化服务	Other Cultural Services	131718	136068	3.3
相关层	Periphery	947693	1186823	25.2
文化用品、设备及相关文化产品的生产	Manufaction of Cultural Goods Equipment and Related Product	779023	951381	22.1
文化用品、设备及相关文化产品的销售	Distribution of Cultural Goods Equipment and Related Product	168670	235443	39.6
文化产业增加值构成(%)	**Composition of Culture Industry Value-added(%)**	**100.00**	**100.00**	
按部门分	**By Department**			
文化部门	Cultural Department	8.64	7.97	
广电部门	Broadcasting and TV Department	6.66	6.44	
新闻出版部门	Journalism and Publishing Department	24.06	24.78	
旅游部门	Tourist Department	8.99	9.23	
其他	Others	51.65	51.59	
按层次分	**By Structural Levels**			
核心层	Core	26.61	25.60	
新闻服务	News Service	0.08	0.07	
出版发行和版权服务	Publishing Distribution and Copyright Service	21.57	20.22	
广播、电视、电影服务	Broadcasting TV and Film Service	3.22	3.78	
文化艺术服务	Cultural Art Service	1.74	1.53	
外围层	Margin	22.51	20.06	
网络文化服务	Internet Service	2.41	2.53	
文化休闲娱乐服务	Entertainment and Recreation Service	13.03	11.30	
其他文化服务	Other Cultural Services	7.07	6.23	
相关层	Periphery	50.88	54.34	
文化用品、设备及相关文化产品的生产	Manufaction of Cultural Goods Equipment and Related Product	41.82	43.56	
文化用品、设备及相关文化产品的销售	Distribution of Cultural Goods Equipment and Related Product	9.05	10.78	

19-46 报纸、杂志、图书出版种数
Publication of Newspapers, Magazines and Books

单位：种 (item)

指 标	Item	1980	1990	2000	2005	2008	2009
报 纸	Newspapers Published	6	28	65	65	63	63
综合报	General Newspapers	2	18	28	31	29	29
专业报	Special Newspapers	4	10	37	34	34	34
期 刊	Magazines Published	84	141	167	163	163	163
综 合	General Magazines	6	1	1	1	5	5
哲学、社会科学	Philosophy and General Social Sciences	10	33	52	42	39	39
自然科学、技术	Natural Sciences and Technology	47	63	78	73	71	71
文化、教育	Culture and Education	9	27	21	28	29	29
少年儿童读物	Children's Books	2	3	7	8	7	7
文学、艺术	Literature and Art	10	13	8	9	10	10
画 刊	Picture Books		1		2	2	2
图 书	Books	362	1264	2158	3011	3012	3672
#课 本	Textbooks	134	329	583	839	842	703

19-47 报纸、杂志、图书出版数量
Pieces of Newspapers, Magazines and Books Published

单位：万份 (10000 copies)

指 标	Item	1980	1990	2000	2005	2008	2009
报 纸	Newspapers Published	17048	58930	39929	62263	67134	68850
综合报	General Newspapers	16506	38936	33273	56059	59359	55737
专业报	Special Newspapers	542	19994	6657	6204	7775	13113
期 刊	Magazines Published	584	2714	9060	5623	5714	6381
综 合	General Magazines	23	54	2	48	88	195
哲学社会科学	Philosophy and General Social Sciences	18	933	3239	755	570	598
自然科学技术	Natural Sciences and Technology	119	241	830	506	406	396
文化、教育	Culture and Education	210	679	2401	1143	1657	1659
少年儿童读物	Children's Books	30	417	1850	2416	2484	3179
文学艺术	Literature and Art	184	384	738	667	370	303
画 刊	Picture Books		6		89	139	51
图 书	Books	8474	19216	20300	16907	15105	15949
#课 本	Textbooks	4861	10935	10490	9953	8170	7731

19-48 广播、电视事业

Basic Statistics on Radio and Television Stations

指 标	Item	1980	2000	2005	2008	2009
广播台(站)	All Number of Broadcasting Stations (station)					
广播电台(座)	Number of Stations (set)	3	10	12	12	12
节目套数(套)	Number of Programs (set)	3	72	109	103	103
全年广播剧播出部数(部)	Pieces of Radio Seplay Programs (piece)			230	1454	1519
全年广播剧播出集数(集)	Episodes of Radio Seplay Programs (episode)			10168	27274	28885
中短波转播发射台(座)	FM&AM Radio Broadcasting Stations (set)	17	15	15	16	16
广播人口覆盖率(%)	Radio Coverage of Population (%)	38.5	89.49	93.22	95.77	96.12
#农村广播人口覆盖率(%)	Radio Coverage of Rural Population (%)				94.97	95.42
电视台(座)	Television Stations (set)	1	12	12	12	12
节目套数(套)	Number of Programs (set)		42	122	112	113
全年电视剧播出部数(部)	Pieces of TV Series Broadcast (piece)			10495	9172	8759
全年电视剧播出集数(集)	Episodes of TV Series Broadcast (episode)			217656	222444	227340
全年动画电视播出部数(部)	Pieces of Cartoons Broadcast (piece)			949	641	698
全年动画电视播出集数(集)	Episodes of Cartoons Broadcast (episode)			8858	20494	28004
电视转播发射机台数(座)	TV Transmission Facilities (set)	58	493	349	353	354
电视人口覆盖率(%)	TV Coverage of Household (%)	50.5	92.67	95.44	97.23	97.47
#农村电视人口覆盖率	TV Coverage of Rural Household				96.65	96.94
广播电视卫星收转站(座)	TV Transmission Stations and Relaying Stations (set)		8315	9668	328976	345839
有线电视入户率(%)	CATV Coverage of Household (%)			26.90	30.20	31.81
#农村	Rural				20.04	20.71

注：1.1995年以前中短波广播发射台数是指广播发射台及转播台数。
2.2000年以前电视台是指无线电视台，2001年无线电视台与有线电视台合并。

a) Before 1995,number of FM&AM Radio Broadcasting Stations refer to the number of both radio broadcasting stations and transmission stations.

b) Before 2000,number of TV Stations refer to number of Wireless TV. Wirless TV and CATV Merged in 2001.

19-49 测绘生产完成情况

Statistics on Projects Completed by Surveying and Mapping Departments

年 份 Year	大 地 测 量 Geodesy		测图合计 (幅) Mapping (unit)	地图数字化 (幅) Digital Map (unit)	地图编制 Cartography		
	GPS测量 (点) Global Positioning System Survey (point)	水准测量 (公里) Leveling (kilometer)			地形图 (幅) Topographic Map (unit)	专题地图 (幅/册) Special Map (unit/Volume)	地图集 (册) Atlas (Volume)
2001	528	336	1941	1416	440	61	2
2002	500	481	2219	1091		372	
2003	189	100	2068	1887		23	1
2004	796	5031	3051	2754		44	
2005	576	800	2509			36	
2006	1840	200	6418	999		35	
2007	1940	286	6127	288	10	30	1
2008	2150	400	13360	286	41	33	1
2009	632	1978	5114		25	607	2

19-50 测绘资料提供情况

Statistics on Output of Surveying and Mapping Materials

年 份 Year	地形图合计(张) Topographic Map (unit)	1:10000 (scale)	1:50000 (scale)	大地成果(点) Geodetic Results (point)	航摄成果(片) Aerial Photograph (piece)	挂 图(张) Wall Map (unit)	地 图 集(册) Atlas (volume)
2000	8904	7266	1638	377	281		
2001	10704	8785	1919	1611		66	217
2002	8294	7287	1007	173	120	40	48
2003	10048	8656	1392	47372	8411		
2004	5868	3959	1909	563	29000		
2005	5815	4231	1584	1327	48126	5	
2006	7926	5058	2868	17010	15865	112	20
2007	15035	12754	2281	24221	22631		
2008	17352	15336	2016	7929	12355		
2009	5523	4909	614	5554	22803		

19-51 各地区产品质量监督抽查情况（2009年）

Results of Sampling Check under Provincial Supervision on the Quality of Products by Region (2009)

地 区	Region	抽查产品(种) Production Supervised (kinds)	抽查企业(家) Number of Enterprises Supervised	抽查产品(批) Production Supervised(bath-time)	不合格产品(批) Production Unqualified (bath-time)
全 省	**Provincial Total**	**428**	**10362**	**11903**	**2624**
省本级	Provincial class	100	3769	4215	648
景德镇市	Jingdezhen	38	425	640	23
萍乡市	Pingxiang	34	1027	1039	204
九江市	Jiujiang	44	377	604	210
新余市	Xinyu	18	322	375	43
鹰潭市	Yingtan	28	156	156	21
赣州市	Ganzhou	40	1576	1613	203
吉安市	Ji'an	34	431	564	140
宜春市	Yichun	36	579	622	103
抚州市	Fuzhou	25	417	420	81
上饶市	Shangrao	31	1083	1655	948

主要统计指标解释

科技活动 指在自然科学、农业科学、医药科学、工程与技术科学、人文与社会科学领域(简称科学技术领域)中，与科技知识的产生、发展、传播和应用密切相关的有组织的活动。可分为研究与试验发展(R&D)、研究与试验发展成果应用及相关的科技服务三类活动。该定义是联合国教科文组织考虑成员国特别是发展中国家开展科技统计工作的需要，而对科技活动所作的统计界定。

科技活动人员 指直接从事科技活动、以及专门从事科技活动管理和为科技活动提供直接服务，累计的实际工作时间占全年制度工作时间10%及以上的人员。(1)直接从事科技活动的人员包括：在独立核算的科学研究与技术开发机构、高等学校、各类企业及其他事业单位内设的研究室、实验室、技术开发中心及中试车间(基地)等机构中从事科技活动的研究人员、工程技术人员、技术工人及其它人员；虽不在上述机构工作，但编入科技活动项目(课题)组的人员；科技信息与文献机构中的专业技术人员；从事论文设计的研究生等。(2)专门从事科技活动管理和为科技活动提供直接服务的人员，包括：独立核算的科学研究与技术开发机构、科技信息与文献机构、高等学校、各类企业及其他事业单位主管科技工作的负责人，专门从事科技活动的计划、行政、人事、财务、物资供应、设备维护、图书资料管理等工作的各类人员，但不包括保卫、医疗保健人员、司机、食堂人员、茶炉工、水暖工、清洁工等为科技活动提供间接服务的人员。该指标用来反映投入科技活动人力的规模。

研究与试验发展(R&D) 指在科学技术领域，为增加知识总量，以及运用这些知识去创造新的应用进行的系统的创造性的活动，包括基础研究、应用研究、试验发展三类活动。国际上通常采用R&D活动的规模和强度指标反映一国的科技实力和核心竞争力。

基础研究 指为了获得关于现象和可观察事实的基本原理的新知识(揭示客观事物的本质、运动规律，获得新发现、新学说)而进行的实验性或理论性研究，它不以任何专门或特定的应用或使用为目的。其成果以科学论文和科学著作为主要形式。用来反映知识的原始创新能力。

应用研究 指为获得新知识而进行的创造性研究，主要针对某一特定的目的或目标。应用研究是为了确定基础研究成果可能的用途，或是为达到预定的目标探索应采取的新方法(原理性)或新途径。其成果形式以科学论文、专著、原理性模型或发明专利为主。用来反映对基础研究成果应用途径的探索。

试验发展 指利用从基础研究、应用研究和实际经验所获得的现有知识，为产生新的产品、材料和装置，建立新的工艺、系统和服务，以及对已产生和建立的上述各项作实质性的改进而进行的系统性工作。其成果形式主要是专利、专有技术、具有新产品基本特征的产品原型或具有新装置基本特征的原始样机等。在社会科学领域，试验发展是指把通过基础研究、应用研究获得的知识转变成可以实施的计划(包括为进行检验和评估实施示范项目)的过程。人文科学领域没有对应的试验发展活动。主要反映将科研成果转化为技术和产品的能力，是科技推动经济社会发展的物化成果。

专业技术人员 指从事专业技术工作和专业技术管理工作的人员，即企事业单位中已经聘任专业技术职务从事专业技术工作和专业技术管理工作的人员，以及未聘任专业技术职务，现在专业技术岗位上工作的人员。包括工程技术人员，农业技术人员，科学研究人员，卫生技术人员，教学人员，经济人员，会计人员，统计人员，翻译人员，图书资料、档案、文博人员，新闻出版人员，律师、公证人员，广播电视播音人员，工艺美术人员，体育人员，艺术人员及企业政治思想工作人员，共十七个专业技术职务类别。用来反映科技人力资源情况。

科技活动经费筹集 指从各种渠道筹集到的计划用于科技活动的经费，包括政府资金、企业资金、事业单位资金、金融机构贷款、国外资金和其他资金等。反映各社会经济主体对促进科技进步所做的努力。

科技活动经费内部支出 指报告年内用于科技活动的实际支出，包括劳务费、科研业务费、科研管理费，非基建投资购建的固定资产、科研基建支出以及其他用于科技活动的支出。不包括生产性活动支出、归还贷款支出及转拨外单位支出。反映科技投入实际完成情况。

新产品 指采用新技术原理、新设计构思研制、生产的全新产品，或在结构、材质、工艺等某一方面比原有产品有明显改进，从而显著提高了产品性能或扩大了使用功能的产品。既包括政府有关部门认定并在有效期内的新产品，也包括企业自行研制开发，未经政府有关部门认定，从投产之日起一年之内的新产品。用来反映科技产出及对经济增长的直接贡献。

专利 是专利权的简称，是对发明人的发明创造经审查合格后，由专利局依据专利法授予发明人和设计人对该项发明创造享有的专有权。包括发明、实用新型和外观设计。反映拥有自主知识产权的科技和设计成果情况。

普通高等学校 指按照国家规定的设置标准和审批程序批准举办的，通过全国普通高等学校统一招生考试，招收高中毕业生为主要培养对象，实施高等教育的全日制大学、独立设置的学院和高等专科学校、高等职业学校和其他机构。

大学、独立设置的学院主要实施本科层次以上教育，高等专科学校、高等职业学校实施专科层次教育，其他机构是承担国家普通招生计划任务不计校数的机构。包括普通高等学校分校和批准筹建的普通高等学校等。

成人高等学校 指按照国家规定的设置标准和审批程序批准举办的，通过全国成人高等学校统一招生考试，招收具有高中毕业或同等学历的在职从业人员为主要培养对象，利用函授、业余、脱产等多种形式对其实施高等学历教育的学校。包括职工高等学校、农民高等学校、管理干部学院、教育学院、独立函授学院、广播电视大学、其他机构等。其他机构是承担国家成人招生计划任务不计校数的机构。

小学学龄儿童净入学率 指调查范围内已入小学学习的学龄儿童占校内外学龄儿童总数(包括弱智儿童，不包括盲聋哑儿童)的比重。计算公式为:

$$\text{小学学龄儿童净入学率}=\frac{\text{已入学的小学学龄儿童数}}{\text{校内外小学学龄儿童总数}}\times100\%$$

国家财政性教育经费 包括国家财政预算内教育经费，各级政府征收用于教育的税费，企业办学校教育经费，校办产业、勤工俭学和社会服务收入用于教育的经费。

文化事业机构 指从事专业文化工作和为专业文化工作服务的独立建制的单位。不包括这些单位另外举办独立核算的其他机构和各部门的业余文化组织。该指标主要反映文化事业机构发展规模水平。

艺术表演团体 指从事戏曲、音乐、舞蹈、杂技等专业艺术表演，有独立帐户的单位，不包括半工半艺、半农半艺和民间职业剧团。该指标主要反映全国专业艺术表演团体发展规模水平。

艺术表演观众人数(人次) 指售票、包场演出或民族地区免费演出的艺术表演观众人次数，不包括彩排审查和内部观摩演出的观看人次数。该指标主要反映全国观看专业艺术表演团体演出的效益规模。

Explanatory Notes on Main Statistical Indicators

Scientific and Technological Activities (S&T Activities) refer to organized activities which are closely related with the creation, development, dissemination and application of the scientific and technical knowledge in the fields of natural sciences, agricultural science, medical science, engineering and technological science, humanities and social sciences (referred to as scientific and technological fields). S&T activities can be classified into 3 categories: research and development (R&D) activities, application of R&D results, and related S&T services. This statistical definition is made by UNICHIEF for scientific and technological activities to meet the need of carrying out statistical work in this field for its member countries particularly the developing countries.

Personnel Engaged in S&T Activities refer to personnel directly engaged in S&T activities, in the management of S&T activities, and in providing direct service to S&T activities, with over 10% of the total working hours in a year spent on S&T activities. (1) Personnel directly engaged in S&T activities include researchers, engineers, technicians and other related personnel engaged in S&T activities in independent-accounting R&D institutions, institutions of higher learning, and in research institutes, laboratories, technology development centres and central experiment workshops under enterprises and institutions. Also included are people working in S&T research project teams, professional and technical personnel working in S&T information archiving institutes, and graduate students working on the design of their thesis. (2) Personnel engaged in the management of S&T activities and in providing direct service to S&T activities include senior management people responsible for S&T activities in independent-accounting R&D institutions, S&T information archiving institutes, institutions of higher learning and in enterprises and institutions where S&T activities are undertaken. Also included are people responsible for the planning, administration, personnel management, financial management, logistics supply, equipment maintenance, information and library management that are related with S&T activities. People providing indirect services are excluded, such as security, medical service, drivers, plumbers, cleaners and those providing catering and related service. This indicator reflects the size of personnel engaged in S&T activities.

Research and Development (R&D) refers to systematic and creative activities in the field of science and technology aiming at increasing the knowledge and using the knowledge for new application. R&D includes 3 categories of activities: basic research, applied research and experimentation for development. The scale and intensity of R&D are widely used internationally to reflect the strength of S&T and the core competitiveness of a country in the world.

Basic Research refers to empirical or theoretical research aiming at obtaining new knowledge on the fundamental principles regarding phenomena or observable facts to reveal the intrinsic nature and underlying laws and to acquire new discoveries or new theories. Basic research takes no specific or designated application as the aim of the research. Results of basic research are mainly released or disseminated in the form of scientific papers or monographs. This indicator reflects the innovation capacity for original knowledge.

Applied Research refers to creative research aiming at obtaining new knowledge on a specific objective or target. Purpose of the applied research is to identify the possible uses of results from basic research, or to explore new (fundamental) methods or new approaches. Results of applied research are expressed in the form of scientific papers, monographs, fundamental models or invention patents. This indicator reflects the exploration of ways to apply the results of basic research.

Experiments and Development refer to systematic activities aiming at using the knowledge from basic and applied researches or from practical experience to develop new products, materials and equipment, to establish new production process, systems and services, or to make substantial improvement on the existing products, process or services. Results of experiment and development activities are embodied in patents, exclusive technology, and monotype of new products or equipment. In social sciences, experiment and development activities refer to the process of converting the knowledge from basic or applied researches into feasible programmes (including conduct of demonstration projects for assessment and evaluation). There are no experiment and development activities in the science of humanities. This indicator reflects the capability of transferring the results of S&T into technique and products, and measures the realization of S&T in spearheading the economic and social development.

Professional and Technical Personnel refer to persons engaged in professional and technical work or in the management of professional and technical activities, i.e., people with professional or technical positions who are engaged in professional and technical work or in the management of professional and technical activities, and people without professional or technical positions but are working on professional or technical posts. They include professionals and technicians working in 17 categories of technical occupations including engineering, agriculture, scientific researches, medical service, teaching, economic research and application, accounting, statistics, translation, libraries, archives, cultural and museum service, journalism and publication, lawyers, notarization service, radio and television broadcasting, handicraft and fine arts, sports, performing art, and political workers in enterprises. This indicator reflects the condition of human resources in S&T.

Funding for S&T Activities refers to funds obtained from various sources for S&T activities, including government funds, self-raised funds by enterprises, self-raised funds by institutions, loans from financial institutions, foreign funds and other funds. This indicator reflects the efforts made by various social economic entities in promoting the development of S&T.

Internal Expenditure on S&T activities refer to the actual expenditure on S&T activities during the reference year, including service fees, expenditure on research activities, expenditure on research management, purchase or construction of fixed assets not included in the investment for capital construction, expenditure on capital construction for scientific researches, and other expenditure on S&T activities. Not included are expenditure on production activities, repayment of loans and transfer expenditure. This indicator reflects the net investment in S&T more accurately.

New Products refer to brand new products produced with new technology and new design, or products that represent noticeable improvement in terms of structure, material, or production process for improving significantly the character or function of the older versions. They include new products certified by relevant government agencies within the period of certification, as well as new products designed and produced by enterprises within a year without certification by government agencies. This indicator reflects the direct contribution of S&T output to economic growth.

Patent is an abbreviation for the patent right and refers to the exclusive right of ownership by the inventors or designers for the creation or inventions, given from the patent offices after due process of assessment and approval in accordance with the Patent Law. Patents are granted for inventions, utility models and designs. This indicator reflects the achievements of S&T and design with independent intellectual property.

Regular Institutions of Higher Learning refer to educational establishments set up according to the government evaluation and approval procedures, enrolling graduates from senior secondary schools and providing higher education courses and training for senior professionals. They include full-time universities, colleges, institutions of higher professional education, institutions of higher vocational education and others.

Universities and colleges primarily provide undergraduate courses; institutions of higher professional education and institutions of higher vocational education primarily provide professional trainings; and others refer to educational establishments, which are responsible for enrolling higher education students under the State Plan but not enumerated in the total number of schools, including: branch schools of universities and colleges, and universities and colleges that have been approved and under plan for construction.

Institutions of Higher Learning for Adults refer to educational establishments, set up in line with relevant rules approved by the government, enrolling staff and workers with senior secondary school or equivalent education, and providing higher education courses in many forms of correspondence, spare time, or full time for adults. Professionals thus trained receive a qualification equivalent to graduates studying regular courses at regular universities, colleges and professional colleges. Institutions of higher learning for adults include schools of higher education for staff and workers, schools of higher education for peasants, colleges for management cadres, pedagogical colleges, independent correspondence colleges, Radio and TV universities and other educational establishments. Other educational establishments have undertakings to enrol adult students but not enumerated in the schools under the State Plan.

Enrolment Rate of Primary School Age Children refers to the proportion of school age children enrolled at schools to the total number of school age children both in and outside schools (including retarded children, but excluding blind, deaf and mute children). The formula is:

$$\begin{matrix}\text{Enrolment Rate}\\ \text{of Primary}\\ \text{School - age Children}\end{matrix} = \frac{\begin{matrix}\text{Total Primary School - age}\\ \text{Children at Schools}\end{matrix}}{\begin{matrix}\text{Total Primary School - age}\\ \text{Children Whether or}\\ \text{Not Attending School}\end{matrix}} \times 100\%$$

Government Appropriation for Education refers to State budgetary fund for education, taxes and fees collected by governments at all levels that are used for education purpose, education fund for enterprise-run schools, income from school-run enterprises, work-study programme and social services that are used for education purpose.

Cultural Institutions refer to units which have their own organizational system and independent accounting system and specialize in cultural work or service cultural work. They do not include other establishments run by these units with separate accounting system and amateur cultural groups established by various departments. The statistics reflect the scale and level of development of institutions engaged in cultural undertakings.

Art Troupes refer to the troupes which are engaged in drama, opera, music, dance, acrobatics or other art performance, have independent accounts with banks and have self-supporting accounting system. Troupes which are engaged partly in industrial or agricultural activities, partly in art performance and the professional troupes organized by the mass are not included. The statistics reflect the scale and level of development of professional art troupes nationally.

Number of Audience at Art Performance refers to the number of spectators at commercial shows, privately organized shows or free shows given in ethnic minority areas, and does not include the number of spectators at rehearsals and internal viewings. This indicator mainly reflects the scale and effects of viewing of performances given by professional art troupes across the country.

卫生、体育、社会福利和其他

20

Public Health, Sports, Social Welfare and Others

◆ 505/532

资料整理及英文翻译：万玲　黄小平(女)　曹淳隽

简要说明

本篇资料主要分为卫生、体育、社会福利及其他三部分。

卫生统计资料包括卫生机构、人员、床位数；医院门诊诊疗人次及入院人数；医院住院治疗情况；医院病床使用情况等，资料来源省卫生厅，资料提供由省统计局科技环保处。

体育统计资料包括举办运动会次数；全民健身活动人数；健身设施和俱乐部；国际国内比赛中获奖情况；少年儿童业余体校情况等，资料来源省体育局，资料提供由省统计局科技环保处。

社会福利及其他统计资料主要包括社会福利企事业机构、人员情况、优抚、福利类收养情况；社会救济情况；城镇社区服务情况；社会捐赠情况；福利彩票发行情况；婚姻登记情况等，资料来源省民政厅。计划生育及育龄妇女节育、晚婚情况，资料来源省计划生育委员会。社会活动参与（包括全省人大代表和政协委员情况，工会组织情况，共青团组织情况，妇联系统组织情况），资料来源分别为省人大、省政协、省总工会、团省委、省妇联。

公检法司（包括律师、公证、调解工作情况，各类事故伤亡情况），资料来源分别为省安全监察厅、省司法厅。

以上资料提供由省统计局科技环保处。

Brief Introduction

Data in this chapter show statistics on public health, sports, social welfare and other statistic data.

Data on public health include mainly the number of institutions, personnel, hospital beds, number of patients treated and in-patients, hospital inpatient treatment; use of hospital beds, etc. Data source from Jiangxi Public Heath Department. Data are provided by Division of Science,Technology and Environment, Jiangxi Bureau of Statistics.

Data on sports cover the number of games held, mass sports, the number of fitness facilities and clubs; domestic and international competition prizes; amateur sports schools, etc. Data source from Jiangxi Sport Bureau.Data are provided by Division of Science,Technology and Environment, Jiangxi Bureau of Statistics.

Data on social welfare and other statistic data include: condition of institutions and personnel, budget, social welfare relief, urban welfare facilities, social donations, lottery, marriage registration, etc. Data source from Civil Administration Office in Jiangxi Province. Data on family planning and reproductive, later marriage, are from Population and Family Planning Commission. Data on participation (cover mainly information on representatives to Provincial People's Congress, CPPCC Provincial Committee, and Trade Unions Communist Youth League, Women's Federations). are separately from Provincial People's Congress, CPPCC Provincial Committee, the Provincial Federation of Trade Unions, Provincial Party Committee and Provincial Women's Federation.

Data on public security (mainly cover statistics on lawyers, notarization and mediation, various accidents casualties). Are separately from Department of Supervision of Jiangxi Province, Department of Justice of Jiangxi Province.

Data above are provided by Division of Science,Technology and Environment ,Jiangxi Bureau of Statistics.

20-1 卫生机构、床位及人员数

Number of Health Institutions, Beds and Personnels

年 份 Year	机构数（个）Number of Institutions (unit)	#医院卫生院 Hospitals and Health Centers	床位数（张）Number of Beds (unit)	#医院卫生院 Hospitals and Health Centers	人员数（人）Number of Personnels (person)	#卫生技术人员 Medical Technical Personnel	#医生 Doctor
1978	5178	2107	72289	65237	87018	70247	30430
1979	5268	2157	74314	67398	92090	73868	31054
1980	5373	2189	76924	69716	97831	79014	32675
1981	5474	2195	78630	70876	111364	90812	37021
1982	5615	2199	81011	72471	115000	93392	38578
1983	5624	2205	82098	72963	119748	97661	40628
1984	5587	2217	82623	73510	126059	100673	40865
1985	5538	2206	84134	75203	127679	102209	43322
1986	5597	2221	86431	76779	131342	105401	45012
1987	5614	2234	89227	79304	134846	108065	46109
1988	5583	2253	90151	80342	138238	111765	48801
1989	5613	2283	92194	82059	141587	114402	50525
1990	5632	2305	92274	82601	144583	116786	51994
1991	5632	2308	92745	83190	146418	117903	51893
1992	5620	2321	93291	83619	147375	118708	52304
1993	5389	2276	93315	82625	147217	118318	52619
1994	5432	2304	94372	83911	149247	120503	54212
1995	5423	2313	93669	83625	151246	122649	55095
1996	7966	2302	88509	81323	147057	118700	50876
1997	8056	2310	90251	82489	148605	120072	51864
1998	7972	2305	91641	83349	149356	121119	52498
1999	7953	2298	91230	82326	152264	122321	53147
2000	8048	2282	90930	83300	151985	123192	54437
2001	7594	2266	91091	83484	151518	122858	53717
2002	11286	2146	90019	83817	139076	114513	46756
2003	11401	2083	85537	79790	141287	117755	49289
2004	12080	2047	84036	78211	141244	118196	46468
2005	10664	2007	85086	79292	138697	115986	46093
2006	10210	2032	88260	81585	142682	119761	51436
2007	9456	2028	94862	85502	153238	126598	51828
2008	8229	2036	105156	93890	168472	139764	55187
2009	7102	2077	123086	104700	176720	146990	56325

注：1.从1996年起卫生年报统计口径变动，机构数中包括个体机构。
2.2002年卫生年报统计口径调整，数据变化较大。后同。
3.2007年卫生年报统计口径变动。后同。

a) Statistical standards in health report have changed since 1996, individual institutions are included in total number of institutions.

b) Statistical standards in health report have changed since 2002, there have been great amount of changes in data. The same applies to the following tables.

c) Statistical standards in health report have changed since 2007. The same applies to the following tables.

20-2 卫生机构、床位、人员数（2009年）
Number of Health Institutiors, Beds and Personnels by Type (2009)

类别	Type	机构数 (个) Total (unit)	#国有 State-owned	床位数 (张) Beds (unit)	#国有 State-owned	人员数 (人) Personnel (person)	#卫生技术人员 Medical Technical Personnel
全省	**Provincial Total**	**7102**	**2890**	**123086**	**107539**	**176720**	**146990**
医院	Hospitals	504	385	73243	66365	98043	80548
#综合医院	General Hospital	334	267	54146	49800	71588	59181
中医医院	Hospital Specialized in Traditional Chinese Medicine	97	89	11154	10769	16507	13919
中西医结合医院	Combined Chinese and Western Medicine Hospital	7	4	729	570	1215	924
专科医院	Specialized Hospital	66	25	7214	5226	8733	6524
疗养院	Sanatoriums	3	3	1810	1810	565	298
社区卫生服务中心(站)	Health Service Center for Community	645	233	8040	2236	7654	6635
卫生院	Township Hospital	1573	1416	31457	28728	42001	35795
门诊部	Outpatient Department	37	13	113	79	549	422
诊所、卫生所、医务室、护理站	Clinic, Medical Center, Nursing Station	3800	309			7297	7070
急救中心(站)	Emergency Center	8	8			240	146
采供血机构	Institution for Blood Collection and Supplyment	13	11			582	421
妇幼保健院(所、站)	MCH Center	111	110	5371	5369	8818	7398
专科疾病防治院(所、站)	Specialized Disease Prevention &Treatment Institute	109	106	3052	2952	2711	2148
疾病预防控制中心(防疫站)	Disease Prevention & Control Center	121	120			5021	3806
卫生监督所	Health Supervision Institution	109	109			2357	1749
医学科学研究机构	Research Institution of Medical Science	5	5			421	252
医学在职培训机构	Medical-service Training Institution	3	3			21	6
健康教育所(站、中心)	Health Education Center	6	6			58	26
其他卫生机构	Other Health Institutions	55	53			382	270

20-3 卫生机构人员数
Number of Employed Persons in Health Institutions

单位：人 (person)

类别	Type	1990	1995	2000	2005	2008	2009
全省	**Provincial Total**	**144583**	**151246**	**151985**	**138697**	**168472**	**176720**
卫生技术人员	Medical Technical Personnel	116786	122649	123192	115986	139764	146990
执业医师	Certified Doctors	51994	55095	54437	39522	46059	48057
执业助理医师	Certified Assistant Doctors				10179	9128	8268
注册护士	Registerd Nurses	1774	1227	1764	35679	48241	52830
药剂师(士)	Pharmacists	1237	1057	611	11379	11676	11693
技师(士)	Technical Personnel					9392	9883
#检验师	Chemist	891	677	444	6254	6612	6874
其他	Others	5921	5914	4351	12973	15268	16259
其他技术人员	Other Technical Personnel	1229	2329	4340	5787	6949	6579
管理人员	Managerial Personnel		4464	5004	6233	7786	8014
工勤技能人员	Ground Skilled Staff	10498	10812	12903	10691	13973	15137
平均每千人中有卫生技术人员	Number of Medical Technical Personnel Per 1000 Population	3.06	3.02	2.97	2.69	3.18	3.32
#医生	Doctors	1.36	1.36	1.31	1.15	1.26	1.27

注：2007年卫生统计口径改变,故指标有所变化。
a) New statisic standard in health care varies in 2007, thus the indicators vary accordingly.

20-4 各地区卫生事业基本情况（2009年）

Basic Statistics on Health Institutions by Region (2009)

地 区	Region	机构数（个）Total (unit)	#医院 Hospitals	床位数（张）Number of Beds (unit)	人员数（人）Number of Personnel (person)
全 省	**Provincial Total**	**7102**	**504**	**123086**	**176720**
南昌市	Nanchang	822	93	18593	33019
景德镇市	Jingdezhen	363	32	5253	7402
萍乡市	Pingxiang	220	26	5996	9979
九江市	Jiujiang	785	66	19905	20109
新余市	Xinyu	202	13	3604	4985
鹰潭市	Yingtan	364	27	2851	4880
赣州市	Ganzhou	1634	60	18507	26508
吉安市	Ji'an	655	48	11536	16886
宜春市	Yichun	801	40	13780	20023
抚州市	Fuzhou	457	40	9250	12110
上饶市	Shangrao	799	59	13811	20819

20-5 各地区卫生技术人员数（2009）

Technical Personnel in Health Institutions by Region (2009)

单位：人 (person)

地 区	Region	合计 Total	医生 Doctors	执业医师 Certified Doctors	执业助理医师 Certified Assistant Doctors	注册护士 Registerd Nurses	其他 Others
全 省	**Provincial Total**	**146990**	**56325**	**48057**	**8268**	**52830**	**6579**
南昌市	Nanchang	26187	9775	9056	719	10603	1542
景德镇市	Jingdezhen	6008	2235	1973	262	2417	265
萍乡市	Pingxiang	8287	3069	2617	452	3006	355
九江市	Jiujiang	16617	6794	5857	937	5844	605
新余市	Xinyu	4328	1715	1444	271	1653	129
鹰潭市	Yingtan	4412	1561	1349	212	1248	111
赣州市	Ganzhou	22365	8115	6294	1821	7401	844
吉安市	Ji'an	14493	5738	4974	764	4904	442
宜春市	Yichun	16968	6593	5552	1041	6138	470
抚州市	Fuzhou	10315	4060	3542	518	3663	454
上饶市	Shangrao	17010	6670	5399	1271	5953	1362

20-6 各类医院机构、床位及人员数（2009年）
Beds and Personnel in Health Institutions by Specializtions (2009)

类别	Type	机构数（个）Number of Institutions (unit)	床位数（张）Number of Beds (unit)	人员数（人）Number of Personnel (person)	#卫生技术人员 Medical Technical Personnel	执业医师 Certified Doctors	执业助理医师 Certified Assistant Doctors
全省	**Provincial Total**	**504**	**73243**	**98043**	**80548**	**26815**	**2023**
综合医院	General Hospital	334	54146	71588	59181	19610	1417
中医医院	Hospital Specialized in Traditional Chinese Medicine	97	11154	16507	13919	4937	407
中西医结合医院	Combined Chinese and Western Medicine Hospital	7	729	1215	924	334	37
专科医院	Specialized Hospital	66	7214	8733	6524	1934	162
口腔医院	Stomatological Hospital	4	49	286	217	105	10
眼科医院	Ophtalmology Hospital	1	25	41	32	9	
肿瘤医院	Tumor Hospital	3	1583	1753	1362	453	39
妇产(科)医院	Obstetrics and Gynecology Hospital	6	273	402	296	87	16
儿童医院	Children's Hospital	2	773	1349	1052	323	8
精神病医院	Psychiatry Hospital	12	2581	1777	1280	310	9
传染病医院	Hospital for Infectious Diseases	3	345	264	213	59	
皮肤病医院	Dermatology Hospital	4	107	477	339	105	14
结核病医院	Tuberculosis Hospital	2	400	686	505	134	1
骨科医院	Orthopedics Hospital	4	320	476	347	91	30
康复医院	Rehabilitation Hospital	2	90	36	23	9	2
美容医院	Plastic Surgery Hospital	3	20	59	38	13	5
其他专科医院	Other Specialized Hospitals	20	648	1127	820	236	28

20-7 各类医疗机构病床使用情况（2009年）
Bed Utilization of Medical Institutions (2009)

类别	Type	实际开放总床日数(日) Actual Number of Bed-opening Days (day)	病床周转次数(次) Hospital Bed Turnover (time)	病床工作日(日) Hospital Bed Using Days (day)	病床使用率(%) Utilization Rate (%)	出院者平均住院日(日) Average Staying Days in Hospital (day)	出院者占用总床日数(日) Total Number of Bed-occupying Days (day)
全省	**Provincial Total**	**40382036**	**46.0**	**291.9**	**80.0**	**6.1**	**32293288**
医院	Hospitals	25783458	33.5	312.6	85.6	9.0	22079261
综合医院	General Hospital	19060152	34.7	310.6	85.1	8.6	16216916
中医医院	Hospital Specialized in Traditional Chinese Medicine	3940664	34.9	313.3	85.8	8.8	3382109
中西医结合医院	Combined Chinese and Western Medicine Hospital	233135	25.5	263.4	72.2	10.4	168269
专科医院	Specialized Hospital	2549507	22.9	331.0	90.7	13.5	2311967
口腔医院	Stomatological Hospital	14237	21.7	204.2	55.9	9.4	7964
眼科医院	Ophtalmology Hospital	9125	35.6	180.0	49.3	4.9	4500
肿瘤医院	Tumor Hospital	569555	27.2	366.2	100.3	13.3	571502
妇产(科)医院	Obstetrics and Gynecology Hospital	78145	32.7	155.2	42.5	4.7	33221
儿童医院	Children's Hospital	281864	72.2	489.6	134.1	6.5	378094
精神病医院	Psychiatry Hospital	905218	5.8	362.2	99.2	54.5	898219
传染病医院	Hospital for Infectious Diseases	125775	12.0	136.1	37.3	10.8	46908
皮肤病医院	Dermatology Hospital	49633	22.1	194.5	53.3	8.9	26443
结核病医院	Tuberculosis Hospital	146000	21.8	306.9	84.1	13.5	122748
骨科医院	Orthopedics Hospital	115720	27.1	299.7	82.1	10.9	95005
康复医院	Rehabilitation Hospital	32850	26.5	246.9	67.6	8.4	22220
美容医院	Plastic Surgery Hospital	3650					
其他专科医院	Other Specialized Hospitals	217735	19.5	176.3	48.3	8.3	105143
疗养院	Sanitarium	587650	25.0	215.8	59.1	8.6	347507
社区卫生服务中心(站)	Health Service Center for Community	1098960	49.4	162.0	44.4	2.1	487897
卫生院	Township Hospital	10401171	78.5	268.9	73.7	3.3	7664062
#中心卫生院	Center Township Hospital	4840552	78.1	274.5	75.2	3.4	3640846
乡卫生院	Rural Township Hospital	5324489	81.3	264.7	72.5	3.1	3861284
门诊部	Clinic	24667	24.8	153.7	42.1	6.1	10390
妇幼保健院(所、站)	Maternity and Child Care Center (Station)	1926713	50.0	273.3	74.9	5.2	1442592
#妇幼保健院	Maternity and Child Care Center	1613711	51.4	291.1	79.8	5.4	1287010
专科疾病防治院(所、站)	Specialized Disease Prevention & Treatment Institute	559417	17.2	170.7	46.8	7.8	261579
#专科疾病防治所(站、中心)	Specialized Disease Prevention & Treatment Station	510243	16.8	148.5	40.7	7.0	207523

20-8 各类医疗机构门诊诊疗情况（2009年）

Out-patient Clinics in Hospitals in Medical Institutions(2009)

类 别	Type	诊疗人次（人次）Visits (person-time)	#门、急诊 Clinics	门急诊人次占总人次(%) Percentage of Out-patients in Total Number (%)	观察室留观病人（人）Patients in Observation Room (person)	观察室病死率(%) Observation Room mortality (%)	健康检查（人）Health Examine (person)
全 省	**Provincial Total**	**91340079**	**87560023**	**95.86**	**2317622**	**0.02**	**5151673**
医 院	Hospitals	41752523	40867811	97.88	1369571	0.02	2028863
综合医院	General Hospital	30127268	29400620	97.59	1060132	0.03	1488091
中医医院	Hospital Specialized in Traditiona Chinese Medicine	8887711	8755104	98.51	207462	0.01	419120
中西医结合医院	Combined Chinese and Western Medicine Hospital	496050	495050	99.80	25364		42744
专科医院	Specialized Hospital	2241494	2217037	98.91	76613	0.00	78908
口腔医院	Stomatological Hospital	144568	144568	100.00			28
眼科医院	Ophtalmology Hospital	4738	4738	100.00			
肿瘤医院	Tumor Hospital	150478	140556	93.41	503	0.20	4641
妇产(科)医院	Obstetrics and Gynecology Hospital	137409	131398	95.63	30		7171
儿童医院	Children's Hospital	779122	779122	100.00	47435		34280
精神病医院	Psychiatry Hospital	224201	224196	100.00	37		
传染病医院	Hospital for Infectious Diseases	74944	74944	100.00	26710		4826
皮肤病医院	Dermatology Hospital	295047	295047	100.00			
结核病医院	Tuberculosis Hospital	90574	90574	100.00	26		12480
骨科医院	Orthopedics Hospital	127550	125299	98.24	416		1089
康复医院	Rehabilitation Hospital	15275	12938	84.70			
美容医院	Plastic Sergury Hospittal	3870	3870	100.00			
其他专科医院	Other Specialized Hospitals	193718	189787	97.97	1456		14393
疗养院	Sanitarium	45327	45327	100.00	96		45
社区卫生服务中心(站)	Health Service Center for Community	6830569	5925652	86.75	332714	0.00	916886
卫生院	Township Hospital	25639665	24207822	94.42	372912	0.02	1725057
#中心卫生院	Center Township Hospital	10993942	10199318	92.77	142315	0.04	716067
乡卫生院	Rural Township Hospital	14168975	13547040	95.61	228086	0.02	995273
门诊部	Clinic	600086	597180	99.52	16373		3851
诊所、卫生所、医务室	Clinic, Medical Center, Nursing Station	10185805	9735833	95.58			
妇幼保健院(所、站)	Maternity and Child Care Center (Station)	5304363	5213189	98.28	218736	0.00	452254
#妇幼保健院	Maternity and Child Care Center	4508768	4450278	98.70	188535	0.00	287178
专科疾病防治院(所、站)	Specialized Disease Prevention & Treatment Institute	922768	908236	98.43	7220	0.01	24717
#专科疾病防治所(站、中心)	Specialized Disease Prevention & Treatment Station	887809	874147	98.46	7220	0.01	24717

20-9 各类医疗机构住院治疗情况（2009年）
Basic Statistics on Inpatients Treatments in inedical Institutions(2009)

类别	Type	入院人数（人）Inpatients (person)	出院人数（人）Out-patients (person)	住院病人手术人次（人次）Inpatients Operation (person-time)	危重病人抢救成功率(%) Critically Ill Patients Survival Rate (%)	治愈率(%) Cure Rate (%)	好转率(%) Improve-ment Rate (%)	死亡率(%) Mortality Rate (%)
全　省	**Provincial Total**	**5075410**	**5085502**	**718652**	**92.24**	**75.59**	**22.38**	**0.24**
医　院	Hospitals	2382571	2366955	644484	92.06	59.48	37.21	0.49
综合医院	General Hospital	1828439	1814267	495720	91.92	60.39	36.10	0.52
中医医院	Hospital Specialized in Traditional Chinese Medicine	377550	376734	105666	92.67	58.79	38.50	0.37
中西医结合医院	Combined Chinese and Western Medicine Hospital	16252	16268	7915	89.96	75.25	23.36	0.57
专科医院	Specialized Hospital	160330	159686	35183	93.38	49.11	48.24	0.35
口腔医院	Stomatological Hospital	840	845	749		98.82	1.18	
眼科医院	Ophtalmology Hospital	890	890	890		95.62	3.93	
肿瘤医院	Tumor Hospital	42884	42399	8332	51.24	41.11	56.19	0.73
妇产(科)医院	Obstetrics and Gynecology Hospital	7006	7006	2138	89.80	87.41	11.96	0.07
儿童医院	Children's Hospital	55334	55790	10810	97.06	37.61	59.18	0.21
精神病医院	Psychiatry Hospital	14564	14279	274	70.37	55.10	42.17	0.11
传染病医院	Hospital for Infectious Diseases	4143	4123	769	81.52	53.07	42.37	0.41
皮肤病医院	Dermatology Hospital	3039	3006	47		71.36	27.28	
结核病医院	Tuberculosis Hospital	8763	8734	420	94.12	4.71	89.28	0.87
骨科医院	Orthopedics Hospital	8726	8596	3622	77.78	92.88	6.78	0.26
康复医院	Rehabilitation Hospital	2385	2382			98.70	1.30	
其他专科医院	Other Specialized Hospitals	11756	11636	7132	100.00	79.47	19.90	
疗养院	Sanitarium	40443	40222	231	77.42	99.46	0.50	0.03
社区卫生服务中心	Health Service Center for Community	103186	148641			87.39	11.16	0.05
卫生院	Township Hospital	2257414	2237547			90.19	8.90	0.02
#中心卫生院	Center Township Hospital	1060742	1035964			89.70	9.42	0.03
乡卫生院	Rural Township Hospital	1180677	1185798			90.83	8.23	0.01
门诊部	Clinic	1692	1676	427	96.00	76.85	22.61	0.18
妇幼保健院(所、站)	Maternity and Child Care Center (Station)	263494	264079	71236	96.50	86.02	13.15	0.07
#妇幼保健院	Maternity and Child Care Center	226036	227319	63899	97.22	86.57	12.55	0.06
专科疾病防治院(所、站)	Specialized Disease Prevention & Treatment Institute	26610	26382	2274	86.81	75.65	23.39	0.09
#专科疾病防治所(站、中心)	Specialized Disease Prevention & Treatment Station	23577	23435	1885	96.30	77.94	21.25	0.02

20-10 各地区医院门诊诊疗情况（2009年）
Out-patient Clinics in Hospitals by Region (2009)

地区	Region	诊疗人次（人次） Visits (person-time)	#门、急诊 Clinics	门急诊人次占总人次(%) Percentages of Out-patients in Total Number (%)	观察室留观病人（人） Patients in Observation Room (person)	观察室病死率(%) Observation Room Mortality (%)	健康检查（人） Health Examine (person)
全省	**Provincial Total**	**41752523**	**40867811**	**97.88**	**1369571**	**0.02**	**2028863**
南昌市	Nanchang	9877206	9788616	99.10	328704	0.04	396980
景德镇市	Jingdezhen	1734232	1716389	98.97	195032	0	106912
萍乡市	Pingxiang	2234481	1963613	87.88	69861	0.00	126915
九江市	Jiujiang	4327147	4172307	96.42	83610	0.02	210275
新余市	Xinyu	1709612	1688203	98.75	60368	0.00	129583
鹰潭市	Yingtan	1154782	1139452	98.67	57648		60074
赣州市	Ganzhou	6411113	6353858	99.11	117762	0.11	239846
吉安市	Ji'an	3800309	3740280	98.42	62926	0.00	171578
宜春市	Yichun	3832827	3779144	98.60	260688	0.01	234032
抚州市	Fuzhou	3210996	3178164	98.98	28229	0.02	167702
上饶市	Shangrao	3459818	3347785	96.76	104743	0.05	184966

20-11 各地区医院病床使用情况（2009年）
Utilization of Hospital Beds by Region (2009)

地区	Region	医院 Total			#非营利性医院 Non-profit		
		病床周转次数（次） Hospital Bed Turnover (time)	病床使用率(%) Utilization Rate (%)	出院者平均住院日（日） Average Staying Days in Hospital (day)	病床周转次数（次） Hospital Bed Turnover (time)	病床使用率(%) Utilization Rate (%)	出院者平均住院日（日） Average Staying Days in Hospital (day)
全省	**Provincial Total**	**33.5**	**85.63**	**9.0**	**33.6**	**86.58**	**9.1**
南昌市	Nanchang	30.6	92.46	10.6	31.1	94.38	10.7
景德镇市	Jingdezhen	28.0	71.78	9.2	28.0	71.78	9.2
萍乡市	Pingxiang	30.5	87.41	10.0	30.5	87.41	10.0
九江市	Jiujiang	32.8	89.76	9.8	32.7	91.10	9.9
新余市	Xinyu	27.9	86.52	10.7	27.9	86.52	10.7
鹰潭市	Yingtan	26.4	78.30	10.1	28.4	82.94	10.0
赣州市	Ganzhou	33.3	85.08	9.2	33.4	85.35	9.2
吉安市	Ji'an	36.7	76.98	7.1	36.8	77.22	7.1
宜春市	Yichun	36.7	91.78	9.0	36.5	92.54	9.1
抚州市	Fuzhou	42.1	78.24	6.6	42.5	79.01	6.6
上饶市	Shangrao	37.1	83.93	7.6	36.8	85.13	7.7

20-12 各地区育龄妇女节育、晚婚情况（2009年）
Birth-Control and Later-Marriage of Childbearing-age Women by Region (2009)

地 区	Region	已婚育龄妇女人数（人） Married Childbearing-age Women (person)	采取各种节育措施人数（人） Number of Women Taking Birth-Control (person)	节育率（%） Birth-Control Rate (%)	晚婚人数（人） Number of Later-Marriage (person)	晚婚率（%） Later-Marriage Rate (%)
全 省	**Provincial Total**	**9835683**	**9234885**	**93.89**	**141258**	**43.26**
南昌市	Nanchang	1064297	993975	93.39	18138	48.57
景德镇市	Jingdezhen	370833	348873	94.08	4070	36.33
萍乡市	Pingxiang	392753	365413	93.04	7291	52.53
九江市	Jiujiang	1029757	964074	93.62	16657	45.30
新余市	Xinyu	267675	241232	90.12	3258	48.15
鹰潭市	Yingtan	260885	242295	92.87	3868	40.75
赣州市	Ganzhou	1904640	1806749	94.86	27464	44.62
吉安市	Ji'an	967473	906475	93.70	15002	46.63
宜春市	Yichun	1161621	1086052	93.49	15353	40.03
抚州市	Fuzhou	878813	829637	94.40	10035	34.20
上饶市	Shangrao	1536936	1450110	94.35	20122	40.51

20-13 各地区计划生育情况（2009年）
Basic Statistics on Family Planning by Region (2009)

地 区	Region	现有一孩育龄妇女人数（人） Married Childbearing-age Women with One Child (person)	现有一孩育龄妇女占已婚育龄妇女比重(%) Percentage of Married Childbearing-age Women with One Child in Total Married Women (%)	累计领取独生子女证人数（人） Number of Women Receiving Single-Child Permit (person)	领取独生子女证人数占一孩育龄妇女比重(%) Percentage of Women Receiving Single-Child Permit in Married Childbearing-age Women with One Child (%)	计划生育率（%） Birth-Control Rate (%)
全 省	**Provincial Total**	**3948339**	**40.14**	**2174537**	**55.07**	**86.87**
南昌市	Nanchang	525943	49.42	336728	64.02	89.74
景德镇市	Jingdezhen	181504	48.94	122040	67.24	88.82
萍乡市	Pingxiang	185322	47.19	98459	53.13	91.09
九江市	Jiujiang	412959	40.10	218862	53.00	83.14
新余市	Xinyu	153144	57.21	89176	58.23	91.42
鹰潭市	Yingtan	112698	43.20	67697	60.07	84.46
赣州市	Ganzhou	657130	34.50	386089	58.75	86.72
吉安市	Ji'an	417403	43.14	255392	61.19	88.90
宜春市	Yichun	432794	37.26	224787	51.94	87.47
抚州市	Fuzhou	341781	38.89	176564	51.66	83.88
上饶市	Shangrao	527661	34.33	198743	37.66	86.28

20-14 体育事业基本情况

Basic Statistics on Sports

指　　标	Item	1990	1995	2000	2005	2008	2009
群众体育活动次数(次)	Mass Sport Event (time)				1920	6338	97020
群众体育活动人数(万人)	Population Paticpated in Mass Sport Event (10000 persons)				287.8	250.64	321.07
青少年俱乐部(个)	Youth Club (unit)				64	82	93
等级裁判员发展人数(人)	Ranked Referees Developed (person)	2008	1523	2223	1465	1335	2531
等级运动员发展人数(人)	Ranked Athletes Developed (person)	1517	1222	1624	785	370	354
在国际国内比赛中获奖牌数(枚)	Medals Won in National and International Competitions (piece)	90	88	71	80	88	92
金　牌	Gold	28	24	25	44	34	40
银　牌	Silver	33	40	27	21	29	25
铜　牌	Bronze	29	24	19	15	25	27

注:“群众体育活动”2007年以前为“举办全民健身活动”。
a)Before 2007, mass sport event refered to national fit-keeping event.

20-15 少年儿童业余体育学校基本情况

Basic Statistics on Amateur Sports School for Children and Adolescents

指　　标	Item	1990	1995	2000	2005	2008	2009
学　校　数(所)	Number of Schools (unit)	133	99	105	92	82	85
在校学生数(人)	Total School Enrollments (person)	7122	5174	7417	8955	8602	7613
专职教练员人数(人)	Full-time Coaches (person)	400	398	439	436	428	449
#专科以上	Above Specialized Courses			238	330	342	362

20-16 历届全省人民代表大会的代表人数

Number of Deputies to All the Previous Provincial People's Congresses

单位：人 (person)

届别	Congress	年份 Year	代表总数 Total Number of Deputies	#女代表 Female Deputies	占代表总数(%) As Percentage to Total Deputies (%)	#少数民族代表 Ethnic Minority Deputies	占代表总数(%) As Percentage to Total Deputies (%)
一 届	First Congress	1954	404				
二 届	Second Congress	1958	500	76	15.2		
三 届	Third Congress	1963	613	129	21.0	7	1.1
五 届	Fifth Congress	1978	1200	261	21.8	9	0.8
六 届	Sixth Congress	1983	958	184	19.2	17	1.8
七 届	Seventh Congress	1988	583	99	17.0	15	2.6
八 届	Eighth Congress	1993	615	108	17.6	12	2.0
九 届	Ninth Congress	1998	603	136	22.6	11	1.8
十 届	Tenth Congress	2003	604	146	24.2	14	2.3
十一届	Eleventh Congress	2008	608	148	24.3	16	2.6

注：1968年1月成立的江西省革命委员会作为江西省第四届人民代表大会的届次计算。

a) Revolutionary Committee of Jiangxi Province which was founded in Jun.1968 is complied as 4th Provincial People's Congresses.

20-17 历届全省政治协商会议的委员人数

Number of Deputies to All the Previous Provincical People's Political Consultative Conferences

单位：人 (person)

届别	Congress	年份 Year	委员总数 Total Number of Depuites	#中国共产党委员 Deputies from the Communist Party of China	占委员总数(%) As Percentage to Total Deputies (%)	#少数民族委员 Ethnic Minority Deputies	占委员总数(%) As Percentage to Total Deputies (%)
一 届	First Congress	1955	159	50	31.5	6	3.8
二 届	Second Congress	1959	571	227	39.8	11	1.9
三 届	Third Congress	1964	601	266	44.3	10	1.7
四 届	Fourth Congress	1978	752	340	45.3	12	1.6
五 届	Fifth Congress	1983	760	259	34.1	17	2.2
六 届	Sixth Congress	1988	755	258	36.0	22	2.9
七 届	Seventh Congress	1993	704	281	39.9	17	2.4
八 届	Eighth Congress	1998	649	274	42.2	19	2.9
九 届	Ninth Congress	2003	683	273	40.0	16	2.4
十 届	Tenth Congress	2008	690	276	40.0	13	1.9

20-18 工会组织情况
Basic Statistics on Trade Unions

年 份 Year	工会基层组织数（万个） Number of Grassroots Trade Unions (10000 units)	全省已建工会组织的基层单位的职工和会员人数（万人） Membership and Staff and Workers in Grassroot Trade Unions (10000 persons)				工会专职工作人员人数（万人） Full-time Staff (10000 persons)
		职工人数 Staff and Workers	#女职工 Female	会员人数 Membership	#女会员 Female	
1980	1.28	193.33	57.67	162.17		0.70
1985	1.78	260.16	90.84	229.87	77.46	1.55
1986	1.87	265.37	90.04	234.39	79.74	1.28
1987	1.95	274.43	96.85	243.38	84.88	1.29
1988	2.01	283.54	101.39	250.24	89.69	1.29
1989	2.10	293.33	102.66	260.64	93.71	1.45
1990	2.14	299.93	107.36	271.76	97.41	1.56
1991	2.16	305.12	111.02	278.47	100.88	1.60
1992	2.19	311.86	115.47	282.70	102.99	1.66
1993	2.14	300.12	111.29	272.28	99.72	1.58
1994	2.14	312.54	116.58	289.86	102.84	1.61
1995	2.01	306.17	112.10	281.77	100.15	0.91
1996	2.14	318.51	120.94	286.57	107.94	1.37
1997	1.76	243.00	91.08	222.57	81.72	1.40
1998	1.70	251.32	94.22	232.77	86.34	1.18
1999	1.56	242.01	88.92	230.59	80.78	1.16
2000	1.82	267.12	82.61	237.31	74.71	1.79
2001	3.84	288.89		273.76		1.79
2002	2.21	513.82	152.96	363.01	116.65	1.44
2003	2.24	288.55	100.68	260.36	92.68	1.04
2004	3.08	373.30	116.26	347.41	109.06	0.97
2005	3.77	391.00	139.14	375.89	131.48	1.11
2006	4.11	459.93	157.68	438.81	149.97	1.32
2007	4.60	517.76	158.07	495.92	151.9	1.55
2008	5.17	572.04	203.97	551.6	199.17	1.80
2009	5.54	600.01	218.20	581.0	212.82	2.60

注：2001年为工会四季度报表数据,空白指标数据未作统计。
a) Blanks in 4th season of 2001 are not complied.

20-19 共青团组织情况
Basic Statistics on the Communist Youth League

年 份 Year	基层团支部 (万个) Grassroot CYL Branch (10000 units)	共青团员 (万人) CYL Members (10000 persons)	#女团员 Female	专职团干部 (人) Full-time Cadres (person)
1978	11.10	133.22	49.87	4342
1979	11.51	125.81		
1980	10.56	124.04	41.80	4732
1981	8.75	123.62	46.22	5323
1982	6.47	124.05	45.27	5713
1983	6.26	126.96	46.66	5839
1984	6.12	131.67	46.23	5903
1985	6.48	152.69	53.00	6473
1986	6.64	169.37	56.83	6729
1987	6.75	183.48	60.62	6542
1988	6.78	181.34	58.23	6337
1989	6.88	161.66	50.39	6074
1990	6.75	162.03	53.60	6725
1991	6.77	160.19	55.06	7156
1992	6.39	157.53	52.54	6821
1993	6.55	156.32	53.66	6801
1994	10.31	238.38	83.32	10339
1995	10.40	248.42	85.93	8752
1996	12.00	219.78	81.46	7855
1997	11.13	222.37	78.98	9759
1998	8.52	212.80	72.73	7909
1999	6.98	187.68	68.39	7362
2000	6.80	187.98	68.53	7015
2001	6.83	182.30	68.27	6627
2002	7.49	191.29	79.50	7444
2003	3.83	194.10	42.81	7444
2004	6.15	213.63	68.73	15680
2005	6.41	246.62	71.42	10370
2006	6.42	248.61	72.41	10370
2007	6.42	248.71	72.41	10370
2008	6.42	248.79	72.42	10470
2009	6.53	250.75	83.57	11812

20-20 妇联系统组织情况

Basic Statistics of Women's Federations

单位：个 (unit)

年份 Year	基层妇代会 Grassroot Women's Conference	城市 Urban	农村 Rural	机关、事业单位妇委会 Women's Federations of Institutions and Agencies
1987	23635	1938	21697	718
1988	21214	2274	18940	980
1989	23870	2146	21724	1714
1990	22941	1843	21098	1555
1991	22849	2132	20717	1733
1992	22931	2086	20845	2366
1993	22477	1656	20821	1766
1994	22898	2159	20739	2481
1995	22871	2054	20817	2408
1996	22643	2237	20406	2494
1997	22815	2226	20589	2610
1998	22802	2211	20591	2982
1999	22297	2081	20216	2836
2000	22727	2445	20282	3484
2001	21519	1747	19772	
2002	19691	1695	17996	3069
2003	19189	2181	17008	2252
2004	18591	2761	15830	2539
2005	17474	2010	15464	4333
2006	18753	1830	16923	3737
2007	18695	2250	16445	3714
2008	18805	2627	16178	3911
2009	19878	2397	17481	4523

注：2001年表中空白数据未作统计。
a) Blank chart in 2001 is not compiled.

20-21 各地区城镇社区服务情况（2009年）

Basic Conditions of Urban Community Service by Region (2009)

单位：个 (unit)

地区	Region	城镇社区服务设施 Urban Community Service Facilities	从业人员数(人) Number of Employed Persons (person)	#安置下岗人员数 Number of Laid-off Staff Placed	城镇便民利民服务网点 Convenience Stores in Urban Areas	社区服务志愿者组织数 Voluntary Organizations for Community Services	社区服务志愿者人数(人) Volunteers for Community Services (person)
全省	**Provincial Total**	**3321**	**29164**	**16338**	**3572**	**1447**	**7120**
南昌市	Nanchang	371	173	155	883	132	120
景德镇市	Jingdezhen	80			361		
萍乡市	Pingxiang	79	996	503	16	356	7
九江市	Jiujiang	261	3937	1530		1	38
新余市	Xinyu	50	826	526	12	6	70
鹰潭市	Yingtan	451	5388	1748	256	141	518
赣州市	Ganzhou	354	1029	489	849	235	6
吉安市	Ji'an	334	6278	4582	206	24	400
宜春市	Yichun	647	4405	2686	39	15	876
抚州市	Fuzhou	465	4377	2934	880	53	2706
上饶市	Shangrao	229	1755	1185	70	484	2379

20-22 社会福利事业基本情况
Basic Statistics on Social Welfare

指　　标	Item	1990	2000	2005	2008	2009
优抚类收养性单位(个)	Residential Institutions for Serviceman (unit)	285	271	273	274	273
#光荣院	Homes for Disabled Veterans		268	270	271	270
收养人数(人)	Number of Persons Adopted or Housed (person)		9105	12060	20855	11367
#光荣院	Residential Institutions for Serviceman		8570	11562	20208	10647
福利类收养性单位(个)	Residental Institutions of Social Welfare (unit)		2318	1793	1786	1808
#社会福利院	Social Welfare Homes	92	91	99	99	105
收养性老年福利机构	Residental Institutions for Aging Population	1978	1953	1689	1678	1697
#农村	Rural		1219	1337	1320	1346
收养人数(人)	Number of Persons Adopted or Housed (person)	3968	6316	81011	221212	199053
#社会福利院	Social Welfare Homes		4717	9530	12266	11682
收养性老年福利机构	Residental Institutions for Aging Population		41929	70918	208291	186829
#农村	Rural		26317	56036	182334	180799
收养性社会福利单位床位数(张)	Number of Beds in Residental Institutions (unit)		65787	108390	276722	202893
福利企业单位(个)	Social Welfare Enterprises (unit)	212	731	391	375	341
年末职工人数(人)	Number of Staff & Workers at Year-end (person)	12536	16513	14493	18750	31812
#残疾职工人数	Number of Disabled Staff & Workers at Year-end	4411	6426	7349	10140	19557
社会救济总人数(人)	Total Number of Social Salvation (person)					
城镇居民最低生活保障人数(人)	Number of Persons Receiving Minimum Living Allowance in Urban Areas (person)		98099	1000819	950641	984454
城市医疗救助人数(人次)	Number of Persons Receiving Medical Salvation (person-time)			102191	306098	268375
城市资助参保医疗人数(人次)	Number of Persons Receiving Medical Salvation in Urban (person-time)				856590	983869
城镇临时救济人数(人次)	Number of Persons Receiving Temporary Relief in Urban Areas (person-time)		41620	28422	6350	10651
农村居民最低生活保障人数(人)	Number of Persons Receiving Minimum Living Allowance in Rural Areas (person)		89295	1245909	1500066	1527522
农村医疗救助人数(人次)	Number of Persons Receiving Medical Salvation (person-time)			234569	423323	437124
农村资助参加合作医疗人数(人次)	Number of Persons Receiving Cooperative Medical Services in Rural (person-time)				1354768	1606284
农村五保户集中、分散供养人数(人)	Number of Persons Receiving Livelihood Guaranteed in Five Aspects in Rural Areas (person)			214495	228607	228641
农村临时救济人数(人次)	Number of Poor Persons Receiving Temporary Relief in Rural Areas (person-time)		275933	216227	40257	53006

注：1.从1995年按2006年新口径调整福利企业数据。
　　2.2005年前农村居民最低生活保障为农村定期救济人数。
　　3.2005年农村定期救济人数中包括农村五保户供养人数。

a) Data of welfare enterprises are adjusted according to 2006's new statistic standard since 1995.
b) Persons receiving minimum living allowance in urban areas refered to regular receivers before 2005.
c) Poor persons receiving regular relief in rural areas included those receiving livelihood guaranteed in five aspects in rural areas before 2005.

20-23 各地区社会捐赠情况（2009年）

Basic Statistics on Social Donations by Region (2009)

地 区	Region	直接接收捐赠 Directly accepting donations			间接接收捐赠 Indirectly accepting donations			受益人次数（人次） Beneficiaries (person-time)	社会捐赠接收工作站、点(个) Social Donations Receiving Centers(stations) (unit)	#社会捐赠接收工作站 Social Donations Receiving Stations
		捐赠款（万元） Donations (10000 yuan)	捐赠衣被（万件） Donated Clothing (10000 pieces)	#棉衣被 Cotton Clothing	捐赠款（万元） Donations (10000 yuan)	捐赠衣被（万件） Donated Clothing (10000 pieces)	#棉衣被 Cotton Clothing			
全 省	**Provincial Total**	**5549.5**	**182.2**	**0.3**	**151.2**			**158494**	**665**	**580**
省本级	Provincial	3241.7								
南昌市	Nanchang	353.9	180.0		20.0			10000	243	223
景德镇市	Jingdezhen									
萍乡市	Pingxiang	194.8			7			45	20	13
九江市	Jiujiang	704.7	0.6	0.1				16846	67	54
新余市	Xinyu				21			200		
鹰潭市	Yingtan	103.3						2752	41	41
赣州市	Ganzhou	299.3	1.0	0.2	15.0			56740	39	12
吉安市	Ji'an	317.9			52.0			15550	51	38
宜春市	Yichun	281.3	0.6		5.9			23623	42	39
抚州市	Fuzhou	52.6						32738	162	160
上饶市	Shangrao				30.0					

20-24 各地区福利彩票发行情况（2009年）

Statistics on Welfare Lottery by Region (2009)

地 区	Reigon	机构数（个） Number of Institutions (unit)	年末职工人数(人) Number of Staff and Workers at Year-end (person)	增加值（万元） Value Added (10000 yuan)	收 入（万元） Revenues (10000 yuan)	支 出（万元） Expenditures (10000 yuan)
全 省	**Provincial Total**	**50**	**211**	**3641.8**	**12883.3**	**9788.2**
省本级	Provincial	1	39	3318.9	11373.0	8808.2
南昌市	Nanchang	1	11	95.1	337.0	200.0
景德镇市	Jingdezhen	4	11	12.2	98.0	98.0
萍乡市	Pingxiang	2	12	2.8	87.1	87.1
九江市	Jiujiang	6	20	36.4	139.3	139.3
新余市	Xinyu	2	6	12.0	47.5	47.5
鹰潭市	Yingtan	4	9	27.7	28.4	28.4
赣州市	Ganzhou	14	51	109.0	236.4	236.4
吉安市	Ji'an	2	3		8.0	8.0
宜春市	Yichun	5	20	14.0	501.6	108.3
抚州市	Fuzhou	1	6	1.0	12.0	12.0
上饶市	Shangrao	8	23	12.7	15.0	15.0

20-25 社会保障情况
Situations of Social Security

单位：万人 (10000 persons)

年份 Year	养老保险 Pension Insurance		失业保险 Unemployment Insurance		医疗保险 Medical Care Insurance
	职工人数 Number of Staff and Workers	离退休、退职人数 Number of Retired Persons	参加失业保险人数 Number of Persons Joining Unem-ployment Insurance	领取失业保险金人数 Beneficiaries of Unemployment Insurance	参加医疗保险人数 Number of Persons Joining Medical Care Insurance
1990	144.65	29.21	153.96		
1991	146.59	30.05	158.29	0.01	
1992	204.22	42.40	167.15	0.08	
1993	205.92	45.20	166.60	0.16	
1994	199.96	45.21	170.92	0.43	
1995	193.32	45.09	183.44	0.14	
1996	203.25	47.45	183.03	0.56	
1997	196.14	48.50	152.24	0.39	
1998	235.67	64.06	182.76	0.80	
1999	246.53	66.72	209.60	0.96	
2000	254.85	72.58	231.59	0.81	61.44
2001	250.60	78.16	234.53	2.52	71.62
2002	257.13	82.65	226.67	5.16	106.60
2003	262.51	88.44	215.54	5.91	188.21
2004	271.83	99.92	226.56	10.18	250.42
2005	281.96	105.48	230.74	10.61	276.74
2006	303.34	111.63	241.05	9.98	313.34
2007	356.53	118.50	251.46	8.73	403.42
2008	421.87	128.46	266.29	6.79	503.16
2009	446.02	135.91	275.47	6.41	515.12

20-26 各地区行政事业单位离退休费和企业单位养老金平均水平(2009年)
Average Expenditure for Retired Persons in Administrative Department and Average Pension in Enterprise by Region(2009)

单位：元/人月 (yuan/person·month)

地区	Region	行政事业单位离退休费和企业单位养老金平均水平 Average Expenditure for Retired Persons in Administrative Department and Average Pension of Enterprise	企业单位养老金平均水平 Average Pension of Enterprise
全省	**Provincial Total**	**1279**	**990**
南昌市	Nanchang	1495	1039
景德镇市	Jingdezhen	1201	971
萍乡市	Pingxiang	1167	961
九江市	Jiujiang	1190	925
新余市	Xinyu	1357	957
鹰潭市	Yingtan	1179	940
赣州市	Ganzhou	1210	970
吉安市	Ji'an	1204	978
宜春市	Yichun	1215	949
抚州市	Fuzhou	1107	931
上饶市	Shangrao	1091	751

20-27 劳动争议处理基本情况(2009年)

Basic Situations of Disposal of Labor Disputes(2009)

指 标	Item	合 计 Total	国有企业 State-owned Enterprises	集体企业 Collective-owned Enterprises	港澳台及外资企业 Enterprises with Funds from Hong Kong, Macao&Taiwan and Foreign Funded Enterprises	民营企业 Private Enterprises	其 他 Others
案件受理情况	**Situations of Cases Accepted**						
案 件 数(件)	Number of Cases (case)	13180	2809	564	330	8967	438
#劳动者申诉案件数	Number of Casess Appealed by Laborer	13063	2809	564	328	8853	437
劳动者当事人人数(人)	Number of Laborers Involved(Person)	32598	6980	2103	1064	21693	686
#集体争议数	Number of Collective Disputes	10862	2145	2306	1047	5255	109
争议原因(件)	**Reasons of Disputes(case)**						
#劳动报酬	Earning	3617	635	125	74	2699	84
保 险	Insurance	3972	896	176	104	2662	131
解除劳动合同	Relief from the Labor Contract	828	175	44	26	536	47
案件处理情况(件)	**Disposal of Cases(case)**						
结案案件数	Number of Cases Settled This Period	12144	2657	580	352	8072	411
用人单位胜诉	Recovered by Units	2023	399	118	69	1329	98
劳动者胜诉	Recovered by Laborers	7445	1410	277	204	5270	231
双方部分胜诉	Recovered Partly by Both Parties	2676	848	185	79	1473	82
本期未结案数	Number of Cases Unsettled This Period	1268	202	18		1016	32

20-28 律师、公证及调解工作基本情况
Basic Statistics on Lawyers, Notarization and Mediation

指 标	Item	1990	2000	2005	2008	2009
律师工作	**Lawyers**					
律师事务所(个)	Number of Law Offices (unit)	118	272	282	303	314
律 师(人)	Number of Lawyers (person)	1820	2830	1963	2344	2822
#专职律师	Full-time Lawyers	792	1618	1869	1990	2432
担任法律顾问(家)	Legal Adivisors (unit)	4124	8218	6184	7307	7418
民事案件诉讼代理(件)	Agent of Civil Cases (case)	11688	11197	17857	26520	27325
行政案件诉讼代理(件)	Agent of Adminmstrative Action (case)		513	970	2825	2896
刑事诉讼辩护及代理(件)	Defender and Agent of Criminal Cases (case)	7952	8202	8434	14747	15125
非诉讼法律事务(件)	Agent of Non-Litigious Legal Affairs (case)	32652	28850	14844	12503	13618
解答法律咨询(万人次)	Legal Advisory Services (10000 person-cases)	9.20	6.10	12.10	8.77	9.12
代写法律事务文书(万件)	Agent of Legal Doucuments Written on Behalf of Chients (10000 cases)	2.00	2.10	3.46	1.51	1.52
公证工作	**Notarization**					
公证处(个)	Number of Notary Offices (unit)	104	111	111	111	111
#涉外公证处	Number of Foreign-related Notary Offices	12	27	45	54	54
公证人员(人)	Notarial Personnel (person)	537	603	557	551	593
#公证员	Nortaries	331	382	351	330	329
公证员助理(人)	Assistant Nortaries (person)	74	43	52	95	103
办理公证文书(件)	Number of Notarized Documents (case)	221620	222407	257375	153405	183367
国内公证文书	Number of Domestic Notarization	218416	193717	216375	111933	140705
涉外公证文书	Number of Foreign-related Notarization	3204	25053	36572	36366	36336
港台澳公证文书	Number of Hong Kong,Macao, Taiwan Notarization		3637	4428	5106	6326
基层工作	**People's Mediation**					
法律服务所(个)	Agent of Legal Affairs (unit)		1178	686	714	726
法律工作者(人)	Personnel of Legal Affairs (person)		3126	2153	2055	1973
法律服务所调解民间纠纷(件)	Number of Civil Disputes Mediated (case)		38004	28263	31745	21714
司法所(个)	Number of Judicial Offices (unit)		1188	1629	1629	1629
司法人员(人)	Judicial Personnel (person)		3113	3888	3238	3172
#专职司法助理员	Number of Full-time Judicial Assistants	1461	1604	1831	1994	1767
协助基层政府处理民间纠纷(件)	Help Grass-roots Government's Handling of Civil Disputes (case)		28256	17319	21870	19826
#处理成功率(%)	Success Rate (%)			94.61	91.6	94.2
人民调解委员会(万个)	Number of People's Mediation Committees (10000 units)	2.70	2.70	2.27	2.26	2.3
调解人员(万人)	Number of Mediators (10000 persons)	20.90	24.50	11.86	15.12	15.16
司法所调解民间纠纷(万件)	Number of Civil Disputes Mediated (10000 case)		13.17	11.44	11.05	12.22
#调解成功率(%)	Success Rate (%)	96.50	93.00	97.69	96.36	95.03

20-29 婚姻登记情况

Numbers of Marrages and Divorces

年份 Year	准予登记结婚(对) Total Number of Registered Marriage (couple)	初婚(人) First Marriage (person)	再婚(人) Re-marriage (person)	离婚(对) Divorces (couple)
1978	159661	150186		7387
1979	127242	239747	14737	6844
1980	148365	284253	12477	10200
1981	210132	402171	18093	5717
1982	213296			6487
1983	174610			4791
1984	223765			5666
1985	232469	453632	11306	11113
1986	231917	453021	10813	11241
1987	258275	504338	12212	12473
1988	250353	488228	12478	14063
1989	283406	551914	13075	16391
1990	334773	652052	17494	17637
1991	261054	508724	13384	17376
1992	255777	496201	15353	17682
1993	236384	458275	14493	19291
1994	249091	483833	14349	18979
1995	260573	502791	18355	19751
1996	271049	526016	16082	20037
1997	272364	525087	19641	21087
1998	278088	539122	17054	21502
1999	289370	558788	17454	26935
2000	295766	570202	18296	24229
2001	293852	548757	35569	26090
2002	283391	540779	21617	31762
2003	269708	507607	27805	29700
2004	296058	560260	28418	39897
2005	295282	553628	36936	39441
2006	315513	594219	36807	45291
2007	356154	665248	47060	51240
2008	391221	719684	62758	56030
2009	408061	738330	77792	45495

注：1.1978、1979年和1981年至1984年离婚对数中未包括法院离婚数。
2.1999年以后华侨、港澳台居民登记结婚中未分初婚、再婚人数。后同。

a) Number of divorced Couples in 1978,1979,1981 and 1984 didn't include number of court divorces.

b) Since 1999,Number of registered marriage of overseas Chinese, Hong Kong, Macao residents do not distinct first-marriage and re-marriage.The same applies to the tables following.

20-30 各地区婚姻登记情况（2009年）
Number of Marriages and Divorces by Region (2009)

地 区	Region	准予登记结婚（对）Total Number of Registered Marriage (couple)	#内地居民 Registered Marriages of Mainland	准予登记结婚（人）Total Number of Registered Marriage (person)	初 婚 First Marriage	再 婚 Re-marriage	#恢复结婚（对）Resumption of Marriage(couple)	离 婚（对）Divorces (couple)
全 省	**Provincial Total**	**408061**	**407146**	**816122**	**738330**	**77792**	**5306**	**45495**
南 昌 市	Nanchang	53979	53979	107958	91342	16616	1199	7326
景德镇市	Jingdezhen	12885	12885	25770	22318	3452	216	2467
萍 乡 市	Pingxiang	16359	16359	32718	28692	4026	227	2347
九 江 市	Jiujiang	49090	49090	98180	88589	9591	471	6627
新 余 市	Xinyu	10515	10515	21030	20161	869	101	2275
鹰 潭 市	Yingtan	8058	8058	16116	14260	1856	33	1005
赣 州 市	Ganzhou	69042	69042	138084	129867	8217	601	6779
吉 安 市	Ji'an	42782	42782	85564	76804	8760	337	4226
宜 春 市	Yichun	41790	41790	83580	79264	4316	177	3799
抚 州 市	Fuzhou	39169	39169	78338	72335	6003	1568	3807
上 饶 市	Shangrao	63477	63477	126954	114291	12663	368	4761

注：各设区市离婚人数未包括法院调解、判决离婚人数，故小于总计。
a) Divorce number by region does not include divorce number of court order,thus less than provincial total number.

20-31 各类事故伤亡情况
Basic Statistics on Accidents

指 标	Item	1990	2000	2005	2008	2009
事故死亡总人数(人)	**Total (person)**		**4543**	**3321**	**2173**	**2025**
#工矿商贸企业事故死亡人数	Mortality of Industry, Mining, Commerce and Trade Enterprises	396	531	365	241	277
铁路交通事故死亡人数	Mortality of Railway Traffic Accident		695	438	86	60
水上交通事故死亡人数	Mortality of Water Traffic Accident		20	17	12	9
道路交通事故情况	**Traffic Accidents**					
起 数(起)	Traffic Accidents (case)	5326	17591	8585	5917	4262
死亡人数(人)	Mortalities (person)	1387	3222	2428	1778	1644
受伤人数(人)	Injures (person)	3343	13988	8370	6853	5163
经济损失(万元)	Losses Converted into Cash (10000 yuan)	573	7225	7698	5527	3922
火灾情况	**Fire Accidents**					
起 数(起)	Fire Accidents (case)	896	5354	6105	6025	5889
死亡人数(人)	Mortalities (person)	63	93	42	23	23
受伤人数(人)	Injures (person)	87	137	51	10	10
经济损失(万元)	Losses Converted into Cash (10000 yuan)	1139	4039	3355	8064	5662

注：1995年火灾数据按新统计口径作了修改。
a) Data of 1995's fire accidents are adjusted according to new standard.

20-32 各地区工矿商贸企业、火灾、道路交通事故情况（2009年）

Industry, Mining, Commerce and Trade Enterprises Accidents, Fire Accidents and Traffic Accidents by Region (2009)

地 区	Region	工矿商贸企业事故死亡人数（人） Mortality of Industry, Mining,Commerce and Trade Enterprises Accidents (person)	火 灾 Fire Accidents				道路交通事故 Traffic Accidents			
			起 数（起） Fire Accidents (case)	死亡人数（人） Mortality (person)	受伤人数（人） Injures (person)	经济损失（万元） Losses Converted into Cash (10000 yuan)	起 数（起） Fire Accidents (case)	死亡人数（人） Mortality (person)	受伤人数（人） Injures (person)	经济损失（万元） Losses Converted into Cash (10000 yuan)
全 省	**Provincial Total**	**277**	**5889**	**23**	**10**	**5662.12**	**4262**	**1644**	**5163**	**3921.52**
南 昌 市	Nanchang	20	1455	5	3	1074.18	449	237	387	94.85
景德镇市	Jingdezhen	7	63	3		280.26	89	45	105	8.32
萍 乡 市	Pingxiang	16	344		2	303.07	126	45	117	63.58
九 江 市	Jiujiang	24	612		2	725.89	300	112	303	95.03
新 余 市	Xinyu	26	99	6	2	150.72	106	32	108	34.24
鹰 潭 市	Yingtan	2	231			73.53	89	31	79	49.01
赣 州 市	Ganzhou	59	404	3	1	1004.61	1129	272	1433	152.92
吉 安 市	Ji'an	31	479	3		373.79	369	115	448	126.07
宜 春 市	Yichun	16	1188			844.59	177	149	174	58.97
抚 州 市	Fuzhou	10	566			317.44	215	113	222	73.48
上 饶 市	Shangrao	29	448	3		513.47	515	138	621	95.07
高速公路	Expressway						698	355	1166	3069.47

注：各设区市工矿商贸企业事故死亡人数不包括省煤炭集团，故小于总计。

a) Number of mortality of mining and trading enterprise by region does not include the number of mortality of Provincical Coal Cooperation.

20-33 各地区安全生产四项相对控制指标情况（2009年）

Four Safe Production Relatively Control Targets by Region (2009)

地 区	Region	亿元GDP生产安全事故死亡率 Billion GDP Production Safety Accidents Mortality Rate	工矿商贸企业从业人员10万人生产安全事故死亡率 Production Safety Accidents Mortality Rate in per Hundred Thousand Industry, Mining, Commerce and Trade Enterprises Employees	道路交通万车死亡率 Traffic Accident Mortality Rate Per 10 Thousand Vehicles	煤矿百万吨死亡率 Coal Mining Mortality Rate Per Million Tons
全 省	**Provincial Total**	**0.27**	**1.78**	**3.27**	**2.48**
南 昌 市	Nanchang	0.14	0.95	5.42	
景德镇市	Jingdezhen	0.14	1.05	4.1	
萍 乡 市	Pingxiang	0.14	2.16	1.65	3.88
九 江 市	Jiujiang	0.16	1.28	2.67	1.27
新 余 市	Xinyu	0.12	5.47	1.85	3.02
鹰 潭 市	Yingtan	0.13	0.55	3.66	
赣 州 市	Ganzhou	0.35	2.22	1.98	5.39
吉 安 市	Ji'an	0.25	2.36	2.15	1.60
宜 春 市	Yichun	0.24	0.93	2.03	1.35
抚 州 市	Fuzhou	0.24	0.87	2.74	
上 饶 市	Shangrao	0.23	1.14	2.93	2.77
省煤炭集团	Provincical Coal Cooperation				2.15

20-34 妇女儿童基本状况

Basic Statistics on Women and Children

指　　标	Item	2000	2008	2009
经济与人口	**Economy and Population**			
人均地区生产总值(元)	Per Capita Gross Regional Product (yuan)	4851	14781	17185
城镇居民人均可支配收入(元)	Per Capita Annual Disposable Income of Urban Households (yuan)	5104	12866	14022
农村居民家庭人均纯收入(元)	Per Capita Annual Net Income of Rural Households (yuan)	2135	4697	5075
国家财政性教育经费(亿元)	Government Appropriation for Education (100 million yuan)	48.67	223.44	251.93
卫生经费(亿元)	Expenditure for Public Health (100 million yuan)	10.32	76.92	120.55
妇幼保健经费(万元)	Expenditure for Women and Children Health Care (10000 yuan)	3078	12336	24583
防治防疫经费(万元)	Expenditure for Health and Epidemic Prevention (10000 yuan)	8172	75996	104914
计划生育事业费(万元)	Expenditure for Family Planning (10000 yuan)	18280	118265	142269
人口总数(万人)	Population (10000 persons)	4148.54	4400.10	4432.20
#女　性	Female	1991.52	2141.70	2160.50
0-4岁人口(万人)	Aged 0-4 (10000 persons)	274.78	340.20	338.00
#女　性	Female	118.15	144.10	143.00
0-17岁人口(万人)	Aged 0-17 (10000 persons)	1290.16	1374.80	1390.00
#女　性	Female	575.87	612.30	610.00
育龄妇女人口(15-49岁)(万人)	Childbearing Women (Aged 15-49) (10000 persons)	1122.20	1187.20	1208.00
人口自然增长率(‰)	Natural Population Growth Rate (‰)	9.48	7.91	7.89
出生人口性别比(以女孩为100)	Sex Ratio of Born Population (female=100)	114.74	124.58	124.12
卫生保健	**Health Care**			
婴儿死亡率(‰)	Infant Mortality Rate (‰)	34.80	14.00	12.37
城　市	Urban	12.20	5.96	3.62
农　村	Rural	40.70	15.72	14.13
5岁以下儿童死亡率(‰)	Mortality Rate Under 5 (‰)	43.40	15.72	18.46
城　市	Urban	14.00	6.83	5.27
农　村	Rural	51.10	21.42	21.07
孕产妇死亡率(1/10万)	Maternal Mortality Rate (per 100000 persons)	50.01	19.54	14.77
城　市	Urban	42.16	9.33	3.00
农　村	Rural	53.89	23.29	19.70
卡介苗接种率(%)	BCG (%)	96.40	99.99	99.99
脊髓灰质炎疫苗接种率(%)	OPV3 (%)	97.60	99.98	99.98
百白破三联制剂接种率(%)	DPT3 (%)	96.70	99.98	99.98
麻疹疫苗接种率(%)	Measles (%)	96.40	99.98	99.98
乙肝疫苗接种率(%)	Hepatitis (%)	78.10	99.78	99.99
5岁以下儿童中、重度营养不良患病率(%)	Malnutrition, Moderate and Severe under 5 (%)	4.44	4.21	2.63
7岁以下儿童保健管理率(%)	Health Care Coverage for Children Aged under 7 (%)	69.70	66.20	75.56
住院分娩率(%)	Hospital Delivery Rate (%)	74.44	96.91	98.38
农村孕产妇住院分娩率(%)	Hospital Delivery Rate for Rural Pregnant Women (%)	72.20	96.80	98.27
农村高危孕产妇住院分娩率(%)	Hospital Delivery Rate for Rural High-risk Pregnant Women (%)	98.30	99.76	99.91
非住院分娩中新法接生率(%)	New Method Delivery for Births Not Delivered at Hospitals (%)	96.71	100.00	97.68
孕妇产前医学检查率(%)	Ante-natal Medical Examination Rate (%)	92.66	90.23	91.99
孕产妇系统管理率(%)	Pregnant Women System Care Rate (%)	71.18	68.61	71.76
城　市	Urban	79.04	71.05	77.94
农　村	Rural	67.30	67.52	69.03

20-34 续表1 continued

指 标	Item	2000	2008	2009
婚前医学检查率(%)	Pre-marital Examination (%)	71.54	2.51	5.14
城 市	Urban	78.59	2.84	6.80
农 村	Rural	67.57	2.33	4.34
当年报告艾滋病病毒感染例数(例)	HIV Infections Reported at Current Year (case)	41	461	563
#女 性	Female	3	142	159
性病年报告病例数(例)	STD Infections Reported at Current Year (case)	19713	8470	9180
#女 性	Female	8718	3141	3522
已婚育龄妇女综合避孕率(%)	General Contraceptive Rate of Married Women (%)	90.20	93.80	93.89
教 育	**Education**			
在园幼儿数(万人)	Kindergarten Enrollment (10000 persons)	62.06	92.40	112.30
#女 童	Female	27.15	39.00	48.60
学前教育毛入园率(%)	Pre-primary Enrollment (%)	35.22	52.22	63.43
男 童	Male	34.97	54.51	64.60
女 童	Female	35.54	49.38	61.96
小学学龄儿童净入学率(%)	Primary Net Enrolment (%)	99.58	99.93	99.90
男 生	Male	99.55	99.93	99.91
女 生	Female	99.60	99.92	99.88
小学五年巩固率(%)	Consistant Rate of 5 Years in Primary School (%)	94.42	91.13	92.21
男 生	Male	96.04	91.00	91.95
女 生	Female	92.65	91.29	92.53
小学辍学率(%)	Primary Dropout (%)	0.28	0.55	0.52
男 生	Male	0.22	0.62	0.40
女 生	Female	0.32	0.46	0.66
初中阶段毛入学率(%)	Secondary Gross Enrollment (%)	102.10	116.11	115.70
男 生	Male	104.66	116.41	116.31
女 生	Female	99.19	115.73	114.97
初中三年巩固率(%)	Consistant Rate of 3 Years in Junior Secondary School (%)	87.15	96.55	96.84
男 生	Male	88.65	97.77	96.85
女 生	Female	85.38	95.08	96.83
初中辍学率(%)	Sencondary Dropout (%)	3.63	1.18	1.49
男 生	Male	3.72	1.94	1.53
女 生	Female	3.53	1.48	1.44
特殊教育在校学生数(人)	Special Education School Enrollment (person)	13142	20326	22979
#女 生	Female	3667	5957	6849
高中阶段毛入学率(%)	High School Gross Enrollment (%)	39.03	67.30	70.10
男 生	Male	44.73	71.51	73.71
女 生	Female	32.94	62.19	66.15
平均受教育年限(年)	Average Education Year (year)	7.55	8.28	8.39
男 性	Male	8.19	9.09	8.60
女 性	Female	6.88	8.06	8.18
成人识字率(%)	Adult Literacy Rate (%)	93.02	93.02	93.23
男 性	Male	96.91	95.49	95.58
女 性	Female	88.96	90.55	90.88
青壮年识字率(15-50岁)(%)	Young Adult Literacy Rate (Aged 15-50)(%)	98.42	98.9	98.92
男 性	Male	99.37	99.42	99.43
女 性	Female	97.42	98.38	98.39

20-34 续表2 continued

指 标	Item	2000	2008	2009
就业与社会保障	**Employment and Social Security**			
就业人员(万人)	Employed Persons (10000 persons)	2060.90	2404.50	2445.20
#女 性	Female	743.75	841.60	854.50
城镇单位就业人员(万人)	Urban Employed Persons (10000 persons)	299.43	289.20	289.60
#女 性	Female	108.06	100.90	101.20
城镇登记失业人员(万人)	Urban Registration Unemployment (10000 persons)	16.68	26.00	27.3
#女 性	Female	9.02	8.50	10.13
参加基本养老保险人数(万人)	Basic Pension Insurance Contributors (10000 persons)	254.85	421.90	446.02
参加基本医疗保险人数(万人)	Basic Medical Care Insurance Contributors (10000 persons)	61.44	503.20	515.02
参加失业保险人数(万人)	Unemployment Insurance Contributors (10000 persons)	231.58	266.30	275.47
参加工伤保险人数(万人)	Work Injury Insurance Contributors (10000 persons)	137.06	313.60	340.19
参加生育保险人数(万人)	Maternity Insurance Contributors (10000 persons)	129.38	156.70	162.84
#女 性	Female	47.76	67.30	70.04
生育保险覆盖率(%)	Coverage Rate of Maternity Insurance (%)		32.63	59.18
农村社会养老保险参保人数(万人)	Rural Basic Pension Insurance Contributors (10000 persons)	243.00	211.20	238.72
城镇居民最低生活保障人数(万人)	Persons Receiving Lowest Cost-of-living in Urban Area (10000 persons)	9.80	95.00	95.00
农村居民最低生活保障人数(万人)	Persons Receiving Lowest Cost-of-living in Rural Area (10000 persons)	16.50	150.00	150.00
妇女参政议政	**Women Empowerment**			
省(区、市)人大代表数(人)	Provincial(Regional and Municipal)NPC Deputies(person)	609	608	608
#女 性	Female	136	148	148
省(区、市)政协委员数(人)	Provincial(Regional and Municipal)CPPCC Deputies (person)	672	690	690
#女 性	Female	122	132	132
省级党委领导班子中女干部配备数(人)	Number of women cadres in Provincial Party Organs (person)		2	1
省级政府领导班子中女干部配备数(人)	Number of women cadres in Provincial Government Organs (person)		1	1
地级党委领导班子中女干部配备率(%)	Rats of women cadres in Prefecture Party Organs (%)	54.55	81.82	81.82
地级政府领导班子中女干部配备率(%)	Rats of women cadres in Prefecture Government Organs (%)	45.45	81.82	90.91
县级党委领导班子中女干部配备率(%)	Rats of women cadres in County Party Organs (%)	65.66	91.92	83.84
县级政府领导班子中女干部配备率(%)	Rats of women cadres in County Government Organs (%)	57.58	87.88	82.83
村民委员会成员中女性比重(%)	Percentage of Females in Villater's Committees (%)	20.40	21.09	21.09
居民委员会成员中女性比重(%)	Percentage of Females in Neighborhood Committees (%)	66.90	61.05	61.05
保护妇女儿童的人身权利(起)	**Human Rights Protection of Women and Children (case)**			
破获强奸案件数	Rape Cases Solved	629	426	541
破获拐卖妇女案件数	Abducting Women Cases Solved	256	22	18
破获拐卖儿童案件数	Abducting Children Cases Solved	94	9	25
破获组织、强迫、引诱、容留妇女卖淫案件数	Prostitution-involved Cases Solved	80	202	158
生存环境和社会福利	**Living Environment and Social Welfare**			
农村改水受益率(%)	Benefit Rate of Rural Water Improvement (%)	94.46	95.60	97.47
农村自来水普及率(%)	Rate of Population With Access to Tap Water, Rural (%)	38.22	51.96	54.99
农村卫生厕所普及率(%)	Rate of Population With Access to Sanitary Latrines, Rural (%)	51.50	65.97	75.64
农村累计粪便无害化处理率(%)	Treatment Rate of Faeces Sanitary Rural (%)	23.23	41.00	44.55
城市污水处理率(%)	Treatment Rate of Waste Water, Urban (%)	7.56	51.62	74.50
城市生活垃圾无害化处理率(%)	Treatment Rate of Consumption Wastes,Urban (%)		76.40	83.84
城镇社区服务设施数(个)	Service Facilities, Uraban (unit)	1066	4402	4512
城镇便民、利民网点数(个)	Service Centers, Urban (unit)	4107	9083	9357

主要统计指标解释

卫生机构 包括医疗机构、疾病预防控制中心(防疫站)、采供血机构、卫生监督及监测(检验)机构、医学科研和在职培训机构、健康教育所等。

医疗机构 包括医院、社区卫生服务中心(站)、疗养院、卫生院、门诊部、诊所(卫生所、医务室)、妇幼保健院(所、站)、专科疾病防治院(所、站)、急救中心(站)和临床检验中心。医疗机构分为非赢利性医疗机构和赢利性医疗机构。

医院 包括综合医院、中医医院、中西医结合医院、民族医院、各类专科医院和护理院。

卫生技术人员 指卫生机构中医生、护理人员 、药剂人员、检验人员等卫生技术人员。

医生 指在医疗、预防保健机构工作且取得《执业医师证书》的执业医师和执业助理医师。

社会福利事业单位 指集中收养社会孤老、残、幼的机构，包括由民政部门管理的社会福利院、儿童福利院、精神病人福利院和城镇集体举办的福利院及农村集体举办的敬老院以及优抚医院和具有收养能力的社区服务中心等。该指标主要反映我国社会福利性单位的投入水平。

社会福利事业单位收养人数 包括民政部门管理和城镇、农村集体举办的社会福利事业单位中收养的老人、少年儿童、缺乏生活自理能力的残疾人员和精神病人。该指标主要反映收养性社会福利单位的收养能力。

社会福利企业单位 指以安置城镇有一定劳动能力的盲、聋、哑和肢体残疾人员就业为目的，享受国家减免税待遇的国有或集体企业。包括福利工厂、福利商业和服务业、假肢厂和安置农场等单位。该指标主要反映我国对残疾人照顾的特殊政策。

行政事业单位离退休费和企业单位养老金平均水平 行政、事业和企业单位离休、退休、退职人员在一定时期内平均每人所得离休金、退休金、退职生活费用和养老金。

$$\text{行政事业单位离退休费和企业单位养老金平均水平}=\frac{\text{报告期行政、事业和企业单位实际支付的离休金、退休金、退职生活费用和养老金总额}}{\text{报告期行政、事业和企业单位离退休人员平均人数}}$$

律师 指依法取得律师执业证书，担任法律顾问，民事(刑事、行政)案件代理人、刑事案件辩护人、办理非诉讼业务，解答法律询问，代写法律事务文书等，为社会提供法律服务的人员。

公证人员 指在公证处工作的人员总称，包括公证处主任、副主任、公证员、公证员助理(助理公证员)和其他从事辅助性工作的人员。

公证文书 指公证处根据当事人申请，依照事实和法律，按照法定程序制作的，具有法律效力的司法证明文书。根据公证书用途和使用地，公证书分为国内公证书、国内经济公证书、涉外民事公证书、涉外经济公证书四类。

调解员 指在人民调解委员会担负调解民间纠纷工作的人员，包括调解委员会的委员和调解小组的调解员。该指标主要反映从事人民调解工作的人员数量。

调解民间纠纷 指调解委员会按照法律规定，根据自愿原则，用说服教育的方法调解民间发生的有关民事权利和义务争执的件数，包括调解成功数和调解未成功数。该指标主要反映人民调解委员会的工作量。

Explanatory Notes on Main Statistical Indicators

Health Care Institutions include: medical institutions, disease prevention and control centres (epidemic prevention stations), blood gathering and supplying institutions, health supervision and inspection (check up) institutions, medicinal scientific research and on-job training institutions, health education centres and so on.

Medical Organizations include: hospitals, health service centres (stations) in communities, sanatoria, health centres, out-patient clinics, clinics (health stations and infirmaries), maternity and child care agencies (centres and stations), special disease prevention and curing agencies (centres and stations), first aid centres (stations) and clinical inspection centres. Medical organizations are grouped by two types: profit-making and non-profit-making medical organizations.

Hospitals include: polyclinics, traditional Chinese medical hospitals, hospitals integrating traditional Chinese therapeutics and western therapeutics, ethnic hospitals, various specialist hospitals and nursing homes.

Medical Technical Personnel refers to doctors, nurses, pharmacists and laboratory technicians working in medical institutions.

Doctors refer to certified physicians and certified assistant physicians with certifications working in medical and health care and prevention agencies.

Social Welfare Institutions refer to institutions taking care of old people without children, handicapped people and orphans. They include social welfare institutions run by civil affairs departments, children welfare institutions, social welfare institutions for mental patients, collective-owned old people's homes in rural areas, convalescent homes and community service centers with the capacity of receiving those people. This indicator reflects the input in social welfare institutions.

Number of People Accommodated by Social Welfare Institutions refers to the number of old people, children, totally dependent handicapped people and mental patients Accommodated by social welfare institutions run by civil affairs departments and those run by collective units in urban and rural areas. This indicator reflects the capacity of social welfare institutions.

Social Welfare Enterprises are collective-owned enterprises which employ the blind, deaf-mute, and physically disabled people who are able to work in cities and towns and enjoy exemption from State taxes. They include welfare plants, welfare commercial services, artificial limb plants and farms, etc. This indicator reflects the preferential policies toward disabled persons.

Average Expenditure for Retired Persons in Administrative Department and Average Pension of Enterprise refers to average level of retirement pension, expenditures for living consumption after retirement and pension in money terms per person in the administrative department, institution and enterprise during a certain time of period.

$$\text{Average Expenditure for Retired Persons in Administrative Department and Average Pension of Enterprise} = \frac{\text{Total Expenditure for Retired Persons and Pension in Administrative Department Institution and Enterprise at Reference Period}}{\text{Average Number of Retirees in Administrative Department, Institution and Enterprise at Reference Period}}$$

Lawyers are certified legal workers according to law, and who are employed by legal counselling firms to act as legal advisers; agents in criminal or civil lawsuits; and defenders in criminal lawsuits; or to handle non-litigious legal affairs, to advise on matters of law or to write legal papers for others and provide service to the public.

Notary Personnel refers to people working for notary offices including: directors, deputy directors, notaries, assistant notaries and other people providing assistance.

Notary Documents refer to the judicial notary documents drawn up at the request of the interested party and are in accordance with facts and the law and following certain legal proceedings. According to usage and locality, notary documents are divided into the following 4 types: domestic notary documents, domestic economic notary documents, foreign-related civil notary documents and foreign-related economic notary documents.

Mediators refer to workers on people's mediation committees responsible for mediating in civil disputes and cases of slight infraction of the law. They include members of the mediation committees and mediators of mediation groups. This indicator reflects the number of people engaged in mediation.

Mediation of Civil Disputes refers to number of cases made by mediation committees in mediating in civil disputes concerning civil rights and duties through persuasion and education in accordance with the provisions of law on a voluntary basis, so as to solve disputes by helping the parties involved come to an agreement and understanding, including those unsuccessful ones. This indicator reflects the workload of the mediation committees.

企业调查

21

Enterprise Investigation

资料整理及英文翻译：陈翠妤

简要说明

企业景气调查

企业景气调查是适应我国社会主义市场经济发展的新形势，借鉴市场经济国家的成功经验而建立起来的一项新的统计调查制度。它是通过对样本企业的企业家定期进行意向性问卷调查，并根据企业家对企业经营状况及宏观经济形势的判断和预期来编制景气指数。企业景气指数不仅能够及时反映企业经营状况，当前宏观经济运行态势，而且能够预测未来经济发展趋势。

景气指数又称景气度，它是对企业景气调查中的定性指标通过定量方法加工汇总，综合反映某一特定调查群体或某一社会经济现象所处的状态或发展趋势的一种指标。景气指数的数值范围介于0～200之间，100为景气指数的临界值；当景气指数大于100时，表明经济状况趋于上升或改善，处于景气状态；当景气指数小于100时，表明经济状况趋于下降或恶化，处于不景气状况。

景气指数根据其调查对象和反映内容的不同，有宏观和微观等不同分类。企业家信心指数是根据企业家对宏观经济环境信心预期的判断而编制的；企业景气指数是根据企业家对本企业当前综合经营状况的判断和未来发展的预计而编制的指数。

企业景气调查包括工业；建筑业；交通运输、仓储和邮政业；批发和零售业；房地产业；信息传输、计算机服务和软件业；住宿和餐饮业；社会服务业八大行业门类。我省于1998年正式开展企业景气调查，2009年全省每季度进行调查的企业1000家，基本涵盖全部大型及特大型企业、省重点企业、上市公司和部分中小企业，具有较强的代表性。

Brief Introduction

Business Survey

Business survey is a new statistical investigation system that adopts new situation of our country socialist market economy development and profits from the successful experience of the market economy countries. It is through carrying on the intent questionnaire survey regularly to the sample enterprise's entrepreneurs, according to judgment and anticipation of the enterprise management condition and the macroscopic economic situation for the entrepreneurs to establish the booming index. The enterprise booming index not only can reflect the enterprise management condition promptly, current macroscopic economical movement situation, but also will be able to forecast the future economy trend of development.

The booming index is called the scenery extent, it is the target that is compiled to stationary index through the quantitative method processing in the enterprise booming investigation and reflects some specific investigation community or locating condition or development trend of some social economy phenomenon. The value scope of booming index is situated between 0～200, 100 is marginal value of booming index; When the booming index is bigger than 100, indicates the financial circumstance tends to the rise or the improvement, is at the booming condition; When the booming index is smaller than 100, indicates the financial circumstance tends to the drop or the worsening, is in not the booming condition.

According to its investigation object and the difference of reflection content, the booming index has the different classifications of macroscopic and microscopic. The confidence index of entrepreneurs is established according to the judgment of entrepreneurs to the macroscopic economic environment confidence anticipation; the business climate index is established according to judgment of current comprehensive management condition and the estimate of future development.

Business survey includes industry; construction; transportation, storage and telecommunications; whole sale and retail trade; real estate; information transmission, computer services and software; hotel and catering services; social service eight big profession classes. Shandong business survey was developed in 1998 officially, there are 1000 investigation enterprises that are carried on each quarter in entire province in 2008, cover completely large-scale and the extra large type enterprise, the province key enterprises, listed company and the partial small and medium-sized enterprises basically, have the strong representation.

21-1 企业家信心指数(2009年)
Confidence Index of Entrepreneurs (2009)

类别	Classification	一季度 Quarter1	二季度 Quarter2	三季度 Quarter3	四季度 Quarter4
总体状况	**Overall**	**107.1**	**113.6**	**121.9**	**131.6**
按行业门类分	**Grouped by Sector**				
工业	Industry	96.9	108.4	118.6	128.9
采矿业	Mining	74.9	100.0	100.0	121.3
制造业	Manufacturing	93.4	107.3	117.8	128.7
电力、燃气及水的生产和供应业	Production and Supply of Power，Gas & Water	133.1	120.7	134.6	134.6
建筑业	Construction	118.9	123.8	123.1	134.0
交通运输、仓储及邮政业	Transport, Storage and Postal Service	137.3	124.9	129.7	143.3
批发和零售业	Wholesale and Retail Trade	123.7	126.9	131.4	136.7
房地产业	Real Estate Trade	88.3	97.0	112.4	124.7
社会服务业	Social Services	95.2	100.0	114.3	123.8
信息传输、计算机服务和软件业	Information Transmission, Computer Service and Software Services	165.7	161.2	172.6	167.6
住宿和餐饮业	Accommodation and Catering Services	114.7	91.7	111.7	111.7
按企业登记注册类型分	**by Status of Registration**				
国有企业	State-owned Enterprises	114.4	116.7	122.2	129.2
集体企业	Collective-owned Enterprises	118.6	109.3	125.6	137.2
股份合作企业	Cooperative Enterprises	90.2	118.8	100.9	81.8
联营企业	Joint Ownership Enterprises	150.0	150.0	100.0	150.0
有限责任公司	Limited Liability Corporations	97.7	108.5	119.9	125.0
股份有限公司	Share-holding Corporations Limited	112.7	124.5	133.2	148.0
私营企业	Private Enterprises	103.9	96.6	108.0	131.3
其他内资企业	Other Domestic Funded Enterprises				100.0
外商及港、澳、台商投资企业	Enterprises with Funds from Foreign Contry,Hongkong, Macao and Taiwan	103.4	112.3	124.6	131.6
按企业规模分	**Grouped by Size of Enterprises**				
大型	Large-sized	87.2	128.4	125.4	123.3
中型	Medium-sized	107.7	118.6	128.7	138.5
小型	Small-sized	112.1	104.3	115.4	124.5
特殊分组	**Special Group**				
国家重点企业	Province key Enterprises	145.1	100.2	170.0	167.7
乡镇企业	Township Enterprises	92.9	95.2	114.3	123.8
上市公司	Companies Listed in Stock Exchange	94.1	117.9	130.4	139.9
国有控股企业	Stateholding Enterprises	112.3	118.4	125.6	131.9

21-2 企业景气指数(2009年)
Business Climate Index (2009)

类 别	Classification	一季度 Quarter1	二季度 Quarter2	三季度 Quarter3	四季度 Quarter4
总体状况	**Overall**	**110.7**	**114.6**	**125.8**	**131.4**
按行业门类分	**Grouped by Sector**				
工业	Industry	101.9	108.5	122.5	127.6
采矿业	Mining	77.4	92.6	106.5	115.7
制造业	Manufacturing	101.3	106.4	120.9	128.6
电力、燃气及水的生产和供应业	Production and Supply of Power，Gas & Water	117.1	129.4	139.8	126.5
建筑业	Construction	119.8	126.2	129.1	133.1
交通运输、仓储及邮政业	Transport, Storage and Postal Service	130.7	116.1	127.7	132.0
批发和零售业	Wholesale and Retail Trade	131.6	133.6	133.7	143.9
房地产业	Real Estate Trade	83.7	98.8	124.7	129.3
社会服务业	Social Services	109.5	109.5	123.8	133.3
信息传输、计算机服务和软件业	Information Transmission, Computer Service and Software Services	173.4	166.4	166.8	175.9
住宿和餐饮业	Accommodation and Catering Services	115.0	103.3	118.3	125.0
按企业登记注册类型分	**by Status of Registration**				
国有企业	State-owned Enterprises	117.1	118.1	123.6	129.2
集体企业	Collective-owned Enterprises	110.9	118.6	132.6	130.2
股份合作企业	Cooperative Enterprises	100.0	82.1	106.8	106.8
联营企业	Joint Ownership Enterprises	150.0	150.0	100.0	150.0
有限责任公司	Limited Liability Corporations	103.8	107.2	121.0	128.3
股份有限公司	Share-holding Corporations Limited	130.6	130.8	148.8	158.5
私营企业	Private Enterprises	103.9	112.1	123.7	126.1
其他内资企业	Other Domestic Funded Enterprises	100.0	100.0	100.0	100.0
外商及港、澳、台商投资企业	Enterprises with Funds from Foreign Contry,Hongkong, Macao and Taiwan	94.4	117.5	120.0	126.3
按企业规模分	**Grouped by Size of Enterprises**				
大型	Large-sized	116.9	129.0	150.9	153.7
中型	Medium-sized	111.1	120.5	132.8	136.6
小型	Small-sized	108.9	107.0	116.5	124.5
特殊分组	**Special Group**				
国家重点企业	Province key Enterprises	172.8	110.2	175.1	172.2
乡镇企业	Township Enterprises	111.9	104.8	109.5	131.0
上市公司	Companies Listed in Stock Exchange	135.5	118.6	159.0	166.8
国有控股企业	Stateholding Enterprises	120.4	121.0	130.1	133.7

21-3 企业生产经营状况景气指数

时间序列	Time	企业家信心指数 Confidence Index of Entrepreneurs	企业景气指数 Business Climate Index	生产总量景气指数 Climate Index of Total Output	盈利(亏损)变化景气指数 Climate Index of Profit(loss) Variation
1999年1季度	Quarter1,1999	90.7	105.8	109.4	81.0
1999年2季度	Quarter2,1999	85.9	92.7	103.0	70.9
1999年3季度	Quarter3,1999	88.5	93.9	103.1	74.7
1999年4季度	Quarter4,1999	97.3	98.4	111.0	90.5
2000年1季度	Quarter1,2000	98.1	101.7	109.7	92.0
2000年2季度	Quarter2,2000	100.3	97.4	111.6	85.2
2000年3季度	Quarter3,2000	103.1	96.8	116.4	91.8
2000年4季度	Quarter4,2000	104.6	100.8	116.8	95.1
2001年1季度	Quarter1,2001	117.1	107.6	106.0	97.3
2001年2季度	Quarter2,2001	111.2	110.0	114.9	98.7
2001年3季度	Quarter3,2001	112.0	109.0	114.8	94.9
2001年4季度	Quarter4,2001	111.6	106.5	110.0	96.5
2002年1季度	Quarter1,2002	120.4	112.5	104.5	98.3
2002年2季度	Quarter2,2002	115.5	111.6	117.2	101.6
2002年3季度	Quarter3,2002	116.2	113.1	118.3	107.9
2002年4季度	Quarter4,2002	120.7	117.2	123.5	108.1
2003年1季度	Quarter1,2003	125.1	119.6	112.3	107.8
2003年2季度	Quarter2,2003	113.6	105.1	105.9	94.5
2003年3季度	Quarter3,2003	128.1	120.6	126.6	112.6
2003年4季度	Quarter4,2003	127.1	126.7	128.8	116.9
2004年1季度	Quarter1,2004	135.3	129.0	116.3	112.4
2004年2季度	Quarter2,2004	130.5	126.4	122.8	110.9
2004年3季度	Quarter3,2004	128.2	122.3	125.1	112.7
2004年4季度	Quarter4,2004	130.1	128.1	135.1	123.1
2005年1季度	Quarter1,2005	132.4	124.3	106.0	110.2
2005年2季度	Quarter2,2005	129.5	126.9	122.5	110.7
2005年3季度	Quarter3,2005	130.7	128.5	125.7	116.1
2005年4季度	Quarter4,2005	132.6	134.6	128.4	125.2
2006年1季度	Quarter1,2006	134.7	129.8	111.0	110.8
2006年2季度	Quarter2,2006	128.3	131.8	123.2	119.6
2006年3季度	Quarter3,2006	130.6	133.9	124.6	119.5
2006年4季度	Quarter4,2006	133.4	135.6	133.1	127.0
2007年1季度	Quarter1,2007	144.2	140.2	109.5	113.5
2007年2季度	Quarter2,2007	141.0	143.5	129.5	123.6
2007年3季度	Quarter3,2007	138.5	137.7	126.3	118.6
2007年4季度	Quarter4,2007	135.7	140.1	129.5	120.2
2008年1季度	Quarter1,2008	136.8	128.5	101.2	100.7
2008年2季度	Quarter2,2008	130.3	128.9	125.9	112.8
2008年3季度	Quarter3,2008	120.6	123.6	115.5	103.5
2008年4季度	Quarter4,2008	103.0	111.8	95.5	85.5
2009年1季度	Quarter1,2009	107.1	110.7	89.0	88.6
2009年2季度	Quarter2,2009	113.6	114.6	111.9	102.0
2009年3季度	Quarter3,2009	121.9	125.8	125.4	115.9
2009年4季度	Quarter4,2009	131.6	131.4	129.6	124.2

Business Operating and Alanaging Climate Indices

流动资金 景气指数 Climate Index of of Liquid Capital	货款拖欠 景气指数 Climate Index on Overdue Obligations to Suppliers	劳动力需求 景气指数 Climate Index of Labor Demand	固定资产投资 景气指数 Climate Index on Fixed AssetsInvestment	产品订货 景气指数 Climate Index of Order Financing	企业融资 景气指数 Climate Index of Enterprises Financing
47.1	90.4	62.8	98.0		
44.3	90.3	62.2	94.7		
45.5	90.5	63.3	97.4		
49.8	99.8	70.2	102.0		
50.1	104.8	69.3	104.1		
46.5	92.0	76.6	104.2		
49.3	98.8	74.3	105.6		
53.2	98.1	78.0	108.6		
62.3	102.2	81.3	109.5		
60.9	99.8	84.0	112.0		
59.7	95.2	84.1	112.1		
61.4	101.8	84.4	109.0		
66.6	105.2	84.0	100.1		
66.6	102.9	89.2	111.2		
63.8	97.7	90.3	112.5		
66.7	98.5	92.3	114.0		
77.6	100.2	91.8	106.4		
70.8	99.7	87.4	109.9		
72.7	99.1	94.3	116.7		
76.1	100.7	96.3	116.0		
81.3	108.1	97.5	116.4	115.3	77.4
75.3	104.4	101.4	117.4	109.2	73.5
73.7	104.6	103.1	115.6	109.7	68.8
74.3	106.9	107.1	116.4	118.5	74.1
82.0	108.5	99.9	104.1	113.8	78.9
78.5	101.7	106.5	112.3	118.7	75.0
79.8	96.5	108.2	113.0	115.5	74.2
83.2	101.3	109.2	119.5	118.0	77.2
85.3	107.9	102.8	110.0	112.7	79.5
90.1	104.6	109.3	114.5	114.9	77.9
84.6	102.8	109.7	115.3	115.4	77.3
87.5	105.5	114.0	114.3	121.5	79.5
99.5	107.9	109.8	112.9	113.9	86.1
98.6	107.1	114.8	114.5	116.4	87.3
95.8	102.0	112.6	111.4	119.5	85.0
93.1	106.9	113.0	114.4	120.8	80.8
90.6	110.1	108.1	109.8	109.0	80.2
86.5	101.0	110.7	116.1	115.7	79.2
83.0	96.4	106.1	113.2	105.4	78.4
84.4	93.7	88.9	104.2	89.3	77.1
88.7	94.7	93.1	96.9	90.9	80.6
87.5	99.9	100.1	105.1	99.8	80.4
93.0	96.6	103.8	114.9	107.8	81.7
99.8	103.2	108.9	117.4	117.4	85.1

21-4 工业企业生产经营状况景气指数

时间序列	Time	企业家信心指数 Confidence Index of Entrepreneurs	企业景气指数 Business Climate Index	生产总量景气指数 Climate Index of Total Output	盈利(亏损)变化景气指数 Climate Index of Profit(loss) Variation
1999年1季度	Quarter1,1999	79.3	105.1	113.3	73.7
1999年2季度	Quarter2,1999	76.1	90.4	111.0	72.6
1999年3季度	Quarter3,1999	76.8	90.9	105.3	73.7
1999年4季度	Quarter4,1999	91.1	97.3	112.3	94.5
2000年1季度	Quarter1,2000	90.3	100.2	115.0	85.0
2000年2季度	Quarter2,2000	95.3	93.8	110.3	82.4
2000年3季度	Quarter3,2000	95.9	96.9	128.0	94.7
2000年4季度	Quarter4,2000	104.7	105.8	119.1	98.8
2001年1季度	Quarter1,2001	115.7	107.3	102.4	95.6
2001年2季度	Quarter2,2001	111.4	110.1	118.4	105.6
2001年3季度	Quarter3,2001	105.1	105.5	114.8	92.9
2001年4季度	Quarter4,2001	102.2	101.3	112.6	94.5
2002年1季度	Quarter1,2002	111.4	104.9	101.1	88.5
2002年2季度	Quarter2,2002	109.8	110.3	128.9	109.0
2002年3季度	Quarter3,2002	110.7	111.0	122.4	110.3
2002年4季度	Quarter4,2002	120.4	117.4	122.1	111.5
2003年1季度	Quarter1,2003	122.8	116.6	106.6	98.3
2003年2季度	Quarter2,2003	120.7	118.9	129.9	109.8
2003年3季度	Quarter3,2003	126.2	119.3	124.2	109.9
2003年4季度	Quarter4,2003	126.8	129.3	127.4	121.4
2004年1季度	Quarter1,2004	136.4	127.4	121.6	112.1
2004年2季度	Quarter2,2004	131.0	128.0	133.2	111.6
2004年3季度	Quarter3,2004	126.6	122.5	128.8	114.3
2004年4季度	Quarter4,2004	129.6	127.1	131.3	119.8
2005年1季度	Quarter1,2005	129.0	117.6	101.0	104.4
2005年2季度	Quarter2,2005	126.5	127.2	130.3	115.4
2005年3季度	Quarter3,2005	128.5	130.4	130.6	119.9
2005年4季度	Quarter4,2005	130.4	135.2	125.6	129.1
2006年1季度	Quarter1,2006	134.1	126.6	110.6	112.2
2006年2季度	Quarter2,2006	129.7	133.8	134.5	126.6
2006年3季度	Quarter3,2006	132.8	134.1	132.5	130.2
2006年4季度	Quarter4,2006	136.4	136.1	137.4	134.5
2007年1季度	Quarter1,2007	145.9	140.2	109.0	118.9
2007年2季度	Quarter2,2007	141.4	143.9	137.3	131.2
2007年3季度	Quarter3,2007	139.6	136.5	123.7	122.1
2007年4季度	Quarter4,2007	138.1	143.2	127.6	128.8
2008年1季度	Quarter1,2008	136.0	123.8	96.9	98.5
2008年2季度	Quarter2,2008	131.3	130.0	136.7	124.5
2008年3季度	Quarter3,2008	118.8	124.4	112.7	106.5
2008年4季度	Quarter4,2008	94.0	103.3	87.9	76.4
2009年1季度	Quarter1,2009	96.9	101.9	88.8	82.4
2009年2季度	Quarter2,2009	108.4	108.5	117.9	105.8
2009年3季度	Quarter3,2009	118.6	122.5	124.8	117.6
2009年4季度	Quarter4,2009	128.9	127.6	131.2	127.5

Operating and Alanaging Climate Index of Industrial Enterprise

流动资金 景气指数 Climate Index of of Liquid Capital	货款拖欠 景气指数 Climate Index on Overdue Obligations to Suppliers	劳动力需求 景气指数 Climate Index of Labor Demand	固定资产投资 景气指数 Climate Index on Fixed AssetsInvestment	产品订货 景气指数 Climate Index of Order Financing	企业融资 景气指数 Climate Index of Enterprises Financing
41.8	86.8	62.3	87.6	98.8	
38.4	86.1	58.4	90.5	95.7	
39.9	87.8	60.0	89.6	96.6	
46.2	104.5	66.0	103.1	113.1	
44.8	110.5	68.8	99.8	94.4	
42.3	86.4	78.3	108.5	95.5	
49.4	95.3	71.9	104.0	92.1	
54.1	98.6	81.8	111.2	89.5	
59.3	103.8	78.2	106.4	95.0	
59.4	97.7	83.5	107.1	93.9	
58.6	99.1	75.9	108.6	91.8	
60.5	102.7	81.1	110.4	95.0	
61.5	109.2	83.7	101.5	86.9	
64.0	101.3	94.1	115.0	87.7	
64.2	96.7	87.3	116.7	86.1	
71.3	97.9	91.2	119.1	91.0	
79.3	105.1	95.6	109.7	109.8	
79.4	100.9	92.7	119.9	101.9	
79.4	105.4	92.9	119.8	116.8	
83.3	110.4	97.0	125.5	121.3	
80.7	109.4	106.8	123.8	122.5	82.5
73.7	101.5	105.0	121.7	117.9	76.3
74.2	103.7	104.8	123.4	114.9	71.9
74.4	110.7	101.5	123.4	118.5	73.1
75.2	104.2	106.1	108.1	120.4	75.6
75.6	103.5	107.9	116.9	124.5	70.3
78.8	98.8	105.4	121.5	119.0	71.8
81.2	103.9	101.6	128.1	120.4	71.4
84.1	108.1	110.3	116.6	116.2	79.6
87.0	108.1	109.8	123.2	125.3	78.6
86.1	104.3	111.0	117.2	119.2	74.5
88.4	108.3	115.3	118.0	128.8	80.1
93.1	106.0	111.5	121.2	112.6	84.1
101.0	108.7	113.3	117.1	118.6	86.7
96.2	105.7	108.9	118.8	119.4	82.6
92.6	109.2	111.2	119.5	123.5	78.2
87.9	110.1	114.0	114.4	113.0	82.0
84.1	102.3	112.9	124.5	123.9	77.8
79.9	98.6	103.2	118.9	105.8	77.0
81.8	93.3	78.9	107.9	83.5	78.7
89.9	94.2	93.0	95.7	88.2	84.5
85.3	99.9	99.8	110.0	98.3	80.0
90.3	93.4	102.0	120.1	104.2	80.6
96.8	100.7	109.8	122.4	115.9	83.8

21-5 建筑业企业生产经营状况景气指数

时间序列	Time	企业家信心指数 Confidence Index of Entrepreneurs	企业景气指数 Business Climate Index	生产总量景气指数 Climate Index of Total Output	盈利(亏损)变化景气指数 Climate Index of Profit(loss) Variation
1999年1季度	Quarter1,1999	94.1	100.5	90.6	97.5
1999年2季度	Quarter2,1999	89.6	85.2	100.9	64.0
1999年3季度	Quarter3,1999	86.3	84.2	111.8	70.2
1999年4季度	Quarter4,1999	90.2	87.8	113.2	98.9
2000年1季度	Quarter1,2000	86.6	92.2	83.1	103.2
2000年2季度	Quarter2,2000	91.2	86.1	121.0	89.1
2000年3季度	Quarter3,2000	93.3	80.6	103.9	101.2
2000年4季度	Quarter4,2000	84.3	97.6	114.8	88.5
2001年1季度	Quarter1,2001	98.1	75.0	78.6	85.6
2001年2季度	Quarter2,2001	92.5	98.9	119.3	102.2
2001年3季度	Quarter3,2001	105.7	100.4	117.4	86.9
2001年4季度	Quarter4,2001	102.5	96.6	111.0	111.7
2002年1季度	Quarter1,2002	113.9	97.1	78.5	81.8
2002年2季度	Quarter2,2002	96.0	100.8	112.2	85.5
2002年3季度	Quarter3,2002	104.9	94.5	116.2	96.8
2002年4季度	Quarter4,2002	101.2	102.1	128.1	113.8
2003年1季度	Quarter1,2003	109.0	97.2	84.4	94.7
2003年2季度	Quarter2,2003	114.1	102.6	113.5	94.9
2003年3季度	Quarter3,2003	121.6	112.5	127.6	115.4
2003年4季度	Quarter4,2003	119.8	117.8	135.4	107.2
2004年1季度	Quarter1,2004	120.7	107.9	86.3	71.9
2004年2季度	Quarter2,2004	119.2	116.3	122.4	97.9
2004年3季度	Quarter3,2004	114.5	107.8	128.0	95.3
2004年4季度	Quarter4,2004	122.1	112.6	141.0	125.7
2005年1季度	Quarter1,2005	127.2	112.7	84.8	95.7
2005年2季度	Quarter2,2005	126.2	113.5	123.9	104.8
2005年3季度	Quarter3,2005	126.7	111.8	123.5	113.0
2005年4季度	Quarter4,2005	131.6	127.0	144.1	122.1
2006年1季度	Quarter1,2006	123.7	121.1	79.8	89.2
2006年2季度	Quarter2,2006	118.1	119.3	128.1	104.9
2006年3季度	Quarter3,2006	119.7	122.0	111.8	104.8
2006年4季度	Quarter4,2006	118.5	133.3	152.7	128.4
2007年1季度	Quarter1,2007	133.3	126.0	69.5	89.8
2007年2季度	Quarter2,2007	122.9	131.0	129.7	114.2
2007年3季度	Quarter3,2007	126.2	126.3	133.0	106.9
2007年4季度	Quarter4,2007	123.8	129.7	146.6	101.7
2008年1季度	Quarter1,2008	122.9	124.0	73.2	84.9
2008年2季度	Quarter2,2008	119.3	121.7	120.2	91.2
2008年3季度	Quarter3,2008	117.9	117.5	132.6	89.0
2008年4季度	Quarter4,2008	108.0	131.5	121.1	112.0
2009年1季度	Quarter1,2009	118.9	119.8	62.4	89.8
2009年2季度	Quarter2,2009	123.8	126.2	124.9	101.9
2009年3季度	Quarter3,2009	123.1	129.1	136.4	108.3
2009年4季度	Quarter4,2009	134.0	133.1	145.1	122.8

Operating and Alanaging Climate Index of Construction Enterprise

流动资金景气指数 Climate Index of of Liquid Capital	货款拖欠景气指数 Climate Index on Overdue Obligations to Suppliers	劳动力需求景气指数 Climate Index of Labor Demand	固定资产投资景气指数 Climate Index on Fixed AssetsInvestment	产品订货景气指数 Climate Index of Order Financing	企业融资景气指数 Climate Index of Enterprises Financing
49.0	84.5	68.7	103.5	75.0	
46.5	83.7	78.8	84.6	78.2	
43.6	68.4	85.6	95.5	100.2	
51.9	67.0	105.2	84.1	89.1	
52.0	87.9	72.4	102.4	65.9	
51.4	76.1	93.5	92.6	70.5	
50.3	80.7	90.0	101.8	93.5	
61.0	73.2	85.8	98.3	92.5	
58.0	65.7	80.7	103.9	85.4	
50.8	82.3	99.8	99.3	96.4	
30.3	59.0	103.7	103.1	97.7	
42.0	79.7	96.9	90.4	87.7	
57.8	91.2	67.6	77.1	94.0	
49.0	79.2	92.4	89.0	98.6	
40.0	62.1	102.1	92.3	111.7	
49.3	59.4	110.8	100.3	119.4	
57.7	66.2	74.4	91.2	94.1	
55.2	66.8	105.1	97.8	96.8	
48.2	66.4	118.5	101.7	112.9	
54.3	60.9	123.4	98.7	107.8	
62.9	94.4	80.7	103.6	87.2	50.2
60.6	96.6	105.2	115.5	96.9	50.2
56.2	80.2	121.0	104.7	102.1	42.8
51.6	78.4	123.6	103.7	119.3	62.3
73.0	101.6	79.8	93.5	93.1	63.5
62.4	72.2	122.2	111.9	125.8	62.9
63.1	67.2	127.9	104.2	111.5	54.8
68.3	80.3	142.9	114.9	121.2	65.0
66.5	102.5	80.3	88.2	91.6	54.3
74.6	89.8	117.3	103.9	110.3	56.3
68.7	73.2	118.5	105.3	100.4	56.2
68.1	71.6	136.8	117.1	123.1	53.5
89.1	108.0	89.2	95.0	83.6	67.5
80.5	98.0	131.8	107.6	120.1	68.2
82.7	88.9	131.1	100.5	117.6	72.4
72.7	91.4	133.4	100.3	127.2	60.3
82.8	109.3	71.6	92.4	74.0	59.6
76.0	90.2	115.8	102.4	114.6	63.7
73.9	72.1	125.9	104.8	114.3	59.2
77.7	75.6	113.4	100.5	97.8	56.0
70.5	83.1	80.4	92.4	82.9	62.0
77.4	83.9	119.6	100.1	118.9	66.4
84.1	90.4	129.1	103.4	115.6	65.5
93.1	98.1	129.8	112.0	124.4	66.6

21-6 交通运输、仓储和邮政业企业生产经营状况景气指数

时间序列	Time	企业家信心指数 Confidence Index of Entrepreneurs	企业景气指数 Business Climate Index	生产总量景气指数 Climate Index of Total Output	盈利(亏损)变化景气指数 Climate Index of Profit(loss) Variation
1999年1季度	Quarter1,1999	135.1	141.6	155.4	124.6
1999年2季度	Quarter2,1999	110.7	124.2	119.8	109.5
1999年3季度	Quarter3,1999	127.3	128.3	140.7	119.3
1999年4季度	Quarter4,1999	123.4	124.3	126.2	119.2
2000年1季度	Quarter1,2000	127.1	136.9	141.4	127.5
2000年2季度	Quarter2,2000	124.0	127.5	127.6	106.3
2000年3季度	Quarter3,2000	127.5	113.2	120.4	113.2
2000年4季度	Quarter4,2000	124.9	110.0	147.0	121.1
2001年1季度	Quarter1,2001	133.0	132.9	141.4	105.3
2001年2季度	Quarter2,2001	119.2	111.1	113.6	74.5
2001年3季度	Quarter3,2001	124.7	122.1	134.6	103.4
2001年4季度	Quarter4,2001	133.0	131.1	121.8	84.9
2002年1季度	Quarter1,2002	133.1	141.0	128.9	133.2
2002年2季度	Quarter2,2002	127.9	115.8	101.5	88.3
2002年3季度	Quarter3,2002	127.9	131.6	118.4	110.4
2002年4季度	Quarter4,2002	134.2	129.0	122.6	96.4
2003年1季度	Quarter1,2003	138.0	140.3	134.2	134.7
2003年2季度	Quarter2,2003	81.3	60.3	40.8	40.9
2003年3季度	Quarter3,2003	141.3	128.3	138.6	113.7
2003年4季度	Quarter4,2003	124.3	136.4	125.6	114.5
2004年1季度	Quarter1,2004	142.0	152.1	155.7	148.9
2004年2季度	Quarter2,2004	142.1	134.1	113.8	109.6
2004年3季度	Quarter3,2004	142.1	130.9	133.2	123.9
2004年4季度	Quarter4,2004	143.0	146.8	155.9	116.8
2005年1季度	Quarter1,2005	142.2	151.0	168.0	149.9
2005年2季度	Quarter2,2005	139.9	142.1	109.8	100.9
2005年3季度	Quarter3,2005	137.6	139.9	131.1	104.4
2005年4季度	Quarter4,2005	130.2	143.6	125.5	120.2
2006年1季度	Quarter1,2006	140.8	142.2	148.4	130.2
2006年2季度	Quarter2,2006	116.6	126.3	100.1	102.9
2006年3季度	Quarter3,2006	130.8	142.2	141.6	88.0
2006年4季度	Quarter4,2006	135.2	139.9	106.2	109.2
2007年1季度	Quarter1,2007	154.2	153.1	158.3	109.2
2007年2季度	Quarter2,2007	158.4	159.8	103.5	96.6
2007年3季度	Quarter3,2007	139.7	148.9	125.6	85.9
2007年4季度	Quarter4,2007	137.4	125.5	116.3	81.7
2008年1季度	Quarter1,2008	155.4	144.2	151.0	112.5
2008年2季度	Quarter2,2008	141.9	130.7	107.6	87.5
2008年3季度	Quarter3,2008	130.5	116.0	119.1	85.1
2008年4季度	Quarter4,2008	123.7	110.1	94.1	62.3
2009年1季度	Quarter1,2009	137.3	130.7	132.6	116.7
2009年2季度	Quarter2,2009	124.9	116.1	81.7	74.9
2009年3季度	Quarter3,2009	129.7	127.7	127.3	115.6
2009年4季度	Quarter4,2009	143.3	132.0	126.7	110.8

Operating and Alanaging Climate Index of Transport, Storage and Postal Service Enterprises

流动资金景气指数 Climate Index of of Liquid Capital	货款拖欠景气指数 Climate Index on Overdue Obligations to Suppliers	劳动力需求景气指数 Climate Index of Labor Demand	固定资产投资景气指数 Climate Index on Fixed AssetsInvestment	产品订货景气指数 Climate Index of Order Financing	企业融资景气指数 Climate Index of Enterprises Financing
54.3	85.9	61.0	145.4		
54.8	95.6	58.3	128.5		
40.0	106.5	61.0	125.0		
43.6	103.2	54.6	125.9		
55.5	103.3	58.7	136.6		
43.6	106.9	46.9	104.0		
32.5	118.6	57.6	107.6		
30.4	103.6	59.7	108.7		
54.9	107.3	77.6	114.6		
60.7	101.7	55.4	135.7		
74.4	86.6	68.1	127.5		
62.8	104.9	75.5	122.9		
63.2	105.2	93.7	101.6		
72.6	125.3	70.0	116.8		
67.3	124.7	75.3	116.2		
49.4	112.5	83.1	113.1		
60.1	112.8	88.0	118.0		
43.9	99.9	57.8	101.5		
55.7	112.4	74.7	123.7		
61.6	101.6	79.6	119.5		
69.3	118.6	92.2	128.1	151.2	68.6
55.7	111.4	97.7	121.6	111.6	64.0
58.0	125.6	86.0	119.4	132.7	67.2
67.5	123.3	104.6	123.4	144.5	80.1
76.1	117.8	88.1	109.8	156.8	84.8
78.2	125.4	90.3	112.1	109.8	78.1
75.9	115.6	99.2	111.2	129.0	87.8
75.1	111.1	92.5	123.1	125.5	96.7
70.3	106.8	104.0	119.9	139.2	80.5
93.6	94.9	109.1	107.5	97.8	70.9
61.2	123.3	99.4	130.1	132.4	91.9
74.9	104.6	101.7	114.3	104.4	89.6
94.7	106.8	117.4	105.9	157.8	85.6
93.1	114.0	103.3	137.2	102.8	82.9
81.9	100.0	104.7	97.2	121.0	85.1
80.0	100.0	104.6	113.2	111.7	80.6
76.1	109.1	127.2	121.7	136.3	79.6
73.9	97.8	104.6	117.0	86.2	80.7
64.8	95.5	104.6	115.8	106.9	79.6
55.7	93.2	93.2	104.5	104.4	71.5
78.7	97.7	110.9	122.5	116.2	72.3
75.4	109.4	86.2	90.6	72.6	75.0
75.4	109.4	91.1	111.1	115.9	81.8
84.5	111.4	93.3	117.9	119.9	90.5

21-7 批发和零售业企业生产经营状况景气指数

时间序列	Time	企业家信心指数 Confidence Index of Entrepreneurs	企业景气指数 Business Climate Index	生产总量景气指数 Climate Index of Total Output	盈利(亏损)变化景气指数 Climate Index of Profit(loss) Variation
1999年1季度	Quarter1,1999	87.6	92.3	86.3	73.9
1999年2季度	Quarter2,1999	79.9	80.6	66.1	51.5
1999年3季度	Quarter3,1999	82.2	73.7	75.7	57.1
1999年4季度	Quarter4,1999	85.7	86.9	104.6	61.7
2000年1季度	Quarter1,2000	82.5	83.6	97.7	76.8
2000年2季度	Quarter2,2000	79.3	84.9	90.9	81.2
2000年3季度	Quarter3,2000	77.2	83.1	81.5	63.1
2000年4季度	Quarter4,2000	79.0	80.6	94.4	72.9
2001年1季度	Quarter1,2001	101.8	104.4	108.1	107.3
2001年2季度	Quarter2,2001	90.0	103.1	89.9	85.0
2001年3季度	Quarter3,2001	92.5	96.5	85.9	86.8
2001年4季度	Quarter4,2001	95.8	101.7	96.1	94.2
2002年1季度	Quarter1,2002	105.4	109.5	106.6	103.6
2002年2季度	Quarter2,2002	102.7	105.9	90.9	92.0
2002年3季度	Quarter3,2002	99.8	110.1	106.5	105.3
2002年4季度	Quarter4,2002	106.3	114.6	117.4	108.7
2003年1季度	Quarter1,2003	117.5	124.5	123.1	122.0
2003年2季度	Quarter2,2003	106.2	102.1	85.8	97.0
2003年3季度	Quarter3,2003	106.4	110.9	104.3	101.4
2003年4季度	Quarter4,2003	119.8	120.5	132.1	120.8
2004年1季度	Quarter1,2004	124.0	127.5	108.4	127.3
2004年2季度	Quarter2,2004	113.5	115.2	96.8	111.4
2004年3季度	Quarter3,2004	121.9	126.3	113.5	123.5
2004年4季度	Quarter4,2004	118.0	130.1	132.4	134.4
2005年1季度	Quarter1,2005	128.2	136.3	111.3	124.8
2005年2季度	Quarter2,2005	125.4	135.7	104.5	111.8
2005年3季度	Quarter3,2005	129.8	134.4	122.3	125.6
2005年4季度	Quarter4,2005	135.1	139.7	132.1	135.1
2006年1季度	Quarter1,2006	132.2	137.0	109.3	121.4
2006年2季度	Quarter2,2006	129.9	131.8	97.7	122.8
2006年3季度	Quarter3,2006	126.7	133.2	100.6	126.0
2006年4季度	Quarter4,2006	131.0	137.1	120.0	128.3
2007年1季度	Quarter1,2007	141.7	147.9	114.0	123.0
2007年2季度	Quarter2,2007	146.1	147.7	124.9	139.3
2007年3季度	Quarter3,2007	133.8	140.1	122.9	131.1
2007年4季度	Quarter4,2007	131.1	142.1	142.9	132.5
2008年1季度	Quarter1,2008	142.8	144.6	115.8	116.5
2008年2季度	Quarter2,2008	131.3	136.2	108.7	113.5
2008年3季度	Quarter3,2008	139.5	136.9	121.6	127.1
2008年4季度	Quarter4,2008	132.4	132.5	108.8	113.3
2009年1季度	Quarter1,2009	123.7	131.6	89.1	106.3
2009年2季度	Quarter2,2009	126.9	133.6	102.6	111.6
2009年3季度	Quarter3,2009	131.4	133.7	127.2	123.9
2009年4季度	Quarter4,2009	136.7	143.9	121.2	126.3

Operating and Alanaging Climate Index of Wholesale and Retail Trade Enterprises

流动资金 景气指数 Climate Index of of Liquid Capital	货款拖欠 景气指数 Climate Index on Overdue Obligations to Suppliers	劳动力需求 景气指数 Climate Index of Labor Demand	固定资产投资 景气指数 Climate Index on Fixed AssetsInvestment	产品订货 景气指数 Climate Index of Order Financing	企业融资 景气指数 Climate Index of Enterprises Financing
52.2	125.6	66.8	92.8		
48.6	113.5	52.2	79.6		
55.6	113.0	50.6	95.6		
53.0	108.9	59.1	94.5		
55.3	114.2	65.0	88.5		
53.1	118.1	68.9	93.5		
48.1	122.8	68.4	92.8		
51.6	115.4	73.8	102.2		
69.9	113.2	78.2	109.0		
64.1	115.4	78.9	109.6		
60.8	120.1	84.4	114.5		
66.8	115.9	83.6	108.3		
77.5	111.4	80.2	109.4		
69.3	116.2	73.3	110.3		
70.3	112.0	76.8	108.9		
68.5	114.4	82.8	114.1		
86.3	109.5	89.7	110.4		
77.1	112.2	78.9	107.3		
81.7	98.7	76.3	110.7		
83.1	110.3	84.0	103.6		
99.3	115.4	86.2	108.9	96.7	92.0
102.0	117.6	87.8	111.1	98.1	93.7
99.0	113.2	93.4	107.7	95.1	78.9
99.0	122.9	100.8	107.6	99.2	85.9
109.4	118.7	102.6	102.1	111.3	93.7
107.6	124.8	95.0	105.4	105.5	88.1
110.6	112.0	106.0	104.6	109.4	90.7
110.1	117.1	108.4	106.7	109.6	91.8
111.1	114.7	101.3	105.9	105.2	96.5
112.3	117.5	97.4	99.2	104.0	95.2
114.6	113.8	107.7	109.5	107.1	98.2
111.0	126.9	104.3	104.4	112.6	97.0
125.7	113.6	120.5	105.4	128.7	101.4
115.4	111.6	103.5	106.1	123.6	113.3
112.8	103.7	102.7	104.9	113.9	96.2
115.0	110.8	108.1	111.4	116.3	98.2
123.0	110.8	110.8	105.8	117.8	91.8
119.7	115.9	102.3	108.9	112.3	99.6
123.0	111.3	106.9	107.6	114.2	100.5
124.7	109.2	104.4	103.5	103.2	100.7
125.4	112.6	99.0	100.6	99.3	100.5
129.8	110.4	94.0	106.7	103.6	104.4
125.1	106.7	97.7	114.0	105.5	103.2
130.0	113.8	98.0	110.2	112.7	104.5

21-8 房地产业企业生产经营状况景气指数

时间序列	Time	企业家信心指数 Confidence Index of Entrepreneurs	企业景气指数 Business Climate Index	生产总量景气指数 Climate Index of Total Output	盈利(亏损)变化景气指数 Climate Index of Profit(loss) Variation
1999年1季度	Quarter1,1999	100.0	87.2	61.5	66.7
1999年2季度	Quarter2,1999	107.5	77.5	70.0	50.0
1999年3季度	Quarter3,1999	115.0	92.5	75.0	70.0
1999年4季度	Quarter4,1999	127.5	80.0	95.0	60.0
2000年1季度	Quarter1,2000	125.6	74.4	71.8	79.5
2000年2季度	Quarter2,2000	127.0	97.3	105.4	81.1
2000年3季度	Quarter3,2000	151.4	111.4	117.1	97.1
2000年4季度	Quarter4,2000	142.9	100.0	100.0	91.2
2001年1季度	Quarter1,2001	144.4	117.8	102.2	120.0
2001年2季度	Quarter2,2001	133.3	120.0	106.7	104.4
2001年3季度	Quarter3,2001	144.4	111.1	106.8	108.9
2001年4季度	Quarter4,2001	137.8	106.7	100.0	120.0
2002年1季度	Quarter1,2002	154.2	120.8	110.4	108.3
2002年2季度	Quarter2,2002	151.1	114.9	121.3	100.0
2002年3季度	Quarter3,2002	153.2	114.9	114.9	104.3
2002年4季度	Quarter4,2002	148.9	117.0	131.9	106.4
2003年1季度	Quarter1,2003	149.0	124.5	128.6	118.4
2003年2季度	Quarter2,2003	149.0	122.5	126.5	118.4
2003年3季度	Quarter3,2003	150.0	122.9	133.3	127.1
2003年4季度	Quarter4,2003	147.9	116.7	125.0	114.6
2004年1季度	Quarter1,2004	165.4	140.0	102.6	124.8
2004年2季度	Quarter2,2004	152.0	127.4	107.4	109.4
2004年3季度	Quarter3,2004	155.4	125.4	102.6	112.6
2004年4季度	Quarter4,2004	146.6	124.0	111.4	121.4
2005年1季度	Quarter1,2005	156.8	131.3	92.2	127.5
2005年2季度	Quarter2,2005	133.3	113.7	105.8	100.0
2005年3季度	Quarter3,2005	136.0	117.9	102.0	86.0
2005年4季度	Quarter4,2005	137.2	125.4	103.9	109.8
2006年1季度	Quarter1,2006	146.2	130.8	90.4	107.7
2006年2季度	Quarter2,2006	136.6	128.9	105.8	113.5
2006年3季度	Quarter3,2006	134.6	123.1	86.6	109.6
2006年4季度	Quarter4,2006	138.5	119.2	117.3	107.7
2007年1季度	Quarter1,2007	143.6	129.1	95.0	113.5
2007年2季度	Quarter2,2007	134.8	135.0	112.1	110.8
2007年3季度	Quarter3,2007	158.6	139.6	123.6	131.6
2007年4季度	Quarter4,2007	147.6	136.6	109.6	121.6
2008年1季度	Quarter1,2008	126.2	118.8	88.6	98.2
2008年2季度	Quarter2,2008	109.6	107.6	96.2	75.1
2008年3季度	Quarter3,2008	90.3	107.5	90.4	82.5
2008年4季度	Quarter4,2008	88.4	90.1	68.6	74.5
2009年1季度	Quarter1,2009	88.3	83.7	72.1	61.4
2009年2季度	Quarter2,2009	97.0	98.8	76.8	85.0
2009年3季度	Quarter3,2009	112.4	124.7	87.8	108.7
2009年4季度	Quarter4,2009	124.7	129.3	93.5	116.1

Operating and Alanaging Climate Index of Real Estate Enterprise

流动资金 景气指数 Climate Index of of Liquid Capital	货款拖欠 景气指数 Climate Index on Overdue Obligations to Suppliers	劳动力需求 景气指数 Climate Index of Labor Demand	固定资产投资 景气指数 Climate Index on Fixed AssetsInvestment	产品订货 景气指数 Climate Index of Order Financing	企业融资 景气指数 Climate Index of Enterprises Financing
59.0	97.4	61.5	74.4	76.9	
55.0	97.4	52.5	70.0	70.0	
55.0	117.5	62.5	82.5	67.5	
50.0	112.5	82.1	80.0	90.0	
56.4	100.0	71.8	76.9	69.2	
56.8	116.2	91.9	91.9	91.9	
71.4	120.0	94.3	117.1	100.0	
62.9	120.0	91.4	105.7	108.6	
66.7	129.6	95.6	111.1	102.2	
57.8	125.0	102.2	104.6	113.3	
64.4	125.0	100.0	104.4	102.2	
62.2	126.7	88.9	97.8	100.0	
75.0	112.5	108.3	114.6	102.1	
76.6	112.8	100.0	121.3	106.4	
72.3	106.4	106.4	110.6	125.5	
83.0	125.5	102.1	114.9	119.2	
93.9	100.0	102.0	104.1	100.0	
81.6	132.7	104.1	100.0	104.1	
72.9	110.4	93.8	129.2	116.7	
68.8	114.6	79.2	116.7	125.0	
95.4	118.6	101.4	100.0	109.4	90.0
84.8	120.8	96.0	103.4	95.4	83.4
75.4	128.0	88.6	109.4	82.6	78.0
73.4	118.0	99.4	109.4	104.8	64.0
84.3	125.5	105.8	98.0	90.1	78.4
80.3	115.7	84.3	107.8	91.9	76.4
69.9	118.0	92.1	110.0	83.9	62.0
80.3	107.8	90.2	98.0	92.1	74.5
86.5	115.4	102.0	92.2	94.2	75.0
88.4	125.0	98.1	103.9	92.2	75.0
80.8	119.2	100.0	98.0	100.0	71.1
75.0	126.9	96.2	92.2	98.1	67.3
103.1	136.8	98.7	97.9	102.4	85.9
96.1	126.9	97.5	99.9	96.4	77.3
101.0	127.5	105.6	110.0	121.6	77.4
94.5	127.6	105.6	110.0	101.6	84.5
83.0	126.5	84.8	90.6	78.7	62.3
77.0	117.4	82.7	86.5	77.1	67.4
67.2	119.5	86.5	80.7	54.8	70.9
72.3	113.7	70.4	62.8	54.0	54.8
44.6	95.8	66.0	64.4	79.8	40.8
61.8	123.3	75.9	83.3	105.1	64.0
93.2	115.1	79.3	87.5	105.7	67.3
91.2	122.6	86.0	85.6	101.9	70.0

21-9 社会服务业企业生产经营状况景气指数

时间序列	Time	企业家信心指数 Confidence Index of Entrepreneurs	企业景气指数 Business Climate Index	生产总量景气指数 Climate Index of Total Output	盈利(亏损)变化景气指数 Climate Index of Profit(loss) Variation
1999年1季度	Quarter1,1999	50.0	75.0	50.0	25.0
1999年2季度	Quarter2,1999	100.0	100.0	50.0	
1999年3季度	Quarter3,1999	75.0	75.0	25.0	25.0
1999年4季度	Quarter4,1999	100.0	125.0	25.0	75.0
2000年1季度	Quarter1,2000	140.0	100.0	60.0	60.0
2000年2季度	Quarter2,2000	120.0	100.0	60.0	60.0
2000年3季度	Quarter3,2000	140.0	80.0	60.0	40.0
2000年4季度	Quarter4,2000	80.0		40.0	
2001年1季度	Quarter1,2001	150.0	100.0	50.0	
2001年2季度	Quarter2,2001	166.7	133.3	150.0	133.3
2001年3季度	Quarter3,2001	183.3	183.3	133.3	116.7
2001年4季度	Quarter4,2001	200.0	116.7	66.7	66.7
2002年1季度	Quarter1,2002	185.7	128.6	71.4	57.1
2002年2季度	Quarter2,2002	171.4	142.9	100.0	142.9
2002年3季度	Quarter3,2002	157.1	128.6	128.6	157.1
2002年4季度	Quarter4,2002	142.9	114.3	114.3	71.4
2003年1季度	Quarter1,2003	153.9	138.5	153.9	123.1
2003年2季度	Quarter2,2003	53.9	38.5	30.8	46.2
2003年3季度	Quarter3,2003	146.2	138.5	138.5	130.8
2003年4季度	Quarter4,2003	138.5	123.1	100.0	92.3
2004年1季度	Quarter1,2004	155.0	150.0	115.0	145.0
2004年2季度	Quarter2,2004	165.0	170.0	155.0	150.0
2004年3季度	Quarter3,2004	150.0	150.0	130.0	125.0
2004年4季度	Quarter4,2004	140.0	145.0	135.0	125.0
2005年1季度	Quarter1,2005	144.4	138.9	105.6	72.2
2005年2季度	Quarter2,2005	155.6	155.6	133.3	122.2
2005年3季度	Quarter3,2005	150.0	155.6	127.8	138.9
2005年4季度	Quarter4,2005	133.3	144.4	127.8	122.2
2006年1季度	Quarter1,2006	143.8	125.0	137.5	81.3
2006年2季度	Quarter2,2006	150.0	162.5	118.8	131.3
2006年3季度	Quarter3,2006	143.8	162.5	131.3	125.0
2006年4季度	Quarter4,2006	137.5	125.0	118.8	100.0
2007年1季度	Quarter1,2007	141.2	135.3	117.7	88.2
2007年2季度	Quarter2,2007	146.8	140.9	129.4	117.3
2007年3季度	Quarter3,2007	135.3	141.2	141.2	129.4
2007年4季度	Quarter4,2007	123.5	135.3	94.1	105.9
2008年1季度	Quarter1,2008	155.6	133.3	111.1	116.7
2008年2季度	Quarter2,2008	138.9	127.8	116.7	133.3
2008年3季度	Quarter3,2008	105.6	116.7	111.1	116.7
2008年4季度	Quarter4,2008	83.3	122.2	83.3	83.3
2009年1季度	Quarter1,2009	95.2	109.5	81.0	81.0
2009年2季度	Quarter2,2009	100.0	109.5	109.5	109.5
2009年3季度	Quarter3,2009	114.3	123.8	109.5	109.5
2009年4季度	Quarter4,2009	123.8	133.3	95.2	100.0

Operating and Alanaging Climate Index of Social Services Enterprise

流动资金 景气指数 Climate Index of of Liquid Capital	货款拖欠 景气指数 Climate Index on Overdue Obligations to Suppliers	劳动力需求 景气指数 Climate Index of Labor Demand	固定资产投资 景气指数 Climate Index on Fixed AssetsInvestment	产品订货 景气指数 Climate Index of Order Financing	企业融资 景气指数 Climate Index of Enterprises Financing
75.0	100.0	25.0	100.0		
100.0	100.0	125.0	125.0		
150.0	75.0	75.0	100.0		
150.0	100.0	75.0	100.0		
100.0	100.0	60.0	140.0		
80.0	80.0	80.0	120.0		
100.0	80.0	100.0	120.0		
120.0	75.0	40.0	80.0		
133.3	116.7	100.0	116.7		
133.3	100.0	133.3	116.7		
133.3	83.3	133.3	116.7		
133.3	66.7	100.0	100.0		
142.9	100.0	71.4	100.0		
142.9	83.3	114.3	114.3		
100.0	100.0	142.9	128.6		
114.3	100.0	42.9	100.0		
130.8	123.1	92.3	107.7		
61.5	107.7	38.5	92.3		
107.7	123.1	123.1	107.7		
115.4	92.3	84.6	100.0		
130.0	135.0	125.0	130.0	150.0	100.0
110.0	79.0	125.0	130.0	145.0	100.0
100.0	100.0	120.0	105.0	130.0	105.0
100.0	115.0	135.0	120.0	120.0	85.0
122.2	133.3	133.3	105.6	88.9	111.1
105.6	111.1	127.8	111.1	127.8	116.7
100.0	83.3	111.1	105.6	144.4	122.2
111.1	88.9	111.1	122.2	116.7	111.1
118.8	125.0	106.3	125.0	125.0	112.5
100.0	100.0	125.0	112.5	118.8	100.0
93.8	100.0	112.5	131.3	131.3	87.5
118.8	125.0	93.8	100.0	106.3	106.3
129.1	129.4	123.5	117.7	112.1	111.8
82.4	105.6	152.9	94.1	117.3	100.0
82.4	82.4	147.1	111.8	141.2	111.8
111.8	135.3	100.0	123.5	105.9	105.9
88.9	100.0	133.3	116.7	122.2	100.0
83.3	66.7	127.8	105.6	127.8	100.0
94.4	94.4	100.0	105.6	105.6	105.6
94.4	116.7	100.0	100.0	83.3	83.3
66.7	95.2	109.5	95.2	71.4	76.2
76.2	95.2	109.5	85.7	81.0	76.2
95.2	81.0	100.0	114.3	114.3	100.0
104.8	104.8	100.0	100.0	114.3	109.5

21-10 信息传输、计算机服务和软件业企业生产经营状况景气指数

时间序列	Time	企业家信心指数 Confidence Index of Entrepreneurs	企业景气指数 Business Climate Index	生产总量景气指数 Climate Index of Total Output	盈利(亏损)变化景气指数 Climate Index of Profit(loss) Variation
1999年1季度	Quarter1,1999	128.6	128.6	200.0	57.1
1999年2季度	Quarter2,1999	142.9	128.6	171.4	85.7
1999年3季度	Quarter3,1999	160.0	180.0	120.0	60.0
1999年4季度	Quarter4,1999	133.3	150.0	166.7	66.7
2000年1季度	Quarter1,2000	128.6	171.4	171.4	142.9
2000年2季度	Quarter2,2000	142.9	142.9	171.4	71.4
2000年3季度	Quarter3,2000	150.0	150.0	150.0	66.7
2000年4季度	Quarter4,2000	142.9	171.4	157.1	142.9
2001年1季度	Quarter1,2001	138.3	158.2	175.0	144.8
2001年2季度	Quarter2,2001	150.0	154.9	170.0	120.6
2001年3季度	Quarter3,2001	140.0	140.7	165.0	113.2
2001年4季度	Quarter4,2001	135.0	143.2	170.0	100.6
2002年1季度	Quarter1,2002	156.8	171.6	179.7	159.1
2002年2季度	Quarter2,2002	161.6	162.1	160.6	137.0
2002年3季度	Quarter3,2002	147.3	152.6	151.1	121.4
2002年4季度	Quarter4,2002	151.9	157.1	155.9	121.4
2003年1季度	Quarter1,2003	157.0	171.8	163.3	136.4
2003年2季度	Quarter2,2003	162.1	175.9	127.4	112.1
2003年3季度	Quarter3,2003	160.5	177.8	156.9	117.1
2003年4季度	Quarter4,2003	165.7	174.3	168.8	141.2
2004年1季度	Quarter1,2004	174.1	180.3	160.0	142.4
2004年2季度	Quarter2,2004	156.4	167.2	146.3	165.1
2004年3季度	Quarter3,2004	162.5	162.6	150.9	123.6
2004年4季度	Quarter4,2004	165.5	182.3	165.5	159.5
2005年1季度	Quarter1,2005	159.9	166.0	147.1	145.5
2005年2季度	Quarter2,2005	163.6	156.9	131.1	116.6
2005年3季度	Quarter3,2005	166.7	165.3	150.6	148.2
2005年4季度	Quarter4,2005	172.7	168.4	150.8	142.4
2006年1季度	Quarter1,2006	164.7	172.4	163.6	147.1
2006年2季度	Quarter2,2006	163.3	162.7	121.5	129.4
2006年3季度	Quarter3,2006	160.9	162.7	159.8	131.5
2006年4季度	Quarter4,2006	167.7	174.5	150.9	131.5
2007年1季度	Quarter1,2007	166.5	181.0	161.3	154.5
2007年2季度	Quarter2,2007	169.3	168.7	135.1	120.9
2007年3季度	Quarter3,2007	169.7	180.0	153.1	149.7
2007年4季度	Quarter4,2007	169.0	189.7	159.4	150.8
2008年1季度	Quarter1,2008	174.9	176.9	154.3	144.1
2008年2季度	Quarter2,2008	173.5	171.0	134.4	129.7
2008年3季度	Quarter3,2008	164.7	171.0	125.9	117.3
2008年4季度	Quarter4,2008	161.2	164.5	144.7	127.0
2009年1季度	Quarter1,2009	165.7	173.4	149.2	127.7
2009年2季度	Quarter2,2009	161.2	166.4	120.6	103.7
2009年3季度	Quarter3,2009	172.6	166.8	152.3	113.8
2009年4季度	Quarter4,2009	167.6	175.9	170.2	141.1

Operating and Alanaging Climate Index of Information Transmission, Computer Services and Software Enterprise

流动资金 景气指数 Climate Index of of Liquid Capital	货款拖欠 景气指数 Climate Index on Overdue Obligations to Suppliers	劳动力需求 景气指数 Climate Index of Labor Demand	固定资产投资 景气指数 Climate Index on Fixed AssetsInvestment	产品订货 景气指数 Climate Index of Order Financing	企业融资 景气指数 Climate Index of Enterprises Financing
57.1	57.1	57.1	142.9	100.0	
28.6	71.4	85.7	171.4	100.0	
60.0	40.0	80.0	180.0	100.0	
50.0	100.0	100.0	150.0	100.0	
28.6	71.4	114.3	157.1	100.0	
28.6	42.9	100.0	128.6	100.0	
33.3	16.7	83.3	166.7	100.0	
28.6	100.0	71.4	171.4	100.0	
83.1	116.3	98.2	147.5	100.0	
83.1	106.3	98.2	160.0	100.0	
73.1	76.3	114.9	146.9	100.0	
93.1	101.3	104.9	146.9	100.0	
85.9	77.5	94.6	120.8	100.0	
82.9	90.0	108.9	100.2	100.0	
92.4	93.5	124.4	138.1	100.0	
87.5	107.5	124.4	122.7	100.0	
120.2	103.3	120.2	95.2	130.5	
120.9	103.6	112.1	112.2	119.8	
129.3	100.0	120.9	119.1	129.5	
127.8	98.4	124.3	114.0	144.8	
130.7	80.6	112.8	117.3	137.9	114.3
138.2	109.9	100.7	113.6	116.3	111.8
141.2	122.0	111.3	123.3	126.0	112.4
147.9	103.8	124.9	123.9	136.6	129.4
138.7	115.3	114.3	123.6	123.6	133.1
117.5	100.1	109.8	98.8	126.4	132.4
126.0	115.9	109.8	104.5	137.8	119.0
129.7	127.2	103.8	112.4	134.8	116.0
128.6	99.4	92.0	109.0	126.7	118.0
133.6	102.4	109.7	126.7	112.1	126.8
124.7	120.0	106.7	114.9	123.9	118.0
133.6	114.3	115.6	137.3	148.0	112.1
152.2	74.6	122.7	127.2	139.2	127.0
142.3	81.8	122.4	116.7	120.0	131.7
143.4	96.8	116.4	109.7	128.5	129.9
143.6	92.1	113.4	110.5	139.9	132.7
156.4	115.5	123.3	116.8	145.9	138.6
149.4	115.0	126.4	112.4	135.9	129.8
137.4	97.7	114.2	125.1	121.4	126.9
158.0	115.6	126.2	128.8	143.3	127.5
158.6	104.2	117.9	114.0	143.5	116.5
149.3	104.4	108.4	126.4	138.3	131.9
144.0	109.1	114.1	130.6	121.8	127.1
157.8	97.3	111.4	138.8	157.8	130.0

21-11 住宿和餐饮业企业生产经营状况景气指数

时间序列	Time	企业家信心指数 Confidence Index of Entrepreneurs	企业景气指数 Business Climate Index	生产总量景气指数 Climate Index of Total Output	盈利(亏损)变化景气指数 Climate Index of Profit(loss) Variation
1999年1季度	Quarter1,1999	111.8	88.2	76.5	91.2
1999年2季度	Quarter2,1999	85.3	82.4	82.4	64.7
1999年3季度	Quarter3,1999	91.2	75.8	72.7	54.6
1999年4季度	Quarter4,1999	100.0	75.0	87.9	60.6
2000年1季度	Quarter1,2000	108.8	97.1	111.8	88.2
2000年2季度	Quarter2,2000	106.1	93.9	115.2	78.8
2000年3季度	Quarter3,2000	103.0	87.9	103.0	69.7
2000年4季度	Quarter4,2000	112.1	87.5	106.1	75.8
2001年1季度	Quarter1,2001	101.9	87.0	98.2	74.1
2001年2季度	Quarter2,2001	111.1	98.1	98.2	90.8
2001年3季度	Quarter3,2001	101.8	96.3	88.9	87.0
2001年4季度	Quarter4,2001	100.0	90.7	74.0	85.1
2002年1季度	Quarter1,2002	112.7	96.4	100.0	96.4
2002年2季度	Quarter2,2002	105.5	107.3	105.5	103.7
2002年3季度	Quarter3,2002	105.5	109.1	87.3	81.8
2002年4季度	Quarter4,2002	94.6	110.9	105.5	100.0
2003年1季度	Quarter1,2003	89.1	94.6	80.1	76.3
2003年2季度	Quarter2,2003	48.0	30.1	16.1	12.5
2003年3季度	Quarter3,2003	103.4	112.5	136.4	114.6
2003年4季度	Quarter4,2003	96.1	105.3	109.3	96.1
2004年1季度	Quarter1,2004	98.4	101.7	91.5	77.6
2004年2季度	Quarter2,2004	107.1	103.6	103.5	110.6
2004年3季度	Quarter3,2004	85.7	91.1	89.2	92.8
2004年4季度	Quarter4,2004	96.3	98.2	105.6	103.9
2005年1季度	Quarter1,2005	100.0	100.5	88.1	80.9
2005年2季度	Quarter2,2005	103.0	104.8	113.2	115.5
2005年3季度	Quarter3,2005	100.0	111.4	88.6	102.9
2005年4季度	Quarter4,2005	118.2	107.1	102.9	96.9
2006年1季度	Quarter1,2006	112.7	111.3	98.4	91.7
2006年2季度	Quarter2,2006	102.0	109.3	105.3	112.6
2006年3季度	Quarter3,2006	90.9	112.5	92.0	97.9
2006年4季度	Quarter4,2006	95.6	113.1	112.5	113.0
2007年1季度	Quarter1,2007	115.2	115.5	106.8	93.5
2007年2季度	Quarter2,2007	118.6	115.6	100.9	95.1
2007年3季度	Quarter3,2007	115.7	106.7	95.7	92.0
2007年4季度	Quarter4,2007	109.9	117.9	106.3	112.4
2008年1季度	Quarter1,2008	107.4	116.0	100.6	86.9
2008年2季度	Quarter2,2008	113.3	114.0	92.8	82.9
2008年3季度	Quarter3,2008	109.5	113.0	86.0	106.0
2008年4季度	Quarter4,2008	100.0	104.4	101.5	108.9
2009年1季度	Quarter1,2009	114.7	115.0	80.8	88.8
2009年2季度	Quarter2,2009	91.7	103.3	81.7	83.3
2009年3季度	Quarter3,2009	111.7	118.3	120.0	106.7
2009年4季度	Quarter4,2009	111.7	125.0	108.3	113.3

Operating and Alanaging Climate Index of Accommodation and Catering Trade Enterprise

流动资金景气指数 Climate Index of of Liquid Capital	货款拖欠景气指数 Climate Index on Overdue Obligations to Suppliers	劳动力需求景气指数 Climate Index of Labor Demand	固定资产投资景气指数 Climate Index on Fixed AssetsInvestment	产品订货景气指数 Climate Index of Order Financing	企业融资景气指数 Climate Index of Enterprises Financing
41.2	67.7	73.5	111.8		
38.2	78.8	76.5	106.1		
36.4	76.5	76.5	112.1		
48.5	64.5	63.6	93.8		
55.9	79.4	97.1	102.9		
54.6	75.8	84.9	118.2		
48.5	81.3	78.8	112.1		
57.6	64.5	75.8	112.5		
42.6	81.5	94.4	112.9		
44.4	66.6	79.6	109.3		
51.8	90.6	85.1	105.5		
44.4	81.1	81.4	109.2		
51.0	96.3	72.8	83.6		
47.3	89.1	81.8	120.0		
49.1	83.4	80.0	112.7		
45.5	81.2	80.0	105.6		
64.1	100.0	92.4	89.5		
33.9	93.1	24.8	110.5		
57.9	67.3	92.7	108.9		
60.9	87.3	96.3	109.0		
69.1	82.8	91.3	101.7	79.3	74.3
61.6	87.7	89.6	101.8	98.1	59.7
55.4	80.2	89.2	103.7	82.0	64.4
65.0	68.4	98.2	107.5	94.4	59.3
73.4	84.6	106.4	94.8	88.1	74.5
68.0	80.9	97.1	96.6	102.5	66.7
76.5	88.9	92.5	100.6	86.7	74.0
85.4	91.5	107.3	102.4	108.3	66.7
81.3	82.1	111.6	110.9	99.3	75.9
75.7	79.5	96.5	99.4	97.9	66.7
75.7	66.7	101.6	121.1	93.8	65.9
70.7	93.6	100.4	98.2	108.1	62.5
81.4	88.9	112.2	98.3	96.1	81.4
73.2	83.7	93.3	105.0	102.7	60.6
87.2	88.0	99.7	101.7	95.7	72.4
81.4	96.4	110.0	108.9	108.1	65.9
82.1	85.5	108.5	100.7	99.9	71.4
84.5	82.5	102.3	95.6	86.2	72.2
90.8	84.0	100.2	101.6	90.4	71.0
76.5	60.0	94.6	107.0	96.1	81.4
92.7	81.7	89.0	95.0	74.7	84.5
78.3	78.3	88.3	95.0	83.3	83.1
98.3	105.0	105.0	103.3	118.3	79.7
105.0	95.0	108.3	106.7	116.7	89.8

主要统计指标解释

企业家信心指数 是根据企业家对企业外部市场经济环境与宏观政策的认识、看法、判断与预期而编制的指数，用以综合反映企业家对宏观经济环境的感受与信心。分行业企业家信心指数为各行业企业家对本行业企业外部市场经济环境与宏观政策的认识、看法、判断与预期。其表现形式为纯正数，以 100 作为景气指数的临界值，其数值范围在 0-200 之间。

企业景气指数 是根据企业家对本企业综合生产经营情况的判断和预期而编制的指数，用以综合反映企业的生产经营状况。分行业企业景气指数用以反映各行业企业的生产经营状况。其表现形式为纯正数，以 100 作为景气指数的临界值，其数值范围在 0-200 之间。

Explanatory Notes on Main Statistical Indicators

Confidence Index of Entrepreneurs is an index made according to the entrepreneur's understanding, view, judgment and forecast of the market economic environment out of the enterprise and macroscopic policy. It reflects the entrepreneur's feeling and confidence in macroeconomic environment comprehensively. The enterprise confidence index by sectors is a reflection of the entrepreneur's understanding, view, judgment and forecast of the market economic environment out of his own sector. It is expressed by a pure positive number between 0 and 200 with 100 as the boundary value of climate index.

Business Climate Indices is an index made according to the entrepreneur's judgment and forecast of the comprehensive production and management. The climate index by sectors reflects the production and management of each sector comprehensively. It is expressed by a pure positive number between 0 and 200 with 100 as the boundary value.

市、县基本情况

22

Basic Statistics of Cities and Counties

资料整理及英文翻译：黄正坤　胡霖

22-1 各地区市区社会经济主要指标（2009年）

指标	Item	南昌市区 Nanchang
人口、劳动力及土地面积	Population,Laborer and Total Land Area	
年末总人口(万人)	Total Population at the Year-end(10000 persons)	222.50
年平均人口(万人)	Annual Average Population(10000 persons)	222.79
暂住人口(一个月以上)(万人)	Non-resident Population (over one month)(10000 persons)	15.13
年出生人口(人)	Annual Population of Birth (person)	18243
年死亡人口(人)	Annual Population of Death (person)	8475
年末总户数(万户)	Total Households at the Year-end(10000 households)	62.02
年末单位从业人员数(城镇)(万人)	Number of Persons Employed in Units at the Year-end(10000 persons)	51.67
第一产业(农、林、牧、渔业)	Primary Industry	1.59
第二产业	Secondary Industry	22.62
采矿业	Mining	
制造业	Manufacture	12.15
电力、燃气及水的生产和供应业	Production and Supply of Electric Power,Gas and Water	1.41
建筑业	Construction	9.06
第三产业	Tertiary Industry	27.46
交通运输、仓储及邮政业	Transport,Storage and Postal Services	7.34
信息传输、计算机服务和软件业	Information Transmission,Computer Services and Software	0.69
批发和零售业	Wholesale and Retail Trades	1.50
住宿、餐饮业	Hotels and Catering Services	0.30
金融业	Financial Intermediation	2.12
房地产业	Real Estate	0.22
租赁和商业服务业	Leasing and Business Services	0.46
科学研究、技术服务和地质勘查业	Scientific Research,Technical Services and Geological Prospecting	1.37
水利、环境和公共设施管理业	Management of Water Conservancy,Environment and Public Facilities	1.10
居民服务和其他服务业	Services of Households and Other Services	0.12
教　育	Education	4.98
卫生、社会保障和社会福利业	Health Care,Social Security and Social Welfare	2.27
文化、体育和娱乐业	Culture, Sports and Recreation	1.14
公共管理和社会组织	Public Administration and Social Organizations	3.85
国际组织	International Organizations	
城镇私营和个体从业人员(人)	Persons Employed of Private Enterprises and Self-employed Individuals in Cities and Towns(person)	271838
年末城镇登记失业人员数(人)	Number of Unemployed Persons Registtered at the Year-end in Cities and Towns(person)	77429
行政区域土地面积(平方公里)	Total Land Area(sq.km)	617
#建成区面积	Developed Land Area	186
城市建设用地面积(平方公里)	Land Area Used for Urban Construction (sq.km)	186
#居住用地面积	Land Area Used for Habitation	61
公共设施用地面积	Land Area Used for Public Facilities	33
工业用地面积	Land Area Used for Industry	37
综合经济	General Economic	
地区生产总值(当年价格)(万元)	Gross Regional Product (at current prices)(10000 yuan)	12464689
第一产业增加值	Primary Industry Value-added	94047
第二产业增加值	Secondary Industry Value-added	6781592
#工业增加值	Industry Value-added	4857732
第三产业增加值	Tertiary Industry Value-added	5589050

Main Social and Economic Indicators of Urban Areas by Region (2009)

景德镇 市区 Jingdezhen	萍乡 市区 Pingxiang	九江 市区 Jiujiang	新余 市区 Xinyu	鹰潭 市区 Yingtan	赣州 市区 Ganzhou	吉安 市区 Ji'an	宜春 市区 Yichun	抚州 市区 Fuzhou	上饶 市区 Shangrao
45.79	84.97	63.80	92.24	22.23	64.57	53.66	104.22	111.11	39.48
45.69	84.79	62.12	91.70	20.63	64.17	53.50	103.73	107.27	39.24
2.11	0.08	4.50	7.86	1.46	9.45	3.81	2.50	1.38	0.71
5411	10546	6206	12711	2491	7418	6165	15957	14836	6680
1445	5849	2225	3792	521	2452	1905	3400	6426	2069
16.91	27.82	22.67	27.25	8.09	18.58	14.87	30.80	33.36	11.98
10.28	10.44	11.70	8.36	2.30	8.08	3.70	8.18	7.56	4.94
0.49	0.12	0.03	0.02		0.03	0.15	0.04	0.05	0.03
5.11	5.79	5.49	5.09	0.57	3.53	0.38	3.10	3.91	1.37
	2.23	0.04	0.18		0.05		0.11		0.01
3.86	2.98	3.16	4.30	0.20	2.36	0.04	2.30	1.65	1.11
0.19	0.16	0.54	0.35	0.10	0.25	0.16	0.16	0.25	0.13
1.06	0.42	1.75	0.26	0.27	0.87	0.18	0.53	2.01	0.12
4.68	4.53	6.18	3.25	1.73	4.52	3.17	5.04	3.60	3.54
0.21	0.39	0.67	0.14	0.10	0.30	0.46	0.72	0.16	0.28
0.07	0.16	0.04	0.11	0.01	0.18	0.15	0.19	0.15	0.15
0.75	0.20	0.32	0.11	0.05	0.11	0.16	0.42	0.26	0.73
0.12	0.07	0.17	0.03	0.05	0.09	0.05	0.21	0.02	0.21
0.37	0.42	0.47	0.30	0.15	0.46	0.18	0.57	0.24	0.17
0.18	0.10	0.09	0.02	0.03	0.07	0.06	0.14	0.02	0.12
0.21		0.45	0.02	0.05	0.05	0.01	0.03		0.12
0.32	0.09	0.49	0.04	0.23	0.38	0.13	0.09	0.07	0.10
0.06	0.28	0.17	0.16	0.01	0.16	0.05	0.10	0.07	0.03
0.04	0.01	0.01	0.03		0.01		0.01	0.01	0.03
0.82	0.97	1.11	1.02	0.17	0.98	0.77	1.09	1.26	0.62
0.38	0.55	0.59	0.34	0.14	0.58	0.27	0.39	0.36	0.29
0.15	0.07	0.15	0.05	0.11	0.12	0.05	0.06	0.06	0.10
1.00	1.22	1.45	0.88	0.63	1.03	0.83	1.02	0.92	0.59
108700	145795	183677	29659	34800	98218	57094	59038	85238	24248
8650	15603	12901	13716	2673	6504	4942	9646	2517	2315
423	1080	598	1789	137	479	1339	2532	2122	339
73	42	89	51	27	59	32	35	48	31
68	42	89	51	27	59	32	45	54	37
19	13	29	19	7	16	8	10	18	23
7	4	10	7	5	15	5	8	10	3
19	8	23	13	4	11	8	7	6	3
1960668	2610384	3903166	4039383	656301	1834554	906448	989343	1712520	955323
41668	142404	54964	230120	25398	61390	112676	185324	248636	50203
1137403	1630259	1904954	2324196	283241	924992	398781	343588	937420	451510
932082	1490050	1236062	2023799	264795	750814	303876	274819	652885	354060
781597	837721	1943248	1485067	347662	848172	394991	460431	526464	453610

22-1 续表1

指 标	Item	南昌市区 Nanchang
地区生产总值(2005年价格)(万元)	Gross Regional Product (at the prices in 2005)(10000 yuan)	11830319
人均地区生产总值(元)	Per Capita Gross Regional Product(yuan)	58882
地区生产总值增长率(%)	Rate of Gross Regional Product Growth (%)	12.5
财政、金融、保险(万元)	Government Finance,Bank and Insurance (10000 yuan)	
地方财政一般预算内收入	Local Government Budgetary Revenue	935303
地方财政一般预算内支出	Local Government Budgetary Expenditure	1199358
一般性公共服务支出	Local Finance General Budget Expenditures	124566
科学技术支出	Expenditure for Science and Technology	27149
教育支出	Expenditure for Education	146536
文化体育与传媒支出	Expenditure for Culture, Sports and Media	14986
社会保障和就业支出	Expenditure for Social Security and Employment	172070
社会保险基金支出	Expenditure for Social Insurance Fund	382034
医疗卫生支出	Expenditure for Public Health	71022
环境保护支出	Expenditure for Environmental Protection	11173
城市社区事务支出	Expenditure for Urban Community Services	174235
交通运输支出	Expenditure for Transport	138178
年末金融机构存款余额	Deposits in Financial Institutions at the Year-end	28631217
#城乡居民储蓄年末余额	Savings Deposits by Urban and Rural Residents at the Year-end	9092245
年末金融机构各项贷款余额	Loans in Financial Institutions at the Year-end	26674837
工 业	**Industry**	
规模以上工业企业:	Industrial Enterprises above Designated Size	
工业企业数(个)	Number of Industrial Enterprises(unit)	660
内资企业	Domestic-funded Enterprises	553
港、澳、台商投资企业	Enterprises with Investment from Hong Kong,Macao and Taiwan	44
外商投资企业	Enterprises with Foreign Investment	63
工业总产值(当年价格)(万元)	Total Industrial Output Value (at current prices)(10000 yuan)	12950624
内资企业	Domestic-funded Enterprises	10047697
港、澳、台商投资企业	Enterprises with Investment from Hong Kong,Macao and Taiwan	962531
外商投资企业	Enterprises with Foreign Investment	1940396
从业人员年平均人数(万人)	Average Number of Employed Persons(10000 persons)	17.80
流动资产年平均余额(万元)	Average Balance of Circulating Funds(10000 yuan)	5163959
固定资产净值年平均余额(万元)	Average Balance of Net Value of Fixed Assets(10000 yuan)	4594180
主营业务收入(万元)	Main Business Revenue(10000 yuan)	13064626
主营业务税金及附加(万元)	Taxes and Other Charges on Principal Business(10000 yuan)	459112
本年应交增值税(万元)	Value-added Tax Payable(10000 yuan)	468621
利润总额(万元)	Total Pre-tax Profits(10000 yuan)	681633
邮电通信、能源电力	**Postal and Telecommunication Services and Energy Electricity**	
年末邮政局(所)数(处)	Number of Post and Telecommunication Office(set)	94
年末固定电话用户数(万户)	Number of Fixed Telephone Subscribers at the Year-end (10000 subcribers)	117
移动电话年末用户数(万户)	Number of Mobile Telephone Subcribers at the Year-end (10000 subcribers)	399
国际互联网用户数(户)	Number of Internet Subcribers(set)	790000

continued

景德镇市区 Jingdezhen	萍乡市区 Pingxiang	九江市区 Jiujiang	新余市区 Xinyu	鹰潭市区 Yingtan	赣州市区 Ganzhou	吉安市区 Ji'an	宜春市区 Yichun	抚州市区 Fuzhou	上饶市区 Shangrao
1806560	2372241	3677446	2702815	511444	1633911	803893	951487	1488612	920297
39359	41573	62431	48065	32766	30168	16475	9538	15964	26692
12.6	13.6	15.5	13.4	16.2	13.5	14.4	12.6	14.5	13.2
151420	193181	128776	256964	70271	93442	36126	34405	53437	35310
314918	441179	155233	458529	145767	158862	118671	172561	129637	66666
53432	58218	30907	57784	18361	14300	14438	15149	17167	8498
3656	2564	1014	4010	1953	1357	511	808	2208	230
31203	44251	19202	53074	13706	19997	26344	33134	8974	9352
7531	4319	1872	4587	3217	796	1869	1524	2929	630
81965	73694	19676	52824	25975	30219	20213	30462	20120	15474
	60045	81040	76068	13110	12293	9320	6288	46836	5179
20032	28691	15184	27576	10101	14588	15267	20228	7479	4920
6074	37793	1293	23236	982	1893	2991	2882	1146	520
12924	24671	25620	103690	17389	5346	2584	840	13441	2550
11468	15324	506	12754	3938	674	1414	7517	11234	70
2053656	2134455	4131014	3218232	1137690	3532570	1828302	1824997	2129106	1855352
1249135	1282494	1869090	1713754	645069	1683323	973096	1055659	1342276	999637
1255969	1448974	2778978	2472895	653145	2428242	413600	952158	1060068	1576764
168	388	164	264	68	152	78	98	207	81
148	380	144	249	62	115	71	90	189	77
9	5	7	5	3	21	4	4	9	3
11	3	13	10	3	16	3	4	9	1
2791833	4478419	3834179	6673465	1530862	2201778	863958	601883	1895737	543161
2635001	4380491	3473716	5038991	1483401	1241153	681664	510526	1701264	520796
49312	57482	100491	95838	29671	488162	23265	79611	129959	20667
107520	40446	259972	1538636	17790	472463	159029	11746	64514	1698
4.62	9.05	5.06	7.85	1.38	4.65	1.57	2.08	2.73	1.68
1733247	1019104	903916	2854972	288574	791242	219808	253283	378948	151666
1507577	1357904	1587125	4039464	145636	468249	614620	191644	325238	139712
2713994	4765831	3822125	6842076	1552118	2166637	860644	601993	1831917	545326
106556	50863	376521	31760	2783	14257	4309	1465	12906	2388
35025	232929	137076	106580	29080	78802	30623	39165	47144	12619
33324	437915	81865	425239	67455	116495	38824	34407	64413	16772
60	52	22	46	10	34	23	35	28	13
20.04	16.05	47.68	17.62	7.92	22.71	15.31	24.19	12.92	17.2
24.74	97.48	91.04	59.98	20.57	62.2	24.13	26.32	67.32	34.25
92940	113408	130296	78520	30626	129262	35996	171013	91230	60222

22-1 续表2

指　　标	Item	南昌市区 Nanchang
全年用电量(万千瓦时)	Electricity Consumption in the Whole Year(10000 kwh)	906520
#工业用电	Electricity Consumption of Industry	473277
居民生活用电	Electricity Consumption of Residents Living	139414
国内贸易、外经	**Domestic and Foreign Trade**	
限额以上批发零售贸易业商品销售总额(万元)	Total Sales of Commodities in Wholesale and Retail Trades above Designated Size(10000 yuan)	6994654
社会消费品零售总额(万元)	Total Retail Sales of Consumer Goods(10000 yuan)	5167738
限额以上批发零售企业数(法人数)(个)	Number of Enterprises of Wholesale and Retail Trades above Designated Size (unit)	285
#零售业	Retail Trade	136
外商直接投资:	Foreign Direct Investment	
当年新签项目(合同)个数(个)	Number of Agreements and Contracts Newly Signed in Current Year(unit)	111
当年实际使用外资金额(万美元)	Foreign Capital Actually Utilized in Current Year(USD 10000)	112133
固定资产投资	**Investment in Fixed Assets**	
全社会固定资产投资总额(万元)	Total Investment in Fixed Assets(10000 yuan)	10591863
#城镇固定资产投资额	Total Investment in Fixed Assets in Urban Area	10229491
#房地产开发投资完成额	Total Investment in Real Estate Development	1511931
#住　宅	Residential Buildings	1155273
全年新增固定资产(万元)	Newly Increased Fixed Assets in the Whole Year(10000 yuan)	5841610
商品房屋销售面积(万平方米)	Floor Space of Commercial Buildings Sold(10000 sq.m)	304.14
#住　宅	Residential Buildings	279.41
#高档别墅公寓	High-class Villa and Apartment	0.49
商品房屋销售额(万元)	Total Sales of Commercial Buildings(10000 yuan)	1340885
#住　宅	Residential Buildings	1185620
#高档别墅公寓	High-class Villa and Apartment	4888
商品房屋空置面积(万平方米)	Vacant Area of Commercial Buildings(10000 sq.m)	20.35
教育、科技、文化、卫生	**Education,Science and Technology,Culture and Health Care**	
学校数(所)	Number of Schools(unit)	
普通高等学校数	Regular Institutions of Higher Education	44
中等职业教育学校数	Secondary Vocational and Educational Colleges	87
普通中学学校数	Regular Secondary Schools	118
小学学校数	Primary Schools	195
专任教师数(人)	Number of Full-time Teachers(person)	
普通高等学校教师数	Regular Institutions of Higher Education	29453
中等职业教育学校教师数	Secondary Vocational and Educational Colleges	5835
普通中学教师数	Regular Secondary Schools	8251
小学教师数	Primary Schools	8471
在校学生数	Number of Students Enrolled	
普通高等学校学生数(人)	Regular Institutions of Higher Education(person)	484890
高中阶段在校学生数(人)	Senior Schools(person)	43128
中等职业教育学校学生数(人)	Secondary Vocational and Educational Colleges(person)	208582
普通中学学生数(万人)	Regular Secondary Schools(10000 persons)	13.51
小学学生数(万人)	Primary Schools(10000 persons)	17.83
成人高等学校在校学生数(人)	Institutions of Higher Education for Adults(person)	66245
体育场馆数(个)	Number of Stadiums and Gymnasiums(unit)	4
剧场、影剧院数(个)	Number of Theatres and Cinemas(unit)	7
公共图书馆图书总藏量(千册、件)	Total Book Collections of Public Libraries(1000 volumes)	3612

continued

景德镇 市 区 Jingdezhen	萍 乡 市 区 Pingxiang	九 江 市 区 Jiujiang	新 余 市 区 Xinyu	鹰 潭 市 区 Yingtan	赣 州 市 区 Ganzhou	吉 安 市 区 Ji'an	宜 春 市 区 Yichun	抚 州 市 区 Fuzhou	上 饶 市 区 Shangrao
67965	316892	375792	485051	51268	134003	91616	82455	93600	50045
48567	252543	224369	419491	19711	86120	61583	26954	53000	18064
13595	41684	62607	31905	16702	35502	16239	24919	22700	6900
344865	299466	786347	739263	248071	465121	514854	732025	254206	382001
1315065	880271	1075534	752971	339870	806841	334040	673516	755256	625846
27	22	31	42	20	29	10	30	15	17
17	17	19	19	11	19	6	19	5	12
	18	37	6	10	22	11	6	1	5
5071	6974	16071	41070	3871	14890	6672	1945	1032	3088
1877361	3078929	1873143	4220867	492942	797188	685929	790161	1674908	1308255
1826827	2996548	1848296	4027122	487308	780255	668416	590804	1542326	1303935
202047	171311	160488	206491	65829	272389	130396	114481	407549	262521
170251	138720	146224	169688	57467	189711	123221	101708	391019	212615
1012962	2908741	1081423	4227066	232500	141301	351956	173678	959409	604482
72.06	58.33	122.97	124.38	23.18	107.87	62.18	58.97	91.92	27.22
67.47	55.55	121.14	114.26	21.22	94.39	58.65	55.42	90.81	27.00
0.05	0.64		1.34	1.46	9.51	3.90	0.33	0.04	2.21
154309	133812	504946	258072	71828	403247	137704	133089	231024	55390
140594	124521	495797	233591	59045	216891	128666	125236	226136	54250
182	2303		3883	4713	6544	11892	1464	101	6070
20.49	12.95	0.60	37.10	0.35	1.84	23.06	15.20	8.72	2.00
3	1	4	1	1	7	1	2	4	3
17	20	15	22	5	20	16	15	6	18
29	48	41	30	12	25	25	41	43	24
63	165	73	91	28	75	135	331	338	69
1461	498	3959	520	235	5035	965	1603	1981	1066
487	854	585	1479	233	1110	217	569	218	624
2575	3448	2970	3518	861	2109	2237	2931	3486	1136
1849	3419	2700	3920	811	2165	2691	4060	5005	1494
26588	9393	66852	11908	4292	77055	18645	30424	39856	20167
11802	40466	45179	17497	18094	11708	5253	36175	17678	45671
5870	25937	29307	53520	12066	43703	7031	24289	4483	21227
3.18	4.72	3.92	4.43	1.32	3.11	2.56	4.95	4.93	1.27
4.13	5.67	4.54	6.61	1.68	5.13	3.79	9.19	11.40	3.15
1549	9525	13877	38596	2044	27878	5296	7931	3393	7307
20	2	9	28	2	10	1	2	8	3
4	4	1	1	3	1	2	3	5	2
595	551	985	429	219	300	251	144	138	159

22-1 续表3

指　　标	Item	南昌市区 Nanchang
医院、卫生院数(个)	Number of Hospitals and Health Care Centers(unit)	76
医院、卫生院床位数(张)	Number of Beds of Hospitals and Health Care Centers(unit)	11929
医生数(执业医师+执业助理医师)(人)	Number of Doctors (certified doctors and certified assistant doctors)(person)	4861
注册护士(人)	Registered Nurses(person)	8771
人民生活、社会保障	**People's Livelihood,Social Security**	
在岗职工平均人数(万人)	Average Number of Fully Employed Staff and Workers(10000 persons)	47
在岗职工工资总额(万元)	Total Wages of Fully Employed Staff and Workers(10000 yuan)	1565294
城镇居民人均可支配收入(元)	Per Capita Disposable Income of Urban Residents(yuan)	16472
城镇居民人均消费支出(元)	Per Capita Living Expanditure of Urban Residents(yuan)	12407
每百户居民家庭拥有:	Per 100 Urban Households Owned	
家用汽车(辆)	Family Car(unit)	4
家用电脑(台)	Computer(unit)	58
人均住房建筑面积(平方米)	Per Capita Floor Space(sq.m)	27.93
基本养老保险参保人数(人)	Number of Persons Participating in Basic Retirement Security Program(person)	624148
基本医疗保险参保人数(人)	Number of Persons Participating in Basic Health Care Program(person)	557956
失业保险参保人数(人)	Number of Persons Participating in Unemployment Insurance(person)	444846
社会福利院数(个)	Number of Social Welfare Institutions(unit)	4
社会福利院床位数(张)	Number of Beds in Social Welfare Institution(unit)	1136
社区服务设施数(个)	Number of Community Service Facilities(unit)	196
城镇居民最低生活保障人数(人)	Number of Urban Residents Receiving Minimum Income Relief(person)	68257
社会治安	**Public Order**	
交通事故死亡人数(人)	Number of Deaths in Traffic Accident(person)	105
交通事故损失额(万元)	Amount of Loss in Traffic Accident(10000 yuan)	39
火灾事故死亡人数(人)	Number of Deaths in Fire Accident(person)	4
火灾事故损失额(万元)	Amount of Loss in Fire Accident(10000 yuan)	725
刑事案件立案数(件)	Number of Criminal Cases Registered(case)	2310
犯罪人数(人)	Number of Criminals(person)	3528
市政公用事业	**Urban Public Utilities**	
城市维护建设资金支出(万元)	Expenditure for Urban Maintenance and Construction (10000 yuan)	208237
年末实有城市道路面积(万平方米)	Area of Paved Raods at the Year-end(10000 sq.m)	1596
排水管道长度(公里)	Length of Sewage Pipes (kilometer)	1288
供水综合生产能力(包括自备水源)(万立方米/日)	Capacity of the Comprehensive Production of Water Supply (including the self-provided source)(10000 cu.m per day)	152.5
供水总量(万吨)	Total Volume of Tap Water Supply (10000 tons)	35166
#居民家庭用水量	Consumption of Water for Residential Use	12600
用水人口(万人)	Population with Access to Tap Water(10000 persons)	214
供气总量(人工、天然气)(万立方米)	Total Volume of Gas Supply (including Gaswork and Natural Gas)(10000 cu.m)	10197
#家庭用量	Consumption of Gas for Residential Use	4375
用气人口(人)	Population with Access to Gas(person)	748100
液化石油气供气总量(吨)	Liquefied Petroleum Gas(ton)	60043
#家庭用量	Consumption of Liquefied Gas for Residential Use	58009
用液化气人口(人)	Population with Access to Liquefied Petroleum Gas(person)	1232400
年末实有公共汽(电)车营运车辆数(辆)	Number of Public Vehicles (Buses and Trolley-buses) at the Year-end(bus)	2606
全年公共汽(电)车客运总量(万人次)	Total Passengers of Public Vehicles (Buses and Trolley-buses) in the Whole Year (10000 person-times)	52600
年末实有出租汽车数(辆)	Number of Taxis at the Year-end(taxi)	3703
绿地面积(公顷)	Area of Urban Gardens and Green Areas(hektare)	7430
#公园绿地面积	Area of Park Green Areas	1816
建成区绿化覆盖面积(公顷)	Greening Coverage of the Current Urban Areas(hektare)	7863

continued

景德镇 市 区 Jingdezhen	萍 乡 市 区 Pingxiang	九 江 市 区 Jiujiang	新 余 市 区 Xinyu	鹰 潭 市 区 Yingtan	赣 州 市 区 Ganzhou	吉 安 市 区 Ji'an	宜 春 市 区 Yichun	抚 州 市 区 Fuzhou	上 饶 市 区 Shangrao
18	32	32	30	16	21	24	42	76	32
2822	4084	3646	2516	1139	4352	2305	3068	2338	3817
1457	1789	2410	1396	727	1951	986	1314	1915	3760
1706	2035	2558	1353	634	2194	1354	1505	1328	1511
9.16	9.86	10.63	8.03	1.99	7.81	3.32	8.12	7.17	4.46
203797	229126	292720	220488	48581	206974	74413	165102	143657	99667
14996	14825	14203	15610	14140	12901	14095	13006	13119	13989
10560	10576	9368	12351	9839	9882	8306	9923	6697	9953
8	4		6	6	2	2	8		8
49	80	61	68	54	70	74	50	40	58
29.90	35.55	31.87	31.06	33.03	33.60	36.86	34.94	34.55	30.47
205479	192907	320686	206322	44265	92688	54681	64528	114897	59327
235701	217438	223969	492409	95391	165489	63200	109597	219646	107800
57764	127262	164220	103400	33634	67910	31154	25284	35105	21275
2	43	11	21	4	11	17	31	37	10
510	3900	946	3944	736	1662	2187	5511	2572	900
72	40	148	44	25	22	151	120	202	51
33927	43641	18862	25696	7108	15909	19805	21158	30686	8872
18	27	17	27	4	30	30	39	28	25
5	52	42	32	36	41	47	25	21	28
2			6		3				1
163	226	379	126	54	115	74	70	51	38
2639	468	340	484	209	4845	3240	1918	3846	254
626	807	519	838	425	602	412	494	463	384
10193	50210	97283	100051	73522	235323	99956	40509	155730	3750
668	372	944	740	204	583	365	380	884	432
646	244	716	528	122	418	293	324	385	301
23.9	18.4	34.0	20.5	14.0	27.0	21.1	16.0	23.7	15.1
6134	4882	7834	4225	1656	4860	2946	3165	5563	3177
2316	1353	2534	2016	627	2435	1159	1584	3593	1338
45.04	36.18	61.43	36.5	15.8	60.56	29.7	27.8	47.96	26.48
21990	3156	858	3136	2	1545	581	594	132	412
905	2900	333	2546	1	709	375	466	23	223
177500	190000	98300	346600	1000	305000	152000	125600	28000	87200
21127	4473	18055	1565	8000	5400	5142	5120	9100	8440
11800	4350	14515	1500	600	4870	5142	3880	9100	7064
250300	135000	493000	26000	90000	284500	128300	137900	447000	155000
438	304	369	386	182	483	242	232	249	230
8660	6269	7422	5528	1758	5967	4323	4954	3002.49	3645
595	600	1487	531	271	592	376	404	329	511
3627	1512	4005	2369	950	2787	1437	1458	2085	1488
679	334	775	547	170	562	337	401	745	348
3854	1721	4210	2402	1073	2253	1337	1468	2229	1352

22-2 各地区市、县社会经济主要指标(一) (2009年)

指标	Item	南昌县 Nanchang	新建县 Xinjian	安义县 Anyi
乡村基本情况(个)	**Basic Conditions of Country(unit)**			
乡(镇)个数	Number of Township and Town Governments	16	19	10
村民委员会个数	Number of Villagers' Committees	256	306	105
#自来水受益的村	Number of Villages Benefited by Tap Water	23	52	9
通电话的村	Number of Villages with Telephone	256	306	105
通有线电视的村	Number of Villages with Cable TV	245	158	105
人口与就业	**Population and Employment**			
年末总人口(万人)	Total Population at the Year-end (10000 persons)	97	71.5	27.7
#乡村人口	Population of Country	73.8	55.3	20.1
年末总户数(户)	Number of Total Households at the Year-end (household)	281543	191340	88028
#乡村户数	Number of Households of Country	181638	125060	52749
年末单位从业人员数(人)	Number of Employed Persons in Units at the Year-end (person)	69913	38134	17059
#第二产业	Secondary Industry	50429	19910	10188
第三产业	Tertiary Industry	18817	17220	6600
乡村从业人员数(人)	Rural Employed Persons (person)	373784	277674	82050
#农林牧渔业	Farming,Forestry,Animal Husbandry and Fishery	212388	201528	31202
城镇登记失业人员数(人)	Number of Registered Urban Unemployed Persons (person)	2685	520	500
综合经济(万元)	**General Economic(10000 yuan)**			
地区生产总值	Gross Regional Product	2555062	1483542	456155
第一产业增加值	Primary Industry Value-added	346691	305184	66529
农业	Farming	150235	128893	26637
林业	Forestry	1713	4914	2932
牧业	Animal Husbandry	127382	98819	20442
渔业	Fishery	61187	67462	14560
农林牧渔业服务业	Services Output Value of Farming,Forestry, Animal Husbandry and Fishery	6174	5096	1958
第二产业增加值	Secondary Industry Value-added	1684649	706550	229517
#工业	Industry	1255099	584385	198374
第三产业增加值	Tertiary Industry Value-added	523722	471808	160109
财政、金融	Government Finance,Bank			
财政总收入	Government Revenue	239594	90223	28304
#地方财政一般预算收入	Local Government Budgetary Revenue	122051	66947	20248
各项税收	Taxes	105206	56566	15242
地方财政一般预算支出	Local Government Budgetary Expenditure	239633	173494	70244
年末金融机构各项存款余额	Deposits in Financial Institutions at the Year-end	1552209	1055618	470840
#城乡居民储蓄存款余额	Savings Deposits by Urban and Rural Residents at the Year-end	961198	676127	348130
年末金融机构各项贷款余额	Loans in Financial Institutions at the Year-end	991602	608448	302137
#农业贷款	Agricultural Loans	207702	108537	95524
农业	**Farming**			
生产条件	Production Condition			
农业机械总动力(万千瓦)	Total Power of Agricultural Machinery (10000 kw)	123.4	90.9	16.3
化肥使用量(折纯量)(吨)	Consumption of Chemical Fertilizers (net)(ton)	59895	32126	16879
农药使用量(吨)	Consumption of Pesticides (ton)	4831	2140	381
地膜使用量(吨)	Consumption of Mulching Film (ton)	456	190	36
有效灌溉面积(公顷)	Irrigated Areas (hectare)	71540	48470	18720

Main Social and Economic Indicators by County(County-level City) (2009)

进贤县 Jinxian	浮梁县 Fuliang	乐平市 Leping	莲花县 Lianhua	上栗县 Shangli	芦溪县 Luxi	九江县 Jiujiang	武宁县 Wuning	修水县 Xiushui	永修县 Yongxiu
21	17	16	13	9	10	11	19	36	15
263	155	299	157	154	138	96	186	361	147
41	115	115	140	126	76	50	72	105	62
263	155	299	157	154	138	96	186	356	147
188	108	299	146	154	112	96	176	224	122
81.4	28.3	86.1	26	47	29	32.3	37.7	80.5	37.8
67.3	24.7	67	22.3	45.2	23.9	27.2	30.4	70.8	28.4
235450	100051	255342	78426	132744	90615	115178	110124	212618	129941
164238	68744	169608	50408	98763	60501	63675	76224	163218	71015
21491	18039	49869	12611	11371	8275	18336	13989	21580	26224
1133	8279	24332	4824	475	520	5469	741	6146	9933
16816	9628	20161	7725	10895	7405	11984	13048	15404	11563
351073	116084	365398	99176	226210	115576	135434	149964	345108	139935
155556	54583	137053	54646	96226	37641	66416	82868	190758	92634
124	807		1459	455	189	633	1088	783	1358
1481079	460193	1219476	234029	801973	596426	376112	422642	505288	543408
300012	91859	202904	51101	91985	82967	68099	91452	110123	95152
104719	55399	131314	22710	29141	34960	37313	32061	48095	46348
3454	14673	7968	6610	7843	6900	2190	11985	14764	2383
87073	16273	42722	18392	48801	36820	9794	22170	36582	15068
100070	3418	17382	3118	5596	3685	18802	24480	7921	26795
4696	2096	3518	271	604	602		756	2761	4558
762037	282193	700208	101610	516306	377768	224003	222677	219245	329998
636410	262362	629456	94690	472736	356474	184202	208153	196746	310152
419030	86141	316364	81318	193682	135691	84010	108513	175920	118258
54066	36220	101056	23254	63826	44121	38188	40033	55016	57208
34541	25930	65907	14004	40416	25456	25094	27362	36873	35719
27203	23179	50837	11068	34018	21665	19921	23081	26860	26392
134285	88990	175395	70899	106095	78180	69943	88646	142705	98442
921588	294604	917268	283478	290385	245115	389548.5	424220.9	567183.6	486173.4
736970	201800	659514	218050	219247	191347	267442.4	304263	385695	308646.3
362491	138563	403988	76907	108072	111036	189476.5	190030.3	280591.4	270940.8
127835	84000	89374	44173	75113	60961	61726.8	40136.2	67549.6	50936.6
88.2	45.3	82.2	33.8	28.7	26.7	23.4	30.9	44.2	24.9
26893	6958	20009	8644	12794	8237	9852	5905	14720	31481
760	255	1559	847	399	585	807	466	317	1590
321	144	585	61	116	111	161	168	222	220
44520	16540	32190	8750	9740	8480	14612	11660	34314	18880

22-2 续表1

指　　标	Item	南昌县 Nanchang	新建县 Xinjian	安义县 Anyi
农作物总播种面积(公顷)	Total Sown Area of Farm Crops (hectare)	172750	133651	45729
粮食作物播种面积(公顷)	Sown Area of Grain Crops (hcktare)	122293	97234	26605
#稻　谷	Rice	120681	92355	25591
油料播种面积(公顷)	Sown Area of Oil-bearing Crops (hectare)	9110	21979	12162
棉花播种面积(公顷)	Sown Area of Cotton (hectare)		119	639
糖料播种面积(公顷)	Sown Area of Sugar Crops (hectare)	356	44	14
烟叶播种面积(公顷)	Sown Area of Tobacco (hectare)			
蔬菜播种面积(公顷)	Sown Area of Vegetables (hectare)	12637	4690	3156
粮食总产量(吨)	Total Output of Grain (ton)	817062	645672	153777
#稻　谷	Rice	810410	626853	150093
油料产量(吨)	Output of Oil-bearing Crops (ton)	10884	28421	13944
棉花产量(吨)	Output of Cotton (ton)		99	1600
糖料产量(吨)	Output of Sugar Crops (ton)	17119	1761	901
烟叶产量(吨)	Output of Tobacco (ton)			
蔬菜产量(吨)	Output of Vegetables (ton)	507843	93794	68694
茶叶产量(吨)	Output of Tea (ton)	659	68	4
水果产量(吨)	Output of Fruits (ton)	4112	1516	4971
肉类总产量(吨)	Total Output of Meat (ton)	130359	74295	21550
#猪　肉	Pork	98373	69925	19530
奶类产量(吨)	Ouput of Milk (ton)	8412	10934	
禽蛋产量(吨)	Ouput of Eggs (ton)	91318	11243	8683
水产品产量(吨)	Output of Aquatic Products (ton)	120230	73590	24100
工业及建筑业	**Industry and Construction**			
规模以上工业企业:	Industrial Enterprises above Designated Size			
工业企业数(个)	Number of Industrial Enterprises (unit)	177	105	67
工业总产值(当年价格)(万元)	Gross Industrial Output Value (at current price)(10000 yuan)	2509888	1501012	462474
从业人员年平均数(人)	Average Number of Employed Persons (person)	37822	21324	7920
流动资产年平均余额(万元)	Average Balance of Circulating Funds (10000 yuan)	400661	183536	110800
固定资产净值年平均余额(万元)	Average Balance of Net Value of Fixed Assets (10000 yuan)	390105.2	430955.3	104834.1
主营业务收入(万元)	Main Business Revenue (10000 yuan)	2483552	1467325	460589
主营业务税金及附加(万元)	Taxes and Other Charges on Principal Business(10000 yuan)	4887	7275	216
本年应交增值税(万元)	Value-added Tax Payable (10000 yuan)	40869	27531	7887
利润总额(万元)	Total Pre-tax Profits (10000 yuan)	112894	87103	16861
建　筑　业:	Construction			
建筑业企业个数(个)	Number of Construction Enterprises (unit)	38	11	5
期末从业人员数(人)	Number of Employed Persons at the Year-end (person)	39704	3503	1651
建筑业总产值(万元)	Gross Output Value of Construction (10000 yuan)	839054	49446	25156
交通运输、邮电通讯、能源	**Transport,Postal and Telecommunication Services,Energy**			
境内公路里程(公里)	Length of Highways (kilometer)	554	2240.7	886.9
境内铁路营业里程(公里)	Length of Railways in Operation (kilometer)	121.4	22	
邮政业务总量(万元)	Business Volume of Postal Services (10000 yuan)	1914.8	2260	1014
电信业务总量(万元)	Business Volume of Telecommunication Services (10000 yuan)	23377	8243	2266
本地电话年末用户(户)	Number of Subscribers of Local Telephones (subscriber)	153000	141631	58775
住宅电话年末用户(户)	Number of Subscribers of Home Telephones (subscriber)	90000	86774	41856
移动电话年末用户(户)	Number of Subscribers of Mobile Telephones (subscriber)	627000	337846	107329
国际互联网用户(户)	Number of Internet Subscribers (subscriber)	15415	9199	8982

continued

进贤县 Jinxian	浮梁县 Fuliang	乐平市 Leping	莲花县 Lianhua	上栗县 Shangli	芦溪县 Luxi	九江县 Jiujiang	武宁县 Wuning	修水县 Xiushui	永修县 Yongxiu
144692	43247	98949	39987	34082	28122	38104	47749	66807	59790
86369	26307	60939	21701	22752	16303	12145	28674	45628	34491
77166	21587	56520	18368	18953	13265	9222	18113	35662	32581
39478	5868	14756	7270	1691	1412	10302	7575	8481	11877
392	210	552	26		2	11131	1069	302	5174
539	224	465	17		8	72	147	4	107
			65	52	5				
6681	6103	17093	5692	4241	4587	2832	6156	5695	4348
483288	155916	377336	129274	149748	123993	65846	155234	225434	233167
466142	142858	363696	119540	137267	109448	55815	118296	200374	224415
42973	5256	18593	11847	1645	2358	18551	11370	11526	13116
243	161	717	18		2	15816	2034	444	9774
18113	7246	20110	340		24	1733	4024	80	4951
			68	60	14				
146225	91358	621713	120521	97614	93226	74136	122416	86873	133499
440	2951	448	60	26	165	29	672	2558	316
10677	2145	6101	2667	1595	1320	11269	7807	2513	63919
72813	12409	32422	14937	28587	39003	14751	20010	30344	14991
54948	11277	28644	11480	23187	32843	14520	19883	25965	11404
1119					5494				
21410	1858	5961	1800	1482	1775	1575	3213	3444	2608
107368	3428	19707	5043	7160	7582	40028	31800	12000	41226
115	114	133	82	216	134	47	76	53	62
1146785	646372	1498259	379175	1555422	972062	432746	617433	433089	1013889
21866	15893	33938	13308	37292	20170	9168	20165	11892	12946
190691	149656	113827	28650	137110	113766	105649	164710	113701	198000
163350.3	143141	118138	185706	77347	165217	96686	343851	145253	470600
1075356	608661	1420708	379647	1519543	973532	432199	638272	446587	1010809
5323	1938	9241	2297	72025	7780	877	3731	2636	3483
17363	27150	42744	6868	83502	48072	8541	20091	28005	20397
31432	29189	71020	13948	154907	104764	19628	54449	57279	88837
27	5	8	4	4	10	7	7	9	7
20813	3520	4060	689	2122	1048	3352	3564	4223	3319
246433	20549	38815	10940	41730	12786	28844	41795.3	46252	26554
2248.8	1057	1891.3	1326.4	1119.6	1320.7	952	2298.8	3004.5	684
43	86	37			37	105			45
2646.1	5699	15374	2114.3	1475.9	1086.1	1256.3	1984.9	1759.6	2186.2
25587	14619	34504	4106	5368	3933	2490	4800	5300	9986
102000	60977	80625	38052	34067	30848	50011	72154	70982	64044
93000	35183	78185	32145	29929	26080	41034	59834	59552	54708
258000	14712	119234	82575	163796	103972	139222	165485	320847	148806
25100	16400	8215	9940	15264	11742	14143	19679	26072	11866

22-2 续表2

指标	Item	南昌县 Nanchang	新建县 Xinjian	安义县 Anyi
全年用电量(万千瓦时)	Electricity Consumption in the Whole Year (10000 kwh)	87608	42152	19323
#工业用电量	Electricity Consumption of Industry	41393	12695	12649
农村用电量	Rural Electricity Consumption	30937	13853	2989
贸易、外经	**Domestic and Foreign Trade**			
社会消费品零售总额(万元)	Total Retail Sales of Consumer Goods (10000 yuan)	480978	328548	86873
限额以上批发零售贸易业商品销售总额(万元)	Total Sales of Commodities in Wholesale and Retail Trades above Designated Size (10000 yuan)	301961.4	152708	19455.2
出口总额(万美元)	Total Exports (USD 10000)	23543	2799	2579
当年合同外资金额(万美元)	Contracted Foreign Captital in Current Year (USD 10000)	19818	19142	4175
当年实际使用外资金额(万美元)	Foreign Capital Actually Utilized in Current Year (USD 10000)	16921	10359	3807
固定资产投资	**Investment in Fixed Assets**			
城镇固定资产投资完成额(万元)	Total Investment in Fixed Assets in Urban Area (10000 yuan)	1880429	873611	230519
城镇新增固定资产(万元)	Newly Increased Fixed Assets in Urban Area (10000 yuan)	1537979	329498	107298
城镇固定资产投资项目个数(个)	Number of Projects of Investment in Fixed Assets in Urban Area (project)	486	116	87
房地产开发投资完成额(万元)	Total Investment in Real Estate Development (10000 yuan)	366289	61847	14400
教育、文化、卫生	**Education,Culture and Health Care**			
普通中学数(所)	Number of Regular Secondary Schools (unit)	39	53	14
小学数(所)	Number of Primary Schools (unit)	258	263	82
普通中学专任教师数(人)	Number of Full-time Teachers in Regular Secondary Schools (person)	2943	2372	899
小学专任教师数(人)	Number of Full-time Teachers in Primary Schools (person)	4610	3219	1053
普通中学在校学生数(人)	Number of Students Enrolled in Regular Secondary Schools (person)	54313	48964	14291
小学在校学生数(人)	Number of Students Enrolled in Primary Schools (person)	82531	84607	23469
医院、卫生院数(所)	Number of Hospitals and Health Care Centers (unit)	29	34	14
医院、卫生院床位数(床)	Number of Beds of Hospitals and Health Care Centers (bed)	1225	1392	388
医院、卫生院卫生技术人员数(人)	Number of Medical Technical Personnel of Hospitals and Health Care Centers (person)	1638	1385	476
人民生活	**People's Livelihood**			
城镇在岗职工年平均人数(人)	Average Number of Fully Employed Staff and Workers in Urban Area (person)	68758	34754	16315
城镇在岗职工工资总额(万元)	Total Wages of Fully Employed Staff and Workers in Urban Area (10000 yuan)	151877	76074	28314
农村居民人均纯收入(元)	Annual Per Capita Net Income of Rural Households (yuan)	6570.6	6036.5	5423
农民人均住房面积(平方米)	Per Capita Floor Space of Rural Households (sq.m)	37.4	41.5	34.4
农村恩格尔系数(%)	Engle Coefficient of Rural Households (%)	40.7	48.6	53.8
社会保障	**Social Security**			
各种社会福利收养性单位数(个)	Number of Social Welfare Institutions of Various Types (unit)	12	15	19
各种社会福利收养性单位床位数(床)	Number of Beds in Social Welfare Institutions of Various Types (bed)	2416	2937	1540
参加基本养老保险的职工数(人)	Number of Employees Participating in Basic Retirement Security Program (person)	54699	32960	11810
参加基本医疗保险的职工数(人)	Number of Employees Participating in Basic Health Care Program (person)	34619	33826	16187
参加失业保险人数(人)	Number of Persons Participating in Unemployment Insurance (person)	41051	24665	11776
城镇居民最低生活保障人数(人)	Number of Urban Residents Receiving Minimum Income Relief (person)	17284	17312	7921
农村居民最低生活保障人数(人)	Number of Rural Residents Receiving Minimum Income Relief (person)	35155	26933	8777
参加农村合作医疗的人数(人)	Number of Persons Participating in Rural Cooperative Medical (person)	857843	517002	177537
参加农村养老保险的人数(人)	Number of Persons Participating in Rural Retirement Security Program (person)	43159	3640	648
资源、环境与可持续发展	**Resources, Environment and the Sustained Development**			
行政区域土地面积(平方公里)	Divisions of Administrative Areas (kilometer)	1683.6	2338	665.4
森林面积(公顷)	Forest Area (hectare)	1500	2050	713
年末耕地面积(公顷)	Area of Cultivated Land at the Year-end (hectare)	73555	55205	17318
环境污染治理本年完成投资总额(万元)	Total Investment in the Treatment of Environmental Pollution (10000 yuan)	11879	9608	200

continued

进贤县 Jinxian	浮梁县 Fuliang	乐平市 Leping	莲花县 Lianhua	上栗县 Shangli	芦溪县 Luxi	九江县 Jiujiang	武宁县 Wuning	修水县 Xiushui	永修县 Yongxiu
47681	21754	84780	15998	31212	29997	42479	22400	35898	61922
26972	18708	61070	8507	17320	21740	37580	11281	6218	54604
21219	4644	12989	1740	10234	9622	4709	3957	10071	4949
280200	84140	327694	60746	275153	120210	109106	154618	180820.7	137052
74582.1	25994	11568	1687	1556.6	4183.5	1478	5949.6	11672.1	1249
1778	4537	9680	3255	4125	3236	3163	1336	450	1113
6655	1065	2300	3030	3730	2467	1780	4759	2340	4536
5020	1511	3465	2699	2027	1459	3224	3416	1869	3324
288589	395841	1064043	291529	776235	606817	281017	354198	318052	601649
278038	206449	747427	163362	668683	403660	236417	250489	148169	469524
148	148	325	58	188	118	74	149	225	96
28001	8833	38880	7561	15456	4873	32604	28836	17273	33567
39	22	6	19	27	19	26	25	43	25
266	145	287	56	134	65	103	89	307	129
2679	817	2709	1096	1858	1378	1337	1194	2162	1251
4119	1382	3824	1073	2177	1270	1379	1289	2684	1883
43972	15090	40801	15960	30161	14384	22813	14481	42135	19881
76889	19420	79990	21335	42142	23291	24709	22597	76489	29594
33	22	30	15	11	12	18	22	38	24
1162	291	1348	471	735	464	671	610	1314	808
1430	299	1212	558	867	751	642	713	1525	843
21025	18201	48364	12158	9719	8215	18284	11936	16933	26347
38623	31371	89573	21686.1	18758.6	15746.7	35709	24750.7	21337.7	43072
6053.7	5637	5682.8	2640	5920	5844	5140	4898	2578	5453.4
46.5	38.7	44.1	28.8	49	49	44.9	36.9	28.9	32.5
51	50	47.6	41.9	43	49.2	40.8	39.3	53.8	28
16	18	21	17	21	12	15	20	45	27
2626	923	2580	1038	1879	1158	2522	2248	4237	2526
35489	17041	45165	27485	19658	21877	32205	30924	34789	31804
12445	24155	72926	36741	28110	31116	23412	24782	36182	25315
21790	11444	27258	8517	10114	8662	14600	14100	24000	23209
12490	7484	16996	3428	5553	9763	5079	6402	12292	11964
28376	10226	27126	9698	17920	10139	12987	18965	34073	13093
561333	209416	621618	204662	422692	231700	267727	275040	665295	270365
13961	64804	16000	8254	8508	5500	22000	22756	51504	21000
1955.2	2850.8	1982.8	1063	725	968.1	873	3506.6	4504	2035
1650	1327	4166	4879.3	2743.3	2419.5	1509	6147	2963	5466
58902	20650.1	57193.4	14237	17100	14323	27637	27864.9	47333	39266.7
7400	477			269.4		782.5	890	560	4439.4

22-3 各地区市、县社会经济主要指标(二)(2009年)

指标	Item	德安县 De'an	星子县 Xingzi	都昌县 Duchang
乡村基本情况(个)	**Basic Conditions of Country(unit)**			
乡(镇)个数	Number ofTownship and Town Governments	13	10	24
村民委员会个数	Number of Villagers' Committees	83	73	266
#自来水受益的村	Number of Villages Benefited by Tap Water	35	39	54
通电话的村	Number of Villages with Telephone	83	73	265
通有线电视的村	Number of Villages with Cable TV	80	69	160
人口与就业	**Population and Employment**			
年末总人口(万人)	Total Population at the Year-end (10000 persons)	23.1	25.7	79.6
#乡村人口	Population of Country	11.3	21.1	68.6
年末总户数(户)	Number of Total Households at the Year-end (household)	86820	71599	239315
#乡村户数	Number of Households of Country	28027	49448	169052
年末单位从业人员数(人)	Number of Employed Persons in Units at the Year-end (person)	10638	11037	26691
#第二产业	Secondary Industry	4203	1443	9563
第三产业	Tertiary Industry	6025	9533	16707
乡村从业人员数(人)	Rural Employed Persons (person)	56495	101969	337057
#农林牧渔业	Farming,Forestry,Animal Husbandry and Fishery	30721	43604	156792
城镇登记失业人员数(人)	Number of Registered Urban Unemployed Persons (person)	504	481	1141
综合经济(万元)	**General Economic(10000 yuan)**			
地区生产总值	Gross Regional Product	273950	227275	360460
第一产业增加值	Primary Industry Value-added	31799	37277	106335
农业	Farming	13211	8720	44705
林业	Forestry	4158	1760	627
牧业	Animal Husbandry	10798	8430	16154
渔业	Fishery	3168	18097	44338
农林牧渔业服务业	Services Output Value of Farming,Forestry, Animal Husbandry and Fishery	464	270	511
第二产业增加值	Secondary Industry Value-added	171977	82230	132649
#工业	Industry	158787	71172	105999
第三产业增加值	Tertiary Industry Value-added	70174	107768	121476
财政、金融	Government Finance,Bank			
财政总收入	Government Revenue	31593	26048	32338
#地方财政一般预算收入	Local Government Budgetary Revenue	20621	17777	23645
各项税收	Taxes	29080	22662	24255
地方财政一般预算支出	Local Government Budgetary Expenditure	59843	56100	136516
年末金融机构各项存款余额	Deposits in Financial Institutions at the Year-end	412986.7	243444.6	553040.5
#城乡居民储蓄存款余额	Savings Deposits by Urban and Rural Residents at the Year-end	267940.3	164399.1	432297.1
年末金融机构各项贷款余额	Loans in Financial Institutions at the Year-end	225661.9	118726.1	218244.6
#农业贷款	Agricultural Loans	83655.4	51997.7	105343.3
农业	**Farming**			
生产条件	Production Condition			
农业机械总动力(万千瓦)	Total Power of Agricultural Machinery (10000 kw)	15.2	18.6	51.2
化肥使用量(折纯量)(吨)	Consumption of Chemical Fertilizers (net)(ton)	4712	6613	25467
农药使用量(吨)	Consumption of Pesticides (ton)	409	299	1007
地膜使用量(吨)	Consumption of Mulching Film (ton)	34	55	186
有效灌溉面积(公顷)	Irrigated Areas (hectare)	8826	8556	30619

Main Social and Economic Indicators by County(County-level City) (2009)

湖口县 Hukou	彭泽县 Pengze	瑞昌市 Ruichang	分宜县 Fenyi	余江县 Yujiang	贵溪市 Guixi	赣 县 Ganxian	信丰县 Xinfeng	大余县 Dayu	上犹县 Shangyou
12	13	16	10	11	18	19	16	11	14
129	178	157	128	122	191	276	260	106	131
70	138	90	112	28	38	39	98	75	82
129	178	157	128	122	191	276	260	106	131
90	139	149	123	25	100	227	198	104	120
28.9	37.1	44.5	32.4	37.6	59.5	61.2	72.2	30	30.1
21.9	30.8	33.4	22.2	30.1	43.3	50.4	58.6	21.5	26.4
87148	110108	145833	106127	101005	164386	169168	218741	109373	90695
54762	72913	83174	61969	73687	106547	120941	144341	54022	67425
21524	15472	26297	15447	21802	37464	24855	35475	16115	12920
9596	4368	10784	5477	1934	20599	10654	18671	8132	4072
11280	10914	14955	9315	9100	13779	14018	15707	7670	8220
109059	166311	161051	125327	146258	217975	267016	302143	109004	142316
53706	82843	60700	68722	78252	124605	137150	127607	61117	66421
1198	781	1354	1284	1926	4108	1622	3472	650	978
482476	310884	521050	802365	329047	1548268	623966	705592	525143	247709
58137	74224	74035	101678	115000	134858	111014	170473	75275	63580
31878	36574	31562	43066	41006	64298	54491	96954	37270	23747
1307	3168	5448	21689	2560	11890	7570	15418	5431	9900
6394	8754	17975	24082	60813	33175	36677	39636	18688	14910
18326	23014	16872	10068	10050	21134	10770	17315	9866	14083
232	2714	2178	2773	571	4361	1506	1150	4020	940
360081	162093	341853	508927	137292	1098676	356049	289644	289810	93404
343200	139051	315427	460824	128284	1035421	295077	223977	233370	71085
64258	74567	105162	191760	76755	314734	156903	245475	160058	90725
60166	31506	63536	125450	50671	190147	66310	50929	54301	24006
31768	20078	33100	73334	24237	76795	44758	34240	35668	16572
54470	27187	57820	105576	20227	196298	48724	39729	35603	18318
77632	78943	96699	128211	93071	150007	136763	116688	94253	69990
347263	388148.5	537461	489215	403337	1053133	580724	635810	379805	271447
218779.7	257836.8	330305.9	329499	280888	543262	408836	503319	270854	207609
187740	197919	335904.4	268337	294384	904257	310136	320698	189398	135846
49678.8	77337.8	44157.2	30263	53699	67537	50853	105538	51380	28112
30.6	40.7	21.6	29.4	23	37.6	33.7	47.1	25	19.6
20679	17410	10417	7791	9100	19455	13754	17223	7503	7015
843	1640	752	640	1640	472	694	1397	603	246
174	468	103	325	25	460	801	1280	187	168
13590	19850	11340	12810	20010	27380	17300	22060	9000	9230

22-3 续表1

指标	Item	德安县 De'an	星子县 Xingzi	都昌县 Duchang
农作物总播种面积(公顷)	Total Sown Area of Farm Crops (hectare)	16799	22871	101324
粮食作物播种面积(公顷)	Sown Area of Grain Crops (hcktare)	7083	13348	64094
#稻谷	Rice	6031	10716	54752
油料播种面积(公顷)	Sown Area of Oil-bearing Crops (hectare)	3697	5007	23768
棉花播种面积(公顷)	Sown Area of Cotton (hectare)	4370	1785	6667
糖料播种面积(公顷)	Sown Area of Sugar Crops (hectare)	15	34	123
烟叶播种面积(公顷)	Sown Area of Tobacco (hectare)			
蔬菜播种面积(公顷)	Sown Area of Vegetables (hectare)	1338	1507	4836
粮食总产量(吨)	Total Output of Grain (ton)	43718	80677	384795
#稻谷	Rice	39967	70651	334239
油料产量(吨)	Output of Oil-bearing Crops (ton)	4710	7519	20066
棉花产量(吨)	Output of Cotton (ton)	6400	3367	4798
糖料产量(吨)	Output of Sugar Crops (ton)	339	888	2537
烟叶产量(吨)	Output of Tobacco (ton)			
蔬菜产量(吨)	Output of Vegetables (ton)	22111	29443	59745
茶叶产量(吨)	Output of Tea (ton)	86	35	16
水果产量(吨)	Output of Fruits (ton)	5246	1556	1587
肉类总产量(吨)	Total Output of Mea t(ton)	8045	10609	21682
#猪肉	Pork	5524	8053	15870
奶类产量(吨)	Ouput of Milk (ton)			
禽蛋产量(吨)	Ouput of Eggs (ton)	34710	3670	4485
水产品产量(吨)	Ouput of Aquatic Products (ton)	5083	26204	70213
工业及建筑业:	**Industry and Construction**			
规模以上工业企业	Industrial Enterprises above Designated Size			
工业企业数(个)	Number of Industrial Enterprises (unit)	92	32	52
工业总产值(当年价格)(万元)	Gross Industrial Output Value (at current price)(10000 yuan)	1073750	247352.8	302216
从业人员年平均数(人)	Average Number of Employed Persons (person)	24610	8122	12281
流动资产年平均余额(万元)	Average Balance of Circulating Funds (10000 yuan)	270394	32145	54631
固定资产净值年平均余额(万元	Average Balance of Net Value of Fixed Assets (10000 yuan)	109225	6062.4	59400
主营业务收入(万元)	Main Business Revenue (10000 yuan)	999202	213898.5	300141
主营业务税金及附加(万元)	Taxes and Other Charges on Principal Business (10000 yuan)	1811	3851.6	619
本年应交增值税(万元)	Value-added Tax Payable (10000 yuan)	15759	1265.5	9449
利润总额(万元)	Total Pre-tax Profits (10000 yuan)	36721	15055.5	8919
建筑业:	Construction			
建筑业企业个数(个)	Number of Construction Enterprises (unit)	5	4	9
期末从业人员数(人)	Number of Employed Persons at the Year-end (person)	1126	2730	9519
建筑业总产值(万元)	Gross Output Value of Construction (10000 yuan)	11349	42849	148552
交通运输、邮电通讯、能源	**Transport,Postal and Telecommunication Services,Energy**			
境内公路里程(公里)	Length of Highways (kilometer)	918	533	405
境内铁路营业里程(公里)	Length of Railways in Operation (kilometer)	23		
邮政业务总量(万元)	Business Volume of Postal Services (10000 yuan)	974.2	933.8	3697.4
电信业务总量(万元)	Business Volume of Telecommunication Services (10000 yuan)	7070	2100	5464
本地电话年末用户(户)	Number of Subscribers of Local Telephones (subscriber)	34653	43334	59915
住宅电话年末用户(户)	Number of Subscribers of Home Telephones (subscriber)	27899	35362	52650
移动电话年末用户(户)	Number of Subscribers of Mobile Telephones (subscriber)	94106	121880	229087
国际互联网用户(户)	Number of Internet Subscribers (subscriber)	11055	9635	16162

continued

湖口县 Hukou	彭泽县 Pengze	瑞昌市 Ruichang	分宜县 Fenyi	余江县 Yujiang	贵溪市 Guixi	赣　县 Ganxian	信丰县 Xinfeng	大余县 Dayu	上犹县 Shangyou
42662	51458	36943	43399	53896	83644	54204	73173	26547	24972
19219	16580	15830	26976	41463	65120	38119	48205	16970	16185
17559	14715	9712	24236.8	40470	60507	34449	42754	14718	14382
14305	18661	11639	4162.2	4816	4331	3323	4952	1168	628
6685	13875	2275	17.1	28		4			
77	28	8	27	474	66	17	13	26	22
						737	924		
1664	2058	4505	2603.6	3458	6517	5735	12472	5409	4178
105825	104554	80033	145069	238541	355289	192509	264601	86913	88845
101574	97903	56601	139604	235571	343202	184718	247650	80213	82969
25861	35579	16674	3492	12313	6616	5214	12345	3505	1711
8973	27107	3543	19	60		2			
1783	842	229	615	20433	2840	410	800	1048	1522
						1721	1917		
50568	31969	87089	30802	56134	111612	120651	289498	137874	73017
65	44	4	60	24	71	55	58	17	534
6265	822	6670	2859	11448	24853	28866	171191	27220	8877
8336	10065	26124	22168	82431	32554	39861	47988	27512	16967
8025	9668	23727	20080	73115	24052	33144	46152	18691	12994
		16		228	22				
1100	1870	4446	4491	4784	7605	4055	2825	1560	2174
33271	40029	27363	12700	18536	26303	12782	25400	9330	13058
38	45	96	111	37	76	49	60	37	24
1100622	440364	1042605	1376582	416985	5946331	1018324	521654	256288	208097
12185	8616	23788	18932	8399	39892	14556	15585	7865	4990
271130	120742	370850	214182	98346	2784627	272446	110554	111336	72165
652100	140131	363770	441360	101161	2903430	324153	106953	58440.2	56445.3
1088745	405748	1054673	1355355	419719	7361627	1015995	515079	258421	184690
1810	673	2068	17637	1797	29990	4473	3822	821	1242
25379	6795	26562	45268	13538	203228	26936	15400	10112	3255
21964	10680	66976	116454	18022	345967	20222	18139	-1147	4241
4	9	10	9	6	13	5	7	5	2
2384	6671	1768	3016	2826	8736	2032	1398	1966	880
20777	39188	25042	26875.4	16470	247290	52908.8	18074.3	13714.8	20139.1
512	478	936	1651.4	761.3	2260.2	1684.4	2032.7	1064.7	1027.2
13	32	40	27.4	35	156	72.8	67		
1134.8	2651.1	2119.9	1636.7	1802.5	3077.9	2580	3448	1738	1744
8487	2926	3932	10237	11965	26670	14130.3	22032.2	15488.3	9571.3
42644	64814	76218	45016	34000	75287	64873	71539	42255	36426
36234	56326	58726	42855	29000	56890	53643	65363	37278	32108
128184	135495	181371	168120	100514	139770	201247	250647	137167	106088
14334	14880	18248	14593	15984	18000	22489	17764	12841	9852

22-3 续表2

指标	Item	德安县 De'an	星子县 Xingzi	都昌县 Duchang
全年用电量(万千瓦时)	Electricity Consumption in the Whole Year (10000 kwh)	26807	14036.9	20710
#工业用电量	Electricity Consumption of Industry	15839	4879	11793
农村用电量	Rural Electricity Consumption	3875	5253	5039
贸易、外经	**Domestic and Foreign Trade**			
社会消费品零售总额(万元)	Total Retail Sales of Consumer Goods (10000 yuan)	75916	75952	181565
限额以上批发零售贸易业商品销售总额(万元)	Total Sales of Commodities in Wholesale and Retail Trades above Designated Size (10000 yuan)	1815.5	1135	11172
出口总额(万美元)	Total Exports (USD 10000)	1643	3068	3364
当年合同外资金额(万美元)	Contracted Foreign Captital in Current Year (USD 10000)	7393	1448	4356
当年实际使用外资金额(万美元)	Foreign Capital Actually Utilized in Current Year (USD 10000)	3386	2951	3275
固定资产投资	**Investment in Fixed Assets**			
城镇固定资产投资完成额(万元)	Total Investment in Fixed Assets in Urban Area (10000 yuan)	305100	314120	208832
城镇新增固定资产(万元)	Newly Increased Fixed Assets in Urban Area (10000 yuan)	183504		182235
城镇固定资产投资项目个数(个)	Number of Projects of Investment in Fixed Assets in Urban Area (project)	75	136	58
房地产开发投资完成额(万元)	Total Investment in Real Estate Development (10000 yuan)	15370	25470	24328
教育、文化、卫生	**Education,Culture and Health Care**			
普通中学数(所)	Number of Regular Secondary Schools (unit)	17	17	38
小学数(所)	Number of Primary Schools (unit)	21	84	324
普通中学专任教师数(人)	Number of Full-time Teachers in Regular Secondary Schools (person)	575	925	2890
小学专任教师数(人)	Number of Full-time Teachers in Primary Schools (person)	742	1161	3467
普通中学在校学生数(人)	Number of Students Enrolled in Regular Secondary Schools (person)	10079	17395	57561
小学在校学生数(人)	Number of Students Enrolled in Primary Schools (person)	13743	30216	93076
医院、卫生院数(所)	Number of Hospitals and Health Care Centers (unit)	14	13	25
医院、卫生院床位数(床)	Number of Beds of Hospitals and Health Care Centers (bed)	380	461	1031
医院、卫生院卫生技术人员数(人)	Number of Medical Technical Personnel of Hospitals and Health Care Centers (person)	470	413	983
人民生活	**People's Livelihood**			
城镇在岗职工年平均人数(人)	Average Number of Fully Employed Staff and Workers in Urban Area (person)	10238	10753	21619
城镇在岗职工工资总额(万元)	Total Wages of Fully Employed Staff and Workers in Urban Area (10000 yuan)	18552.3	18602	29255
农村居民人均纯收入(元)	Annual Per Capita Net Income of Rural Households (yuan)	5033	4514	3273
农民人均住房面积(平方米)	Per Capita Floor Space of Rural Households (sq.m)	36.5	42.4	33
农村恩格尔系数(%)	Engle Coefficient of Rural Households (%)	40.3	48	55
社会保障	**Social Security**			
各种社会福利收养性单位数(个)	Number of Social Welfare Institutions of Various Types (unit)	13	13	26
各种社会福利收养性单位床位数(床)	Number of Beds in Social Welfare Institutions of Various Types (bed)	768	1944	3329
参加基本养老保险的职工数(人)	Number of Employees Participating in Basic Retirement Security Program (person)	22836	31738	31630
参加基本医疗保险的职工数(人)	Number of Employees Participating in Basic Health Care Program (person)	19930	14741	35009
参加失业保险人数(人)	Number of Persons Participating in Unemployment Insurance (person)	11500	8300	21700
城镇居民最低生活保障人数(人)	Number of Urban Residents Receiving Minimum Income Relief (person)	5440	3737	9620
农村居民最低生活保障人数(人)	Number of Rural Residents Receiving Minimum Income Relief (person)	4745	9862	31969
参加农村合作医疗的人数(人)	Number of Persons Participating in Rural Cooperative Medical (person)	133680	193454	615818
参加农村养老保险的人数(人)	Number of Persons Participating in Rural Retirement Security Program (person)	16224		
资源、环境与可持续发展	**Resources, Environment and the Sustained Development**			
行政区域土地面积(平方公里)	Divisions of Administrative Areas (kilometer)	863	719	1988
森林面积(公顷)	Forest Area (hectare)	2026	1909	2906
年末耕地面积(公顷)	Area of Cultivated Land at the Year-end (hectare)	15127.5	13800.6	43803
环境污染治理本年完成投资总额(万元)	Total Investment in the Treatment of Environmental Pollution (10000 yuan)	971	1364.4	286

continued

湖口县 Hukou	彭泽县 Pengze	瑞昌市 Ruichang	分宜县 Fenyi	余江县 Yujiang	贵溪市 Guixi	赣县 Ganxian	信丰县 Xinfeng	大余县 Dayu	上犹县 Shangyou
138167	22400	81687	109421	19376	151765.8	30956	58647	26873	28374
116603	15960	66396	81594	9537	133625	19857	43247	18127	21645
2432	12027	8028	14135	3025	3612	4341	6038	3329	2910
89596	112595	171812	195360	126300	260516	146000	230341	133319	78318.7
49702	1299	42477.8	10016	115047	236469	41561.1	43925.1	15324	17369.1
591	1659	1664	1887	2550	12700	6966.2	10734.7	848.5	3983.4
3770	5169	98	2230	2620	6170	5409	7399	5528	4163
3552	3419	3169	1762	2168	5225	5418	5426	5116	4252
830409	410294	588555	878917	105413	870786	374749	397546	321683	125734
1026620	213015	386561	690980	82727	352170	427263	326820	265600	104247
132	98	178	131	109	145	63	91	84	108
36083	32045	67933	34868	8026	36457	17701	93028	21490	11213
17	31	26	18	21	38	29	29	15	17
129	50	103	71	136	188	228	227	76	89
1173	1542	1836	1069	1262	2192	1916	2713	1052	1171
1435	1688	1905	1343	1614	2469	2497	2748	1191	1210
18648	24705	24856	12094	13318	38546	27377	35912	13369	14265
24581	30406	27359	21394	36588	42955	62512	63681	23946	24796
15	19	27	17	15	29	28	28	25	24
381	421	763	670	581	934	753	963	707	470
568	678	970	969	598	1627	877	1078	678	649
20327	14312	25363	14702	20900	36569	23800	34911	15981	12553
40617	25738.7	48952	35846.4	30402	79854.6	47313.6	64795.5	32767.4	24502.2
5046	5020	4898	6235	4931	5800	2763	4317	4447	2741
39.3	34.6	46.5	59.1	58.6	3.1	28.1	41.4	53.6	29.1
42.8	51.4	50.9	41.5	40.9	45	40.7	47.5	49.7	44.7
14	19	19	14	21	24	29	18	12	19
1244	1175	1296	1790	1260	1628	1078	2092	1477	2851
32216	25523	49539	26329	25794	41736	21280	25552	22159	13108
21622	24572	45760	27780	31104	43430	31979	24930	28336	15568
17500	16400	24100	11800	15526	29000	16700	19620	14002	11851
4858	5573	8681	9965	7022	12003	5120	5008	8379	3180
9811	12202	14396	10722	10843	16565	22482	26528	9029	11945
210559	273935	297241	219952	271183	431928	453699	549900	187920	231215
33620	9202	24700	8717	10832	65000	51600	40800	27900	25900
669.3	1542	1423	1389	937	2486	2993	2878	1368	1544
1246	1667	2934	4435	3000	2213.3	1734	1022	1383	1226
17026	28755.1	22909.5	17458.9	23511	33471	22933	30998	11061	9783
2370	130	867.9	3300	300	7355	979.7	127	1085.4	250

22-4 各地区市、县社会经济主要指标(三) (2009年)

指标	Item	崇义县 Chongyi	安远县 Anyuan	龙南县 Longnan
乡村基本情况(个)	**Basic Conditions of Country(unit)**			
乡(镇)个数	Number of Township and Town Governments	16	18	13
村民委员会个数	Number of Villagers' Committees	124	151	94
#自来水受益的村	Number of Villages Benefited by Tap Water	69	61	61
通电话的村	Number of Villages with Telephone	124	151	94
通有线电视的村	Number of Villages with Cable TV	105	151	94
人口与就业	**Population and Employment**			
年末总人口(万人)	Total Population at the Year-end (10000 persons)	20.6	36.7	31.1
#乡村人口	Population of Country	16.5	30.5	25.8
年末总户数(户)	Number of Total Households at the Year-end (household)	62397	86744	91494
#乡村户数	Number of Households of Country	42997	68979	63966
年末单位从业人员数(人)	Number of Employed Persons in Units at the Year-end (person)	14633	14814	28894
#第二产业	Secondary Industry	7451	1561	20286
第三产业	Tertiary Industry	6182	12673	8077
乡村从业人员数(人)	Rural Employed Persons (person)	81963	154017	141081
#农林牧渔业	Farming,Forestry,Animal Husbandry and Fishery	45921	74573	51989
城镇登记失业人员数(人)	Number of Registered Urban Unemployed Persons (person)	1012	1187	3398
综合经济(万元)	**General Economic(10000 yuan)**			
地区生产总值	Gross Regional Product	319288	263812	513435
第一产业增加值	Primary Industry Value-added	57163	89499	77702
农业	Farming	13927	58966	38783
林业	Forestry	28485	11570	3483
牧业	Animal Husbandry	3463	14933	27547
渔业	Fishery	9752	3309	7638
农林牧渔业服务业	Services Output Value of Farming,Forestry, Animal Husbandry and Fishery	1536	691	251
第二产业增加值	Secondary Industry Value-added	179930	65411	262830
#工业	Industry	174593	44004	222025
第三产业增加值	Tertiary Industry Value-added	82195	108902	172903
财政、金融	Government Finance,Bank			
财政总收入	Government Revenue	41662	21606	56065
#地方财政一般预算收入	Local Government Budgetary Revenue	28439	14840	36033
各项税收	Taxes	26367	16326	45132
地方财政一般预算支出	Local Government Budgetary Expenditure	68544	89819	77930
年末金融机构各项存款余额	Deposits in Financial Institutions at the Year-end	255134	269003	407590
#城乡居民储蓄存款余额	Savings Deposits by Urban and Rural Residents at the Year-end	176078	166489	287273
年末金融机构各项贷款余额	Loans in Financial Institutions at the Year-end	209180	124375	221048
#农业贷款	Agricultural Loans	37433	64479	75194
农业	**Farming**			
生产条件	Production Condition			
农业机械总动力(万千瓦)	Total Power of Agricultural Machinery (10000 kw)	10.8	13.4	25.1
化肥使用量(折纯量)(吨)	Consumption of Chemical Fertilizers (net)(ton)	5277	16319	6719
农药使用量(吨)	Consumption of Pesticides (ton)	668	1915	201
地膜使用量(吨)	Consumption of Mulching Film (ton)	19	172	241
有效灌溉面积(公顷)	Irrigated Areas (hectare)	6920	10360	7060

Main Social and Economic Indicators by County(County-level City) (2009)

定南县 Dingnan	全南县 Quannan	宁都县 Ningdu	于都县 Yudu	兴国县 Xingguo	会昌县 Huichang	寻乌县 Xunwu	石城县 Shicheng	瑞金市 Ruijin	南康市 Nankang
7	9	24	23	25	19	15	10	17	18
119	86	299	356	304	243	173	131	226	274
52	32	59	81	73	97	89	101	46	75
119	86	299	356	304	243	173	131	226	274
119	86	115	298	304	151	173	126	203	211
20.6	18.9	77.2	100.4	77.3	48.4	30.8	31.2	65.4	80.3
16.7	13.5	68.6	77.4	62.3	42.6	27.3	26.2	51.5	67.2
57445	58247	258053	259425	224411	128861	92132	86205	171904	256644
38065	33919	161717	177998	146267	94917	62229	58807	120661	167087
14046	12875	21118	35146	21466	13780	11424	10325	20902	20591
5833	6616	5823	12183	4876	2933	2066	1757	7568	4196
7781	5591	14642	22128	16335	10460	8988	8402	13120	16227
86740	69110	355972	367091	330721	234026	135873	124625	252426	362726
54129	31350	227472	182019	180290	131481	101939	81659	127524	168408
1097	817	1952	3481	1694	1075	408	567	1233	919
275028	237343	642842	743090	648128	359660	258756	177894	540056	741125
47509	53663	168106	150249	182228	105611	84446	66767	93333	127283
7427	30724	92337	72857	71793	41653	48331	29665	44058	52383
1702	3829	13838	9960	7462	8030	4181	5718	4485	4767
32856	12770	38043	41116	83415	38573	24255	11359	30813	51780
4242	5953	19084	23833	18328	15487	7399	19028	12709	17641
1282	387	4804	2483	1230	1868	280	997	1268	712
138509	103522	245144	353337	281886	134875	73215	55153	181857	353745
82192	91795	153516	273064	189335	112243	64773	25761	130629	302285
89010	80158	229592	239504	184014	119174	101095	55974	264866	260097
38000	30022	38725	55007	51007	40409	23027	17288	46190	70020
23204	19333	29638	36805	26141	25007	17044	12587	31334	48983
29694	22295	30212	46744	42843	33550	14790	14387	39315	57987
69517	60699	131861	157600	125981	103000	75899	67691	122764	134045
253261	214227	758878	746204	588656	336348	209929	290294	584108	916877
177157	155601	607766	586578	425037	230075	137806	211012	432234	689936
150197	97534	352434	252718	346944	146828	115381	137607	348704	459875
30102	36898	58635	49326	56328	34343	44067	50225	51235	90671
17.3	17.3	42.8	34.7	41.7	14.8	24.8	20.1	26.2	44.2
4516	9097	24808	18714	14105	17184	18996	9408	10282	17989
87	707	1219	2004	1001	990	993	523	518	697
126	630	1045	1387	509	505	146	205	663	106
5150	7170	31560	26240	24790	15660	9410	11790	19610	21210

22-4 续表1

指　　标	Item	崇义县 Chongyi	安远县 Anyuan	龙南县 Longnan
农作物总播种面积(公顷)	Total Sown Area of Farm Crops (hectare)	10933	24074	24243
粮食作物播种面积(公顷)	Sown Area of Grain Crops (hcktare)	8324	19784	12603
#稻　谷	Rice	7611	19041	11007
油料播种面积(公顷)	Sown Area of Oil-bearing Crops (hectare)	517	276	840
棉花播种面积(公顷)	Sown Area of Cotton (hectare)	8		
糖料播种面积(公顷)	Sown Area of Sugar Crops (hectare)	1	4	49
烟叶播种面积(公顷)	Sown Area of Tobacco (hectare)		61	
蔬菜播种面积(公顷)	Sown Area of Vegetables (hectare)	1735	2635	8358
粮食总产量(吨)	Total Output of Grain (ton)	48172	109543	71026
#稻　谷	Rice	45896	106965	65498
油料产量(吨)	Output of Oil-bearing Crops (ton)	1275	433	2382
棉花产量(吨)	Output of Cotton (ton)	14		
糖料产量(吨)	Output of Sugar Crops (ton)	50	91	2520
烟叶产量(吨)	Output of Tobacco (ton)		121	
蔬菜产量(吨)	Output of Vegetables (ton)	34757	38869	208435
茶叶产量(吨)	Output of Tea (ton)	330	8	9
水果产量(吨)	Output of Fruits (ton)	46280	269769	38045
肉类总产量(吨)	Total Output of Meat (ton)	8765	15718	24996
#猪　肉	Pork	6091	10518	18668
奶类产量(吨)	Ouput of Milk (ton)			170
禽蛋产量(吨)	Ouput of Eggs (ton)	563	3662	10290
水产品产量(吨)	Ouput of Aquatic Products (ton)	11868	5837	7050
工业及建筑业	**Industry and Construction**			
规模以上工业企业:	Industrial Enterprises above Designated Size			
工业企业数(个)	Number of Industrial Enterprises (unit)	28	19	74
工业总产值(当年价格)(万元)	Gross Industrial Output Value (at current price)(10000 yuan)	333550	100737	727839
从业人员年平均数(人)	Average Number of Employed Persons (person)	8703	3787	26980
流动资产年平均余额(万元)	Average Balance of Circulating Funds (10000 yuan)	165262	33124	161729
固定资产净值年平均余额(万元)	Average Balance of Net Value of Fixed Assets (10000 yuan)	127950	29810.8	154530
主营业务收入(万元)	Main Business Revenue (10000 yuan)	318198	79940	716472
主营业务税金及附加(万元)	Taxes and Other Charges on Principal Business (10000 yuan)	1119	626	13373.3
本年应交增值税(万元)	Value-added Tax Payable (10000 yuan)	11486	3708.8	23135
利润总额(万元)	Total Pre-tax Profits (10000 yuan)	15397	2765	26899
建　筑　业:	Construction			
建筑业企业个数(个)	Number of Construction Enterprises (unit)	2	2	5
期末从业人员数(人)	Number of Employed Persons at the Year-end (person)	933	386	1147
建筑业总产值(万元)	Gross Output Value of Construction (10000 yuan)	8559.8	2350	29819
交通运输、邮电通讯、能源	**Transport,Postal and Telecommunication Services,Energy**			
境内公路里程(公里)	Length of Highways (kilometer)	1091.4	1289.3	960.4
境内铁路营业里程(公里)	Length of Railways in Operation (kilometer)			27.7
邮政业务总量(万元)	Business Volume of Postal Services (10000 yuan)	1328	1398	2072
电信业务总量(万元)	Business Volume of Telecommunication Services (10000 yuan)	6913.2	7980.5	9315.6
本地电话年末用户(户)	Number of Subscribers of Local Telephones (subscriber)	28293	36438	42863
住宅电话年末用户(户)	Number of Subscribers of Home Telephones (subscriber)	23935	32994	37227
移动电话年末用户(户)	Number of Subscribers of Mobile Telephones (subscriber)	100646	125495	152509
国际互联网用户(户)	Number of Internet Subscribers (subscriber)	6920	12957	17953

continued

定南县 Dingnan	全南县 Quannan	宁都县 Ningdu	于都县 Yudu	兴国县 Xingguo	会昌县 Huichang	寻乌县 Xunwu	石城县 Shicheng	瑞金市 Ruijin	南康市 Nankang
16798	21563	99232	73708	78671	39765	25411	26217	60245	62625
11496	11737	69303	50053	55214	29997	20745	17910	35136	40700
10330	10475	65003	44187	49895	28403	18989	17394	29584	38639
237	1183	3342	8268	2430	964	746	1010	8617	5064
							3	2	
14		68	36		29		13	37	7
	7	572	2	922	1356	20	2348	1425	42
3202	6407	5751	8688	8846	5039	3405	1357	8682	10389
56108	65827	406955	248789	276672	161920	103044	101708	187354	233387
51478	61347	393026	239211	264681	158377	98357	100310	174355	227524
161	3233	8345	15691	5395	1340	1717	1895	11188	15039
							7	2	
324		4678	1105		1355		401	1782	440
	16	944	4	1867	3142	44	5935	3179	62
63678	172106	174080	188084	246391	73930	50949	37198	132131	176299
139	138	90	265	185	36	30	49	18	27
10436	42828	85342	77899	40014	72052	500267	6666	75244	34931
57143	11831	50409	36922	44832	30920	26079	13058	41326	63478
64130	9329	27516	24123	40368	20663	19342	10801	29429	54797
22	25	210	44934	116	269			128	44
265	512	3204	4628	4436	3258	1798	580	6248	6641
7132	7412	25580	22979	22503	13170	6940	9322	18490	18560
26	27	44	50	39	29	16	12	32	72
228650	194674	232243	835994	451352	307872	86256	37587.3	231404	1057817
4161	9682	7703	14589	7505	5047	1550	943	5770	15679
66106	68068	31768	54023	85627	92512	48459	3131	81760	101679
54481.1	50491.1	37826.5	82895.6	117157	90130.9	51329.2	7528.7	117271	161508
222148	186514	229499	828525	428044	305020	86433	36332	223623	947160
1167	471	677.8	2047	2328	1186.9	322	88	1108	2688
8867	7751	5165	35492	16135	18107.1	4697	1127	9006	28604
9518	10056	3998	39434	28270	25923	9909	1128	10065	43588
5	1	8	11	5	2	2	5	8	7
503	219	2342	3459	2238	131	583	1011	2236	17069
7266.5	4891.9	30274.6	27559.3	29894.7	2587.3	10379.7	11018.5	29456.4	108943
764.7	666.3	2337.7	2458.7	2124.3	1393.6	985.7	1260.9	1563.2	1956.7
19.6			56	47.9	19			30	38
1157	1318	4779	4337	3697	1784	1203	1926	3019	3485
10220.3	6984.7	9457.3	18907.4	18824.3	15022.4	13995.8	8978.5	12323	13198.2
30863	25951	64402	102235	83002	51537	35791	30339	66517	112571
27035	22038	53711	88044	75032	46499	32709	25735	56778	94971
101165	84087	246046	271716	245132	135044	128916	106191	218524	372212
8833	6162	18538	28054	20821	12931	10097	7050	18278	25362

22-4 续表2

指 标	Item	崇义县 Chongyi	安远县 Anyuan	龙南县 Longnan
全年用电量(万千瓦时)	Electricity Consumption in the Whole Year (10000 kwh)	24374	14466	64950
#工业用电量	Electricity Consumption of Industry	19736	7165	54954
农村用电量	Rural Electricity Consumption	4552	1627	3297
贸易、外经	**Domestic and Foreign Trade**			
社会消费品零售总额(万元)	Total Retail Sales of Consumer Goods (10000 yuan)	70998	86855	147000
限额以上批发零售贸易业商品销售总额(万元)	Total Sales of Commodities in Wholesale and Retail Trades above Designated Size (10000 yuan)	14337.2	20761	29892
出口总额(万美元)	Total Exports (USD 10000)	2175.2	602.4	17068.4
当年合同外资金额(万美元)	Contracted Foreign Captital in Current Year (USD 10000)	1210	1727	6856
当年实际使用外资金额(万美元)	Foreign Capital Actually Utilized in Current Year (USD 10000)	1039	2074	5810
固定资产投资	**Investment in Fixed Assets**			
城镇固定资产投资完成额(万元)	Total Investment in Fixed Assets in Urban Area (10000 yuan)	59916	89129	383666
城镇新增固定资产(万元)	Newly Increased Fixed Assets in Urban Area (10000 yuan)	46216	62799	240362
城镇固定资产投资项目个数(个)	Number of Projects of Investment in Fixed Assets in Urban Area (project)	52	96	121
房地产开发投资完成额(万元)	Total Investment in Real Estate Development (10000 yuan)	6430	13555	24331
教育、文化、卫生	**Education,Culture and Health Care**			
普通中学数(所)	Number of Regular Secondary Schools (unit)	19	22	17
小学数(所)	Number of Primary Schools(unit)	110	136	61
普通中学专任教师数(人)	Number of Full-time Teachers in Regular Secondary Schools (person)	742	1409	1188
小学专任教师数(人)	Number of Full-time Teachers in Primary Schools (person)	844	2155	1175
普通中学在校学生数(人)	Number of Students Enrolled in Regular Secondary Schools (person)	10330	21939	16633
小学在校学生数(人)	Number of Students Enrolled in Primary Schools (person)	14020	38556	22095
医院、卫生院数(所)	Number of Hospitals and Health Care Centers (unit)	24	31	22
医院、卫生院床位数(床)	Number of Beds of Hospitals and Health Care Centers (bed)	393	566	476
医院、卫生院卫生技术人员数(人)	Number of Medical Technical Personnel of Hospitals and Health Care Centers (person)	747	862	684
人民生活	**People's Livelihood**			
城镇在岗职工年平均人数(人)	Average Number of Fully Employed Staff and Workers in Urban Area (person)	13989	14547	28382
城镇在岗职工工资总额(万元)	Total Wages of Fully Employed Staff and Workers in Urban Area (10000 yuan)	26414.4	25411.6	53914.4
农村居民人均纯收入(元)	Annual Per Capita Net Income of Rural Households (yuan)	3695	2740	4360
农民人均住房面积(平方米)	Per Capita Floor Space of Rural Households (sq.m)	31.7	22.4	30
农村恩格尔系数(%)	Engle Coefficient of Rural Households (%)	43.7	43.8	40.7
社会保障	**Social Security**			
各种社会福利收养性单位数(个)	Number of Social Welfare Institutions of Various Types (unit)	6	20	7
各种社会福利收养性单位床位数(床)	Number of Beds in Social Welfare Institutions of Various Types (bed)	1010	2728	830
参加基本养老保险的职工数(人)	Number of Employees Participating in Basic Retirement Security Program (person)	15152	14079	22428
参加基本医疗保险的职工数(人)	Number of Employees Participating in Basic Health Care Program (person)	16825	15702	21806
参加失业保险人数(人)	Number of Persons Participating in Unemployment Insurance (person)	12800	23108	22109
城镇居民最低生活保障人数(人)	Number of Urban Residents Receiving Minimum Income Relief (person)	1894	4837	2871
农村居民最低生活保障人数(人)	Number of Rural Residents Receiving Minimum Income Relief (person)	6220	13472	10564
参加农村合作医疗的人数(人)	Number of Persons Participating in Rural Cooperative Medical (person)	152198	270282	230163
参加农村养老保险的人数(人)	Number of Persons Participating in Rural Retirement Security Program (person)	16400	15000	25200
资源、环境与可持续发展	**Resources, Environment and the Sustained Development**			
行政区域土地面积(平方公里)	Divisions of Administrative Areas (kilometer)	2197	2375	1641
森林面积(公顷)	Forest Area (hectare)	723	1200	1333
年末耕地面积(公顷)	Area of Cultivated Land at the Year-end (hectare)	8437	11091	10188
环境污染治理本年完成投资总额(万元)	Total Investment in the Treatment of Environmental Pollution (10000 yuan)	489		891.6

continued

定南县 Dingnan	全南县 Quannan	宁都县 Ningdu	于都县 Yudu	兴国县 Xingguo	会昌县 Huichang	寻乌县 Xunwu	石城县 Shicheng	瑞金市 Ruijin	南康市 Nankang
42683	26509	28619	48936	41349	21298	15860	9438	37163	57142
36232	20850	14704	28003	23077	12744	8733	3134	30534	36706
1092	5478	5238	9106	5327	4449	4679	2208	5106	7987
71549	68560	203512	241458	180931	136406	96519	53400	188455	230912
34897.9	12312	53870	49414.9	35718	9329.5	25777	10995.4	58452.3	76424.2
2496.8	5148	1207.4	1927.9	588.5	979.3	2.2	21.2	7813.9	1778.7
4794	4288	4027	8602	5867	2724	1387	1095	5701	5384
4194	2671	3541	5889	7198	2146	1076	614	4473	7701
159728	79346	145231	404661	232872	102733	81138	66096	153616	359517
158961	77393	57246	271675	153136	76078	53895	24634	113557	247377
94	54	79	121	59	62	50	49	58	132
14080	11642	21057	50880	24831	4600	14967	14552	36590	109746
9	12	37	44	34	25	22	20	31	40
29	72	244	331	286	183	56	77	169	179
904	676	2497	3527	2642	1645	1077	1053	1881	2484
1003	752	3098	4383	3168	2783	1449	1379	2832	3546
14613	7188	34681	65158	41900	29604	20845	18909	36030	47503
16888	13442	79604	141320	91625	68548	32513	33729	64571	80204
20	26	32	32	34	25	22	24	26	33
652	528	1008	1504	1197	885	572	780	941	1760
866	634	937	1616	1459	995	712	860	1200	2296
13552	12168	20239	34061	20093	13470	11209	9792	20365	19987
28812.3	20841.3	37396.4	67196.2	40097.4	24717.3	23568	14523.8	37402	45830.5
3403	3105	2711	2721	2661	2687	2633	2598	3662	4059
21.9	36.7	25.8	33.3	28.7	29.9	26.4	34.9	34.1	45.7
42.5	46.9	53.8	56	46.6	45.3	58.5	42.1	46	45.3
1	4	30	26	27	26	17	15	29	25
683	268	5745	4335	2174	4479	1924	2132	4500	3862
8851	14884	24546	30103	23997	16933	10894	11087	20287	24931
21653	18166	24559	35221	31275	21310	16206	18988	21045	23846
12000	21300	24290	20501	16300	18710	10000	12003	17200	24500
3540	2859	7866	7755	6158	5640	3677	5641	7896	7404
7280	5483	26684	34111	30258	18762	12069	11185	21239	28636
146858	120090	572197	773516	585059	386868	248012	243155	482248	615714
10800	24400	50200	63300	92900	35000	24700	32500	106400	90100
1317	1521	4053	2893	3214	2722	2311	1582	2448	1845
1881	1200	10196	5482	333	1923	667	4300	1313	625
7045	7708	49998	28991	28557	17498	13756	13317	22211	25867
262	621.4	7	265		3343.6	451.3	413.5	379.5	100

22-5 各地区市、县社会经济主要指标(四)(2009年)

指 标	Item	吉安县 Ji'an	吉水县 Jishui	峡江县 Xiajiang
乡村基本情况(个)	**Basic Conditions of Country(unit)**			
乡(镇)个数	Number of Township and Town Governments	19	18	11
村民委员会个数	Number of Villagers' Committees	315	249	83
#自来水受益的村	Number of Villages Benefited by Tap Water	264	69	33
通电话的村	Number of Villages with Telephone	315	249	83
通有线电视的村	Number of Villages with Cable TV	307	167	54
人口与就业	**Population and Employment**			
年末总人口(万人)	Total Population at the Year-end (10000 persons)	46.4	51.1	17.8
#乡村人口	Population of Country	36.8	38.2	13.3
年末总户数(户)	Number of Total Households at the Year-end (household)	138809	169811	54121
#乡村户数	Number of Households of Country	90609	121231	31989
年末单位从业人员数(人)	Number of Employed Persons in Units at the Year-end (person)	15796	16760	9664
#第二产业	Secondary Industry	1711	3684	2703
第三产业	Tertiary Industry	14085	12292	6498
乡村从业人员数(人)	Rural Employed Persons(person)	187062	203814	60546
#农林牧渔业	Farming,Forestry,Animal Husbandry and Fishery	102448	87377	37476
城镇登记失业人员数(人)	Number of Registered Urban Unemployed Persons (person)	808	1882	1030
综合经济(万元)	**General Economic (10000 yuan)**			
地区生产总值	Gross Regional Product	592361	487557	236038
第一产业增加值	Primary Industry Value-added	136702	129890	68061
农 业	Farming	40695	77271	38954
林 业	Forestry	10917	12828	9863
牧 业	Animal Husbandry	70392	27944	9126
渔 业	Fishery	13328	10541	8478
农林牧渔业服务业	Services Output Value of Farming,Forestry, Animal Husbandry and Fishery	1370	1306	1640
第二产业增加值	Secondary Industry Value-added	307490	223101	106063
#工 业	Industry	273231	187627	90559
第三产业增加值	Tertiary Industry Value-added	148169	134566	61914
财政、金融	Government Finance,Bank			
财政总收入	Government Revenue	72086	38030	27637
#地方财政一般预算收入	Local Government Budgetary Revenue	44064	25061	16952
各项税收	Taxes	59979	28895	22523
地方财政一般预算支出	Local Government Budgetary Expenditure	120048	97093	63091
年末金融机构各项存款余额	Deposits in Financial Institutions at the Year-end	552406	542724	255623
#城乡居民储蓄存款余额	Savings Deposits by Urban and Rural Residents at the Year-end	423329.5	415778.8	176929.6
年末金融机构各项贷款余额	Loans in Financial Institutions at the Year-end	192583	217599	146407
#农业贷款	Agricultural Loans	72542.8	79171.3	36931.8
农 业	**Farming**			
生产条件	Production Condition			
农业机械总动力(万千瓦)	Total Power of Agricultural Machinery(10000 kw)	54.8	60	21.7
化肥使用量(折纯量)(吨)	Consumption of Chemical Fertilizers (net)(ton)	8345	28046	12892
农药使用量(吨)	Consumption of Pesticides(ton)	831	2900	891
地膜使用量(吨)	Consumption of Mulching Film(ton)	230	382	223
有效灌溉面积(公顷)	Irrigated Areas(hectare)	31590	29160	16470

Main Social and Economic Indicators by County(County-level City) (2009)

新干县 Xingan	永丰县 Yongfeng	泰和县 Taihe	遂川县 Suichuan	万安县 Wan'an	安福县 Anfu	永新县 Yongxin	井冈山市 Jinggangshan	奉新县 Fengxin	万载县 Wanzai
13	21	22	23	16	19	23	17	13	16
134	217	297	308	135	256	238	106	146	181
18	92	65	131	49	36	211	54	55	67
134	217	297	308	135	254	238	106	146	181
134	133	272	308	135	178	238	76	114	131
32.1	44.1	54	55.2	30.3	39.2	49.5	15.8	31.2	50.5
25.1	36.4	43.2	49.1	25.1	30.5	40.1	11.6	22.3	42.3
105907	126777	177636	161511	95266	116964	143404	47679	98435	145506
70652	78864	108172	119745	58766	72316	91746	24232	60301	108422
11904	15201	17860	16552	13125	14409	13284	18251	11272	14430
1644	3638	3312	3846	1574	2807	1457	7319	910	2288
9600	10242	12232	11542	10902	9903	10925	8706	9893	11190
128515	168191	208654	260797	128692	147179	208735	57011	114932	207886
81190	92636	85704	136965	78126	98819	113291	32156	61966	107582
2057	328	2117	881	1068	1897	2360	256	625	1316
435052	525264	629229	450128	263028	533569	379283	255314	515922	470270
105482	122858	185781	97102	74246	124537	101952	33189	89191	105930
61933	68100	76446	42861	30628	65517	37118	10092	49649	56598
4578	22481	7799	29553	6940	13570	14645	12836	16760	17298
30903	18472	83046	13591	16213	33720	39103	6525	12666	19111
6775	12280	16114	6780	19442	9425	10336	1495	9261	12107
1293	1525	2376	4317	1023	2305	750	2241	855	816
222524	243960	287889	200636	112314	278710	163802	100598	331698	239228
182850	209352	239271	160837	86699	239970	129700	70777	311142	217644
107046	158446	155559	152390	76468	130322	113529	121527	95033	125112
45399	41981	60661	38369	32030	60193	27995	27578	50018	50682
25967	26026	41857	27320	20510	36987	18110	19643	32078	30763
38503	31787	46885	27342	23459	48294	21775	23032	35033	43282
86013	100995	122926	100639	75605	105057	96964	68588	91958	108390
541969	444794	664820	415193	343827	508037	507530	311477	404393	418653
390241.6	333345.5	516127.7	298033.6	253492.2	402119.5	395145.4	185870.2	302072	326849
229071	182741	295525	189420	127942	174390	101531	103757	198105	188883
67360.2	51270.5	52057.3	41121.8	38107.5	53730.8	29928.4	19129.8	60882	11524
38.2	43.5	62	23.9	31.9	35.6	40.7	7.6	44.2	29.4
17611	16886	24224	15367	12059	14454	8860	2790	14946	10560
1673	660	1642	880	972	679	787	40	861	646
571	290	438	92	228	332	235	9	131	183
25810	30020	39370	20710	17560	30350	22840	6510	22592	18620

22-5 续表1

指　　标	Item	吉安县 Ji'an	吉水县 Jishui	峡江县 Xiajiang
农作物总播种面积(公顷)	Total Sown Area of Farm Crops(hectare)	104618	112817	54733
粮食作物播种面积(公顷)	Sown Area of Grain Crops(hcktare)	74885	86671	37971
#稻　谷	Rice	71087	73273	36722
油料播种面积(公顷)	Sown Area of Oil-bearing Crops(hectare)	24440	12308	10094
棉花播种面积(公顷)	Sown Area of Cotton(hectare)	1		56
糖料播种面积(公顷)	Sown Area of Sugar Crops(hectare)	81	31	60
烟叶播种面积(公顷)	Sown Area of Tobacco(hectare)			1432
蔬菜播种面积(公顷)	Sown Area of Vegetables(hectare)	4681	11372	3014
粮食总产量(吨)	Total Output of Grain(ton)	424256	545165	230281
#稻　谷	Rice	417897	493002	224096
油料产量(吨)	Output of Oil-bearing Crops(ton)	18442	12277	11567
棉花产量(吨)	Output of Cotton(ton)	2		61
糖料产量(吨)	Output of Sugar Crops(ton)	4496	1075	1839
烟叶产量(吨)	Output of Tobacco(ton)			3504
蔬菜产量(吨)	Output of Vegetables(ton)	55631	158922	36571
茶叶产量(吨)	Output of Tea(ton)	3	16	9
水果产量(吨)	Output of Fruits(ton)	3965	18450	5470
肉类总产量(吨)	Total Output of Meat(ton)	67924	41501	9919
#猪　肉	Pork	40480	20489	7824
奶类产量(吨)	Ouput of Milk(ton)			
禽蛋产量(吨)	Ouput of Eggs(ton)	4496	1978	1035
水产品产量(吨)	Ouput of Aquatic Products(ton)	17357	16085	12502
工业及建筑业	**Industry and Construction**			
规模以上工业企业:	Industrial Enterprises above Designated Size			
工业企业数(个)	Number of Industrial Enterprises(unit)	142	64	30
工业总产值(当年价格)(万元)	Gross Industrial Output Value (at current price)(10000 yuan)	2019644	542127	315804
从业人员年平均数(人)	Average Number of Employed Persons(person)	46653	10523	4375
流动资产年平均余额(万元)	Average Balance of Circulating Funds(10000 yuan)	268228	22294	28457
固定资产净值年平均余额(万元)	Average Balance of Net Value of Fixed Assets(10000 yuan)	137678.9	138502.6	63574.7
主营业务收入(万元)	Main Business Revenue(10000 yuan)	1984686	530894	314458
主营业务税金及附加(万元)	Taxes and Other Charges on Principal Business(10000 yuan)	13425	2087	289
本年应交增值税(万元)	Value-added Tax Payable(10000 yuan)	64441	12271	14461
利润总额(万元)	Total Pre-tax Profits(10000 yuan)	102885	11572	14474
建　筑　业:	Construction			
建筑业企业个数(个)	Number of Construction Enterprises(unit)	7	8	4
期末从业人员数(人)	Number of Employed Persons at the Year-end (person)	2925	2950	641
建筑业总产值(万元)	Gross Output Value of Construction(10000 yuan)	12102.2	15605.1	7963
交通运输、邮电通讯、能源	**Transport,Postal and Telecommunication Services,Energy**			
境内公路里程(公里)	Length of Highways(kilometer)	2237.1	1819	1129.4
境内铁路营业里程(公里)	Length of Railways in Operation(kilometer)	15	47	20
邮政业务总量(万元)	Business Volume of Postal Services(10000 yuan)	3740.6	3134	1677.6
电信业务总量(万元)	Business Volume of Telecommunication Services(10000 yuan)	20823.9	22346.1	15439.3
本地电话年末用户(户)	Number of Subscribers of Local Telephones(subscriber)	78291	79997	39119
住宅电话年末用户(户)	Number of Subscribers of Home Telephones(subscriber)	47597	49792	16663
移动电话年末用户(户)	Number of Subscribers of Mobile Telephones(subscriber)	155306	153877	76567
国际互联网用户(户)	Number of Internet Subscribers(subscriber)	9886	7720	4615

continued

新干县 Xingan	永丰县 Yongfeng	泰和县 Taihe	遂川县 Suichuan	万安县 Wan'an	安福县 Anfu	永新县 Yongxin	井冈山市 Jinggangshan	奉新县 Fengxin	万载县 Wanzai
84363	80391	133329	55442	57126	85859	67939	16508	59266	66941
55779	60634	87289	41637	43598	55674	46019	11287	42873	45250
51541	56449	79923	35265	42160	52066	43824	9262	39959	39452
16063	3912	19132	3647	9720	19360	13703	1305	8715	5542
113								640	35
150	479	456	28	20	52	24	30	75	145
	356	70	14	1	761		15		56
6893	9343	17086	9370	2909	6290	6264	2856	3846	6421
329010	319908	500003	228064	261015	318373	284200	70925	292787	258252
312733	311654	476616	207657	252142	306903	277964	63333	275801	243137
19737	4757	20417	4798	9383	21641	22269	1597	13041	6956
148								1432	36
3297	25424	28384	758	1080	1490	931	720	1621	4138
	891	64	21	1	1770		720		73
141212	202062	397876	135796	39247	80154	83517	34000	71560	111809
36	66	592	830	12	43	11	100	50	148
183749	4004	8172	36292	11422	7831	2050	3293	10249	3090
78879	17206	64537	26613	17573	39597	28782	5799	17800	30546
72493	12865	35448	18616	15525	28610	23282	4231	13141	24196
		122	82	83	117	39			
1493	1340	14000	1467	1862	2965	1795	372	3600	2252
15167	9108	20400	6380	18395	12984	14375	3338	13000	16000
67	67	69	63	36	47	38	26	73	88
603159	564063	757453	355290	254807	600389	331107	184185.6	1003983	670503
7544	14737	14353	9833	6586	19169	5775	8086	22247	29234
56249	33945	104963	57278	16915	70299	50567	19172	174848	157149
101497.9	71756.7	108289.4	148860.8	155830.3	116247.3	45863.2	67311.9	175630	112872
593662	555888	749653	346107	237799	594672	338655	170927.5	1027054	666648
3020	2138	10859	1277	1866	11174	2942	437	9543	16253
36776	13065	27902	10802	14196	47810	16762	2299	36802	17601
29624	38439	53726	14969	7372	106733	26482	10122.6	96766	55396
7	6	11	9	5	7	9	10	6	6
4754	4335	1190	1798	1328	3440	2829	2038	2211	1145
44967.1	83607.1	6323.7	14680	12608.3	18749.1	26681.4	18015	39064.8	9670
1740	1987.2	2211.5	2002.8	1992.7	2351.5	1640.3	1041	1323	2741.7
43		78.3			65	59	9.6		
3146.6	2742.4	4542.4	2874	2884.4	3543.8	3534.8	1729.7	1966	1985
15716.8	17123.4	22165.6	19266.8	14193	20687.2	17893.8	12280.6	2092	12349
62287	56736	93041	86174	53068	74780	79176	39964	44292	54832
39867	35678	62538	64063	33695	46851	56637	17268	36526	53782
108068	135410	169999	168856	91656	133944	122022	81077	151716	237043
8120	7917	9799	10138	5485	8153	8233	6657	6964	14163

22-5 续表2

指　　标	Item	吉安县 Ji'an	吉水县 Jishui	峡江县 Xiajiang
全年用电量(万千瓦时)	Electricity Consumption in the Whole Year(10000 kwh)	30299	17109	13450
#工业用电量	Electricity Consumption of Industry	25519	8623	9000
农村用电量	Rural Electricity Consumption	4747	4395	3521
贸易、外经	**Domestic and Foreign Trade**			
社会消费品零售总额(万元)	Total Retail Sales of Consumer Goods (10000 yuan)	162331	165972	68263
限额以上批发零售贸易业商品销售总额(万元)	Total Sales of Commodities in Wholesale and Retail Trades above Designated Size(10000 yuan)	2514	4650	575
出口总额(万美元)	Total Exports (USD 10000)	5484.8	3980.5	2058
当年合同外资金额(万美元)	Contracted Foreign Captital in Current Year (USD 10000)	5694	4968	500
当年实际使用外资金额(万美元)	Foreign Capital Actually Utilized in Current Year (USD 10000)	4962	3002	1100
固定资产投资	**Investment in Fixed Assets**			
城镇固定资产投资完成额(万元)	Total Investment in Fixed Assets in Urban Area (10000 yuan)	399315	437207	154641
城镇新增固定资产(万元)	Newly Increased Fixed Assets in Urban Area (10000 yuan)	455554	218307	115669
城镇固定资产投资项目个数(个)	Number of Projects of Investment in Fixed Assets in Urban Area (project)	76	131	58
房地产开发投资完成额(万元)	Total Investment in Real Estate Development (10000 yuan)	28076	23256	10093
教育、文化、卫生	**Education,Culture and Health Care**			
普通中学数(所)	Number of Regular Secondary Schools (unit)	24	30	13
小学数(所)	Number of Primary Schools(unit)	92	116	59
普通中学专任教师数(人)	Number of Full-time Teachers in Regular Secondary Schools (person)	1895	1829	709
小学专任教师数(人)	Number of Full-time Teachers in Primary Schools (person)	1737	1951	744
普通中学在校学生数(人)	Number of Students Enrolled in Regular Secondary Schools (person)	27779	25751	10812
小学在校学生数(人)	Number of Students Enrolled in Primary Schools (person)	33365	44065	17098
医院、卫生院数(所)	Number of Hospitals and Health Care Centers(unit)	24	21	13
医院、卫生院床位数(床)	Number of Beds of Hospitals and Health Care Centers(bed)	733	708	344
医院、卫生院卫生技术人员数(人)	Number of Medical Technical Personnel of Hospitals and Health Care Centers (person)	1009	798	395
人民生活	**People's Livelihood**			
城镇在岗职工年平均人数(人)	Average Number of Fully Employed Staff and Workers in Urban Area (person)	15168	13501	9649
城镇在岗职工工资总额(万元)	Total Wages of Fully Employed Staff and Workers in Urban Area (10000 yuan)	28311	25332	15508
农村居民人均纯收入(元)	Annual Per Capita Net Income of Rural Households (yuan)	2779	5688	5281
农民人均住房面积(平方米)	Per Capita Floor Space of Rural Households (sq.m)	29.5	36.8	51.1
农村恩格尔系数(%)	Engle Coefficient of Rural Households (%)	50	37.5	36.1
社会保障	**Social Security**			
各种社会福利收养性单位数(个)	Number of Social Welfare Institutions of Various Types (unit)	21	22	12
各种社会福利收养性单位床位数(床)	Number of Beds in Social Welfare Institutions of Various Types (bed)	1175	2017	1181
参加基本养老保险的职工数(人)	Number of Employees Participating in Basic Retirement Security Program (person)	32546	31278	15174
参加基本医疗保险的职工数(人)	Number of Employees Participating in Basic Health Care Program (person)	45000	54000	21700
参加失业保险人数(人)	Number of Persons Participating in Unemployment Insurance (person)	19700	21318	10120
城镇居民最低生活保障人数(人)	Number of Urban Residents Receiving Minimum Income Relief (person)	8820	10517	4817
农村居民最低生活保障人数(人)	Number of Rural Residents Receiving Minimum Income Relief (person)	16984	17061	4526
参加农村合作医疗的人数(人)	Number of Persons Participating in Rural Cooperative Medical (person)	330694	345130	110560
参加农村养老保险的人数(人)	Number of Persons Participating in Rural Retirement Security Program (person)	13822	28980	20618
资源、环境与可持续发展	**Resources, Environment and the Sustained Development**			
行政区域土地面积(平方公里)	Divisions of Administrative Areas (kilometer)	2117	2509	1287
森林面积(公顷)	Forest Area (hectare)	2139	4666	1465
年末耕地面积(公顷)	Area of Cultivated Land at the Year-end (hectare)	36916	39741	19932
环境污染治理本年完成投资总额(万元)	Total Investment in the Treatment of Environmental Pollution(10000 yuan)	637	1380	1300

continued

新干县 Xingan	永丰县 Yongfeng	泰和县 Taihe	遂川县 Suichuan	万安县 Wan'an	安福县 Anfu	永新县 Yongxin	井冈山市 Jinggangshan	奉新县 Fengxin	万载县 Wanzai
31911	22185	25330	29560	8067	30076	14700	13441	46711	25895
24285	11230	14610	20541	4135	21846	6992	7600	39689	10596.7
3819	2855	6256	9988	2279	13832	3630	1309	7598	5075.8
129431	124310	157614	127852	63766	164608	119135	92722	151800	150700
1625	1426	2555	5826	1822	3864	1479	1309	5418	56511
2602.7	2251.7	3221.1	2702.2	2467.7	2251.1	2871.7	374.6	1782	6079
3640	2992	7091	2863	3597	2658	2134	1310	10100	2100
2166	1460	4394	2335	3067	2040	2060	513	4840	1800
616718	379923	477619	498489	318270	319974	448373	417852	437874	190239
606245	790666	275555	476663	323747	258195	377148	78941	193487	192307
134	85	86	64	68	44	82	101	85	120
15518	13451	15223	28637	3945	32890	6101	34000	50019	18398
19	31	34	35	22	24	33	13	18	21
47	159	142	140	106	45	141	28	92	152
1392	1950	2169	1949	1393	1654	1782	623	1067	1400
1183	2022	1796	1864	1364	1459	2048	776	1147	2191
18371	29317	30948	28503	19375	18643	31318	8732	12583	26677
26269	38186	35994	44429	20703	22356	37997	11228	24014	49069
17	23	30	27	21	23	30	18	23	19
623	696	1188	1069	588	810	967	422	687	1131
1052	836	1214	1255	672	844	1206	455	1404	1247
12590	13362	16830	14510	12360	13998	12685	17476	10271	13104
25622	24627	38439	33567	29548	28475	23020	29867	21387.4	28427.6
5522	5316	5680	2737.7	2515	5226.1	2548	2631	5255.3	4404.2
51.4	43.2	41.4	34	27.5	45.8	31.4	34.5	47.9	53.6
46.1	43.7	52.3	46.2	48.1	50.2	44.6	54.6	40	46
14	26	25	26	19	21	23	7	18	19
1758	2271	2000	2400	1897	1465	1334	696	1532	4460
27686	35458	43651	32448	19304	35309	29958	15161	27207	26055
40500	43000	56700	33000	39000	43900	47100	33000	48614	45056
15100	15300	21889	15510	13970	18700	15290	15714	16000	18000
7377	7285	6193	7228	6039	6881	7525	3454	6420	8760
10861	14391	18931	22226	11571	11282	13969	4628	10479	16264
230871	325184	403870	440787	214725	282947	364557	108090	192260	352797
18916	8842	30510	21347	11739	22851	7217	4437		
1252	2680	2666	3102	2047	2796	2200	1276	1642	1719.6
1469	1199	1953	1481	1415	1584	200	934	1887	3387
27918	31457	45464	29372	24160	30931	25436	8145	25649	24793
	1034.8	3500	150	460	3100			80	

22-6 各地区市、县社会经济主要指标(五) (2009年)

指标	Item	上高县 Shanggao	宜丰县 Yifeng	靖安县 Jing'an
乡村基本情况(个)	**Basic Conditions of Country(unit)**			
乡(镇)个数	Number of Township and Town Governments	13	12	11
村民委员会个数	Number of Villagers' Committees	186	210	75
#自来水受益的村	Number of Villages Benefited by Tap Water	96	121	26
通电话的村	Number of Villages with Telephone	186	210	75
通有线电视的村	Number of Villages with Cable TV	182	187	63
人口与就业	**Population and Employment**			
年末总人口(万人)	Total Population at the Year-end (10000 persons)	34.9	28.3	14.5
#乡村人口	Population of Country	24.7	18.8	9.6
年末总户数(户)	Number of Total Households at the Year-end (household)	114295	99108	46637
#乡村户数	Number of Households of Country	67264	53371	27275
年末单位从业人员数(人)	Number of Employed Persons in Units at the Year-end (person)	26868	11940	6381
#第二产业	Secondary Industry	17245	1655	785
第三产业	Tertiary Industry	9535	8967	5593
乡村从业人员数(人)	Rural Employed Persons (person)	122891	92775	42798
#农林牧渔业	Farming,Forestry,Animal Husbandry and Fishery	61356	57511	22944
城镇登记失业人员数(人)	Number of Registered Urban Unemployed Persons (person)	2310	1523	2591
综合经济(万元)	**General Economic(10000 yuan)**			
地区生产总值	Gross Regional Product	594334	405700	186622
第一产业增加值	Primary Industry Value-added	103000	103000	37533
农业	Farming	35519	41830	16520
林业	Forestry	8397	20250	13259
牧业	Animal Husbandry	43585	29800	4009
渔业	Fishery	14735	9860	3395
农林牧渔业服务业	Services Output Value of Farming,Forestry, Animal Husbandry and Fishery	764	1260	350
第二产业增加值	Secondary Industry Value-added	319574	194900	89300
#工业	Industry	298479	168400	76000
第三产业增加值	Tertiary Industry Value-added	171760	107800	59789
财政、金融	Government Finance,Bank			
财政总收入	Government Revenue	62629	36239	21717
#地方财政一般预算收入	Local Government Budgetary Revenue	39175	22549	13082
各项税收	Taxes	60749	30903	19512
地方财政一般预算支出	Local Government Budgetary Expenditure	106165	87873	54730
年末金融机构各项存款余额	Deposits in Financial Institutions at the Year-end	568462	413958	227685
#城乡居民储蓄存款余额	Savings Deposits by Urban and Rural Residents at the Year-end	425356	321231	162915
年末金融机构各项贷款余额	Loans in Financial Institutions at the Year-end	396887	174458	95866
#农业贷款	Agricultural Loans	109051	79085	27368
农业	**Farming**			
生产条件	Production Condition			
农业机械总动力(万千瓦)	Total Power of Agricultural Machinery (10000 kw)	40.2	50.9	25.5
化肥使用量(折纯量)(吨)	Consumption of Chemical Fertilizers (net)(ton)	22118	13357	1766
农药使用量(吨)	Consumption of Pesticides (ton)	799	571	270
地膜使用量(吨)	Consumption of Mulching Film (ton)	831	137	40
有效灌溉面积(公顷)	Irrigated Areas (hectare)	19660	18960	864

Main Social and Economic Indicators by County(County-level City) (2009)

铜鼓县 Tonggu	丰城市 Fengcheng	樟树市 Zhangshu	高安市 Gao'an	南城县 Nancheng	黎川县 Lichuan	南丰县 Nanfeng	崇仁县 Chongren	乐安县 Le'an	宜黄县 Yihuang	金溪县 Jinxi
9	27	14	20	12	14	12	15	15	12	13
103	514	239	296	150	108	170	149	175	139	149
46	56	46	58	103	69	84	59	76	90	53
103	513	224	296	150	108	170	149	171	139	149
42	163	117	179	145	108	169	101	149	134	112
13.9	136.1	54.3	82.1	31.4	24.2	28.9	35.3	35.9	22.4	29.4
10.1	102.2	39.3	60.4	24.1	18.1	22.5	27.8	27.5	18.6	23.6
49426	414014	161586	291852	85740	77335	87122	92705	121979	64827	91288
25710	254045	106142	163524	60727	49133	55980	66457	67761	47052	55592
8045	58425	29691	23594	13720	12968	10770	13458	15470	9118	10491
808	29684	12120	5182	1963	5441	2198	2296	5555	1032	1852
6375	27831	14143	18279	11633	6982	8544	10223	9912	7479	8461
47809	480271	204928	307236	114241	98677	120354	137736	138695	88787	126608
31781	202314	108747	180135	69563	60683	86784	100791	86465	57902	79877
460	5543	3685	2550	1552	795	596	790	627	1072	1232
154390	2004520	1180320	926653	442092	256809	453475	454476	247936	224128	307969
34049	372950	199300	222584	89542	62972	148640	93161	61012	53759	65950
15059	244150	92667	117459	46554	30510	116210	59031	30058	30006	36879
16120	14290	7507	8667	4533	4114	10958	2055	11192	8766	3292
970	68264	70556	75207	17359	16700	16399	24125	12760	9349	18316
1000	44450	25957	19441	18703	9968	4518	7519	5988	3902	7118
900	1796	2613	1810	2393	1680	555	431	1014	1736	345
61370	1038150	626829	430123	200357	125096	149262	264490	94427	117055	137125
54100	858100	544500	398403	176152	110637	128335	240230	79885	106470	119571
58971	593420	354191	273946	152193	68741	155573	96825	92497	53314	104894
20283	208698	128298	86666	44287	32130	36630	36057	22195	25300	30417
13423	129063.2	60471	52875	30722	22366	26820	24790	18207	17593	21605
15247	108469.2	115610	80534	35563	17852	30221	24790	9475	22060	25235
53250	269896	148500	163686	79573	64669	80843	79991	87136	63274	69615
168696	1472644	1110416	1198182	395613	274611	327003	343364	391687	240109	292617
115092	1140955	784152	822590	294629	197804	240059	271557	299059	170395	217645
57541	1012267	406767	563532	167300	120800	167477	136745	146531	115815	161059
28242	98509	128842	88963	41424	28632	43214	4567	54381	49912	39037
25.4	98.6	77.1	103	35.9	14	26.5	15	27.8	16.9	32
1911	38473	34296	61119	10075	8218	37757	27783	9780	6009	24057
19	2449	2352	1899	1249	1392	3514	1284	424	843	990
40	1293	516	376	184	275	156	245	168	113	236
4060	69230	33320	53630	16570	12110	18000	18990	19540	15070	20500

22-6 续表1

指 标	Item	上高县 Shanggao	宜丰县 Yifeng	靖安县 Jing'an
农作物总播种面积(公顷)	Total Sown Area of Farm Crops (hectare)	72719	43520	21428
粮食作物播种面积(公顷)	Sown Area of Grain Crops (hcktare)	45932	38443	13983
#稻 谷	Rice	41181	36890	12396
油料播种面积(公顷)	Sown Area of Oil-bearing Crops (hectare)	9691	694	3408
棉花播种面积(公顷)	Sown Area of Cotton (hectare)	345	223	443
糖料播种面积(公顷)	Sown Area of Sugar Crops (hectare)	779	54	53
烟叶播种面积(公顷)	Sown Area of Tobacco (hectare)			1
蔬菜播种面积(公顷)	Sown Area of Vegetables (hectare)	6534	2518	2060
粮食总产量(吨)	Total Output of Grain (ton)	289714	251800	86714
#稻 谷	Rice	271673	241003	79698
油料产量(吨)	Output of Oil-bearing Crops (ton)	14359	1027	6491
棉花产量(吨)	Output of Cotton (ton)	528	366	1012
糖料产量(吨)	Output of Sugar Crops(ton)	39534	1155	1070
烟叶产量(吨)	Output of Tobacco (ton)			2
蔬菜产量(吨)	Output of Vegetables (ton)	92367	43500	30119
茶叶产量(吨)	Output of Tea (ton)	188	28	46
水果产量(吨)	Output of Fruits (ton)	6795	4453	57862
肉类总产量(吨)	Total Output of Meat (ton)	64283	25068	6814
#猪 肉	Pork	61300	22501	6190
奶类产量(吨)	Ouput of Milk (ton)			
禽蛋产量(吨)	Ouput of Eggs (ton)	3701	5752	714
水产品产量(吨)	Ouput of Aquatic Products (ton)	33354	15104	7580
工业及建筑业	**Industry and Construction**			
规模以上工业企业:	Industrial Enterprises above Designated Size			
工业企业数(个)	Number of Industrial Enterprises (unit)	100	73	27
工业总产值(当年价格)(万元)	Gross Industrial Output Value (at current price)(10000 yuan)	1048603	362774	228906
从业人员年平均数(人)	Average Number of Employed Persons (person)	33042	13055	4939
流动资产年平均余额(万元)	Average Balance of Circulating Funds (10000 yuan)	138718	49191	39070
固定资产净值年平均余额(万元	Average Balance of Net Value of Fixed Assets (10000 yuan)	166152	116376	29500
主营业务收入(万元)	Main Business Revenue (10000 yuan)	1045309	326583	226647
主营业务税金及附加(万元)	Taxes and Other Charges on Principal Business (10000 yuan)	2255	1893	599
本年应交增值税(万元)	Value-added Tax Payable (10000 yuan)	33819	7672	9928
利润总额(万元)	Total Pre-tax Profits (10000 yuan)	116029	15546	2639
建 筑 业:	Construction			
建筑业企业个数(个)	Number of Construction Enterprises (unit)	10	7	5
期末从业人员数(人)	Number of Employed Persons at the Year-end (person)	3633	1149	1472
建筑业总产值(万元)	Gross Output Value of Construction (10000 yuan)	32179.5	16319.2	31822.5
交通运输、邮电通讯、能源	**Transport,Postal and Telecommunication Services,Energy**			
境内公路里程(公里)	Length of Highways (kilometer)	1160	1407.1	1023.6
境内铁路营业里程(公里)	Length of Railways in Operation (kilometer)			
邮政业务总量(万元)	Business Volume of Postal Services (10000 yuan)	1056	2284	1269.9
电信业务总量(万元)	Business Volume of Telecommunication Services (10000 yuan)	2975	1899	3250
本地电话年末用户(户)	Number of Subscribers of Local Telephones (subscriber)	46501	129000	18537
住宅电话年末用户(户)	Number of Subscribers of Home Telephones (subscriber)	39181	42900	15528
移动电话年末用户(户)	Number of Subscribers of Mobile Telephones (subscriber)	150000	104380	49200
国际互联网用户(户)	Number of Internet Subscribers (subscriber)	8016	10000	5660

continued

铜鼓县 Tonggu	丰城市 Fengcheng	樟树市 Zhangshu	高安市 Gao'an	南城县 Nancheng	黎川县 Lichuan	南丰县 Nanfeng	崇仁县 Chongren	乐安县 Le'an	宜黄县 Yihuang	金溪县 Jinxi
9450	215498	124636	172244	51871.3	37036	44032.5	66131	47558.6	38316	65429
7491	152879	79725	105501	37338.9	24443	28048.3	38924	41068.1	23537	47513
6631	138018	73864	97711	34509.8	22363	23900.7	36048	38832.1	19792	45504
266	21540	21615	40509	1494	1703	2064.3	9924	864.7	1931	1837.5
	231	167	5715	86.8			1292		23	
	687	20	132	228	95	360.4	720	106.7	206	258.7
			5	13	1494	133		1201	1060	
958	15520	8657	11600	6064.5	5138	8648.1	6749	3356.7	4797	6246.7
43795	918989	541042	719152	263839	156166	206139	265806	237939	154726	323565
41070	870343	515985	684648	250857	146733	178336	252375	231883	136259	310173
317	36893	35885	49061	3642	3614	5648	16137	1576	2025	4724
	378	286	8434	167			2106		24	
	49781	605	6453	7735	4235	11332	53139	3176	7243	5259
			6	50	3757	308		3008	2695	
12483	497429	145961	271250	142300	70601	140098	104045	53493	81904	98953
215	282	221	382	14	33	61	266	13	17	1726
450	3433	5967	7075	61572	10192	807911	6527	1783	3126	81283
5906	71369	82068	113498	22541	17412	11796	75295	9270	8847	14208
4502	56780	62872	103603	17604	13311	8953	53759	7020	8051	11522
26		442	39	98	752	50	90	60	5	500
696	20027	5800	5372	6526	3800	2084	8900	1453	658	1850
5002	86019	40389	42661	26033	18124	7406	12400	7401	8303	13433
24	104	102	104	67	44	52	71	25	65	60
123049.1	2055136	1259609	1260379	409940	309356	251254.7	670972	89760	250038	252666
3543	43347	23274	27104	18180	10189	6365	10417	3701	7278	5838
40056	494705	297424	169576	43869	35136	34519	79592	7512	26773	34440
25961	1120800	274500	222100	79556.8	41500	30008.6	85100	25559	55110	71324.8
119479.4	2035031	1208936	1230235	405009	307300	250586	664177	83352	245680	253858
932.4	18020	32675	7278	2848	1227	515.2	368	559	330	672
5569.6	94068	43888	39231	7648	8289	5322	12014	3222	7707	4334
6858.3	139634	59555	72198	15098	11047	5246	11275	2270	5707	4928
2	32	18	18	7	1	5	5	2	1	9
1061	15681	6713	5480	1440	910	2026	2767	940	1515	3544
14284.7	162805	95081.3	62080.5	26126	11031	25115.3	32734	5747	13002	21194.7
658	3052	1430	2250	1362	1019	1166	1350	1607.9	1190	978.7
	250	74	35				45	28		
1061.8	4771	3883	4377	2117	985.7	960	1150	1935	1334.1	792
1243	29051	15535	5365	10375	1490.3	1800	2100	2001	5228	1711
23768	147585	77778	127502	35558	32128	26500	36950	31226	18347	28183
14306	126396	69035	98723	34248	25795	23077	34289	27942	16142	24174
26234	316700	267690	214755	142860	93285	140000	35860	69261	91689	26603
2412	28612	26687	13478	11869	7586	5058	2100	4186	5546	7284

22-6 续表2

指　　标	Item	上高县 Shanggao	宜丰县 Yifeng	靖安县 Jing'an
全年用电量(万千瓦时)	Electricity Consumption in the Whole Year (10000 kwh)	46002	35604	12009
#工业用电量	Electricity Consumption of Industry	34348	26414	6841
农村用电量	Rural Electricity Consumption	15730	6632	2844
贸易、外经	**Domestic and Foreign Trade**			
社会消费品零售总额(万元)	Total Retail Sales of Consumer Goods (10000 yuan)	124276	81161	34761
限额以上批发零售贸易业商品销售总额(万元)	Total Sales of Commodities in Wholesale and Retail Trades above Designated Size (10000 yuan)	25006.4	9724	1673.3
出口总额(万美元)	Total Exports (USD 10000)	11054	2548	1328.9
当年合同外资金额(万美元)	Contracted Foreign Captital in Current Year (USD 10000)	7003	360	
当年实际使用外资金额(万美元)	Foreign Capital Actually Utilized in Current Year (USD 10000)	5722	2138	653
固定资产投资	**Investment in Fixed Assets**			
城镇固定资产投资完成额(万元)	Total Investment in Fixed Assets in Urban Area (10000 yuan)	462927	188388	75661
城镇新增固定资产(万元)	Newly Increased Fixed Assets in Urban Area (10000 yuan)	437143	65075	78709
城镇固定资产投资项目个数(个)	Number of Projects of Investment in Fixed Assets in Urban Area (project)	138	56	42
房地产开发投资完成额(万元)	Total Investment in Real Estate Development (10000 yuan)	40626	21103	16512
教育、文化、卫生	**Education,Culture and Health Care**			
普通中学数(所)	Number of Regular Secondary Schools (unit)	15	17	10
小学数(所)	Number of Primary Schools (unit)	130	50	39
普通中学专任教师数(人)	Number of Full-time Teachers in Regular Secondary Schools (person)	1484	1117	465
小学专任教师数(人)	Number of Full-time Teachers in Primary Schools (person)	1473	1325	625
普通中学在校学生数(人)	Number of Students Enrolled in Regular Secondary Schools (person)	23362	13781	5835
小学在校学生数(人)	Number of Students Enrolled in Primary Schools (person)	23573	20952	8988
医院、卫生院数(所)	Number of Hospitals and Health Care Centers (unit)	26	26	13
医院、卫生院床位数(床)	Number of Beds of Hospitals and Health Care Centers (bed)	932	716	415
医院、卫生院卫生技术人员数(人)	Number of Medical Technical Personnel of Hospitals and Health Care Centers (person)	1101	1072	524
人民生活	**People's Livelihood**			
城镇在岗职工年平均人数(人)	Average Number of Fully Employed Staff and Workers in Urban Area (person)	25844	13827	5953
城镇在岗职工工资总额(万元)	Total Wages of Fully Employed Staff and Workers in Urban Area (10000 yuan)	44442.2	22681	13305
农村居民人均纯收入(元)	Annual Per Capita Net Income of Rural Households (yuan)	5671.6	5237.1	4856.1
农民人均住房面积(平方米)	Per Capita Floor Space of Rural Households (sq.m)	43.4	32.7	35.4
农村恩格尔系数(%)	Engle Coefficient of Rural Households (%)	50.7	38.3	44.8
社会保障	**Social Security**			
各种社会福利收养性单位数(个)	Number of Social Welfare Institutions of Various Types (unit)	15	18	11
各种社会福利收养性单位床位数(床)	Number of Beds in Social Welfare Institutions of Various Types (bed)	2351	1714	1068
参加基本养老保险的职工数(人)	Number of Employees Participating in Basic Retirement Security Program (person)	31886	24154	17527
参加基本医疗保险的职工数(人)	Number of Employees Participating in Basic Health Care Program (person)	42304	37748	23175
参加失业保险人数(人)	Number of Persons Participating in Unemployment Insurance (person)	19700	19000	9500
城镇居民最低生活保障人数(人)	Number of Urban Residents Receiving Minimum Income Relief (person)	7239	8798	4539
农村居民最低生活保障人数(人)	Number of Rural Residents Receiving Minimum Income Relief (person)	11388	8938	6101
参加农村合作医疗的人数(人)	Number of Persons Participating in Rural Cooperative Medical (person)	243274	177185	91511
参加农村养老保险的人数(人)	Number of Persons Participating in Rural Retirement Security Program (person)			
资源、环境与可持续发展	**Resources, Environment and the Sustained Development**			
行政区域土地面积(平方公里)	Divisions of Administrative Areas (kilometer)	1350	1935	1377.5
森林面积(公顷)	Forest Area (hectare)	1733	1540	2901
年末耕地面积(公顷)	Area of Cultivated Land at the Year-end (hectare)	25118	28151	9216
环境污染治理本年完成投资总额(万元)	Total Investment in the Treatment of Environmental Pollution (10000 yuan)		45	

continued

铜鼓县 Tonggu	丰城市 Fengcheng	樟树市 Zhangshu	高安市 Gao'an	南城县 Nancheng	黎川县 Lichuan	南丰县 Nanfeng	崇仁县 Chongren	乐安县 Le'an	宜黄县 Yihuang	金溪县 Jinxi
10339	265773.8	73087.8	119855	16700	9851	15900	12962	8529	16491	13284
6629	127889	52001.3	106377	6100	3471	6900	5450	2648	9953	5628
5673	12315	6251	18478	3100	3911	4700	2100	5569	2191	6670
43066	407795	268710	325290	162708	100291	183400	116041	126800	81550	102684
768.5	37218	527239.4	78781	42985	26546	17444	9317	17423	4638	36214.2
258	3861	1665	2663	5955	2687	2714		2261	2397	3085
	4720	6650	2550	1430	2360	1627		528	2600	1219
300	4711	5065	4555	1291	1331	1594	1559	394	380	1170
35613	1036224	696185	431138	437862	328585	207001	444886	86984	224163	233723
16504	513389	277281	173214	357694	214331	124325	404886	63494	146897	139814
35	102	156	108	140	133	118	178	153	116	70
5189	86152	42232	34357	30200	14671	33513	5950	16980	16102	29194
9	51	33	30	17	16	18	21	21	17	14
46	412	121	277	106	122	107	152	250	109	140
428	4597	2265	2888	1286	954	1237	1345	1262	812	995
603	6646	2280	3429	1722	1283	1545	1680	1724	1128	1362
5645	84061	27770	54282	18169	18337	16152	24050	13812	12275	14871
9718	146114	43572	58834	32856	21593	24849	34610	39252	20311	23533
11	153	21	30	20	21	24	24	23	18	19
282	3014	1034	1533	545	405	600	450	780	426	492
363	3506	1311	2243	797	420	824	480	883	471	719
6930	54202	28383	23623	13010	12129	10614	12653	14160	8740	9670
12500.6	132653.1	61638.7	54201.3	18728	22611	19971	21718	22904.3	14389.5	17354
3683	5683	5761	5729.3	5561	5097	7502	6279	2534.4	5027.7	5407
38.7	35.3	34	44.5	27.1	33	45.3	34.8	25.1	33.7	36.3
47.4	57.7	60.1	41.4	42.2	43.8	38	68.6	51.2	41.3	53.8
10	32	18	25	14	16	14	18	19	16	14
1614	5890	2488	3977	1301	1312	1155	920	1920	894	1156
14096	86068	51991	47942	24127	17157	22898	13890	12564	17070	22233
21314	164364	80639	107045	14755	21010	24075	16052	25228	19028	24182
9200	43000	32900	32300	16100	13000	14100	12872	16907	12202	13006
3979	28035	15075	17528	8891	6145	6562	7959	7902	5365	5498
7936	37902	17762	24471	6297	6252	7441	10061	11411	7107	9973
88062	1004429	372036	551309	217819	165575	209153	238787	244617	153787	206713
				20400	10312	9200	2312	9060	26485	5715
1548	2845	1291	2439.3	1698	1728.5	1909	1520	2412	1937.1	1358
1467	10258	4800	2672	2424	6586	3050	1290	7933	1998	2267
7046	85539	45030	68795	20469.8	15295.3	18098.3	21259	22329.1	19340	24667
	15200	2054.5		6630	600	10200	78	7800	439	4080

22-7 各地区市、县社会经济主要指标(六) (2009年)

指标	Item	资溪县 Zixi	东乡县 Dongxiang	广昌县 Guangchang
乡村基本情况(个)	**Basic Conditions of Country(unit)**			
乡(镇)个数	Number of Township and Town Governments	7	13	11
村民委员会个数	Number of Villagers' Committees	70	137	129
#自来水受益的村	Number of Villages Benefited by Tap Water	62	21	92
通电话的村	Number of Villages with Telephone	70	137	129
通有线电视的村	Number of Villages with Cable TV	64	85	60
人口与就业	**Population and Employment**			
年末总人口(万人)	Total Population at the Year-end (10000 persons)	11.1	45.3	24
#乡村人口	Population of Country	8.2	31.9	19.9
年末总户数(户)	Number of Total Households at the Year-end (household)	36929	146207	72254
#乡村户数	Number of Households of Country	20259	82036	46765
年末单位从业人员数(人)	Number of Employed Persons in Units at the Year-end (person)	9948	31199	30566
#第二产业	Secondary Industry	1616	13087	9233
第三产业	Tertiary Industry	6973	12402	21303
乡村从业人员数(人)	Rural Employed Persons (person)	39287	156314	96924
#农林牧渔业	Farming,Forestry,Animal Husbandry and Fishery	11786	97743	63555
城镇登记失业人员数(人)	Number of Registered Urban Unemployed Persons (person)	492	620	1203
综合经济(万元)	**General Economic(10000 yuan)**			
地区生产总值	Gross Regional Product	141421	549084	159562
第一产业增加值	Primary Industry Value-added	23700	102115	35354
农业	Farming	8057	39284	25481
林业	Forestry	5041	4428	3652
牧业	Animal Husbandry	2408	52647	3590
渔业	Fishery	7928	5321	2235
农林牧渔业服务业	Services Output Value of Farming,Forestry, Animal Husbandry and Fishery	266	435	396
第二产业增加值	Secondary Industry Value-added	67741	277293	70207
#工业	Industry	51109	260167	53253
第三产业增加值	Tertiary Industry Value-added	49980	169676	54001
财政、金融	Government Finance,Bank			
财政总收入	Government Revenue	21667	60857	33444
#地方财政一般预算收入	Local Government Budgetary Revenue	17102	41648	21888
各项税收	Taxes	18633	47225	28196
地方财政一般预算支出	Local Government Budgetary Expenditure	48590	104186	71806
年末金融机构各项存款余额	Deposits in Financial Institutions at the Year-end	194536	487613	217615
#城乡居民储蓄存款余额	Savings Deposits by Urban and Rural Residents at the Year-end	154026	353997	105276
年末金融机构各项贷款余额	Loans in Financial Institutions at the Year-end	65392	241346	143702
#农业贷款	Agricultural Loans	31315	50505	8166
农业	**Farming**			
生产条件	Production Condition			
农业机械总动力(万千瓦)	Total Power of Agricultural Machinery (10000 kw)	5.5	53.6	10.2
化肥使用量(折纯量)(吨)	Consumption of Chemical Fertilizers (net)(ton)	2066	21179	8368
农药使用量(吨)	Consumption of Pesticides (ton)	53	2318	299
地膜使用量(吨)	Consumption of Mulching Film (ton)	35	240	184
有效灌溉面积(公顷)	Irrigated Areas (hectare)	5350	26080	10680

Main Social and Economic Indicators by County(County-level City) (2009)

上饶县 Shangrao	广丰县 Guangfeng	玉山县 Yushan	铅山县 Yanshan	横峰县 Hengfeng	弋阳县 Yiyang	余干县 Yugan	鄱阳县 poyang	万年县 Wannian	婺源县 Wuyuan	德兴市 Dexing
22	20	16	17	9	16	20	29	12	16	12
220	155	189	186	63	139	365	518	130	171	82
61	71	57	71	30	38	45	204	37	93	32
220	155	189	186	63	139	365	518	130	171	82
220	155	185	186	63	110	250	427	40	171	82
77.1	87.7	59.3	44.3	21.3	38.7	97.9	155.7	39.5	35.6	31.7
69.2	70.5	46	36.3	17.3	31.9	85	134.3	32	29.7	21.5
212150	227257	169940	121729	62341	108329	277154	411486	117739	114750	108427
160325	179947	123355	90544	41001	75778	184870	318986	70698	82624	57210
18370	27520	23486	14281	8647	14464	32005	67454	13376	18560	18285
757	6210	7105	4408	1070	4468	1780	9876	2617	7210	7462
13886	20106	14450	5604	7137	9927	17482	53615	10512	11050	10072
318406	383104	207100	177225	82918	158747	453398	671050	158900	149803	112432
128398	103509	75291	86003	43774	72130	178558	297605	78768	93213	50796
2582	10735	1945	3596	900	1027	3091	4872	1043	2546	1096
669152	1280082	526519	438827	366438	360378	556407	674489	423911	415007	771334
92408	153102	92898	103711	38433	85245	220628	243893	77359	66716	67106
49756	51040	34461	48160	17132	37150	64097	107189	42348	31214	25989
17116	7230	9151	10608	3022	9877	3180	4347	8933	12981	18662
13222	73657	31558	20850	14294	25557	52641	49680	18935	16338	13481
10488	18720	17208	23474	2665	11686	96853	73462	5442	5789	8155
1826	2455	520	619	620	975	3857	9215	1701	394	819
417649	682120	253790	180986	261024	166786	206492	210713	230040	169937	463320
389803	532560	215720	149300	253184	136799	156669	115415	199554	138939	398271
159095	444860	179831	154130	66981	108347	129287	219883	116512	178354	240908
66968	137600	53328	52370	47037	35105	44109	39019	36907	33006	130145
37035.5	60548	34678	28288	23868	25105	25709	27881	24355	21143	74945
59912.1	123272	44568	46755	38320	29644	17566	24780	33155	28559	49134.8
123818	139764	109218	104320	67222	90718	147232	215040	100371	75633	132333
567080	629732	599090	488478	246816	421695	1031193	871502	414000	480329	560036
426017	470285	427018	367735	174071	291473	475623	664667	300517	332246	408614
474527	399992	353398	189279	165002	251676	421299	377329	290000	261747	310267
108335	98905	61350	65640	59764	67000	68720	102861	44721	97785	105306
35.2	34	28.7	14.8	11.8	28.4	71.2	115	9.1	25.4	27.5
4743	6079	10418	10477	2125	11092	36175	29937	6282	4439	6384
1366	511	1116	993	971	169	4870	6145	64	545	317
236	152	150	118	144	311	307	617	19	75	131
18570	17150	17960	18300	7540	16150	39030	51570	19050	15640	10668

22-7 续表1

指　　标	Item	资溪县 Zixi	东乡县 Dongxiang	广昌县 Guangchang
农作物总播种面积(公顷)	Total Sown Area of Farm Crops (hectare)	9793	65274	29160.7
粮食作物播种面积(公顷)	Sown Area of Grain Crops (hcktare)	6108	47307	20405.1
#稻　谷	Rice	5774	45552	19256.5
油料播种面积(公顷)	Sown Area of Oil-bearing Crops (hectare)	33	4424	225.1
棉花播种面积(公顷)	Sown Area of Cotton (hectare)			
糖料播种面积(公顷)	Sown Area of Sugar Crops (hectare)	45	77	5.9
烟叶播种面积(公顷)	Sown Area of Tobacco (hectare)	404		2205
蔬菜播种面积(公顷)	Sown Area of Vegetables (hectare)	2542	3906	2178.5
粮食总产量(吨)	Total Output of Grain (ton)	38500	292075	103245
#稻　谷	Rice	37283	286788	99417
油料产量(吨)	Output of Oil-bearing Crops (ton)	78	8732	360
棉花产量(吨)	Output of Cotton (ton)			
糖料产量(吨)	Output of Sugar Crops (ton)	1675	4027	119
烟叶产量(吨)	Output of Tobacco (ton)	1010		5666
蔬菜产量(吨)	Output of Vegetables (ton)	41943	89789	33629
茶叶产量(吨)	Output of Tea (ton)	18	19	21
水果产量(吨)	Output of Fruits (ton)	274	9498	15394
肉类总产量(吨)	Total Output of Meat (ton)	2767	89981	4932
#猪　肉	Pork	2640	86550	3601
奶类产量(吨)	Ouput of Milk (ton)		12930	
禽蛋产量(吨)	Ouput of Eggs (ton)	240	7710	514
水产品产量(吨)	Ouput of Aquatic Products (ton)	8105	18138	5536
工业及建筑业	**Industry and Construction**			
规模以上工业企业:	Industrial Enterprises above Designated Size			
工业企业数(个)	Number of Industrial Enterprises (unit)	36	76	37
工业总产值(当年价格)(万元)	Gross Industrial Output Value (at current price)(10000 yuan)	109935	676490	197670
从业人员年平均数(人)	Average Number of Employed Persons (person)	3613	13879	6084
流动资产年平均余额(万元)	Average Balance of Circulating Funds (10000 yuan)	24301	113599	34614.8
固定资产净值年平均余额(万元)	Average Balance of Net Value of Fixed Assets (10000 yuan)	39725	91007	27100
主营业务收入(万元)	Main Business Revenue (10000 yuan)	108040	766277	189629
主营业务税金及附加(万元)	Taxes and Other Charges on Principal Business (10000 yuan)	1104	964	943
本年应交增值税(万元)	Value-added Tax Payable(10000 yuan)	3493	19260	7682.7
利润总额(万元)	Total Pre-tax Profits (10000 yuan)	5744	34753	8230.9
建　筑　业:	Construction			
建筑业企业个数(个)	Number of Construction Enterprises (unit)	3	3	3
期末从业人员数(人)	Number of Employed Persons at the Year-end (person)	636	2247	1269
建筑业总产值(万元)	Gross Output Value of Construction (10000 yuan)	12524	47114	7443
交通运输、邮电通讯、能源	**Transport,Postal and Telecommunication Services,Energy**			
境内公路里程(公里)	Length of Highways (kilometer)	193	978	366
境内铁路营业里程(公里)	Length of Railways in Operation (kilometer)	30	40	
邮政业务总量(万元)	Business Volume of Postal Services (10000 yuan)	1029	1700	913
电信业务总量(万元)	Business Volume of Telecommunication Services (10000 yuan)	3220	6994	1718
本地电话年末用户(户)	Number of Subscribers of Local Telephones (subscriber)	10640	47488	26754
住宅电话年末用户(户)	Number of Subscribers of Home Telephones (subscriber)	7250	30364	24817
移动电话年末用户(户)	Number of Subscribers of Mobile Telephones (subscriber)	48607	100000	36211
国际互联网用户(户)	Number of Internet Subscribers (subscriber)	4263	12646	3875

continued

上饶县 Shangrao	广丰县 Guangfeng	玉山县 Yushan	铅山县 Yanshan	横峰县 Hengfeng	弋阳县 Yiyang	余干县 Yugan	鄱阳县 poyang	万年县 Wannian	婺源县 Wuyuan	德兴市 Dexing
43551	60408	50785	41712	18526	46661	149896	214422	50723	34008	27064
32595	40879	37083	30930	13804	36509	121382	152945	37888	20322	19356
26676	33543	33913	28744	12161	34860	115630	145889	36235	18674	17187
2620	4505	7952	2097	2880	5272	13448	50480	8574	7648	3828
35	20	60	2	4	22	85	2859	302	98	43
261	180	41	266	92	220	667	416	231	61	302
	117					2	60			
6370	4835	3367	5871	1346	3545	7365	4354	1559	3546	2462
178441	221640	219655	166526	76112	211229	627401	815588	232151	114971	108210
152104	194741	209592	160602	70018	204779	613899	798141	228139	110269	100893
4988	7205	12578	3005	4191	6545	21223	94108	8341	8992	4135
28	21	103	2	7	18	44	8456	408	70	34
5431	7672	2135	11475	4228	4948	22643	16742	6306	2374	8457
	319					15	133			
91071	223136	46712	174318	25649	60552	108576	101789	36948	56327	30040
488	138	330	76	27	241	5	338	95	7600	186
4911	8086	4365	1809	4234	12623	2763	2606	1464	1335	2731
13167	45135	22016	13322	17378	23144	33302	32942	41023	13105	10053
11169	24346	19508	9829	16788	21819	27361	22641	32586	10743	8453
10	99	18	2				55	1	3	14
1287	18233	2902	2664	800	6447	2113	11314	4413	2605	897
15627	24773	25095	20879	4740	20800	66121	141000	12179	7300	7709
90	136	77	36	48	55	25	44	66	32	66
1493078	1535228	701097	319005	883930	432256	524705	259552	701177	174176	431819
18375	21311	11101	5629	7076	8542	5197	6473	14309	4440	12160
417445	171198	126850	26370	94541	169383	68946	45319	244601	42128	203626
661000	209545	159700	57012.7	128346.8	121500	420000	45759	241658	31006.6	151900
1491689	1495849	700312	306771	882656	426032	513642	261223	702871	166703	422757
2149	16479	1322	2373	1467	748	2918	2209	2110	1706	2261
50420	36677	21357	18301	20959	16043	26495	3243	33805	9738	13143
58817	29592	32710	18112	17961	19551	30041	9225	47573	10112	26251
8	28	7	3	4	8	7	13	7	4	7
2359	33075	3610	2245	2717	2370	2660	7050	5163	1472	5302
30819	498438	30923	20864	25439	28984	41229	86781	43997	3791.3	113400
680	581	473	618	366.9	604.3	566	560	102	2300	1203
35	2	31		42	42			13		25
1588.6	1282.3	2950	1933	557.1	788	4786	4467	998.2	981.3	1185.2
8419	4738	14704	3001	3553	2107	6951	5981	2040	3291	3639
66700	120000	108350	44743	28521	34790	140100	97603	39846	67544	50992
54093	90348	71251	44493	24672	29654	81567	93475	22000	46782	40785
99766	126754	118452	140633	51770	98790	59600	270000	125000	109938	127000
10717	5932	4520	10400	5869	9264	6598	19206	1667	8862	17717

22-7 续表2

指　　标	Item	资溪县 Zixi	东乡县 Dong-xiang	广昌县 Guang-chang
全年用电量(万千瓦时)	Electricity Consumption in the Whole Year (10000 kwh)	6008	26051	6910
#工业用电量	Electricity Consumption of Industry	2519	12272	3132
农村用电量	Rural Electricity Consumption	1219	3903	2510
贸易、外经	**Domestic and Foreign Trade**			
社会消费品零售总额(万元)	Total Retail Sales of Consumer Goods (10000 yuan)	50050	260797	52500
限额以上批发零售贸易业商品销售总额(万元)	Total Sales of Commodities in Wholesale and Retail Trades above Designated Size (10000 yuan)	12456	60051	63951
出口总额(万美元)	Total Exports (USD 10000)	2977	3677	
当年合同外资金额(万美元)	Contracted Foreign Captital in Current Year (USD 10000)	1373	1500	981
当年实际使用外资金额(万美元)	Foreign Capital Actually Utilized in Current Year (USD 10000)	875	1605	833
固定资产投资	**Investment in Fixed Assets**			
城镇固定资产投资完成额(万元)	Total Investment in Fixed Assets in Urban Area (10000 yuan)	144087	562801	121593
城镇新增固定资产(万元)	Newly Increased Fixed Assets in Urban Area (10000 yuan)	86811	552315	80313
城镇固定资产投资项目个数(个)	Number of Projects of Investment in Fixed Assets in Urban Area (project)	49	152	52
房地产开发投资完成额(万元)	Total Investment in Real Estate Development (10000 yuan)	7600	54260	13890
教育、文化、卫生	**Education,Culture and Health Care**			
普通中学数(所)	Number of Regular Secondary Schools (unit)	8	22	16
小学数(所)	Number of Primary Schools (unit)	77	124	110
普通中学专任教师数(人)	Number of Full-time Teachers in Regular Secondary Schools (person)	615	1638	912
小学专任教师数(人)	Number of Full-time Teachers in Primary Schools (person)	799	2039	1160
普通中学在校学生数(人)	Number of Students Enrolled in Regular Secondary Schools (person)	7762	25311	15761
小学在校学生数(人)	Number of Students Enrolled in Primary Schools (person)	10914	41060	24453
医院、卫生院数(所)	Number of Hospitals and Health Care Centers (unit)	9	22	19
医院、卫生院床位数(床)	Number of Beds of Hospitals and Health Care Centers (bed)	173	587	284
医院、卫生院卫生技术人员数(人)	Number of Medical Technical Personnel of Hospitals and Health Care Centers (person)	262	573	378
人民生活	**People's Livelihood**			
城镇在岗职工年平均人数(人)	Average Number of Fully Employed Staff and Workers in Urban Area (person)	9882	31199	10812
城镇在岗职工工资总额(万元)	Total Wages of Fully Employed Staff and Workers in Urban Area (10000 yuan)	18637	57180.4	22705
农村居民人均纯收入(元)	Annual Per Capita Net Income of Rural Households (yuan)	5072	6013.9	2547
农民人均住房面积(平方米)	Per Capita Floor Space of Rural Households (sq.m)	29.3	37.5	20.9
农村恩格尔系数(%)	Engle Coefficient of Rural Households (%)	56.8	45.2	67.4
社会保障	**Social Security**			
各种社会福利收养性单位数(个)	Number of Social Welfare Institutions of Various Types (unit)	8	19	12
各种社会福利收养性单位床位数(床)	Number of Beds in Social Welfare Institutions of Various Types (bed)	384	1120	425
参加基本养老保险的职工数(人)	Number of Employees Participating in Basic Retirement Security Program (person)	15545	32760	6617
参加基本医疗保险的职工数(人)	Number of Employees Participating in Basic Health Care Program (person)	11000	34013	9404
参加失业保险人数(人)	Number of Persons Participating in Unemployment Insurance (person)	7700	21000	7822
城镇居民最低生活保障人数(人)	Number of Urban Residents Receiving Minimum Income Relief (person)	3058	11252	5636
农村居民最低生活保障人数(人)	Number of Rural Residents Receiving Minimum Income Relief (person)	3117	10006	8645
参加农村合作医疗的人数(人)	Number of Persons Participating in Rural Cooperative Medical (person)	74382	298815	155314
参加农村养老保险的人数(人)	Number of Persons Participating in Rural Retirement Security Program (person)		19700	2553
资源、环境与可持续发展	**Resources, Environment and the Sustained Development**			
行政区域土地面积(平方公里)	Divisions of Administrative Areas (kilometer)	1251	1264	1613
森林面积(公顷)	Forest Area (hectare)	2746	1850	1106
年末耕地面积(公顷)	Area of Cultivated Land at the Year-end (hectare)	4861	26800	13746.7
环境污染治理本年完成投资总额(万元)	Total Investment in the Treatment of Environmental Pollution (10000 yuan)	100	600	30

continued

上饶县 Shangrao	广丰县 Guangfeng	玉山县 Yushan	铅山县 Yanshan	横峰县 Hengfeng	弋阳县 Yiyang	余干县 Yugan	鄱阳县 poyang	万年县 Wannian	婺源县 Wuyuan	德兴市 Dexing
54275	46619	65824	25729.5	12048	60577	17691	30220	12268	16407	144520
40323	30137	50588	11496.2	5389	35700	5213	10419	4422	6641	132551
22203	8590	4676	10894.6	2221	5750	12478	18190	5667	12906	34430
191400	247700	234662	215800	118991	178004	175200	246958	158000	170400	195900
75161.6	6420	34932	36926	17497	29576	14754	51306.3	11675	31020	38303
5633	4000	4942	2668	1317	4758			6327	2850	1825
3596	4750	2900	2980	3286	1995			8600	2841	
3205	4658	2452	1167	1768	2015	2029	2260	2431	2244	952
450905	636683	536312	438409	251554	351593	397936	383916	251707	268285	432835
187547	258015	394323	199427	127761	200620	8766	149133	115835	167459	48144
165	153	107	132	102	117	60	94	73	95	167
95788	148080	97038	11350	14550	25938	78145	97775	16463	36477	22814
51	45	27	37	13	26	65	105	22	24	22
251	208	190	152	51	144	370	490	180	315	68
2307	3477	2149	1648	665	1086	3608	4657	2432	1333	1143
3701	3907	2371	1750	923	1762	4697	7758	1866	1591	1318
51163	58730	31423	26319	10565	21272	67601	93764	30380	18660	13699
86166	78575	48632	45361	18191	36693	110001	165900	36990	29796	26388
31	32	22	27	17	30	39	41	27	23	24
1100	909	1285	729	332	662	1022	1660	767	735	746
962	1109	1135	919	572	952	1125	7117	868	728	878
18281	27119	13773	14252	8259	13645	32123	65064	12207	11354	16333
43143	60689	25405	28400.7	14935	27285	45123	71244	24772	23365.6	41131
2660.2	5865	5427	4618	2575	4753	2706.4	2693.3	4215	4681	5564
26.2	27.6	55.4	36.2	37.9	40.1	37	32.9	56.2	28.4	33.4
60.9	67.5	40	63	57.5	50	51.1	54.1	59.7	51.6	48.3
22	23	21	23	1	22	20	35	24	17	16
1948	2159	2246	1698	120	1856	2571	4073	1106	840	1436
41652	38146	35289	29819	16721	31332	35921	26665	30110	35024	40792
44888	56025	45030	35780	22147	35933	63275	88000	46124	28510	44727
17500	29040	22060	18700	14000	18800	38735	29000	22026	19921	29510
10009	12471	10423	8003	5878	8801	16301	17626	9460	4950	9167
31292	26527	20799	13905	8408	13226	39488	60494	10979	13124	8841
610252	627295	453072	315688	146843	264897	733005	1091471	290470	281826	172790
20614	23050	39800	14200	15300		34925	28000	312	25120	1845
2246	1377.8	1728	2177.7	655.2	1580	2371	4215	1139.7	2948	2082
3123	1801	3947	3733	3220	342	4767	4860	1670	2166	943
24342	17510	19712	19404	9069	27505	51869	97714	20940	24593	13567
600	12210	2640	750	2500	282		8600		280	1324.9

各省、市、自治区主要经济指标

23

Main Economic Indicators of Provices, Autonomous Regions and Municipalities Directly under the Central Government

资料整理及英文翻译：洪 安　林 红

23-1 各省(市、区)年末总人口

Total Population at Year-end of Provinces, Autonomous Regions and Municipalities

单位：万人 (10000 persons)

地 区	Region	2003	2004	2005	2006	2007	2008	2009
全 国	**National Total**	**129227**	**129988**	**130756**	**131448**	**132129**	**132802**	**133474**
北 京	Beijing	1456	1493	1538	1581	1633	1695	1755
天 津	Tianjin	1011	1024	1043	1075	1115	1176	1228
河 北	Hebei	6769	6809	6851	6898	6943	6989	7034
山 西	Shanxi	3314	3335	3355	3375	3393	3411	3427
内蒙古	Inner Mongolia	2380	2384	2386	2397	2405	2414	2422
辽 宁	Liaoning	4210	4217	4221	4271	4298	4315	4319
吉 林	Jilin	2704	2709	2716	2723	2730	2734	2740
黑龙江	Heilongjiang	3815	3817	3820	3823	3824	3825	3826
上 海	Shanghai	1711	1742	1778	1815	1858	1888	1921
江 苏	Jiangsu	7406	7433	7475	7550	7625	7677	7725
浙 江	Zhejiang	4680	4720	4898	4980	5060	5120	5180
安 徽	Anhui	6410	6461	6120	6110	6118	6135	6131
福 建	Fujian	3488	3511	3535	3558	3581	3604	3627
江 西	**Jiangxi**	**4254**	**4284**	**4311**	**4339**	**4368**	**4400**	**4432**
山 东	Shandong	9125	9180	9248	9309	9367	9417	9470
河 南	Henan	9667	9717	9380	9392	9360	9429	9487
湖 北	Hubei	6002	6016	5710	5693	5699	5711	5720
湖 南	Hunan	6663	6698	6326	6342	6355	6380	6406
广 东	Guangdong	7954	8304	9194	9304	9449	9544	9638
广 西	Guangxi	4857	4889	4660	4719	4768	4816	4856
海 南	Hainan	811	818	828	836	845	854	864
重 庆	Chongqing	3130	3122	2798	2808	2816	2839	2859
四 川	Sichuan	8700	8725	8212	8169	8127	8138	8185
贵 州	Guizhou	3870	3904	3730	3757	3762	3793	3798
云 南	Yunnan	4376	4415	4450	4483	4514	4543	4571
西 藏	Tibet	270	274	277	281	284	287	290
陕 西	Shaanxi	3690	3705	3720	3735	3748	3762	3772
甘 肃	Gansu	2603	2619	2594	2606	2617	2628	2635
青 海	Qinghai	534	539	543	548	552	554	557
宁 夏	Ningxia	580	588	596	604	610	618	625
新 疆	Xinjiang	1934	1963	2010	2050	2095	2131	2159

注：1.全国数据包括中国人民解放军现役军人数，但不包括香港、澳门特别行政区和台湾省数据；分省数据中未包括中国人民解放军现役军人数。

2.2001-2004年部分地区数据不是常住人口口径。

a) The military personnel were included in the national total population,but excluded in the regional total population.The national total population excluded the population of HongKong SAR, Macao SAR and Taiwan Province.

b) Data of some areas are not the permanent resident population's in 2001-2004.

23-2 各省(市、区)生产总值

GDP of Provinces,Autonomous Regions and Municipalities

单位：亿元 (100 million yuan)

地 区	Region	2003	2004	2005	2006	2007	2008	2009
全 国	**National Total**	**120332.7**	**135822.8**	**159878.3**	**183217.5**	**211923.5**	**249529.9**	**340507.0**
北 京	Beijing	5023.8	6033.2	6969.5	8117.8	9846.8	11115.0	11865.9
天 津	Tianjin	2578.0	3111.0	3905.6	4462.7	5252.8	6719.0	7500.8
河 北	Hebei	6921.3	8477.6	10012.1	11467.6	13607.3	16012.0	17026.6
山 西	Shanxi	2855.2	3571.4	4230.5	4878.6	6024.5	7315.4	7365.7
内蒙古	Inner Mongolia	2388.4	3041.1	3905.0	4944.2	6423.2	8496.2	9725.8
辽 宁	Liaoning	6002.5	6672.0	8047.3	9304.5	11164.3	13668.6	15065.6
吉 林	Jilin	2662.1	3122.0	3620.3	4275.1	5284.7	6426.1	7203.2
黑龙江	Heilongjiang	4057.4	4750.6	5513.7	6211.8	7104.0	8314.4	8288.0
上 海	Shanghai	6694.2	8072.8	9247.7	10572.2	12494.0	14069.9	14900.9
江 苏	Jiangsu	12442.9	15003.6	18598.7	21742.1	26018.5	30982.0	34061.2
浙 江	Zhejiang	9705.0	11648.7	13417.7	15718.5	18753.7	21462.7	22832.4
安 徽	Anhui	3923.1	4759.3	5375.1	6112.5	7360.9	8851.7	10052.9
福 建	Fujian	4983.7	5763.4	6554.7	7583.8	9248.5	10823.0	11949.5
江 西	**Jiangxi**	**2807.4**	**3456.7**	**4056.8**	**4820.5**	**5800.3**	**6971.1**	**7655.2**
山 东	Shandong	12078.1	15021.8	18366.9	21900.2	25776.9	30933.3	33805.3
河 南	Henan	6867.7	8553.8	10587.4	12362.8	15012.5	18018.5	19367.3
湖 北	Hubei	4757.5	5633.2	6590.2	7617.5	9333.4	11328.9	12831.5
湖 南	Hunan	4660.0	5641.9	6596.1	7688.7	9439.6	11555.0	12930.7
广 东	Guangdong	15844.6	18864.6	22557.4	26587.8	31777.0	36796.7	39081.6
广 西	Guangxi	2821.1	3433.5	3984.1	4746.2	5823.4	7021.0	7700.4
海 南	Hainan	693.2	798.9	898.0	1044.9	1254.2	1503.1	1646.6
重 庆	Chongqing	2272.8	2692.8	3467.7	3907.2	4676.1	5793.7	6528.7
四 川	Sichuan	5333.1	6379.6	7385.1	8690.2	10562.4	12601.2	14151.3
贵 州	Guizhou	1426.3	1677.8	2005.4	2339.0	2884.1	3561.6	3893.5
云 南	Yunnan	2556.0	3081.9	3461.7	3988.1	4772.5	5692.1	6168.2
西 藏	Tibet	185.1	220.3	248.8	290.8	341.4	394.9	441.4
陕 西	Shaanxi	2587.7	3175.6	3933.7	4743.6	5757.3	7314.6	8186.7
甘 肃	Gansu	1399.8	1688.5	1934.0	2276.7	2702.4	3166.8	3382.4
青 海	Qinghai	390.2	466.1	543.3	648.5	797.4	1018.6	1081.3
宁 夏	Ningxia	445.4	537.1	612.6	725.9	919.1	1203.9	1334.6
新 疆	Xinjiang	1886.4	2209.1	2604.2	3045.3	3523.2	4183.2	4273.6

注：本表按当年价格计算。
a) Data in this table are calculated at current prices.

23-3 各省(市、区)生产总值指数

GDP Index of Provinces, Autonomous Regions and Municipalities

(上年=100) (preceding year=100)

地 区	Region	2003	2004	2005	2006	2007	2008	2009
全 国	**National Total**	**110.0**	**110.1**	**110.4**	**111.6**	**111.9**	**109.0**	**109.1**
北 京	Beijing	111.0	114.1	112.1	113.0	114.5	109.1	110.1
天 津	Tianjin	114.8	115.8	114.9	114.7	115.5	116.5	116.5
河 北	Hebei	111.6	112.9	113.4	113.4	112.8	110.1	110.0
山 西	Shanxi	114.9	115.2	113.5	112.8	115.9	108.5	105.5
内蒙古	Inner Mongolia	117.9	120.5	123.8	119.1	119.2	117.8	116.9
辽 宁	Liaoning	111.5	112.8	112.7	114.2	115.0	113.4	113.1
吉 林	Jilin	110.2	112.2	112.1	115.0	116.1	116.0	113.3
黑龙江	Heilongjiang	110.2	111.7	111.6	112.1	112.0	111.8	111.1
上 海	Shanghai	112.3	114.2	111.4	112.7	115.2	109.7	108.2
江 苏	Jiangsu	113.6	114.8	114.5	114.9	114.9	112.7	112.4
浙 江	Zhejiang	114.7	114.5	112.8	113.9	114.7	110.1	108.9
安 徽	Anhui	109.4	113.3	111.0	112.0	114.2	112.7	112.9
福 建	Fujian	111.5	111.8	113.7	115.7	122.0	117.0	112.0
江 西	**Jiangxi**	**113.0**	**113.2**	**112.8**	**112.3**	**113.2**	**113.2**	**113.1**
山 东	Shandong	113.4	115.4	115.0	114.7	114.2	112.0	111.9
河 南	Henan	110.7	113.7	114.2	114.4	114.6	112.1	110.7
湖 北	Hubei	109.7	111.2	112.1	113.2	114.6	113.4	113.2
湖 南	Hunan	109.6	112.1	112.2	112.8	115.0	113.9	113.6
广 东	Guangdong	114.8	114.8	114.1	114.8	114.9	110.4	109.5
广 西	Guangxi	110.2	111.8	113.1	113.6	115.1	112.8	113.9
海 南	Hainan	110.6	110.7	110.5	113.2	115.8	110.3	111.7
重 庆	Chongqing	111.5	112.2	111.7	112.4	115.9	114.5	114.9
四 川	Sichuan	111.3	112.7	112.6	113.5	114.5	111.0	114.5
贵 州	Guizhou	110.1	111.4	112.7	112.8	114.8	111.3	111.2
云 南	Yunnan	108.8	111.3	108.9	111.6	112.2	110.6	112.1
西 藏	Tibet	112.0	112.1	112.1	113.3	114.0	110.1	112.4
陕 西	Shaanxi	111.8	112.9	113.7	113.9	115.8	116.4	113.6
甘 肃	Gansu	110.7	111.5	111.8	111.5	112.3	110.1	110.0
青 海	Qinghai	111.9	112.3	112.2	113.3	113.5	113.5	110.1
宁 夏	Ningxia	112.7	111.2	110.9	112.7	112.7	112.6	111.6
新 疆	Xinjiang	111.2	111.4	110.9	111.0	112.2	111.0	108.1

注：本表按不变格计算。

a) Data in this table are calculated at constant prices.

23-4 各省(市、区)人均生产总值

Per-capita GDP of Provinces, Autonomous Regions and Municipalities

单位：元 (yuan)

地区	Region	2003	2004	2005	2006	2007	2008	2009
全国	**National Total**	**10542**	**12336**	**14053**	**16165**	**18934**	**22698**	**25575**
北京	Beijing	34892	41099	45993	52054	61274	66797	68788
天津	Tianjin	25544	30575	37796	42141	47970	58656	62403
河北	Hebei	10251	12487	14659	16682	19662	22986	24284
山西	Shanxi	8642	10742	12647	14497	17805	21506	21544
内蒙古	Inner Mongolia	10039	12767	16371	20692	26777	35263	40225
辽宁	Liaoning	14270	15835	19074	21914	26054	31736	34898
吉林	Jilin	9854	11537	13348	15720	19383	23521	26319
黑龙江	Heilongjiang	10638	12449	14440	16255	18580	21740	21665
上海	Shanghai	39128	46338	52535	58837	68024	75109	78225
江苏	Jiangsu	16830	20223	24953	28943	34294	40497	44232
浙江	Zhejiang	20444	24352	27661	31825	37358	42166	44335
安徽	Anhui	6375	7681	8666	9996	12039	14447	16391
福建	Fujian	14333	16469	18605	21384	25906	30122	33051
江西	**Jiangxi**	**6624**	**8097**	**9440**	**11145**	**13322**	**15900**	**17335**
山东	Shandong	13268	16413	19934	23603	27604	32936	35796
河南	Henan	7376	9201	11346	13172	16012	19181	20477
湖北	Hubei	8378	9898	11554	13360	16386	19858	22450
湖南	Hunan	7589	9165	10562	12139	14869	18147	20226
广东	Guangdong	17795	20870	24647	28747	33890	38748	40748
广西	Guangxi	6169	7461	8590	10121	12277	14652	15923
海南	Hainan	8592	9812	11165	12810	14923	17691	19166
重庆	Chongqing	8091	9624	12403	13940	16629	20490	22916
四川	Sichuan	6623	7895	8721	10613	12963	15495	17339
贵州	Guizhou	3701	4317	5119	5932	7273	9428	10258
云南	Yunnan	5871	7012	7809	8929	10609	12570	13536
西藏	Tibet	6893	8103	9036	10422	12083	13824	15295
陕西	Shaanxi	7028	8587	10594	12724	15386	19480	21732
甘肃	Gansu	5429	6566	7477	8757	10346	12110	12852
青海	Qinghai	7346	8693	10045	11889	14506	18421	19454
宁夏	Ningxia	7734	9199	10349	12099	15142	19609	21475
新疆	Xinjiang	9828	11337	13108	15000	16999	19797	19926

注：本表按当年价格计算。

a) Data in this table are calculated at current prices.

23-5 各省(市、区)人均生产总值指数

Per-capita GDP Index of Provinces, Autonomous Regions and Municipalities

(上年=100) (preceding year=100)

地　区	Region	2003	2004	2005	2006	2007	2008	2009
全　国	**National Total**	**109.3**	**109.4**	**109.8**	**111.0**	**111.4**	**108.4**	**108.2**
北　京	Beijing	108.2	111.4	109.1	109.8	111.1	105.4	106.2
天　津	Tianjin	114.4	114.9	113.1	112.0	111.7	111.4	111.1
河　北	Hebei	111.0	112.3	112.7	112.6	112.5	109.3	109.3
山　西	Shanxi	114.1	114.5	112.8	112.2	115.2	108.0	105.0
内蒙古	Inner Mongolia	117.9	120.4	123.6	118.9	118.8	117.3	116.5
辽　宁	Liaoning	111.3	112.6	112.6	113.5	114.0	112.8	112.9
吉　林	Jilin	109.9	112.0	111.9	114.7	115.8	115.7	113.1
黑龙江	Heilongjiang	110.1	111.6	111.6	112.1	111.9	111.7	111.0
上　海	Shanghai	106.6	112.2	109.3	110.4	112.7	107.6	106.4
江　苏	Jiangsu	113.2	114.4	114.0	114.0	113.8	111.8	111.7
浙　江	Zhejiang	113.9	113.6	111.2	111.8	112.8	108.5	107.7
安　徽	Anhui	109.1	112.6	110.9	114.1	114.2	112.4	112.8
福　建	Fujian	110.7	111.1	110.8	114.0	114.4	112.2	111.3
江　西	**Jiangxi**	**112.1**	**112.4**	**112.1**	**111.6**	**112.5**	**112.4**	**112.3**
山　东	Shandong	112.9	114.7	114.2	113.9	113.5	111.4	111.3
河　南	Henan	110.6	113.9	113.8	113.7	114.7	111.9	110.0
湖　北	Hubei	109.5	111.0	113.0	113.2	114.7	113.2	113.0
湖　南	Hunan	110.0	111.8	110.6	111.2	114.7	113.6	113.1
广　东	Guangdong	113.4	113.1	112.7	113.6	113.3	109.0	108.4
广　西	Guangxi	109.4	111.1	112.3	112.3	113.8	111.7	112.9
海　南	Hainan	109.6	109.7	109.4	112.0	114.7	109.2	110.5
重　庆	Chongqing	112.0	112.6	111.8	112.2	115.5	113.9	114.1
四　川	Sichuan	110.9	112.3	109.7	117.4	115.1	111.2	114.0
贵　州	Guizhou	109.1	110.4	111.8	112.1	114.2	110.8	110.7
云　南	Yunnan	107.7	110.8	108.0	110.8	111.4	109.9	111.4
西　藏	Tibet	110.5	110.8	110.7	111.8	112.5	109.0	111.2
陕　西	Shaanxi	111.3	112.4	113.2	113.4	115.4	116.0	113.3
甘　肃	Gansu	111.0	111.8	111.2	110.9	111.8	109.7	109.4
青　海	Qinghai	110.7	111.2	111.2	112.3	112.6	112.9	109.6
宁　夏	Ningxia	111.0	109.7	109.4	111.2	111.4	111.3	110.3
新　疆	Xinjiang	110.5	109.7	108.8	108.7	109.9	108.8	106.5

注：本表按不变格计算。
a) Data in this table are calculated at constant prices.

23-6 各省(市、区)地方财政收入

Local Financial Revenue of Provinces, Autonomous Regions and Municipalities

单位：亿元 (100 million yuan)

地区	Region	2003	2004	2005	2006	2007	2008	2009
全国	**National Total**	**9850.0**	**11893.4**	**15100.8**	**18303.6**	**23572.6**	**28644.9**	**32580.7**
北京	Beijing	592.4	744.5	919.2	1117.2	1492.6	1837.3	2026.8
天津	Tianjin	204.5	246.2	331.9	417.0	540.4	675.5	821.4
河北	Hebei	335.8	407.8	515.7	620.5	789.1	944.6	1066.2
山西	Shanxi	186.1	256.4	368.3	583.4	597.9	747.9	805.8
内蒙古	Inner Mongolia	138.7	196.8	277.5	343.4	492.4	649.6	850.8
辽宁	Liaoning	447.0	529.6	675.3	817.7	1082.7	1356.1	1591.0
吉林	Jilin	154.0	166.3	207.2	245.2	320.7	422.8	487.1
黑龙江	Heilongjiang	248.9	289.4	318.2	386.8	440.5	578.4	641.6
上海	Shanghai	886.2	1106.2	1417.4	1576.1	2074.5	2358.7	2540.3
江苏	Jiangsu	798.1	980.5	1322.7	1656.7	2237.7	2731.1	3228.6
浙江	Zhejiang	706.6	806.0	1066.6	1298.2	1649.5	1933.1	2142.4
安徽	Anhui	220.7	274.6	334.0	428.0	543.7	724.6	863.9
福建	Fujian	304.7	333.5	432.6	541.2	699.5	833.3	932.3
江西	**Jiangxi**	**168.2**	**205.8**	**252.9**	**305.5**	**389.9**	**488.6**	**581.3**
山东	Shandong	713.8	828.3	1073.1	1356.3	1675.4	1956.9	2198.5
河南	Henan	338.1	428.8	537.7	679.2	862.1	1009.1	1126.1
湖北	Hubei	259.7	310.5	375.5	476.1	590.4	710.2	800.4
湖南	Hunan	268.6	320.6	395.3	477.9	606.6	722.7	845.0
广东	Guangdong	1315.5	1418.5	1807.2	2179.5	2785.8	3310.0	3649.2
广西	Guangxi	203.7	237.8	283.0	342.6	418.8	518.7	620.8
海南	Hainan	51.3	57.0	68.7	81.8	108.3	145.0	178.2
重庆	Chongqing	161.6	200.6	256.8	317.7	442.7	577.2	655.6
四川	Sichuan	336.6	385.8	479.7	607.6	850.9	1041.7	1174.2
贵州	Guizhou	124.6	149.3	182.5	226.8	285.1	349.5	416.5
云南	Yunnan	229.0	263.4	312.6	380.0	486.7	613.6	698.2
西藏	Tibet	8.2	10.0	12.0	14.6	20.1	24.9	30.1
陕西	Shaanxi	177.3	215.0	275.3	362.5	475.2	591.3	733.9
甘肃	Gansu	87.7	104.2	123.5	141.2	190.9	264.9	286.7
青海	Qinghai	24.0	27.0	33.8	42.2	56.7	71.6	87.7
宁夏	Ningxia	30.0	37.5	47.7	61.4	80.0	95.0	111.5
新疆	Xinjiang	128.2	155.7	180.3	219.5	285.9	361.1	388.8

23-7 各省(市、区)全社会固定资产投资

Investment in Fixed Assets of Provinces, Autonomous Regions and Municipalities

单位：亿元 (100 million yuan)

地 区	Region	2003	2004	2005	2006	2007	2008	2009
全 国	**National Total**	**55566.6**	**70477.4**	**88773.6**	**109998.2**	**137323.9**	**172828.4**	**224845.6**
北 京	Beijing	2169.3	2528.2	2827.2	3296.4	3907.2	3814.7	4616.9
天 津	Tianjin	1039.4	1245.7	1495.1	1820.5	2353.1	3389.8	4738.5
河 北	Hebei	2478.0	3218.8	4139.7	5470.2	6884.7	8866.6	12267.0
山 西	Shanxi	1100.9	1443.9	1826.6	2255.7	2861.5	3531.2	4943.2
内蒙古	Inner Mongolia	1174.7	1788.0	2643.6	3363.2	4372.9	5475.4	7318.9
辽 宁	Liaoning	2076.4	2979.6	4200.4	5689.6	7435.2	10019.1	12292.6
吉 林	Jilin	969.0	1169.1	1741.1	2594.3	3651.4	5038.9	6411.3
黑龙江	Heilongjiang	1166.2	1430.8	1737.3	2236.0	2833.5	3656.0	5029.2
上 海	Shanghai	2499.1	3050.3	3509.7	3900.0	4420.4	4823.1	5143.7
江 苏	Jiangsu	5233.0	6557.1	8165.4	10069.2	12268.1	15300.6	18950.0
浙 江	Zhejiang	4740.3	5781.3	6520.1	7590.2	8420.4	9323.0	10741.6
安 徽	Anhui	1418.7	1935.2	2525.1	3533.6	5087.5	6747.0	8985.8
福 建	Fujian	1496.4	1892.9	2316.7	2981.8	4287.8	5207.7	6231.2
江 西	**Jiangxi**	**1380.0**	**1819.7**	**2169.0**	**2683.6**	**3301.9**	**4745.4**	**6643.1**
山 东	Shandong	5315.1	6970.6	9307.3	11111.4	12537.7	15435.9	19034.5
河 南	Henan	2263.0	3099.4	4311.6	5904.7	8010.1	10490.6	13704.6
湖 北	Hubei	1809.5	2264.8	2676.6	3343.5	4330.4	5647.0	7866.9
湖 南	Hunan	1590.3	2072.6	2629.1	3175.5	4154.8	5534.0	7703.5
广 东	Guangdong	4813.2	5870.0	6977.9	7973.4	9294.3	10868.7	12941.5
广 西	Guangxi	921.3	1236.5	1661.2	2198.7	2939.7	3756.4	5237.2
海 南	Hainan	280.0	317.0	367.2	423.9	502.4	705.4	988.2
重 庆	Chongqing	1161.5	1537.0	1933.2	2407.4	3127.7	3979.6	5214.3
四 川	Sichuan	2336.3	2818.4	3585.2	4412.9	5639.8	7127.8	11387.3
贵 州	Guizhou	748.1	865.2	998.3	1197.4	1488.8	1864.5	2401.7
云 南	Yunnan	1000.1	1291.5	1777.6	2208.6	2759.0	3435.9	4526.4
西 藏	Tibet	134.0	162.4	181.4	231.1	270.3	309.9	379.4
陕 西	Shaanxi	1200.7	1508.9	1882.2	2480.7	3415.0	4614.4	6249.0
甘 肃	Gansu	619.8	733.9	870.4	1022.6	1304.2	1712.8	2363.0
青 海	Qinghai	255.6	289.2	329.8	408.5	482.8	583.2	798.3
宁 夏	Ningxia	318.0	376.2	443.3	498.7	599.8	828.9	1075.9
新 疆	Xinjiang	973.4	1147.1	1339.1	1567.1	1850.8	2260.0	2710.9
不分地区	Not Classified by Region	962.2	1182.5	1677.9	1947.6	2530.8	3734.9	5950.8

23-8 各省(市、区)城镇固定资产投资
Investment in Fixed Assets in Urban Area of Provinces, Autonomous Regions and Municipalities

单位：亿元 (100 million yuan)

地 区	Region	2003	2004	2005	2006	2007	2008	2009
全 国	**National Total**	**45811.7**	**59028.2**	**75095.1**	**93368.7**	**117464.5**	**148738.3**	**194138.6**
北 京	Beijing	1999.9	2333.0	2595.4	3012.4	3597.3	3520.9	4149.6
天 津	Tianjin	931.7	1128.7	1364.0	1679.0	2192.2	3175.1	4446.8
河 北	Hebei	1772.8	2442.0	3307.8	4403.2	5690.3	7463.8	10472.2
山 西	Shanxi	998.8	1315.2	1666.5	2055.7	2600.2	3194.6	4509.6
内蒙古	Inner Mongolia	1097.1	1707.5	2555.3	3264.9	4255.0	5327.0	7144.3
辽 宁	Liaoning	1771.2	2580.3	3666.5	4977.8	6576.0	8881.9	11605.2
吉 林	Jilin	872.9	1059.4	1581.3	2366.1	3340.2	4592.7	5958.6
黑龙江	Heilongjiang	1069.5	1317.0	1581.2	2040.4	2591.7	3354.8	4696.1
上 海	Shanghai	2245.5	2863.0	3198.6	3497.5	4045.1	4404.9	4718.8
江 苏	Jiangsu	4011.6	5008.2	6218.9	7479.6	9161.4	11609.7	14266.9
浙 江	Zhejiang	3198.5	3998.8	4784.7	5429.3	5996.9	6551.1	7453.6
安 徽	Anhui	1184.5	1613.0	2126.7	3050.2	4444.6	5948.6	7940.5
福 建	Fujian	1229.3	1594.5	1958.3	2692.4	3829.0	4601.5	5548.6
江 西	**Jiangxi**	**1119.0**	**1522.7**	**1902.7**	**2375.4**	**2954.9**	**4325.4**	**6008.1**
山 东	Shandong	4163.9	5418.5	7275.1	8715.5	10153.6	12529.0	15439.1
河 南	Henan	1677.2	2434.9	3461.2	4840.8	6609.2	8721.2	11455.0
湖 北	Hubei	1573.7	2005.1	2387.4	3038.5	3927.4	5148.8	7183.7
湖 南	Hunan	1235.3	1679.4	2204.0	2718.4	3609.5	4880.0	6880.1
广 东	Guangdong	4145.1	5029.4	5890.1	6553.7	7368.7	8640.9	10238.5
广 西	Guangxi	791.3	1094.6	1480.9	1947.8	2596.7	3325.9	4689.9
海 南	Hainan	246.2	291.0	339.2	397.0	472.8	668.0	942.6
重 庆	Chongqing	1040.6	1400.6	1777.1	2252.0	2937.1	3715.9	4855.1
四 川	Sichuan	1835.1	2322.9	2991.8	3927.4	5043.4	6362.1	9061.4
贵 州	Guizhou	667.9	780.2	899.3	1052.8	1289.1	1609.3	2040.0
云 南	Yunnan	839.2	1113.0	1592.3	2001.8	2443.8	3106.3	4117.5
西 藏	Tibet	134.0	162.4	181.4	200.7	230.8	271.3	328.7
陕 西	Shaanxi	1071.0	1378.5	1740.9	2285.7	3168.8	4286.4	5890.5
甘 肃	Gansu	553.7	660.8	786.0	923.9	1177.5	1510.8	2076.4
青 海	Qinghai	236.9	272.7	310.8	384.6	443.7	514.0	689.1
宁 夏	Ningxia	263.1	316.8	382.0	438.7	527.7	735.7	964.2
新 疆	Xinjiang	892.6	1046.4	1210.0	1418.0	1659.2	2025.6	2418.5
不分地区	Not Classified by Region	962.2	1182.5	1677.9	1947.6	2530.8	3734.9	5950.8

23-9 各省(市、区)居民消费价格指数

Consumer Price Index of Provinces,Autonomous Regions and Municipalities

(上年=100) (preceding year=100)

地　区	Region	2003	2004	2005	2006	2007	2008	2009
全　国	**National Total**	**101.2**	**103.9**	**101.8**	**101.5**	**104.8**	**105.9**	**99.3**
北　京	Beijing	100.2	101.0	101.5	100.9	102.4	105.1	98.5
天　津	Tianjin	101.0	102.3	101.5	101.5	104.2	105.4	99.0
河　北	Hebei	102.2	104.3	101.8	101.7	104.7	106.2	99.3
山　西	Shanxi	101.8	104.1	102.3	102.0	104.6	107.2	99.6
内蒙古	Inner Mongolia	102.2	102.9	102.4	101.5	104.6	105.7	99.7
辽　宁	Liaoning	101.7	103.5	101.4	101.2	105.1	104.6	100.0
吉　林	Jilin	101.2	104.1	101.5	101.4	104.8	105.1	100.1
黑龙江	Heilongjiang	100.9	103.8	101.2	101.9	105.4	105.6	100.2
上　海	Shanghai	100.1	102.2	101.0	101.2	103.2	105.8	99.6
江　苏	Jiangsu	101.0	104.1	102.1	101.6	104.3	105.4	99.6
浙　江	Zhejiang	101.9	103.9	101.3	101.1	104.2	105.0	98.5
安　徽	Anhui	101.7	104.5	101.4	101.2	105.3	106.2	99.1
福　建	Fujian	100.8	104.0	102.2	100.8	105.2	104.6	98.2
江　西	**Jiangxi**	**100.8**	**103.5**	**101.7**	**101.2**	**104.8**	**106.0**	**99.3**
山　东	Shandong	101.1	103.6	101.7	101.0	104.4	105.3	100.0
河　南	Henan	101.6	105.4	102.1	101.3	105.4	107.0	99.4
湖　北	Hubei	102.2	104.9	102.9	101.6	104.8	106.3	99.6
湖　南	Hunan	102.4	105.1	102.3	101.4	105.6	106.0	99.6
广　东	Guangdong	100.6	103.0	102.3	101.8	103.7	105.6	97.7
广　西	Guangxi	101.1	104.4	102.4	101.3	106.1	107.8	97.9
海　南	Hainan	100.1	104.4	101.5	101.5	105.0	106.9	99.3
重　庆	Chongqing	100.6	103.7	100.8	102.4	104.7	105.6	98.4
四　川	Sichuan	101.7	104.9	101.7	102.3	105.9	105.1	100.8
贵　州	Guizhou	101.2	104.0	101.0	101.7	106.4	107.6	98.7
云　南	Yunnan	101.2	106.0	101.4	101.9	105.9	105.7	100.4
西　藏	Tibet	100.9	102.7	101.5	102.0	103.4	105.7	101.4
陕　西	Shaanxi	101.7	103.1	101.2	101.5	105.1	106.4	100.5
甘　肃	Gansu	101.1	102.3	101.7	101.3	105.5	108.2	101.3
青　海	Qinghai	102.0	103.2	100.8	101.6	106.6	110.1	102.6
宁　夏	Ningxia	101.7	103.7	101.5	101.9	105.4	108.5	100.7
新　疆	Xinjiang	100.4	102.7	100.7	101.3	105.5	108.1	100.7

23-10 各省(市、区)城镇居民家庭人均可支配收入

Per Capita Disposable Income of Urban Households of Provinces, Autonomous Regions and Municipalities

单位：元 (yuan)

地 区	Region	2003	2004	2005	2006	2007	2008	2009
全 国	**National Total**	**8472.2**	**9421.6**	**10493.0**	**11759.5**	**13785.8**	**15780.8**	**17174.7**
北 京	Beijing	13882.6	15637.8	17653.0	19977.5	21988.7	24724.9	26738.5
天 津	Tianjin	10312.9	11467.2	12638.6	14283.1	16357.4	19422.5	21402.0
河 北	Hebei	7239.1	7951.3	9107.1	10304.6	11690.5	13441.1	14718.3
山 西	Shanxi	7005.0	7902.9	8913.9	10027.7	11565.0	13119.1	13996.6
内蒙古	Inner Mongolia	7012.9	8123.0	9136.8	10358.0	12377.8	14432.6	15849.2
辽 宁	Liaoning	7240.6	8007.6	9107.6	10369.6	12300.4	14392.7	15761.4
吉 林	Jilin	7005.2	7840.6	8690.6	9775.1	11285.5	12829.5	14006.3
黑龙江	Heilongjiang	6678.9	7470.7	8272.5	9182.3	10245.3	11581.3	12566.0
上 海	Shanghai	14867.5	16682.8	18645.0	20667.9	23622.7	26674.9	28837.8
江 苏	Jiangsu	9262.5	10481.9	12318.6	14084.3	16378.0	18679.5	20551.7
浙 江	Zhejiang	13179.5	14546.4	16293.8	18265.1	20573.8	22726.7	24610.8
安 徽	Anhui	6778.0	7511.4	8470.7	9771.1	11473.6	12990.4	14085.7
福 建	Fujian	9999.5	11175.4	12321.3	13753.3	15506.1	17961.5	19576.8
江 西	**Jiangxi**	**6901.4**	**7559.6**	**8619.7**	**9551.1**	**11221.9**	**12866.4**	**14021.5**
山 东	Shandong	8399.9	9437.8	10744.8	12192.2	14264.7	16305.4	17811.0
河 南	Henan	6926.1	7704.9	8668.0	9810.3	11477.1	13231.1	14371.6
湖 北	Hubei	7322.0	8022.8	8785.9	9802.7	11485.8	13152.9	14367.5
湖 南	Hunan	7674.2	8617.5	9524.0	10504.7	12293.5	13821.2	15084.3
广 东	Guangdong	12380.4	13627.7	14770.0	16015.6	17699.3	19732.9	21574.7
广 西	Guangxi	7785.0	8690.0	9286.7	9898.8	12200.4	14146.0	15451.5
海 南	Hainan	7259.3	7735.8	8123.9	9395.1	10996.9	12607.8	13750.9
重 庆	Chongqing	8093.7	9221.0	10243.5	11569.7	12590.8	14367.6	15748.7
四 川	Sichuan	7041.9	7709.9	8386.0	9350.1	11098.3	12633.4	13839.4
贵 州	Guizhou	6569.2	7322.1	8151.1	9116.6	10678.4	11758.8	12862.5
云 南	Yunnan	7643.6	8870.9	9265.9	10069.9	11496.1	13250.2	14423.9
西 藏	Tibet	8765.5	9106.1	9431.2	8941.1	11130.9	12481.5	13544.4
陕 西	Shaanxi	6806.4	7492.5	8272.0	9267.7	10763.3	12857.9	14128.8
甘 肃	Gansu	6657.2	7376.7	8086.8	8920.6	10012.3	10969.4	11929.8
青 海	Qinghai	6745.3	7319.7	8057.9	9000.4	10276.1	11640.4	12691.9
宁 夏	Ningxia	6530.5	7217.9	8093.6	9177.3	10859.3	12931.5	14024.7
新 疆	Xinjiang	7173.5	7503.4	7990.2	8871.3	10313.4	11432.1	12257.5

23-11 各省(市、区)农村居民家庭人均纯收入

Per Capita Net Income of Rural Households of Provinces, Autonomous Regions and Municipalities

单位：元 (yuan)

地 区	Region	2003	2004	2005	2006	2007	2008	2009
全 国	**National Total**	**2622.2**	**2936.4**	**3254.9**	**3587.0**	**4140.4**	**4760.6**	**5153.2**
北 京	Beijing	5601.6	6170.3	7346.3	8275.5	9439.6	10661.9	11668.6
天 津	Tianjin	4566.0	5019.5	5579.9	6227.9	7010.1	7910.8	8687.6
河 北	Hebei	2853.4	3171.1	3481.6	3801.8	4293.4	4795.5	5149.7
山 西	Shanxi	2299.2	2589.6	2890.7	3180.9	3665.7	4097.2	4244.1
内蒙古	Inner Mongolia	2267.7	2606.4	2988.9	3341.9	3953.1	4656.2	4937.8
辽 宁	Liaoning	2934.4	3307.1	3690.2	4090.4	4773.4	5576.5	5958.0
吉 林	Jilin	2530.4	2999.6	3264.0	3641.1	4191.3	4932.7	5265.9
黑龙江	Heilongjiang	2508.9	3005.2	3221.3	3552.4	4132.3	4855.6	5206.8
上 海	Shanghai	6653.9	7066.3	8247.8	9138.7	10144.6	11440.3	12482.9
江 苏	Jiangsu	4239.3	4753.9	5276.3	5813.2	6561.0	7356.5	8003.5
浙 江	Zhejiang	5389.0	5944.1	6660.0	7334.8	8265.2	9257.9	10007.3
安 徽	Anhui	2127.5	2499.3	2641.0	2969.1	3556.3	4202.5	4504.3
福 建	Fujian	3733.9	4089.4	4450.4	4834.8	5467.1	6196.1	6680.2
江 西	**Jiangxi**	**2457.5**	**2952.6**	**3265.5**	**3584.7**	**4097.8**	**4697.2**	**5075.0**
山 东	Shandong	3150.5	3507.4	3930.5	4368.3	4985.3	5641.4	6118.8
河 南	Henan	2235.7	2553.2	2870.6	3261.0	3851.6	4454.2	4807.0
湖 北	Hubei	2566.8	2890.0	3099.2	3419.4	3997.5	4656.4	5035.3
湖 南	Hunan	2532.9	2837.8	3117.7	3389.6	3904.2	4512.5	4909.0
广 东	Guangdong	4054.6	4365.9	4690.5	5079.8	5624.0	6399.8	6906.9
广 西	Guangxi	2094.5	2305.2	2494.7	2770.5	3224.1	3690.3	3980.4
海 南	Hainan	2588.1	2817.6	3004.0	3255.5	3791.4	4390.0	4744.4
重 庆	Chongqing	2214.6	2510.4	2809.3	2873.8	3509.3	4126.2	4478.4
四 川	Sichuan	2229.9	2518.9	2802.8	3002.4	3546.7	4121.2	4462.1
贵 州	Guizhou	1564.7	1721.6	1877.0	1984.6	2374.0	2796.9	3005.4
云 南	Yunnan	1697.1	1864.2	2041.8	2250.5	2634.1	3102.6	3369.3
西 藏	Tibet	1690.8	1861.3	2077.9	2435.0	2788.2	3175.8	3531.7
陕 西	Shaanxi	1675.7	1866.5	2052.6	2260.2	2644.7	3136.5	3437.6
甘 肃	Gansu	1673.1	1852.2	1979.9	2134.1	2328.9	2723.8	2980.1
青 海	Qinghai	1794.1	1957.7	2151.5	2358.4	2683.8	3061.2	3346.2
宁 夏	Ningxia	2043.3	2320.1	2508.9	2760.1	3180.8	3681.4	4048.3
新 疆	Xinjiang	2106.2	2244.9	2482.2	2737.3	3183.0	3502.9	3883.1

23-12 各省(市、区)社会消费品零售总额
Total Retail Sales of Consumer Goods of Provinces, Autonomous Regions and Municipalities

单位：亿元 (100 million yuan)

地区	Region	2003	2004	2005	2006	2007	2008	2009
全国	**National Total**	**52516.3**	**59501.0**	**68352.6**	**79145.2**	**93571.6**	**114830.1**	**132678.4**
北京	Beijing	1916.7	2626.6	2911.7	3295.3	3835.2	4645.5	5309.9
天津	Tianjin	922.3	1044.8	1201.6	1383.1	1650.6	2078.7	2430.8
河北	Hebei	2177.9	2576.4	2969.5	3435.7	4053.8	4991.1	5764.9
山西	Shanxi	729.3	1219.1	1410.7	1635.4	1953.3	2421.1	2809.0
内蒙古	Inner Mongolia	726.8	1160.7	1358.1	1628.6	1964.0	2463.0	2855.3
辽宁	Liaoning	2330.8	2642.8	3014.4	3471.6	4097.8	5032.4	5812.6
吉林	Jilin	1110.3	1286.9	1470.3	1697.6	2038.3	2549.2	2957.3
黑龙江	Heilongjiang	1376.5	1557.3	1773.8	2029.0	2386.2	2928.3	3401.8
上海	Shanghai	2220.6	2656.9	2979.5	3375.2	3873.3	4577.2	5173.2
江苏	Jiangsu	3566.5	4892.2	5735.5	6706.2	7985.9	9905.1	11484.1
浙江	Zhejiang	3157.1	4055.5	4645.9	5358.0	6271.3	7533.3	8622.3
安徽	Anhui	1331.2	1557.4	1776.7	2056.5	2451.9	3045.2	3527.8
福建	Fujian	1740.4	2062.0	2351.7	2717.6	3212.3	3866.7	4481.0
江西	**Jiangxi**	**923.2**	**1074.5**	**1244.9**	**1448.2**	**1718.9**	**2142.0**	**2484.4**
山东	Shandong	3936.5	5290.5	6166.9	7217.1	8607.5	10658.8	12363.0
河南	Henan	2426.4	2938.3	3380.9	3932.6	4690.3	5815.4	6746.4
湖北	Hubei	2358.7	2619.5	2985.9	3461.1	4115.8	5109.7	5928.4
湖南	Hunan	1816.3	2149.6	2474.3	2869.4	3419.2	4222.6	4913.7
广东	Guangdong	5606.0	6852.0	7915.5	9194.3	10731.3	12986.6	14891.8
广西	Guangxi	857.7	1222.2	1405.5	1620.3	1932.7	2395.8	2790.7
海南	Hainan	191.6	236.8	270.8	313.4	370.9	463.2	537.5
重庆	Chongqing	835.5	1068.3	1227.8	1431.5	1711.1	2147.1	2479.0
四川	Sichuan	2091.1	2615.2	3003.5	3472.5	4105.6	4944.8	5758.7
贵州	Guizhou	458.8	535.3	615.7	710.0	858.2	1075.2	1247.3
云南	Yunnan	782.5	915.3	1041.3	1204.8	1422.5	1764.7	2051.1
西藏	Tibet	58.3	63.2	73.2	90.0	112.6	130.0	156.6
陕西	Shaanxi	853.2	1162.8	1331.3	1542.4	1837.3	2317.1	2699.7
甘肃	Gansu	474.6	560.6	638.1	729.5	854.4	1023.6	1183.0
青海	Qinghai	102.7	141.2	161.6	182.6	212.6	259.7	300.5
宁夏	Ningxia	120.8	153.5	175.8	202.5	239.5	295.4	339.3
新疆	Xinjiang	421.2	563.4	640.2	733.2	857.5	1041.5	1177.5

注：除全国总计以外，2004年为经济普查数据，其它年份为年报数据，各地区相加不等于全国总计，原因是全国数据进行了修正。

a) Except national total,data for 2004 are figures from the First economic Census, data for other years are from the annual report. The sum of provincial figures do not add up to the national total, as the national total are adjusted.

23-13 各省(市、区)入境旅游情况
Development of Overseas Visitor Arrivals of Provinces, Autonomous Regions and Municipalities

地区	Region	入境旅游人数（万人次） Number of Overseas Visitor Arrivals (10000 Person-times)			外汇收入（万美元） Foreign Exchange Earnings from International Tourism (USD 10000)		
		2007	2008	2009	2007	2008	2009
北京	Beijing	435.48	379.04	412.51	457962	445913	435668
天津	Tianjin	103.23	122.04	141.02	77871	100139	118264
河北	Hebei	81.76	75.02	84.22	30911	27395	30781
山西	Shanxi	73.79	93.93	106.78	22171	30065	37794
内蒙古	Inner Mongolia	149.45	154.93	128.96	54485	57719	55831
辽宁	Liaoning	200.09	241.87	293.20	122786	152618	185621
吉林	Jilin	54.36	61.73	68.05	17931	21144	24294
黑龙江	Heilongjiang	141.42	200.61	142.51	64270	86995	63868
上海	Shanghai	520.10	526.47	533.39	467297	497172	474402
江苏	Jiangsu	512.55	544.30	556.83	346900	388020	401601
浙江	Zhejiang	511.18	539.67	570.64	270790	302408	322358
安徽	Anhui	106.43	132.09	156.16	34400	45445	56584
福建	Fujian	268.75	293.19	312.03	216936	239353	259923
江西	**Jiangxi**	**66.47**	**80.21**	**96.43**	**19554**	**25170**	**28975**
山东	Shandong	249.64	253.67	310.04	135185	139110	176530
河南	Henan	88.09	104.36	125.85	31801	37444	43303
湖北	Hubei	131.82	118.75	133.46	41264	44255	51020
湖南	Hunan	120.57	111.02	130.87	64218	61742	67270
广东	Guangdong	2460.87	2567.97	2747.80	870552	917498	1002813
广西	Guangxi	205.52	201.02	209.85	57708	60166	64334
海南	Hainan	75.31	70.65	55.15	30160	31388	27666
重庆	Chongqing	76.17	87.19	104.81	38231	44978	53721
四川	Sichuan	170.87	69.95	84.99	51243	15388	28856
贵州	Guizhou	43.00	39.54	39.95	12918	11697	11044
云南	Yunnan	221.90	250.22	284.49	85958	100755	117221
西藏	Tibet	36.54	6.80	17.49	13529	3112	7873
陕西	Shaanxi	123.13	125.73	145.08	61211	66011	77107
甘肃	Gansu	33.12	8.32	6.07	7021	1603	1254
青海	Qinghai	5.00	2.99	3.61	1590	1015	1542
宁夏	Ningxia	0.94	1.16	1.45	261	301	443
新疆	Xinjiang	43.84	36.32	35.49	16190	13578	13663

2009年江西统计工作大事记

1月1日 省委常委、常务副省长、省第二次经济普查领导小组组长凌成兴在省统计局局长、省第二次经济普查领导小组副组长王建农陪同下，到锦江麦德龙南昌现购自运有限公司和江铃汽车集团第二次经济普查登记现场进行视察。

1月8日 省统计局党组成员、纪检组长彭师怀率春节慰问组到弋阳县中畈乡开展送温暖活动。

2月5日 省委常委、常务副省长凌成兴主持召开省统计局、国家统计局江西调查总队领导干部座谈会。

2月10日 省统计局召开“机关效能年”活动动员大会。局党组成员、纪检组长彭师怀主持会议，局党组书记、局长王建农作动员讲话。

2月11日 省统计局启动中央扩大投资情况跟踪调查统计。

2月17日 全省统计局长会议召开。省委常委、常务副省长凌成兴出席会议并讲话，省统计局党组书记、局长王建农作工作报告。

2月18日 江西省统计系统党风廉政建设工作会议召开。省统计局党组成员、纪检组长彭师怀作工作报告，省纪委委员、省统计局党组书记、局长王建农出席会议并讲话。

2月下旬 省统计局组建督查组，由局领导带队赴各设区市督查指导经济普查工作。

2月25日 省委副书记、省长吴新雄对省统计局报送的《江西民意调查》(2009年第2期)作出批示，充分肯定社情民意调查工作。

3月4日 全省经济普查工作会议召开。省统计局局长、省经济普查领导小组副组长王建农主持会议并讲话。

3月12日 国家统计局总经济师姚景源在省统计局作中国经济形势分析报告。

3月18日 国家统计局农业司司长张淑英赴上饶市调研首席统计员制度实行情况。

3月31日 省统计局召开2008年度目标管理考核总结表彰大会。省统计局党组书记、局长王建农出席会议并讲话。

4月22日 省政府办公厅下发《关于加强服务业统计工作的通知》。

4月27至30日 国家统计局普查中心副主任、国务院第二次经济普查办公室成员兼宣传协调组副组长李天渊来赣调研经济普查工作。

5月7日 全国统计系统人事工作会议在井冈山市召开。国家统计局党组书记、局长马建堂出席并讲话，省委常委、常务副省长凌成兴到会致辞。

5月8日 国家统计局党组书记、局长马建堂赴赣州市、新余市、南昌市就金融危机对我国经济的影响进行调研。期间，省委副书记、省长吴新雄会见马建堂一行。

5月11日 省委副书记、省长吴新雄对省统计局报送的《江西能源资料》(第1期)作出批示，要求加强节能形势专题分析研究。

5月中旬 全省文化产业统计调查工作正式启动。

5月19日 全省乡(镇、街道)统计工作基本情况调查正式启动。

5月22至23日 全省统计系统党风廉政建设和行政效能监察工作座谈会召开。省统计局党组成员、纪检组长彭师怀出席会议并讲话。

5月31日 省纪委办公厅、省监察厅办公室、省统计局办公室、国家统计局江西调查总队办公室联合转发中共中央纪委办公厅、监察部办公厅、国家统计局办公室《关于认真学习贯彻<统计违法违纪行为处分规定>的通知》。

6月5日 省政府颁布《江西省省直部门统计工作规范化管理暂行办法》。这是我省第一部规范部门统计工作的政府规章。

6月中旬 省统计局联合省发改委、省住房和城乡建设厅建立江西省固定资产投资项目管理信息报送制度。

7月上旬 《江西省服务业统计报表制度》通过国家统计局审批。

7月10日 省统计局和国家统计局江西调查总队联合召开上半年经济形势分析会。省统计局局长王建农、副局长彭道宾、副巡视员黄奕祯，江西调查总队副总队长邓祖龙出席会议。

7月22至24日 国家统计局投资司副司长贾海一行来赣对固定资产投资项目数据质量进行抽查。

7月28至29日 江西省第六次人口普查准备工作会议召开。省政府第六次人口普查领导小组副组长、省统计局局长王建农出席会议并讲话。

7月28日 省政府办公厅印发《关于成立江西省第六次人口普查领导小组的通知》，江西省第六次人口普查领导小组正式成立。

8月4至7日 国家统计局社会科技司副司长察志敏赴上饶市、景德镇市、鹰潭市等地检查指导第二次R&D资源清查试填工作。

8月7日 省委常委、省政法委书记、省公安厅厅长舒晓琴视察省统计局社情民意调查中心。

8月中旬 省统计局机关开展"安全保密教育周"活动。

8月18日 省统计局召开江西省部门统计工作座谈会。省统计局纪检组长彭师怀主持会议并讲话。

8月20日 省统计局与省农业厅联合召开全省畜牧业统计工作会议。省统计局副局长彭道宾、省畜牧兽医局局长黄峰岩出席会议并讲话。

8月21日 国家统计局局长马建堂在省统计局局长王建农、国家统计局江西调查总队总队长邓盛平陪同下，前往国家统计局井冈山全国统计干部革命传统教育基地进行考察。

9月上旬 省委书记苏荣、省长吴新雄分别对省统计局报送的《江西民意调查》(2009年第3期)作出批示。

9月10日 江西人口普查网正式开通。

9月13至14日 省统计局举办江西省第十次统计科学讨论会暨首届全省统计专家论坛。

9月23至25日 华东地区统计局长联席会议召开。省统计局副局长彭道宾出席并发言。

9月21至22日 全省统计基层基础建设暨首席统计员制度现场经验交流会在上饶市玉山县召开，省统计局党组书记、局长王建农出席会议并讲话。

9月24至25日 省统计局召开全省经济形势分析会。省统计局党组书记、局长王建农出席会议并讲话。

10月12日 省委书记苏荣、常务副省长凌成兴作出批示，充分肯定省统计局撰写的《建国60年来江西奋进之路与崛起新篇》一文。

10月13日 省住房和城乡建设厅、省统计局联合下发《关于加强全省建筑业统计工作的通知》。

10月13至15日 华东地区第六次人口普查准备工作座谈会召开。国家统计局人口与就业司人口普查处负责同志出席会议并通报了全国第六次人口普查准备工作情况。

10月下旬 省委常委、常务副省长凌成兴作出批示，高度评价省统计局编辑的《新中国60年的江西》一书。

11月5至6日 全省文化产业调查工作会议在南昌召开，省统计局副局长李智富出席会议并作动员讲话。

11月22日 国家统计局信息中心、社情民意调查中心主任徐铁夫到省统计局社情民意调查中心就全国公众"安全感"民意调查工作进行调研。

12月12日 省统计局、国家统计局江西调查总队联合举办新《统计法》大型宣传咨询活动。

12月15日 省统计局、国家统计局江西调查总队联合召开统计调查系统网络安全工作会议。

中国统计出版社最新图书简目

(仅供参考，以最后出书为准)

统计资料

中国统计年鉴-2010　中国统计摘要-2010　国际统计年鉴-2010
2010中国发展报告　中国第三产业统计年鉴-2010　中国区域经济统计年鉴-2010
中国劳动统计年鉴-2010　中国社会统计年鉴-2010　中国城市统计年鉴-2009
中国建筑业统计年鉴-2010　中国人口和就业统计年鉴-2010　中国工业经济统计年鉴-2010
中国商品交易市场统计年鉴-2010　中国房地产统计年鉴-2010　中国能源统计年鉴-2010
中国民政统计年鉴-2010　中国贸易外经统计年鉴-2010　2010中国地区经济监测报告
中国科技统计年鉴-2010　中国农村统计年鉴-2010　中国农产品价格调查年鉴-2010
中国高技术产业统计年鉴-2010　中国教育经费统计年鉴-2009　中国农村贫困监测报告-2010
全国农产品成本收益资料汇编-2010　中国科学技术协会统计年鉴-2010　工业企业科技活动资料-2010
第二次全国残疾人抽样调查资料系列　中国棉花年鉴-2008/2009　中国城市(镇)生活与价格年鉴-2010
中国县（市）社会经济调查年鉴-2010　中国农村住户调查年鉴-2010（中、英文）　中国农村全面建设小康监测报告-2010
中国国内生产总值核算历史资料(1952-2004)　中国季度国内生产总值核算历史资料(1992-2005)　中国零售和餐饮业连锁企业统计年鉴-2010
大中型批发零售和住宿餐饮企业统计年鉴-2010　2005年中国1%人口抽样调查系列资料

2010年省级综合统计年鉴系列

北京 天津 河北 山西 内蒙古　辽宁 吉林 黑龙江 上海 江苏　浙江 安徽 福建 江西 山东
河南 湖北 湖南 广东 广西　海南 重庆 四川 贵州 云南　西藏 陕西 甘肃 青海 宁夏
新疆 新疆生产建设兵团

2010年市(县)级综合统计年鉴系列

天津滨海新区　石家庄 唐山 邯郸 太原 大同　长治 阳泉 晋城 朔州 晋中
运城 忻州 临汾 呼和浩特　包头 沈阳 大连 长春 吉林市　四平 延吉 哈尔滨 齐齐哈尔
黑龙江垦区 上海浦东新区　苏州 无锡 常州 徐州 南通　盐城 镇江 江阴 丹阳 杭州
宁波 绍兴 台州 舟山 温州　金华 嘉兴 衢州 安庆 福州　福州经济技术开发区
厦门经济特区 南昌 上饶　济南 青岛 潍坊 东营 郑州　洛阳 三门峡 南阳 武汉 宜昌
十堰 荆州 黄冈 长沙 广州　东莞 惠州 深圳 桂林 南宁　柳州 来宾 河池 海口 成都
贵阳 昆明 西安 庆阳 银川　乌鲁木齐 吐鲁番

“十一五”规划教材

非参数统计　医学统计学　概率论与数理统计　统计学　现代金融投资统计分析
多元统计分析　经济计量学教程　应用时间序列分析　统计指数理论及应用
统计数据处理概论　质量管理统计方法　社会统计学　多元统计分析实验
企业经营管理统计　市场调查与预测　统计学原理（非统计专业使用）
统计学:从数据到结论　国民经济核算教程(国民经济统计学)　概率论与数理统计(经济、管理类专业使用)

重点图书

新中国六十年　挑大学选专业2010—高考志愿填报指南　挑大学选专业2010—考研择校指南